理律法律叢書

·修訂三版·

案例憲法 I

導論

李念祖、李劍非　編著

三民書局

財團法人理律文教基金會
LEE AND LI FOUNDATION

理律法律叢書序

　　一九九九年夏，理律法律事務所捐助成立財團法人理律文教基金會。理律法律事務所獻身於公益，已有時年；基金會的成立，將理律的社會服務深入更多的角落。

　　理律法律事務所創立於一九六〇年間，在數十年提供專業服務的過程中，深感提倡法治觀念於社會的重要性。法治觀念若未根植，不僅守法精神難以落實，立法闕漏、乃致執法失當，均在所難免。凡此種種，對從事法律工作者而言，或許僅增加了業務負擔；然而就社會而言，法律制度非但未盡定分止爭之功能，恐反成為公義的障礙，對於社會的影響，豈可斗量。

　　有鑑於此，本基金會乃以提倡及宣導法治為宗旨，舉辦或贊助法治議題之座談與研討，設置獎助學金，贊助法律人才之養成，並出版相關之叢書或刊物，以為提倡及宣導法治的要道。

　　多年來，法學論著及刊物，可謂汗牛充棟，吾國學術界與實務界就此所投注之心力，功不唐捐。惟社會之演進瞬息萬變，法律服務之新興領域，有如雨後春筍，為免實際案例遽增，徒生應對維艱梗概之憾，胥賴學術界與實務界本諸學理或經驗，攜手共赴。基於此一認識，本基金會忖將理律法律事務所同仁提供法律服務所得之實務經驗，以及在法律院所擔任教席、講授法律課程，參與法律政策的研究所得，集腋成裘。此外，理律舉辦或贊助專題研討會的成果，由與會賢達共同編纂之書冊（例如前曾與政治大學傳播學院定期共同舉辦「傳播與法律」系列研討會，出版一系列傳播法律知識之書籍，先後約有十年），亦循適當規劃列入「理律法律叢書」。

　　理律法律叢書將理律同仁之實務經驗，佐以相關法律之最新理論與國際立法趨勢　，　提供予有意修習相關課題之讀者作為參考，並藉此拋磚引玉，邀請法律界先進賜教。深盼假以時日，本基金會之努力對於法治之提昇可有所助益。

　　財團法人理律文教基金會

　　　　　　董事長　李光燾　　　謹識

　　　　　　二〇〇二年九月

翁　序

　　我國司法院大法官從事解釋憲法工作已超過五十年,所作的五百餘號解釋中,除了對政治權力有一定制衡作用外,也漸漸勾勒出一套以人性尊嚴為中心的價值體系。從憲法實務可見,大法官藉由解釋憲法對於我國憲政發展及人權保障之影響與日俱增,所為的每一號新解釋都可能是標定我國憲法制度或人權保障重要的新里程。所以要認識憲法的真實面,不能只就條文作概念法學式的解釋,而應深入大法官所作的每一號解釋,藉由觀察各號解釋內容讀出憲法的全貌和未來發展的可能性。李念祖教授曾在臺灣大學法律學研究所隨我研習公法課程,他構思多年所編撰出版的這本 《案例憲法》 正提供了觀察我國憲法豐富內涵的新視野。

　　在法律系所的憲法課堂之中,大法官的解釋,多被當作詮釋憲法文義或憲法理論的補充材料,《案例憲法》則將大法官的解釋當作全書憲法論述的主體,摘取數百號重要之大法官解釋,依照解釋內容之性質編排,就個案背景事實進行整理介紹,釐清相關憲法概念,並且不拘泥於以數字指述解釋的習慣,而為每案解釋取一適當名稱,以便幫助記憶。讀者因此可對每案解釋均有深入而完整的了解。這部書不但對教學研究者具有參考價值,對司法實務工作者而言,應該也可貼近他們與憲法的距離,讓更多人了解大法官憲法解釋案例的價值。

　　國內各大學及研究所雖不乏採用英美法案例研究模式從事憲法教學者,但以大法官解釋為主體論述憲法規定的書籍,還不是很多。李教授一向主張憲法不只是束之高閣、遙不可及的政治法,而應在具體案例中活用憲法,憲法才有新生命,才可以真正

保障每個人的權利，李教授除任教於東吳大學外，還於理律法律事務所從事律師工作，經常代理當事人聲請大法官解釋，積極主張憲法應在個案中被廣泛適用；現在經由理律文教基金會挹注的這本憲法著作，繼續鼓吹他一貫主張的案例研究法，應該是最適當不過的。

　　本人多年來呼籲大法官應擔任憲法維護者的角色，希望這樣的大法官解釋案例研究法能為國內憲法學術界案例研究開倡風氣，也希望有更多人投入這樣的研究工作，讓未來關注憲政發展的人，能把討論焦點放在司法院大法官發揮保障人權精神的每一號解釋上，那這部書的價值就已完全彰顯了。

翁岳生

2002. 7. 25

修訂三版序

　　「案例憲法」系列書籍第一冊首次問世於二〇〇二年十一月，但我與本書的緣分早於書籍的草稿階段，即協助父親進行校訂工作。學生時期也曾多次旁聽父親開授的憲法，並使用「案例憲法」系列書籍。「案例憲法」陪伴了我的法學成長之路，而在學成歸國、職業公法訴訟多年後，現在換我來幫助「案例憲法」成長。

　　二〇〇二年底時大法官剛作成釋字第五五四號解釋，而大法官近期正將於憲法法庭舉行言詞辯論審理釋字第五五四號解釋有無必要變更。從本書問世以來，十八年過去了，大法官的解釋品質和數量，都隨著時代與日俱進，其中亦發生不少變化，包括：解釋文與解釋理由書段落化及編碼、每號解釋開始有解釋公布字號、解釋文及解釋理由之區分、將聲請人事實納入解釋理由書第一部分等。

　　本書有重新大幅度改版之計畫始於二〇一五年，原本的計畫是儘量能將最新的釋字放入書中相應的架構與體系，但改版計畫沒開始多久即發現此一宏願落實的困難度極高，每當好不容易將週五剛公布的最新釋字消化整理完畢，加入「案例憲法」書中後，大法官隨即又公布新一號解釋。本書改版的前幾年就在追逐大法官解釋的時間中度過，我們隨即了解，以納入大法官最新解釋之目標可能需要修正。

　　這就要回到「案例憲法」的成書初衷，與父親相同，我一直認為法律，尤其是憲法，除了了解條文，更必須觀察司法個案與法院判決，方能真正學習與掌握法律之靈魂與精神。憲法透過每一個個案與解釋，成為活的憲法，並時時在演進。因為憲法會持

續透過大法官釋字不斷地變化，本書的目標即不可能、也無需定位在收錄大法官最新的釋字，而毋寧是將相關大法官解釋咀嚼並整理，觀察大法官解釋在各領域之變化與其中可以進一步探究之問題，幫助讀者在每一號大法官解釋的基礎上思辨。

因此，「案例憲法」系列書籍改版之重點在於如何將本來份量就很可觀的系列書籍，維持大法官解釋的內容，卻又不會成為頁數無法為人消化的系列書籍巨獸。為此，我們刪除了一些時代較為久遠的釋字，精簡部分釋字以及意見書內容，希望能在加入新解釋的同時，同時維持「案例憲法」系列書籍的身形不要過於肥厚。

自「案例憲法」系列書籍成書後，大法官持續作出多號印證我國憲政及人權成績的重要解釋，這其中包括亞洲第一個承認同性戀婚姻的憲法解釋（釋字第七四八號解釋），我國憲法及民主的能量，早已經為世界所共見。但同時，臺灣還是有許多未解決之重大人權議題，包括死刑、安樂死等，人工智慧時代的到來，將帶來更多的新興人權議題。而雖從釋字第七二五號解釋正式開啟了大法官於解釋中「救濟諭知」之可能性，但大法官仍吝於於每號解釋中給予聲請人充足完善且清楚的救濟諭知，導致多號解釋聲請人「贏了解釋、贏不了訴訟」，法院實務亦不乏多有在違憲解釋之情形下，仍拒絕給予聲請人個案之救濟。人權的救濟需求不會休止，大法官解釋仍應繼續向前邁進。

二〇一九年一月四日，立法院修正通過憲法訴訟法，將大法官憲法法庭化、案件審理訴訟化、大法官解釋裁判化，並除法規範憲法審查外，開啟裁判憲法審查，將自二〇二二年一月四日施行，未來的司法違憲審查，不應再只是大法官的專利，而將因憲法訴訟法而有嶄新的變化，實在值得吾人期待。此一階段「案例

憲法」系列書籍之改版，或許也可視為是將大法官解釋做一個歷史的紀錄，是的，我們正在見證和創造歷史！

　　本書能得以改版，仍是要感謝理律文教基金會及三民書局的支持，臺大法研所的林欣萍、陳琬婷、江怡萱及孟憲安四位同學，於本書改版過程中費心協助資料整理及提供豐富討論，於此一併致謝。

　　「案例憲法」是臺灣第一本案例式憲法教科書，對於我更有深刻的意義，非常感謝父親讓我有機會能加入成為共同作者，個人學植未深，對於本書之改版實無時不兢兢業業、戒慎恐懼，惟難免有疏漏，望請各界先進不吝斧正指教。

李劍非

序於 2020 年 3 月 29 日

修訂二版序

　　本書為《案例憲法》四冊之首冊，自二〇〇二年十一月出版以來，本書系列之後三冊，亦已陸續問世，全書於今年年中勉告完成。其間跨越將近四年，新的憲法釋例頗不乏具有開宗明義之價值而值得納入首冊者，且憲法近年又續為修正，本書乃有重為增訂改刪之必要。而後三冊之適時補充材料，亦為持續進行中之功課。本書改動較著之章節，為臺南地院案（釋371）之後兩項補充解釋案例的介紹與討論，修憲程序之變化與政黨政治概念在憲法解釋上之發展。茲值本書二版付梓，略綴數語，以告讀者。

李念祖　　謹識

2006 年 11 月

自 序

　　大陸法系，絕非僅只研究法典法條而不研究司法案例。但是，眾所周知，其法學研究以法典為主、案例為輔，蔚為風氣；即使是案例研究，也深受註釋法學之影響，若與英美法系相較，其間最醒目的差別在於，大陸法系的案例研究，通常看不到案件當事「人」的存在。雖是具體的個案裁判，也多抽離案件當事人甚至個案事實，只將抽象的法律見解作為研究對象。譬如最高法院選取判例，即是有意識或無意識地將個案裁判見解法條化（成為判例要旨）、將法律分析與個案事實拆解脫離的一種抽象化過程；又如各級法院裁判，雖然法律要求編成公報，卻未建立系統化的索引蒐尋系統，以致在法學研究上的效益，很受侷限；裁判法學研究，與個案正義評價之理想境界，有時即不無距離。

　　這樣的法系文化，廣泛地影響憲法的教學與研究，並足以左右憲政運作與實際發展。憲法教科書中，以案例為主的著作，似不多見。論者即使引述、討論憲法解釋，也每將憲法解釋當作抽象規範從事註釋，案例研究並未獲得應有的重視。法律學生自然也就將其注意力集中於抽象條文與法理的演繹，既不重視個案，自不易體會個案當事人辛酸悲苦的存在。然而，對訴求保障每一個「個人」基本權利的自由主義憲法而言，當事「人」遭到埋沒的憲法研究，似乎缺少些什麼。更值得關切的是，憲法一旦疏離了活生生的個人，基本人權保障即不免氣息微弱。其實，注意到這個問題的學者，不乏其人；近年來公法學園地中有「人」的精緻案例研究，著述漸增，即是十分可喜的現象。

　　從另一個角度說，法律是實用之學，憲法不能例外。與其他法律學門相比，憲法學更殷切地需要落實人權保障抽象規範的有

效方法，憲法解釋則是驗證憲法實用價值的最佳紀錄與佐證。一個一個詮釋憲法精義的案件，累積集合起來的憲法圖象，就是真正具有生命力的憲法。引導學生研究憲法案例，具體瞭解人民之基本人權可能受到什麼樣的侵犯、可在什麼狀況下援引憲法有效保障其切身攸關的權益，學生們自然就能心領神會憲法的價值。

當然，案例憲法的研究，能以教科書的方式出現，必須歸功於我國行憲五十餘年，大法官所累積的五百餘件憲法解釋。在這些解釋之中，憲法要旨與重要的條文，幾乎無不涵蓋。尤其近年來人權解釋案件的數量漸形豐沛，重要性也明顯提升，憲法解釋已是研究憲法不可或缺的材料。純憑既有的憲法解釋註釋現行憲法，就初學者而言，應已敷用。但是，憲法的生命，既不只在於條文或解釋所鋪陳的文理邏輯，而是在憲法實際操作功效的經驗，透過憲法解釋以認識憲法的真實意義，除了閱讀理解解釋的內容之外，也該注重每案解釋所處的背景環境、解釋之後可能發揮什麼具體的保護作用；本書作者不揣簡陋，對於既有的解釋評介分析其在憲政秩序中的位置脈絡，並嘗試從多元的角度提出可供反覆思辯的問題，希望能為有志學習憲法者發掘一些繼續深入研究的方向。

本書透過憲法案例拼集憲法圖象，拼集出司法殿堂中由真人真事交織而成的憲法圖象，也檢驗出「人」對憲法的需要，以及憲法對「人」的價值。全書共分三冊，依次出版，分別獨立成篇，合則構成體系。第一冊是憲法總論，內中分為兩個講次，一是憲法原理，二是基本人權概論。第二冊是人權保障的程序，共有四個講次，分別是一、司法獨立與違憲審查，二、水平的權力分立，三、垂直的權力分立，四、正當法律程序。第三冊是人權保障的內容，共有六個講次，分別是一、比例原則，二、國家賠

償，三、生命與自由權，四、平等原則，五、受益權與社會權，
六、參政權。所以如此編列講次章節，乃是鑒於自由主義憲法順
應人權保障的需要而生，致力規範政治權力與個人的關係，憲法
中所有的規定都難與人權保障的概念分解脫離。國家構成、政府
組織、權力分立等等的架構性規範，不外都是為了保障人權而存
在，與基本人權清單的規定比較，其實只有程序法與實體法之區
別而已。人權保障因此成為統一貫串本書的概念。

　　本書得到翁師岳生教授費心作序，馬師襄武教授、朱敬一教
授、蘇永欽教授、陳弘毅教授、林子儀教授……諸位先生同意援
引其等精采論述的部分文字，免除作者重為難望其等項背的撰
述，在此鄭重深致敬意與謝忱。對於被尊稱為中華民國憲法之父
的張君勱先生，本書亦節錄其遺作中解釋「為什麼要有憲法」的
經典之作，以為開篇閱讀的材料，藉示紀念與推崇。北京大學王
磊教授的大作《憲法的司法化》，見解獨到，予我許多啟發助益，
併此致意。

　　作者在理律法律事務所同仁們大力支持之下，長期投身憲法
訴訟實務，勉力於司法程序中落實憲法精神的拓荒工作，也在以
兼授英美法課程為傳統職志的百年學府、母校東吳大學以及世新
大學、文化大學濫竽憲法講席有年。授課方式，向以案例研究法
為主，這是觀察樹木重於鳥瞰森林了；所憑持的信念是，不透徹
瞭解樹木，難以真正認識森林。可是，要求學生閱讀未經剪裁之
原始案例材料，事倍而功半。現在得到理律文教基金會董事長李
師光燾、徐師小波、陳師長文等各位董事、李永芬執行長首肯鼎
助，以及三民書局劉振強董事長慨然提供工作場所與出版平臺，
得以集合郭瑜芳、駱冀耕、李幼琴、廖書賢、林欣苑、王博恆、
李耀中及賴才琪等多位青年法律俊彥，搜羅資料、整理註解、索

引及相關文稿，共同編纂本書，陶德森、洪素蘭幾位費心盡力於繕打、編排、校對工作，還有我的秘書王璇女士夙夜匪懈的協助，《案例憲法》得以順利出版，我必須要向他們敬致最大的謝意。我的妻子蘭茜及兒女劍非、潔非容許我使用家庭團聚的時間著書，劍非並協助部分校對的工作，均誌此略表心意。

　　對於有心從事憲法案例研究的法學同道而言，本書整理編排分析憲法案例，只是拋磚引玉的嘗試。憲法案例研究作為一種支流式的研究方法，如果能對我國憲政精神與法治主義起一些良性的推展作用，那將是我不自量力的一種奢想了。著者深知學植有限，舛誤不免，衷心期待方家先進的匡正與指教。

李念祖　　謹識

凡 例

一、本書採取英美法教學中之案例研究方法編排，依照所列章節主題選擇收錄重要之憲法案例（以大法官解釋為主）予以介紹。按大法官會議並非憲政機關名稱，司法院大法官會議法亦已經過正名。司法院出版大法官解釋彙編續集，均不再使用大法官會議名稱。本書用語，原則上概不使用「大法官會議」一詞。

二、不問本書已否選取收錄，但凡行文提及之大法官解釋，每項大法官解釋皆賦予一適當之案件名稱，儘量以「某某某對某某某案」取名，以顯示該號解釋可能具備之具體個案特性，亦方便讀者辨識與記憶。如有一般耳熟能詳之解釋名稱，本書亦予以採納。

三、每案解釋於案名之後註明該項解釋號數，及其做成之出處、年份，以與國內習慣用法銜接，並方便讀者對照查閱。出處標示方式係於標題下列出該案解釋所在之大法官解釋彙編冊數及始頁頁數，彙編標明「彙」，續編標明「續（×）」，如：

臺北市議會聲請依法自治疑義解釋案（釋字第二五九號解釋）

續 (5) 93 (79)

文中引大法官解釋頁數，於註解中註明如：「續 (5) 93，95 (79)」，表示該案解釋出於大法官解釋彙編續編第五冊，始頁為第 93 頁，引文於第 95 頁，該號解釋係於民國七十九年作成。

四、每案解釋皆依背景事實、解釋文、解釋理由書、協同意見書、不同意見書之順序編排，並視其內容提出評析，也從不

同之思考角度，提出問題。

五、本書所摘錄之背景事實，係以相關大法官解釋之聲請書及所
　　附文件顯示之案件背景為根據，藉明解釋之由來，認知案件
　　當事人身處之情境。

六、解釋文、解釋理由書及協同意見書、不同意見書，若因篇幅
　　過長，不能全文照錄時，均註以「節」字，表示經過刪節。
　　解釋理由書與協同或不同意見書中之外文名詞及註解，均予
　　省略。

七、評析與問題部分，原則上依據每案解釋有所分析、闡述，所
　　提出各種問題，係為引導讀者深入或脫出解釋思考，藉以明
　　瞭其間之法理脈絡、及貫通憲政秩序中之原理原則。有些問
　　題可能是明知故問，有些問題可能純為刺激思考之用。大部
　　分的問題，本書並不直接提供答案。

八、本書引用參考資料，儘量使用中文資料，重要外文著作如有
　　中文譯本，也盡可能引用合適的譯本。

九、於註解中，司法院出版之《司法院大法官會議解釋彙編》及
　　《司法院大法官（會議）解釋彙編續編》簡稱《彙》、《續
　　（幾）》，僅註明冊數，頁數及解釋做成年份，如彙 32 (41)、
　　續 (14) 401 (89)，不另註出版年月日。

十、本書書末附有名詞索引、相關憲法條文索引、引用解釋案例
　　索引三種，以及引用中文著作書目，方便讀者查閱。

第一講　憲法原理

第二講　基本人權導論

第三講 基本權利之防線：比例原則（憲法第 23 條）

第四講　基本權利之轉換：國家賠償與損失補償（憲法第 24 條）

第一講

憲法原理

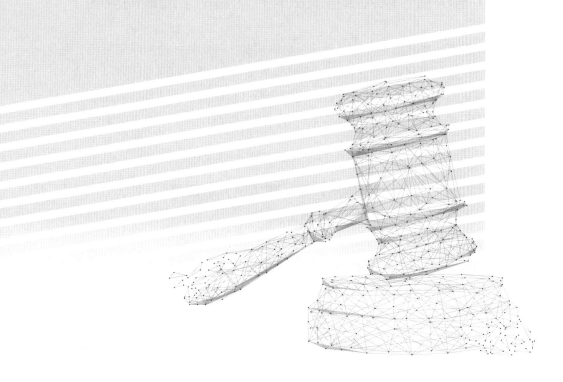

壹、憲法是什麼？

　　研究憲法的原理，可從「憲法是什麼」的問題，也就是憲法的定義開始。這一講就要從憲法的定義中探討憲法原理。一般人最耳熟能詳的憲法定義，或許是「憲法，國家之構成法，人民權利之保障書」❶。憲法為什麼是國家的構成法？如何成為人民權利的保障書？皆需要深入探討。本書以下所要討論的憲法定義，至少涉及六個不同的定義：一、憲法是最高規範；二、憲法以法官的宣示為準；三、憲法是權力關係的自傳；四、憲法就是成文的憲法典；五、憲法是自由民主的憲政秩序；六、憲法是憲政主義與法治國思想的結晶。將先從大法官的解釋實例中，分別探討並理解憲法的各種定義：

甲、憲法為「以大法官或法官宣示為準」的最高規範？

　　所有憲法學者都會同意，憲法是最高規範。憲法為什麼是最高規範？憲法如何成為最高規範？憲法如何表現其為最高規範？憲法須不須要有人護衛、保證其成為最高規範？最高規範，規範什麼？規範誰？誰來執行最高規範？最高規範若不加執行，會不會名不符實？這些問題可否從下面兩個案例中找到一些答案？

山東首席檢察官案（釋字第九號解釋）

彙 32 (41)

背景事實

　　民國三十七年，山東高等法院首席檢察官於檢察部門所處理之特種刑事案件中，顯然對於法院適用戡亂時期危害國家緊急治罪條例的問題，產生是

---

❶ 孫文，〈中華民國憲法史前編序〉，轉引自董翔飛，《中國憲法與政府》，頁 15，自刊，八十九年十月四十版。

否合乎憲法之質疑。其乃向當時之司法行政部提出詢問：「㈠違憲之裁判是否當然無效，於上訴或聲請覆判時可否於理由內指摘；㈡戡亂時期危害國家緊急治罪條例第一條所稱戡亂時期，以何時為始期；如與第十二條所載施行日期不一致時，有無溯及效力？」

司法行政部呈請行政院轉請司法院大法官解釋，行政院乃咨請司法院解釋。至該首席檢察官係因何項案件請求解釋，已不可考。

解釋文

一、裁判如有違憲情形，在訴訟程序進行中，當事人自得於理由內指摘之。

二、來文所稱第二點，未據說明所持見解與本機關或其他機關所已表示之見解有何歧異，核與大法官會議規則第四條之規定不合，礙難解答。

─評析與問題─

◆ 憲法當然拘束法院之審判

本案解釋看似平淡無奇，卻顯示了憲法的根本拘束力。解釋中並未援引任何憲法條文的依據，但將「憲法對於法院具有拘束力」的命題，幾乎當作自明之理，據之以為解釋。

本案究竟在解釋憲法那一條？是不是憲法第八十條：「法官須超出黨派以外，依據法律獨立審判，不受任何干涉」中，關於「法官是否須依據憲法審判」之問題？

裁判，是法院行使審判權的程序中所為的決定，訴訟當事人在訴訟程序中，有權備具理由指摘法官的裁判違憲，必然是因為憲法對於法院行使審判權❷具有拘束力以致法院法官不得違反憲法的緣故。訴訟當事人可在

----

❷ 林永謀大法官曾在許信良對臺灣高等法院等案（釋392）的部分協同意見書中詳細說明法院、審判、裁判與訴訟等概念：

裁判……一般而言，其係指「為使法的內容現實化所為之判斷」，此即法院就個別之情形，對於具體的生活現象為「法的適用」，並就其結果上之判斷為宣示之「程序」，亦即以抽象的法規為大前提，具體的生活現象（具體的事實案件）為小前提，依據邏輯三段論法導出特定結論之整個程序。……審判，亦係國家對於爭訟而為適用法

上訴審中爭執下級法院的裁判違憲，請求上級審法院救濟，意味上級審法院應依憲法審究下級審法院的裁判是否合乎憲法的要求；亦即下級審法院必須依據憲法裁判，不得牴觸憲法；上級審法院也必須依據憲法裁判，不得牴觸憲法。合而言之，下級審、上級審，亦即所有的法院都必須依據憲法裁判，不得牴觸憲法。山東首席檢察官案（釋9）確立了憲法拘束法院、法院應適用憲法裁判的基本原則。

依宜蘭縣議會案（釋38）之解釋，大法官謂法官不能排斥適用與憲法「不相牴觸之有效規章」，法官既須決定某一有效規章是否牴觸憲法而後決定是否加以適用，法官審判時應受憲法拘束，顯然一再構成大法官解釋的當然前提。

◆ 裁判的違憲審查

其次，應說明本案所留存的憲法解釋問題。當事人指摘裁判違憲，可能是在指摘裁判的見解違憲，也可能以為是項裁判所適用之法令違憲，若屬後者，上級審法官應否就所指摘之違憲法令從事實質的違憲審查？本案解釋並未明文區分當事人單純指摘裁判違憲以及當事人指摘裁判所適用之法令與裁判均屬違憲，為不同之情形，楊與齡氏認為本案解釋應包括第二種情形，上級法院應從事實質的法規違憲審查❸。蘇永欽氏則認為依本項解釋，上級審法院法官所得為違憲審查之客體者，為判決與行政處分；至於法規命令與釋示，則依宜蘭縣議會案（釋38）、陶百川等對司法行政部案（釋137）、華南商銀對大行公司案（釋216）加以審查❹。本號解釋

令之公權力的判斷，基本上與「裁判」同義；且兩者在多數之情形可以互為替代之使用；但觀念上「審判」較之於「裁判」為狹，「審判」乙語多用之於司法權之特定事項及具體之程序上，尤其伴隨有「審理」程序之場合更然，……訴訟乃為實現「法」之規定所行之司法上裁判程序暨此一程序所關之制度。其本質係指相對立之當事人間，就具體之紛爭求為裁判，而由居於中立第三者立場之公的機關（法院）予以裁判上的判斷所關之「程序」，亦即由公的機關（法院）依據法規之適用，為（實現）公權上（司法權上）的判斷，俾使具體的法律狀態得以確定之程序（裁判）。續 (9) 350，363 (84)。

❸ 楊與齡，〈具體法規審查制與我國司法及法官之法規審查權〉，《法令月刊》，41 卷 1 期，頁 3，七十九年元月。

就此未為明文區分，似難假設當時的大法官並未慮及裁判違憲係因為裁判所適用之法規違憲的情形存在；從大法官在本案解釋中單純而直率的結論看來，當時之大法官顯然並無自行獨占任何部分違憲審查功能之意思。

◆ **依憲裁判是權力？是義務？**

　　法院適用憲法裁判，是權力還是義務？還是也是權力、也是義務？其憲法的依據為何？本案究竟在解釋憲法那一條？請參考憲法第八十條規定：「法官須超出黨派之外，依據法律獨立審判，不受任何干涉」，未明文規定法官應依據「憲法」獨立審判，法官是否可以不依據憲法審判？憲法未規定法官應依據「良心」獨立審判❺（日本憲法第七十六條第三項則有此明文規定），法官可否不依據良心審判？憲法第八十條是否要求法官審判，但須遵循法律即可，不必理會或閱讀憲法？憲法第八十條難道是法官必須閱讀之僅有的、全部的憲法條文？法官須依據憲法獨立審判，未見憲法第八十條加以規定，是闕漏還是當然之理？如是當然之理，憲法是否僅僅拘束法官？還是也拘束其他的人？

　　憲法作為一種法規範，究竟意在拘束誰？

◆ **違憲的概念**

　　本案為大法官第一次使用「違憲」一詞。違憲也者，顧名思義，就是「違反憲法」的意思；憲法是一種命令或禁止的規範，凡是規範都有被違反的可能。然則憲法做為一種最高規範，誰會違反憲法？違反憲法的態樣有哪些？參閱蘇永欽，〈試釋違憲〉，收入《違憲審查》，頁9–52，學林，1999年。

　　法院作為適用憲法裁判的憲政機關，本案解釋顯然假設法院亦會違憲。下級法院裁判違憲，經當事人上訴後可加以糾正，若是上級法院裁判也違憲，怎麼辦？若是終審法院裁判違憲，如何救濟？終審法院的裁判，可不可能有違憲的概念存在？

---

❹　蘇永欽，《合憲性控制的理論與實際》，頁189，月旦，八十三年。

❺　依<u>監察院對司法院案</u>（釋530）中解釋，法官應依據良知審判。

◆ 為什麼要有憲法？

為什麼要有憲法作為最高規範，思考張君勱先生以下的說明❻：

國家為什麼要有憲法？解答這一問題，須先問我們要國家是幹什麼的。

我們可以答覆「要國家來幹什麼」這一問題如下，第一，國家的目的是在維持人民生存，所以要保障他們的安全。譬如說，有一群人聚集在一塊，就要問他們怎麼住，怎麼吃，怎麼行動。衣食住行是靠生產、靠買賣得來，不能靠搶劫得來的。他們自己一批人要吃要穿，不能從人家搶來，同時他們自己的東西，也不願意被人家搶去。所以一個國家有農工商及交通等事業，同時又有軍隊與警察，無非在維護人民性命與安全。第二，人民所以要國家，是在保證人民的自由。一個國家有了幾千萬、幾萬萬的人口，你想吃得好，我也想吃得好，你想住得好，我也想住得好，你想種種享受，我也想種種享受，所以彼此之間不免爭執與不平。國家為要使此等互相爭執之人民能相安起見，一定要有立法保障人民的自由與權利，然後纔能使他們彼此相安。譬如說，有了土地財產權，怎麼確立，有了債務，如何還本付利。總而言之，各有各的權利，要使他們彼此不相侵犯，全社會的自由得到保護。人民的自由，不但限於物質方面，同時要在言論思想上有發展，祇要他不妨礙安寧或背叛國家，各國都不加禁止的。這無非要使各人有自由發展的緣故。第三，造成一種法律的秩序。從第二項保障人民自由或人民權利來說，就可以知道一國之內所以要債權、物權、親屬、繼承等法的用處了。因為人民的土地債權等事，是很複雜的，那一塊土地是你的，那一塊土地是我的，債務到什麼時候終止，都要有極詳細條文的規定。因血統姻親的關係，所以又不能沒有親屬繼承等法。一部六法全書，無非要解決這種種問題。但是物權、債權、親屬法都是私法。其所規定的是人與人之間的關係。此外還有一種法律，不是規定私人間的關係，而是規定國家與人民的關係，同時

---

❻ 張君勱，《中華民國民主憲法十講》，頁 4-9，商務，六十年。

規定國家中，甲機關與乙機關的關係，譬如政府與議會以及政府與司法的關係如何。有兩大類屬於公法或憲法的範圍：第一、國家與人民的關係，第二、國家中各機關相互的關係，因為他所管的是國家的公共權力如何行使。所以憲法簡單來說，是規定公共權力 (public powers) 如何行使到人民身上去，及其與立法、行政、司法相互間之關係。所以憲法是公法之一種。

現在我更具體的說一說，國家為什麼要憲法？……憲法乃是一張文書，它規定政府的權力如何分配於各機關，以達到保護人民安全與人民自由的目的。

第一，國家與人民的關係：沒有國家是一件很可怕的事情，因為沒有國家，就對外言之，就是沒有國家來保護人民，就是亡國之民。就對內言之，就是國內沒有秩序，就是陷於混亂，但是有了國家，亦是件極危險的事，因為國家手上有兵權、有警察、有法院，國家可以隨便逮捕人民，他又可以借國家的名義一定要人民服從他，或者徵收人民財產或要人民性命，如對外作戰時徵兵之類。國家權力既如此之大，所以憲法上第二件事就是要防止國家的專擅，就是防止國家濫用權力。所以憲法上第一章一定要規定人民的基本權利，就是上文所說的人身自由、言論自由、結社集會自由、信仰自由等事。其中尤以人身自由最為基本。假定人身自由一旦沒有，其他集會結社自由也不必談，所以人身自由便是其他一切自由之基本。如其人身自由沒有保障，無論憲法規定多麼好看，都不過是一句空話。所以五五憲草第九條規定：「人民有身體的自由，非依法律不得逮捕、拘禁、審問或處罰。人民因犯罪嫌疑，被逮捕拘禁，其執行機關將逮捕拘禁原因，告知本人及其親屬，並至遲於二十四小時內移送至該管法院審問，本人或他人亦得申請該管法院於二十四小時內向執行機關提審。」其所以如此規定，無非因為人身自由，是其他各種自由的基本。政治協商會中關於人民基本權利，也有若干項規定，其用意亦無非因為人身自由及人民權利不能保障，則這國家一定就是專制、就是獨裁。自從歐洲有所謂肅清危險思想等事，更可見人民基本權利一章，所以成為憲法

中重要部份的原因何在了。在這一段裡，我可以旁及說一說徵兵與租稅兩件大事。照英國制度，有所謂「不出代議士，不納租稅」(no representation, no taxation) 這一句格言。這話就是說國家向人民拿錢，人民更須要先問你拿了錢作什麼用。你拿錢的數目如何，拿了錢什麼用，這也就是一種國家權力對人民的關係，此其一。到戰爭時，自然人民應該當兵，但是當兵以年齡為標準，那麼人民的當兵義務便應該平等，不可以說長官的兒子可以免役，平民的子弟便可以隨便拉去當軍夫。以上種種，是憲法的第一部分，就是國家對人民的關係。

　　第二，憲法所規定的國家權力如何確立與如何限制。一個國家，離不了立法、司法、行政三種權力，或者如中山先生再加上考試、監察二種。這三種權力，各有他的組織，各有他的職掌，各有他的限界。第一，國會由議員組成的，議員由人民選舉的，議院裡議案如何通過，這是立法院之組織及其職掌。第二，行政有所謂內閣，內閣下有各部，內閣之中各部會部長或不管部政務委員，內閣對議會之責任如何，及議會如何使內閣或進或退，此為行政權問題。第三，司法，它的特點，就在乎獨立審判，就是說不能聽行政方面的喜怒，起訴或不起訴，加刑或減刑，應該由司法官根據法律條文公平判斷。為使司法官能獨立審判計，所以法官是終身職，他的進退升降，不是憑行政官的喜怒而調動的。

　　以上兩部分，乃是構成憲法的重要部分。

從張君勱先生所做的說明看來，憲法的主要內容，一是保障人民權利，一是確立政府組織，此兩者之間，具有何種關連性？憲法規範政治權力，與憲法作為最高規範，有無關係？憲法是一紙文書；政治權力之掌握者，則可能擁有武力、有群眾、有經濟力量、有社會勢力等等的支持，而且可能濫用其權力。要用一紙文書去規範政治權力的掌握者，防止其濫用權力，是否為一種天真的想法？天真的想法，如何實現？

◆ 憲法規範權力

　　什麼是權力？什麼是憲法要規範的權力？這類問題在憲法學研究以及憲法規範之實際操作上十分重要，本書中隨時可能出現權力概念的論述。

有些章節，例如討論「權力關係的自傳」是否為憲法恰當的定義或是解析權力分立制度時，「權力」都處於核心的位置。

北京大學憲法教授王磊在所著《憲法的司法化》書中（頁 89–94，註解省略），以如下的敘述討論什麼是憲法下的權力，可以做為理解本書後續討論的基礎❼：

　　從憲法的定義，我們不難看出，權利和權力是兩個基本概念，而其中的權利在法學的很多書籍中都有較多的論述，這裡不加贅述。值得一提的是，權力卻很少被學者們所重視，這裡我們不妨談談什麼是權力。

　　一種觀點認為權力就是能量。羅素在《權力論》中寫道：「在本書中，我所注重的是證明社會科學的基本概念是能量相同。和能量一樣，權力具有多種形式，如財富、軍隊、行政機關、輿論控制。這些形式中，沒有一種可以視為隸屬於它種形式，而且無一是源於它種形式的。單獨探討某一種權力形式——比如說財富——企圖，只能得部分成功，正如單獨研究某一種能量形式將會存在某些缺陷，除非同時注意到它種形式才行。財富也許產生於軍隊或輿論控制，正如這兩者也許產生於財富一樣。」

　　從羅素關於權力的解說中，我們可以得到三點啟示：第一，既然能量可以轉化，例如，電能可以轉化為熱能，那麼，權力的幾種形式也可以相互轉化，也就是說，財富、軍隊、行政機關、輿論控制之間也可以相互轉化，為了防止權力的壟斷和獨裁，避免市場經濟中的不公平競爭，就必使憲法能防止它們的轉化，憲法要在權力的不同表現形式之間設置絕緣牆，將它們彼此隔離開來。……黨政機關、軍隊武警部隊不許經商的措施，以及禁止有償新聞等，都是將機關、軍隊、輿論分別與財富隔離的辦法。第二，權力除了有立法、行政、司法三種形式外，還有新聞輿論❽，也就是所謂的「第四種權力」，盡管新聞

---

❼　王磊，《憲法的司法化》，頁 89–94，中國政法大學出版社，八十九年。

❽　第四權理論源起於英國，原係「第四勢力」的意思，另外三種勢力指的是貴族，教會與平民。

輿論不同於立法、行政、司法這三種權力，它不具有法律的國家強制力，但它卻有著獨特的作用。立法、行政、司法三種權力之間存在著制約作用，但這作用往往很有局限性，因為這三種權力都屬於一個肌體，屬於國家機構的不同組成部分，往往會勾結起來欺騙社會。而新聞輿論則不屬於國家機構，它居於國家機構這一肌體之外，因而新聞輿論可以從肌體之外對立法、行政、司法逕行監督，這樣的監督可以彌補立法、行政、司法相互之間監督的不足。第三，能量可以釋放，既可以起到有利於人類的作用，也可以起到損害甚或毀滅人類的作用。例如，核能即可以用於侵略戰爭，也可以用於民用發電；水即可以用於人們飲用，也可以由於洪水而將人淹死，權力也是這樣，即可以做好事，也可以犯罪。因而，正如人們用堤壩規範可能到來的洪水一樣，人們也可以用憲法來規範權力，以防權力的能量的不正當釋放。

第二種觀點認為權力是參與決策或影響他人的能力或可能性。參與決策實質上也是影響他人的能力。

哈羅德‧拉斯韋爾與亞伯拉罕‧卡普蘭宣稱，「權力乃是參與決策」。馬克斯‧韋伯認為，權力乃是「這樣一種可能性，即處於某種社會關係內的一員能夠不願抵制而實現某個人意志的可能性，而不管這一可能性所依賴的基礎是什麼。」博登海默也認為「權力意義根植於統治他人並使他人受其影響和控制的欲望之中。」

戴維‧伊斯頓認為「權力是表示關係的現象，不是某一個人占有的東西，它依靠的是影響別人行動的能力，但是並非任何影響都要當作權力。」

社會學家羅伯特‧舒爾茨是這樣說的：「權力所表示的是，在某種社會制度下，一定社會地位的人對其他人的存亡所繫的問題規定條件，作出決定，以及（或者）採取行動的能力或潛在可能性。」羅伯特‧達爾認為，權力是產生於人與人之間的相互作用，如「甲對乙有支配權力，以致於他能使乙去做某件他本來不願意去做的事。」

未來學家阿爾溫‧托夫勒在《權力的轉移》一書中談起權力時要比別的學者形象得多：「任何人坐在黑暗的影院裡入迷地欣賞著美國

西部牛仔影片時，都會像孩子一樣清楚：六響槍管裡出權力。在好萊塢影片中，一位從天而降的牛仔與惡棍逕行決鬥後，將槍插入槍套，然後騎馬走向霧氣迷濛的遠方。由此，我們的孩子們得知：權力來自暴力。『為了盡可能貼近原意，我們將在下文中用「權力」這個術語表示有目的性的支配他人的力量。』權力的最赤裸的法的表現形式是：用暴力、財富和（最廣泛意義上的）知識使人按一定的方式行事。『當我們跨入信息時代時，暴力、財富與知識甚至出現更重要的差異：從定義上說，武力和財富是強者和富人的特徵，而知識的真正革命特徵則是：弱者和窮人也可以掌握知識。』知識是最民主的權力之源。」

這種觀點給人們的啟示是，人性本惡，人有控制、統治、影響他人的欲望這一本能，這種本能如果得不到憲法的約束，整個人類或者某個國家或者某個國家的某一地區就會面臨災難，二戰時期的希特勒便是一個典型例子。如果我們不能充分認識到人的這一本能，我們就很難認識到憲法的重要性。

第三種觀點將權力與法律聯繫起來，認為權力是國家的一種職能，是法律秩序的效力和實效。

凱爾森在《法與國家的一般理論》中認為，國家的權力通常被列為國家的第三個所謂要素。國家被認為是居住在地球表面上某一限定部分並從屬於某種權力的人的集合，整體意義上的人民。一個國家、一片領土、一個整體意義上的人民及一個權力。主權被認為是界說這一權力的特徵。雖然權力的統一性被認為是像領土和人民的統一性一樣是重要的，但人們卻仍然設想有可能劃分開三種不同的組成權力，即國家的立法 (legislation) 權力、行政 (executive) 權力和司法 (judicial) 權力。「人民所從屬的那種國家權力不過是法律秩序的效力和實效，而領土的和人民的統一性就是從這一秩序的統一性中引伸出來的。如果主權被認為是國家『權力』的一種屬性，這一權力一定是國內法律秩序的效力和實效。因為主權只能是這種規範秩序的屬性，作為義務和權利淵源的權威。另一方面，當人們講到國家的三種權力時，權力

就被理解為國家的一種職能，並且就劃分出國家的三種不同的職能。」

博登海默在談到法律意義上的權力時認為，「當一個立法機關通過一項有效的法律時，或者當一個法院做出一項具有約束力的終審判決時，一次『預期結果的生產』便完成了。為了有效法律的實施，也需要和運用這一廣義上的權力。同樣也毫無疑問，參與決策構成了立法人或執法人的職能中的一個重要組成部分。」這種觀點是從法律上來分析權力，它同樣可以啟示我們，對權力來說，是法無明文規定不能做（恰恰與權利相反，對權利來說，是法無明文規定不為罪）。因為，權力強制權僅是國家的唯一特徵，只有這種權力是合乎憲法的，因而人們應當謹防這種權力在合法的外衣下達到非法的目的。

從憲法與權力的關係看，權力分為兩大類：一類是憲法之外的權力，一類是憲法中的權力。所謂憲法之外的權力也就是指在憲法產生之前的奴隸制社會和封建制社會的國家權力，這種權力是不受限制的和專制的。博登海默所說的「純粹形式的權力」即是這個意思，他認為，「為了恰當地認識權力與法的關係，我們有必要將注意力集中於純粹形式的權力之上。這一意義上的權力旨在實現對人類的絕對統治。一個擁有絕對權力的人試圖將其意志毫無拘束地強加於那些為他所控制的人。這種統治形式所具有的一個顯著因素，乃是出於一時好惡或為了應急而根據被統治者的長遠需要所產生的原則性行動而發布高壓命令。」所謂憲法中的權力是指在憲法產生以後的資本主義社會和社會主義社會的家權力，這種權力受到憲法的限制。

關於權力概念的傳統論述，參閱鄒文海，《自由與權力》，頁 1-14、41-53、55-66、173-209，自刊，八十三年；雷崧生譯，凱爾生著，《法律與國家》，頁 151-2、221-2、236-7、314-8、347-8，正中，五十九年；楊日旭譯，Charles Beard 著，《共和國》，頁 227-41，正中，七十年；關於權力的當代分析，政治學學者有從權力作為資源、需要、關係與論述四個角度詳細說明權力之意義者，參閱石之瑜，《政治學的知識脈絡》，頁 91-121，五南，九十年；並參閱劉軍寧，《權力現象》，頁 19-43，商務，八十

一年；又權力可說是規畫分配空間的一種地位嗎？參閱畢恆達，《空間就是權力》，心靈工坊，2001 年。

立法院對臺南地院案（釋字第三七一號解釋）

續 (9) 1 (84)

🎵 背景事實

民國八十一年五月間司法院第二廳審查通過臺灣高等法院暨臺灣臺南地方法院同年三月法律座談會的法律見解，認為「法院辦理具體案件時，有審查有關法律是否牴觸憲法之權限，如認為法律與憲法牴觸而無效時，得拒絕適用之」。立法委員吳梓等十一人就之持不同意見，乃在立法院為臨時提案，認為司法院賦予法官「實質違憲審查權」恐將造成憲法第八十條、第一百七十條適用之疑義，立法院遂基於以下兩點理由，於同年六月聲請大法官解釋憲法：

一、為尊重現行憲政立法、司法權力分立體制，維護法律的安定性，避免法律陷於不安定狀態，致使人民的權利無法受到保障，「法律」既依據憲法第六十二條、第六十三條暨第一百七十條之規定，經立法院議決通過，總統公布，在尚未依法定程序廢止其施行效力前，應有其絕對的拘束力，中央暨地方各級機關包含普通法院，皆須恪實遵行。

二、為保障法律的合憲性，依據憲法第七十九條第二項、第一百七十三條之規定成立「法律違憲審查制度」，賦予「司法院大法官會議」專責行使審查法律是否違憲的職權，而非由普通法院掌理之，普通法院一般法官即只能依據「法律」作為審理案件的依據，但為貫徹憲法保障法官獨立審判，不受任何干涉的精神，並兼顧「法律違憲審查制度」的威信，法官在辦理具體案件適用法律時，若認為法律違反憲法，應停止審判，而以獨任法官或審判之名義，直接聲請大法官會議解釋。藉此亦可防止造成「惡法亦法」的推論，避免一般法官在認事用法上遭受困擾，也維護了「司法是社會正義最後一道防線」的美譽。

大法官於立法院聲請釋憲後二年有餘始做成解釋，並無大法官同時提出不同意見書或協同意見書。

解釋文

　　憲法為國家最高規範，法律牴觸憲法者無效，法律與憲法有無牴觸發生疑義而須予以解釋時，由司法院大法官掌理，此觀憲法第一百七十一條、第一百七十三條、第七十八條及第七十九條第二項規定甚明。又法官依據法律獨立審判，憲法第八十條定有明文，故依法公布施行之法律，法官應以其為審判之依據，不得認定法律為違憲而逕行拒絕適用。惟憲法之效力既高於法律，法官有優先遵守之義務，法官於審理案件時，對於應適用之法律，依其合理之確信，認為有牴觸憲法之疑義者，自應許其先行聲請解釋憲法，以求解決。是遇有前述情形，各級法院得以之為先決問題裁定停止訴訟程序，並提出客觀上形成確信法律為違憲之具體理由，聲請本院大法官解釋。司法院大法官審理案件法第五條第二項、第三項之規定，與上開意旨不符部分，應停止適用。

─解釋理由書─

　　採用成文憲法之現代法治國家，基於權力分立之憲政原理，莫不建立法令違憲審查制度。其未專設違憲審查之司法機關者，此一權限或依裁判先例或經憲法明定由普通法院行使，前者如美國，後者如日本（一九四六年憲法第八十一條）。其設置違憲審查之司法機關者，法律有無牴觸憲法則由此一司法機關予以判斷，如德國（一九四九年基本法第九十三條及第一百條）、奧國（一九二九年憲法第一百四十條及第一百四十條之一）、義大利（一九四七年憲法第一百三十四條及第一百三十六條）及西班牙（一九七八年憲法第一百六十一條至第一百六十三條）等國之憲法法院。各國情況不同，其制度之設計及運作，雖難期一致，惟目的皆在保障憲法在規範層級中之最高性，並維護法官獨立行使職權，俾其於審判之際僅服從憲法及法律，不受任何干涉。我國法制以承襲歐陸國家為主，行憲以來，違憲審查制度之發展，亦與上述歐陸國家相近。

　　憲法第一百七十一條規定：「法律與憲法牴觸者無效。法律與憲法有無牴觸發生疑義時，由司法院解釋之」，第一百七十三條規定：「憲法之解釋，由司法院為之」，第七十八條又規定：「司法院解釋憲法，並有統一解釋法律及命令之權」，第七十九條第二項及憲法增修條文第四條第二項則明定司法院大

法官掌理第七十八條規定事項。是解釋法律牴觸憲法而宣告其為無效，乃專屬司法院大法官之職掌。各級法院法官依憲法第八十條之規定，應依據法律獨立審判，故依法公布施行之法律，法官應以其為審判之依據，不得認定法律為違憲而逕行拒絕適用。惟憲法乃國家最高規範，法官均有優先遵守之義務，各級法院法官於審理案件時，對於應適用之法律，依其合理之確信，認為有牴觸憲法之疑義者，自應許其先行聲請解釋憲法以求解決，無須受訴訟審級之限制。既可消除法官對遵守憲法與依據法律之間可能發生之取捨困難，亦可避免司法資源之浪費。是遇有前述情形，各級法院得以之為先決問題裁定停止訴訟程序，並提出客觀上形成確信法律為違憲之具體理由，聲請本院大法官解釋。司法院大法官審理案件法第五條第二項、第三項之規定，與上開意旨不符部分，應停止適用。關於各級法院法官聲請本院解釋法律違憲事項以本解釋為準，其聲請程式準用同法第八條第一項之規定。

─評析與問題─

　　本案聲請釋憲之提出，顯示立法委員之權力敏感度極高，臺南地方法院座談會的見解，觸及了審判權與立法權的互動關係，立法委員了解法院從事違憲審查，即係實質上對立法權之一種制衡與拘束。立法院迅速反應，聲請大法官釋憲以為反制，可以印證「權力機關恆不願其權力受到限制」的憲政主義基本假設。

　　經本案中可以看出憲法所確立的幾項原則：

　　一、憲法為最高規範，見於憲法第一百七十一條：「法律與憲法牴觸者無效」以及第一百七十二條：「命令與憲法或法律牴觸者無效」的規定，此二項條文共同架構了憲法／法律／命令自上而下的憲政規範秩序，憲法即位於此一憲政規範秩序之頂端，為下位規範（法律、命令、處分、裁判）所不能牴觸侵犯，而可以一個三角圖形加以表現❾：

---

❾　此一著名的三角圖形乃是出自 Hans Kelson 教授。詳閱涂懷瑩，《中華民國憲法原理》，頁 140–1，自刊，八十二年十二版。

二、憲法做為國家最高規範，法官應以其為審判之依據，也依據憲法規定（第八條）以法律為其審判之依據；並有優先遵守憲法之義務。

三、司法從事違憲審查是現代法治國家的通例，其目的在於確保憲法的最高性與司法的獨立性。

◆ 具體法律違憲審查

而本案解釋同時認定，法官於審判時，對於所應適用的法律，基於合理的確信，認為其為違憲時，不得逕行拒絕適用，而可先行停止訴訟程序，聲請大法官解釋憲法，不受訴訟審級之限制。此則為歐陸國家所採取之具體法律違憲審查制度❿。

本案解釋做成當時，法律僅規定最高法院與行政法院得以法律違憲為由，停止訴訟程序之進行，聲請大法官解釋憲法（司法院大法官審理案件法第五條第二項）。本案解釋則認定各級法院法官均應從事違憲審查，並得以法律違憲為由，停止訴訟程序之進行，聲請大法官解釋憲法，不以最高法院或行政法院為限。

本案僅處理法官於審判時認為法律違憲應如何處置的問題，其情形與法官於審判時認為行政命令或行政處分違憲或違法者並不相同。法官審判中認為命令或處分違憲或違法時，不能停止訴訟聲請大法官解釋，而應直接適用憲法或法律自行判決。

---

❿ 關於具體法律違憲審查制度，請參閱吳庚，〈憲法審判制度的起源及發展兼論我國大法官釋憲制度〉，《法令月刊》，51 卷 10 期，頁 9–29，八十九年十月；楊與齡，〈具體法規審查制與我國司法院及法官之法規審查權〉，《法令月刊》，41 卷 1 期，頁 3–6，七十九年一月；許宗力，〈普通法院各級法官及行政法院評事應否具有違憲審查權〉，《憲政時代》，18 卷 3 期，頁 3–12，八十二年一月。

憲法為何要建構？為最高規範？憲法為何規定法律或命令不得牴觸憲法？違憲審查所欲解決的是規範衝突的問題：法律與憲法相牴觸時，法官在審判中應如何選擇而為適用？憲法第一百七十一條規定法律與憲法牴觸者無效，以解決規範衝突，但是，應該由誰審查法律是否牴觸憲法？

◆ **司法違憲審查的發源**

審查法律有無牴觸憲法，濫觴於美國最高法院於一八〇三年做成之 Marbury v. Madison, 1 Cranch 137 (1803) 一案❶，茲簡述並節錄該案於下：

Marbury v. Madison

✒ 背景事實

一八〇一年二月十七日，Thomas Jefferson 獲眾議院投票選為美國第四任總統。即將卸任之 John Adams 總統則在同年一月間任命時任國務卿之 John Marshall 出任最高法院首席大法官，Marshall 旋於二月四日宣誓就職。Jefferson 總統於同年三月四日就職，由 Marshall 監誓。Marshall 並應 Jefferson 總統所請，繼續擔任國務卿至新任命之國務卿接事時為止。

聯邦主義者所掌握的國會於同年二月十三日通過高等法院法，新增了十六位聯邦法院法官的職位，同為聯邦主義者的 Adams 總統則於其卸任前，迅速任命了一批聯邦主義者為新任高等法院法官。同年二月廿七日，國會又通過了 District of Columbia 組織法，授權總統提名四十二位特區法官。Adams 總統於三月二日提名，參議院則於三月三日投票通過提名。Adams 總統於其任期的最後一日簽署了這些法官的任命令，並由 Marshall 國務卿一一用印。惟在匆忙之中，奉命發出這些人事任命的 James Marshall （John Marshall 之弟）未能將這些人事命令全數發送，並遺留了數份人事任命令於國務卿辦公室之中，William Marbury 的人事任命令即在其內。接任國務卿的 James Madison 受 Jefferson 總統指示，以此等任命為無效，按下任命令，不予發送。

---

❶　關於違憲審查在大陸法系國家發展情形之介紹與評析，請參閱吳庚，〈憲法審判制度的起源及發展兼論我國大法官釋憲制度〉，《法令月刊》，51 卷 10 期，頁 9-29，八十九年十月。

一八〇一年十二月，Marbury 等依一七八九年之法院組織法第十三條的規定，向最高法院起訴請求法院判令 Madison 國務卿發送人事任命令。最高法院於一八〇三年由 John Marshall 首席大法官主稿做成本案判決。

判決：原告之訴駁回。

理由：

依審查本案系爭問題之順序，本院考量下述三項問題，並就之做成決定：

第一，聲請人有無權利要求布達其人事命令？

第二，如其有此權利，且其權利遭受侵害，我國法律有無救濟之道？

第三，如果法律設有救濟途徑，是否即應由本院裁發強制處分令？

首應研究之問題，第一，聲請人有無權利要求布達其人事命令？本院之確切見解為，總統一旦簽署人事命令，任命即已生效；亦即國務卿一旦簽用美國國家印信，任命即告完成。Marbury 既經總統簽署其任命、國務卿完成用印，即已獲得任命，何況，創設是項職位之法律賦予此職獨立於行政之外之五年任期，此項任命不得撤銷，即係任職者之法定權利，受到國家法律之保障。本院乃認為將人事命令留置不發，係屬法所不許，構成既得法定權利之侵害。

吾人尚應追問一問題，亦即第二，如其有此權利，且其權利遭受侵害，我國法律有無救濟之道？

市民自由之核心，顯然在於受到侵害之個人，有權主張法律救濟，政府首要的責任之一，在於提供法律救濟，美國政府常被強調稱許為法治而非人治的政府，如果法律對於既得法定權利之侵害未設救濟之道，將不足以當此美譽。

吾人乃有必要追問，在我國的體制結構中，有無任何部分得能豁免於法律審查，或者排除受害者獲得法律救濟？

任命事項是否即具此性質？布達或留置人事命令可否視為純粹的政治行為，專屬於行政部門之裁量，從而認定憲法已將為與不為完全委諸行政高權，縱有違失，受害者亦不能享受救濟？

此類專屬裁量可能存在，應無疑問，但謂我國政府每一部門行使職務之行為皆係專屬裁量，則非所許。

　　依據美國憲法，總統享有若干特定而重要之政治權力，行使此種權力，總統須運用其本身的裁量，僅對國家及其良心負擔政治責任，為助其行使其權力，總統有權任命官吏，接受其指揮，服從其命令。於此情形，下屬之行為即為總統之行為；無論行政官吏如何運用裁量，根據何種理由，均不得有任何權力過問是項裁量。此為政治性權力，其行使係面對國家而非面對個人權利而為；其權歸屬於行政，行政機關之決定自為終局之決定。此從國會設立外交機關一事上可以獲得印證，外交官吏，其職責根據國會所定，應完全依照總統之指示行事，總統是唯一的指示者，外交官吏的職務行為，絕非司法所審查。

　　然而，若是立法者進一步將其他職責加諸官吏，使其獨立踐行特定職務，而其職務之行使並將影響國人之權利，此一職位即為法定職位，其行為即向法律負責，乃不能恣意剝奪他人既得之權利。

　　依循此理推論，行政機關首長若係代表行政機關從事政治性的、內部的職務、僅在執行總統之意志，或只在行使行政機關所享有之憲法或法律裁量權時，其行為僅受政治審查，惟若其職務係由法律所明白賦予，而於職務之行使並關係個人權利，則自認遭受侵害之個人應有訴諸國家法律救濟之權，當亦其理甚明。

　　向參議院提出人選的權力，與任命所提名者的權力，都是政治權力，由總統依其自身之裁量加以行使。當他完成一項任命，他已行使了他全部的權力，他的裁量也已完全施用於該項任命。如果依據法律，總統可依其意志將該一官員免職，其自可立即發布新的任命，而該一官員之權利即遭終止，但是就像已經發生的事實不能當做完全未曾發生一樣，已為之任命不能廢棄，其結果是依法不能聽由總統裁量而免職的官員，其依法取得的權利即受法律所保障，而不能由總統再行攫取，其權利不能為行政權所解消，他乃享有主張此等權利之資格，而與經由其他權源獲得之任何權利，並無不同。

　　職是，本院認為 Marbury 享有獲得是項任命的權利。拒絕布達是項人事命令乃是明顯侵害其權利，我國法律就此設有救濟。

　　仍須探究者，為第三，Marbury 是否有權獲得其所請求之救濟？此則應視 1.其所聲請之強制處分令之性質，以及 2.本院之權限範圍何在而定。

1.強制處分令之性質

此項強制令，如經發布，將以政府官員為客體，用 Blackstone 的話來說，係課以義務，使之「奉行法院所認定或至少假定合乎公平正義而於此強制令中明確指定之職務上行為」。若依 Mansfield 爵士的話語，則是本案之聲請人有權擔任關係公共事務之職，但其人是項權利之享有已受到妨害。此項情況於本案中確然存在。

不過，強制令所以構成一項適當的救濟，必須以所適用的官吏基於法律的規定可以成為強制令適用的對象為限；強制令的聲請者，必須已然缺乏其他可資救濟的途徑。

先談適用此強制令的對象，譬如美國總統與其內閣部長間緊密的政治關係，必將使得針對是等高層行為進行法律調查顯然唐突而敏感；此等調查自易使人躊躇不前。惟未經深思或檢討的印象往往誤植人心，以本案情形言，乍視之會被誤認為聲請人在法院中主張個人的權利舉動，將使得法院在審理過程中介入內閣的行為並因而干涉到行政權的行使，即不正確。

法院其實並不需要堅持否認此種指控，如此荒謬過當的說法不容片刻成立。法院的職責，僅僅是裁判個人的權利，非在追問行政部門或行政官吏如何執行其職務上的裁量權限。本質上為政治性的問題，或依憲法或法律應交由行政部門決定的問題，不能由法院代為決定。

然而，如果不是這樣的問題，如果與介入內閣機密事項風馬牛不相干，而是關於一份文件，依據法律列入記錄的文件，支付一角錢即可依法取得繕本的文件，而且又非干涉行政權可以絕對加以指揮的官吏，則何能從該項職位推衍出個人不得在法院中主張權利、或法院不得審理或裁發強制處分令以促使執法者依據法律、法理而非行政裁量執法？

當部會首長依法應為某項措施以尊重個人的絕對權利時，難以想像法院還有其他的理由可以免除依法裁判的責任。

是故本案僅為單純地請求布達任命或其謄本的強制處分令。所餘之問題，則為：

2.本院可否裁發此項強制處分令

設置美國法院的法律，授權最高法院「於合乎法律原則及慣例的情形下，

向美國所設置之法院或官吏裁發強制處分令」。

　　國務卿身為美國所設置之官吏，正屬這項規定的文義範圍之內，如果本院並無向官吏裁發強制處分令的權力，則必係由於法律違憲以致完全不能依其規定授與權力或課與責任之故。

　　憲法將全部的司法權付諸一個最高法院，以及國會不時設置之次級法院。司法權既經明訂及於任何基於美國法律所發生的案件，自能以某種形式於本件系爭案件中加以行使，因為本案所主張的權利乃是一項美國法律所賦予的權利。

　　在司法權之分配上，「美國最高法院於所有涉及大使、高級外交官及領事，或是以國家為當事人一造之案件行使初審管轄權。最高法院於其他案件行使之上訴管轄權」，為憲法所明訂。

　　在本案辯論過程中，曾有主張憲法當初賦予最高法院及次級法院之管轄是一般性的規定，而且規定最高法院享有初審管轄權的規定並無反面否定或排他之義，故國會仍然有權授與最高法院上述條文所未指明之他種案件的初審管轄權，其案件但為司法權所得處理者，即為已足。

　　惟若憲法有意將司法權於最高及次級法院間之分配聽由國會依其裁量加以決定者，則在界定司法權以及規定司法權應由法院行使之外，即無再為進一步規定之道理。如依此解釋，憲法第三條後段之規定勢將成為贅文而毫無意義。若國會可以不問憲法明訂本院應為初審管轄之案件而任意賦予本院上訴管轄權，或將憲法明訂上訴管轄權的規定置之不理，則憲法所為分配管轄權之規定，即屬名實不符。

　　肯定之文字有時在適用上亦有否定其未肯定部分的效果。於本案之中，是段肯定性的規定必然具有否定或排他的意義，否則即毫無實益。吾人不能假設憲法中有任何條文係無意發生效力者，因此類此的解釋即難以成立。

　　一部憲法文書設置司法系統的結構，將之區分為一個最高法院以及眾多得由立法機關命令及設置的次級法院，並列舉而且更進一步分配其權力，界定最高法院之管轄權及於其能行使初審管轄的各種案件與其能行使上訴管轄的其他案件，此等規定的始意似甚明顯，就一類的案件其管轄為初審管轄而非上訴管轄；就另一類的案件則為上訴管轄而非初審管轄。如有他種解釋足

使此項條文不生實際作用，斯正應構成拒絕如此解釋而堅持其明確文義的進一層理由。本院裁發強制處分令乃必須以行使上訴管轄，或是有行使上訴管轄必要的情形為限。

辨識是否為上訴管轄的必要標準是上訴管轄改變或糾正業已繫屬之訴訟標的的程序，而非創設訴訟標的的程序。因此，強制處分令固可針對法院而裁發，然而針對一位官吏裁發強制處分令使其交付一項文件，其實與創設原始交付行為無異，是故並非屬於上訴管轄，而為初審管轄之範圍。

職是之故，設置美國法院之立法授權最高法院向官吏裁發強制處分令，似乎並非憲法所許，乃必須追問因此而劃定之管轄權能否加以行使之問題。

與憲法牴觸之立法能否成為拘束全國之法律，對美國而言乃是饒富趣味的問題。決定其答案孰屬，僅須肯認若干被認為長期建立、並無爭議的基本原則，似為已足。

人民擁有權利以創造、樹立其心目中對其福祉最為有益的各種原則，以為政府未來施政之依循，此為美國政府組織之基礎。行使此一原創之權利，茲事體大，不能且不應頻頻為之，其因此而樹立的各項原則乃被視為具有根本之性質。同時由於其所據以行動的權源乃是至高無上且不能經常發動者，此等原則乃被設計為具有恆久不變之特性。

此項原創而最高之意志，組織政府，且將之區分為不同的部門，各掌其權。憲法可以就此打住，也可進一步設定若干不能由政府各部門所逾越的限制。美國政府之組織係屬後者之情形，立院權是經過定義而有其界限的，而此等界限不容錯忽。蓋憲法為成文的，若是被限制者可以隨時逾越限制，則限制權力所為何來？又何需將權力的限制形諸文字？如果此等限制並不範定受其限制者之義務，如果被禁止的行為與被容許的行為之間，義務相同而無所區分，則受限制的政府與不受限制的政府亦將無法區分。一項至為簡單以致不容懷疑的道理是，憲法制約任何違背憲法的立法，否則立法者即可以普通的立法變更憲法。

在這兩者之間，並無其他的折衷選擇。憲法或者是一項最高而不能超越的法，不容一般的法加以改變？或者只是與一般立法同其位階相同，而如其他立法一般，當立法者欲加改變時即可予以變更？

如果前者為是，則與憲法牴觸之法律即不是法；如果後者為是，則成文憲法只是人民所為的一種荒謬嘗試，想要限制本質上不受限制的權力。

當然所有參與制憲的人認為彼在建構根本而無可超越的國法，其結果，此種政府乃必須服膺違憲的法律應屬無效的理論。

此一理論乃是附麗於成文憲法，也因此為本院認定是吾人社會的根本原則之一，而為進一步探討此項主題時所不能忽略的。

如果國會的一項立法違憲而無效，它是否仍然拘束法院，使法院無視其無效性而仍有遵行之義務？亦即，換言之，它雖非法律，是否仍然構成一項規範，可以如法律般地運作？果然，則實際上勢將推翻業已建立之理論；令人初視之即生過於荒誕而難以同意之感。不過，此一問題值得更為深入之探究。

宣示什麼是法律，是司法部門的當然領域與職責。任何將規範適用於個案的人，皆必須尋思並理解是項規範。若有兩法相互衝突，法院必須決定各法如何適用。

因此，當一項法律與憲法牴觸時，如果兩者皆於某一個案有其適用，法院必須依據法律而為判決，置憲法於不顧；或是依據憲法而置法律於不顧。法院必須決定此兩相牴觸的規範何者應適用於該項個案，此為司法責任的要義所在。

如果法院要尊重憲法，而且憲法係高於立法者的一般立法，則憲法，而非該項一般立法，即必須適用於此兩者皆有其適用之個案。

反對憲法應為法院當作至高無上的法加以適用者，因而必須主張法院應對憲法視之不見，而只閱讀法律。

此一見解將會推翻所有成文憲法最為根本之所在，無異宣示一項根據吾國政府組織原則係屬絕對無效的法律仍可在實務上完全發生拘束力；亦即宣示縱然立法者所為係受憲法所禁，其立法事實上仍然有效，不因憲法明文禁止而受影響。此將賦予立法者一種實際而真正的無限權力，而與將立法權限制在有限範圍的權力同其寬廣。斯係一方面設定限制，一方面卻宣布該等限制可以任意逾越。

如此將吾人視為政治組織上最為卓越之改良設計亦即──成文憲法──

歸為無物的解釋，在極其尊崇成文憲法的美國，已足以成為令人不能接受的理由。但是美國憲法的特殊明文規定還提供了更多的理由拒絕此種解釋。

美國的司法權應及於任何憲法上所發生之案件。賦予此項權力的人是否有意指示在適用憲法時無須檢閱憲法？就憲法上所發生之案件加以裁判時不須翻閱該等案件所憑由發生的文件？此種見解過於無稽以致不能成立。

在某些案件中，法官必須翻閱憲法，而如果法官真的可以翻閱憲法，哪一部分的憲法為其所不能閱讀或無須遵守？

憲法的許多部分皆與此一問題息息相關。憲法規定「州所輸出之物品不得課徵稅捐」，若有針對棉花、煙草或麵粉而課徵關稅以致引起請求退稅爭訟者，法院是否應加判決？法官應否閉目不讀憲法，唯法律是從？

憲法規定「不得制定懲處個人或溯及既往之法律」。如果有這樣的法律被通過，並有不因此遭到追訴，法院難道該將那些憲法原欲保障的人置之死地？

憲法規定「非依據兩人以上之證詞或於法庭公開程序中所為之自白，不得判定叛國之罪」。此段文字係專對法院而設，直接為法院規定了其所不能違反的證據法則。設若立法者更改了此一法則，規定「一位」證人的證詞或是法庭「外」的自白即可做為定罪的依據，憲法之規定是否應向法律讓步？

準乎此述，以及其他可以舉出的類似例子，制憲先賢顯然欲使憲法成為拘束法院以及立法者的規範。

不然何以憲法要求法官宣誓恪守憲法？此項宣誓當然應以特有的方式適用於法官職務上的行為，如果法官竟將成為違犯甚至明知故犯其所宣誓恪守者的工具，則課之以恪守憲法的義務，豈非悖德！

立法者所制定之法官誓詞，亦已完全表達了立法者對此項問題的意見。其誓詞為：「吾鄭重宣誓，吾將無所偏私，職司公平，不論貧富，一視同仁，吾亦將依據憲法以及美國法律，竭智盡力誠實公正，忠於職守，以擔任……之職。」

如果憲法並未設定規範使其遵行，則法官宣誓依據憲法忠於職守又所為何來？憲法焉有可能拒絕法官遵守，不令法官檢視翻閱？

若是果有其事，其惡將甚於虛偽之道學；設定或舉行此項宣誓，實與犯罪無殊。

　　尚值一提者，構成至高無上之國法者，首推憲法，而非美國一般的法律，其惟依照憲法而制定者，始得稱為至高無上之國法。

　　準此，美國憲法文字的特別構造，確定並強化了應該構成所有成文憲法共通內容的原則──**違憲法律應歸無效，法院以及其他政府部門，均應受憲法拘束。**

─評析與問題─

　　Marbury v. Madison 一案根據剛性憲法原理 ⑫、法治政府⑬原理、有限政府⑭原理、較高法原理⑮及權力分立原則⑯所樹立之原則：「違憲法

----

⑫　指憲法的修改機關與普通立法機關不同，或其修改程序比普通法律較為困難。參閱本書郝龍斌、鄭寶清、洪昭男等對國民大會案（釋 499）。

⑬　法治政府即政府之組織、權限須依照法律之規定或有法律之授權。法律是賦予和限制政府的權力、防止政府濫權，從而保障人民的權利和自由的重要憲政機制。參閱本書臺中第七建勞合作社對臺中市府案（釋 276）。

⑭　「有限政府」係指政府權力受憲法之抑制而有其一定的限度，不能無限廣大。依據學者之說法，有限政府指分權政府的權力為有限的權力，因為分權以後各權力部門非達成「共識」，實際上將難以限制或侵害人民之自由。縱使國會通過「惡法」猶須法院配合於裁判上加以引用，並需行政部門執行法院之判決，才能產生侵害人民自由之「惡果」。湯德宗，〈大法官有關「權力分立原則」解釋案之研析〉，《權力分立新論》，頁 192，元照，八十九年二版。

⑮　憲法為法律及命令之較高法，此由憲法第一百七十一條、第一百七十二條可得知。較高法的概念原由論者討論自然法與實證法之關係而來。此從下列幾項關於「自然法」的描述，皆可獲得了解：
　　「依歸納之結果，各時代自然法學者共同之處，可說在於認為人類社會生活所適用之行為規則，並不限於國家或政府制定之法律。國家所制定之行為規則之外，尚有性質更為普遍之行為規範，適用於一切的人而非只適用於某一個人或某一時間及空間內之某一社會，此時人類行為規範並非由人所創制，而係根據具有理性的人之基本需要而存在著；故人類藉其理性即得察知之或認識之。此規範形成一切個別行為規則之來源；並構成批判一切人為規則之內容為善為惡、公平與否之標準。」馬漢寶，《西洋法律思想論集》，頁 112，漢林，五十九年。
　　「自然法的學說，假定著個人行為的最後規範，來自於『自然』，換言之，來自於事物的性質或人性，來自於人類的理智或上帝的意志。這個學說認為個人關係所構成

律應歸無效，法院以及其他政府部門，均應受憲法拘束」，在我國憲法言之，完全相同，也是<u>山東首席檢察官案</u>（釋9）與<u>立法院對臺南地院案</u>（釋371）兩案聯立理解所能得到的共同結論。Marbury 案與<u>立法院對臺南地院案</u>（釋371）樹立了相同的原則，然則為何美國最高法院與我國臺南地院均得出「法官應拒絕適用違憲法律進行審判」的結論，而我國大法官則同意立法院的看法，認定「法官不得認定法律為違憲而逕行拒絕適用」？究竟是因為法官拒絕適用才會使得法律在實質上歸於無效？還是因為法律違憲無效法官才拒絕適用？法官既有優先適用憲法之義務，何以不得解釋法律為違憲而拒絕於審判中適用違憲之法律？<u>立法院對臺南地院案</u>（釋371）是否犯了先有「法官不能認定法律為違憲而逕行拒絕適用」的結論再從事憲法推理的誤謬？

　　請進一步思考：剛性憲法與司法違憲審查如何發生理論上的關連？法

的秩序，以其來自於『自然』、人類的理智、或上帝的意志，與基於實在法的秩序相異；它高於實在法，絕對有效且公正。自然法的學說，是一種實在法與自然法間的二元論。它主張在不完善的實在法之上，存在著完善的絕對公正的自然法。」雷崧生節譯，Hans Kelsen 著，《純粹法學》，頁 4-5，司法行政部，四十六年。
「自然法學大體上是指這樣一種法律思想：自然法是與國家制定的實證法相對稱的法律，並往往被認為高於實證法。」沈宗靈，《法理學》，頁 45，五南，八十三年。
「格老秀斯定義自然法為『一種正當理性的命令，它指示任何與合乎理性的本性相一致的行為就有一種道德上的必要性；反之，就是道德上罪惡的行為。』二十世紀新經院主義法學家主張自然法先於實證法並且高於實證法。」鄧正來譯，Edgar Bodenheimer 著，《法理學：法哲學與法學方法》，頁 53、218，漢興，八十八年。
❻ 權力分立原則係法儒孟德斯鳩集大成之見，而將國家權力分別為三，分屬不同機關，此三權為立法、行政、司法。因權力集中必然會導致濫權，三權分立而互相制衡，人民之自由才有保障。李惠宗，〈國家組織法的憲法解釋〉，《權力分立與基本權保障》，頁 5，韋伯文化，八十八年。
學者並指出，權力分立原則之內涵，可分從形式與實質兩方面說明。形式上，權力分立原則表現在垂直面向（中央政府與地方政府）及水平面向（中央政府內與地方政府內各部門間之權限劃分）。實質上，權力分立原則之精義在於「分權」與「制衡」。湯德宗，〈大法官有關「權力分立原則」解釋案之研析〉，《權力分立新論》，頁 186-201，元照，八十九年二版。

治政府原理與司法違憲審查有何關連？有限政府原理呢？較高法原理呢？權力分立原則呢？

　　立法院於聲請解釋之文件中，宣稱立法院通過、總統公布之法律，在未依法定程序廢止其施行效力前，應有絕對的拘束力，有無憲法上之依據？憲法第一百七十一條規定法律與憲法牴觸者無效，不正係否定法律有絕對拘束力的規定？法律廢止之權在立法院，如果未依法定程序廢止之法律概有絕對的拘束力，豈非有賴立法院自行決定法律是否牴觸憲法？立法院又怎會認定自身所通過的法律違憲？認為法律於依法定程序廢止前概有絕對的拘束力，可以確保法律的安定性，然則，違憲法律所犧牲的憲法安定性又將如何確保？

　　「憲法之效力既高於法律，法官有優先遵守之義務」，究係何意？以民法為例，民法第一條規定：「民事，法律所未規定者，依習慣；無習慣者，依法理。」憲法是否構成民法之法源？其適用順序如何？學者有認為憲法固然構成民法之法源，但不是「法律」，而只能作為「法理」加以看待者❼，依此見解，則適用憲法之順序將在法律之後，且以法律無規定為前提，此與本案解釋所稱「優先適用憲法」之義務是否相左？抑是憲法當然構成民法之法源，無待民法明文規定？民法未與憲法相牴觸時，憲法是否仍應優先於民法適用？法院在解釋、適用民法之際，恆應依據憲法之精神為之，是否較能符合本案解釋之意思？

　　憲法第一百七十一條規定「法律與憲法有無牴觸發生疑義時，由司法院解釋之」，係在規定司法院大法官為違憲審查的專屬機關還是終審法院？如果大法官是從事違憲審查的專屬機關，則於法官認定法律合憲時，依立法院對臺南地院案（釋371）之意旨，應否停止訴訟程序，聲請大法官解釋？黃茂榮教授指出，法官為合憲性判斷與違憲性判斷，能力素質要求完全一樣❽，是則何以法官為合憲性判斷可以自行決定，為違憲性判斷則必須聲請大法官加以確認？違憲審查制度究竟係為保護憲法免受違憲法律侵

---

❼　黃陽壽，〈民法第一條之研究〉，《東吳法律學報》，9 卷 1 期，頁 23，八十五年六月。
❽　黃茂榮，《法學方法與現代民法》，頁 290-2，自刊，八十二年。

犯而設？還是為保護法律免受法官宣告違憲而設？憲法為最高規範的意義究竟何在？

憲法第一百七十一條規定之「疑義」二字作何解釋？是法官本身發生疑問即足當之，抑或必須當事人有所爭執始能認作「疑義」業已發生？法官如認為法律為甲種解釋為違憲，為乙種解釋不違憲，是否還須停止訴訟聲請大法官解釋？抑或可以逕採合憲解釋而為判決？又「法律違憲」與「法律適用違憲」有無不同？立法院對臺南地院案（釋 371）是否僅禁止法官拒絕適用違憲之法律，而不禁止法官自行判斷法律適用違憲之情形應該如何處置？

行政機關可否從事違憲審查，拒絕適用法律？行政機關依其合理之確信認為法律為違憲時，應如何處置？

本案解釋謂法官於審判中聲請解釋憲法，可以裁定停止訴訟程序後為之，法官可否不停止訴訟程序而聲請大法官解釋憲法❶❾？

關於本案解釋、山東首席檢察官案（釋 9）與 Marbury v. Madison 案之比較，參閱李念祖，《司法者的憲法》，頁 65–99，五南，八十九年。關於一般法院法官從事個案審查之理論思辯，參閱黃建輝，〈法官個案審查制度之建立〉，收於《憲法體制與法治行政(1)》，三民，八十七年。

軍人婚姻條例判決案
（臺灣雲林地方法院 92 年度家訴字第 39 號判決）

✍ 案例事實

兩造於民國（下同）七十一年八月十七日結婚，乃在被告入營服義務役期間。原告主張依當時有效之勘亂時期軍人婚姻條例第三條第一項第三款等規定，兩造婚姻應屬無效；縱認兩造婚姻有效，惟自七年前被告即藉口工作而遠至南投縣霧社鄉獨居，被告已有遺棄之情事，縱被告無遺棄原告之問題，然兩造互動疏離，雙方已無感情亦無維持婚姻之意，爰依據民法第一千零五

---

❶❾ 相關討論，參閱楊慧英，〈法官聲請解釋憲法制度暨案例解析〉，《法官協會雜誌》，2 卷 2 期，頁 30-1，八十九年十二月。

十二條第二項規定，請求判決離婚。被告則以兩造婚姻合法有效，且因婚後兩人認知不同，加上被告身體變差才無法賺錢養家，非被告遺棄原告，而是原告不接納被告，且未能體恤被告之身心感受，致使二人間無維繫感情意願等語為抗辯。

一本案爭點一

法官於審理具體個案適用法律時，是否有違憲審查之義務？

一法院判決理由要旨一

本件之審理順序應以確認婚姻是否有效為先，若認婚姻有效存續，始進一步審理原告主張判決離婚有無理由。按「勘亂時期軍人婚姻條例」第三條第一項第三款之規定（下稱系爭規定），應徵、應召入營服役未屆滿義務役者不得結婚，違反者依同法第十二條第一項之規定，其結婚無效。惟立法院於八十一年七月十七日修正公布之軍人婚姻條例，將服義務役現役軍人不得結婚之規定刪除，即本件修正前之「勘亂時期軍人婚姻條例」第三條第一項第三款規定之據以廢除，從當時之時代背景觀之，乃因七十年間國家並未遭逢戰亂，又從刪除理由可知系爭規定對國家安全已無實益，既系爭規定以特別法之形式限制服義務役現役軍人之婚姻自由，亦增加軍人結婚及其配偶申報戶籍時的困擾，其違背憲法第二十三條保障人民自由權之意旨，而認系爭規定之違憲情狀，灼然甚明，故認該規定自應因違反憲法而無效，且屬自始當然無效。蓋依憲法第八十條之規定，法院須依據法律獨立審判，又依憲法第一百七十一條第二項明文規定，法律與憲法有無牴觸發生疑義時，由司法院解釋之，本件判決認系爭規定明顯牴觸憲法保障人民婚姻自由權而無效，立法機關於刪除理由亦同此認定，既已具違憲事由，且已非法官單方之確信，立法院亦有相同之確信，此等確信已超過疑義之程度，故本件認法官於具體個案中本應有違憲審查之義務，自毋須停止訴訟程序而聲請司法院大法官解釋憲法。

本件參酌黃茂榮、李念祖等學者之見解，就法官於審理具體個案適用法律時，是否有違憲審查義務之爭議，有更細緻的論述，如下：

　　一、現行司法院大法官審理案件法只云中央或地方機關或人民、法人、政黨及立法委員，適用法律與命令，發生有抵觸憲法之疑義時，得聲請大法官釋憲，可見法官對於某法律的違憲性，若有已獲有「確信」而無「疑義」，自得不聲請大法官解釋，而逕行認為無效，拒絕適用。

　　二、憲法第七十八條及第七十九條固然賦予司法院大法官解釋憲法之權，甚至第一百七十一條還明定「法律與憲法有無抵觸發生疑義時，由司法院解釋之」，但不能因此就認為違憲審查權應為司法院大法官所專屬，因為基於保障人權的需要，任何國家機關，包括法院都有遵守、適用與解釋憲法的義務，只要我們承認法官審判時也須遵守、適用憲法，就沒有理由否認法官適用任一法律時，也有從事違憲審查並拒絕適用經其認為違憲之法律之權限。

　　三、如果一般法院法官認定法律違憲，無權拒絕適用，只能聲請大法官解釋，則一般法院法官的憲法素養勢必因制度的被置於大法官的「監護」下而沒有機會獲得發展，進而慢慢的萎縮下去。

　　四、如果一般法院法官認為法律違憲時，只能聲請大法官解釋，無權逕行拒絕適用，顯然是對法官的違憲判斷能力不信任。

　　五、憲法的目的在於節制政府權力，以保障民權。任何政府機關都有遵守憲法，依據憲法行使權力的義務與責任。因此，任何政府行使公權力時，均須理解憲法規定的涵義以適用憲法。解釋憲法是適用憲法的必經過程，解釋憲法乃成為任何行使公權力的機關必須具備的功能，憲法規定司法院或大法官解釋憲法，自無使得司法院或大法官獨占憲法解釋功能之意。法官依據憲法行使審判權亦有適用憲法的義務與責任，也就必須解釋憲法。從而，法官行使職務時，既須解釋憲法，自亦應判斷審判時所適用之法律究竟符合或違反憲法的規定，誠難一方面肯認法官在適用憲法審判時，必須解釋憲法，一方面卻又否定法官應該依據憲法的內容認法律違憲。在憲法的解釋上，將法官為合憲判斷與違憲判斷之職責割裂，不僅顯得突兀，也難以得到文義解釋或論理解釋上的支持。因此憲法規定大法官解釋憲法，其正確的解釋，非在使得大法官成為專屬的釋憲機關，而係在使之成為終局的釋憲機關，憲法第一百七十一條「法律與憲法有無抵觸發生疑義時，由司法院解釋之」之規定，純從文義理解，亦可得出大法官之違憲審查並非專屬職務。否則任何機

關適用憲法都是須先行聲請大法官解釋憲法，於理疏不可通，實務上亦不可能。

六、憲法第八十條之規定，我國法官的職務是從事審判，乃只能宣示具體規範（即個案裁判），不能宣示抽象規範。大法官所為者若僅為違憲法律之抽象審查，學者稱之係在行使一種「準立法權」，自不能以此為由否定一般法官從事個案審查的憲法義務。一般審查與個案審查之性質具有重大差異，在憲法解釋上不容忽視；換言之，一般審查與個案審查構成憲法自我防衛設計之不同環節，法官在審判中為個案審查後，當事人（包括政府在內）能有機會請求大法官為終局的一般審查，依釋字第一八五號解釋，而拘束一切的法官；法官的個案審查則僅拘束個案當事人而已。即令憲法授權大法官從事終局的一般審查，為既未明文排除法院法官從事個案審查，兩者並行互不相悖，解釋上不應執前者而否定後者，否則不僅於解釋邏輯有虧，且徒將削弱憲法自我防衛之機能而已。

七、當法律與憲法抵觸時，法官應如何抉擇？唯一的答案是法官須優先適用憲法，因為憲法第一百七十一條明白規定「法律與憲法抵觸者無效」，誠難理解憲法會要求法官依據違憲的法律從事審判。因此，憲法第八十條所謂「法律」一詞的正解，應是合憲而有效的法律，不是違憲而無效的法律，蓋憲法若一方面規定違憲法律無效，一方面竟規定法官要遵守違憲的法律，豈非可笑？法官在適用成文法律時，經常面臨法律規定相互抵觸孰者優先適用的問題，法官具有規範衝突認定的義務無可懷疑，茲者在法律與憲法相互抵觸的情形，法官應優先適用憲法自無可懷疑，但憲法既未明文規定法官應優先適用法律，制憲者亦顯無此用意，獨將「憲法應優先於違憲法律適用」之原則排除於法官的審判職務範圍之外，實乏憲法解釋學上的理由，何況現行中央法規標準法第十一條亦規定「法律不得抵觸憲法」，則法官以此項法律規定為依據，亦不得適用違憲之法律審判，必謂憲法第八十條規定係在排除法官從事違憲審查的義務，無意要求法官在閱讀憲法時，只看憲法第八十條，但將其他憲法條文視而不見，使得法官事實上只受憲法第八十條之拘束，卻不受憲法其他條文的拘束，法官的權威未免特大。簡言之，現行憲法條文的規定，得不出明確排除法官認定衝突規範義務的解釋。

八、因為法院判斷法律之具有違憲性的能力既然被一般地加以懷疑，則人們有足夠的理由對其判斷法律之無違憲性的能力給予同樣程度的懷疑。蓋這兩個判斷在判斷能力素質上的要求是一樣的。賦予判斷法律之違憲性的責任，才能培養出法院判斷法律之違憲性的能力。不然，法院的違憲素養將在大法官會議的監護下，隨著立法機關所制定的法律得被推定為無違憲性的原則，而慢慢地萎縮下去。

九、憲法第一百七十一條第二項規定法律與憲法有無牴觸發生疑義時，由司法院解釋之，及司法院大法官會議法第四條列為得聲請大法官會議解釋憲法之事由亦皆或以疑義或以爭議之存在為其前提。

十、換言之，法院對某一法律之違憲性若已獲有確信而無疑義或者關於憲法的適用，並無在兩個以上機關間發生相持不下的爭議，則該法院或該機關自得自為解釋。且依司法院大法官會議法第四條第一項第一款之文義觀之，在無疑義或無爭議之情形，該法院或該機關可能根本便不得聲請大法官會議解釋憲法，而應自為解釋。這種見解，在關於命令之違法性或違憲性的審查上，已為司法院所接受。這個見解在法院之法律違憲性審查問題處理上也應予貫徹。

＊　　　　　　　　　＊　　　　　　　　　＊

立法院對臺南地院案（釋 371）之後，大法官在陳志祥等質疑有期徒刑上限案（釋 572）中，進一步解釋立法院對臺南地院案（釋 371）解釋的內容：

　　所謂「先決問題」，係指審理原因案件之法院，確信系爭法律違憲，顯然於該案件之裁判結果有影響者而言；所謂「提出客觀上形成確信法律為違憲之具體理由」，係指聲請法院應於聲請書內詳敘其對系爭違憲法律之闡釋，以及對據以審查之憲法規範意涵之說明，並基於以上見解，提出其確信系爭法律違反該憲法規範之論證，且其論證客觀上無明顯錯誤者，始足當之。如僅對法律是否違憲發生疑義，或系爭法律有合憲解釋之可能者，尚難謂已提出客觀上形成確信法律為違憲之具體理由。本院釋字第 371 號解釋，應予補充。

該案中大法官認為停止訴訟程序而聲請釋憲之陳志祥法官並未提出足夠之理由，說明其如何形成客觀上法律為違憲之確信，其所聲請釋憲之先決問題，縱使獲得憲法解釋，也不足以影響其所審判案件之裁判結果，大法官乃決定不受理其釋憲之聲請，但大法官為了補充解釋立法院對臺南地院案（釋371），仍為實體解釋而非僅於程序上做成不受理之決議而已[20]。

嗣後，大法官又在下面的案例中再度做成補充解釋，不受理於審理程序終結後法官提出之釋憲聲請。

蔡志宏質疑兒少條例案（釋字第五九〇號解釋）[21]

續 (18) 90 (94)

♪ 背景事實

苗栗縣政府社工人員將疑有為性交易之兒童安置於緊急收容中心，並依兒童及少年性交易防制條例第十六條之規定，於緊急安置後七十二小時內，聲請苗栗地方法院為繼續安置之裁定。

承審法官蔡志宏認為該條例第九條、第十五條及第十六條第二項規定，得留置兒童超過二十四小時，有違反憲法第八條及第二十三條之疑義，乃聲請大法官解釋憲法。惟蔡法官以為應先依防制條例第十六條第二項將該兒童予以安置。乃不停止其程序，而於做成安置裁定後始聲請解釋憲法，並請求補充解釋司法院釋字第三七一號解釋。

---

[20] 依司法院大法官審理案件法之規定，聲請釋憲不合法定要件者，應不受理；司法院大法官審理案件法施行細則規定，大法官應先審查聲請釋憲案件是否應予受理，應予受理之案件，經大法官多數之決議受理後，依法進行解釋，不受理之案件則經大法官多數之決議不予受理。本案（釋572）以實體解釋做為不受理之方式，有許玉秀、城仲模大法官提出不同意見加以質疑。

[21] 《總統府公報》，6627號，頁16–20，九十四年四月二十日。

解釋文

　　法官於審理案件時，對於應適用之法律，依其合理之確信，認為有牴觸憲法之疑義者，各級法院得以之為先決問題，裁定停止訴訟程序，並提出客觀上形成確信法律為違憲之具體理由，聲請本院大法官解釋。此所謂「法官於審理案件時」，係指法官於審理刑事案件、行政訴訟事件、民事事件及非訟事件等而言，因之，所稱「裁定停止訴訟程序」自亦包括各該事件或案件之訴訟或非訟程序之裁定停止在內。裁定停止訴訟或非訟程序，乃法官聲請釋憲必須遵循之程序。惟訴訟或非訟程序裁定停止後，如有急迫之情形，法官即應探究相關法律之立法目的、權衡當事人之權益及公共利益、斟酌個案相關情狀等情事，為必要之保全、保護或其他適當之處分。本院釋字第三七一號及第五七二號解釋，應予補充。

─解釋理由書─

　　本件聲請人聲請意旨，以其審理臺灣苗栗地方法院九十年度護字第三一號兒童保護安置事件時，認須適用兒童及少年性交易防制條例第十六條之規定，確信該條及相關之同條例第九條及第十五條第二項規定，有牴觸憲法第八條及第二十三條之疑義，乃依司法院釋字第三七一號解釋提出釋憲聲請，然為免受保護者遭受不利益，故先為本案之終局裁定，並請求就依該號解釋聲請釋憲時，是否必須停止訴訟程序為補充解釋等語。本院審理本件聲請案件，對此所涉之聲請程序問題，認上開解釋確有補充之必要，爰予補充解釋。

　　依本院釋字第三七一號及第五七二號解釋，法官於審理案件時，對於應適用之法律，依其合理之確信，認為有牴觸憲法之疑義者，各級法院得以之為先決問題，裁定停止訴訟程序，並提出客觀上形成確信法律為違憲之具體理由，聲請本院大法官解釋，以排除法官對遵守憲法與依據法律之間可能發生之取捨困難，亦可避免司法資源之浪費。此所謂「法官於審理案件時」，係指法官於審理刑事案件、行政訴訟事件、民事事件及非訟事件等而言。因之，所稱「裁定停止訴訟程序」自亦包括各該事件或案件之訴訟或非訟程序之裁定停止在內。

　　法官聲請解釋憲法時，必須一併裁定停止訴訟程序，蓋依憲法第七十八條及憲法增修條文第五條第四項規定，宣告法律是否牴觸憲法，乃專屬司法

院大法官之職掌。各級法院法官依憲法第八十條之規定，應依據法律獨立審判，並無認定法律為違憲而逕行拒絕適用之權限。因之，法官於審理案件時，對於應適用之法律，依其合理之確信，認為有牴觸憲法之疑義而有聲請大法官解釋之必要者，該訴訟程序已無從繼續進行，否則不啻容許法官適用依其確信違憲之法律而為裁判，致違反法治國家法官應依實質正當之法律為裁判之基本原則，自與本院釋字第三七一號及第五七二號解釋意旨不符。是以，裁定停止訴訟或非訟程序，乃法官依上開解釋聲請釋憲必須遵循之程序。

　　憲法第十六條規定人民有訴訟權，旨在使人民之權利獲得確實迅速之保護，國家機關自應提供有效救濟之制度保障。各類案件審理進行中，訴訟或非訟程序基於法定事由雖已停止，然遇有急迫之情形，法官除不得為終結本案之終局裁判外，仍應為必要之處分，以保障人民之權利並兼顧公共利益之維護。法官因聲請釋憲，而裁定停止訴訟或非訟程序後，原因案件已不能繼續進行，若遇有急迫之情形，法官即應探究相關法律之立法目的、權衡當事人之權益及公共利益、斟酌個案相關情狀等情事，為必要之保全、保護或其他適當之處分，以貫徹上開憲法及解釋之旨趣。又為求處分之適當，處分之前，當事人、利害關係人應有陳述意見之機會；且當事人或利害關係人對該處分，亦得依相關程序法之規定，尋求救濟，乃屬當然。至前述所謂遇有急迫狀況，應為適當處分之情形，例如證據若不即刻調查，行將滅失，法官即應為該證據之調查；又如刑事案件有被告在羈押中，其羈押期間若將屆滿，法官應依法為延長羈押期間之裁定或為其他適當之處分（刑事訴訟法第一百零八條參照）；或如有刑事訴訟法第一百十四條第三款之情形，法官應為准予具保停止羈押之裁定等是。再以本件聲請案所涉之兒童及少年性交易防制條例第十六條規定而言，主管機關依同條例第十五條第二項規定將從事性交易或有從事性交易之虞之兒童或少年，暫時安置於其所設置之緊急收容中心，該中心依第十六條第一項規定，於安置起七十二小時內，提出報告，聲請法院裁定時，法院如認為該七十二小時之安置規定及該條關於裁定應遵循程序之規定有牴觸憲法之疑義，依本院釋字第三七一號及第五七二號解釋裁定停止非訟程序，聲請本院解釋憲法者，則在本院解釋以前，法院對該受安置於緊急收容中心之兒童或少年即不得依該條例第十六條第二項規定，為不予安

置之裁定，亦不得裁定將該兒童或少年交付主管機關安置於短期收容中心或其他適當場所，致該兒童或少年繼續安置於緊急收容中心，形同剝奪受安置兒童、少年之親權人、監護人之親權或監護權，對受緊急安置之兒童、少年人身自由保護之程序及其他相關權益之保障，亦顯有欠缺。遇此急迫情形，法官於裁定停止非訟程序時，即應為必要之妥適處分，諸如先暫交付其親權人或監護權人，或於該兒童或少年之家庭已非適任時，則暫將之交付於社會福利機構為適當之輔導教養等是。本院釋字第三七一號及第五七二號解釋應予補充。

　　未按法官於審理案件時，對於應適用之法律，認為有牴觸憲法之疑義，依本院釋字第三七一號及第五七二號解釋，聲請本院大法官解釋者，應以聲請法官所審理之案件並未終結，仍在繫屬中為限，否則即不生具有違憲疑義之法律，其適用顯然於該案件之裁判結果有影響之先決問題。本件據以聲請之臺灣苗栗地方法院九十年度護字第三一號兒童保護安置事件，聲請法官已適用兒童及少年性交易防制條例第十六條第二項規定為本案之終局裁定，事件已脫離其繫屬，是其認所適用之該條規定及相關之同條例第九條及第十五條第二項，有牴觸憲法之疑義，依本院上開解釋聲請釋憲部分，核與各該解釋所示聲請釋憲之要件不符，應不予受理。

一不同意見書一（節）　　　　大法官　林永謀

　　……本件聲請法官所審理之兒童保護安置事件，既未裁定停止訴訟程序，且已為本案之終局裁定，則該事件已脫離繫屬，該聲請法官認為所適用之兒童及少年性交易防制條例之相關規定有牴觸憲法之疑義，即與首開解釋意旨不符云云，為其不予受理之根據，單就此而言，固無不可；然該聲請案件既經以上述理由為「不受理」，則當亦已脫離大法官之繫屬（此不因其殿之於理由之後而有異），且此之不受理復僅以其所審理之案件未有裁定停止訴訟程序，並經為終局之裁定為由，而不及於其他，乃竟又就與此無關、即受理案件之法官所未為之「停止訴訟程序」所涉問題，為補充之解釋，謂於「裁定停止訴訟程序」後，如有急迫情形，亦可為必要之保全、保護或其他適當之處分等等。……

聲請釋憲之案件經為不受理者，固非絕不可為補充解釋，但此應限之於「不受理」之本身，而不能及於其他；否則，任何釋憲案件經為不受理時，大法官豈不均可任意就已有之解釋為補充，如此其於大法官固甚稱便，但法亦將因此而不法矣！

─不同意見書─（節）　　大法官　許玉秀

……本席對於多數意見只知要求聲請人探究兒少條例的立法目的，卻不知反求諸己，自行探求兒少條例的立法目的，更怠於依憲法基本原則闡明該條例在程序上的特殊性質，竟依一般案件行政分案流程，誤認緊急安置這種暫時性處分的中間裁定為終結程序的終局裁定，深感不以為然；對於多數意見不能體察憲法法院的任務在於維護憲法價值，而以低位階的法律操作觀念，貶抑本院大法官規範審查程序的獨立性，至感遺憾。此外，由於釋字第五七二號解釋，引起外界錯誤解讀，以為法官聲請規範審查，必須取決於原因案件當事人是否蒙受不利益，有貶抑本院大法官規範審查程序獨立性的嫌疑，且已在各級法院發生寒蟬效應，嚴重遏阻各級法院法官聲請規範審查的意願，十分不利於建立合憲的規範環境，本席認有予以澄清的迫切必要，爰提出不同意見書如後。

壹、具體規範審查程序的性質及啟動要件

一、既客觀且一體的具體規範審查程序

依據釋字第三七一號與第五七二號解釋所仿效的德國文獻及聯邦憲法法院歷來見解，在法官聲請的具體規範審查程序中，規範審查程序（即釋憲程序）既與原因程序有密切關聯，而互為單一程序的一部分，也是一個獨立於原因程序的客觀程序。所謂二者互為單一程序的一部分，意即規範審查程序是原因程序的中間程序，二者互相依存，對原因案件而言，裁判結論取決於應適用的法律規範違憲與否，這就是所謂的「裁判重要性」，是具體規範審查程序的啟動條件，也就是釋字第三七一號及第五七二號解釋所稱的先決問題；對規範審查程序而言，原因程序如已失所繫屬，例如原因程序當事人撤回起訴、撤回上訴、和解等，則規範審查程序亦失所依附，而無法單獨存在，這稱為欠缺聲請客體。但聲請法院縱事後認為聲請要件不備，或對於系爭規範

的違憲疑慮改變，皆不可撤回聲請。所謂規範審查程序是客觀程序，主要意義有二：第一，對於系爭規範是否違憲的判斷，憲法法院不必顧慮聲請法院的主張，而完全依憲法認知自行裁判；第二，規範審查程序的目的不在於保護個人的主觀權利，亦即縱使違憲審查結論不利於原因程序當事人，聲請也是合法。

二、停止訴訟程序與聲請釋憲程序不可分離

所謂「聲請釋憲應同時停止訴訟程序」，是開啟具體規範審查的程序要件，停止訴訟程序的決定與提出釋憲聲請的決定，原本即應在同一裁定中載明。因為，法官對於規範既有不應適用的確信，即必須避免在具體個案適用違憲規範，故唯有暫停訴訟程序，以待規範效力獲得澄清，這是具體規範審查機制保障人民受法院公平裁判的本旨。本院釋字第三七一號解釋所謂「得以之為先決問題裁定停止訴訟程序」，是指法官如對個案應適用的法令有違憲疑慮，可以選擇向本院大法官聲請解釋，或逕自為裁判（如法官不利用具體規範審查機制，受判決人仍然可以在取得確定終局裁判之後，依司法院大法官審理案件法第五條第一項第二款，就裁判所適用之法令有違憲疑義聲請解釋）。一旦選擇聲請本院大法官審查系爭規範是否違憲，即必須停止訴訟程序，並非法官有決定停止訴訟程序與否的裁量權。一般而言，聲請釋憲，當然必須符合這個必要的合法條件。

……

參、多數意見看錯問題癥結並且逃避責任

一、釐清普通法院與憲法法院的責任

聲請人不是憲法專家，在繁重的辦案壓力之下，為兒童及少年的人權，努力理解本院大法官解釋意旨，指出釋憲機制上的缺陷，請求大法官解決，已屬難能可貴，縱使因為憲法知識上的盲點，以致於暴露程序上的瑕疵，也不應該遭到責難。但大法官是憲法專家，作為具體規範審查機制的創立者，並不會受到立法意旨的拘束，對於聲請人沒有能力論述的憲法問題，非但不能積極任事，勇於承擔闡明與修正有缺陷的原始設計責任，甚且將制度設計的缺失，歸咎於聲請人，以不受理的決定責備聲請人，責備聲請人在聲請書上畫蛇添足，表明已經適用有違憲疑義的法律。更嚴重的是，多數意見還看

錯問題，用錯誤的方法解決問題……。

二、本件聲請的程序瑕疵不能容忍？

……

作為負責任的法官，縱使為當事人作最有利的考量，也需要有法律或法理依據，聲請書第五頁所述法律依據，在於表明法官沒有違反法律義務，不是恣意作成裁定。尤其，應適用的兒少條例第十六條第二項，既遭聲請人指責為構成要件不明確，聲請人即無從適用，裁定書中因此未有任何文字描述事實、論述構成要件是否合致，從而聲請書中所謂適用有違憲疑義之法律為裁判，應理解為僅僅係採用法律規定的保護安置，而沒有完整進行構成要件的涵攝。

聲請人所面對的難題，並不是因為誤解法律所生，而是具體規範審查機制不完備所造成，……如果本席上述心證有曲意維護之嫌，那麼不妨摘要檢視本院大法官至今有多少曲意維護的輝煌紀錄……。如果摘列的解釋先例可以依職權探求當事人真意、為維護憲法的重要價值、依保障人權的必要性而進行實體審查，為何唯獨對於本件聲請，既不需要探求聲請人真意，也不敢依職權進行實體的審查？難道是因為人身保險的保險給付與契約自由比兒童及少年的人權重要？因為耕地出租人的財產權比孩子們的人生重要？因為作為政黨鬥爭工具的立法院調查權比保障孩子們的人身自由重要？甚至教訓不會寫聲請書、讀不懂釋字第三七一號解釋的法官都比關注兒童及少年是否受到公權力的壓制重要？

三、兒少條例的程序特質決定何謂終結程序

……

㈠應依保護的本旨理解兒少條例第十五條至第十八條的審理流程

……兒少條例第一條即明白指出，制定兒少條例的目的在於防制、消弭以兒童少年為性交易對象事件，兒童及少年是被害人，所以是需要被保護的人，因此，也明白否定涉及性交易的繫案兒少是犯法的人，即使性交易事件可能出於兒童及少年的主動。因為，兒童及少年之所以會主動促成性交易，在於他們是家庭及社會的被害人。如果不能完全從被害人的角色看待兒少條例中的繫案兒少，無法正確解讀兒少條例的安置保護流程，也無法正確執行

兒少條例的保護安置。

正因為兒少條例把因性交易而繫案的兒童及少年當作應該予以保護的被害人，所以兒少條例第十五條第一項所規定的知會對象，並不包括法院；所以兒少條例施行細則第三條規定，兒少事件是否言詞審理，法官有裁量權；而第二十六條規定依兒少條例第十六條第一項、第十七條第一項規定聲請法院裁定時，原則上不得移送繫案兒童或少年，除非法院要求隨案移送。這些規定都是為了不讓身為被害人的兒童及少年曝光的保護措施。

但是保護措施畢竟會使兒童及少年人身自由遭受剝奪或限制，依照憲法上正當法律程序原則，涉及人身自由的剝奪或限制，必須遵守法官保留原則（釋字第三八四號、第四七一號、第五二三號、第五二八號、第五八八號解釋參照）。此所以兒少條例在第十六條至第十八條規定法院的參與程序。

㈡應依法官保留原則解釋兒少條例第十六條至第十八條之法院參與程序

兒少條例第十六條規定緊急安置的裁定，應由法院為之，是為了符合法官保留原則，因此第一項規定，安置繫案兒童的主管機關應於安置後七十二小時內，提出報告聲請法院裁定。就兒少條例保護兒童及少年的立法目的而言，第十六條所規定的法官保留原則，只是整個保護程序的開始而已，這個法院介入的程序，依據憲法正當法律程序原則，應該持續到繫案兒少的處遇程序完成之後，否則兒少條例保護兒童及少年的立法目的難以真正落實。

為使法官保留原則不形同虛設，對於繫案少年的安置處遇，法院當然應該全程參與，此所以如前所述，兒少條例第十六條至第十八條規定一系列的法院參與程序。法院的參與程序應該理解為到第十八條第六項的延長裁定，如果有延長必要，而主管機關未聲請法院延長，逕自繼續安置處遇，如無阻卻違法或罪責事由，即構成刑法第三百零二條非法剝奪他人行動自由的妨害自由罪。在法院作成第十六條第二項的裁定之後，如果主管機關不依第十七條第一項規定，於法院裁定准許的安置期間屆滿前，提出輔導報告或處遇建議，再度聲請法院裁定，而無阻卻違法或罪責事由存在，同樣構成刑法妨害自由罪，因為無法院裁定的安置，會變成非法拘留，這是遵循法官保留原則的當然結論。……

四、問題在於保全程序規範

本件聲請的程序困境，屬於任何暫時保全程序的共通困境，例如刑事被告的羈押。設使關於羈押程序的規定有違憲疑義，系爭規範的違憲與否尚未澄清之前，法官如停止程序，究竟應該如何處理？依照多數意見的指示，暫時安排住法務部招待所嗎？或是限制住居？如果是限制住居，則只是以另一個保全程序取代原有的保全程序，保全程序仍告終結。以多數意見所決定的必要急迫處分為例，如果個案屬於觀察二週或一個月之後，會認定為未從事性交易或無從事性交易之虞的情形，法院必須裁定將繫案兒少交付親權或監護權人，兒少條例的處理程序即告終結，若是依照多數意見指示，暫停程序，將繫案兒少安置於社會福利機構，因為沒有期限限制，應該也無法有期限限制，則安置期間必定長於一個月，而依本院大法官釋憲流程，無論如何趕工，自收件至公布解釋文，幾乎不可能在一個月內結束。因此直到釋憲程序結束，法官根本不可能再依兒少條例第十六條第二項作成任何裁定，也只是完成一個終結程序的形式而已，程序實質上早已終結。而所安置的期間縱使可以折抵，對於必要急迫處分所造成多餘的安置，究竟受安置人及親權或監護權人可以聲請國家賠償，抑或是國家應該請求支付過剩保護費用？至於交付親權或監護權人的處分，類似於釋放遭聲請羈押的人，其實已有終結程序的效果。此種終結程序的效果，並非實體的效果，而是因為沒有進入主程序的必要，因此也不需要保全程序。

五、多數意見虛晃一招

多數意見其實是針對保全程序規範，創設一個多餘的保全程序。……如果多數意見要求聲請人必須作成必要急迫處分方能就有違憲疑義的規範聲請釋憲，則因聲請人確實已作成緊急安置的裁定，所以符合多數意見的要求，本件聲請即無不受理之理。而如果多數意見可以就聲請人所聲請的補充解釋為解釋，根據補充解釋所設定的條件，也就可以對本件聲請進行實體審查。

……

肆、憲法法院與普通法院權限分配問題

一、緊急程序例外方得提出釋憲聲請

釐清本件聲請系爭規定的性質，即知本件聲請原因程序屬於德國法上所

謂緊急程序的問題。此種問題在德國憲法上定位為憲法法院與普通法院權限分配問題，雖然憲法法院有憲法解釋的專屬權，但釋憲程序畢竟較為冗長，與緊急程序目的在於提供有效權利保護的本旨不符，如果對於緊急程序亦課法官以聲請具體規範審查的義務，則必定無法達到有效保護權利的目的。因此德國聯邦憲法法院將緊急程序的釋憲程序視為例外，容許普通法院法官對於緊急程序規範，擁有原則上的憲法解釋權，亦即可以自行對規範為合憲的解釋與適用。但如果緊急程序是一個作成終局裁判的程序或者緊急程序可以發生取代終局裁判的效果，則可停止程序，向聯邦憲法法院提出釋憲的聲請。所謂終局或取代終局裁判，並非一般概念上的終局裁判，而是指裁判的效果是無法回復原狀的，無法回復原狀與裁判能否異議無關。例如針對媒體不實報導要求平衡報導，如果緊急處分是作成平衡報導，則平衡報導一旦作成，即無法回復原狀，此種程序屬於會作成終局裁判的緊急程序，又如，父母子女監護權訴訟尚未確定前，就子女的居所決定權歸屬於父親或母親請求作成緊急處分，則不管作成的處分如何，皆屬於暫時的效果，對於最後監護權的歸屬，沒有終局的影響，因此應由普通法院逕行依法作合憲的裁定。

文獻上則有學說主張緊急程序規範已經是一個獨立的實體中間法，基於緊急程序有效保護權利的目的，應免除法官聲請釋憲的義務。

二、緊急程序與有效保護權利

多數意見因為看錯問題，未利用本件聲請檢討緊急程序的釋憲機制，甚為可惜。……**除非本院大法官願意對普通法院法官釋出局部規範審查權，而冒著可能擴大對立法權的限制，而有害權力分立原則的風險，否則針對緊急程序的規範審查，同時也是解決本件聲請困境最有效的解決方案，本席以為就是放棄停止程序這個要件，也就是承認聲請人所作的裁定，是多數意見所謂必要的急迫處分。這種方案有一個最好的理由，就是「有效保護權利」這個憲法的核心價值。而其實，多數意見創設必要急迫處分的本意也是如此。所謂普通法院依職權為必要急迫處分，就本件聲請而言，等於不必停止程序。**

強調憲法基本價值，目的亦在於有效保護人民的基本權利，緊急程序的特質，即是一旦停止程序，就已經對於程序參與人的權利至少作了第一個階段的處理，以本件聲請為例，如果聲請人停止程序，繫案兒少停留在主管機

關安置中心可能立即超過七十二小時，換句話說，立即在未遵循法官保留原則的情況下，可能遭限制自由逾越七十二小時，則有效保護權利的目的可能已經無法實現。

三、兒少條例的特殊需求

對於本件聲請而言，本席的解決方案更有一個絕對必要的理由：在所有緊急程序規範涉及違憲疑義的情形中，兒童及少年受害的案件特別需要法官主動發揮有效保護權利的功能。對照刑事被告的羈押案件，假設對於應適用的羈押規定，法官有違憲疑慮，但受限於具體規範審查程序，而無法聲請釋憲，受羈押人還可以於抗告程序用盡之後，就所適用的羈押規定聲請釋憲。畢竟具體規範審查機制，並不需要保證法官可以在每個案件加以利用。但兒童及少年是沒有能力為自己有所主張的人，可能有權利替他們主張的人，在這種事件當中，正好往往又是與他們有衝突關係的人，法官幾乎是唯一能保護他們的人，如果因為案件的特殊性質，使得法官遭到審查門檻的阻擋，無法提出釋憲聲請，而法官又不能拒絕適用未遭判定為違憲的法律，對於兒童及少年的保護，顯然有一道嚴重的缺口。

……

六、本件聲請的困境與解套

多數意見認為，聲請人作成終局裁定，因此程序已經終結，本席則認為，聲請人雖未停止程序，但所作成的裁定，僅為無法終結程序的中間裁定，嚴格言之，僅為等同於多數意見所指示的必要急迫處分，因此，於聲請人聲請書作成之時，程序尚未終結。至於本院大法官審理本件聲請時，原因程序縱已終結，則可適用程序脫離原則，不影響本件聲請的受理。

至於本件聲請書公文流程的延宕、程序終結與案件繫屬時間有所落差，導致本件聲請程序合法與否受到質疑，不應由兒童及少年的人權來承擔。在傳統訴訟合法要件的觀念之下，本件聲請或許具有看似無法忽略的瑕疵。但是，當收容兒童及少年的主管機關已經可以以電話、傳真的方式使案件繫屬於法院，而決定兒童及少年命運的相關卷證，則不必遵守七十二小時的限制；當公權力拘束人身自由的期間，可以經由擴大解釋在途期間的方式予以延長；保護兒童及少年人權的必要性及急迫性，為何不能治癒本件聲請的技術性程

序瑕疵？

陸、結論：救人還要顧慮姿勢美不美？

多數意見既然認為聲請人未停止程序而作成終結程序的裁定，所以聲請不合法，即無受理本件聲請的餘地。本件聲請既自始不合法，則補充解釋即無所依附，又如何針對釋字第三七一號、第五七二號解釋為補充解釋？

具體規範審查機制不完備的困境是大法官造成的，但大法官可以不顧司法院大法官審理案件法第十條第一項的明文規定，創設不受理解釋的先例，對於聲請人為保護兒童及少年人權，無法擺脫具體規範審查的程序困境，卻不能諒宥。理由應該只有一個：具體規範審查機制的價值高於兒童及少年人權的保障！

這個理由，本席絕對無法同意！爰提不同意見書如上。

柒、附論：澄清釋字第五七二號解釋的意涵及效力

釋字第五七二號解釋理由書中一段話：「憲法解釋不得使原因案件之刑事被告更受不利益之結果。是法院對原因案件之刑事被告仍應依有利於該被告之現行法為裁判，本件系爭法律是否違憲，自於裁判之結果無影響。」遭解讀為法官只能為刑事被告的利益，聲請審查違憲規範。基本上，從人權的觀點，不可能發生為刑事被告不利益而聲請釋憲的情形。但是，當個別人權與集體人權發生衝突時，解釋理由書這一段話，定然失效。

……。上述理由書所造成最嚴重的誤導，是使普通法院法官看不清規範審查制度的客觀性，具體規範審查機制絕不在於保護原因程序當事人的主觀利益，而在於維護客觀的憲法價值。……

評析與問題

◆ 法官適用憲法裁判的義務

法官聲請釋憲之論證是否具有客觀上明顯錯誤的問題，本由大法官加以認定，但陳志祥案（釋 572）解釋要求：法官聲請釋憲，應以所聲請之憲法解釋於其據以聲請解釋之案件有具體影響者為限；蔡志宏案（釋 590）則要求法官因不能停止訴訟程序而不得聲請釋憲時，即應斟酌案件情節而為必要之處分。依此兩項補充解釋，大法官是否均已認為法官於審判時適

用憲法、解釋憲法以保障個人當事人權利？蔡志宏案（釋590）中蔡法官面臨的程序困境，是否顯示：法官在審判中不可能避免理解憲法並適用憲法裁判？該案解釋指出法官的自解之道，是否亦已承認：法官必須解釋、適用憲法以保障當事人的權益，乃是法官不可迴避的責任與義務？本案法官所面臨的程序困境，是否源自於臺南地院案（釋371）將法院的審判程序與大法官釋憲程序拆解為不同的程序所致？如此拆解，符合我國憲法相關規定（第七十七條至第八十條、第一百七十一條、第一百七十三條）的文義嗎？

◆ 法官的能力與義務

許玉秀大法官對於本案多數意見的批評，擲地有聲！但她認為法官不是憲法專家，大法官才是。是在陳述事實現象還是制度假設？法官不該懂得憲法嗎？法官不懂得憲法還能擔任法官嗎？大法官應該假設法官不懂憲法嗎？如果真有法官不懂憲法，是該設法讓法官必須懂得憲法呢？還是只許懂得憲法的大法官解釋憲法為法官解圍？如果大法官也不懂憲法，該怎麼辦？依照許玉秀大法官的說法，不許法官從事違憲審查是為了保護立法權嗎？為什麼法官行使審判權會侵犯到立法權，大法官行使解釋權就不會侵犯立法權呢？

◆ 個人人權之保障 v. 客觀憲政程序 v. 集體人權

許玉秀大法官認為多數大法官是將具體規範審查機制的價值高於兒童及少年人權的保障，而不能表示同意，但她的不同意見卻又主張「具體規範審查機制絕不在於保護原因當事人主觀利益，而在於維護客觀的憲法價值」，有無矛盾？如果不是為了保護當事人的個人權利，客觀的憲法價值何所附麗？集體人權的保障是否恆應優先於個人人權的保障？憲法存在的價值是為了保障個人人權？集體人權（或維持秩序）？兩者兼有？若是兩者之間發生衝突時，何者優先？又法官與大法官依據憲法保障基本人權的義務有所不同嗎？憲法所設置的法官或大法官如果不是為了依據憲法保障個案人權而行使司法權，那他們是為了什麼而存在？依許玉秀大法官的看法，本案究應如何處置？大法官究竟有無義務直接提供本案當事人直接的司法保障？她的見解與聲請解釋的蔡志宏法官有無不同？既不以為蔡法

官的處置不當，卻又認為蔡法官應該聲請大法官解釋憲法，即本案聲請釋憲的實益何在？大法官與法官的角色區別在那裡？

◆ 及時有效的司法救濟

本案涉及緊急處置與保全程序，本質上即已涉及司法如何「及時」提供有效救濟的問題。及時有效的司法救濟也是憲法的要求，本書系列他處設有專節加以介紹。此處值得思考的問題則是，法官只有在遇到急迫情形時才需要適用憲法裁判嗎？在一般的情形與案件中，法官就不需要解釋憲法，在相互衝突的規範（法律與憲法）中從事選擇以完成審判程序、保障人權嗎？本案解釋是否在告訴法官，為了提供當事人及時的司法救濟，法官得拒絕適用他所認為違憲的法律，做成合乎憲法期待的裁判以保障當事人的權利才對？

乙、憲法即法解釋方法

　　司法者對憲法的解釋，如果就是憲法的體現，那麼司法者解釋憲法有些什麼方法？解釋憲法的方法，應受什麼拘束？民法第九十八條明文規定解釋意思表示之方法，憲法第七十八條、一百七十一條、一百七十三條授權司法院解釋憲法，並無類似民法第九十八條之規定，則憲法解釋之方法，是否應由釋憲者自為選擇？立法者可否立法加以規定，以為解釋憲法之限制？司法院大法官審理案件法第十三條規定「大法官解釋案件，應參考制憲、修憲及立法資料」，是否為解釋憲法的一項立法限制？

　　解釋憲法，如同解釋法律，必須依照憲法之解釋方法，而憲法之解釋方法，一般認為有文義解釋、歷史解釋、體系解釋、結果取向解釋等[22]，對於憲法解釋方法之選擇，足以影響甚至決定憲法的解釋結果。

　　如以時間因素，也就是從解釋者係著眼於過去、現在或未來的角度而為理解，憲法解釋方法可以分為[23]：

　　所著重者為「過去」（昨日）：即以考察過去之事實，特別是重視立憲者之始意而奉為解釋準繩的方法，通常稱之為歷史解釋法或原義解釋法，而目的論解釋法須根據憲法條文制定當時之客觀立法目的而得出解釋的部分，亦屬之。

　　所著重者為「當下」（今日）：係指依據憲政需要，符合現時環境之適用而強調憲法典之適應所採取之解釋方法，可稱之為文本解釋法。與歷史解釋法相較，其更重視當代需要的憲法文義可能，不受立憲時原始情境之拘束，如論理解釋、體系解釋、填補漏洞，還有只從客觀文義而不從立憲時的思考或情境而為之目的論解釋均屬之。

　　所著重者為「未來」（明日）：即係以不同的文義解釋在「將來」可能發

---

[22] 法治斌、董保城，《憲法要義》，頁95，元照，九十三年；吳庚，《憲法的解釋與適用》，頁433–594，自刊，九十二年。

[23] 李念祖，〈昨日、今日、明日，論權力分立的憲法解釋方法──以我國釋憲之政治正確意識為觀察中心〉，《憲政時代》，41卷2期，頁182–4，一〇四年十月。

生的各種政治、經濟、社會影響或效應，或概稱之為未來的公共政策考量，做為選擇之著眼而決定其解釋內容之方法，亦即論者稱之為結果取向的解釋或法效果解釋法。而憲法解釋實務上之合憲性解釋、警告性解釋、預告失效解釋等，性質上亦皆不失為某種法效果解釋。又有所謂個別問題解釋法者，亦就是為了解決特殊的（通常是極富時下政治性的）憲法問題，而專從解決問題的各項可能方法中從事取捨的解釋方法。將包括歷史解釋法在內的文本解釋法與法效果解釋法對照觀察，若將前者稱之為法範式主義 (formalism) 解釋法而將後者稱為法唯實主義 (realism) 解釋法，亦無不可。

　　關於憲法解釋方法對於司法院解釋之重要性，可以湯德宗大法官於陳〇呈對國防部案（釋 704）之協同意見書為參考：

　　　　司法院大法官就憲法所為之「解釋」，與立法者（或制憲者）所為之立法「裁量」，本質上皆涉及價值「判斷」。但兩者因為憲法所賦予之功能不同，職司憲法解釋的大法官關於制度抉擇（含體制改革）問題，只應扮演有限的角色 (a limited role)，劃出憲法所不許之底線，而由具有民意基礎的政治部門（總統與立法院）承擔制度形塑（改造）的主要責任。蓋大法官解釋憲法須有所本，例如憲法之明文（文義解釋）、制（修）憲之史料（歷史解釋）、憲法整體結構（體系解釋）、及大法官憲法解釋之先例（解釋先例拘束原則）等，且僅能判斷系爭法規範是否為憲法所「容許」，而非判斷系爭法規範是否「明智」或是否「已臻至當」。釋憲者必須時時警醒，避免刻意或不經意地以自我的價值偏好，取代立法者（含制憲者）的價值選擇。此不僅為權力分立原則 (Doctrine of Separation of Powers) 之精義——憲法上各個平行的權力部門應相互制衡，並相互尊重；抑且為釋憲司法機關避免捲入政治紛爭，以維審判獨立所必要。

　　楊日然教授亦指出，憲法解釋的最後依據，往往並非憲法條文所規定的文義本身，而係憲法解釋者的政治信念乃至於社會哲學[24]。其實不也是不同的解釋方法？你是否同意憲法解釋之依據其實是解釋者之信仰或哲學思想，而非憲法本身之文義？作為解釋憲法的學生，你是先有立場及信仰，而以該

---

[24]　楊日然，〈憲法解釋之理論與方法〉，《月旦法學雜誌》，3 期，頁 9，八十四年。

立場為基礎尋找可用之論點或解釋方法，還是係透過各種解釋方法，帶你找到解釋的答案？

以下分別介紹各種法解釋方法：

一、文義解釋

文義解釋係解釋法規最基本之解釋方法，其以一般人對於文字、文法及用詞之理解為基礎之解釋[25]。關於文義解釋之內容，許玉秀大法官於賴清德等對行政院(二)案（釋603）之協同意見書之論述可資參考：

> 因為所謂文義解釋，主要有兩個解釋操作程序，第一個是文法解釋，第二個是文脈解釋。透過文法結構，可以對文句有初步的邏輯認知，接著才能在文句上下文的脈絡之中，理解文本的含義，而如果每個字不具有一定的含義，不可能有文本的含義，因此在文脈解釋中，必須確定每個字、每個詞以及每個語句的可能含義範圍，這也就是文義解釋中的「可能文義範圍」原則。那麼，究竟如何操作「可能文義範圍」原則？所謂每個字、詞和語句的可能文義，無非指日常生活及專業生活的經常性認知，而日常性及專業性生活的經驗認知，則取決於認知的目的，換言之，字、詞、語句的含義，往往取決於他們的用途，因為不同用途，可能使形狀相同、發音相同的字，具有不同的含義，也就是說，文義解釋和目的解釋會有一定程度的連結。

許玉秀大法官亦曾於珅○科技有限公司對財政部案之不同意見書表示：

> 理解總是從文本開始，文本的理解則是從語句的字義及文法結構開始，就是解釋者所稱的文義解釋。語句的字義如何理解，則脫離不了一般日常生活的用字習慣及立法者的目的選擇，一般日常生活的用字習慣及立法者的目的選擇可能不一致，如果不一致，對規範的文義理解，即必須依據規範目的所指引的方向去理解。所以進行體系解釋，不可能不同時進行文義解釋與目的解釋。

---

[25] 許育典，《憲法》，頁34，元照，九十七年二版第1刷；陳新民，《憲法學釋論》，頁679，三民，九十四年；法治斌、董保城，《憲法要義》，頁95，元照，九十三年。

　　文義以誰之認識為準？當代或現代？誰說了為準？字典？文義解釋作為一般法律解釋的方法，乃透過規範所使用的文字的解析，以正確理解並適用規範[26]。然而理解規範文義的主體為何，有認為並非以一般國民對該文字所能了解的通常意義，也須以法律專門的用語角度，亦即是同一般法律的文字來與了解[27]。

　　關於文義解釋，可以以下兩號解釋為例：

司法行政部對最高法院案（釋字第六十三號解釋）

背景事實

　　臺灣省保安司認偽造新臺幣案件之處罰依刑法偽造罪處罰太輕，一般非法之徒無所畏懼，而由省外攜運偽臺幣入境又無加重處刑之規定，以致查緝困難、不易收效。新臺幣為中央銀行授權臺灣銀行發行者，依其性質顯係國家發行之貨幣，就法理而言，自得視為國幣適用妨害國幣懲治條例治罪。

　　茲據司法行政部民國（下同）四十五年五月十日臺（四五）呈參字第二二四七號呈復，略稱偽造新臺幣依本部見解本認為應適用妨害國幣懲治條例治罪，且本部將此法律見解以臺四一指參字第一〇四六七號令指示臺灣高等法院，即司法院二十七年院字第一七六九號解釋認亦有妨害國幣懲治暫行條例之適用，所稱偽造變造之幣券包括銀幣鎳幣銀行券在內，最高法院二十八年上字第二八七五號判例於此論述尤詳，因此上述見解在理論上原無問題。但最高法院遷臺之後，其見解忽有變更，認為偽造銀行券不應有妨害國幣懲治條例之適用，似未加注意該條例第三條原文幣券一詞之券字作何解釋，各級法院對此最高法院之新見解既一致採用，於是舊有判解以及本部命令遂皆失其效力。惟最高法院此項見解與現實情形殊難因應，且與司法院之解釋亦顯相牴觸，查本案最高法院判例與司法行政部見解不同，遂向司法院就此問題聲請統一解釋。

---

[26]　李惠宗，《憲法要義》，頁 21，敦煌，八十七年二版。

[27]　陳新民，《憲法導論》，頁 300，新學林，九十四年五版。

解釋文

妨害國幣懲治條例第三條所稱偽造變造之幣券，係指國幣幣券而言。新臺幣為地方性之幣券，如有偽造變造情事，應依刑法處斷。

中央銀行聲請補充解釋案（釋字第九九號解釋）

♪ 背景事實

民國五〇年代初期，偽造貨幣之情形日益猖獗，擾亂金融秩序，且犯下該罪之共犯亦多有前科。針對偽造新臺幣之案件，法院審判時依照四十五年八月大法官會議釋字第六十三號解釋所示：「新臺幣為地方性之券幣，偽造變造新臺幣案件應依刑法處斷，不適用妨害國幣懲治條例。」僅按科刑較輕之刑法判處三年不等，然照目前情形實不足以收炯戒之效。

中央銀行於民國五十年七月依中央銀行復業方案在臺復業，其中第七條規定「中央銀行執行貨幣發行權，但得委託各省銀行代理發行業務……」。中央銀行遵照發行統一貨幣分區之國策，委託臺灣銀行代理發行新臺幣，是實質上中央銀行已完全掌握發行權，新臺幣之性質已與國幣無異。再者，民國五〇年代初期流通貨幣有五十元及一百元等大面額之貨幣，針對該等貨幣之偽造若未加重處罰，恐不足以杜絕偽造貨幣之情形。是以，中央銀行依據在臺復業後發行權責改變之情形，向大法官聲請補充釋字第六十三號。

解釋文

臺灣銀行發行之新臺幣，自中央銀行委託代理發行之日起，如有偽造變造等行為者，亦應依妨害國幣懲治條例論科。

─解釋理由書─

臺灣銀行發行之新臺幣原係地方性之貨幣，惟自中央銀行委託臺灣銀行代理發行後，其印鑄存儲由中央銀行辦理，發行費用由中央銀行負擔，發行之資產及負債均屬中央銀行，公私會計之處理復以新臺幣計算，是新臺幣自中央銀行委託臺灣銀行代理發行之日起，允宜認為具有妨害國幣懲治條例所

稱國幣之功能，如有偽造、變造等行為者，亦應依該條例論科，以維護動員戡亂時期國家財政經濟上之重大利益，本院釋字第六十三號解釋，合予補充釋明。

―不同意見書―　　　　　　　**大法官　黃正銘**

　　查本院於民國四十五年八月二十九日發表釋字第六十三號解釋內稱「妨害國幣懲治條例第三條所稱偽造變造之幣券，係指國幣幣券而言。新臺幣為地方性之幣券，如有偽造變造情事，應依刑法處斷。」茲據中央銀行聲請補充解釋，其理由為該行業於民國五十年七月一日在臺復業，並委託臺灣銀行發行新臺幣，是新臺幣之性質已與國幣無異。請准對偽造貨幣之人加重處罰，以安幣政等情。本院大法官會議乃有釋字第九十九號之決議，本人意見認為本案在程序上及實體上多數決議均有錯誤，理由如左：

　　……

　　㈡在實體上，依中央銀行法，中央銀行既僅有發行本位幣之特權（該法第二條），更何能發行或委託發行新臺幣？且此項委託行為亦無變新臺幣為國幣之效力，委託前已發行之新臺幣是否亦取得國幣之地位？憲法第一〇七條第九項規定，幣制及國家銀行須由中央立法並執行之是，則未經立法程序新臺幣決不能變為國幣。況民國三十八年七月三日銀元及銀元兌換券發行辦法之制定，銀元已被明定為我國國幣單位，該辦法迄未廢止。銀元至今仍為各種行政罰金或罰鍰之本位，載在法令斑斑可考。執行機關均以銀元一元折合新臺幣三元計算，歷辦在案。國幣特質之一，以其為法償在一國領土內有強制通行之效力，而新臺幣則僅在臺灣省流通。在金門馬祖地區新臺幣之流行，即係由財政部呈准行政院命令執行，全不具有國幣之功能。我國刑事政策係採罪刑法定主義，新臺幣既非國幣，則有偽造變造行為又何可依妨害國幣懲治條例論科？本案多數決議實有欠妥，爰依司法院大法官會議法第十七條規定，提出對釋字第九十九號解釋之不同意見書，與該解釋一併公佈，以諗讀者。

─評析與問題─

　　文義解釋應以誰的認識為準？有關其內涵，較為貼近之規定為維也納公約法第三十一條第一項規定：「條約應依其用語按其上下文並參照條約之目的及宗旨所具有之通常意義，善意解釋之。」其中，何謂「通常意義」？「按其上下文」似乎為體系解釋，「目的及宗旨」則有可能為目的解釋或歷史解釋，該項規定涉及多種解釋方法，而文義解釋應以何種意義為準？可參照上述許玉秀大法官意見書內容。

　　司法行政部案（釋 63）與中央銀行聲請補充解釋案（釋 99）涉及規定相同，均涉及「國幣」定義問題。民國四十五年作出之司法行政部案（釋 63）針對何謂「國幣」，採取通常意義之理解，自不包含僅適用於地方之新臺幣。而事隔六年之中央銀行聲請補充解釋案（釋 99），大法官改變對於「國幣」之見解，其一為目的解釋，考量法規之懲處實益；其二為唯實解釋，從實際上發行銀行出發，並基於上述理由認為新臺幣為國幣。兩號解釋分別由第一屆大法官與第二屆大法官所作成，前後差距六年，雖均採取文義解釋，惟對於「國幣」之解釋相差甚遠，顯現文義解釋之應用與結果，可能受到時代脈絡影響，而不一定囿於通常意義或歷史解釋。

　　黃正銘大法官於中央銀行聲請補充解釋案（釋 99）提出之不同意見書，同樣是唯實主義之應用，然而其解釋結果與多數意見截然不同，你較認同何種見解？若單純論國幣之意義（通常意義），而不搭配其他解釋方法，是否妥適？

二、歷史解釋

監察院對立法院案（釋字第三號解釋）

♪ 背景事實

　　民國四十一年，監察院為擬訂該院各委員會組織法等草案，向立法院提出法律案，因無憲法條文之根據，遭立法院退還。嗣後監察院依照憲法第四十四條之規定咨請總統召集關係院（立法、司法、監察三院）院長商討監察

院向立法院提法律案一事，決定須由關係院作成決議案，監察院方能向立法院提法律案，因其手續上之複雜，聲請大法官解釋。

解釋文（節）

監察院關於所掌事項是否得向立法院提出法律案，憲法無明文規定，而同法第八十七條則稱考試院關於所掌事項得向立法院提出法律案，論者因執「省略規定之事項應認為有意省略」(Casus omissus pro omisso habendus est) 以及「明示規定其一者應認為排除其他」(expressio unius est exclusio alterius) 之拉丁法諺，認為監察院不得向立法院提案，實則此項法諺並非在任何情形之下均可援用，如法律條文顯有闕漏或有關法條尚有解釋之餘地時，則此項法諺，即不復適用，我國憲法間有闕文，例如憲法上由選舉產生之機關，對於國民大會代表及立法院立法委員之選舉，憲法則以第三十四條、第六十四條第二項載明「以法律定之」。獨對於監察院監察委員之選舉則並無類似之規定，此項闕文，自不能認為監察委員之選舉可無需法律規定，或憲法對此有意省略，或故予排除，要甚明顯。

憲法第七十一條，即憲草第七十三條，原規定「立法院開會時，行政院院長及各部會首長得出席陳述意見」，經制憲當時出席代表提出修正，將「行政院院長」改為「關係院院長」。其理由為「考試院、司法院、監察院就其主管事項之法律案，關係院院長自得列席立法院陳述意見」，經大會接受修正如今文，足見關係院院長係包括立法院以外之各院院長而言。又憲法第八十七條，即憲草第九十二條，經出席代表提案修正，主張將該條所定「考試院關於所掌事項提出法律案時，由考試院秘書長出席立法院說明之」。予以刪除，其理由即為「考試院關於主管事項之法律案，可向立法院提送，與他院同，如須出席立法院說明，應由負責之院長或其所派人員出席，不必於憲法中規定秘書長出席」，足徵各院皆可提案，為當時制憲代表所不爭，遍查國民大會實錄及國民大會代表全部提案，對於此項問題曾無一人有任何反對或相異之言論，亦無考試院應較司法監察兩院有何特殊理由，獨需提案之主張。

……本憲法原始賦與之職權各於所掌範圍內，為國家最高機關獨立行使職權，相互平等，初無軒輊。以職務需要言，監察、司法兩院，各就所掌事項，需向立法院提案，與考試院同。考試院對於所掌事項，既得向立法院提出法律案，憲法

對於司法、監察兩院，就其所掌事項之提案，亦初無有意省略或故予排除之理由。法律案之議決雖為專屬立法院之職權，而其他各院關於所掌事項知之較稔，得各向立法院提出法律案，以為立法意見之提供者，於理於法均無不合。

綜上所述，考試院關於所掌事項，依憲法第八十七條，既得向立法院提出法律案，基於五權分治，平等相維之體制，參以該條及第七十一條之制訂經過，監察院關於所掌事項，得向立法院提出法律案，實與憲法之精神相符。

監察院彈劾權行使案（釋字第十四號解釋）

✒ 背景事實

民國四十二年，趙光宸等五位委員認憲法及監察法中關於公務人員違法之定義涉有疑義，參照監察院監察委員選舉罷免法施行條例第二十一條，監察委員於其選出之省市議長或首長提出彈劾案時，其省市議會對該監察委員不得為罷免案之聲請，由此觀之，對省市議長既可提出彈劾，則監察權行使範圍似應包括民意代表，故監察院以監察權之行使範圍是否包括各級民意代表，聲請大法官解釋。

解釋文

查憲法與本問題有關之第九十七條、第九十八條、第九十九條，係由憲法草案第一百零二條、第一百零三條、第一百零四條而來。第一百零二條原稱監察院對於行政院或其各部會人員認為有違法失職情事，得提出彈劾案。第一百零三條則為中央及地方行政人員之彈劾。第一百零四條則為法官及考試院人員之彈劾。在制憲會議中，若干代表認為監察院彈劾權行使之對象應包括立法委員、監察委員在內。曾經提出修正案數起，主張將第一百零二條行政院或其各部會人員改為各院及其各部會人員，包括立法院、監察院人員在內，並將第一百零四條有關法官及考試院人員之條文刪去。討論結果，對此毫無疑義之修正文均未通過，即所以表示立監委員係屬除外。若謂同時，復以中央公務人員字樣可藉解釋之途徑，使立監委員包括在內，殊難自圓其說。在制憲者之意，當以立監委員為直接或間接之民意代表，均不認其為監察權行使之對象。至立監兩院其他人員與國民大會

職員，總統府及其所屬機關職員，自應屬監察權行使範圍。故憲法除規定行政、司法、考試三院外，復於第九十七條第二項及第九十八條，另有中央公務人員之規定。

國民大會代表為民意代表，其非監察權行使對象更不待言。憲法草案及各修正案，對於國大代表均無可以彈劾之擬議，與立、監委員包括在內之各修正案不予採納者，實為制憲時一貫之意思。

自治人員之屬於議事機關者，如省縣議會議員，亦為民意代表，依上述理由，自亦非監察權行使之對象。

─評析與問題─

一般所認定之歷史解釋方法，如陳新民教授認為，乃指「探究制憲者意志的『主觀』解釋法。為尋繹制憲者的規範真意，需蒐羅檢視憲法草案的原始規定、立法理由與說明、折衷協商的決議、以迄於表決過程等相關制憲史的文獻」[28]，簡言之，即探求制憲者原意之解釋方法，亦可理解為原意主義 (originalism)。

探查制憲原意有多種方式，如監察院對立法院案（釋 3）所仰賴者為當時憲法草案提案之提案理由以及刪除理由；監察院彈劾權行使案（釋 14）則著重於提案未予以採納之歷史事實。同樣對於提案未予採納，如採監察院得彈劾立法委員或監察委員肯定說者，即可能援用相同事實，而認為因制憲曾提案考慮包括立法委員或監察委員，故可認為憲法相關規定有為解釋包含該等委員之空間。亦即，某規定曾被提案後未予採納之事實，既可為反對論者援用為憲法並無該提案內容意思之支持，亦可為支持論者援為提案未予採納之理由，乃係憲法相關規定有解釋為包括該提案之空間。故歷史史料並不當然能解決憲法問題，其僅是憲法解釋之方法之一。

司法院大法官審理案件法第十三條規定「大法官解釋案件，應參考制

---

[28] 陳新民，《憲法學釋論》，頁 681，三民，九十四年；其他相似解釋，亦可參見法治斌、董保城，《憲法要義》，頁 95，元照，九十三年；李惠宗，《憲法要義》，頁 27，元照，九十八年，五版第 1 刷；許育典，《憲法》，頁 35-6，元照，九十七年，二版第 1 刷；吳信華，《憲法釋論》，頁 29，三民，一〇〇年初版第 1 刷。

憲、修憲及立法資料」，此一規定，讀者或可思考以下問題：

一、大法官探求憲法原意，是否僅限於司法院大法官審理案件法第十三條所規定之制憲、修憲及立法資料？如制憲或立法當時之社會背景、一般輿論或當時之學術理論等，是否也可作為歷史解釋之素材來源？

二、本條規定是否為指示大法官優先使用「歷史解釋法」之規定？「歷史解釋法」在憲法解釋上是否因此當然居於優於其他解釋方法之地位？大法官不採取「歷史解釋法」解釋憲法時，發生什麼效果？立法者可否透過如司法院審理案件法之規定強制要求大法官優先採取特定解釋方法？

大法官在許信良案（釋 392）之解釋理由書中說：

憲法並非靜止之概念，其乃孕育於一持續更新之國家成長過程中，依據抽象憲法條文對於現所存在之狀況而為法的抉擇，當不能排除時代演進而隨之有變遷之適用上問題。從歷史上探知憲法規範性的意義固有其必要；但憲法規定本身之作用及其所負之使命，則不能不從整體法秩序中為價值之判斷，並藉此為一符合此項價值秩序之決定。

此段話語，是否不因司法院大法官審理案件法第十三條規定而認為必須優先使用「歷史解釋法」？

三、結構解釋或體系解釋

結構解釋又稱體系解釋，如注重憲法之體系與結構者，則有稱憲法統一性原則者❷❾，乃指解釋憲法時應注重憲法條文間之體系及結構，不應使憲法條文間發生矛盾或衝突之結果❸⓿。

大法官除解釋憲法外，亦不可避免需解釋法律，故亦須著重法律間之體系，王澤鑑教授曾指出，法律之內在體系，指法律秩序的內在構造、原則及價值判斷而言，為維護法律用語的同一性，同一之概念用語，應做相同解

---

❷❾　李惠宗，《憲法要義》，頁 32-3，元照，九十八年五版第 1 刷；許育典，《憲法》，頁 36-7，元照，九十七年二版第 1 刷。

❸⓿　參見如吳信華，《憲法釋論》，頁 30，三民，一〇〇年初版第 1 刷；吳庚，《憲法的解釋與適用》，頁 513，自刊，九十二年。

釋❸。許玉秀大法官亦於坤〇科技有限公司對財政部案（釋660）之不同意
見書中提及：「……體系解釋，就是找出有關聯的法律規定，並在其間進行法
律效果的連結。……所以進行體系解釋，不可能不同時進行文義解釋與目的
解釋。」

　　法律體系解釋之實際運用，可見於中國石油股份有限公司對高雄市稅捐
稽徵處案（釋619）：「土地稅法第五十四條第一項第一款所稱『減免地價稅』
之意義，因涉及裁罰性法律構成要件，依其文義及土地稅法第六條、第十八
條第一項與第三項等相關規定之體系解釋，自應限於依土地稅法第六條授權
行政院訂定之土地稅減免規則所定標準及程序所為之地價稅減免而言。」

　　法律之體系解釋有無範圍，同法律體系內可進行體系比較及解釋，不同
法律間，是否需具有相同性質或性質相近之法律，才能進行體系解釋？民法
可否與行政法為體系解釋？比如民法之時效規定，其許多法理為行政程序法
所類推適用，則兩法間是否亦有進行體系解釋之可能？體系解釋應否具有界
線？如何劃定界線？

四、先例遵循原則

　　關於先例遵循原則之意涵，許宗力及林子儀兩位大法官於釋字第六八七
號解釋之部分不同意見書中對於該原則之介紹可資參照：

　　　　德國法相當程度反映了偏重法官依法獨立審判的思維，德國法院法
　　官有義務依其法之確信獨立裁判 (Art. 20 Abs. 3, Art. 97 Abs. 1 GG)，最
　　高法院之判決先例既非法律，下級法院法官原則上自不受其拘束。但基
　　於種種不同考慮，例如或為了維護判決的一致性與延續性，或考慮到倘
　　作成與上級審法院判決先例歧異的判決，當事人勢必會尋求上級審救濟，
　　其判決最終還是會撤銷，且徒然增加人民的訟累，或為了減輕法院的工
　　作負擔，或者單純認為上級法院判決先例之說理具有說服力等原因，下
　　級審法官一般而言均尊重上級審（特別是終審）法院的判決先例。但這
　　些理由都不能構成法官偏離依法獨立審判的便宜藉口。基於法官依法獨

---

❸　王澤鑑，《法律思維與民法實例》，自刊，頁271，一〇一年十二月第15刷。

立審判的思維，法官作判決時不僅須隨時審查有無判決先例存在，以及該先例是否適宜適用在其當前的個案，更重要的是，法官還須謹慎審查該判決先例是否正確，或隨社會情勢變遷，是否還站得住腳，可以支持。總之，判決先例的「效力」是建立在法官的自我抑制與尊重之上，僅具事實上之拘束力，法官對於「自己的」法律爭議，最終仍必須由其自己負責解決，其裁判的依據就是憲法與法律，遇有判決先例，不得盲目遵循，其仍有義務在個案中忠實地根據憲法及法律規定，審查該先例是否正確，或是否仍可支持。如確信先例不正確，已不能支持，而仍盲目、愚忠地堅守，誠如 Germann 所言，反而是公然違法，架空法律本身所原具有捍衛法平等與法安定性的功能。

　　相較之下，遵循判決先例拘束原則 (stare decisis) 的美國聯邦法則代表了強調判決延續性、一致性與個案平等的傳統。判決先例拘束原則包含垂直之拘束與水平之拘束，垂直之拘束指上級審法院對具體個案所為之判決拘束下級審法院，下級法院僅能藉由區別判決先例的主文、主要理由或旁論 (dicta) 等，劃定其拘束效力的射程範圍，或透過與判決先例所涉事實是否同一的區辨，來決定其是否拘束該案，但對於應受先例拘束的個案，則不能偏離判決先例而另為判決，下級審法官即使表明自己並不贊成先例，惟在上級審改變見解或法律變更前，別無選擇僅能依循先例判決。至於水平的拘束，則是判決先例拘束原則更核心的層面，也更貼近 stare decisis 一語──stand by the thing decided──的原意，但在我國卻更常被忽略，其指同一審級之法院受到自身先前判決之拘束，除非法官在確信先例有誤的前提下，例外地自我推翻修正。

　　無論是德國或美國，法官都不當然絕對受到先例判決之拘束，而於兩種情況下可以選擇不遵循先例判決：1.法官認為先例事實與本案事實不同；以及 2.法官認定及提供詳細說理認為先例判決具有嚴重之錯誤，而予以推翻。於美國，由於下級審無權推翻上級審之錯誤先例判決，由於先例判決與個案間難免存在細微之事實差異，故下級法院仍得透過區分個案事實不同而不遵從先例判決。因而，無論美國或德國，法官雖原則上被要求應檢視先例判決內容，以及原則遵從先例判決，惟是否遵從先例，仍存乎於法官一心，故判

決先例「拘束」原則是否應以判決先例「遵循」原則更為貼切❸❷？

我國法院有無判決先例遵從原則？判例制度與判決先例遵循原則是否相同？關於判例制度之違憲問題，可參見林子儀、許宗力及楊仁壽三位大法官於釋字第五七六號解釋協同意見書之評釋：

> 我國現行之判例制度，乃由最高法院或最高行政法院所為之判決中選取法律見解堪為範式而有作成判例必要之判決或決議，經最高法院民刑事庭會議或總會、最高行政法院庭長法官聯席會議決議，並於決議後報請司法院備查而來（法院組織法第五十七條、行政法院組織法第十六條等參照）。各庭如認判例有變更之需要，則於敘明不同見解、擬具變更判例之提案後，準用審查程序予以變更。效力上，如判決違背現行有效之判例即屬裁判違背法令，得據以為上訴終審法院或提起再審之理由。（例如民事訴訟法第四百六十八條、刑事訴訟法第三百七十七條等參照）現況如此之下，本院亦因其實質上之法源地位，將判例視為司法院大法官審理案件法第五條第一項第二款所稱之「確定終局裁判所適用之法令」之一種，得為違憲審查之標的。此外，現行實務對判例之操作，亦往往脫離其所依附之基礎事實，視其為一般抽象法規範適用之。要言之，判例在我國雖出自法院就具體個案所表示之法律見解，但卻限於最高法院及最高行政法院少數判決始有成為判例之可能，且其形成方式乃由透過非審判機關挑選、而非直接出於法院審判而來，尤有甚者，且判例之拘束力已超越個案事實，而具備類似抽象法規之性格，如此一來，我國之整體判例制度遂成一由上而下之法律見解控制體制。如此一來，我國之判例制度遂已成為，而為變相的司法造法，與判決先例拘束力存續之正當基礎——「相同案件、相同處理」漸行漸遠，進而有違反權力分立與審判獨立之憲法上要求之虞。

除判例制度外，我國法院系統是否被要求檢視先例判決，或原則受先例判決拘束？我國實務法院實踐上原則不受先例判決拘束，判決先例僅係法院

---

❸❷ 李念祖，〈以先例尊重替代判例拘束——從大法官釋字第 687 號解釋談起〉，《法令月刊》，65 卷 1 期，頁 60-8，一〇三年。

為判決之參考素材之一。判決先例遵從原則之存在理由，可再次參考許宗力及林子儀兩位大法官於釋字第六八七號解釋之部分不同意見書：

　　　　抽象而言，上級法院（在本文中特別是指最高法院及最高行政法院）於個案裁判所表達之法律見解，在判決之個案外，是否應對下級法院法官具有拘束力？如是，係基於何種理由？應在何種範圍內、以什麼方式拘束下級法院的法官？這個問題涉及調和「審判獨立」以及「法安定性及統一」這二組互有緊張關係的憲法要求，在更深刻的層次上，也是在探尋審判權的本質、與法官在民主憲政、權力分立的圖像中所應有的定位。一方面，法院體系面對人民時應是一個整體，有義務維持法安定性、判決的預測可能性，以及相同個案之間的平等，判決彼此之間應具有延續性。就此而言應透過制度安排，使上級法院肩負統一法律見解的功能，並藉由其判決對下級法院見解的拘束力，來達成司法體系內部的整全性、一致與平等。但另方面，審判權受民主權力的支配，法官須依據具有民主正當性的憲法與法律獨立審判，也「僅應」受憲法及法律之拘束審判。就此而言，如上級審法院裁判具有超越其本案之外的、抽象的、一般的拘束力，而能「穿透」下級審的個案見解，似乎將使審判權帶有立法權的性質，並進而干涉下級審法官之審判獨立。

　　法院如果可以不需檢視先例判決，恆依己意背離先例判決，則司法將毫無任何可期待性可言，人民對於司法亦無法建立信賴。法院間對於同一爭議問題，亦可能形成兩派不同的判決結果，此種結果對於人民之權利保障極度不利。如我國不同體系之最高法院間（如最高法院及最高行政法院），即常產生對於同一問題而有歧異之立場，讓人民無所適從，此一結果可否謂使人民訴訟權保障落空？

　　我國大法官解釋有無判決先例遵從原則？於釋字第一八五號解釋，大法官指出：「司法院解釋憲法，並有統一解釋法律及命令之權，為憲法第七十八條所明定，其所為之解釋，自有拘束全國各機關及人民之效力」，大法官解釋對於全國各機關及人民發生通案拘束力，對於大法官自己自亦有拘束力，故我國大法官解釋似係明採「先例拘束原則」。惟於何種情形或條件下，大法官可以推翻或補充自己做成之解釋？請參考以下解釋：

正傳公司對臺北市政府新聞處案（釋字第四○七號解釋）、
晶晶書庫對關稅局等案（釋字第六一七號解釋）

　　正傳公司案（釋407）及晶晶書庫案（釋617）皆涉及出版品有裸露性器官等圖片，被認定為猥褻出版品，而認有礙於社會風化之爭議。惟猥褻出版品之「猥褻」應如何界定？正傳公司案（釋407）於解釋文中認：「猥褻出版品，乃指一切在客觀上，足以刺激或滿足性慾，並引起普通一般人羞恥或厭惡感而侵害性的道德感情，有礙於社會風化之出版品而言。猥褻出版品與藝術性、醫學性、教育性等出版品之區別，應就出版品整體之特性及其目的而為觀察，並依當時之社會一般觀念定之。」於本號解釋，大法官亦說明社會風化非一成不變，應於兼顧善良風俗及青少年身心健康之維護下，檢討改進之。此外，個案是否達到猥褻程度，應依具體情狀，個案審酌。晶晶書庫案（釋617）亦遵循正傳公司案（釋407）就猥褻定義之意旨，認：「刑法第二百三十五條規定所稱猥褻之資訊、物品，其中『猥褻』雖屬評價性之不確定法律概念，然所謂猥褻，指客觀上足以刺激或滿足性慾，其內容可與性器官、性行為及性文化之描繪與論述聯結，且須以引起普通一般人羞恥或厭惡感而侵害性的道德感情，有礙於社會風化者為限。」惟於晶晶書庫案（釋617）更進一步強調：「刑法第二百三十五條第一項規定所謂散布、播送、販賣、公然陳列猥褻之資訊或物品，或以他法供人觀覽、聽聞之行為，係指對含有暴力、性虐待或人獸性交等而無藝術性、醫學性或教育性價值之猥褻資訊或物品為傳布，或對其他客觀上足以刺激或滿足性慾，而令一般人感覺不堪呈現於眾或不能忍受而排拒之猥褻資訊或物品，未採取適當之安全隔絕措施而傳布，使一般人得以見聞之行為」。此外，晶晶書庫案（釋617）於解釋理由書中除呼應正傳公司案（釋407）就猥褻出版品之判斷，常隨社會觀念轉變、社會發展進步及風俗差異而有所不同外，更提及對少數性文化族群仍須予以保障。

王世賢對行政法院案（釋字第三八二號解釋）、
陳○奇對臺灣大學案（釋字第六八四號解釋）

　　蓋行政法院四十一年判字第六號判例闡釋學生針對學校之處分，不得循一般行政救濟程序請求救濟。王世賢案（釋382）謂：「各級公私立學校依有關學籍規則或懲處規定，對學生所為退學或類此之處分行為，足以改變其學生身分及損害其受教育之機會，此種處分行為應為訴願法及行政訴訟法上之行政處分，並已對人民憲法上受教育之權利有重大影響。人民因學生身分受學校之處分，得否提起行政爭訟，應就其處分內容分別論斷。如學生所受處分係為維持學校秩序、實現教育目的所必要，且未侵害其受教育之權利者（例如記過、申誡等處分），除循學校內部申訴途徑謀求救濟外，尚無許其提起行政爭訟之餘地。反之，如學生所受者為退學或類此之處分，則其受教育之權利既已受侵害，自應許其於用盡校內申訴途徑後，依法提起訴願及行政訴訟。」於本號解釋，大法官認大學對學生所為非屬退學或類此之處分且係為維持學校秩序、實現教育目的所必要，未侵害其受教育之權利，學生僅得循內部途徑救濟，不得對外尋求行政救濟。惟陳○奇案（釋684）推翻王世賢案（釋382）此一見解，認：「大學為實現研究學術及培育人才之教育目的或維持學校秩序，對學生所為行政處分或其他公權力措施，如侵害學生受教育權或其他基本權利，即使非屬退學或類此之處分，本於憲法第十六條有權利即有救濟之意旨，仍應許權利受侵害之學生提起行政爭訟，無特別限制之必要。在此範圍內，本院釋字第三八二號解釋應予變更。」即本於憲法訴訟權保障之意旨，即使非屬退學或類此之處分，亦不得限制學生對外提起行政爭訟之權利。

五、結果取向解釋（唯實主義）

　　大法官解釋，可運用上述文義解釋、歷史解釋、體系解釋或先例遵從等解釋方法，或有認為，大法官應受到此等解釋方法之拘束，即任何解釋，應由此等解釋方法推導而出，此種認為大法官應優先以此等解釋方法形塑其解釋，可稱為形式主義 (formalism)，與此對立者，乃美國之唯實主義 (realism)。

　　司法形式主義盛行於美國十九世紀末至二十世紀初，美國法界及司法界所強調之普通法判例中之原理及規則，可以對任何法律問題或實例提供單一、一致之答案，並強調邏輯演繹及抽象化思維❸❸。法律唯實主義者則認為要了解法律如何適用，應實際探求真實之社會生活與社會事實，該派思想認為，同樣之法律、規則或邏輯演繹方法，可以推導出不只一種答案，而這些規則或演繹方法，僅是法官用來包裝實際想法之形式外衣❸❹。

　　德國亦有與美國唯實主義相似之結果取向解釋，亦即解釋者將其解釋所可能帶來之社會影響，列入如何解釋之考量，如有數種可能性存在時，結果取向解釋法要求解釋者採取對社會影響較有利之解釋❸❺。

　　你認為司法解釋該是什麼？是透過嚴格遵守法律解釋方法提供個案之答案（形式主義），還是因為個案之事實及社會事實決定了解釋者之心證，而解釋方法僅是解釋之手段（唯實主義）？形式主義與唯實主義有無共存之可能？我國大法官解釋亦有唯實主義之案例，請參考以下釋字：

立監委繼續行使職權案（釋字第三十一號解釋）

♪ 背景事實

　　民國四十三年六月，第一屆監察委員之任期即將屆滿六年。惟當年大陸各省市及蒙古西藏尚為中共匪幫竊據，臺灣等省亦未成立正式議會，因而事實上不可能依法辦理監察委員選舉。於事實上無法選出第二屆監察委員之情形下，如第一屆監察委員因任期屆滿六年當然終了，則將影響憲政機制之運

---

❸❸　劉宏恩，〈法律與社會科學〉，王澤鑑主編，《英美法導論》，頁 358，元照，九十九年。

❸❹　同前註❸❶，頁 363；亦請參見陳慶章，〈法國法律唯實主義之研究〉，《東吳法律學報》，2 卷 2 期，頁 34。

❸❺　蘇永欽，〈結果取向的憲法解釋——從德國法律方法論的理論、實務淺析我國大法官會議實務〉，蘇永欽著，《合憲性控制的理論與實際》，頁 253，月旦，八十三年；亦可參見張嘉尹，〈憲法解釋、憲法理論與「結果考量」——憲法解釋方法論的問題〉，《憲法解釋之理論與實務第三輯（上）》，中央研究院中山人文社會科學研究所，頁 1-32，九十一年。

作。見諸憲法精神，五院之制缺一不可，監察院為國家最高監察機關，行使憲法賦予之職權實未可一日中斷。在第二屆監察委員未依法選出集會以前，第一屆監察委員是否有繼續行使職權之必要，產生憲法疑義。

立法院立法委員之任期，按憲法第六十五條規定為三年，第一屆立法委員任期至民國四十年五月七日屆滿，故須於四十年五月以前完成第二屆立法委員選舉。而按照當時情勢，事實上並無法舉行立法委員選舉，為使立法委員得以繼續行使其憲法職權，遂採取總統向立法院咨商由第一屆立法委員繼續行使職權一年，立法院同意之權宜方式，前後三次延長立法委員之任期。民國四十三年五月七日該延長職權之期限即將屆滿，而事實上無法辦理第二屆立法委員選舉之障礙，故產生第一屆立法委員是否應繼續行使職權之憲法疑義。

為解決上開兩項憲法疑義，行政院於民國四十三年一月二十一日之第三二七次會議中，決議通過將監察委員與立法委員任期之問題交由司法院大法官解釋。

解釋文

憲法第六十五條規定立法委員之任期為三年；第九十三條規定監察委員之任期為六年。該項任期本應自其就職之日起至屆滿憲法所定之期限為止，惟值國家發生重大變故，事實上不能依法辦理次屆選舉時，若聽任立法、監察兩院職權之行使陷於停頓，則顯與憲法樹立五院制度之本旨相違，故在第二屆委員未能依法選出集會與召集以前，自應仍由第一屆立法委員、監察委員繼續行使其職權。

民國三十七年間於中國各地選出並隨中央政府遷臺之第一屆立法委員、監察委員即依此項解釋繼續行使職權，隨後政府長期未辦理中央民意代表改選，至民國五十五年，則又有動員戡亂時期臨時條款之修訂❸⑥，授權於自由地區辦理增補選自由地區之中央公職人員❸⑦，所增、補選出之國大代表、立

---

❸⑥　李念祖，〈動員戡亂時期臨時條款在我國憲法上之地位〉，《憲政時代》，6 卷 4 期，頁 32 以下，七十年四月。

❸⑦　民國五十五年二月二十九日，國民大會召開一屆四次大會，修正臨時條款，賦予總

法委員與監察委員,與原有中央民意代表,共同繼續行使職權;至民國六十一年,又再修訂動員戡亂時期臨時條款,授權辦理在自由地區之增額選舉 ㊳,所訂之臨時條款第六項則有如下之規定語句:「㈠在自由地區增加中央民意代表名額,定期選舉……。㈡第一屆中央民意代表係依全國人民選舉所產生,依法行使職權,其增選、補選者亦同。」嗣後即有增額中央民意代表之定期選舉,而原任之第一屆中央民意代表,則仍繼續行使職權,迄民國七十九年,並未辦理改選。隨即發生下列案件。

資深中央民意代表退職解釋案(釋字第二六一號解釋)

續 (5) 96 (79)

🔖 背景事實

本案為立法院聲請大法官解釋憲法,此一聲請為陳水扁等立法委員於審查中央民意代表退職金預算時提出臨時提案而發動。該項臨時提案大略如下:

案由:本院委員陳水扁、余政憲、彭百顯等二十六人臨時提案,為大法官會議釋字第三十一號解釋已因情事變更以及違反國民主權原則有重行解釋之必要;憲法第二十八條第一項及第二項規定之原義是否為國民大會代表之任期應為六年,尚有疑義,故聲請解釋;關於動員勘亂時期臨時條款第六項第二款及第三款之規定,是否違反憲法第二十八條、第六十五條、第九十三條所揭示國會定期改選之憲法精神,故併案聲請大法官會議解釋。對於上述三項憲法之疑義,特依本院議事規則第十一條,提案聲請大法官會議加以解釋,是否有當?請公決案。

說明:

　　一、大法官會議釋字第三十一號解釋之認定,三十多年來已因情事變更

　　統得訂頒辦法增選或補選中央公職人員,蔣介石總統於民國五十八年三月二十七日公布該辦法,同年十二月下旬,全臺灣選出國民大會代表十五人、立法委員十一人、監察委員二人,共計二十八人。見陳新民,《中華民國憲法釋論》,頁 859 以下,自刊,九十年四版。

㊳　此次亦授權由總統訂頒辦法,定期選舉中央民意代表,及由總統遴選代表僑居海外之立委及監委。同前註,頁 842。

以及違反國民主權原則，第一屆立法委員、監察委員不應任其繼續行使憲法上之職權，故有必要聲請重行解釋。

二、就憲法第二十八條第一項及第二項國民大會代表任期之規定而言，本院於近來審查國民大會預算時，對第一屆未改選之國民大會代表，認其任期僅為六年，方合憲法之原義，故於本院委員行使職權時，發生憲法第二十八條第一項及第二項有關國民大會代表任期之疑義，謹聲請解釋。

三、就動員戡亂時期臨時條款第六項第二款及第三款之規定而言，宣示第一屆中央民意代表及增補選代表，於原定任期屆滿後仍得繼續行使職權，顯與定期選舉之旨相悖，有違民主原則之基本要求，故併案聲請大法官會議加以解釋。

解釋文

中央民意代表之任期制度為憲法所明定，第一屆中央民意代表當選就任後，國家遭遇重大變故，因未能改選而繼續行使職權，乃為維繫憲政體制所必要。惟民意代表之定期改選，為反映民意，貫徹民主憲政之途徑，而本院釋字第三十一號解釋、憲法第二十八條第二項及動員戡亂時期臨時條款第六項第二款、第三款，既無使第一屆中央民意代表無限期繼續行使職權或變更其任期之意，亦未限制次屆中央民意代表之選舉。事實上，自中華民國五十八年以來，中央政府已在自由地區辦理中央民意代表之選舉，逐步充實中央民意機構。為適應當前情勢第一屆未定期改選之中央民意代表除事實上已不能行使職權或經常不行使職權者，應即查明解職外，其餘應於中華民國八十年十二月三十一日以前終止行使職權，並由中央政府依憲法之精神、本解釋之意旨及有關法規，適時辦理全國性之次屆中央民意代表選舉，以確保憲政體制之運作。

—解釋理由書— （節）

……

中華民國憲法就中央民意代表，設有任期制度。國民大會代表為六年，立法委員為三年，監察委員為六年，此觀憲法第二十八條第一項、第六十五條及第九十三條之規定甚明。行憲後，國家發生重大變故，第一屆立法委員、

監察委員任期屆滿後，事實上不能依法辦理次屆選舉，為免憲法所樹立之五院制度陷於停頓，本院釋字第三十一號解釋，乃有「在第二屆委員未能依法選出集會與召集以前，自應仍由第一屆立法委員、監察委員繼續行使其職權」之釋示。至於第一屆國民大會代表，則因憲法第二十八條第二項有「每屆國民大會代表之任期，至次屆國民大會代表開會之日為止」之規定，於任期屆滿後，仍繼續行使職權，迨中華民國六十一年三月二十三日修訂動員戡亂時期臨時條款時，復有第六項第二款及第三款「第一屆中央民意代表，係經全國人民選舉所產生，依法行使職權，其增選補選者亦同」、「增加名額選出之中央民意代表，與第一屆中央民意代表，依法行使職權」之規定。

惟民意代表之定期改選，為反映民意，貫徹民主憲政之途徑。前述中央民意代表之繼續行使職權，係因應當時情勢，維繫憲政體制所必要。自中華民國四十三年一月二十九日上開解釋公布以來，第一屆中央民意代表繼續行使職權已達三十餘年。但該解釋並無使第一屆立法委員、監察委員得無限期繼續行使職權或變更其任期之意，而憲法第二十八條第一項已明定：「國民大會代表每六年改選一次」，其第二項之規定顯係為避免政權機關職權之行使因改選而中輟，並非謂國民大會代表得無限期延長任期。上開動員戡亂時期臨時條款第六項第二款及第三款關於第一屆中央民意代表依法行使職權之規定，係因增選補選及增加名額中央民意代表之選出而增列，與前開解釋意旨相同，既非謂未定期改選之中央民意代表得無限期行使職權，亦未限制辦理次屆中央民意代表之選舉。事實上，自中華民國五十八年以來，中央政府已在自由地區辦理中央民意代表之選舉，逐步充實中央民意機構。為適應當前情勢，第一屆未定期改選之中央民意代表除事實上已不能行使職權或經常不行使職權者，應即查明解職外，其餘應於中華民國八十年十二月三十一日以前終止行使職權。

未定期改選之中央民意代表既須終止行使職權，而憲法第二十六條、第六十四條及第九十一條關於中央民意代表選舉之規定，目前事實上仍不能完全適用，中央政府自應依憲法之精神、本解釋之意旨及有關法規，妥為規劃，在自由地區適時辦理含有全國不分區名額之次屆中央民意代表選舉，以確保憲政體制之運作。至現有增加名額選出之中央民意代表其職權之行使，仍至

任期屆滿時為止，併此說明。

一不同意見書—（節）　　　大法官　李志鵬

中華民國憲法第二十八條第二項規定：「每屆國民大會代表之任期至次屆國民大會開會之日為止」。司法院釋字第三十一號解釋稱：「在第二屆委員，未能依法選出集會與召集以前，自應仍由第一屆立法委員，監察委員繼續行使其職權」。本此規定及解釋，除非有「事實上不能」之情事，第一屆中央民意代表之解職或終止行使職權，必須第二屆中央民意代表選出集會而後可。

現在第二屆中央民意代表之選舉，並非不能。多數大法官竟斷然決定，第一屆中央民意代表應在民國八十年十二月三十一日前終止行使其職權顯已牴觸上開憲法之規定及司法院之解釋，本席不能同意，特依大法官會議法之規定，提出不同意見書，並另作解釋文及解釋理由書如左，敬請一併公布。

解釋文

中央政府應依據中華民國憲法，斟酌當前國情，儘速制定「中華民國統一前中央民意代表選舉罷免法」，不受憲法第二十六條、第六十四條及第九十一條所定名額之限制，並儘速選出第二屆中央民意代表。

第一屆中央民意代表及其增選補選者，在第二屆中央民意代表選出報到之前一日，國民大會代表應即解職，立法委員及監察委員應即終止行使職權。但第一屆中央民意代表，在中央民意機關會期中，不出席會議之日數，達該會期總日數二分之一者，應立即退職……

一評析與問題—

本案解釋，最重要之處，在於揭示「民意代表之定期改選，為反映民意，貫徹民主憲政途徑」，並且明白要求，久未定期改選之第一屆中央立法委員民意代表[39]應於民國八十年年底以前終止行使職權，並辦理全國性之次屆中央民意代表選舉。本案解釋，使得民國三十七年間即已就職並持

---

[39]　六十一年後選出屬於增額的中央民意代表，不論是由選舉或遴選方式產生，均依憲法所定之任期，定期改選。

續行使職權達四十餘年之中央民意代表，限期退職❹，中央議會之定期選舉得以恢復❹。按大法官於民國四十三年做成立監委繼續行使職權案（釋31）解釋之際，應未預期也當非有意使得難以在中國大陸原選區辦理改選之第一屆中央民意代表無限期繼續行使職權，以致幾與終身職無異；而由國民大會於民國六十一年修訂之臨時條款明訂第一屆中央民意代表「依法行使職權」之規定，文字用語雖然看似為一種事實之陳述，然則在憲法層級之規範中為此事實性之陳述，殊屬罕見，通過臨時條款的國民大會具有固定第一屆中央民代無限期在位事實之私意在內，實甚昭然。

◆ 定期選舉與民主憲政

　　定期選舉，是民主政治之基本原則，或許是我國傳統政治思想中，最所欠缺之觀念。中國傳統政治思想中，有民為邦本的思想❹，有限制君權的思想❹，甚至有司法獨立的思想❹或是權力分立的思想❹，但現代選舉的觀念從未出現，遑論定期選舉。即使有禪讓政治❹的理念，也無定期改

---

❹　民國八十年底第一屆中央民代全面退職，立法院並制定第一屆資深中央民意代表自願退職條例，詳可參閱李炳南編著，《憲政改革與國民大會》，頁14，月旦，八十三年。

❹　第二屆國民大會代表係於民國八十年十二月二十一日選舉產生，詳可參閱李炳南編著，《第一階段憲政改革之研究》，頁184，自刊，1997年。

❹　此語出於《尚書》，關於中國民本思想之起源及發展，參閱金耀基，《中國民本思想史》，商務，八十二年。

❹　《尚書》中告誡君王要「用其義刑義殺，勿庸以次汝封」（不可恣意行事）〈康誥〉。

❹　「庶獄、庶慎，惟有司之牧夫，是訓用違」、「其勿誤于庶獄，惟有司之牧夫」（不必過問訴訟條件，要信任司法）〈立政〉，這就近似訓誡君王要尊重司法獨立了。

❹　《尚書》中，舜指派禹治水、棄管農業、契管教育、皋陶負責刑罰、垂負責百工、益管山林川澤、伯夷管禮等等，此種分工，有無權力分立之意於中？

❹　禪讓政治，依學者之見解，乃當權在位之帝王，將帝位讓與他人，其特質包括：一須出自在位者之自願；二須受禪者有才德，或為政已有相當成績，受人民愛戴；三須禪讓者與受禪者非屬同一家族。惟堯舜禪讓之說是否為歷史事實，甚或堯舜是否真有其人，亦有爭議，學者有認其為儒家塑造之理想政治典型，以禪讓政治為政權移轉之崇高理想，用以警示後世，作為後人榜樣者。以上見孫廣德，《中國政治思想專題研究集》，頁3以下，桂冠，八十八年。薩孟武則認為，堯傳舜、舜傳禹這種禪

選以容經常地和平移轉政權的想法出現。相反地，無論是儒家或法家，均將「君」看成終生的名分，甚至稱之為「民之父母」，其思想影響達二千餘年❼。

關於儒家思想與西方民主傳統之間的深層思想差異，參閱張灝，《幽暗意識與民主傳統》，頁 3–78，聯經，八十九年二版。

中華民國制憲未幾，即逢施行領域範圍大幅縮減之重大變化，原待初現雛形之民主憲政，仍不能免於掌權者權力可及於終身的傳統思想之籠罩，一遇大法官以立監委繼續行使職權案（釋 31）解釋提供機會出路，遂有國民大會藉助臨時條款授權並選舉執政者終身掌握權力❽，以及執政者不尋求適當途徑促成民意代表（含國大代表）定期改選，互為政治利益交換之既得權力安排。此種權力布置之所以可持續數十年，關鍵之一，即在「定期選舉」之觀念極端淡薄，短期內不能形成足夠的政治力量，阻止權力長期固化。直至政治之新生力量出現，發動大法官重新面對此一嚴重消蝕民主憲政基礎之情況，大法官才有繫鈴人重為解鈴人的機會。而大法官藉其解釋所指明之問題癥結，恰為中國傳統政治思想最為欠缺之定期選舉觀念，並因此成為民主憲政脫離非常狀態、回復正常之轉捩點，甚具歷史

讓政治並非有意傳賢，而是遵循三代以前的傳統制度，然大禹治水有功之後，人們皆有敬其父及其子之心態，禹死後禹之子啟繼任，帝制開始傳子，世襲制出現，嫡長子繼位也弭止了天子崩殂時部落酋長爭奪帝位而發生的戰爭。見氏著，《中國政治思想史》，頁 6，三民，七十八年六版。

❼ 宋人鄧牧在所著《伯牙琴》中，以〈君道〉一文質疑君主與平民有無不同；明末黃宗羲在《明夷待訪錄》中，以〈原君〉一文質疑君權天授的天命概念，可說是少有的例外。「民之父母」之說，於《尚書》、《詩經》、《孟子》中均可見之。此種觀念與憲政思想的合致與分歧之處，參閱李念祖，〈「民之父母」與先秦儒家古典憲政思想初探〉，收入《法律哲理與制度公法理論，馬漢寶教授八秩華誕祝壽論文集》，頁 1–47，九十五年一月。

❽ 憲法第四十七條規定：「總統、副總統之任期為六年，連選得連任一次。」民國四十九年三月召開一屆三次國民大會，修改臨時條款，增加總統、副總統連選得連任之規定，不受憲法原定任期之限制。蔣介石總統再三連任，直到民國六十四年身故為止。

里程碑意義。

◆ 憲法是權力關係的自傳？還是規範？

學者 Herman Finer 教授 (1898–1969) 曾有名言：「憲法是權力關係的自傳」 ❹。劉慶瑞教授則稱之為「現實的政治力量的均衡點」❺。立監委繼續行使職權案（釋 31）、動員戡亂時期臨時條款以及資深中央民代退職案（釋 261）背景事實中的權力運作與衝突，是否業已印證了「憲法是權力關係的自傳」這句話？從民國三十七年國民大會制訂動員戡亂時期臨時條款，到四十九年（修訂容許總統連選連任不受限制）、五十五年（兩度修訂）、六十一年為止多次修訂臨時條款，到民國八十年國民大會廢止動員戡亂時期臨時條款、通過憲法增修條文，後於八十一年、八十三年、八十六年、八十八年、八十九年十年間六度修改憲法增修條文的歷史 ❺ 觀察，是否亦足以印證「憲法是權力關係的自傳」這句話？假如憲法果然是權力關係的自傳，豈不意味著憲法只會是權力運作的工具？這句話只是在描述現實，還是以為憲法就該只是權力關係的自傳？憲法該不該、能不能規範權力的運作？憲法是權力關係的「自傳」，還是「規範」？

憲法一向被認為是政治之法，然則究竟是政治（權力）控制憲法，還是憲法控制政治（權力）？憲法與政治間究竟具有什麼樣的互動影響關係？相關問題的討論，參閱許宗力，〈憲法與政治〉，收入氏著《現代國家與憲法》，頁 39–91，月旦，八十六年；陳愛娥，〈憲法作為政治之法與憲法解釋〉，收入《當代公法新論（上）》，頁 711–37，元照，九十一年。

---

❹ H. Finer, *The Theory and Practice of Modern Government*, p. 116 (Henry and Company, revised ed. August 1950).

❺ 劉慶瑞，《中華民國憲法要義》，頁 10，自刊，六十七年十版。以之印證民國八〇年代的修憲經驗與軌跡，與劉氏的說法是否若合符節？

❺ 依據大法官在國大修憲延任案（釋 499）解釋中之計算，行憲後已有十次修憲的紀錄。詳參《續編（十三）》。關於民國七十九年至八十九年間之修憲歷史經驗，參閱李炳南前揭《憲政改革與國民大會》、《第一階段憲政改革之研究》；陳新民，《1990年～2000年臺灣修憲紀實》，學林，九十一年；陳滄海《修憲與政治的解析》，幼獅，八十四年。

◆ 違憲審查與權力控制

　　憲法預設違憲審查的機制以防止權力逾越憲法所設的界限，大法官則在立監委繼續行使職權案（釋 31）解釋中以為，若不容許當時在位的中央民意代表繼續行使職權，在中國大陸不能辦理改選的事實狀態將形成憲政的停頓，亦即與憲政自殺無異，而與憲法之本旨相違，此一觀點是否合乎憲政原理？可否視做某種憲法上緊急避難之舉措？還是係為權力固定化的狀態鋪路？大法官當時是否即應思考解決憲政難題之適法途徑，而不能單純寄託於「光復大陸」之假設？如果大法官所做解釋並無固化既有權力的企圖，那麼臨時條款的規定呢？

　　資深中央民代退職案（釋 261）的解釋重申立監委繼續行使職權案（釋 31）解釋之意旨，卻得出了不同的結論，促使資深民代定期退職，實質上究係肯定抑或否定該案解釋？該案解釋是否已遭變更？還是僅為一種補充解釋？此二項解釋相隔三十六年，有其脈絡一貫之處，也有彼此異趣之處，除了顯示民主思想由消而長、去而復來的消息外，是否亦反映了權力關係的某種變化？是否意味著既有權力狀態的鬆解與新的政治形勢隱隱欲動，標誌著另一波權力消長接替的關係？立法院因陳水扁立法委員之發動而送出之聲請書中所言「情事變遷」一語，是否亦可於此相互印證？

　　立監委繼續行使職權案（釋 31）與資深中央民代退職案（釋 261）是否均已間接顯示，在中央民意代表無法依照憲法原旨改選的漫長時間中，立法院以及國民大會其實負有通過適當憲法及法律規範以實現定期改選原則的憲法義務？未能善盡此等義務，構不構成立法（修憲）怠惰❺❷？

　　本案解釋之後，是否顯示憲法不只為權力關係的「自傳」而僅僅具有記錄權力運作軌跡的功能而已？透過大法官闡揚憲法要求「定期改選」之民主原則，憲法難道不是業已實際規範了權力？權力關係自傳論，是否忽略了憲法的規範功能？其為憲法所下的定義是否不夠準確？

---

❺❷　關於立法怠惰，參陳慈陽，〈立法怠惰與司法審查〉，《憲政時代》，26 卷 3 期，頁 3–43，九十年一月；及陳愛娥，〈立法怠惰與司法審查〉，《憲政時代》，26 卷 3 期，頁 43–74，九十年一月。

　　關於憲法解釋與政治之互動關係，參閱蘇俊雄，〈論憲法審判之法律性與政治性〉，收入《司法院大法官釋憲五十週年紀念論文集》，頁 489，司法院，八十七年。

◆ 臨時條款合憲？違憲？

　　資深中央民代退職案（釋 261）的聲請書中認為臨時條款為違憲之舉措，如果臨時條款具有憲法修正的效力❸，修憲是否可能違憲？資深中央民代退職案（釋 261）解釋是否迴避了此一問題？本案中指出「民意代表之定期改選，為反映民意，貫徹民主憲政之途徑」，其憲法之依據為何？本案中大法官復認定，立監委繼續行使職權案（釋 31）解釋、憲法第二十八條第二項及臨時條款第六項第二款之規定均無使第一屆中央民代無限期繼續行使職權或變更其任期之意，亦未限制次屆中央民代之選舉，是否業已解釋臨時條款為合憲❹？

　　臨時條款規定資深中央代表依法行使職權，而未規定任何終止行使職權之期限；本案解釋則明白指定了終止行使職權之限期，是否業已認定臨時條款之錯誤？亦即雖未明言臨時條款為違憲，但是否業已認定臨時條款確有違憲之部分──事實上容許資深代表無限期行使職權，實質上限制了臨時條款可以修改憲法的範圍？是否為一種合憲解釋方法之採取❺？是否逾越了合憲解釋方法應守的界限❻？

◆ 限時退職的法理依據

　　本案解釋，為資深民代設定了確切的退職時間，其憲法根據何在？是

---

❸　依郝龍斌等對國民大會案（釋 499）之解釋，大法官承認臨時條款有修憲效力，故進而認定我國已經歷十次修憲。

❹　大法官在夏爾康等聲請解釋立委遞補案（釋 150）（續 (1) 12 (66)）中首次審查臨時條款，從該案解釋郝龍斌對國民大會案（釋 499）解釋均可得知大法官似未質疑臨時條款之合憲性。

❺　關於合憲解釋方法，參蘇永欽，〈合憲法律解釋原則從功能法上考量其運作界線與效力問題〉，《合憲性控制的理論與實際》，頁 77 以下，月旦，八十三年。

❻　劉慶瑞，〈美國司法審查制度之研究〉，《比較憲法研究》，頁 43 以下，自刊，六十年再版。

否為司法院越權之舉？還是可視為類似英美法上司法運用衡平裁量所提供之救濟措施？本案提出聲請有所爭議者為立法院，於行使預算審查權的過程中對於臨時條款之合憲性發生強烈質疑而提請釋憲，可否稱為憲政機關權限爭議的一種態樣？大法官解決憲政機關權限爭執所為之解釋，是否亦應具有類似提供救濟措施的衡平裁量？本案解釋公布後修訂之司法院大法官審理案件法第十七條第二項規定：「大法官所為之解釋，得諭知有關機關執行，並得確定執行之種類及方法」，是否即在提供救濟措施衡平裁量之基礎？有無任何司法自制的需要？

◆ 萬年國代與唯實主義

　　立監委繼續行使職權案（釋31）於四十三年作成，時代背景為國民政府遷臺初期，政治情勢尚未穩固，政府為安定局勢，實施動員戡亂與戒嚴法制。在該情形下，舉辦第二屆中央民意代表選舉有事實上之困難。你如為本案大法官，會如何以憲法的角度處理此問題？是否同意本號解釋結果？是否會如同本號解釋使用唯實主義之解釋方法？

　　資深中央民意代表退職解釋案（釋261）於七十九年作成，與立監委繼續行使職權案（釋31）相隔三十六年，時空背景已有所變遷。該時期兩岸政治情勢趨於穩定，在七十六年解嚴後，民眾政治參與逐漸提升，公民社會對民主化的聲浪亦不斷高漲，此時期的大法官再度面臨第一屆中央民意代表的改選問題。而本號解釋之聲請人，以立監委繼續行使職權案（釋31）之重行解釋，憲法第二十八條第一項及第二項之憲法疑義解釋，與動員戡亂時期臨時條款第六項第二款及第三款之違憲疑義，作為聲請釋憲理由。面對上開問題，大法官作出以下回應：「本院釋字第三十一號解釋、憲法第二十八條第二項及動員戡亂時期臨時條款第六項第二款、第三款，既無使第一屆中央民意代表無限期繼續行使職權或變更其任期之意，亦未限制次屆中央民意代表之選舉。事實上，自中華民國五十八年以來，中央政府已在自由地區辦理中央民意代表之選舉，逐步充實中央民意機構。為適應當前情勢，第一屆未定期改選之中央民意代表除事實上已不能行使職權或經常不行使職權者，應即查明解職外，其餘應於中華民國八十年十二月三十一日以前終止行使職權，並由中央政府依憲法之精神、本解釋之意

旨及有關法規，適時辦理全國性之次屆中央民意代表選舉，以確保憲政體制之運作。」可知本號解釋並非直接涉及抽象法規違憲、職權爭議、憲法疑義等問題，而為解決現實情況之解釋。大法官為個案解釋之原因，可從唯實主義之觀點理解，定期選舉為民主政治之基本原則，在該原則無法落實，且其他憲政機關亦無法解決之情形下，應由擔任最後一道防線的司法機關，以憲法的高度加以解決。從本號解釋觀察，你認為大法官到底應不應該為個案審查，才能發揮司法權之功能？

郝龍斌、鄭寶清、洪昭男等對國民大會案 ❺❼
（釋字第四九九號解釋，亦稱國大修憲延任案）

續 (13) 685 (89)

✍ 背景事實

依民國八十三年通過之中華民國憲法增修條文，第三屆國民大會代表任期為四年，應於民國八十九年五月十九日屆滿。第三屆國民大會於民國八十八年集會，於九月三日下午至翌日凌晨，針對國大代表所提出，業已完成一讀程序之修憲案進行二讀及三讀程序。其於進行二讀程序前，江文如代表提出主席所謂之「偶發」動議，主張採取無記名投票，主席即國民大會議長蘇南成裁定交付表決，因過半數贊成而裁定採取無記名投票，當時曾有陳鏡仁代表等一二九人依國民大會議事規則第三十條連署提出動議，主席亦交付表決，嗣並以未過半數同意而遭否決為由，不肯改採記名方式投票。惟國民大會議事規則第三十八條第二項規定，表決方法，「得由主席酌定以舉手、起立、表決器或投票行之。主席裁定無記名投票時，如有出席代表三分之一以上之提議，則應採用記名投票。」本案中，主席先接受江文如代表提出會議規則所無之「偶發動議」進行表決，並於表決通過後，裁定無記名投票，而陳鏡仁代表等一二九人主張應採記名投票之提議則未予處理。（依上開議事規則第三十八條第二項之規定，是項提議人數既已超過當時在場出席代表（二

---

❺❼ 本案可分為兩部分，一為修憲程序應受之憲法限制，一為修憲內容應有之憲法界限。以下為第二部分之內容與分析，關於第一部分，參閱本書第一講　柒、甲。

四二人）三分之一以上，本不需交付表決，而應逕行發生效力，大會應依其提議採取記名投票。）系爭修憲案於九月三日下午進行二讀會投票時，係以一九八票贊成、四十七票反對，未達通過人數而遭否決。惟主席旋即裁示重新投票，並以第二次投票之結果作為通過之依據，嗣經代表質疑，主席宣布係以議事規則第四十條第二項為其處理之依據。然則國民大會議事規則第四十條規定：「主席認為必要或有代表三十人以上之請求時，得舉行反表決。出席代表對表決結果認為有疑問時，經三十人以上之同意得請求主席重行表決，但以一次為限。」是乃關於反表決之程序。本案並未舉行反表決，並無適用第四十條第二項規定之餘地。退萬步言之，縱使以該條第二項做為依據，本案中，會議當時無論有無代表質疑表決結果，皆未有「三十人以上同意請求主席重新交付表決」之前提要件事實存在，主席逕行裁示重新表決，不合會議規則第四十條第二項規定之要件。經此等程序之後，國民大會於民國八十八年九月四日凌晨以所謂三讀程序通過修正憲法增修條文第一條第一項至第三項規定：「國民大會代表第四屆為三百人，依左列規定以比例代表方式選出之。並以立法委員選舉，各政黨所推薦及獨立參選之候選人得票數之比例分配當選名額，不受憲法第二十六條及第一百三十五條之限制。比例代表之選舉方法以法律定之。一、自由地區直轄市、縣市一百九十四人，每縣市至少當選一人。二、自由地區原住民六人。三、僑居國外國民十八人。四、全國不分區八十二人。」「國民大會代表自第五屆起為一百五十人，依左列規定以比例代表方式選出之。並以立法委員選舉，各政黨所推薦及獨立參選之候選人得票數之比例分配當選名額，不受憲法第二十六條及第一百三十五條之限制。比例代表之選舉方法以法律定之。一、自由地區直轄市、縣市一百人，每縣市至少當選一人。二、自由地區原住民四人。三、僑居國外國民六人。四、全國不分區四十人。」「國民大會代表之任期為四年，但於任期中遇立法委員改選時同時改選，連選得連任。第三屆國民大會代表任期至第四屆立法委員任期屆滿之日止，不適用憲法第二十八條第一項之規定。」及第四條第三項之規定：「第四屆立法委員任期至中華民國九十一年六月三十日止。第五屆立法委員任期自中華民國九十一年七月一日起為四年，連選得連任，其選舉應於每屆任滿前或解散後六十日內完成之，不適用憲法第六十五條之規

定。」並於九月十五日經總統明令公布。立法院立法委員郝龍斌、鄭寶清及洪昭男等，乃以該等憲法增修條文之修正通過，違反憲法，對於立法委員行使職權形成適用憲法之疑義，乃分別連署聲請案共五起（郝委員提出聲請案一起，鄭委員提出聲請案三起，洪委員提出聲請案一起），請求大法官解釋憲法。

解釋文（節）

一、憲法為國家根本大法，其修改關係憲政秩序之安定及全國國民之福祉至鉅，應由修憲機關循正當修憲程序為之。又修改憲法乃最直接體現國民主權之行為，應公開透明為之，以滿足理性溝通之條件，方能賦予憲政國家之正當性基礎。國民大會依憲法第二十五條、第二十七條第一項第三款及中華民國八十六年七月二十一日修正公布之憲法增修條文第一條第三項第四款規定，係代表全國國民行使修改憲法權限之唯一機關。……

二、國民大會為憲法所設置之機關，其具有之職權亦為憲法所賦予，基於修憲職權所制定之憲法增修條文與未經修改之憲法條文雖處於同等位階，惟憲法中具有本質之重要性而為規範秩序存立之基礎者，如聽任修改條文予以變更，則憲法整體規範秩序將形同破毀，該修改之條文即失其應有之正當性。憲法條文中，諸如：第一條所樹立之民主共和國原則、第二條國民主權原則、第二章保障人民權利、以及有關權力分立與制衡之原則，具有本質之重要性，亦為憲法整體基本原則之所在。基於前述規定所形成之自由民主憲政秩序，乃現行憲法賴以存立之基礎，凡憲法設置之機關均有遵守之義務。

三、第三屆國民大會八十八年九月四日通過之憲法增修條文第一條，國民大會代表第四屆起依比例代表方式選出，並以立法委員選舉各政黨所推薦及獨立參選之候選人得票之比例分配當選名額，係以性質不同、職掌互異之立法委員選舉計票結果，分配國民大會代表之議席，依此種方式產生之國民大會代表，本身既未經選舉程序，僅屬各黨派按其在立法院席次比例指派之代表，與憲法第二十五條國民大會代表全國國民行使政權之意旨，兩不相容，明顯構成規範衝突。若此等代表仍得行使憲法增修條文第一條以具有民選代表身分為前提之各項職權，將牴觸民主憲政之基本原則，是增修條文有關修改國民大會代表產生方式之規定，

與自由民主之憲政秩序自屬有違。

　　四、上開增修條文第一條第三項後段規定：「第三屆國民大會代表任期至第四屆立法委員任期屆滿之日止」，復於第四條第三項前段規定：「第四屆立法委員任期至中華民國九十一年六月三十日止」，計分別延長第三屆國民大會代表任期二年又四十二天及第四屆立法委員任期五個月。按國民主權原則，民意代表之權限，應直接源自國民之授權，是以代議民主之正當性，在於民意代表行使選民賦予之職權須遵守與選民約定，任期屆滿，除有不能改選之正當理由外應即改選，乃約定之首要者，否則將失其代表性。本院釋字第二六一號解釋：「民意代表之定期改選，為反映民意，貫徹民主憲政之途徑」亦係基於此一意旨。所謂不能改選之正當理由，須與本院釋字第三十一號解釋所指：「國家發生重大變故，事實上不能依法辦理次屆選舉」之情形相當。本件關於國民大會代表及立法委員任期之調整，並無憲政上不能依法改選之正當理由，逕以修改上開增修條文方式延長其任期，與首開原則不符。而國民大會代表之自行延長任期部分，於利益迴避原則亦屬有違，俱與自由民主憲政秩序不合。

　　五、第三屆國民大會於八十八年九月四日第四次會議第十八次大會以無記名投票方式表決通過憲法增修條文第一條、第四條、第九條暨第十條之修正，……其中第一條第一項至第三項、第四條第三項內容並與憲法中具有本質重要性而為規範秩序賴以存立之基礎，產生規範衝突，為自由民主憲政秩序所不許。上開修正之第一條、第四條、第九條暨第十條應自本解釋公布之日起失其效力，八十六年七月二十一日修正公布之原增修條文繼續適用。

─解釋理由書─（節）

　　……相關機關國民大會……，除主張依修憲程序增訂之條文，即屬憲法條文，而憲法條文之間不生相互牴觸問題，本院自無權受理外，又以司法院大法官審理案件法第四條解釋之事項，以憲法條文有規定者為限為由，認本院不應受理解釋云云。

　　查憲法第七章已就司法定有專章，其中第七十八條規定：「司法院解釋憲法，並有統一解釋法律及命令之權」，第七十九條第二項前段規定：「司法院設大法官若干人，掌理本憲法第七十八條規定事項」，是司法院大法官掌理解

釋憲法及統一解釋法令之職權，依上開條文固甚明確。惟憲法為維護其作為
國家最高規範之效力、釐清各種法規間之位階關係並使釋憲機關之職掌更為
確立，在第七章之外，尚就相關事項作個別規定，此為憲法第一百十七條：
「省法規與國家法律有無牴觸發生疑義時，由司法院解釋之。」第一百七十
一條：「法律與憲法牴觸者無效。法律與憲法有無牴觸發生疑義時，由司法院
解釋之。」及第一百七十三條：「憲法之解釋由司法院為之。」等相關條文之
所由設也。關於上述第一百七十三條規定之文字經遍查國民大會制憲實錄，
自二十三年三月一日國民政府立法院發表之中華民國憲法草案初稿，以迄二
十五年五月五日國民政府宣布之中華民國憲法草案（即俗稱五五憲草），均將
「憲法之解釋由司法院為之」條文列於「附則」或「憲法之施行及修正」之
章節。迨現行憲法制定時，既已有前述第七章第七十八條及第七十九條之規
定，又於第十四章憲法之施行及修改，保留「憲法之解釋，由司法院為之」
之文字作為第一百七十三條。對照以觀，第一百七十三條顯非為一般性之憲
法解釋及統一解釋而設，乃係指與憲法施行及修改相關之事項，一旦發生疑
義，其解釋亦屬本院大法官之職權。故有關憲法第一百七十四條第一款國民
大會代表總額應如何計算、國民大會非以修憲為目的而召集之臨時會得否行
使修憲職權、前述有關憲法修改人數之規定應適用於國民大會何種讀會等有
關修改憲法之程序事項，分別經本院作成釋字第八十五號、第三一四號及第
三八一號解釋在案；依修改憲法程序制定性質上等同於憲法增修條文之動員
戡亂時期臨時條款，其第六項第二款及第三款第一屆中央民意代表繼續行使
職權之規定，與憲法民意代表有固定任期應定期改選之精神有無牴觸發生疑
義等相關之實質內容，亦經本院釋字第二六一號解釋釋示有案。

　　按法律規範之解釋，其首要功能即在解決規範競合與規範衝突，包括對
於先後制定之規範因相互牴觸所形成缺漏而生之疑義……，斯為釋憲機關職
責之所在。本件聲請意旨所指之疑義，……既屬於前述增修條文與憲法本文
或增修條文相互之間衝突或矛盾所形成，又為聲請人行使職權之事項，……。
本件聲請基本上係對經公布之憲法增修條文發生矛盾與疑義，而向本院提出，
自不應對本院受理聲請解釋發生疑問。至相關機關所執司法院大法官審理案
件法第四條之文字，質疑本院受理權限，實則聲請意旨所述之疑義，無一而

非憲法本文或增修條文規定之事項，又此項規定旨在防止聲請釋憲事項逾越範圍涉及與憲法全然無關之事項，並非謂解釋憲法僅限對特定條文作文義闡釋，其質疑自不成立。

……

國民大會依正當修憲程序行使憲法第一百七十四條修改憲法職權，所制定之憲法增修條文與未經修改之憲法條文係處於同等位階，惟憲法條文中具有本質之重要性而為規範秩序存立之基礎者，如聽任修改條文予以變更，則憲法上整體規範秩序將形同破毀，此等修改之條文則失其應有之正當性。我國憲法雖未明定不可變更之條款，然憲法條文中，諸如：第一條所樹立之民主共和國原則、第二條國民主權原則、第二章保障人民權利、以及有關權力分立與制衡之原則，具有本質之重要性，亦為憲法基本原則之所在。基於前述規定所形成之自由民主憲政秩序（參照現行憲法增修條文第五條第五項及本院釋字第三八一號解釋），乃現行憲法賴以存立之基礎，凡憲法設置之機關均有遵守之義務。國民大會為憲法所設置之機關，其具有之職權既為憲法所賦予，亦應受憲法之規範。國民大會代表就職時宣誓效忠憲法，此項效忠係指對憲法忠誠，憲法忠誠在依憲法第一百七十四條規定行使修憲權限之際，亦應兼顧。憲法之修改如純為國家組織結構之調整，固屬「有權修憲之機關衡情度勢，斟酌損益」之範疇（見前引《司法院大法官解釋續編》，第十冊，三三三頁），而應予尊重，但涉及基於前述基本原則所形成之自由民主憲政秩序之違反者，已悖離國民之付託，影響憲法本身存立之基礎，應受憲法所設置其他權力部門之制約，凡此亦屬憲法自我防衛之機制。從而牴觸憲法基本原則而形成規範衝突之條文，自亦不具實質正當性。

本件國民大會於八十八年九月四日通過之憲法增修條文第一條第一項前段：「國民大會代表第四屆為三百人，依左列規定以比例代表方式選出之。並以立法委員選舉，各政黨所推薦及獨立參選之候選人得票數之比例分配當選名額，不受憲法第二十六條及第一百三十五條之限制。」第二項前段：「國民大會代表自第五屆起為一百五十人，依左列規定以比例代表方式選出之。並以立法委員選舉，各政黨所推薦及獨立參選之候選人得票數之比例分配當選名額，不受憲法第二十六條及第一百三十五條之限制」，均以立法委員選舉，

各政黨所推薦及獨立參選之候選人得票數之比例分配計算國民大會代表之當選名額,而稱之為比例代表方式。第按所謂比例代表,乃依政黨或候選人得票數之比例計算當選及議員議席分配之方法,而有別於多數代表制、少數代表制等方式,比例代表制之採行仍須以舉辦該特定公職人員之選舉為前提,若本身未曾辦理選舉,而以他種性質不同、職掌相異公職人員選舉之得票作為當選與否及分配席次之依據,則等同於未經選舉程序而產生,先進民主國家亦未有此種所謂選舉之事例(參照中央選舉委員會八十八年十二月二十八日八十八中選一字第八八九一三五六號致本院秘書長函),是依照此種方式產生之國民大會代表,已不具民意代表身分,充其量為各政黨指派之代表,誠如聲請解釋意旨所稱,國民大會行使政權,須以國民直接選舉之代表組成為前提,如適用新修改之增修條文則無異由政黨指派未經選舉之人員代表國民行使政權,明顯構成規範衝突。若此等代表僅賦予諮詢性功能尚無不可,但仍得行使憲法第四條領土變更之議決權,增修條文第一條補選副總統,提案罷免總統、副總統,議決總統、副總統彈劾案,修改憲法,複決憲法修正案暨對司法、考試及監察三院人事之同意等本質上屬於民意代表方能擁有之各款職權,非僅與憲法第二十五條構成明顯之規範衝突,抑且牴觸憲法第一條民主國之基本原則。是上述有關國民大會代表產生方式之增修條文,與民主之憲政秩序有違。或謂在國會採兩院制之國家,第一院固多屬民選產生,第二院則尚有由任命甚至世襲之議員組成者,則以一院依附於另一院已較任命或世襲者「民主性質」多矣。然查現代國家採兩院制之國會,其中一院若非由民選,其職權必遠遜於直接民選之一院,更無由民選產生之一院其權限為立法,依附之一院則有權制憲或修憲之理。況此種任命、世襲制度,或係基於歷史因素,或係出自聯邦體制,且已為現代大多數民主國家所不取。相關機關國民大會於八十九年三月二十三日向本院補提書面說明,一面舉出奧地利、荷蘭、比利時、愛爾蘭、瑞士、西班牙等國,謂此等國家之國會均設有兩院,且採比例代表制,一面謂國民大會採比例代表制係八十五年十二月國家發展會議之共識,符合國家發展需要等語。查上述國家之國會其一院雖採比例代表制,另一院均另行選舉或以其他方式產生,均無所謂依附式之比例代表方式,更無未經選舉者有權制定國家最高規範致違反民主國家基本原則

之情形。至國家發展會議亦僅建議國民大會代表改採政黨比例代表方式，並未倡議國民大會代表既可本身不必舉行選舉，又得自行延任，從而相關機關所述各節，均不足作為國民大會代表改為依附方式產生之正當理由。又憲法第二十八條第二項每屆國民大會代表之任期，至次屆國民大會開會之日為止，旨在維持政權機關之連續性，此次修改既未停止上開第二十八條第二項之適用，又第一條第三項增訂「國民大會代表之任期為四年，但於任期中遇立法委員改選時同時改選」，則立法委員依增修條文第二條第五項規定，經總統解散時，國民大會代表亦同遭解散，規範內容相互矛盾，亦明顯可見。上開增修條文雖有以獨立參選之立法委員得票比例分配同屬獨立參選之國民大會代表當選名額之設計，但既屬獨立參選則不屬任何黨派或政團，自無共同之政策綱領可言，依附他人而獲得當選，則候選人無從以本身之理念與主張訴諸選民而獲選，於憲法所保障人民參政權之意旨不相符合。

　　按代議民主之正當性，在於民意代表行使選民賦予之職權須遵守與選民約定，任期屆滿，除有不能改選之正當理由外應即改選，乃約定之首要者，否則將失其正當性。本院釋字第二六一號解釋：「民意代表之定期改選，為反映民意，貫徹民主憲政之途徑」，亦係基於此一意旨。所謂不能改選之正當理由，須與本院釋字第三十一號解釋所指：「國家發生重大變故，事實上不能依法辦理次屆選舉」之情形相當。若任期屆滿，無故延任，則其行使職權已非選民所付託，於國民主權原則下民意代表之權限應直接源自國民賦予之理念不符，難謂具有正當性。本件國民大會修正通過之增修條文，將第四屆立法委員任期延長至九十一年六月三十日止，又將第三屆國民大會代表任期延至第四屆立法委員任期屆滿之日止，計立法委員延任五個月，國民大會代表則延長二年又四十二日。關於立法委員之延任，據相關機關國民大會指派之代表到院陳述，係基於配合會計年度之調整，俾新選出之立法委員有審議次年度中央政府預算而為之設計。惟查民意代表任期之延長須有前述不能依法改選之事由始屬正當，審議預算年度之調整與國家遭遇重大變故不能相提並論，其延任自屬欠缺正當性。況自八十六年增修條文施行後，立法院得因通過對行政院院長之不信任案，而遭總統解散，解散後重新選出之立法委員，其任期重新起算（上開條文第二條第五項），則未來各屆立法委員之任期可能起迄

參差不一，是配合會計年度而調整任期勢將徒勞。而國民大會代表自行延任則謂出於實現改革國會之構想，並舉第一屆及第二屆國民大會代表亦有延長任期之情事云云。然所謂國會改革不外結構與功能兩方面之調整，觀乎本次憲法之增修，國民大會功能部分未見有任何變動，選舉方式之變更固屬結構之一環，此次修憲廢棄區域選舉而改採依附式之所謂「比例代表」，姑不論此種方式並非真正選舉，即使改變選舉方式，與任期延長亦無關聯，縱如相關機關所言，延任有助於國會改革，惟手段與其欲達成之目的並不相當。至以往國民大會代表延任，或係發生於戒嚴及動員戡亂之非常時期，或係純屬總統、副總統改為直接民選，國民大會相關職權廢除後之配合措施，皆與本件情形有殊，不足以構成常態下之憲政先例。又利益迴避乃任何公職人員行使職權均應遵守之原則，憲法增修條文第八條：「國民大會代表及立法委員之報酬或待遇，應以法律定之。除年度通案調整者外，單獨增加報酬或待遇之規定，應自次屆起實施」，除揭示民意代表行使職權應遵守利益迴避原則外，復具舉輕明重之作用；蓋報酬或待遇之調整尚應自次屆起實施，則逕行延長任期尤與憲法本旨不符，聲請意旨指延長任期違反民主憲政之原理，與增修條文第八條產生矛盾，洵屬有理。

—協同意見書—（節）　　　大法官　蘇俊雄
　　……

一、關於受理本案之司法任務以及解釋方法論之說明

　　針對大法官有無受理有關修憲程序與修憲界限爭議之解釋聲請的權限問題，本席認同多數通過受理的理由——亦即認為我國憲法在「憲法之施行及修正」章節中第一七三條明文規定，「憲法之解釋，由司法院為之」之文字，應已明確授權司法院對於修憲案及憲法施行上有關的爭議，有從事司法解釋的「組織法上的權限」。惟基於「憲法的規範性」及「憲法的優位性」，儘管傳統的憲法理論已成功地運用了「法位階理論」的規範邏輯，發展出司法違憲審查機制的規範理論體系；但是上述權限規範之內容，則尚未對「修憲行為」，設定出任何明確的「行為義務」或者「司法判斷」的標準。故大法官於行使此項權限時，不能單純以邏輯推論，僅訴諸形式上的法的權威；而必須

慎密地從憲法基本規範及民主原理的討論脈絡中，探求本於人性的民主正當性要求，據以確立憲政體制上以及功能上民主憲政秩序的宏規。

憲法作為國家的根本大法，在整個法領域之中，尤其具有「政治法」的規範特質。這不僅是因為其生成與存續取決於政治力量與政治共識，而且更是緣於憲法的目的與功能，主要即在規範政治權力的運作。從而為了因應政治變遷及社會發展的需求，憲法規範無疑必須預留政治運作與發展的彈性空間，俾使政治部門得以合理解決政治上所面臨的問題。因此，國家根本大法的變更，並非純粹抽象規範體系的演變，新秩序的建立，更不得不接納法外的政治決定因素，其理至明。尤其，本件憲法爭議發生之脈絡，攸關我國民主憲政秩序之改革方向，大法官更應謹慎自持，盱衡民主原理與政治發展，預留國民政治共識形成與修憲機關合理解決之空間。

在「立憲主義」與「民主政治」兩種理念的關係之下，可知「法的領域內，沒有一個自由是不受拘束的」；修憲者從事憲法修正的政治決定時，固應本民主自由的政治運作，但此亦非謂修憲可以毫無憲政秩序上的「範圍」與「界限」。蓋修憲或立法上的政治決定，唯有在這種政治事實與法理性結合的觀點之下，始有其法規範的正當性。

憲法解釋，涉及許多不確定的法律概念，如果想用傳統的法學方法或者以所謂「可司法性」的理論，具體明確地限定解釋方法——如司法院大法官審理案件法第四條第二項規定之以「憲法條文」有規定者為限，始得加以解釋之限制——則恐怕有過度簡化憲法與政治間複雜辯證關係之嫌疑。多數通過的解釋文，另從憲法各項基本原理規範與新修正條文所設定的機關功能是否相容、有無規範衝突、修憲條文之設計是否將對民主憲政秩序之實踐貫徹構成障礙等功能法之解釋導向著眼，即為本席所贊同。惟若採功能法之解釋取向，則對違反基本憲法原則的修憲條文，是否必然即須賦予「失效」的後果，則恐尚有進一步檢討的必要。

……

三、實質內容之效果判斷問題

關於系爭的增修條文中，延長現任之國民大會代表及立法委員之任期，以及將次屆國民大會代表之選舉，由直接民選改依立法委員選舉各政黨及獨

立參選之候選人得票比例之方式分配當選名額等內容之合憲性問題，多數通過之解釋意旨，雖未明確肯定修憲的有界限理論，但亦指出憲法條文之中，有許多具有本質重要性而為整個憲法體制賴以存立的基本原則，諸如第一條民主共和國原則、第二條國民主權原則、第二章保障人民權利之規定以及有關國家機關間權力分立與制衡之規定，凡憲法設置之機關均有遵守之義務，若修憲之條文有牴觸這些基本原則者，難謂其具有正當性而發生應有效力，本席同表贊成。蓋修憲的動力，雖然源自「憲法外」的「政治一社會權力」，但若欲推論出其「合乎憲法規範要求」的權限分配，必須與憲法整體架構所賴於存立之本質上重要的基礎規範相容。……

四、對解釋效力之宣示部分

本席除對多數通過之解釋文與解釋理由，提出前述法理分析及意見之外，並對解釋文所宣示的效力之理由，提出不同之法律意見如次：

㈠修憲程序採行無記名投票方式，雖與修憲程序公開、透明原則有違，但尚不能據此即認定修憲條文已構成違憲失效，亦即形式上完成修憲程序的增修條文之中，就其實質上與憲法基本規範並無衝突之條文，仍應確認其效力。

㈡對實質上與憲法基本規範不相容的部分，多數意見逕行宣告其失效，對此本席不予贊同。大法官應本司法自制之原則，將問題留予國民與修憲機關合理解決之空間。蓋如何依據政治力之發展，去改革相關憲政制度，係屬各相關機關憲政上之任務與權限，此一原則更應依據民主政治原理去實現，做為司法解釋機關的大法官，僅能於國民大會代表或立法委員任期屆滿而有不改選的情事發生，而其不改選是否有正當化之事由，而有解釋聲請時，方能對之為合憲與否的解釋。

─協同意見暨不同意見書─（節）　　　　大法官　陳計男

……

按憲法第一百七十一條規定，法律與憲法牴觸者無效。法律與憲法有無牴觸發生疑義時，由司法院解釋之。同法第一百七十二條復規定，命令與憲法或法律牴觸者無效。故命令或法律有無牴觸憲法之疑義，經本院大法官審

理結果，認有牴觸憲法者，本院自得以解釋宣示其為無效。至國民大會依憲法第一百七十四條規定所修改或制定之憲法或憲法增修條文與未經修改之憲法條文，係處於同等位階之地位，與上述命令、法律與憲法有高低位階之情形不同。我國憲法並未如若干國家憲法先例（例如德國），於憲法中明定某些憲法條文不得修改；而所謂「憲法中具有本質之重要性而為規範秩序存在之基礎」者，其具體內容如何？如何判定？是否包括修改之憲法條文規定？又其效力如何？有無超越憲法之規範效力？均未見諸憲法明文，再國民大會修改之憲法增修條文，與未經修改之憲法間，有無衝突之疑義，雖屬憲法解釋問題，依憲法第一百七十三條規定，本院大法官固有解釋之權，但經本院大法官審理後，如認其與未經修改之憲法條文或「憲法中具有本質重要性而為規範存立之基礎」者有間，有規範衝突之情形時，憲法有無賦予本院可經由憲法之解釋，並進而宣示憲法或憲法增修條文失效之職權，則非無疑問。本席以為憲法條文間規範衝突之解決，乃屬國家民主憲政走向之抉擇，自應循民主憲政原理決之。目前我國尚無關於國民直接可對國民大會通過之憲法修改條文或憲法增修條文複決機制之規定，無依此解決規範衝突之可能，惟憲法增修條文既與未經修改之憲法條文間顯有衝突，若冒然使憲法增修條文與之同時實施，勢必因適用有規範衝突之憲法造成憲政秩序之紊亂，此絕非主權者（國民）之福。為維護憲政秩序之安定，兼顧憲政之發展，造成規範衝突之憲法增修條文，自仍須經由民意之檢驗決定，不宜由本院大法官介入代為抉擇。故在有國民複決憲法修正條文之機制前，仍應由修憲機關就規範衝突重新檢討，作成合理而不衝突之整體修正以解決此一規範衝突。在規範衝突解決以前，該憲法增修條文應解為暫不得實施。此實為維護憲政運作之順利，避免憲政程序發生立即而明顯之紊亂，所作符合民主憲政目的之合理而不得已之解釋也。

　　……

　　本席以為憲法增修條文第一條關於國民大會代表之產生方式之修正，與憲法第二十五條規定，及依此精神所賦予國民大會代表之職權（以具有民選代表身分為前提之各項職權）之規定，固有規範衝突，但此衝突之解決，不論將來修憲機關再修改回復為修改前之原規定（即維持原有之憲政體制）或

再修改而創設無規範衝突之憲政新體制，依首段說明，在修憲機關就上述規範衝突作成具體之修改抉擇以前，實難遽作何者與憲政秩序有違之結論。

……本席認為主權者（國民），選舉國民大會代表或立法委員時，係依當時憲法之規定限時的委任其行使職權，今依修憲延長其任期，除經主權者之同意（追認）外，自違主權者於選舉時依八十六年公布憲法增修條文第一條第六項、憲法第六十五條所為限時的委任，於其原任期屆滿時已失其代表性及正當性，則延長任期期間之「國民大會代表」、「立法委員」即與憲法第二十五條、第六十二條規定具有代表性及正當性之「國民大會代表」、「立法委員」性質不同，而發生規範衝突問題。或謂此等任期之延長，係為配合憲政改革之目的符合國家發展會議之共識，減少選舉次數，降低社會成本，切合國家發展需要及配合國家會計年度云云，惟憲法增修條文中，並無任何「憲政改革」之整體明確規定或宣示，而所謂國家發展會議之共識，亦未具憲法或法律之效果，縱第三屆國大代表有此構想，既未能規定於條文中，亦無拘束次屆國民大會代表之效力，則所謂「憲政改革」能否依其構想貫徹，尚屬未知之數；又所謂配合會計年度如何設計係法律層次，並無民意代表之選舉必與其配合之必然關係，況立法委員在任期中，有因立法院之解散（參照憲法增修條文第二條第五項）而須改選，亦未必能發生配合功能，其據以為延長任期之理由，即難謂為正當。是此項規範衝突，依上述說明，仍應由修憲機關，為合於憲法精神之解決。……

─不同意見書─（節）　　　　大法官　曾華松

……

依司法院大法官審理案件法第五條第一項第三款規定，聲請解釋憲法，須立法委員現有總額三分之一以上之聲請，就其行使職權，適用憲法發生疑義，或適用法律發生有牴觸憲法之疑義者，始符合受理要件。若立法委員於法律制定、修正之審議中，或法律修正草案尚在立法委員研擬中，或擬提案修憲，或對憲法增修條文本身合憲性發生懷疑，或預行假設憲法問題，徵詢本院意見者，均應不受理。良以司法權行使之前提，應該以有具體的爭議事件存在為前提，立法委員聲請釋憲，亦不例外。司法資源有限，應予珍惜，

未達具體性之憲法諸問題，立法委員應自行研究，以確定其意義，殊無許其聲請司法院解釋之合法根據。否則，司法解釋淪為諮詢意見，當非國家設立司法機關之本意。又同法第四條第二項規定，大法官解釋之事項，以憲法條文有規定者為限。是以憲法及憲法增修條文，若有規定，某些憲法條文不得修改，或憲法之修正應獲得釋憲機關之核可，或其中某些條文之修正，應獲得全體國民多數之同意，則設有違反之者，當得由司法機關依聲請，宣告其修正條文或增修條文無效。遍查我國憲法條文及憲法增修條文，並無制衡國民大會機制之設計，若遽以憲法增修條文審議獲得通過，或違反學理上所指之議事程序公開透明原則、自由民主憲政秩序；或違背憲法條文中具有本質重要性而為規範秩序賴以存立之基礎；或未按國民大會議事規則第三十八條第二項行事，貿然宣告該增修條文無效，與司法機關應依憲法及法律獨立審判之憲法第八十條規定意旨，亦有未合，並不因現行憲法第一百七十二條關於憲法之解釋，列於第十四章憲法之施行及修改，而有不同。因為，司法機關之解釋憲法，畢竟與制憲或修憲機關之制憲或修憲不同，本於權力分立原則及司法自制原理，苟修憲之目的合法，且在憲法範圍內，則所有正當及顯然合於該目的，貫徹憲法條文和精神之方法，均為憲法之所許。

　　國民大會依憲法之規定，代表全國國民行使政權，固為憲法第二十五條所明定，但今日全國人民居住於中華民國政令所不能到達之大陸地區者，實居絕大多數，欲召集一必須具有全國性之國民大會，有事實上之困難。如何因應時空之變遷，改革政治機構以適應當前環境，已是全民一致之期望。憲法增修條文之設，即本此而來，其前言，明白規定：「為因應國家統一前之需要，依照憲法第二十七條第一項第三款及第一百七十四條第一款之規定，增修本憲法條文如左：（以下略）」，顯見憲法增修條文本身之增訂，其內容以及相關條文均有其正當目的，即旨在推動改革政治機構，並推展政府再造。就是希望對民眾提供專業、積極主動，並且有效率之服務。總統改為民選之目的在此，精省以及國民大會代表停止直接民選，改為比例代表制，並因應新制之改革，設有相當期間之適應緩衝期即國代及立委之延任，其目的亦在此。釋憲機關若置此於不顧，奢談其修訂有違公開透明原則及民主憲政秩序，未免令人有在憲法所設定的基礎與框架之下，憲法機關享有自由與形成之空間，

釋憲者竟未加尊重之感。何況八十九年五月二十日前新制之國民大會代表以及立法委員之所謂延任，迄未實現，配套措施亦未問世，實際執行之後，利弊得失如何，亦無從懸斷之現在，對於增修條文之好或壞預下斷語，亦與求真求實之司法本質不符。益見立法委員之預行請求釋憲，既無予以解釋之必要與價值，自無從受理。釋憲機關審查之對象，就憲法之制定或修正而言，僅限於制定憲法或修正權限之有無，至制定之憲法是否高明則不在其內。釋憲機關行使權力之唯一防線，乃釋憲機關之自我抑制。釋憲機關違憲審查權，其行使範圍，並非有很大幅度之裁量空間，釋憲純屬義務的職權作用而已。釋憲機關與其他各機關具有同格之立場，亦即各擔當政治責任。釋憲機關祇立足於憲法所賦與之權限秩序，並非就憲法政策為合目的與否之判斷。

　　憲法增修條文關於民意代表之產生，初兼設有依政黨比例方式選出之代表，繼而有鑑於國民大會，因其他機關全部無法制衡，致憲政運作不理想，本次增修，乃將國民大會代表之產生，全部廢止直接民選，改為以比例代表方式選出，並以立法委員選舉，各政黨所推薦及獨立參選之候選人得票數之比例，分配當選名額，核屬因應當前環境所為國會改革之一環，尚難謂非憲法所不許。此徵諸同屬受全體國民付託，遵照創立中華民國之孫先生遺訓，亦即本解釋理由內提及之中華民國憲法草案第一百四十三條第一項第一款，亦有異於現行憲法之規定，在全國完成地方自治之省區未達半數以上時，立法委員之產生並非全部直接民選；同屬依三民主義、五權憲法訂立之中華民國訓政時期約法（二十年六月一日公布同日施行）第八十七條更明定：全國有過半數省分達到憲政開始時期，即全省之地方自治完全成立時期，國民政府應即召開國民大會，決定憲法而頒布之；二十六年十一月十二日本是召集國民大會的日子，將由國民大會制定憲法而頒布之，並決定施行日期；同年全面對日抗戰開始，國民大會代表之選舉與召集已成為不可能，乃由國民政府明令延期；嗣現行憲法頒行，但仍屬兩岸分治，全國迄未統一。按一切議案能否實行，實行能否有利於建構新世紀之兩岸關係。「實地」是一個重要的決定條件。中華民國處於今日環境，秉持因應國家統一前之需要，憲法增修條文雖迭有修正，但其前言，「為因應國家統一前之需要」，始終未變，增修條文既有其宏觀之正當目的，且均在憲法框架內運作修訂，自難援用國內外

與本件憲法增修條文無關之相關案例、解釋、學說或學者之見解，任意比附援引，資為受理解釋及宣告系爭增修條文應屬無效之依據。蓋憲法乃國家根本大法，縱令今後，在全國統一前，國民大會代表非由直接民選而來，亦不虞此非民選之國大代表，在秉持政黨政治之合理運作下，得自行隨意逃脫憲法之框架胡作非為，任意為不利於全體國民之修憲行為。若有之，其既屬逾越憲法增修條文前言所框架之範圍，當然得依聲請由司法機關宣布其修正違憲無效，因為，司法機關此際已有加以解釋之必要與價值故也。因之，若置因應全國統一前需要之憲法增修條文前言於不論，亦未檢驗增修條文本身，有無逾越增修條文前言之範圍，完全將憲法本文與增修條文，等同觀察，並進而或謂規範內容相互矛盾，或謂無故延任，或謂國家發生重大變故始能停止改選。凡此論點，核屬或將性質不同適用範圍亦異之特別法與普通法混為一談兩相比較，或將國會改革與緊急命令機制相混，均不足為訓。……本於司法不告不理之原則，本解釋竟以其議事程序違背公開透明原則，瑕疵已達明顯重大程度為由，一併將聲請人未聲請解釋之本次憲法增修條文第四條第三項後段（立法委員任期自九十一年七月一日起為四年）、第九條（精省之規定）、第十條第八款（社會救助等）第九款（尊重軍人等）一併宣告為無效，顯然有違修憲本意，且將增修前現已因事過境遷而無適用餘地致為現行條文所刪除之原條文第九條第二項（第十屆臺灣省議會議員及第一屆臺灣省省長之任期至八十七年十二月二十日止）又恢復適用，亦於法不合。

　　……

─評析與問題─

◆ 自延任期的動機？

　　國民大會在通過自延任期修憲案之際，所持之理由為需要延任以從容討論廢除國民大會之步驟與方法；本案解釋通過後，國民大會即在所餘之短短數十天任期中不旋踵通過國民大會虛級化之修憲案，是否恰可反證當初延長任期之修憲案的背後動機無非自肥而已？

◆ 自延任期違憲與任期久暫無關？

　　本案解釋為大法官做成資深中央民代退職案（釋261）解釋之後，再

度面對國民大會代表運用修憲權力使自己在法定任期屆滿後繼續行使職權的問題；惟本案中，國大代表係通過修憲條文，明文規定自身之任期延長，較之臨時條款只係規定「依法行使職權」，更為直接明確。表面看來，本案中所延長之任期為兩年又四十二日，與第一屆中央民意代表繼續行職權四十餘年，相去甚遠；然則延任之例一開，若竟不受憲法原理之任何拘束，理論上修憲機關將可在延長之任期屆滿前，故技重施，而且還可一為再為，則第一屆中央民代終身不退的前例，不免又有出現之虞。本案中大法官指明修憲的界限，並且宣告系爭修憲條文無效，第三屆國民大會於釋憲之後旋即集會，並在任期屆滿前完成最近一次之修憲，徹底改變了國民大會之組織型態與方式，實質上接受了釋憲的結果，第三屆國大代表亦於憲法增修條文原來規定的任滿之期任滿。

◆ **修憲有無實質界限？**

本案解釋涉及憲法學上長期辯論的問題——「修憲有無實質界限？」（亦即修憲的內容有無限制？憲法有無不許藉修憲寫入某種憲法內容的禁忌？）我國憲法除了規定修憲的程序外，並無修憲實質界限的明文。本案中大法官採取了修憲有實質界限說，並且在解釋中明白列舉了我國修憲實質界限的範圍。在大法官歷年的解釋之中，本案當屬最能顯示司法積極干涉態度❺❽的一例。

◆ **自由民主之憲政秩序**

本案解釋所理解的憲法，顯然不止於形式上稱之為憲法的那部文書而已。憲法的核心理念，存在於「具有本質重要性」的諸項條文之中❺❾。這些條文，建構了「自由民主之憲政秩序」。此一名詞，曾為國民大會修憲讀會人數案（釋 381）解釋所使用，原見諸憲法增修條文第五條第五項的

---

❺❽　關於司法部門對於其他權力部門採取積極干涉態度的討論，參閱張明貴譯，A. S. Miller 著，〈論司法主動主義與美國憲政主義〉，收入李國雄等譯，J. Roland Penncok 等著，《憲政主義》，頁 227–85，國民大會憲政研討委員會，七十五年；湯德宗稱之為司法積極主義，參見氏著《權力分立新論》，頁 39，自刊，八十九年二版。

❺❾　陳慈陽，〈憲法規範性與憲政現實性〉，《論憲法核心部分理論之實証化及其難題》，頁 1 以下，翰蘆，八十六年。

規定（政黨不可違反自由民主之憲政秩序）。易言之，本案解釋列舉之憲法上民主共和國原則、國民主權原則、基本人權保障以及權力分立與制衡原則，聯立構成了所有憲法設置之機關，包括修憲機關在內，所不可修改、也不容政黨否定推翻之自由民主憲政秩序。如果憲法含有任何可被視為終極的價值，即於是乎在。

◆ 國民主權與主權在民

　　國民主權原則係因憲法第二條：「中華民國之主權屬於國民全體」而得名。所謂主權，依照傳統的定義，有內外二義：對外獨立，對內最高❻❶。主權理論，雖然數百年來發生許多變化，但在二十一世紀的國際社會中，仍未放棄主權國家的思想。由於「主權」具有排他的觀念，即與國際法秩序之建立發生扞格齟齬；又因為「主權」具有最高性，規定主權所在的憲法，也就自然具備對內為「最高」的性質。國民主權原則❻❶，亦稱主權在民原則❻❷。兩詞語意，並非全無差別。按「國民」一詞，依憲法第三條「具有中華民國之國籍者為中華民國國民」之規定而得其定義，惟此一定義為開放性之定義，亦即應視「國籍」一詞而界定國民之範圍。然則憲法並未對「國籍」一詞另設定義，通說認為應聽立法之規定❻❸。是則「國民主權」即不免隨立法者對於國籍之立法定義寬狹而異其歸屬，此是否為憲法第二條之本意？國民之定義既能隨立法而改變，如何確保國民主權原則不可修改？不能無疑。

---

❻❶　參見薩孟武，《中國憲法新論》，頁 41，三民，八十二年十版。

❻❶　例如在高成炎案（釋 445）解釋理由書中，大法官即係使用「主權在民」一詞。續 (11) 246 (87)。

❻❷　「在國民主權原理之下，憲法制定權力、國家權力、政治運作的最終決定，都應掌握在國民手中，由國民作最終的決定，一般稱之為國民主權國家。」參見許慶雄，《憲法入門》，頁 244–5，元照，八十九年。國民主權基本的內涵，係指一個群體下最高的政治統治力必須擁有正當性的基礎，且此正當性的基礎只能來自於國民，而不是國民以外的機制。參見蔡宗珍，〈國民主權於憲政國家之理論結構〉，《月旦法學雜誌》，20 期，頁 30，八十六年一月。

❻❸　參見劉慶瑞，《中華民國憲法要義》，頁 45–6，自刊，八十八年二版；管歐，《憲法新論》，頁 78，五南，八十九年三十版。

「主權在民原則」之語意則有不同，其重點在於強調國家之主權屬於不掌握政治權力之人民全體，而非掌握政治權力之統治者，憲法第二條即在確保人民自主地位之最高性，並非在以憲法為對外排他之工具。如果憲法的目的係在保障人權而非伸張、發揚統治權力者，「主權在民」一詞自較「國民主權」之涵義更為準確。惟我國憲法前言中有「鞏固國權、保障民權」八字 ❻❹，國權與民權究竟孰重？民族主義與人權保障相衝突時，如何解決？國家認同與民主互相衝突時，如何解決？本案解釋認為主權在民與基本人權保障均為憲法修改的實質界限，兩者之間可能發生衝突嗎？其衝突有調和之道嗎？相關問題之討論，可參閱顏厥安，〈人權與國民主權——論 Habermas 的權利體系理論〉，收於《當代公法新論（上）》，頁 3–28，元照，2002 年。

本案解釋中否定系爭修憲條文關於政黨比例代表制的規定合憲，其理由在於相關規定不啻係由政黨指派國大代表而非人民選舉國大代表，主權在民原則不能由「主權在黨」的規定所取代。此點是否不受政黨的民主性所影響？亦即政黨如皆係以符合民主原則的方式所建構，本案解釋於此亦不會有不同的結果？又憲法增修條文第五條規定，有無要求政黨必須依據民主原則組織構建的立意在內？

◆ 與資深中央民代退職案（釋 261）之比較

本案解釋說明定期改選是建立代議民主正當性的根本，重申了資深中央民代退職案（釋 261）的解釋意旨。大法官在本案中明白指出系爭憲法增修條文為違憲無效，此與前案並未宣告臨時條款違憲，只是限期促使資深民代退職，尚有不同；本案展現了釋憲者頗為難得的明快作風。

◆ 釋憲機關為實質修憲界限之守護者？

本案解釋業已提及，修憲之實質界限，各國憲法有採明文規定者，例

---

❻❹ 學者有謂：「『鞏固國權』實針對近代中國遭受列強壓迫的處境而發，與美國憲法前言所揭『籌設公共國防』同一旨趣，唯顯較周延，又與三民主義之『民族主義』努力之目標相呼應；『保障民權』乃針對我國久習於專制，不諳於民權的情況而設，不僅與各國憲法制定之目的相符，也與『民權主義』之理想相配合」。參見湯德宗，〈論憲法前言之內容及性質〉，《憲政時代》，5 卷 4 期，頁 87，六十九年四月。

如美國憲法第五條規定修憲改變各州之平等地位者，應得該州之同意❻❺；德國基本法則明文將聯邦制度與自由民主之憲政秩序列為不可修改的對象❻❻，憲法訂有明文的國家，採取修憲有界限說，理所當然，我國憲法並無規定任何修憲實質界限之明文，如何推得確有修憲界限的結論？值得推敲。本案大法官採取了憲法需要自我防衛的理論，以免修憲機關憑仗修憲權任意破毀自由民主之憲政秩序，同時引證制憲前歷次憲法草案均將司法院解釋憲法列為憲法之施行與修改章中之條文，說明憲法確係有意促使司法院以釋憲機關地位妥善解釋憲法以節制修憲機關濫用修憲權力，然則此一意旨是否確為制憲者之意？修憲實質界限之建立，有無其他種堅強之理論支持❻❼？修憲機關不能享有不受節制之權力，而可由釋憲機關解釋其修憲結果逾越修憲界限而歸於無效，釋憲的司法機關是否亦有權力過大、難於控制的顧慮？釋憲的司法機關闡釋修憲實質界限的權力有無界限？

司法機關不告不理，乃是憲法權力分立制度對於司法權的特殊限制，此項限制是否足夠防止釋憲的權力成為難於節制之權？提出協同意見之蘇俊雄大法官提及釋憲者宣告修憲逾越憲法設定之界限時，仍應交由國民或修憲機關重新斟酌如何修憲，而不宜由釋憲機關逕行宣告無效者，是否亦為一種節制釋憲權力的恰當方法？釋憲者在立法委員與國民大會就後者所為之修憲是否違憲的爭議案件中擔任仲裁者，所為之解釋應該拘束國民大會與立法委員，但所為的解釋應否直接發生讓修憲條文失效的效果？抑或應由國民大會重新集會依照修憲程序廢除該項受列司法宣告為違憲之修

❻❺ 參見國民大會秘書處資料組，《新編世界各國憲法大全第三冊》，頁 411，國民大會秘書處，八十五年。

❻❻ 參見前註，頁 738。

❻❼ 如德國學者卡爾‧史密特曾提出區分可以修改的「憲律」與不可修改的「憲章」之理論。參見陳新民，《中華民國憲法釋論》，頁 848，自刊，九十年四版。有關各種修憲界限理論之介紹，參見許宗力，〈憲法修改界限的理論（上）〉，《憲政時代》，7卷 3 期，頁 35–52，七十一年一月；〈憲法修改界限的理論（下）〉，《憲政時代》，7卷 4 期，頁 65–74，七十一年四月。有關修憲界限之詳細討論，參見陳滄海，《修憲與政治的解析》，幼獅，頁 219 以下，八十四年。

憲條文？如果國民大會不肯依照大法官的解釋行事又將如何？憲法是否終須憲政機關在某一時點上自動服膺，其意旨才能真正實現？

　　大法官不是民選的憲政機關，修憲機關則是民選的憲政機關，大法官所為之解釋可以否定修憲機關的多數決定，是否為反多數決民主的制度？以民主共和為核心理念的憲法為什麼要設計這樣的制度？本案為兩種民意代表即立法委員與國民大會之間發生爭議，卻由十餘位並非人民選出的大法官來決定誰是誰非，司法與民意之間究竟該有什麼樣的互動關係？釋憲的司法者應否接受民意指揮？

◆ 民主能不能自我否定？

　　立法院是民意機關，代表多數民意，司法者審查立法院的法律是否違憲時，等於負有憲法責任、也享有憲法權力宣告代表多數民意的決定違憲；而我國憲法規定之修憲程序，應有國民大會出席代表四分之三之決議，大法官宣告修憲條文為違憲，是否等於否定四分之三多數之民意？有無憲法上的理論依據可以作為大法官審查修憲是否違憲的支持？憲法中存在「具有本質重要性」的條文，民主共和政體即是此種「具有本質重要性」的條文，卻是連四分之三之民意機關亦不可改動之憲政規範，是否構成一種民主理論裡的弔詭？一種「民主制度不能用民主的方式加以推翻或否定」的宣言？民主究竟可不可以用民主的方式自我否定？希特勒以合憲方式埋葬威瑪憲法是不是民主竟被民主埋葬的歷史教訓[68]？其因此提供德國人認定民主憲法應該明訂修憲界限的觀念來源[69]，民主憲法究竟該不該有實質修憲界限作為自我防衛的機制？大法官本案解釋似乎證明了修憲界限的防衛機制透過違憲審查的作用可以節制修憲權力的濫用，這是機緣巧合還是憲法智慧的設計？

◆ 修憲界限與民主共和

　　在《聯邦論》一書之中，共和國是被如此介紹的：「只要管理政府者

---

[68]　參見李念祖，〈動員戡亂時期臨時條款在我國憲法上之地位若干基本問題之研究〉，《憲政時代》，6 卷 2 期，頁 59-61，六十九年十月。

[69]　許宗力，〈憲法修改界限問題之發生與範圍〉，《憲政時代》，7 卷 2 期，頁 44，七十年十月。

是由人民直接或間接所委派的，而這些人又只能在一定任期內擔任公職，我們便可說這種政體是共和國。」❼❶本案解釋修憲之實質界限，逼人思考民主共和國中兩個基本的問題：民主制度採取多數決，權力掌握在多數手中，應如何防止多數濫用權力侵凌少數？共和國容納代議制度❼❶，代議士運用權力為自己謀利而不為選民謀利時，應如何節制其權力？

民主與共和是否發展出不同的概念❼❷？如果民主為獨裁之反義，共和為帝制之反義，「共和制度」是否意謂民主必須藉助代議政體才能實現？修憲權力是主權在民原則的具體作用，修憲機關若是代議機關，固可能發生如何節制權力濫用的顧慮，但若由人民使用直接民主（如創制、複決、公民投票）的方式修憲，修憲界限的概念是否仍有存在的餘地？用修憲界限的概念節制直接民主，可以嗎？會成功嗎？在以直接民主方式修憲的制度中，有無可能運用司法違憲審查來表述修憲實質界限義理？直接民主修憲是不是也可能發生顛覆民主憲法的危險？該不該完全信賴民主？還是應該妥善設計修憲程序，同時避免直接民主及代議機關修憲所可能產生的民主憲政風險？國民大會在本案解釋之後再度修憲，大幅改變了我國憲法上的修憲機制，新的修憲程序是怎樣的制度？

民意代表用修憲方式自延任期，本案解釋認為違反自由民主的憲政秩序，也就是一種憲法所不容許、形成利害衝突的雙重代理（同時代理選民與自身相互衝突的利益），有無任何例外？本案解釋特別言及立監委繼續行使職權案（釋31）解釋即是一種可以接受的例外，此種例外是否以某種憲政緊急狀態（如戰爭）存在時為限？

◆ 具有「本質重要性」的意義

本案解釋所稱之「具有本質重要性」的條文，在民主共和與主權在民兩項原則而言，均有具體明確的憲法條文（憲法第一條與第二條）可資對

---

❼❶　謝淑斐譯，詹姆士・麥迪遜、亞歷山大・溫彌爾頓、約翰・傑著，《聯邦論》，頁182，貓頭鷹，八十九年五月。

❼❶　關於共和與代議制度的關係，參閱張雁深譯，孟德斯鳩著，《論法的精神》，頁8-14，商務，八十七年。

❼❷　參閱李惠宗，《憲法要義》，頁46-7，敦煌，八十七年。

應，但在基本人權保障與權力分立與制衡原則，具體對應的條文為何？憲法第二章的條文均不可付諸修正嗎？五權分立的政府制度不可以修正嗎？憲法第一條、第二條可不可以修得更符合民主理想呢？究竟有無逾越修憲界限，是否必須視具體的修憲條文而定，並非單指某個憲法條文不得修改而言？「具有本質重要性」的條文，有無共同的意涵？是否即為「限制政治權力，保障基本人權」的理念？多數決民主本即為防止權力集中於少數人而產生的制度，然而多數決掌控的權力是否仍應擔心可遭濫用而該受到限制？修憲界限的問題即是限制多數決權力時形成的難題？修憲界限概念的存在，是否顯示自由民主的憲法對於民主制度亦未寄以完全的信任？究竟是不信任民主，還是不信任民主制度中的多數，還是不信任多數所掌握的民主權力？此種不信任權力的態度，是否具有「本質重要性」？就透過代議程序修憲與由人民直接投票決定的修憲制度❼❸而言，此點有無不同？

　　本案解釋認為系爭修憲條文所規定政黨比例代表制❼❹為違憲，憲法可以接受的政黨比例代表制為何？系爭條文違反的修憲界限是那一項？就此提出不同意見的蘇俊雄與陳計男大法官各自基於不同的理由認為並不當然違反修憲界限，修憲界限是否終究只是主張者各執一詞的主觀意見而已？是不是又一次驗證了民主政治乃係奠基於價值相對主義❼❺之上？民主制度崇尚價值相對，是否仍然立足於某種不可推翻的價值假設之上？這些價值假設是否就是修憲的界限？民主憲法而有修憲界限，可否視為自然法與實證法的某種妥協❼❻與調和？然則民主憲法果真崇尚價值相對主義，則由價值命題組成的修憲界限是否應該交由民主程序而非司法程序決定？果

---

❼❸ 民國九十四年通過之憲法增修條文，業已不再採取國民大會的制度，改由立法院提出憲法修正案，經公告半年，於三個月內交由人民投票複決。

❼❹ 謝復生，《政黨比例代表制》，頁 8–12，理論與政策雜誌社，八十一年。

❼❺ 關於價值相對主義之意義，參閱林文雄，《法實證主義》，頁 148–80，自刊，七十八年四版；楊日然等譯，W. Friedman 著，《法理學》，頁 205–10，司法周刊雜誌社，八十三年七版。

❼❻ 關於自然法等與法實證主義思想間的齟齬，參閱楊智傑譯，Ian McLtod 著，《法理論》，頁 17–25，韋伯文化，九十一年。

然，則修憲界限的概念是否根本沒有存在的可能？修憲到底該不該有界限？界限究竟何在？

關於本案之評釋及所奠基之憲法價值體系，參閱許宗力，〈憲法違憲乎？──評釋字第四九九號解釋〉，《月旦法學雜誌》，60 期，頁 141-54，八十九年五月；李惠宗，〈談憲法的價值體系──評釋字第四九九號解釋及第六次憲法增修條文〉，《月旦法學雜誌》，61 期，頁 142-56，八十九年六月；張嘉尹，〈論「價值秩序」作為憲法學的基本概念〉，《國立臺灣大學法學論叢》，30 卷 5 期，頁 1-32，九十年九月。

關於民主之基本理論，參閱呂亞力、吳乃德編譯，《民主理論選讀》，風雲論壇出版社，八十九年再版；民主是一種程序？還是理想？參閱許國賢，《倫理政治論──一個民主時代的反思》，揚智，八十六年。

關於民主共和制度、主權在民、修憲權、違憲審查之思想淵源及彼此存在之互動辯證關係，參閱楊日旭譯，Charles Beard 著，《共和國》，頁 39-53，正中，七十年；江宜樺，《自由主義、民族主義與國家認同》，頁 99-135，揚智，九十年；蔡宗珍，〈國民主權於憲政國家之理論結構〉，《月旦法學雜誌》，20 期，頁 30-41，八十六年一月。

關於自由民主憲法秩序與權力分立原則的關係，參閱陳慈陽，〈論權力分立原則在自由民主憲法秩序中之意義與定位〉，《憲法體制與法治行政(1)》，頁 1-75，三民，八十七年。

關於人權保障與國民主權原則之辯證邏輯與思想衝突，在法哲學理論上有無適當之接準點的討論，參閱顏厥安，〈人權與國民主權──論 Habermas 的權利體系理論〉，《當代公法新論（上）》，頁 3-26，元照，九十一年。

◆ **從唯實主義觀察本號解釋與制憲聯盟案（釋 721）之關係**

本號解釋與制憲聯盟案（釋 721）皆涉及比例代表制違憲與否之問題，本號解釋文認：「國民大會代表第四屆起依比例代表方式選出，並以立法委員選舉各政黨所推薦及獨立參選之候選人得票之比例分配當選名額，係以性質不同、職掌互異之立法委員選舉計票結果，分配國民大會代表之議席，依此種方式產生之國民大會代表，本身既未經選舉程序，僅屬各黨派

按其在立法院席次比例指派之代表，與憲法第二十五條國民大會代表全國國民行使政權之意旨，兩不相容，明顯構成規範衝突。若此等代表仍得行使憲法增修條文第一條以具有民選代表身分為前提之各項職權，將牴觸民主憲政之基本原則，是增修條文有關修改國民大會代表產生方式之規定，與自由民主之憲政秩序自屬有違。」惟相隔十四年後，大法官對於比例代表制再度為解釋，制憲聯盟案（釋 721）揭示政黨比例代表席次無牴觸憲法之疑義，解釋理由書更進一步闡釋：「選舉既為落實民意政治、責任政治之民主基本原則不可或缺之手段，並同時彰顯主權在民之原則，則所定選舉方法仍不得有礙民主共和國及國民主權原則之實現，亦不得變動選舉權、平等權之核心內涵。而關於各國國會選舉，有重視選區代表性而採相對多數決者，有重視政黨差異而採政黨比例代表制者，實為民主政治之不同選擇，反映各國政治文化之差異。系爭憲法增修規定一、二有關立法院立法委員選舉方式之調整，採並立制及設定政黨比例代表席次為三十四人，反映我國人民對民主政治之選擇，有意兼顧選區代表性與政黨多元性，其以政黨選舉票所得票數分配政黨代表席次，乃藉由政黨比例代表，以強化政黨政治之運作，俾與區域代表相輔，此一混合設計及其席次分配，乃國民意志之展現，並未牴觸民主共和國與國民主權原則，自不得以其他選舉制度（例如聯立制）運作之情形，對系爭憲法增修規定一、二所採取之並立制，指摘為違反自由民主憲政秩序。」

　　從兩號解釋意旨觀之，就比例代表制之論述是否有所衝突？與本號解釋相較之下，制憲聯盟案（釋 721）之審查結論是否具有差異？若為肯定，理由為何？是否可透過唯實主義角度之觀察解釋？蓋本號解釋之背景乃因國民大會代表運用修憲權力影響其法定任期之問題，大法官為避免國民大會代表因自肥而撼動憲政秩序，作出本號解釋違憲之結論。反觀制憲聯盟案（釋 721），在無此一時空背景下，大法官針對憲法增修條文第四條第一項及第二項之規定，認單一選區兩票制之政黨比例代表席次合憲。從唯實主義切入觀察，兩號解釋呈現之意義為何？

丙、法治國原則與憲政主義

與憲法之概念不可拆解分離者，尚有法治國原則與憲政主義的思想。請閱讀以下案例。

臺中第七建勞合作社對臺中市府案（釋字第二七六號解釋）

續 (5) 258 (80)

♪ 背景事實

保證責任臺中市第七建築勞動合作社於七十五年度全年業務停頓，十二個月營業月報表未報，全年法定會議停開，全年度財務決算七種報表未報，全年未辦理事改選及申請變更登記，臺中市政府依內政部六十九年二月二十六日修正之合作事業獎勵規則第六條第六款將該合作社之年度考績訂為戊等，報奉臺灣省合作事業管理處核定後於七十六年六月通知該合作社，再於同年十一月公告解散。該合作社不服，提起訴願、再訴願、行政訴訟，均遭駁回，乃向大法官聲請解釋行政法院判決適用之法令違憲。

解釋文

合作社法第五十五條第一項第六款規定之解散命令，乃解散合作社之處分，對於此種處分之要件及程序如何，該法未為明確之規定，宜由主管機關妥為檢討修正。內政部於中華民國六十九年二月二十六日修正發布之合作事業獎勵規則，關於合作事業成績考列戊等者，由縣市合作社主管機關令飭解散之規定，應配合上開法律一併檢討修正。

一解釋理由書一

合作社法第五十五條第一項規定：「合作社因左列各款情事之一而解散：一、章程所定解散之事由發生。二、社員大會之解散決議。三、社員不滿七人。四、與他合作社合併。五、破產。六、解散之命令。」其中第六款「解散之命令」，乃解散合作社，消滅其法人人格之處分。惟此種處分之要件及程

序，該法未為明確之規定，宜由主管機關妥為檢討修正。內政部於中華民國六十九年二月二十六日修正發布之合作事業獎勵規則，關於合作事業成績考列戊等者，由縣市合作社主管機關令飭解散之規定，目的雖屬正當，惟合作社法既待檢討修正，仍應配合一併檢討修正。

一不同意見書一（節）　　　　大法官　楊建華、楊日然、吳　庚

一、法治主義為中華民國憲法之基本原則，憲法對於構成法治主義之要素：法律保留及法律優越，分別於憲法第二十三條及第一百七十二條規定甚明，準此有關人民權利義務之重大事項，不僅須由法律加以規定，法律之內容且須符合憲法第二十三條所樹立之準則；法律固可對行政機關予以必要之授權，但於行政機關依據該項授權而為特定行政處分之要件及程序應有明確之規定，其未經法律授權之事項，如涉及人民權利之限制者，行政機關不得逕以命令予以規定。本件合作社法制定於行憲之前，其第五十五條第一項第六款雖列有解散命令為合作社解散原因之一，但對於有權發布解散命令之主體、解散之事由及程序，概付闕如，與合作社法性質相近之法律，如公司法（第十條）、農會法（第四十三條）、漁會法（第四十六條）、工業團體法（第六十三條）、動員戡亂時期人民團體法（第五十八條）等，凡有關授權主管機關解散各類團體者，法律本身必有明確之規定，合作社法此種立法方式，為現行法律中所僅見，已難謂其與首揭法治原則相符。

二、按合作社為營利社團法人，解散合作社及消滅其法人人格之處分，為對法人團體最嚴厲之制裁，自屬限制人民權利之重大事項。合作社法對主管機關有明文授權之最大限度為解除理、監事之職務（第四十三條）。乃內政部竟依其職權發布合作事業獎勵規則，對合作社施予考核，凡列戊等者由縣市合作社主管機關令飭解散，與憲法第二十三條及中央法規標準法第五條之「法律保留」條款，自有未合，本件解釋對該規則僅要求主管機關與合作社法配合修正，其理由不外上開規則賦予主管機關監督考核合作社之職權，符合實際需要之「目的正當」，然而目的上之正當，並不能因而忽視程序上之合法，否則法治主義即無從貫徹。

三、本件對發生違憲爭議之法規，僅加以非難而未明確宣告其違憲，或

依本院先例定期使其失效。或係基於解釋憲法首應尊重立法機關制定之法律，儘量維持其合憲性之考慮。第按上述理論即美國司法審查制度中之所謂「推定合憲之原則」，在德國憲法法院之實際運作中亦有所謂符合憲法之法律解釋方法，其目的同屬避免釋憲機關輕率宣告法律違憲，此等原則當為任何國家之釋憲機關行使職權時所不可忽略，並素為本席等所尊重。就本件而言，合作社法對解散命令，究在何種情形下方得行使，別無明文規定，則為避免宣告法規違憲，本席等亦曾主張依據特別法無規定者適用普通法之法理，在合作社法未修正前，主管機關於合作社有合作事業獎勵規則所定事由時，依民法第三十六條程序聲請法院裁定命其解散（前司法行政部五十九年十二月九日（五十九）函參九六一一號函復財政部，即採取相同見解），既可貫徹依法行政，又可使合作社法及合作事業獎勵規則繼續執行，以俟主管機關儘速作合理之修正。

……

─評析與問題─

　　本案解釋內容甚為簡單，認為合作社法第五十五條命令解散合作社之規定，授權行政機關為解散合作社、消滅其法人人格之處分，未明確規定該項處分之要件及程序，宜為檢討修正；內政部之合作事業獎勵規則所訂主管機關飭令合作社解散之規定，目的正當，但應隨合作社法一併檢討修正。值得仔細閱讀者，則為楊建華、楊日然、吳庚三位大法官所共同發表之理由不同意見書❼。該意見書中說明「法治主義為中華民國憲法之基本原則」，並指述法律保留原則及法律優位原則，也進一步揭示委任立法明

---

❼ 依大法官審理案件法第十七條第一項規定：「大法官決議之解釋文，應附具理由書，連同各大法官對該解釋之協同意見書或不同意見書，一併由司法院公佈之，並通知本案聲請人及其關係人。」但觀察各號大法官解釋之不同意見書、協同意見書、或部分不同意見書，其內容究有何客觀標準予以區別，似乎仍不無疑義，見湯德宗，〈大法官解釋不同意見的實證研究〉，頁385，《權力分立新論》，自刊，八十九年二版；另見法治斌，〈論憲法解釋中之不同意見〉，頁326，《人權保障與釋憲法制》，月旦，八十二年再版。

確性之憲法要求，可視為日後大法官解釋此等原則之端緒。

◆ 法治主義與憲政主義

法治主義，即為「法治國原則」、「法治政府」、「法治原則」之同義語，在監察院對司法院案（釋 175）之解釋理由書中，大法官曾謂：「尊重司法，加強司法機關之權責，以保障人民之權利，乃現代法治國家共赴之目標。」在呂明凡對銓敘部案（釋 525）之解釋理由書中，大法官又謂：「法治國為憲法基本原則之一，法治國原則首重人民權利之維護、法秩序之安定及誠實信用原則之遵守。」本案之理由不同意見書中則指出：「目的上之正當，並不能因而忽視程序上之合法，否則法治主義即無從貫徹」，此係要求誰該守法？是不是在要求政府守法？為何要求政府守法，才能貫徹法治主義？法治主義與自由民主的憲政秩序，是不是同一種思想憲政主義的產物？

香港大學法學院院長陳弘毅教授，曾以極其平易的文字說明法治國的概念❼❽，其內容如下：

> 很多人都深切體會到，建立一個民主、法治、尊重人權的社會，是中國人民應努力實現的一個偉大的目標，是中國人民在現在這個歷史階段所面臨的一個最重要的莊嚴挑戰。如果我們能同意「法治」是好的、對人類社會有益的東西，那麼法治的涵義是什麼？怎樣才算是一個法治社會？法治和人權、自由、民主等價值的關係又是怎樣？本文希望就這些問題，嘗試作初步的探討。

> 「法治」是一個相當複雜、內容豐富的概念，中西思想史上都有思想家研究這個問題。我認為可以從至少三方面去了解法治的概念；或可以說，這概念可分為至少三個層次，各個層次之間也有一定的關係。

> 第一個層次，法治可理解為處理人類社會中矛盾和紛爭的其中一種方法。人類生活在社群之中，在利益上、信念上或其他方面的衝突

---

❼❽ 陳弘毅，《法治、啟蒙與現代法的精神》，頁 74–8，中國政法大學出版社，八十七年。

是無法避免的。這些衝突和糾紛可以通過武力、暴力來解決，也可通過協商、調解或司法裁決等和平的、文明的途徑來解決。以和平的方法——尤其是以法律途徑、通過司法架構去解決紛爭，便是體現法治概念的一種形式。

此點可在國際法和國內法這兩層次進一步說明。國際法是規範國際社會中國與國關係的規則條例，而現代國際法的其中一個理想，便是在法治的基礎上謀求世界和平。這即是說，如果世界各國都願意把彼此間的爭議和糾紛，交由國際法院審理，並願意遵守法院的判決，那麼便不會有戰爭。但目前來說，這只是一個尚未能完全實現的理想。最近的一個例子，便是美國在 1989 年 12 月派軍進攻巴拿馬，而且不理會聯合國大會譴責這一行動為違反國際法的決議。現階段的國際法的主要弱點之一，就是沒有享有最高權威和廣泛的審判權的國際法院，也缺乏有能力強制執行國際法院判決的國際警察。

在這方面，一個國家的國內法與國與國之間的國際法有明顯的分別。現代國家——即所謂主權國家——的其中一個主要特徵，便是政府機關及其控制的警察、軍隊，掌握和壟斷了強制執行政府制定的法律和決策的權力，人民必須服從法律，否則會受到懲罰。在此制度下，人民不准使用武力解決彼此之間的糾紛，需要交諸國家的司法機關——即法院——處理，而政府可強制執行法院的裁決。在政府和法律的權威下，人民通過司法途徑解決矛盾紛爭，這便是「法治」的其中一個層次。反過來說，如果社會出現動亂，甚至陷入無政府狀態或發生內戰，治安秩序崩潰，人們隨意擄掠或殺害他人，「法治」便蕩然無存了。

「法治」的第二個層次的意義，可通過思考法律的性質推斷出來。法律是一些規則條例，對司法機關應如何處理各種不同情況下產生的問題，作出詳細的規定和指引。例如「謀殺」這一刑事罪行的定義是什麼，在什麼條件或環境下殺人不算是謀殺，犯了謀殺罪的人應受到怎樣的處置。又例如什麼才算是有效的、可由法院強制執行的合約，違約一方應負上怎樣的法律責任。法律的特點，包括它的詳細

性、客觀性及其應用或運用上的「可預測性」。

　　如果在一個國家裡，有清晰、明確和詳細的法律規定，由政府公布給人民知道，這些法律訂明什麼是合法的、什麼是非法的，更規定各種行為將會導致的法律後果；而法院在解釋和執行法律時，是客觀公正、不偏不倚的，而且審訊公開地、根據公平合理的訴訟程序進行，在這種情況下，人民有法可依，而且可以安心計劃如何生活，因為他們可準確地預測到各種行為或做法的法律後果。這便是法治概念的第二個層次或涵義。

　　無論從個人人身自由的保障或經濟發展的角度看，這樣的一個法治制度都是極為重要的。舉例來說，如果法律不清楚、具體地規定什麼是犯法的行為，而只是籠統地說，凡是危害社會公安的人都可以被處罰，在這情況下，政府隨時可以公安理由逮捕人民，人民只能生活在恐懼之中；沒有明確的法律，他們根本無所適從。又例如，如果沒有清晰的和在運作上可預測的法律，界定財產和資源的所有權、使用權，並保障人們辛勞工作或投資的成果不會被無理剝奪，那麼人們進行經濟活動的積極性便會大大降低。

　　「法治」概念的第二個涵義，卻仍然未能完全反映現代西方法治思想的中心點。其實上述的這第二個涵義，與中國古代法學思想大同小異，法家把法律看作帝王的統治工具，與現代西方自由主義的人權，憲政等思潮大相逕庭。但中國古語有句話：太子犯法，與庶民同罪。這倒是十分接近現代法治精神的。

　　在 17 世紀和 18 世紀，西方經歷了「啟蒙時代」，人們對於政府和人民的關係，有了一套新理解。傳統上，在西方、也正如在中國，君主的統治權被接受為理所當然的，帝王、貴族和其他社會階層的等級制度，被視為自然的、合理的。200 年前法國大革命的口號卻是「自由、平等、博愛」，這象徵著啟蒙時代的新思潮。這種新思潮認為政府存在的目的，是為了保障社會中個人的自由、人權，統治者或政府之所以有權統治人民（被統治者），乃在於統治者得到被統治者的授權和同意。人民（而非君主）是國家的主人，政府的職責是為人民服

務，為人民謀幸福。因此，人民有權推翻暴政、更換政府。

在這種構想下，法律有了一個新的、超越上述第二層次的意義。法律不單只是政府維持社會和有效統治的工具，不單是政府對人民行為作出指引性規定的媒介，法律更是賦予和限制政府的權力、防止政府濫權，從而保障人民的權利和自由的重要機制——一種憲政機制。所以，法治這概念的第三層次就是憲政或憲治。

憲政是專制、獨裁或極權統治的對立面。例如英國在 17 世紀末期確立了君主立憲制度，便是西方憲政發展史上的其中一個最早的模式。君主立憲制度建立之前，在「君權神授」思想的影響下，君主享有至高無上的、絕對的、不受其他政治、社會力量制衡的權力。君主的意願或命令便是法律，他可以隨意下令拘捕人民，隨意向人民徵稅；在此情況下，人身自由、個人財產等只是君主的恩賜，隨時可被剝奪。而君主立憲制度，便是以憲法（憲法是國家裡最根本的法律，對政府的組織、權限和運作作出規定）界定和限制君主的權力，使它從絕對的、可以被君主任意使用、為所欲為的權力，轉化為被客觀、詳細的法律規例限制的、必須根據法定的程序和條件而行使的權力。

在君主立憲制或立憲共和制（即沒有君主的實行憲政的共和國）裡，統治者（不論是國王、首相、總統、總理等）的權力，是由憲法和法律所授予、並受憲法和法律所限制的，法律的權威凌駕於統治者之上；正如人民一樣，統治者也受法律的約束，不享有超越法律的特權，正所謂太子犯法與庶民同罪。人治與法治的分別，也在於此。在人治的理想中，最高統治者是聖賢之士，以他們的德行和智慧管治人民；他們毋須受呆板的、繁瑣的法律條文所拘束，卻能在大小事情上，作出明智和公正的決定。但提倡法治者則認識到，沒有人是完美的，人性中有弱點、有其醜惡的一面，而且掌權者是有腐化的可能的，所以，即使國家的最高領導人也應受到法律的制約。

但怎樣的機制和架構，才能確保統治者的權力真能受到法律的約束呢？很明顯，如果這些統治者集制定、解釋和執行法律的權力於一身，他們便可為所欲為：一方面把法律用作管治人民的工具，另一方

面，他們自己卻永不會受到法律的制裁。有鑒於此，西方啟蒙時代的思想家提出了分權制衡的概念。例如國家的立法、司法和行政權應分散於不同的機關、不同的人手中，以收互相監察、互相制衡之效。

在這種分權制中，司法獨立是非常重要的一個環節。如果法官只是掌握行政權的領導人的附庸或傀儡，在行政機關作出違法的、侵犯人權的行為時，不去伸張正義及在司法判決中維護受害人的合法權益，這便是放棄了法治。當然，行政領導人是否尊重法治精神，自願遵守法院作出的不利於他們的判決，也是關鍵性的問題。例如在美國「水門事件」中，當最高法院下令前總統尼克森交出有關錄音帶作為呈堂證據時，他便服從了這命令，這是法治制度和思想在美國根深蒂固的表現。但可以想像的是，在一些尚未建立穩固的法治傳統的國家，當法院作出一個不利於政府（行政機關）的重大決定時，政府可能拒絕服從，而由於政府控制著警察、軍隊等武裝力量，法院在此情況下是無能為力的。由此可見，憲政制度得以有效運作的一個主要條件，就是政府領導人必須承認和接受法律和司法機關（法院）的權威。

英國早期的君主立憲制，大致上體現了「法治」概念的第三個層次，但它並不算是很民主的制度，因為立法機關（國會）議席的選舉權侷限於貴族、地主、資產階級等階層。但民主政制在 20 世紀的發展趨勢，就是選舉立法機關成員的權利擴展至所有成年的公民，不分貧富、性別、教育程度等。這就是所謂普選制，選舉權普及於人民群眾，每個人的選舉權是平等的，即一人一票。有了全民普選產生的立法機關，它的立法便代表了人民的意願，這進一步提升了法律的權威、鞏固了法治的尊嚴。

關於法治主義思想淵源及內容，並請參閱陳新民，《法治國家論》，頁1–120，學林，九十年；陳愛娥，〈法治國原則的開放性及其意義核心〉，《當代基礎法學理論》，頁 169–203，學林，九十年；陳慈陽，〈法治國理念在自由民主憲政秩序下之理論發展與實踐㈠〉，《人權保障與權力制衡》，頁 131–74，翰蘆，八十六年。與法治主義概念相互呼應者，尚有憲政主義

(constitutionalism) 或立憲主義之思想，其內容包括有限政府思想、權力分立制度、自由主義人權思想及法治主義，參閱劉慶瑞，《中華民國憲法要義》，頁 1，自刊，八十八年二版；鄒文海，《比較憲法》，頁 16；巨克毅、呂宗麟，《當代憲法原理與制度——孫中山學說與我國憲法》，頁 21–52，當代中國憲政研究學會，八十三年。關於憲政主義文化發展及其當代意義，參閱黃俊龍譯，James Tully 著，《陌生的多樣性——歧異時代的憲政主義》，聯經，九十年；另關於立憲主義思想基本結構及東方移植，請見李鴻禧，《憲法與人權》，頁 216，元照，八十八年；關於憲政主義與我國人治傳統之衝突與關連，參閱李念祖，〈憲政主義在臺灣的發展與政治影響——憲法取代國王權威的半世紀回顧〉，頁 162–71，《法令月刊》，51 卷 10 期，八十九年十月。

◆ 合憲或違憲？

　　臺中第七建勞合作社案（釋 276）之解釋，非難合作社法與合作事業獎勵規則之意似頗明顯，惟其究係以此等法令為合憲抑或為違憲？依不同意見書所言，本案解釋當係以此等法令為合憲，果然，則大法官何能指示立法院或行政機關檢討修正合憲之法令？為此種指示之憲法依據何在？有無越出司法權而侵犯立法權或行政權的顧慮？本案解釋若係以系爭法令為違憲，則為何不加指明？為何僅要求立法及行政機關修改而不依其他解釋之先例（如劉台生案，釋 251），使其等定期失效？本案解釋不論為合憲解釋抑為違憲解釋，是否合乎「法治主義」的精神？

◆ 使用推定合憲原則保障人權

　　本案理由不同意見書中言及本案為對合作社之嚴厲制裁涉及人民權利之重大限制，系爭法規雖受非難而不為違憲失效者，蓋取憲法解釋方法之推定合憲原則 ❼❾ 。許玉秀大法官於徐自強對最高法院案（釋 582）之協

----

❼❾　我國學界最早介紹此原則者，應為劉慶瑞，〈論美國司法審查權的界線〉，《法學叢刊》，5 卷 2 期，頁 60，四十九年四月。大法官解釋實務中，劉鐵錚大法官於楊振東對考選部案（釋 268）中說：「對於一項法律條文的解釋，如果有多種可能，只要其中有一種解釋，可以避免導致該法條違憲時，便應選擇其作為解釋的結論，而不應採納其他可能牴觸憲法的解釋，此種符合憲法的法律解釋，不僅為外國釋憲機關所

同意見書，曾詳細說明推定合憲原則所產生之「合憲性解釋方法」：

　　德國憲法學上嘗論及「合憲性解釋」之釋憲原則，係指釋憲機關審理系爭法規範，如該規範有合憲及違憲等多種解釋可能性時，尤其於立法者具有高度形成自由之事務領域（如社會福利事項），法律制度之設計有多重形成可能性時，不得執意選擇違憲之結論，而應儘可能為法規範尋求合憲之解釋基礎。此項解釋原則之主要目的，在於落實權力分立原則。其主要論據有三：其一，立法機關係由來自社會各階層之民意代表所組成，其公開討論、詢答，以及強調協商以獲得共識之合議制決策程序，使其決策較其他國家機關具有更廣泛而深厚之民主正當性。其二，規範制定者（在此尤指立法機關）亦受憲法之拘束，應假定其不致有意以違憲之方式行使其權限，而恣意創設出違憲之法規範，故其所創設之規範應假定為合憲。其三，釋憲機關宣告法規範違憲，即已變更立法意旨；換言之，乃以違反立法（可能）意旨之方式，解消系爭規範之效力。如於規範有合憲及違憲等多種解釋可能性時，仍宣告規範違憲，即形同否決原屬立法機關之規範創設權限，而代替立法機關決定如何之規範內容始為正當，難免逾越規範審查機關之權限。基於以上關於權力分立原則之理解，學理上歸納「合憲性解釋」應符合三項要件：1.系爭規範有合憲及違憲等多種解釋之可能性；2.合憲之解釋結論並未超越系爭規範之文義範圍；3.合憲之解釋結論並未牴觸其他可清楚辨識之立法意旨，亦即，如有其他規範明顯禁止或排除系爭規範之合憲解釋結論時，釋憲機關即不得再選擇該合憲結論，而應宣告該規範違憲，否則仍屬變更立法者之決定，而違反權力分立原則。準此，則合憲解釋原則，乃於規範違憲審查時，為尊重具有直接民主正當性之立法機關，所應採取之解釋方法。

慣採之一種釋憲原則，也為我大法官會議釋字第二二〇號解釋所奉行。」此應為大法官最早提出合憲解釋方法論者。孫森焱大法官應屬最善用推定合憲原則之大法官之一，其於薛正宣對南投縣政府案（釋469），及謝添田案（釋524）中所提之不同意見書，均為使用推定合憲原則之例證。關於合憲解釋，參閱蘇永欽，《合憲性控制的理論與實際》，頁77-142，月旦，八十三年。

　　惟恰當之合憲解釋方法，應使主管機關依民法第三十六條規定之程序聲請法院裁定命其解散。此不僅為貫徹依法行政之正途，實亦寓有「司法一元主義」❽之觀念，即係指處罰人民，非經法院不得為之。亦即將法院視做人權保障之關鍵防線，只有經過法院正當法律程序，人民才會受到處罰，做為人民權利最基本的程序保障。行政機關欲對人民施以制裁處罰，應在實際限制或否定人民權利之前，請求法院為之，亦即除非在急迫之情形，未經法院之事先許可或同意，不能逕行處罰人民，造成人民權利之被剝奪、限制或否定之既成狀態！

◆ **警告性裁判？**

　　本案解釋並不明言系爭法規是否違憲，只說應該付諸立法檢討，是否屬於論者所謂之警告性裁判❽？大法官以警告性裁判模式解釋憲法之憲法依據何在？依警告性裁判模式為憲法解釋之效益何在？有無實質拘束力？

　　關於警告性解釋之類型，參閱陳愛娥，〈大法官憲法解釋權之界限——由功能法的觀點出發〉，《憲政時代》，24 卷 3 期，頁 194-5，八十七年十二月。

　　本案解釋非難系爭法令關於主管機關解散合作社之規定，指其缺乏明確之要件、程序規定，而應檢討修法，惟究應如何明確規定，始屬合憲？應有何種要件、應經何種程序，始為合憲？解釋文中曰合作社法「宜」由主管機關要為檢討修正、曰獎勵規則「應」配合合作社法一併檢討修正，是否有不同之涵義？依大法官之見，合作社法可否不修正？如果合作社法可以不修正，獎勵規則可否不修正？如皆不修正，則本案解釋豈不完全落空，有何實益可言？本案使用的解釋方法能否落實「法治主義」的精神？

◆ **本案涉及什麼基本人權？**

　　本案聲請人為一合作社，為法人而非自然人，若如不同意見書所謂解散合作社為對法人最嚴厲之制裁，而屬限制人民權利之重大事項，則究竟

---

❽　劉慶瑞，《中華民國憲法要義》，頁 60，自刊，六十七年三月十版。

❽　陳瑞堂，〈違憲解釋之將來效力與警告性裁判〉，收入《司法院大法官釋憲四十週年紀念論文集》，頁 271，司法周刊雜誌社，八十一年再版。

所限制者為何種基本人權？為法人之人格權？抑或自然人之集會結社自由？財產權？法律保留原則之根據為何是憲法第二十三條？是否僅於人權受限制時始有法律保留原則之適用？本案中聲請人遭受解散，顯係因七十五年度全年業務停頓、全年營業月報表未報、全年法定會議未開、全年未辦改選……種種違法行為所致，合作社法授權主管機關以命令將之解散，究竟有何不妥？司法者依法治主義所考查者，為何是合作社法或合作事業獎勵規則或行政機關所發之解散命令？而非聲請人種種違背合作社法令要求之行為？法治主義若為憲法之核心理念，則憲法所欲處理的問題究竟為何？關於本案涉及基本人權之相關討論，參閱彰化第四信用合作社案（釋488）解釋。

◆ **聲請人有無救濟？**

　　本案解釋之後，聲請人被解散之命運能否因之改變？聲請人究屬勝訴或敗訴？究竟有無勝訴或敗訴之可言？大法官接受聲請人之聲請，所為之解釋若使聲請人之案件無勝訴或敗訴之可言，則聲請釋憲之實益何在？本案解釋既認系爭法令有值得檢討之處，為何不肯給予聲請人翻案尋求救濟的機會？如果要使得聲請人可以得到翻案救濟之機會，應為如何之處置？就聲請人是否可以獲得救濟之問題而言，本案多數大法官之態度與提出不同意見書之三位大法官，有無不同？大法官是否給予聲請釋憲之個案當事人救濟之標準何在？如不同意見書所言，聲請人受憲法保障之基本權利，既已遭受嚴厲制裁之侵害，聲請憲法解釋的結果，有理卻不能得到具體的救濟，是否符合法治主義與法治國原則？

　　　　＊　　　　　　　　　＊　　　　　　　　　＊

　　關於憲政主義之歷史淵源及相關概念之討論，參閱涂懷瑩譯，Charles H. McIlwain 著，《憲政制度論》，正中，五十年；李國雄、張明貴等合譯，Roland Pennock, John Chapman 等合著，《憲政主義》，國民大會憲政研討委員會編印，七十五年；錢永祥，〈個人抑共同體？──關於西方憲政思想根源的一些想法〉，《縱欲與虛無之上──現代情境裡的政治倫理》，頁 151-77，聯經，九十年。

與「法治國」有時相對比之一個名詞是「警察國家」，也就是運用警察武力權威以為達成統治之手段的國家型態。參閱朱堅章主譯，Brian Chapman 著，《警察國家》，幼獅，六十七年。如果「警察國家」是前於「法治國」的國家型態，另有學者描述之「合作國家」❽，是否為後於「法治國」的國家型態？

關於「法治國」乃至憲政主義人權思想與中國傳統政治思想的差異比較之一般性論述，參閱周天瑋，《蘇格拉底與孟子的虛擬對話——建構法治理想國》，天下文化，1998 年；陳立勝譯，Wm. Theodore De Bary 著，《亞洲價值與人權——從儒學社群主義立論》，正中，九十二年。

---

❽ 所謂「合作國家」，是以多種「合作的管制模型」取代傳統法律管制手段的一種國家型態，也是一種發展中的概念。參閱張桐銳，〈合作國家〉，《當代公法新論（中）》，頁 549–80，元照，九十一年。

貳、憲法的義務機關與憲法委託

憲法規範國家的構成與政府的組織，以為保障人權的手段。國家由政府代表行使公權力，國家則是受憲法規範的權利義務主體，稱之為公法人。憲法規範公法人的權利義務關係為何？公法人有那些？請閱讀以下憲法解釋。

劉○湘對石門農田水利會案（釋字第六二八號解釋）

♪ 背景事實

臺灣省石門農田水利會以聲請人劉○湘於民國八十七年間，使用聲請人與他人共有之溜池池水放養魚類，經二次通知聲請人繳納餘水使用費，聲請人均未繳納，乃依農田水利會組織通則第二十八條與臺灣省石門農田水利會灌溉蓄水池使用要點第四點第一項第三款規定，向臺灣桃園地方法院起訴請求給付餘水使用費。聲請人則以前開使用要點係水利會自行訂定，違反農田水利會組織通則第二十九條之規定等為由抗辯。

案經臺灣桃園地方法院中壢簡易庭九十年度壢小字第四八一號小額民事判決，認聲請人應給付餘水使用費。聲請人不服提起上訴，同法院仍以九十二年度小上字第一一三號民事判決，駁回聲請人之上訴確定。聲請人雖提起再審，仍遭駁回，爰聲請解釋憲法。

解釋文

農田水利會係由法律設立之公法人，為地方水利自治團體，在法律授權範圍內享有自治之權限。農田水利事業之餘水管理乃農田水利會自治事項之一，農田水利會並得依法徵收餘水使用費（農田水利會組織通則第十條第一款、第二十八條規定參照）。是關於餘水管理，農田水利會組織通則已授予農田水利會得訂定自治規章以限制人民自由權利之自治權限。依該通則第二十九條（中華民國五十四年七月二日制定公布）規定，徵收餘水使用費之標準及辦法固係授權省（市）主

管機關訂定，臺灣省政府據此並已就餘水使用費訂定一定之徵收標準及程序，然若有規範未盡部分，農田水利會訂定自治規章予以補充，並報請主管機關核備者，尚符合上開通則第二十九條規定之意旨。臺灣省石門農田水利會灌溉蓄水池使用要點（臺灣省政府建設廳水利處八十七年五月七日八七水農字第 A 八七五○一七四七六號函核備）第四點之規定，乃該會依正當程序本於其徵收餘水使用費之自治權限，在法律授權得徵收餘水使用費範圍內，分別依餘水使用之不同情形，確定餘水使用費之徵收對象所為具體規定之自治規章，符合水資源有效利用及使用者付費之立法意旨，手段亦屬合理及必要，未逾越臺灣省政府就農田水利會徵收餘水使用費訂定命令之範圍，亦未牴觸上開法律及其授權規定，於憲法第十五條保障之財產權、第二十三條規定之法律保留原則與比例原則，尚無違背。

一解釋理由書一

農田水利會係秉承國家推行農田水利事業之宗旨，依法律設立之公法人，為地方水利自治團體（四十四年一月十九日修正公布之水利法第三條第二、三項參照），在法律授權範圍內享有自治之權限（本院釋字第五一八號解釋參照）。依農田水利會組織通則第十條規定，農田水利會之任務包括農田水利事業之興辦、改善、保養及管理、災害之預防及搶救、經費之籌措及基金設立、效益之研究及發展等事項，此即為法律授予農田水利會之自治事項。農田水利會為執行上開自治事項，於不牴觸法律與其授權之範圍內，自得訂定自治規章，以達成其任務。惟農田水利會訂定之自治規章，如有限制人民自由權利者，為符合憲法第二十三條所定法律保留原則之要求，仍應有法律規定或法律之授權，始得為之。又團體內部意見之形成，依憲法之民主原則，不僅應遵守多數決之原則（本院釋字第五一八號解釋理由書參照），且如事關人民權利之限制者，所形成之規定內容應符合比例原則，其訂定及執行並應遵守正當程序（本院釋字第五六三號解釋參照），農田水利會於訂定限制人民自由權利之自治規章時，亦應本此原則，乃屬當然。

依農田水利會組織通則第十條第一款規定，農田水利會具有興辦、改善、保養及管理農田水利事業之任務。而農田水利會於改善現有灌溉輸配水設施、減少輸水損失及提高用水效率後所節餘之餘水，不僅得再分配予會員供農田

灌溉之用，且在不影響農田灌溉之運作下，亦得作農田灌溉以外目的之使用，以充分有效利用水資源，是農田水利事業之餘水管理自屬農田水利會之自治事項範圍，農田水利會可依調配用水現場實際節餘水量及其操作難度，調整供水優先次序。又農田水利會組織通則第二十五條（六十九年十二月十七日修正公布）、第二十六條（五十九年二月九日修正公布）、第二十七條（五十四年七月二日制定公布）及第二十八條明文規定，農田水利會有徵收會費、餘水使用費及其他費用之權限。準此以觀，足見法律已授予農田水利會就餘水使用費之徵收，得訂定自治規章限制人民自由權利之自治權限。而餘水使用者則負有繳納之公法上金錢給付義務，為餘水使用者之公法上負擔（本院釋字第五一八號解釋理由書參照）；且餘水使用費既係向使用者徵收，自不因使用者是否為會員而有異。農田水利會據上述法律授權，於徵收餘水使用費時，應得依正當程序訂定合理、必要之自治規章。

　　惟農田水利會係以法律設立之公法人，其訂定自治規章之權限，立法者有自由形成之空間。自五十四年七月二日制定公布起至八十四年十一月八日止，歷次修正均未更動之農田水利會組織通則第二十九條規定：「農田水利會依前四條規定，徵收各費之標準及辦法，由省（市）主管機關訂定，並報中央主管機關核備。」對農田水利會徵收會費、工程費、建造物使用費及餘水使用費之徵收標準及辦法（同通則第二十五至二十八條參照），係授權主管機關訂定。臺灣省政府依上開通則第二十九條規定之授權，於八十四年五月二十七日修正發布臺灣省農田水利會組織規程，其第四十一條第一款規定：「餘水使用費或建造物使用費，徵收標準如左：一、餘水使用費，最低不得低於該地區最高之會費收費率。」是就餘水使用費之徵收標準設最低費率限制；另臺灣省政府於七十八年三月二十四日修正發布臺灣省農田水利會各項費用徵收要點，就農田水利會徵收各項費用之作業程序、欠費處理、帳簿設置與稽核等予以規定。除此以外，上述主管機關就如何確定餘水使用費之徵收對象、徵收之具體數額等事項均未及之。對於此種未盡部分事項，農田水利會為執行其徵收餘水使用費之自治權限，訂定自治規章予以補充，並報請主管機關核備者，尚符合上開通則第二十九條規定之意旨。

　　臺灣省石門農田水利會灌溉蓄水池使用要點（臺灣省政府建設廳水利處

八十七年五月七日八七水農字第 A 八七五〇一七四七六號函核備）第四點第
一項規定：「用水使用費應向訂立之使用同意書人徵收之。未依前條規定訂立
使用同意書而有使用情形者，應向下列規定徵收用水使用費。㈠蓄水池土地
所有人或全體共有人共同使用者，應向土地所有人徵收之。㈡蓄水池出租或
同意他人使用，而該承租人或使用人拒或未與本會訂立使用同意書者，得由
土地所有人或全體共有人提出租賃契約書或同意書或其他具體文件由本會逕
向土地承租人或使用人徵收之。㈢蓄水池為他人或他共有人占用者（即不能
取得使用同意書者）應向占用人徵收。」乃該會本於其徵收餘水使用費之自
治權限，在法律授權得對人民徵收餘水使用費範圍內，分別依餘水使用之不
同情形，確定餘水使用費之徵收對象所為具體規定之自治規章，符合水資源
有效利用及使用者付費之立法意旨，手段亦屬合理及必要。上開要點並由臺
灣省石門農田水利會會務委員會審議通過（該要點第二十四點參照），復經臺
灣省政府建設廳水利處准予核備，已具備正當程序之要求。是上開規定即未
逾越主管機關所訂定之臺灣省農田水利會組織規程與臺灣省農田水利會各項
費用徵收要點規定之範圍，亦未牴觸上開法律及其授權之規定，於憲法第十
五條保障之財產權、第二十三條規定之法律保留原則與比例原則，尚無違背。
至人民與農田水利會間因徵收餘水使用費事件所生之爭議，為公法上爭議。
八十九年七月一日修正行政訴訟法施行前，相關爭議已依法提起訴訟並經裁
判確定者，其效力固不受影響，惟自修正行政訴訟法施行後，就此類爭議事
件應循行政爭訟程序請求救濟，併予指明。

─評析與問題─

　　在本案解釋之前，尚有黃仙賜案（釋518）涉及農田水利會依據其組
織規程，要求會員繳納掌水費等費用之違憲疑義。大法官認為農田水利會
所屬水利小組成員間之掌水費等費用之分擔，為長久以來之慣行，故有關
上開費用分擔之事項屬私權關係，應循民事訴訟解決。並認定農田水利會
組織規程中有關掌水費等費用規定，僅為慣行之確認。而針對水利小組成
員間權利義務之定性，蘇俊雄大法官另有提出不同意見書表示見解。
　　繼臺灣省議會對立法院案（釋498）確認地方自治團體為公法人之後，

黃仙賜案（釋 518）又在傳統觀念中可由中央政府代表之國家或由地方政府代表之地方自治團體之外，確認農田水利會為得由法律合憲設立之公法人；並且根據臺灣農田水利事業長久以來之慣行內容，容許此一公法人適用私權關係之法律原理，規制其與會員間之權利義務關係。亦即將嘉南農田水利會所屬水利小組決定由會員分攤掌水費等費用，視為私法自治之範圍，而不適用憲法之規定予以規範。大法官使用了「警告性裁判」的方法，建議立法機關檢討相關法令，似在暗示相關事務本質上原應適用公法關係，接受憲法之規範。但是，既未說明為何在公法關係中引用私權關係的慣行可以私法自治為由規避憲法原則之適用，亦未說明為何立法者不應繼續尊重此一慣行，而須以法律重新規範其間的權利義務關係，因而引起蘇俊雄大法官強烈質疑。蘇俊雄大法官所提出的不同意見書，說服性超過黃仙賜案（釋 518），黃仙賜案（釋 518）因此顯得說理乏力。

　　黃仙賜案（釋 518）認定公法人可以自行決定適用私權關係強制會員為某種行為（分攤水費）之義務而無憲法上的障礙，是否認為公法私法之區分並非必要？解釋理由書中以為行政訴訟制度業已全面變革之後，立法者應檢討應否將適用私權關係的慣行改定為公法上的負擔❶，所以容許此一慣行適用私權關係，是否純係鑒於民事訴訟更較行政訴訟發達的緣故？在祁志凱對臺北市政府案（釋 540）中，大法官曾指出，公法案件與私法案件之司法審判權的劃分，應聽立法院之自由裁量；然則普通法院與行政法院之審判權區分，原係基於公法與私法關係有所區分的前提而來，黃仙賜案（釋 518）反以訴訟發達的程度做為決定是否適用私權關係的理由，有無倒果為因的問題？

◆ 準國家行為

　　本案中農田水利會既為公法人，依據臺灣省石門農田水利會灌溉蓄水池使用要點第四點第一項第三款規定，向聲請人劉○湘請求給付餘水使用

---

❶　關於租稅或特別公課，參葛克昌，《稅法基本問題財政憲法篇》，頁 90，月旦，1996 年；陳清秀，〈稅捐、規費、受益費與特別公課〉，《律師通訊》，第 171 期，頁 45–54，八十二年十二月；另參閱洪秀柱等質疑空氣污染防制費案（釋 426）解釋之相關討論，續 (10) 479–89 (86)。

費。類此情事，應生是否適用「準國家行為」理論之問題，亦即對於小組成員之會員而言，農田水利會之水利小組決議，若可視為與國家之行為相當，憲法之規範自有適用餘地。本案解釋與黃仙賜案（釋 518）未能論及此一憲法原則，令人遺憾。

　關於準國家行為理論，參閱法治斌，〈私人關係與憲法保障〉，收入氏著《憲法專論㈠》，頁 1–64，自刊，八十二年。

　又本案涉及公法與私法區分之大陸法系古典難題，參閱吳庚，《行政法之理論與實用》，頁 10–6，自刊，八十九年，及蔡志方，〈公法與私法之區別〉，收入氏著《行政救濟與行政法學㈡》，頁 1 以下，三民，八十二年。此一區分在廿一世紀面臨的挑戰，參閱廖元豪，〈從全球化法律理論檢討我國行政程序法的內容與方向〉，《萬國法律》，118 期，九十年八月。

◆ 立法創設公法人之依據

　農田水利會為公法人，係出於立法院制定之農田水利會組織通則（第一條）之規定，立法者究係根據何種標準決定某種團體應為公法人或私法人？公法人是否限於人合法人？可否像財團法人一樣而為資合法人？例如國家設立之大學可否成為公法人❷？又如法律規定設立之公務人員退休撫卹基金可否成為公法人❸？立法者立法設定某團體為公法人之憲法基礎何在？有無憲法上之限制？立法設置公法人會不會影響權力機關彼此之間制

---

❷　王世賢對行政法院案（釋 382）中，大法官將公立學校認定為各級政府依法令設置之教育機構；將私立學校視為受委託行使公權力之教育機構。另參閱董保城，〈德國學術自由與大學自治兼論我國大學法爭議〉，《教育法與學術自由》，頁 105 以下，月旦，八十六年；李建良，〈大學自治與公立大學公法人化──以德國公立大學制度發展為借鏡〉，《憲法理論與實踐㈡》，頁 235 以下，學林，八十九年。

❸　陳新民將公法人區別為三：公法財團、公共機構及公法社團。氏著，《行政法學總論》，頁 110，自刊，八十四年五版，茲試舉一例說明其間之差別：依公務人員退休撫卹管理條例第二條第一項之規定，「本基金設公務人員退休撫卹基金管理委員會負責基金之收支、管理及運用。」第二項：「本基金設公務人員退休撫卹基金監理委員會負責基金之審議、監督及考核。」看似可獨立運作，性質類似公法財團，然其定位又非公法人，既非公法人，而屬國庫之一部，即生如何獨立運作之問題，實務運作不無扞格之處。

衡關係的穩定性？

　　何謂公法人？公法人與政府機關有無不同？公法人有無取代政府機關的功能？傳統上認為係公法人者為國家與地方自治團體❹，國家係由人民所組成，依據主權在民之原則，人民是國家的基本成員，雖然往往基於出生的事實取得國籍❺，但國籍之取得只能被視為人民的基本權利，並非義務❻。地方自治團體的成員（即地方之居民）亦非強迫性的選擇，而皆係出自自願❼。最重要的兩種公法人的構成成員都非出自強迫，立法者可否任意設置公法人，強制人民參加？當事人自治原則固屬私法上的基本原則，憲法上亦有「自治政府」(self-government) 的概念❽，公法與私法之間可有絕對的分野？在省之公法人地位案（釋 467）中，大法官謂除「具有公法人地位之地方自治團體外，其他依公法設立之團體，其構成員資格之取得具有強制性，而有行使公權力之權能，且得為權利義務主體者，亦有公法人之地位」❾，為何公法人之構成員資格取得具有強制性？更為根本的問題是，立法院創設自治政府或公法人需不需要憲法上的依據？憲法第一百十八條及第一百二十八條是否為授權立法院創設公法人的某種依

---

❹　「公法人必然為公法組織，但公法組織則未必皆具有公法人資格。……依現時之制度，公法人資格者除國家之外，有直轄市、縣（市）、鄉鎮（市）等地方自治團體及農田水利會。」參見吳庚，《行政法之理論與實用》，頁 161，自刊，八十九年六版。司法院於省之公法人地位案（釋 467）中，提及兩種公法人，一為地方自治團體性質之公法人，一為其他公法人。其所謂「其他公法人」，似非指國家而言，續 (12) 281–2 (87)。

❺　關於國籍取得之原因，各國立法例均依血源或出生地為主要根據。「歸化」則多為補充性的原因。完整之介紹，參閱丘宏達，《現代國際法》，頁 387–407，三民，八十四年。

❻　世界人權宣言第十五條規定：「人人有權享有國籍。任何人之國籍不容無理褫奪，其更改國籍之權利不容否認。」

❼　人民遷移戶籍，係將此一行政區域居民的身分變更為另一行政區域居民身分，除法律特別規定外，均可由當事人自由為之。

❽　廖元豪，〈論共和主義的政治哲學對美國憲法思想基礎及實務的影響〉，《憲政時代》，20 卷 3 期，頁 80 以下，八十四年一月。

❾　續 (12) 282 (87)。

據？立法院創設農田水利會為公法人之憲法依據究竟何在？

　　黃仙賜案（釋 518）中大法官認定農田水利會為相當於地方自治團體之公法人，在法律授權範圍內享有自治權限，立法授權地方政府制定之該會組織、管理相關法令，「係為增進公共利益所必要」，需不需要較為詳盡之理由？法律如此規定的目的為何？是否正當？達成目的的手段有無比例原則❿之適用？為何能夠通過比例原則之檢驗？

◆ 公法人之成員

　　立法院規定農田水利會為公法人，是否係要規定具有某些身分的人士（農田水利會組織通則第十四條規定之人士）為當然會員之故？如果法律規定某一團體為私法人，可否規定那些人為當然會員，而不問其是否同意？如此規定是否否定了憲法第十四條所保障之結社自由？是否符合世界人權宣言第二十條第二款：「任何人不容強使隸屬於某一團體」之規定？法律能不能任意強制人民為私法人之當然成員？法律只要明定某一團體為公法人，即可不受憲法第十四條之制約？

　　黃仙賜案（釋 518）並未說明公法關係與私法關係應如何區分，惟公法關係與私法關係的區分，取決於何者為公法、何者為私法。世界貨櫃公司對基隆關稅局案（釋 324）中，鄭健才大法官與李志鵬大法官各提出協同意見書及不同意見書，均對公法與私法需要區分表示質疑；公法與私法二者究竟該不該區分？該如何區分？憲法所規定的法律關係是否即屬標準的公法關係？與民事或私法關係有何區別？如果憲法規範之關係即為公法關係，立法院可否自行創設公法人？

◆ 公法人為憲法的義務主體？還是義務機關？

　　憲法上的公權利主體是人民，義務主體是誰？憲法上的義務主體是否就是掌握了權力的人？農田水利會被立法規定為公法人，並被大法官認定為行使公權力，是不是因為農田水利會掌握農田水利資源的支配權力，即與掌握公權力無異？農田水利會命令會員繳納「滯納金」，有沒有自視為政府行使公權力的意思？繳納「滯納金」可否以「民間習慣」視之？農田

------

❿　行政程序法第七條規定參照。

水利會既然掌握公權力，是不是當然應該成為憲法規範的對象？黃仙賜案（釋518）為何容許水利小組將強制會員繳費的權利義務關係依其本身採取之慣行適用私權關係，從茲認為水利小組的決議非法律或命令，而無憲法原則之適用，不受大法官之審查？公法人行使公權力所通過之「會議要點」為何不是大法官應該審查的對象？立法創設的公法人，是否即構成憲法義務主體？還是義務機關？憲法義務主體或機關，除自然人（如總統）之外，是否均應為公法人或公法人之分支？是憲法義務主體或機關但非公法人，有無任何例證？政黨是否可做一個例證？政黨做為憲法義務主體（或機關）而不必是公法人 ⓫，公法與私法的界限究竟何在？

　　本書剛開始時，曾經介紹權力的概念，現在可再重新思考以下的問題：何謂權力？何謂公權力？是否應受憲法規範、支配的關係，就是公法關係？憲法規範、支配的關係究竟具有什麼有別於私法關係的獨特內容？關於公權力與私權行使之比較，參閱葛克昌，〈給付國家之公權力行使及其界限〉，收入《現代國家與憲法》，頁 1135–41，月旦，八十六年。

　　公法關係中的權利、義務主體之間，存在的是平等關係？命令支配關係？還是強勢與弱勢間的關係？公法關係中若有不平等關係存在，其究竟是憲法所肯認支持或是抑制排除的部分？

◆ 農田水利會之自治權限？

　　大法官基於尊重立法形成自由，對於農田水利會在法律授權內訂定自治規章規範之自治事項，在不牴觸憲法第二十三條比例原則與法律保留原則之情形下，原則予以尊重。本案理由書所示：「農田水利會係秉承國家推行農田水利事業之宗旨，依法律設立之公法人，為地方水利自治團體（四十四年一月十九日修正公布之水利法第三條第二、三項參照），在法律授權範圍內享有自治之權限（本院釋字第五一八號解釋參照）。」大法官是否已將農田水利會視為地方自治團體？該論述之意旨為何？農田水利會為何享有自治權限？能否從歷史功能的角度提出理由？此外，大法官認為農田水利會為「地方水利自治團體」，似將其定位為地方自治團體中之

⓫　蔡震榮，〈公法人概念的探討〉，《當代公法理論》，頁 252–80，月旦，八十二年。

地方自治團體，大法官的論述理由為何？

◆ 成為公法人之標準

　　依據美國法之國家行為理論，若私人在國家的特別授權下，執行特定公共事務，並於執行時受到國家之監督，且具有他人無法享受之特權。雖形式上維持私人表象，實質上幾乎形同國家所屬機關，應屬「國家行為」 ❷ 。農田水利會是否符合上開標準？大法官於本案適用何種判斷標準？若從歷史觀點理解，農田水利會與其成員之關係，是否類同國家與其成員之關係？是否只要是公法人，就推定其與成員間，具備國家與人民間之關係？黃仙賜案（釋 518）以降，定義公法人與其成員之關係為私法自治關係，如何理解公法人具有公法性質，與其成員卻產生私法關係之情形？

　　關於公法人之概念，參閱蔡震榮，〈公法人概念的探討〉，《當代公法理論》，頁 252–280，月旦，八十二年、黃銘輝，〈公法人概念之學理與實務〉，《憲政時代》，24 卷 2 期，頁 72，八十七年十月。

　　關於黃仙賜案（釋 518）之評釋，參閱陳愛娥，〈農田水利會為公法人，其所屬水利小組成員間關係為私權關係？評司法院大法官釋字第五一八號解釋〉，《月旦法學雜誌》，70 期，頁 177 以下，九十年四月。

　　關於憲法規定的權利義務關係在私法上的效力，參閱王澤鑑，〈憲法基本權利與私法〉，《司法院大法官釋憲五十週年紀念論文集》，司法院，八十七年；陳新民，〈憲法基本權及對第三人效力之理論〉，《憲法基本權利之基本理論下》，頁 57–137，元照，八十八年；許宗力，〈基本權利對國庫行為之限制〉，《法與國家權力》，頁 1–71，元照，八十八年；蘇永欽，〈憲法權利的民法效力〉，《合憲性控制的理論與實際》，頁 17–75，月旦，八十四年；法治斌，〈私人關係與憲法保障〉，《憲法專論㈠》，頁 1–64，自刊，八十四年。

---

❷　法治斌，〈私人關係與憲法保障〉，《政大法學評論》，27 期，頁 163，七十二年六月。

紐創企業對中央健保局案（釋字第四七二號解釋）

續 (12) 459 (88)

背景事實

　　本案解釋之聲請凡三起。一為人民提出聲請，一為立法委員周伯倫等提出，一為立法院所提出，所爭執之憲法問題則大同小異。以人民聲請案為例，緣有紐創企業有限公司拒絕依全民健康保險法規定參加全民健康保險。中央健康保險局向臺中地方法院簡易庭起訴請求紐創企業依該法第十一條之一強制規定參加全民健保並給付保險費，並依同法第三十條規定，請求滯納金。紐創企業敗訴後上訴，又遭駁回確定，乃向司法院聲請解釋憲法，爭執法院裁判所適用之全民健康保險法強制聲請人參與健康保險以及加徵滯納金的規定，侵犯人民受憲法第十五條保障之財產權，應屬違憲。

解釋文

　　國家為謀社會福利，應實施社會保險制度；國家為增進民族健康，應普遍推行衛生保健事業及公醫制度，憲法第一百五十五條及第一百五十七條分別定有明文。又國家應推行全民健康保險，復為憲法增修條文第十條第五項所明定。中華民國八十三年八月九日公布、八十四年三月一日施行之全民健康保險法即為實現上開憲法規定而制定。該法第十一條之一、第六十九條之一及第八十七條有關強制納保、繳納保費，係基於社會互助、危險分攤及公共利益之考量，符合憲法推行全民健康保險之意旨；同法第三十條有關加徵滯納金之規定，則係促使投保單位或被保險人履行其繳納保費義務之必要手段。全民健康保險法上開條文與憲法第二十三條亦無牴觸。惟對於無力繳納保費者，國家應給予適當之救助，不得逕行拒絕給付，以符憲法推行全民健康保險，保障老弱殘廢、無力生活人民之旨趣。

　　已依法參加公、勞、農保之人員亦須強制其加入全民健康保險，係增進公共利益所必要，難謂有違信賴保護原則。惟有關機關仍應本於全民健康保險法施行時，該法第八十五條限期提出改制方案之考量，依本解釋意旨，並就保險之營運（包括承保機構之多元化）、保險對象之類別、投保金額、保險費率、醫療給付、撙節開支及暫行拒絕保險給付之當否等，適時通盤檢討改進，併此指明。

—解釋理由書—

　　法律之制定與修正，為立法院之職權，行政院依憲法規定，僅得對立法院提出法律案。全民健康保險法第八十九條規定：「本法實施滿二年後，行政院應於半年內修正本法，逾期本法失效」，係指行政院應於本法實施二年後，重新檢討本法實施所面臨問題，並向立法院提出修正案而言。行政院已依同條規定於八十六年七月二十三日向立法院提出全民健康保險法修正草案，尚不發生本法效力存否之問題，合先敘明。

　　「國家為謀社會福利，應實現社會保險制度」、「國家為增進民族健康，應普遍推行衛生保健事業及公醫制度」及「國家應推行全民健康保險」，既為憲法第一百五十五條、第一百五十七條及憲法增修條文第十條第五項明定之基本國策，立法機關自得制定符合上開憲法意旨之相關法律。至全民健康保險制度應如何設計，則屬立法裁量之範圍。八十三年八月九日公布、八十四年三月一日施行之全民健康保險法即為實現上開憲法規定而制定。該法第十一條之一、第六十九條之一及第八十七條關於強制全民參加全民健康保險之規定，係國家為達成全民納入健康保險，以履行對全體國民提供健康照護之責任所必要，符合憲法推行全民健康保險之意旨。同法第三十條有關加徵滯納金之規定，係為促使投保單位或被保險人履行公法上金錢給付之義務，與前述強制納保均係實現全民健康保險之合理手段，應無逾越憲法第二十三條規定之必要程度。惟對於無力繳納保費者，國家應給予適當之救助，不得逕行拒絕給付，以符憲法推行全民健康保險，保障老弱殘廢、無力生活人民之旨趣。

　　公務人員、勞工、農民已依公務人員保險法、勞工保險條例及農民健康保險條例規定分別參加公務人員保險、勞工保險、農民保險，復依全民健康保險法規定，須參加全民健康保險，係基於整合公勞農之醫療給付，建立全國單一、公平之健康保險體系之目的，具有促使醫療資源合理分配，發揮社會保險之功能。此種強制性之社會保險，其保險之條件係由法律規定，一體實施，與依個人意願參加之保險契約有間，立法機關盱衡社會發展之需要，制定或修改法律，變更各項社會保險之規定，建立符合憲法意旨之社會安全制度，不生違背信賴保護利益之問題。惟有關機關仍應本於全民健康保險法

施行時，該法第八十五條限期提出改制方案之考量，依本解釋意旨，並就保險之營運（包括承保機構之多元化）、保險對象之類別、投保金額、保險費率、醫療給付、撙節開支及暫行拒絕保險給付之當否等，適時通盤檢討改進。又農民健康保險條例於全民健康保險法施行後，關於其醫療保險部分，係以行政院函釋為權宜措施之依據，有欠允當，有關機關尤應注意及之，併此指明。

—協同意見書—（節）　　　大法官　吳　庚

　　……

　　一、按憲法第二十條至第二十一條所規定之三種義務，在性質上屬於人民之基本義務，係制憲者參酌各國憲政常軌及制憲當時之社會環境所作之例示性規定，上述三個條文對人民之義務並無列舉窮盡之意，若謂人民之義務僅止於上述三種，則社會秩序勢必無法維繫，甚至有面臨解構之危險。因為社會成員遵守行為規範乃社會存續之前提，在國家生活之中，法律為最重要之行為規範，人民均有遵守法律之義務，縱然納稅、服兵役及受國民教育三者，亦應由法律明確訂定，人民始有義務服從。是以遵守法律乃人民之政治義務，無待憲法之規定，至於法律不得牴觸憲法，侵害人民之基本權利，自不待言。故法律對人民所課予之義務，合憲與否不在於義務本身是否出自憲法規定，而係該項法律是否依憲法所定之程序產生？義務內容是否合理？與憲法之意旨是否相符？本件聲請意旨對義務之認知，顯有誤會。

　　二、如所周知，我國憲法乃不同政治理念妥協之產物，在保障人民權利方面，原則上以源自個人主義及自由主義理念之權利清單為其內容；另一方面在基本國策之章節中，則明顯以帶有強烈社會主義色彩之綱領性規定，作為內涵，若以對私有財產及個人經濟自主的影響，從嚴重到輕微作為區分，其手段有：部分生產工具公有化（憲法第一百四十四條）、平均地權及節制資本（憲法第一百四十二條），實施社會保險制度（憲法第一百五十五條）、社會扶助及救濟（同上條）等。憲法經過民國八十一年以後之逐次增修，憲法本文之相關規定雖未凍結，但「社會化」之措施已從急進的限制私產、改變社會財產結構轉向經濟發展與環境保護兼籌並顧、保障弱勢族群等溫和手段

（增修條文第十條第二項、第九項、第十項等）唯一仍具有所得重分配功能者，厥為「國家應推行全民健康保險」（增修條文第十條第五項），此乃本件憲法解釋時應有之「先在理解」。按憲法課予國家機關某種事項之作為義務時，一般稱為憲法委託，而憲法委託又有明示委託與默示委託之分，憲法第二十四條、第一百四十四條屬於前者，推行全民健保可謂後者。立法者履行憲法委託之義務而制定相關法律，涉及對個人自由權利之限制，與立法者單純依據憲法第二十三條基於公共利益等因素考量之比例原則，具有更高之正當性，若非如此解釋則早年開始實施之「三七五減租」、「耕者有其田」等措施，均可能因過度侵害人民既得之財產權而違憲矣！

　　三、憲法推行全民健康保險之本旨，在使全體國民均納入健保體系，至於強制納保之方式憲法增修條文本身並未規定，立法及行政機關自有裁量之空間，並對其決策成敗負政治責任，尚非釋憲機關所能置喙。現行全民健康保險法不採於現有勞保、公保、農保以外，將尚未納保之國民另行建立獨立之保險體系的設計，而統一規劃為全民健保，利弊得失，固有仁智之見，但並不發生牴觸憲法之問題。……

─協同意見書─（節）　　　大法官　孫森焱

　　……

　　按社會保險以社會連帶、強制參加為基礎，於保險事故發生時，給與被保險人填補損害為標的。因此，強制參加、繳納保險費為社會保險之主要特徵，是為憲法容許國家在納稅、服兵役與受國民教育之外，為推行全民健康保險而課人民之義務。至採何制度將全民納入健康保險，則委由立法機關以法律規劃之。全民健康保險施行後，公務人員保險法及勞工保險條例各相關規定即明定停止適用，係為建立全國單一、普遍而公平之健康保險體系之目的，具有促使醫療資源合理分配，發揮社會保險之功能，本件解釋理由書已闡述甚明。惟其制度之設計，仍應符合平等原則與比例原則，不待贅言。

　　社會保險乃以追求社會福利為目的，與商業保險係基於個人意願參加者有間。其特徵乃在危險分攤社會化，故有資力者，固應強制其參與，對於有保護需要而無充分資力者，尤應多加照顧。辦理社會保險所需費用，除以保

險費挹注外，國家應經由資源分配之政策，為必要之補助。全民健康保險法第二十七條依不同類別之被保險人就其應繳保險費分別規定國家或地方政府補助之比例，多者全額，少者百分之十、三十、六十不等，或由被保險人自付全部金額，均應依比例原則，精算核計後決定。惟依憲法第一百五十五條規定，照顧「無力生活」之國民，乃國家基於「社會安全」之基本國策應負之責任。全民健康保險法第三十條第三項、第三十八條第二項關於保險人得暫行拒絕給付之規定，對於低收入所得者，或經濟狀況一時陷於困境之人，毋乃過苛，與實施全民健康保險之意旨不符。又憲法第一百五十三條第一項規定國家為改良勞工及農民之生活，增進其生產技能，應制定保護勞工及農民之法律，實施保護勞工及農民之政策。從而立法機關制定勞工保險條例及農民健康保險條例，分別規定政府補助保險費之比例，符合憲法上開保護勞工及農民之意旨。惟自全民健康保險實施後，此項補助與公務人員保險法第九條規定公務人員之保險費由政府補助百分之六十五，兩相比較，是否相當，涉及有無違背平等原則之問題，均待隨時檢討。

......

－協同意見書－（節）　　大法官　蘇俊雄

......

按憲法增修條文第十條第五項規定，國家應推行全民健康保險。在此項「憲法委託」之下，立法者固然具有規劃建構全民健康保險制度的正當性以及積極作為的義務，並且對於此項「國家目標」的實現方法擁有廣泛的政策形成空間；但是其就此所做的規制，仍然必須合乎憲法保障人民自由權與平等權的規範要求，不得逾越憲法就其規範形成自由所設定的框架界限。本號解釋之聲請人對於強制納保規定的合憲性所為之主要質疑，雖然恐係出於對我國憲法上所定人民義務條款之規範意旨的誤解，惟大法官就此除應做憲法解釋上的澄清外，仍然應該顧及與此項制度確切相關的憲法規範要求；多數通過的解釋文及解釋理由進而援引憲法第二十三條所蘊含之比例原則，審查系爭強制納保規定的合憲性，因此值得吾人贊同。惟鑑於本號解釋未能明確釐清憲法上人民義務條款的解釋疑義，且憲法第二十三條規定亦非系爭問題

的唯一審查基準，而多數通過的解釋文與解釋理由就此所為的論證審查復嫌簡略，有關全民健康保險採取強制納保規定的合憲性問題，因此另有補充申論之必要。

一、憲法第十九條至第二十一條所定人民義務條款，並不必然否定、排除立法者另外創設其他法定義務（例如強制加入全民健康保險）的憲法容許性。

人民對國家的公法上作為義務，是否受到憲法上開義務條款的限制，從而立法者不得以法律創設其他的公法上作為義務？就此問題，由於制憲者並沒有明確表達其態度，因此，此項問題的解答相當程度取決於進一步的憲法解釋。從歷史的解釋方法可能認為，義務條款已經限定了人民對國家所負之公法上義務。這是因為從人權譜系之發展而言，人民居於「被動地位」的義務條款，係最早「入憲」的部分，其積極之意義在於以憲法來確定人民對國家的義務範圍，排除封建時代對人民的若干不合理要求（如服勞役）。因此，若取向於義務條款的歷史發展脈絡及其人權保障作用，而將憲法第十九條、第二十條、第二十一條解釋為是列舉的、限制性的規定，則全民健康保險法中的強制納保條款自不免被視為是違憲的。但是，不容否認的，近代以來的國家觀，對國家任務之要求已經發生變化，從而也使得傳統國家與社會的界限發生位移。在「社會福利國家的憲政原則」下，不僅國家大幅地介入規制市民社會，而且也常需要人民的積極合作，才能建立合乎社會正義的憲政秩序。從而，以法律保留原則的方式，創設人民之其他公法作為義務，往往具有正當性與必要性。換言之，在這種國家為處理社會問題之情形下所課予人民之作為義務，並不同於傳統上人民對國家所負的公法義務，而具有強烈的「社會義務性」，其因而並非傳統憲法義務條款所要限定或排除的對象。從結果取向的憲法解釋觀點而言，這種解釋亦可以避免諸多在勞工法、環境法所創設之義務規定，在一夕之間被否定，而有助於社會生活之可能。因此我們無法單純從對憲法義務條款之解釋否定全民健康保險法之強制納保規定的合憲性。

在我國憲法肯認社會福利國家原則，且制憲者亦未明示憲法義務條款之性質的情形下，憲法解釋上應該肯認人民之公法義務並未受憲法所定義務條

款的限定；但因這些義務要求往往涉及人民基本權利，故須以法律保留之方式為之。蓋社會福利國家原則，雖然對基本權利的解釋以及基本權利限制界限的判斷等課題具有積極的意義，但是此項憲法原則的實現，不能直接排除民主政治原則的適用。故追求社會正義的國家任務的實踐，仍必須委由立法機關本其政策與規範的形成權限，在不違反比例原則、平等原則或其他相關規定的合憲性範圍內，透過法律來加以實現。

二、強制納保規定將會對人民的人格發展自由（自我決定權）以及財產權構成限制，其就此必須合於憲法第二十三條及其所蘊含之比例原則的規範要求。

㈠被限制的基本權：在強制納保的條款之下，人民的人格發展自由與財產權將受到限制；至於聲請人所指「以強制納保的方式，將原為『契約自由』精神的健康保險關係，轉化成全體人民應盡之義務」，則恐非此際所涉之基本權課題，因其誤解了全民健康保險法係屬公法或社會法的屬性（在此領域自無私法自治原則之適用）。

㈡審查標準：綜合審酌此際所涉基本權的重要性以及全民健康保險法此種社會立法的政策考量複雜性與其對國家社會之資源配置的深遠影響，大法官在援引比例原則審查系爭強制納保規定的合憲性時，至少應該根據「可支持性審查」的標準，檢討政治部門所做的評價判斷，是否具有合乎事理可得予以支持之理由。

㈢比例原則的論證審查：多數意見肯認系爭強制納保規定之適當性與必要性的理論，原則上固為本席所贊同；惟對於其間所涉及的「立法事實」問題（尤其是比較法上是否有其他「相同有效」而「侵害較小」的規範模式可供選擇參考的問題），大法官恐應做更為周延的調查與論證。

三、憲法第十五條所定的生存權保障，亦為本案所未明示的審查基準。

誠如解釋文所言，對於無力繳納保費者，國家應給予適當之救助，不得逕行拒絕給付。這是因為由全民健康保險所整合與提供的醫療給付，有部分已屬維持人民基本生活條件所必要；國家若以人民未繳納保費為由而拒絕提供此種基本給付，將違反憲法保障生存權所含「禁止不足給付原則」的要求。

─部分不同意見書─（節）　　大法官　施文森

　　本件聲請人所聲請解釋者計有二點：一為全民健康保險法（以下簡稱健保法）之強制全國人民參加健保是否在對人民課以參加健保之法律義務？另一為健保法之強行將公、勞、農保中醫療保險部分納入健保是否侵害原已參加公、勞、農保者之既得利益，因而構成違憲？對於第一點，宜從健保之性質加以分析。按工業革命以後，國家工業化與資本主義化之結果，並未為人民帶來預期之幸福，反而於社會上形成鉅富與赤貧、強勢群體與弱勢群體之對立，如何防範此種對立所可能引發之社會動亂，以及如何消除貝佛里奇報告 (The Beveridge Report) 所指出之貧困、愚昧、骯髒、懶惰與疾病等五害，成為社會共同之責任，而由國家為之承擔。西方國家於初期所採之社會福利措施，均係經由預算之編列，對貧病、老弱、殘廢或無力謀生、及遭受非常災害者，予以救濟或扶助。此種經費直接來自全國稅收之「垂直式社會安全制度」，若行之於一時固無不可，若持之於久遠，必使受助者更形懶惰，成為社會之永久依賴人口而不知自拔，故而西方國家於二十世紀初葉以降，對於社會福利政策之推行乃採用保險原理，經由立法強制人民投保，一方面使個人、團體乃至政府成為一危險共同體；另一方面要求保險參加人必須依法交付保險費始得將其生活上可能遭遇之危險轉嫁予承保機關。此種形式之社會福利制度已由國家單向給與，轉變為被保險人與承保機關間互為對待給付，學者稱此為「水平式社會安全制度」。我國憲法即本此社會安全制度發展趨勢，於第一百五十五條揭示社會保險、社會扶助、及社會救濟為三大社會福利措施，兼採並行，於平等之基礎上造福全體人民；又增修條文第十條第五項規定，國家應推行全民健康保險，而健保法即為貫徹此等憲法及增修條文規定之意旨而制定，使人民得經由參加及給付一定對價，於生育及傷病事故發生時獲取醫療給付。全民健康保險既為社會保險之一種，其強制性乃制度設計之本質使然，健保法之將具有該法第十條規定資格之人民一律納保，即係出於國家資源共享與所得重分配之理念及前開憲法基本國策而施加於人民之福利，非如多數意見所謂基於危險分攤之考量，與一般由人民單向付出之法律義務不能相提並論。惟健保法中確存有部分規定，諸如：①被保險人分類之是否妥當（第八條）、②作為保險費計算基礎之投保金額除薪資外，應否

兼及被保險人之其他實際所得（第二十二條）、③保險費之全額補助以社會救助法規定之低收入戶戶長為限之規定是否過嚴，應否及於其他各類一時不能或無力謀生之被保險人、④滯納金之加課固為促使投保單位及被保險人按時交付保險費所必要，然第三十三條第三項、第六十九條之一及第三十八條以未繳清保險費、滯納金及未繳付同法第三十三條與第三十五條規定之自行負擔費用，作為拒絕給付之理由，其所使用之手段是否過當，以致違反比例原則、⑤第三十條至第三十五條所設定之自行負擔比率是否過高，致逾一般中低收入者所能承擔之程度、及⑥第八十二條所規定之代位請求權應否及於其他一切加害人等，似多不符前開意旨之處，其從速檢討修訂，使健保更形公平合理，確有必要。

對於第二點……社會保險雖為社會安全之一環，但其在性質上並不等同社會扶助或社會救濟，亦不因政府對社會保險被保險人在保險費上為補助而得視之為社會福利。社會保險之被保險人與推行社會保險之國家間，係處於公法契約關係，雙方互負對待給付義務，其給付之範圍應悉依該公法契約成立當時之法律之所定，不若社會扶助或社會救濟，純由國家單向為給付，其給付之多寡，國家得視其當時之財力或國民經濟狀況而為調整。大法官於早期解釋中有將社會保險視為社會福利者，於釋字第二四六號因而認為變更公務人員保險中之養老給付計算基礎之法令為合憲，但釋字第三一六號則確認公務人員保險為社會保險之一種，使社會保險與社會救助有了較明顯之區隔。……社會保險為公法關係，基於社會保險而生之權益，屬公法上財產請求權，而公法上財產請求權又可分為單向施惠式與雙向對待給付式二類，其性質不同，受憲法保障之程度亦因而有別。社會保險權益屬於後者，其應受憲法財產權保障已無容置疑。德國聯邦憲法法院即在此種理念下，認定社會保險法上之某些定期金或定期金期待權為財產權，列入受憲法財產權保障之範圍。大法官於釋字第三一六號亦指出限制「植物人」請領殘廢給付之法令，係「增加法律所無之條件，與憲法實施社會保險照顧殘廢者生活，以保障人民權利之意旨尚有不符，應不再援用。」於釋字第四三四號，大法官更明確釋示:「公務人員保險法於第十六條第一項關於養老給付僅規定依法退休人員有請領之權，對於其他離職人員則未規定，與憲法第十五條保障人民財產權

之意旨不符，應即檢討修正」。

　　健保關及全國人民權益，健保法規定之當否確需自平等原則、比例原則、信賴保護原則及憲法保障財產權意旨等層面及角度從嚴加以檢驗，惜多數意見……，僅以「已依法參加公、勞、農保之人員亦須強制其加入全民健康保險，係增進公共利益所必要，難謂有違信賴保護原則」，籠統地作出合憲之宣告，跳脫釋字第三一六號及釋字第四三四號所形成之原則，重回釋字第二四六號之理念，將健保置於社會福利同一基礎上為檢驗，使八十四年三月一日之前已參加公保之被保險人，其權利因而受到侵害。此一結果，要非本席所樂見，爰陳不同意見如上。

─評析與問題─

　　本案為一警告性解釋，大法官於兩年後做成謝添田對中央健保局案（釋524）解釋時，限期兩年命就健保法違憲部分加以修正，並應一併檢討本案要求檢討事項，則為從警告解釋轉變為預告違憲解釋之一例。

　　本案之焦點為法律可否強制人民支付費用參加全民健康保險。一方面，推行全民健康保險制度，係憲法增修條文第十條第五項所明定，構成如吳庚大法官於協同意見書中所稱之默示的憲法委託（蘇俊雄大法官見解相近）；另一方面，立法院制定全民健康保險法以實踐憲法之委託時，強制適格之國民付費參加，拒付保費者且加徵滯納金以為強制參加之手段，經大法官認為合憲者，為一種加課國民某種普遍性的義務，以成就社會福利事業之法律。施文森大法官則認為社會保險不能以社會福利視之，其對社會福利之定義顯有不同，值得注意。本案涉及憲法基本國策之規定，學者有懷疑基本國策規定具有法的拘束力者[13]，本案解釋就此是否持相同之看法[14]？

---

[13]　謝瀛洲，《中華民國憲法論》，頁 277，自刊，五十六年十二版。李惠宗氏認為基本國策條款如屬憲法委託，則為立法裁量事項，其餘則為無拘束力的方針條款。李惠宗，《憲法要義》，頁 464，敦煌，八十八年二版。

[14]　蘇永欽則認為本案仍係認定立法機關作為義務之未履行，只是不作違憲之宣示而提出警告而已。蘇永欽，〈經濟憲法作為政治與經濟關係的基本規範〉，《新世紀經濟法

◆ 憲法委託與國民之法定社會義務

憲法之委託與國民負擔某些社會義務之間，具有相當的關連性。特別是憲法上一旦將受益權做為基本人權的保障項目，並且據之建立社會福利制度，染上某種社會福利國家❺的色彩之後，國民普遍負擔相與對應之義務（如財產上強制性支出的增加），幾乎無可避免。本案解釋以及四位提出協同意見書及不同意見書之大法官所反覆討論辯難者，即為憲法之委託與法律上國民社會義務之增加之間，究應如何從憲法基本原理尋出適當的規範。

本案解釋涵蓋的議題頗為廣泛，討論也頗為深入；但似尚有不暇仔細研求的部分，亦即憲法在保障人民權利與課與人民義務兩者之間，與一般法律具有本質性的差異，卻遭到大法官忽略。蓋憲法係為保障人民基本權利而存在，並無爭議；憲法課與之義務與一般法律課與之義務並不相同，則不可不察。憲法所加課的主要義務，是保障人權的義務，憲法上主要義務機關，乃是政府或掌握政治權力的個人或團體❻。課予平民義務，原非憲法所以存在的歷史原因。憲法若不課與平民義務，法律自會填補空隙，不勞憲法越俎代庖。

制之建構與挑戰》，頁 156，元照，九十一年。

❺ 學者指出「社會福利國家」的出現，是針對自由法治國家的不滿與反省，蓋自由法治國家係藉限制國家權力以確實保障國民自由，而其手段則是藉基本權利保障、權力分立、及法治原理而達成。但自由法治國理論對其所極力保障之個人，往昔有時過於針對擁有私人財產、受過良好教育之資產階級立論，而忽略了勞工階級與薪水階級，換言之，政府為保障人民自由之不干預，反成為有利於社會經濟地位較強者之干預，因此，社會福利國家之理念乃應運而生，讓公權力藉由社會福利之立法干預社會現有財產所得之分配狀況，而其主要手段有二：一是藉立法之強制禁止規定，讓國家以監督者之地位，對違法者施以制裁，二是國家藉實物、服務、金錢給付來扶助社會弱勢者。參閱葛克昌，《國家學與國家法：社會國、租稅國、與法治國理念》，頁 45，月旦，八十五年。

❻ 關於基本人權的國家保護義務，見李建良，〈基本權利與國家保護義務〉，收入氏著，《憲法理論與實踐(二)》，頁 59，學林，八十九年；另見陳新民，《憲法基本權利之基本理論（上）》，第一章，元照，八十八年五版。

受益權、社會權乃至社會福利之提供，載諸憲法明文時，仍應從權利面理解之，不能將社會福利法律所加課之社會義務，當然視為憲法層次的義務或規範。此點正是吳庚大法官與蘇俊雄、孫森焱大法官意見重大歧異之所在。吳大法官似乎認為，憲法透過憲法委託之概念加課國家義務，其因而制定之法律可以具有不受憲法規定「比例原則」制約之優越性；蘇、孫兩大法官則以為強制納保制度雖係憲法委託下立法裁量之結果，但仍應受到比例原則及平等原則之限制與審查，甚至尚應受制於憲法第十五條生存權規定。兩相比較，應以後說為是。否則不啻容許憲法第十三章關於基本國策之規定當然凌駕於第二章關於基本人權保障之規定，此實為自由主義憲法與社會主義憲法之分野之所在❶❼，不容輕輕放過。

關於憲法委託之理論，參閱陳新民，《憲法權利之基本理論（上）》，頁 37，又立法者若未善盡憲法委託之立法責任，可能構成立法怠惰，相關理論之探討，參閱陳慈陽，〈立法怠惰與司法審查〉，頁 3–43，以及陳愛娥，〈立法怠惰與司法審查〉，頁 43–74（以上二文皆載於〈司法院大法官八十九年度學術研討會（下）〉，《憲政時代》，26 卷 3 期，九十年一月）。

◆ **憲法之義務機關**

憲法以保障人權為最終目的，其所規範之義務機關究竟是誰？是否以政府為限？是否亦包括人民在內？本案涉及憲法第十五條：「人民之生存權、工作權、財產權應受保障」，簡單一句話，保障了人民的權利，但究竟課誰以保障人權之義務？又如憲法第十一條規定人民有言論自由，言論自由又是相對於誰而言？在大學課堂之中，甲生要求乙生上課保持安靜，有無侵犯乙生言論自由？甲生有無尊重乙生言論自由之憲法義務？「人民」一詞所對應的單位是誰？是國家？是代表國家行使權力的政府？是依據憲法掌握政治權力的人？就國家與個人之關係而言，其他人均為第三人，憲法對第三人有無直接拘束力❶❽？

---

❶❼　參見陳新民，《中華民國憲法釋論》，頁 26–8，自刊，九十年四版。

❶❽　所謂「第三人效力理論」，係指憲法原本對人民基本權利之保護，是為防止國家侵害而來，但隨著社會結構變遷，社會上擁有「優勢地位」的團體或個人，對於其他居於「實力劣勢」之私人，亦可能以壓倒性之實力妨礙其基本權利，而與國家或政府

　　全民健保制度加課人民繳納保費的法律義務，是租稅制度的另一種形式嗎？學者通說認為憲法第二章規定了人民三項基本的法律義務：納稅、服兵役與受國民教育 ❿，本案中蘇俊雄大法官逕將此三條稱為人民義務條款，耶和華見證人案（釋490）中，大法官亦認定服兵役是憲法所課之國民義務；部分學者則不認為憲法第十九條至第二十一條係課加國民義務之規定 ⓴，究竟孰為有理？憲法第十九條、第二十條規定人民有「依法律」納稅或服兵役之義務，學者通稱之為「租稅法律主義」 ㉑，依同理，在兵役亦應稱為「兵役法律主義」，而為法律保留原則之殊相。法律保留原則本為保障人權之重要原則，則憲法第十九條、第二十條究竟是在加課人民以義務？抑或在保障人民非依法律不被課稅及徵兵之權利？假如將納稅與服兵役視為憲法層級之義務，則若立法機關放棄徵兵制而改採募兵制，是否即構成違憲？在國家財政富足的情形，立法是否亦不得解除人民納稅之義務？將納稅與服兵役視為憲法層級之義務，實益何在？憲法第二十一條規定受國民教育為權利亦為義務，而無「依法律」三字，是否即在真正加課人民義務？憲法規定人民有受國民教育義務、不許立法者將之解除之道理何在？

　　憲法中有無其他直接加課人民義務之條款？憲法第一百三十九條規定「任何黨派及個人不得以武裝力量為政爭之工具」，是否為加課個人不作為義務之規定？憲法所以如此加課個人義務，是否因為可用武裝力量從事政爭之個人，實際上必然為政治權力之操控者，當然應受憲法之規範？該

　　無殊。因此憲法的第三人效力即為探究憲法基本權利在同為「基本權利享受者」的私人之間，在何種範圍以及何種方式，能發生拘束力，如同基本權能拘束國家權力一般。見陳新民，《憲法基本權利之基本理論（下）》，頁57–138，元照，八十八年五版。另見蘇永欽，〈憲法權利的民法效力〉，收於氏著《合憲性控制的理論與實際》，頁17–59，月旦，八十三年。

❿　林紀東，《中華民國憲法逐條釋義》，頁82，三民，八十七年三版。

⓴　葛克昌，《稅法基本問題——財政憲法篇》，頁61，月旦，八十五年。另見黃俊杰，《弱勢人權保障》，頁68，傳文文化，八十七年；蘇永欽則將人民違反兵役法之行為，稱為間接違憲，氏著，《違憲審查》，頁24，學林，八十八年。

㉑　葛克昌，前註，頁59。

條中特別規定「黨派」，是否將政黨亦視為憲法義務主體？憲法增修條文第五條規定政黨不得違反自由民主之憲政秩序，是否已然將政黨定為憲法義務主體？政黨構成憲法義務主體有無理論上的根據？

　　郝龍斌等對國民大會案（釋499）中，大法官解釋道：「……自由民主憲政秩序，乃現行憲法賴以存在之基礎，凡憲法設置之機關均有遵守之義務。」是憲法所設置之憲政機關，均為憲法上之義務機關。憲法增修條文第五條禁止政黨違憲，所使用的判準，亦同為「自由民主憲政秩序」。惟憲法的義務主體，除了憲法設置之機關（即政府中的權力機關）、政黨以及在黃仙賜案（釋518）中出現由立法設置之公法人之外，有無其他的單位？有些在社會通念中常被認為是「公器」的單位，例如媒體，是否也該成為憲法的義務主體？為什麼應該或不應該？

◆ **憲法義務之內容範圍？**

　　本案中吳庚大法官認為人民有遵守法律之政治義務，是否為憲法所課與的義務？還是只是伴隨著權力機關制定法律出現的法律義務而已？又人民有無效忠國家之義務？許繼仲對公懲會㈡案（釋433）中，大法官指出公務員對國家負有忠誠義務❷，這是公法契約義務或是憲法義務？如為後者，有無憲法實證規定的依據？憲法第一百三十八條規定軍人有效忠國家之義務，可否反證效忠國家未必是人民之義務？軍人是武職公務員，文職公務員有無效忠國家之義務？憲法第四十九條是否即在規定國家元首及其以降之公務人員均有效忠國家之義務？關於人民有無效忠國家之憲法義務，參閱張佛泉，《自由與人權》，頁251，商務，1995年。

◆ **憲法委託義務機關與憲政主義的齟齬**

　　憲法一方面需要委託憲政機關以實現其意旨與內容，另一方面接受憲法委託的憲政機關卻又是憲法所欲約束限制之義務機關，兩者之間，有無矛盾？憲政機關接受憲法委託之權力，會不會成為掙脫或解消憲法約束的淵藪？如何才能確保憲法委託不至於削弱憲法對權力機關的約束與限制？樹立憲法委託事務的憲法固有概念，是否可行？本案中憲法委託於中央政

---

❷　續 (11) 27 (86)。

府實施執行的事務是全民健康保險，憲法增修條文所說的「全民健康保險」是什麼概念？是不是與社會扶助或社會救濟有所區別？若不樹立「全民健康保險」之憲法上固有概念，任由立法者自由決定全民健康保險之內容，憲法委託有無內容空洞化的危險？憲法委託還有什麼意義？有沒有其他避免憲法委託與牴觸憲法主義的方法？

　　憲法委託立法者立法，涉及限制人民之自由權利時，與憲法直接加課人民義務，有無不同？如果立法者實踐憲法委託而加課人民以某種社會義務時（如強制投納健保），是否仍應受到憲法對於立法權加課之一般限制，特別是包含憲法第二十三條所規定之「比例原則」與憲法第七條所規定之「平等原則」之約束？其他如法律明確性原則或委任立法明確性原則的限制呢？吳庚大法官所說「耕者有其田」、「三七五減租」等社會政策內容❷❸為何？洪德生案（釋422）中指出依憲法基本國策第一百五十三條規定制定的耕地三七五減租條例，為實現農民生存權之農業政策立法，相關立法是否尚應通過比例原則之檢驗？嗣後謝添田對中央健康保險局案（釋524）言明全民健保法應受委任立法明確性原則拘束，是否已在吳大法官與蘇、孫二位之不同見解有所選擇？黃耀湘對郵政局案（釋428）中，大法官認為給付行政應受比例原則之拘束。社會福利政策常以給付行政❷❹之方式實現，全民健康保險是否為社會福利政策之一環？相關行政事務是否屬於給付行政之環節？有無黃耀湘案（釋428）原則之適用？

◆ 社會保險與社會扶助

　　社會保險制度與租稅制度有何異同之處？與社會扶助制度有何異同之處？本案中施文森大法官強調社會保險與社會扶助之概念不同❷❺，前者為

---

❷❸　耕者有其田之觀念，為孫中山先生所提出之一種保護弱勢佃農之農業政策，孫文，《三民主義》，頁215-6，三民，五十四年；有關「耕者有其田」、「三七五減租」等社會政策內容，請參閱周世輔、周陽山，《國父思想》，頁232-4，三民，八十九年八版。

❷❹　例如：為確保人民之最低生活條件，並保障社會安全而提供社會救助、舉辦社會保險。見許宗力，〈基本權力對國庫行為之限制〉，《法與國家權力》，頁1-72，元照，八十八年。

互負義務之雙向契約關係，後者只為單向之濟助行為，是否係在運用全民健保之憲法固有概念評價全民健保立法？施大法官認為法律強使公保、勞保之投保人轉為全民健保，實係社會扶助或救濟朝向社會保險之強制轉換，因而不能通過「善意信賴保護原則」之檢驗；姑置其關於善意信賴保護之分析不論，若全民健保法規定之中，確又有如施大法官所說並不合乎社會保險原理而近乎社會救助之規定者（如本案解釋理由書中所言無力支付保費者，健保法應予豁免之部分），是否構成憲法委託目的之偏離？能否因其偏離原來憲法委託之目的而質疑其效力？本案中紐創企業可否主張強制納保使其分擔無力負擔保費者之保費，已非社會保險制度之憲法委託範圍，強制納保因此應屬違憲？亦即社會扶助部分應由公庫支出而非應由強制納保之投保人繳費保費共同分擔？

　　關於社會福利的政治哲學問題，參閱許國賢，〈福利權與使用他人的政治〉，《財產與政治》，頁117–45，桂冠，九十年。

　　關於社會保險之性質，參閱施文森，〈論社會保險權益之性質〉，《司法院大法官釋憲五十週年紀念論文集》，頁641，司法院，八十七年。

　　關於福利國家的概念，參閱林萬億，《福利國家——歷史比較的分析》，巨流，八十九年。

㉕ 社會保險與社會扶助均見於憲法第一百五十五條之規定：「國家為謀社會福利，應實施社會保險制度。人民之老弱殘廢，無力生活，及受非常災害者，國家應以適當之扶助與救濟。」施大法官於謝添田對中央健保局案（釋524）中，曾再提不同意見書，詳細說明社會保險與社會扶助、社會救濟之異同。

參、軍隊國家化與文人領軍

　　憲法，係為控制政治權力而設。最極端之權力形式，莫過於使用有組織形式的武力。軍隊，如警察一樣，則為國家使用組織形式武裝力量之基本單位與建制；指揮以及控制軍隊，自然亦是憲法掌控權力極為重要之課題。憲法如何控制軍隊或軍事武力？請先閱讀下面的案例。

臺北市議會對潘禮門案（釋字第二五○號解釋）

續 (5) 9 (79)

✍ 背景事實

　　潘禮門為陸軍中將，被任命為臺北市工務局長。臺北市議會議員提案指出，潘禮門以現役軍人「外職停役」方式擔任臺北市工務局長，有牴觸憲法第一百四十條現役軍人不得兼任文官之疑義，按外職停役係規定於陸海空軍軍官服役條例施行細則第九條第一項第八款及第二項，臺北市議會遂決議依據大法官會議法第四條第一項第一款規定，聲請大法官解釋。

解釋文（節）

　　憲法第一百四十條規定：「現役軍人，不得兼任文官」，係指正在服役之現役軍人不得同時兼任文官職務，以防止軍人干政，而維民主憲政之正常運作。現役軍人因故停役者轉服預備役，列入後備管理，為後備軍人，如具有文官法定資格之現役軍人，因文職機關之需要，在未屆退役年齡前辦理外職停役，轉任與其專長相當之文官，既與現役軍人兼任文官之情形有別，尚難謂與憲法牴觸。……

─解釋理由書─（節）

　　憲法第一百四十條規定……，旨在防止軍人干政，以維民主憲政之正常運作，至已除役、退伍或因停役等情形而服預備役之軍人，既無軍權，自無干政之虞。

　　依陸海空軍軍官服役條例第十二條第一項第六款、同條例施行細則第九條第一項第八款及第二項規定，常備軍官在現役期間，經核准任軍職以外之公職者，自核准之日起為外職停役。外職停役人員係服預備役，經層報國防部核定後，通知後備軍人管理機關列入後備管理。依兵役法第二十五條第一款規定，是項停役人員為後備軍人，已無現役軍人身分。如具有文官法定資格之現役軍人，因文職機關之需要，在未屆退役年齡前辦理外職停役，轉任與其專長相當之文官，與現役軍人兼任文官之情形有別，尚難謂與首開憲法規定有何牴觸。

　　現行陸海空軍軍官服役條例僅有「停役」之規定，並未直接規定「外職停役」，「外職停役」一詞，見之於該條例施行細則第九條第一項第八款、第十條、第十二條等有關規定，而外職停役人員轉任文官後，又得回服現役或晉任軍階，易滋文武不分之疑慮，且軍人於如何必要情形下，始得以外職停役方式轉任文官，其停役及回役之程序如何，均涉及文武官員之人事制度，現行措施宜本憲法精神通盤檢討改進，由法律直接規定，併此指明。

－不同意見書－（節）　　　大法官　劉鐵錚

　　陸海空軍軍官服役條例施行細則第九條第一項第八款規定……此即所謂外職停役。本人認為此一行政命令違法、違憲，應為無效，茲說明理由如後：

　　一、外職停役違法。外職停役之制定根據為陸海空軍軍官服役條例第十二條第一項第六款，茲先引述該條項……，前五款為停役原因之具體規定，第六款則為概括規定。由前述第五款可知，停役係對現役軍人之有違法或不當行為，所採之停職之權宜措施，暫列入後備管理。換言之，停役之原因，係以現役軍人有違法或不當之行為為前提，其直接效果則為剝奪其現職，暫列入後備軍人管理。故第六款之概括規定，僅能在此原因、效果範圍內，補充立法當時所不能預見之情況。現該施行細則，竟違背停役之立法意旨，對連現役軍人都不適宜擔任之停役軍人，卻可出任重要公職？寧不怪哉！故外職停役表面上雖似有法律依據，實際在精神上、內容上及違背法律所規定之軍人停役制度，逾越停役之範疇。命令牴觸法律，命令自應無效。

　　此外，……軍人具有文官任用資格者，本可循退伍方式，以轉任文官，

乃行政機關竟以違背「停役」精神之外職停役辦法，使現役軍人改為預備役軍人，規避退伍之規定，明顯為一脫法行為，不僅對促進軍人新陳代謝之退伍制度有所妨礙，對未出任公職而退伍者，也非公平。

二、外職停役違憲。憲法第一百四十條規定……之立法意旨，固在建立文人政府，防止掌握軍隊指揮權之軍人，以武裝力量，干預國政，左右政局，妨礙民主憲政之正常運作。惟現役軍人之技術軍官或下級軍官，依本條規定，自亦不得兼任文官，可見防止軍人干政，固為本條主要之立法理由，但避免文武官員身分混淆、職權衝突，以及一人不得兼任性質不相容之二職，毋寧亦為本條立法精神之所繫。姑不論外職停役係違法而無效，即就其本身規定言，實也牴觸憲法第一百四十條。按有關法令雖規定，外職停役人員係服預備役，列入後備管理，已無現役軍人身分。但外職停役者，依前述施行細則第十條之規定，外職被免除後，經其服務之外職機關證明無不良情事者，即得回役復職。是則，由於此一規定，軍人既可擔任文官，於不擔任文官時，又可隨時回役復職。故外職停役之軍人，雖無現役軍人之名，實有現役軍人之實。

……人民有應考試服公職之權，為憲法第十八條所明定。常備軍官於服畢法定役期退伍後，如具有文官任用資格，願意擔任文職者，為促進文武交流、人盡其才，不僅為法律所不禁，且更受到憲法之保障。

─評析與問題─

◆ 軍事武力受憲法控制

我國憲法規範對外或對內使用軍事武力的規定不一，主要見於第四章、第五章、第六章及第十三章第一節之各項條文。本案解釋，涉及憲法第一百四十條之解釋，而該項條文則為我國憲法控制軍隊的靈魂條文之一；其之所以重要，在於此項規定載具了「文人領軍」的憲法原則❶。

----

❶ 陳新民指出，民主國家對軍隊的控制，習稱文人統治，指軍隊受文人政府之統率。陳著，《中華民國憲法釋論》，頁810，自刊，九十年四版。李惠宗亦認為，現代民主憲政國家，為避免軍人執政實行獨裁，均採文武分職制度，使軍事力量係在文人的監督之下運作。李惠宗，《憲法要義》，頁468，敦煌，八十八年二版。

憲法第三十六條規定，總統統率全國海陸空軍；第一百四十條則規定，現役軍人不得兼任文官。將此兩項條文並觀可知，總統既為文官職位，即不應由現役軍人擔任，文人領軍原則乃得實現。我國憲法史上，有無軍人擔任國家元首之例？合不合憲？軍人可不可以參選總統？軍人參選或獲選為總統，應否辭去軍職？

◆ 文人領軍防止武力干政

憲政國家為何要求文人領軍？文人領軍與憲法第一百三十八條規定軍隊國家化原則❷、第一百三十九條規定軍人不干政原則❸，應否解為確保和平理性從事政治競爭的必要規範？本案解釋強調，憲法第一百四十條之規定旨在防止軍人武力干政，文人領軍為何可以防止軍人武力干政？依本案解釋之見解，能不能達到防止軍人干政的效果？辦理外職停役的軍人，已不具備現役軍人的身分，還有沒有軍人武力干政的顧慮？本解釋以為，軍人辦理外職停役後擔任文官，既無軍權，即無干涉之虞；劉鐵錚大法官顯持相反之看法，然則軍人辦理外職停役後擔任文官，可能會以如何之方式形成軍人武力干政的危險？

與本案解釋文及解釋理由相比較，劉鐵錚大法官的不同意見書是不是更具說服力？其不同意見書認為，本案中軍人辦理外職停役轉任文官的作法，既違背權力分立制度的制衡原理，又違反基本人權保障；本案解釋就此有無說明？文人領軍原則，與權力分立制度有何關係？與民主國原則有無關連？與防止軍事獨裁有無關連？與基本人權保障有何關係？

---

❷ 軍隊國家化為民主憲政國家之通則，指武力不為個人所有，縱使在身任三軍統帥之總統亦然。軍隊所形成之武力，亦不得以地方政府為其效忠對象，以免造成個人獨裁、地方割據。陸海空軍成員應避免參加政黨活動，更應避免擔任任何政黨之任何職務。李惠宗，同註❶，頁 467。

❸ 憲法第一百三十九條係由消極方面規定陸海空軍不得以武裝力量為政爭之工具。學者將本條與第一百三十八條合稱為關於軍隊國家化之規定，林紀東，《中華民國憲法釋論》，頁 363，大中國圖書，八十二年五十六版。林氏並認為憲法第一百三十九條之立法目的，一為貫徹軍隊國家化之目的，於第一三八條規定外，復於本條為消極規定。二為昭示任何黨派及個人，應循民主政治之正軌而為政爭，不得以武力為政爭之工具。林紀東，《中華民國憲法逐條釋義（四）》，頁 255，三民，八十二年六版。

　　文人領軍原則，於軍隊之指揮統御，可發生何種影響？軍隊之指揮統御與內部組織結構，有無適用民主程序之可能？可以適用到什麼程度？軍隊之指揮是否應受代表人民立法之議會的控制 （參閱丁守中等對國防部案，釋461）？軍隊之派遣，有何憲法上之限制？在平時與戰時有無不同？武力派遣與非武力派遣有無不同？軍人之懲戒，是否專屬於統帥之權力（參閱監察院對國防部案，釋262）？軍人之審判，可以與司法權之行使完全分離嗎（參閱蘇煥智對國防部案，釋436）？

　　關於軍隊派遣之憲法規範，參閱黃俊杰，〈憲法之軍人權利與軍隊派遣〉，收於《當代公法新論（上）》，頁321-8，元照，2002年。關於文人政府、文人領軍、軍隊在憲法上的地位與軍隊民主化等問題，參閱陳新民，《軍事憲法論》，頁176-9、294-5、35-7、43-5、63-4，揚智，八十九年。

　　本案解釋一方面認為系爭法令並不違憲，一方面又認為相關規定確實易滋文武不分之疑慮，相關程序宜由法律規定。則本案解釋，是否屬於警告性解釋？大法官是否認為本案情形業已瀕臨違反「法律保留原則」之邊緣？憲法第一百四十條之禁止規定，可由立法院通過法律而有所放寬❹？

　　關於本案解釋之評析，參閱湯德宗，《權力分立新論》，頁222-4，自刊，八十九年二版。

　　　　＊　　　　　　　　＊　　　　　　　　＊

　　除了軍隊之外，警察亦是國家為了維持內部秩序的組織性武裝力量。憲法第一百三十九條禁止任何人以武力做為從事政爭的工具，於警察自亦同樣適用，構成拘束警察的重要憲法條文。警察若無適當之憲法控制，可能形成警察國家❺，而成為法治國家之大敵。關於警察應受到的憲法控制，參閱本

---

❹　陸海空軍軍官服役條例於八十八年五月五日總統令廢止，陸海空軍軍官服役條例施行細則於八十八年六月十六日行政院令廢止。立法院則於八十四年另行通過陸海空軍軍官士官服役條例，其第十四條規定：常備軍官、常備士官，在現役期間……任軍職以外之公職者……予以停役。但停役原因消滅時……不予回役。

❺　參閱朱堅章主譯，Brian Chapman 著，《警察國家》，幼獅，六十七年。

書系列之相關講次。

邱裕弘對國防部案（釋字第七一五號解釋）

📌 背景事實

聲請人邱裕弘報名參加民國（下同）九十九年國軍志願役專業預備軍官預備士官第二梯次考選，經國防部所屬考選委員會審查查得渠曾於九十四年犯過失傷害罪，經臺灣桃園地方法院刑事判決判處拘役五十日定讞，考選委員會爰依九十九年國軍志願役專業預備軍官預備士官考選簡章壹、二、㈡之規定考選資格：「曾受刑之宣告……者，不得報考。」，以安全調查不合格為由，作出報名不合格之審查結果，否准報名。聲請人不服，經行政爭訟遭駁回確定後，主張系爭規定違憲，聲請大法官解釋。

解釋文

中華民國九十九年國軍志願役專業預備軍官預備士官班考選簡章壹、二、㈡規定：「曾受刑之宣告……者，不得報考。……」與憲法第二十三條法律保留原則無違。惟其對應考試資格所為之限制，逾越必要程度，牴觸憲法第二十三條比例原則，與憲法第十八條保障人民服公職之權利意旨不符。相關機關就嗣後同類考試應依本解釋意旨妥為訂定招生簡章。

─解釋理由書─（節）

……

憲法第十八條規定人民有服公職之權利，旨在保障人民有依法令從事於公務之權利。志願役預備軍官及預備士官為軍中基層幹部，係依法定程序選訓、任官，並依國防法等相關法令執行訓練、作戰、後勤、協助災害防救等勤務，自屬憲法第十八條所稱之公職。人民依法令所定方式及程序選擇擔任預備軍官或預備士官以服公職之權利，自應予以保障。……系爭簡章壹、二、㈡規定：「曾受刑之宣告……者，不得報考。……」（下稱系爭規定）雖非直接禁止受刑之宣告者擔任預備軍官或預備士官之公職，然參加國軍志願役專

業預備軍官預備士官班之考選，為大學或專科畢業者擔任前述軍事公職之必要條件；且入學考選錄取者，於受基礎教育期滿成績合格時，即分別以少尉或下士任官分發，而無另外任官考試之程序。系爭規定所為消極資格之限制，使曾受刑之宣告者不得參加系爭考選，因而造成其無法選擇服志願役預備軍官預備士官之公職之結果，自屬對人民服公職權利之限制。

......

國軍志願役預備軍官預備士官可合法持有國防武器、裝備，必要時並能用武力執行軍事任務；而軍校學生日後均為國軍成員或幹部，其個人品德、能力之優劣與國軍戰力之良窳關係至鉅。為確保軍事學校學生及國軍幹部之素質，維持軍隊指揮監督，系爭規定乃以是否曾受刑之宣告，作為有無應考資格之限制，以預防報考之考生品德、能力不足等情事，肇生危害國家或軍事安全之虞，所欲維護者，確屬重要之公共利益，其目的洵屬正當，且所採手段亦有助於前揭目的之達成。

行為人觸犯刑事法律而受刑之宣告，如係出於故意犯罪，顯示其欠缺恪遵法紀之品德；如屬過失犯，則係欠缺相當之注意能力，倘許其擔任國軍基層幹部，或將不利於部隊整體素質及整體職能之提升，或有危害國防安全之虞。系爭規定限制其報考，固屬必要。然過失犯因疏忽而觸法，本無如同故意犯罪之惡性可言，苟係偶然一次，且其過失情節輕微者，難認其必然欠缺應具備之服役品德、能力而影響國軍戰力。系爭規定剝奪其透過系爭考選以擔任軍職之機會，非屬達成目的之最小侵害手段，逾越必要程度，牴觸憲法第二十三條比例原則，與憲法第十八條保障人民服公職之權利意旨不符。相關機關就嗣後同類考試應依本解釋意旨妥為訂定招生簡章。

─協同意見書─（節）　　　大法官　陳新民

......

如今國防部採取高規格「人品要件」，甚至比國家招募文職公務員條件更加嚴苛，固然有其考量，然而是否陳義過高而大幅縮小了取才的管道？按軍隊的屬性與事物本質，乃充滿陽剛之氣。軍隊任務具有艱苦、堅毅與高度危險性。作為軍隊中堅骨幹與長官，不應僅是文質彬彬型的樣版人物為已足，

而是豪氣慷慨型、必須以身作則為袍澤之先，來承擔各種任務的考驗。曾有輕微犯罪紀錄者恐怕未必不能承擔軍隊任務。

……際此，本席不免思及清末大文學家龔定庵之名句：「我勸天公重抖擻，不拘一格降人才」（己亥雜詩）。這是龔定庵期盼天降人才以救國拯民，但這些不拘一格之人才降到人間，卻為國軍所拒，定庵九泉之下豈不為之悲嘆乎？

─一部協同一部不同意見書─（節）　　　大法官　蘇永欽

……擁有國防武力的軍隊是國家統治權非常核心的部分，軍隊的成員參與此部分公權力的行使，自屬憲法所稱的公職無疑。而性質為主動地位的服公職權，既須對所有主權體成員平等開放，其參與管道自然應由憲法規定，再以法律具體建制，而非於憲法規定後又可以法律另闢蹊徑。因此接下來要問的是，常業軍人這個公職依憲法應以何種方式取得？按常業軍人的任務是在總統和國防法所定機關決定的國防政策下，為使用武力而作準備，當然不屬於憲法第十七條規定的通過選舉取得的公職，也不是憲法在其他地方規定通過政治任命而取得的公職，剩下的唯一選擇，就是和常任文官一樣，依憲法第八十五條通過考試而任職。換言之，常業軍人和常任文官一樣，都是公務人員，因此也都要經考試及格，才許任用。這裡說的常業軍人，在改為募兵制前的現制下，就是本案所處理的國軍志願役軍士官，而不包括義務役軍人，義務役軍人所服的雖然也是公職，也是以所有國民為對象，但其服公職另有憲法的基礎，即第二十條人民服兵役的義務，這種基本義務在統治關係中剛好是人民的被動地位 (status passivus)，而非通過人民的自願選擇來參與；對於負有短期義務的人民，國家雖也可設定標準而汰除少部分，但與必須通過考試來擇優的公職，終不可並論。第八十五條的規定只適用於志願役的軍職，而不包含義務役的軍職，應無疑義。至於文武職之間事物本質的差異，以及為免軍人干政而特於憲法第一百三十九條宣示的軍隊國家化原則，乃至導出第一百四十條文武分治、軍人不得兼任文官的規定，能不能視為憲法為第八十五條所作的特別保留？本席認為，也可以通過憲法整全的解釋，即從服公職權為人民的主動地位出發，軍職既為國家統治權非常核心的一部分，

它就應該和文官體系一樣向全民平等的開放，而且通過考試來擇優錄取，就此考試院作為服公職權最重要的制度性保障，沒有因為文武分治而卸除的理由，剛好相反，憲法第一百三十八條、第一百三十九條既因歷史因素而對軍隊中立化提出更嚴格的要求，就更沒有理由以文武分治為理由，認為獨立的考試權反而不應及於軍隊，而把常業軍人的選任完全置於政治部門，使其更易暴露於黨派或私人的影響下。

現制下志願役軍士官由國防部考訓，應該只是因循行憲前的舊制，並不能在憲法上找到任何基礎，比起司法院掌理司法權是否及於軍事審判的爭議，否定說還有憲法第九條、第三十九條作為間接的依據（反對意見可參本席在釋字第七〇四號解釋的不同意見書），要挑戰考試院考試權的統一，連這樣的間接依據恐怕都找不到。以統帥權作為軍事審判存立基礎的論證，自釋字第四三六號解釋後已無空間，對於保障人民主動地位的考試權，本席同樣看不出統帥權的論點有何說服力。此所以現行的公務員法制，軍職有時候被納入，有時候又置身事外，比如公務員服務法第二十四條即涵蓋了「武職公務員」，連帶的本院在釋字第二六二號解釋也把軍人納入公務員懲戒的對象。同樣管理公務員風紀的公職人員利益衝突迴避法第二條，和該條引致的公職人員財產申報法第二條第一項，都把高階軍官（上校編階以上）納入管制。但因為考試院的考選權對常業軍職開了天窗，相扣合的銓敘、保障和訓練，也都跟著棄守。尤其相對於另外兩個特殊的公職領域——警察（釋字第六四六號解釋可參）和教育人員（釋字第二七八號、第四〇五等號解釋可參），本席不能不說，憲法為人民服公職權所設的制度性保障，在軍職部分仍有很大的漏洞待補，如果我們要認真對待我國憲法上特有的考試權的話。

—評析與問題—

◆ 軍隊職位是公職；擔任軍官是參與行使服公職基本權利

本案解釋將軍官之軍職解為憲法第十八條所規定之「公職」，參加考試擔任預備軍官乃是人民之基本權利，性質上稱之為參政權，也就是參與政府行使公權力之權利。人民皆享有公平之機會加入軍隊，擔任軍職，參與以國防武力為後盾行使公權力之政府，合法持有國家之國防武力，正所

以顯示國家之武力屬於全體人民，而非僅屬於一家一姓、一黨一派或是任何掌握國家公權力之政治領袖所私有者。換而言之，軍職雖為武職，但與文職之公務人員職位應向人民開放，並無不同。所謂「公職」之「公」即是「天下為公」之「公」的意思。

◆ 軍隊是政府的一個環節

國家屬於人民，代表國家行使公權力的政府，同樣屬於人民。軍隊是政府的一個環節，屬於國家，也屬於人民，只接受具有民主正當性之政府依據憲法及法律加以指揮。

◆ 政府選擇軍官之權力應受控制

本案解釋認定限制受刑之宣告者擔任預備軍官之機會，雖已具備法律授權，但仍然屬於違背憲法之限制。是否認為憲法第二十條規定「人民有依法律規定服兵役之義務」，並非給予制定法律之立法院一種空白授權，可由立法者任意決定限制那一部分的人民擔任預備軍官的權利，而仍應受到司法違憲審查的控制？本案係以道德品格作為選擇軍官之標準，本案解釋並未認為絕對不能以道德品德做為選擇基準，但是不能道德無限上綱，過度使用道德品格作為限制人民擔任軍官之機會。本案解釋是否認為服兵役之法定義務不能隨意免除？抑係以為人民參加軍隊以盡國民責任之基本權利並非法律所可任意設限者？從此出發，可否得出一項推論：軍人與國家之間並非所謂之「特別權力關係」，而與一般人民與國家之間之「一般權力關係」一樣，應受到基本權利保障之約束？換言之參與軍隊的基本權利，並非得由掌握國家統治權者所得任意否定，本案解釋是否業已否定軍人與國家之間是屬於特別權力關係？

◆ 軍職應否依國家考試產生？

蘇永欽大法官之意見書指出軍官並無不依國家考試產生之理由，此一觀點，與現行制度出入甚大，應該視為一種不同意見。然則，有什麼理由否定蘇氏的看法，而可支持憲法並不要求軍官應經國家考試產生的觀點呢？憲法第十八條所稱之「應考試服公職」之權利，所應之考試，不是指由考試院辦理之國家考試嗎？

肆、政黨政治與選舉制度

　　政黨，被學者冠以「隱形政府」的雅號❶；政黨政治，與民主憲政關係密切。在民主憲政的運作中，政黨推派的候選人，藉著選舉取得掌握政治權力的合法地位，是政治生活的常態。政黨與選舉，在憲法上究竟佔據什麼樣的位置？政黨政治與選舉制度的運作，如何受到憲法的規範？是否獲得憲法的保障？請看下面兩個案例。

監察院質疑不分區代表無罷免制度案（釋字第三三一號解釋）

續 (7) 299 (82)

背景事實

　　公職人員選舉罷免法第六十九條第二項規定（下稱系爭規定）：「全國不分區、僑居國外國民選舉之當選人，不適用罷免之規定。」其立法理由主要在建立政黨政治，政黨比例代表既由政黨所提名，政黨自有約束當選人就職後行為之責任，以示向選民負責。

　　惟監察院認為：各政黨黨員總數佔全民之比例不高，能否代表全民，不無疑義。而系爭規定以政黨比例代表剝奪人民選舉罷免之權利，與憲法保障人民參政權之規定相牴觸。其次，系爭規定不足以構成憲法第二十三條所謂「必要」之要件，且若欲彰顯政黨政治，更宜有罷免及遞補之規定，以增進政黨比例代表之功能。最後，外國之立法例雖亦有類似系爭規定之規範，但並無如我國憲法第十七條之明文規定，難以援引為立法之依據。是以，監察院基於以上原因，就系爭規定有無牴觸憲法產生疑義，聲請大法官解釋。

------

❶ 林騰鷂，〈健全政黨法制之立法方向〉，收入《當代公法新論（上）》，頁530-2，元照，九十一年。

解釋文

　　依中華民國憲法增修條文第四條規定，僑居國外國民及全國不分區之中央民意代表，係按該次選舉政黨得票總數比例方式產生，而非由選舉區之選民逕以投票方式選出，自無從由選舉區之選民以投票方式予以罷免，公職人員選舉罷免法第六十九條第二項規定：「全國不分區、僑居國外國民選舉之當選人，不適用罷免之規定」，與憲法並無牴觸。惟此種民意代表如喪失其所由選出之政黨黨員資格時，自應喪失其中央民意代表之資格，方符憲法增設此一制度之本旨，其所遺缺額之遞補，應以法律定之。

─解釋理由書─ （節）

　　僑居國外國民及全國不分區名額選出者，既係按政黨比例方式產生，而非由選舉區之選民逕以投票方式選出，自無從依憲法第一百三十三條規定，由原選舉區選民以投票方式，予以罷免。人民之罷免權亦因此而受限制……與憲法並無牴觸。

　　憲法增修條文第一條、第二條及第四條增設按政黨比例方式選出僑居國外國民及全國不分區中央民意代表之規定，旨在使中央民意機關有部分代表，於行使職權時，不為地區民意所侷限，而能體察全國民意並維護國家整體利益……。惟此種民意代表既係由所屬政黨依其得票比例分配名額而當選，如喪失其所由選出之政黨黨員資格時，即失其當選之基礎，自應喪失其中央民意代表之資格……，方符憲法增設此一制度之本旨。至其所遺缺額之遞補，應由法律定之，以維政黨政治之正常運作。

制憲聯盟對中央選舉委員會案（釋字第七二一號解釋）

背景事實

　　民國九十七年，辦理第七屆立法委員之選舉，採區域立委單一選區制，與不分區立委及僑委部分之政黨比例代表制二制混合之並立制。中國國民黨（下稱國民黨）於系爭選舉應選一百十三席中共獲得八十一席（其中區域五十七席、原住民四席，全國不分區二十席），惟國民黨於系爭選舉之政黨票得

票率僅 51.2322%，卻囊括總應選席次之 71.6814%，反觀包含制憲聯盟在內之其他參選政黨共獲得近 48% 之得票率，卻僅獲得不到 30% 之席次，席次分配顯失均衡。又國民黨與民主進步黨（下稱民進黨）於系爭選舉另分別獲得政黨票 51.2322% 之得票率及 36.911% 之得票率，合計得票率為 88.1432%，卻共獲分配全國不分區立法委員（含僑居國外國民立委，下同）之全部席次即三十四席，其中國民黨獲得二十席，民進黨獲得十四席；而其他申請登記之政黨雖有合計近 12% 之得票率，惟因各政黨未達 5% 之政黨選舉票門檻，未獲分配任何全國不分區立法委員席次，形同對小黨之歧視。是故，制憲聯盟向臺北地方法院提起選舉無效之訴遭駁回，亦遭高等法院駁回上訴，遂認高等法院九十七年度選上字第九號判決所適用之憲法增修條文第四條第一項及第二項，及公職人員選舉罷免法第六十七條第二項規定有違憲疑義，聲請大法官解釋。

解釋文

　　憲法增修條文第四條第一項及第二項關於單一選區兩票制之並立制、政黨比例代表席次及政黨門檻規定部分，並未違反現行憲法賴以存立之自由民主憲政秩序。公職人員選舉罷免法第六十七條第二項關於並立制及政黨門檻規定部分，與上開增修條文規定內容相同，亦不生牴觸憲法之疑義。

一解釋理由書一 （節）

　　憲法為國家根本大法，其修改應由修憲機關循正當修憲程序為之。國民大會為憲法所設置之修憲機關，基於修憲職權所制定之憲法增修條文與未經修改之憲法條文，係處於同等位階，惟憲法條文中具有本質之重要性而為規範秩序存立之基礎者，如聽任修改條文予以變更，則憲法整體規範秩序將形同破毀，該修改之條文即失其應有之正當性。憲法條文中，諸如：第一條民主共和國原則、第二條國民主權原則、第二章保障人民權利、以及有關權力分立與制衡之原則，具有本質之重要性，亦為憲法整體基本原則之所在。基於前述規定所形成之自由民主憲政秩序，乃現行憲法賴以存立之基礎，凡憲法設置之機關均有遵守之義務。憲法之修改，除其程序有明顯重大瑕疵或內

容涉及自由民主憲政秩序之違反者外，自應予尊重（本院釋字第四九九號解釋參照）。申言之，憲法之修改如未違反前述民主共和國原則、國民主權原則，或未涉人民基本權核心內涵之變動，或不涉權力分立與制衡原則之違反，即未違反自由民主憲政秩序。

　　憲法增修條文第四條第一項及第二項規定：「立法院立法委員自第七屆起一百一十三人，任期四年，連選得連任，於每屆任滿前三個月內，依左列規定選出之，不受憲法第六十四條及第六十五條之限制：一、自由地區直轄市、縣市七十三人。每縣市至少一人。二、自由地區平地原住民及山地原住民各三人。三、全國不分區及僑居國外國民共三十四人。」「前項第一款依各直轄市、縣市人口比例分配，並按應選名額劃分同額選舉區選出之。第三款依政黨名單投票選舉之，由獲得百分之五以上政黨選舉票之政黨依得票比率選出之，各政黨當選名單中，婦女不得低於二分之一。」（下分稱系爭憲法增修規定一、二）係採單一選區兩票制，即單一選區制與比例代表制混合之兩票制。直轄市、縣市選出之區域立法委員依系爭憲法增修規定二前段規定，採行單一選區制選舉，每選區選出立法委員一人。全國不分區及僑居國外國民立法委員部分，依系爭憲法增修規定二後段規定，依政黨名單投票採比例代表制選舉，並設有百分之五之席次分配門檻，獲得政黨選舉票百分之五以上之政黨始得分配全國不分區及僑居國外國民立法委員席次。單一選區之區域選舉結果與政黨選舉票之選舉結果分開計算兩類立法委員當選人名額（其計算方式以下簡稱並立制，中華民國九十四年十月出版之國民大會會議實錄第三〇四頁參照）。

　　憲法第一百二十九條規定：「本憲法所規定之各種選舉，除本憲法別有規定外，以普通、平等、直接及無記名投票之方法行之。」其平等方法部分，為憲法第七條、第十七條有關平等權及選舉權之具體化規定。從其文義可知，修憲機關仍保有衡情度勢、斟酌損益之空間，但選舉既為落實民意政治、責任政治之民主基本原則不可或缺之手段，並同時彰顯主權在民之原則，則所定選舉方法仍不得有礙民主共和國及國民主權原則之實現，亦不得變動選舉權、平等權之核心內涵。而關於各國國會選舉，有重視選區代表性而採相對多數決者，有重視政黨差異而採政黨比例代表制者，實為民主政治之不同選

擇，反映各國政治文化之差異。系爭憲法增修規定一、二有關立法院立法委員選舉方式之調整，採並立制及設定政黨比例代表席次為三十四人，反映我國人民對民主政治之選擇，有意兼顧選區代表性與政黨多元性，其以政黨選舉票所得票數分配政黨代表席次，乃藉由政黨比例代表，以強化政黨政治之運作，俾與區域代表相輔，此一混合設計及其席次分配，乃國民意志之展現，並未牴觸民主共和國與國民主權原則，自不得以其他選舉制度（例如聯立制）運作之情形，對系爭憲法增修規定一、二所採取之並立制，指摘為違反自由民主憲政秩序。至系爭憲法增修規定二關於百分之五之政黨門檻規定部分，雖可能使政黨所得選票與獲得分配席次之百分比有一定差距，而有選票不等值之現象。惟其目的在避免小黨林立，政黨體系零碎化，影響國會議事運作之效率，妨礙行政立法互動關係之順暢，何況觀之近年立法委員政黨比例代表部分選舉結果，並未完全剝奪兩大黨以外政黨獲選之可能性，是系爭憲法增修規定二有關政黨門檻規定部分，既無損於民主共和國與國民主權基本原則之實現，而未變動選舉權及平等權之核心內涵，即應屬修憲機關得衡情度勢，斟酌損益之範疇，自未違反上開自由民主憲政秩序。至公職人員選舉罷免法第六十七條第二項規定有關並立制及政黨門檻規定部分，係依系爭憲法增修規定二而制定，內容相同，自無違憲疑義。

......

—協同意見書—   **大法官　李震山**

......

貳、立法委員中全國不分區及僑居國外國民代表，由獲得百分之五以上政黨選舉票之政黨依得票比例分配席次的憲法規定合憲性問題

......

二、因 5% 門檻條款所流失的選票價值，是否對政黨機會平等與多元價值代表性產生負面影響？

我國採政黨比例代表制之目的，既然是有意淡化單一選區因採相對多數選舉制而形成「贏者全拿」，敗選者之選票所代表的民意不能反映的缺失，就更應正視「席次分配」與多元民意的關聯性意義。否則，本就不利小黨競爭

的區域代表制，在政黨比例代表制下，小黨所獲低於 5% 門檻的選票，又因喪失席次的分配權而不具「結果值」(Erfolgwert)，因此被浪費的選票形同「廢票」，以致小黨於同一次選舉中，受到兩種制度雙管齊下的雙重不利益與侵害。第八屆立法委員選舉即有八十四萬一千四百多票，約占有效票的百分之六點四，第七屆立法委員選舉，則更有高達百分之十一點八的政黨有效票流失選票價值。如此高比例選舉人的意見無法在國會被代言，產生所謂與民意脫節、與政黨比例代表制設計立法目的不符、小黨存續困難，以及扼止多元意見開展等諸多問題，即應受到高度重視。最受到疵議的不公結果是，該等「廢票」應產生的席次仍可改分配給其他獲政黨票逾 5% 門檻之政黨，愈大的政黨「不勞而獲」的機率愈大，擷取組織結構上的利益愈多，「劫貧濟富」的結果，使貧者幾乎一無所有。若再將 5% 門檻的制度構想，作為政黨經費補助的條件，就更不利小黨存活，亦同時隱藏著使政治多樣化喪失的高度風險。當小黨轉變為大黨的可能性受到制度上嚴重之制約時，除影響人民組黨或組織政治團體的意願外，少數意見代議失靈情形就可能成為常態，社會進步所賴的前瞻、較無既得利益包袱的非主流多元意見欠缺發聲管道後，必蓄積走上街頭或採非體制抗爭的能量，有害於民主穩定發展。此外，尚有一間接影響投票行為的負面效果，當選民預估其所支持的小黨政黨票可能跨不過 5% 門檻，該選民可能選擇不投票降低投票率或轉而將票投給尚可接受的其他政黨，扭曲「選舉內在自由」，鬆動選舉自由與民意政治的聯結關係，所生副作用亦不可小覷。

　　5% 門檻條款制度，又極易給代表非主流意見的小黨貼上極端、反動、堅持己見不願妥協的「麻煩製造者」標籤，屢成為大黨壓抑小黨政治空間的正當化理由，其所型塑的「政黨歧視」自不利政黨機會平等的競爭氛圍。再者，政黨比例代表制中各政黨的「固定名單」，往往將各黨資深重要的職業政治人物置於「安全地帶」，當選機率極高，這些人物對政治影響動見觀瞻，而其形象卻未必符合人民期待，又不能對之行使罷免權，亦勾動該制度是否合於國民主權原則的敏感神經，頗值得深究。足見，5% 門檻條款所呈現的政黨機會平等，並非單一問題，而是牽一髮動全局的制度，德國聯邦憲法法院對之一貫地不敢掉以輕心而認為：「由基本法第二十一條第一項、第三條第一

項可得出政黨機會平等之原則，……政黨要求機會平等的權利與民主原表彰之選舉普通性、平等性原則具有密切的關聯性。……當公權力以可以改變政黨機會的方式干預政黨之競爭時，其裁量的界限將因此特別地受到限縮。」反觀本件解釋就此部分，幾乎是雲淡風清地留白。

......

─協同意見書─　　　　　　　大法官　陳新民

......

二、系爭規定侵犯的法益何在？

......

㈡新理論的出現──政黨平等原則與政黨的特別限制

上述根源於憲法一般平等原則及可合理化差別待遇之立論，終於在聯邦憲法法院一九九八年七月十六日涉及「巴伐利亞邦地方選舉法」案件中，產生巨大的改變。德國聯邦憲法法院在該案中，詳論比例代表制自威瑪共和以來，學界與釋憲實務界對於政黨門檻制度是否牴觸平等原則的立論後，改變以往依賴「恣意禁止」原則的見解，該號解釋特別就政黨門檻制之所以產生的重要意義，具有維繫法治國憲政體制的價值，而非涉及人民或政黨的平等權之問題。

德國聯邦憲法法院援引該院成立以來所作出最早的判決 (BVerfGE1, 14/32)，認為解釋憲法不能單就某個憲法條文的文義來闡釋，必須與憲法其他相關的條文與理念，結合起來探求其意義。故就政黨門檻制度，立法者斟酌政黨在德國的基本法秩序中所扮演的角色，必須以威瑪共和時代小黨林立所引發的政潮，及導致國會立法功能的癱瘓為殷鑑，所形塑出來「政黨觀」。這種立法動機在為了滿足選舉的「民主功能性」，表明政治性選舉功能及目的，在於確保「能夠有效駕馭國會的代議機構」 (eine herrschaftsfähige Volksvertretung)，這是可以作為排除形式的「票票等值」原則的依據。

德國聯邦憲法法院最新的見解，認為政黨門檻的合憲性，並非建立區別對待之正當性上，而是針對政黨特性的立法形成權。故其合憲性依據不在於護衛一般平等原則的實踐與不受侵害，反而是在護衛民主憲政體制，而對政

黨權利，予以適當及合乎比例原則的限制。

　　對比起聯邦憲法法院的新舊見解，本號解釋「聲請意旨」顯然採取「平等原則恣意侵犯」的舊理論，但多數意見似乎將兩者見解皆採納，但立論上顯然偏向舊理論，這可由解釋文與解釋理由書第三段之立論，頗不一致，得以見之。

　　解釋文以系爭規定「並未違反現行憲法賴以存立之自由民主憲政秩序」，而非「未侵犯人民之平等投票權」，似乎頗符合德國聯邦憲法法院新見解。

　　然解釋理由書第三段，卻又認定：憲法第一百二十九條所之平等投票之方法，「修憲機關仍保有衡情度勢、斟酌損益之空間」。依此意旨，系爭規定儘管造成「政黨所得選票與獲得分配席次之百分比有一定差距，而有選票不等值之現象」，亦不違憲。則又認定「未變動選舉權及平等權之核心內涵」。明顯地仍持德國聯邦憲法法院之舊見解也。

　　綜觀本號解釋，解釋文中宣告系爭規定「並未違反現行憲法賴以存立之自由民主憲政秩序」，顯然是認定系爭規定並未侵犯平等權，且取得了差別對待的合理依據。惟應特別注意之處，本號解釋多數意見明顯是以個人平等投票權有無侵害作為審查之標的，而非著重在「政黨平等」，亦即並非以「小政黨的平等權」，作為審查對象。

　　在此本號解釋尚有論理瑕疵。解釋理由書第三段提及，就憲法第一百二十九條的平等投票原則，修憲機關仍保有衡情度勢、斟酌損益之空間，等於承認平等投票原則「無強制拘束力」之說，表明即使修憲造成「票票不等值」現象，仍屬修憲機關之裁量權。這種對於「選舉法原則」之一的平等選舉原則持非「強行性質」的見解，恐令人難以接受。倘若認為平等投票原則僅是宣示規定，則無記名投票、普遍投票與直接投票原則，豈非皆屬訓示性質乎？恐怕已嚴重掏空選舉權的核心內涵！

　　故審查政黨門檻規定合憲性與否，似乎不得由個人的投票平等或一般平等原則來予以論究，反而應當由政黨在民主國家中角色定位的重要性著手，這是德國聯邦憲法法院新見解在論理方面別開生面的詮釋，顯示出德國聯邦憲法法院繼承德國學術界勇於思考與創新的思緒，值得我們注意。

　　……

三、政黨門檻制度合憲性判斷

……

㈡百分之五政黨門檻制度是否過高？

其次就百分之五門檻是否過高問題，亦是修憲者對於所建立制度能否達成目的之價值判斷。按民國八十年四月二十二日國民大會通過增訂憲法增修條文，將政黨門檻制度正式引進我國。而當時便將門檻訂在百分之五，施行至今已逾二十年。

實施政黨門檻制度的國家，如以今年一月中央選舉委員會提供之資料顯示，全世界共有二百零六國有進行國會選舉，其中採行「比例代表制」之國家有一百一十國。而有設政黨門檻者計有四十七國；未設門檻者為六十三國。

再分析設有政黨門檻四十七國中，將門檻設在百之分五者有二十二國；高於百分之五者有四國；低於百分之五者共有二十一國。

由上述各國政黨門檻制度而言，要否採行門檻制，及門檻高低，答案並非只有單一，這是典型的「立法政策」，有的國家形諸於憲法條文，例如我國系爭規定，已形成「憲法政策」；或僅由法律規定者，例如德國由聯邦國會選舉法所創設，則屬「法律政策」之層次，自會有更多質疑其合憲性之聲浪。

我國應否採納政黨門檻制度、其門檻高低及席位數量分配等事項（包括採行並立制而不採聯立制，及採行婦女、原住民席次保障制度），已屬「憲法政策」層次，即便一般法律的立法政策，是否妥適，只要不違反人權，釋憲機關僅能加以尊重，何況是修憲機關的判斷？如同修憲機關所作出的其他決策，是否妥當、能否達成目的？皆非釋憲者得以其價值判斷來予以論斷。釋憲者對於修憲結果的審查權，必須嚴加節制，俾使民主政治與責任政治所彰顯的國民主權，不至於為釋憲權所侵犯。

誠然，百分之五門檻對於新政黨或小政黨的確是不易攀越的柵欄。然以國會通過法律需要半數以上支持，若以每個政黨獲得百分之五的得票率計算，則至少要結合十個政黨以上才可望通過法律，建立有效統治之政府。然而小黨林立的弊端也必然產生。可知，國會席位的門檻如在低於百分之五，則可能使國會真正陷入小黨林立的狀態。而以西方民主國家而論，國會議事不彰，未必基於小黨林立；然小黨林立，難免在國會中捭闔縱橫，仍為國會運作失

調的主因。

　　故系爭規定採行之百分之五政黨門檻，在世界各國中既然已有二十二國採納，居所有採行門檻制國家的一半，似乎也是「允執其中」，不能算是太過苛刻與違反比例原則。

　　政黨門檻制度的「留大汰小」，確使小政黨的處境更加不利，尤其將小黨的未過門檻的得票率部分，轉換成由大黨依比例分配「殘留席位」，足見系爭規定的確有「扶持大黨」的積極意圖。

　　……

─協同意見書─（節）　　　大法官　蘇永欽

　　……

　　本號解釋即在前述審查基礎及標準上展開審查，最後得到系爭規定未違反憲法本質重要性規定的結論。聲請人主要指摘的有兩點：第一，並立制的政黨比例代表部分席次太少（僅佔總席次一百一十三席中的三十四席），且因並立而非聯立，造成立委選舉總席次分配無法反映政黨總得票率，且落差可能甚大；第二，以政黨比例代表方式產生的全國不分區代表，在分配席次時因有百分之五的門檻，對政黨造成歧視，並使兩百萬公民的參政權遭到剝奪。

　　針對第一點的指摘，本應從正確認知選舉制度出發，在相對多數和比例選舉這兩種普遍存在的國會選舉制度以外，考量其歷史形成的政黨政治特質，在選人（相對多數選制）和選黨（比例代表制）因素各有不同權重，且一凸顯區域代表性（相對多數選制），一凸顯政黨代表性（比例代表制），有些國家即逐漸發展出將這些因素儘可能併予考量的兩張選票制，其仍以政黨比例代表為主軸，僅以各黨在區域勝選者「優先」分配該政黨席次（指優先於政黨名單上的候選人，只在區域當選人分配完畢仍有餘額時，才開始按政黨所提名單分配席次）者，如德國，一般稱為「聯立制」，或「個人化的比例代表制」。其將區域選票和政黨選票分開計算，一由相對多數決定各選區的勝選者，一由政黨比例決定全國不分區的當選人，兩者間互不影響，如日本，則被稱為「並立制」，實際上即真正的混合制，通常是在原有區域代表選制的基礎上，為強化政黨政治的因素，或提高專業人士投入立法工作的機率而作的

調整，正因為民眾對於政黨還沒有充分的信任而欠缺實施全面比例代表制的條件，才會走向這種混合。故並立制無法完整反映政黨及其政策支持度的缺點，是所有走向此種混合的國家都明知而願意容忍的。相對於此，以政黨比例代表為主軸而強化選人及區域權重的聯立制，雖有理念一致的顯著優點，在其原來比例代表制的傳統下作此調整，也不會受到強烈的反對。但從選舉制度的選擇而言，聯立制同樣也有若干缺點，對比例代表制的信仰者而言，其最受訴病者即為提供民眾分裂投票的機會，仍然會造成席次比例的扭曲（比如經常出現超額代表——Überhangmandat），對區域代表制的信仰者而言，則此種本質為比例代表的選制，和其他比例代表選制一樣會有很高的機率形成無政黨過半而必須組成聯合政府的局面，以致開票後還要經過相當時間，才能由政黨之間合縱連橫的結果決定最後的統治者，上個世紀的重要哲學家 Karl Popper 甚至嚴厲批評，此種不能由人民「直接」決定統治者的選制，不符合主權在民的要求。足見選制的選擇，其實也就是不同民主型式 (patterns of democracy) 的選擇。

身為司法機關的本院不宜從選制優劣的角度去臧否系爭規定，越俎代庖的成為實質的制度選擇者，只能循前述審查基礎與標準去作審查。從以上對不同選制所做的簡單分析即知，各國在民主政治的信仰上各有所偏，反映其歷史文化的差異，很自然的也會顯現在其選舉制度的選擇上。……各區選民人數是否過於懸殊，或選區劃分有無不當，才是區域選制必須面對的平等問題。同樣對於採比例代表選制者，也不能再從區域人數與區域參選者分配席次觀察，主張區域代表性是否公平。對於併採二制的並立制，則只能分別觀察有無差別待遇，而不能再從政黨總得票率與分配席次認定有無差別待遇，道理十分清楚。……至於混合的程度，系爭增修條文規定政黨比例代表僅佔三分之一弱，也只反映了修憲當時多數民眾對於民主政治的信仰，包括願意付託政黨的信任程度，同樣尚無任何違反民主政治或主權在民原則之處。

真正構成差別待遇的，是政黨比例代表中的百分之五門檻，此一規定確實可使總票數未達門檻者，縱使在比例上應可分到席次，仍未獲分配，就該強制扣除部分，與跨過門檻的政黨相比，有票值不平等的問題（後者實質上按比例的不勞而獲前者扣除部分）。設定門檻自有其改善民主政治運作的合理

目的，已見於解釋理由，此處不贅。可補充說明的是，百分之五門檻究竟會造成多大的票值不平等，尤其因為任何選制的變動必然連帶影響政黨策略，此一動態因素如不納入考量，對於所謂票值不平等仍無法做出正確的整體評估。系爭規定就總共一百一十三席中僅留三十四席實施不分區的政黨比例選制，縱使不設百分之五門檻，任何政黨的得票率也需跨過百分之三才可獲分席次，離開百分之五的門檻，其實只升高了百分之二，因此只要參選政黨稍多而有一定同質性，即使不設門檻，能獲分席次的政黨也不會太多。以聲請人參與的第七屆立委選舉而言，總共有十七個政黨參與，最後不分區部分只有中國國民黨與民主進步黨獲分席次，但其他政黨中跨過百分之三得票率的也只有新黨和台灣團結聯盟，因此百分之五門檻實際上只擋下了兩黨各一席，所謂兩百萬公民參政權被剝奪的說法，自屬過度渲染。更重要的是，在門檻未大幅提高的情形，通常反而會促成政黨間的整合，再通過分裂投票策略的靈活運用，第三、四小黨跨越門檻的機會可能反而提高，這也是並立制原已內含的可能性，從四年後第八屆立委選舉，在選制不變的情形下，台灣團結聯盟一舉取得三席，親民黨也在不分區代表中攻佔二席，已可充分反證百分之五門檻必將堵塞小黨參政之門的說法。

　　……

─不同意見書─　　　　　大法官　黃茂榮

　　……

參、立法委員之產生方式

　　……

三、現行規定之檢討

　　……

　　憲法增修條文第四條第一項及第二項所定立法委員之產生的選舉制度為：單一選區兩票制。此即區域立法委員之「單一選區制」與政黨不分區立法委員比例代表制的「並立制」。其中「單一選區」，指立法院立法委員中，從自由地區直轄市、縣市選出七十三人。每縣市至少一人。依各直轄市、縣市人口比例分配，並「按應選名額劃分同額選舉區」選出之（憲法增修條文

第四條第一項第一款、第二項）。此為關於區域立法委員之選舉的「單一選區」制。「兩票制」，指每一選舉人有區域立法委員一票，政黨立法委員一票之選舉權。區域立法委員由該區域之選舉人自候選人中選出一人，由最高票者當選。全國不分區及僑居國外國民共三十四人依政黨名單投票選舉之，由獲得百分之五以上政黨選舉票之政黨依得票比率選出之，各政黨當選名單中，婦女不得低於二分之一。婦女保障名額隱藏於政黨當選名單中。亦即不分區政黨立法委員的制度兼顧政黨及婦女之立法委員的分配。

......

由於目前一個黨可能透過黨紀，影響立法院關於法律案、預算案及人事同意案之表決結果，政黨在立法院之功能已漸凌駕於個別立法委員之上。所以，如何使立法委員之選舉制度，在政黨的層次，能夠符合票票等值之平等原則，便愈形重要，以在目前之政黨運作的現狀下，使國民的意見能平等地在立法院受到重視。

因此，關於立法委員之選舉制度是否符合平等原則之審查，應在政黨層次為之。這無礙於區域、原住民及婦女之代表性的兼顧。蓋既然憲法增修條文第四條第二項第二句後段，能將婦女保障名額的意旨包含於各政黨當選名單中，自亦能兼顧區域及原住民立法委員之代表性的考量，透過聯立制將之隱含於政黨預擬其立法委員當選名單的制度中。

目前理論上既以政黨政治為選舉制度之規劃的出發點，實務上各政黨亦以黨紀約束其不分區及區域代表在立法院之表決權的行使，則不能無視於目前，國民意志在立法院之參與，係透過政黨來實踐的事實。基於該事實，政黨在立法委員之全部席次的分配應按政黨之得票比率，才能使政黨的影響力，不多不少，正確對應其得票比率，以真正「兼顧選區代表性與政黨多元性......，強化政黨政治之運作，俾與區域代表相輔。」

在徹底之政黨比例代表制底下，所以仍應保持個別黨員參與區域代表之選舉的意義，在於彰顯個別黨員在選民中的份量，一方面增強個別立法委員與選民之聯繫，以貼近民意，降低政黨對於其黨員是否能取得立法委員之資格的獨占決定權，以促進及維護黨內民主，並使黨意貼近於民意，使其對於黨員之黨紀的約束趨於合理。而不是要透過區域代表與政黨代表之並立，使

劣勢政黨，由於其候選人不易在採單一選區制之區域代表的選舉中勝出，而只能與優勢政黨，按其政黨得票率，分配占全部席次三分之一以下之三十四個席次的立法委員，以致劣勢政黨必然取得遠低於其政黨得票率之立法委員的席次；並以犧牲劣勢政黨的席次為代價，透過區域代表與不分區代表的並立，讓優勢政黨取得高於其政黨得票率之立法委員的席次。

......

因為憲法及其增修條文中關於地區、原住民之代表性的考量還是能夠在政黨底下獲得實現，所以最後以政黨比例作為一個政黨在立法院之區域代表及不分區代表之總和上限的「聯立制」，應是最能兼顧地區、原住民之代表性，以及實質上最大程度實踐票票等值原則的選舉制度，以符合國民主權原則及民主共和國原則之選舉制度。何況，在臺灣並無小黨林立，政黨體系零碎化，以致影響國會議事運作之效率，妨礙行政立法互動關係之順暢的實證經驗。如何能以之為理由，逕予限制小黨之生存及發展的可能性。由此可見，單一選區兩票制對於小黨的壓抑已超過必要的程度。

......

─評析與問題─

◆ 選舉制度

蘇永欽大法官於本號解釋提出之協同意見書，針對聯立制與並立制進行相關介紹❷：

在相對多數和比例選舉這兩種普遍存在的國會選舉制度以外，考量其歷史形成的政黨政治特質，在選人（相對多數選制）和選黨（比例代表制）因素各有不同權重，且一凸顯區域代表性（相對多數選制），一凸顯政黨代表性（比例代表制），有些國家即逐漸發展出將這些因素儘可能併

---

❷ 關於聯立制與並立制，或其他選舉制度之介紹，以及對於憲政運作之影響，請參閱張志偉，〈從選舉平等原則檢視單一選區兩票制〉，《法學新論》，17 卷，頁 75–104，九十八年；陳春生，〈單一選區兩票制實施後立法院之運行與改革〉，《台灣法學雜誌》，104 期，頁 129–139，九十七年；蘇子喬、許友芳，〈從德國選舉法修正論我國立委選制改革：聯立制的適用性〉，《政治科學論叢》，67 期，頁 1–49，一〇五年三月。

予考量的兩張選票制，其仍以政黨比例代表為主軸，僅以各黨在區域勝選者「優先」分配該政黨席次（指優先於政黨名單上的候選人，只在區域當選人分配完畢仍有餘額時，才開始按政黨所提名單分配席次）者，如德國，一般稱為「聯立制」，或「個人化的比例代表制」。其將區域選票和政黨選票分開計算，一由相對多數決定各選區的勝選者，一由政黨比例決定全國不分區的當選人，兩者間互不影響，如日本，則被稱為「並立制」，實際上即真正的混合制……

聯立制與並立制的不同，在於選票呈現的政黨比例適用於何種席次分配，若該政黨比例係用於整個國會之政黨席次分配，則為聯立制，即政黨比例與區域選舉之席次有連動性；若該政黨比例係用於國會中特定席次之分配（如我國之政黨比例代表席次），則為並立制，即政黨比例與區域選舉之席次相互獨立。

我國憲法對於選舉設定的原則（普通、平等、直接、無記名），以及重要憲法基本原則（如國民主權原則），對於選舉制度有無內涵及界限之要求？是否可以依據上開原則推導出符合憲法要求之特定選舉制度？如是否有特定之選舉制度才符合國民主權之要求？黃茂榮大法官於本號解釋所提出之不同意見書中，指出：「……劣勢政黨，由於其候選人不易在採單一選區制之區域代表的選舉中勝出，而只能與優勢政黨，按其政黨得票率，分配占全部席次三分之一以下之三十四個席次的立法委員，以致劣勢政黨必然取得遠低於其政黨得票率之立法委員的席次……」認為從政黨平等的角度觀察，單一選區兩票制（並立制）使小黨處於明顯的不利地位，連帶影響其所代表的民意。你是否贊同此看法？採取何種選舉制度才能充分反映多元民意？除反映民意外，選舉制度的採擇是否尚有其他考量因素？

本號解釋理由書所示：「……修憲機關仍保有衡情度勢、斟酌損益之空間，但選舉既為落實民意政治、責任政治之民主基本原則不可或缺之手段，並同時彰顯主權在民之原則，則所定選舉方法仍不得有礙民主共和國及國民主權原則之實現，亦不得變動選舉權、平等權之核心內涵。……系爭憲法增修規定一、二有關立法院立法委員選舉方式之調整，採並立制及設定政黨比例代表席次為三十四人，反映我國人民對民主政治之選擇，有

意兼顧選區代表性與政黨多元性，其以政黨選舉票所得票數分配政黨代表席次，乃藉由政黨比例代表，以強化政黨政治之運作，俾與區域代表相輔，此一混合設計及其席次分配，乃國民意志之展現，並未牴觸民主共和國與國民主權原則，自不得以其他選舉制度（例如聯立制）運作之情形，對系爭憲法增修規定一、二所採取之並立制，指摘為違反自由民主憲政秩序。」認為並立制未違反民主共和國與國民主權原則。你是否同意本號解釋對於選舉制度之審查方式與審查密度？與行政權與立法權相較，司法權本身欠缺民主正當性，對於涉及政黨政治與選舉制度事項之審查，是否應放寬密度，作為對於政治事務之尊重？

◆ 政黨比例代表制之門檻

聲請人認憲法增修條文第四條第二項規定之 5% 政黨選舉票門檻，造成不分區立委席次之分配結果與政黨得票比例顯有差距，實質上已剝奪第三黨之生存空間。關於此一規定，陳新民大法官肯認多數意見，認其目的在避免小黨林立而致國會議事不彰的弊端，惟蘇永欽大法官指出此一規定有票值不平等之問題，此外，李震山大法官更認縱使小黨獲得選票，然因所獲低於 5% 之門檻，形同被浪費的選票而為廢票，而此一廢票所生的席次仍可改分配給其他獲政黨票逾 5% 門檻之政黨，致小黨毫無所獲，壓縮其政治空間，形同對小黨之歧視。多數意見對於此一 5% 門檻之爭議僅揭示或有造成選票不等值之現象，未對是否造成政黨之歧視為論述，甚為更深入之討論，為何多數意見未就政黨歧視問題為審查？依陳新民大法官所述，本號解釋非以政黨的平等權為審查標的，而以個人投票平等權為審查對象，是否認同此一說法？若本號解釋有對政黨機會平等為審查，解釋結果是否會不相同？

又關於政黨機會平等之爭議，是否只要對於政黨選舉票設定門檻，皆會觸及政黨平等權之問題？若為肯定，何種門檻才不致於過於嚴苛而抑制小黨之生存空間，造成政黨機會平等之侵害？陳新民大法官於意見書亦指出各國之政黨門檻不一，認 5% 政黨門檻在世界各國中已有多國採納，居所有採行門檻制國家的一半，故系爭規定應非過於苛刻，你是否認同？蓋政黨比例代表制之門檻，此一修憲機關之決定是否應由司法予以論斷？

伍、憲法與國際法

　　傳統的憲法教科書上，論及國際法❶時，多從國際法是否構成憲法之法源的問題入手❷；傳統的國際公法教科書，論及憲法時，則多討論國際法秩序與包括憲法在內的國內法秩序如何接軌的問題❸。

◆ 國際法是否為憲法之法源？

　　憲法學者率皆同意憲法是最高規範。然則憲法之上，可不可能有其他的法規範？憲法學界通說，以為國際法構成憲法之法源❹，而與憲法典、實質憲法規範、憲法慣例、憲法解釋等並列❺。大法官在黃耀湘對郵政總局案（釋428），針對聲請人質疑郵政規則關於郵局責任範圍之規定違反憲法，引用一九九四年九月十四日漢城簽訂、於一九九六年一月一日起正式生效之萬國郵政公約最後議定書 (Universal Postal Convention, Final Protocol)❻，認為其中有與前開郵政規則相同之規定。我國雖非此公約之締約國，仍可視之為國際間通郵之一般規範……是郵政規則第二百二十七條及第二百二

---

❶ 國際法之定義，丘宏達教授曾挑選國際法學者 J. G. Starke 所下的簡明定義加以中文翻譯：「國際法大部分是包括國家在其相互交往關係中，認為應該遵守並經常遵守的原則與規則的法律之總體，並包括：1.有關國際組織運作以及國際組織相互間及與國家或個人間關係的法律規則；2.某些國際社會關切的非國家的個體及個人的權利義務的法律規則。」參閱丘宏達主編，《現代國際法》，頁 30，三民，八十四年。

❷ 林紀東，《中華民國憲法釋論》，頁 20-1，自刊，八十二年。

❸ 國際法與國內法之關係，有主張一元論，有二元論，一元論者認為國際法與國內法在本質上同屬一種法律，二元論者認為兩者為兩種不同的法律制度。參杜蘅之，《國際法大綱上冊》，頁 62-4，商務，六十五年二版；湯武，《中國與國際法(一)》，頁 130-4，中華文化出版事業委員會，四十六年再版。

❹ 林紀東，《中華民國憲法釋論》，頁 20，自刊，八十二年。

❺ 林紀東，《中華民國憲法釋論》，頁 19-20，自刊，八十二年；涂懷瑩，《中華民國憲法原理》，頁 10，自刊，七十年五版。

❻ Manual of Universal Postal Convention, Universal Postal Union, 1995, Berne.

十八條之規定，與國際公約之規定相符，並未逾越郵政法第二十七條之授權，亦未增加郵政法關於郵件補償規定所無之限制，與憲法尚無抵觸。

解釋理由書中並曾語及郵政法第三條之規定：「關於各類郵件或其事務，如國際郵政公約或協定有規定者，依其規定。但其規定如與本法相牴觸時，除國際郵件事務外，適用本法之規定。」

黃耀湘案（釋428）引用萬國郵政公約，究竟是因國際法是憲法的法源？抑是因為郵政法之規定？大法官並未明言，惟其引用萬國郵政公約顯然非因其為國際公約，而係將之視同國際通郵之一般規範，亦即以之為構成國際法之一般法律原則❼；因為我國並非萬國郵政公約之簽約國，本不受其拘束，但大法官仍進一步指出其具有國際法一般規範之性質，以之做為郵政規則之依據。按並非每一國際公約均當然構成國際法之一般規範❽，郵政法第二條所稱之國際公約或協定，是否兼指我國並不簽署但構成國際一般規範之國際公約（如萬國郵政公約）？抑僅以我國簽署者為限？大法官引用萬國郵政公約，究係在解釋郵政法之規定？還是間接確認國際一般規範、亦即構成國際法之一般法律原則可以構成憲法之法源？

大法官在憲法解釋中引用國際公法，黃耀湘案（釋428）並非首例。如李秋蘭案（釋372）提及世界人權宣言揭示人格尊嚴之維護與人身安全之確保、許信良案（釋392）援引歐洲人權及基本自由保障公約與歐洲人權法院之判決解釋我國憲法第八條所稱「法院」之意義，均屬其例。黃耀湘案（釋428）藉重萬國郵政公約的規定肯認行政命令合憲，是否將國際公法採為憲法法源的意味更為濃厚？

在張耀武對勞保局案（釋549）中，大法官解釋勞工保險條例關於遺屬

---

❼ 指法律制度所賴以維持的基本原則，大多是各國司法中長久存在的一般性的原則，如時效、禁反言等，參杜蘅之，《國際法大綱（上）》，頁34，商務，六十五年二版；包括比較法、自然法、一般正義法之原則，以及國際法一般原則，參閱湯武，《中國與國際法㈠》，頁109，中華文化出版事業委員會，四十六年再版。

❽ 規律一般性或區域性國際法規則或設立國際組織的多邊條約，稱為立法條約或規範條約，為國際法的重要淵源。丘宏達主編，《現代國際法》，頁71，三民，七十六年六版。

津貼的規定是否合憲時，要求「參酌有關國際勞工公約」通盤檢討相關立法設計，黃越欽大法官在協同意見書中強調該案解釋係以國際公約作為法源：

一、國際公約應作為法源以促進普世價值

近世以來，愈屬新興事務，其法律關係之國際統一程度愈高，原因在於國際組織常透過公約規制，齊一各國步伐。因此在社會安全、勞動、經貿、財稅、智慧財產、環保等各方面，公約數量日增，內容日益詳盡。尤其世界經貿組織 (WTO) 成立以後，此種現象更加明顯。而此種現象之濫觴當推國際勞工組織 (ILO)，ILO 之公約與立法建議書數以百計，對人權保障之普世價值發揮極為關鍵性之作用。本案解釋文能以公約作為法源，對我國釋憲制度之成長，乃極為可喜之現象。

二、釋憲機關對立法裁量之審查

本院釋憲之態度，向來對國會保留及立法裁量極為尊重，蓋以我國憲政秩序中立法與司法之界限分明，本院對此極為自制。然此乃就國內法律秩序而言，如以國際之格局視之，則在以普世價值之實現為宗旨之公約要求下，各公約會員國國會之任務，無非即在忠實表達公約之意旨，所謂立法裁量空間實極有限，為確保立法裁量權之正確行使，釋憲機關以公約為法源，檢視立法機關所制定之法律，毋乃正是憲法原則忠實詮釋之表現。本案解釋文認為，有關機關應於二年內斟酌公約及各國立法例，對勞工保險條例第二十七條、第六十三條、第六十五條等通盤檢討，對立法裁量權之正確行使，應能發揮促進之功能。

黃大法官所稱我國勞保條例相與牴觸之國際公約為一九五二年之社會安全最低基準公約❾，雖如黃大法官所言，此一公約本為我國勞保條例立法之藍本，然則我國並非該公約之簽約國，此所謂「法源」，是否係指憲法法源而言？

◆ 世界人權宣言

一九四八年通過之世界人權宣言，有無構成我國憲法法源之可能❿？能

---

❾　C102 Social Security (Mininum Standards) Convention, 1952, 210 UNTS 132.

❿　例如世界人權宣言第十五條規定：「人人有權享有國籍。任何人之國籍不容無理褫

否將之視為某種世界憲法的雛型？憲法第一百四十一條規定：「中華民國之外交，應本獨立自主之精神、平等互惠之原則、敦睦邦交、尊重條約及聯合國憲章……」是否可以做為國際公法為憲法法源的憲法依據？憲法本條此處之「尊重」，或有被解釋為因非「遵守」，故條約僅須為我國尊重，而無拘束力；惟憲法本條諭示我國應尊重條約，當然亦可舉輕以明重，尊重當然亦含有遵守之意，而非排除我國遵守國際條約之意。國際條約究應於我國得以產生直接之拘束力，抑或須透過國內立法後，方得以產生拘束力，讀者贊成哪一種立場？這兩種國際法於國內生效之方式，有何利弊之處？國際人權法如何可以構成我國憲法之法源？以下兩例國際條約與國內法不同之關係，可供讀者思考：

◆ 憲法或法律與國際公法適用之優先順序？

　　黃耀湘案（釋 428）解釋理由書中語及之郵政法第三條規定：國際條約適用時如其規定與郵政法牴觸者，除國際郵政事務外，適用郵政法之規定。此一規定，特別是關於郵政法優先於條約適用的部分，是否合憲？條約與法律同經立法院通過、總統公布或簽署，於適用個案之際，兩者內容若發生牴觸，應以何者優先？有無援用「後法優於前法」原則❶之餘地？是否法律恆應優先（如郵政法第三條之規定）？是否條約恆應優先（因為憲法上開條文要求「尊重條約」）？是否應視條約是否為自動履行之條約如 WTO ❷而定？是否

奪。其更改國籍之權利不容否認。」透過世界人權宣言，國籍可否當作一種受益權加以主張，為憲法上值得研究的一個問題。

❶ 如英國不把國際法看做外國法律，而看做國內法的一部分，但條約的效力仍有限制，杜蘅之，《國際法大綱（上）》，頁 64-5，商務，六十五年二版；美國依憲法第六條第二款規定，聯邦法律與條約，在美國法統中居同等地位，有同等效力，兩者如有衝突，法院常適用新法優於舊法原則以求解決，湯武，《中國與國際法㈠》，頁 139，中華文化出版事業委員會，四十六年再版。

❷ 美國法院判例認為只有在自動履行的條約，法院才能直接適用，自動履行的條約係指條約明示或依其性質不必再經國內立法就可以在國內生效者。丘宏達主編，《現代國際法》，頁 96，三民，七十六年六版。有認為政府採購法第七十五條不應將 WTO 之條約或協定規定為自動履行之條約，參閱王珍玲，〈論政府採購法中異議及申訴制度〉，《月旦法學雜誌》，73 期，頁 124，130-1，九十年。惟國際條約，依其內容若

應採互惠原則,視個案涉及何國之事務而定❸?憲法第一百四十一條規定「尊重條約」,而未使用「遵守」二字,可以為反面理解,謂憲法並不要求國家遵守條約嗎?憲法規定尊重卻不要求遵守,解釋上說得通嗎?張耀武對勞保局案(釋549)中,大法官若非以一九五二年之國際公約做為憲法之法源而係以之為勞工立法之法源者,則該案解釋是否將亦以該國際公約視為國際法一般法則,而認為其有優於國內法之效力而為國內所不能牴觸?關於條約與法律之適用順序問題,參閱丘宏達主編,《現代國際法》,頁100–4,三民,七十六年六版。

關於法律與條約(或國際公法)之優先通用順序,如果憲法之規定與國際法原則發生衝突,應依憲法或國際法原則決定?是國際法之內容應該符合憲法規定,還是憲法內容應該符合國際法原則?此一問題,與「民法規定或契約規定與法人章程相互衝突時應如何適用」的問題,有無異曲同工之處?此等問題之解決,與國際法之定義❹,有無關係?與國際法理論中所謂一元論或二元論之爭執❺有無關連?與「對內最高、對外獨立」之主權理論有無衝突?與地球村觀念、全球化理論❻有無互動作用?

無法另為國內法律之規定即已可為法官直接適用者,即可自動拘束內國法院法官,條約內容可以自動履行者,若尚不能為法院法官直接適用,如何符合憲法第一百四十一條「尊重條約」之規定?

❸ 如法國原則上採條約優先制,例外採互惠原則。參閱《世界各國憲法大全第二冊》,頁287,國民大會,八十五年。

❹ 二元論者認為國際法與國內法是二種不同的法律秩序,二個法律秩序完全分離,不可能有衝突,而國際法或國內法的最終淵源是主權,因此國內法優先;一元論者則採國際法優先於國內法的看法。丘宏達主編,《現代國際法》,頁92–3,三民,七十六年六版。

❺ 杜蘅之,《國際法大綱上冊》,頁62–4,商務,六十五年二版;湯武,《中國與國際法(一)》,頁130–4,中華文化出版事業委員會,四十六年再版。

❻ 全球化的理論大約於一九六〇年代出現,大約是指涉:由於經濟與技術影響力的廣泛作用,世界迅速被塑造成一個共同的社會空間,社會的解疆域化促使社會經濟空間解除領土國界範圍的限制,也導致政治空間的領土重新劃分。經濟的全球化發展關係到全球經濟監控的強化、管理活動的加強與國際規範活動的深入,GATT與WTO就是這樣的產物,試圖撤除由國家主權所構築的經貿藩籬,期使產品、原料與

　　憲法秩序與國際法秩序之間的理想關係究竟為何？此一問題的答案與國際公約或條約締約主體為國家抑或個人，有無關連？

◆ 聯合國與全球化

　　憲法第一百四十一條規定應尊重「聯合國憲章」，聯合國憲章可以算是世界或地球的憲章嗎？聯合國是由誰組成的「國家」？聯合國的組成員是國家還是個別的人民？聯合國享有主權嗎？聯合國有超越國家主權嗎[17]？聯合國與

資金在最少的國界障礙下自由流通，建構一個自由化的世界經貿體系。在「民主」逐漸發展成為普世價值之際，一個國家、政府乃至於政黨能否揚棄專制作為，確實建立起尊重人民自由、反映人民意志的民主制度，已成為進步與否的指標。全球化一方面帶來更為自由便利與寬廣的經濟活動空間，使資源的配置更加有效率，然而另一方面卻使各種生產原素面臨不同的命運，在提高效率的大旗下，資本擁有者可以輕易地以全球為基地，追逐最低的成本與最大的獲利，而從白領至藍領階級的受雇者只能被動地面臨薪資增長停滯甚或失業的事實。全球化這個概念包含了資本主義全球化、民主政治全球化和美國倡議的國際新秩序；表面上看起來，這一組概念已成為本世紀的「典範」；然而，反對全球化的運動與理念已在各處燃起，直接挑戰了全球化的正當性。在抗議的內容與理論上，也較九〇年代更加廣泛與深化，歸納起來可區分為：南北矛盾、顏色對抗、階級爭議、環保衝突和主權保衛等等。
張文貞曾將「全球化」描述為經濟全球化、科技全球化、政治全球化與法律全球化諸種面向的總和，並以主權概念的侵蝕、時空象限的模糊、身分認同的複雜與強勢弱勢的激化四點，來陳述全球化的特徵，簡明扼要，參張文貞，〈面對全球化——臺灣行政法發展的契機與挑戰〉，《當代公法新論（中）》，頁 3–15，元照，九十一年。關於全球化，並可參閱下列書籍：孫治本譯，伍爾利希・貝克 (Ulrich Beck) 著，《全球化危機》，商務，八十八年；陳燿元、陳慧慈譯，John Tomlinson 著，《全球化與文化》，韋伯文化，九十年；沈宗瑞、高少凡、許湘濤、陳淑鈴譯，David Held、Anthony McGrew、David Goldblatt、Jonathan Perraton 著，《全球化大轉變：全球化對政治、經濟與文化的衝擊》，韋伯文化，九十年。關於全球化法律理論之應用，參閱如廖元豪，〈從全球化法律理論檢討我國行政程序法的內容與方向〉，《萬國法律雜誌》，118 期，頁 2–17，九十年八月。

[17] 聯合國憲章第二條第七款：「本憲章不應認為授權聯合國干涉在本質上屬於任何國家國內管轄之事件，且並不要求會員國將該項事件依本憲章提請解決；但此項原則不妨礙第七章內執行辦法之適用。」丘宏達編輯，陳純一助編，《現代國際法參考文件》，頁 24，三民，八十五年。

歐盟⓲的組成結構有何不同？聯合國與美利堅合眾國⓳的組織結構有何不同？國際法的權利主體是誰？國際法的權利主體與憲法之權利主體有何不同？應不應該、有沒有需要建立以地球個別居民為權利主體的地球憲法或世界憲法？全球化理論是否可能導向地球憲法或世界憲法的建立？地球憲法或世界憲法與國家憲法可能有何異同之處？建立地球憲法或世界憲法時，國家主權是否必將退讓？與美利堅合眾國內的州主權⓴，會不會有相似之處？與歐洲共同體之盟約簽約國的主權，會不會有相似之處？歐盟成立後，歐羅巴算不算國家？歐洲共同體法是國際法還是憲法？國際法與憲法的區別有無消失的可能？

- -

⓲　歐洲聯盟條約於八十一年二月七日於荷蘭馬斯垂克簽署，主要內容包括「歐洲經濟暨貨幣聯盟」及「歐洲政治聯盟」二大部分。歐盟主要組織有執行委員會、理事會、歐洲議會、歐洲法院等。會員國間簽訂之基礎條約創設超國家機構，且條約之執行非由簽署國，而係由其創設之機構加以執行。歐洲法院即謂：「我們的法院並非一國際法院，……與其說為一國際機構，倒不如說更似一聯邦機構。」參閱王泰銓，《歐洲共同體法總論》，頁 145–7、211–2、219、226–8、242–8。

歐盟法律與會員國人民之關係，依據即時適用原則，歐洲共同體法一經制定生效後，即自動地取得各會員國國內實證法之效力，而無需經由會員國內部之繼受程序，即構成各會員國國內法律秩序之一部分，具有拘束各會員國及其人民之效力。歐洲法院在 Costa 一案中指出，各會員國既然彼此限制其主權而創立一共同體，該共同體之法律即應可同時適用於各會員國及其所屬之人民。依據共同體法可賦予各會員國或其人民權利，亦可課予義務，而其拘束力之發生，不須各會員國之介入或干預。依據直接適用原則，歐洲共同體法之規定直接在各會員國與其人民之間創設一種法律關係，依該法律關係之內容，會員國人民得援用共同體法之規定請求會員國之國內法院保障其權利。王泰銓，前揭，頁 181、183、185。

⓳　美國係採聯邦制，除聯邦政府外，並設五十個州政府，各州均享有完整獨立之自治權。各州政府擁有固有及初始之權力，毋庸聯邦憲法再予列舉或授權。參閱史慶璞，〈美國地方政府權力或權限爭議之研究〉，《美國憲法與政府權力》，頁 115–6，三民，九十年。

⓴　由於美國獨特的聯邦理論之蓬勃發展，促使聯邦憲法產生一個由全體國民所付託之國家主權，以及由十三州到目前五十州之盟約主權。主權屬於國民全體，國民經由州政府而授予地方政府行使地方統治權之能力。州政府對於下級地方政府擁有完整之主導權。史慶璞，同註⓳，頁 120。

◆ 國際人權公約與內國憲法之匯流

　　從國際法的憲法化觀察，國際人權公約之人權保障內涵與內國憲法之核心規範重疊，開啟兩者匯流與互動之可能。且兩公約所保障之人權，多普遍被認為是強行國際法❷、國家普遍責任及習慣國際法之內涵，故即使非兩公約之締約國亦受其拘束。此外，有國際人權法學者主張當代國際人權法的內容均應構成國家的普遍性義務，而成為強行國際法或絕對法之內容。於此一理解下，國際人權法不僅為國際法上構成國家主權意志決定的界限，亦成為內國憲法之內容，構成國家機關行使權力的界限，而有國際人權法與憲法之匯流。又從憲法的國際法之角度言之，有兩種觀察模式，透過立法模式，透過制憲或修憲方式，將國際人權清單、內涵或相關原理原則，直接或間接規定在憲法中。又或以包裹憲法化之情形，藉由內國憲法的「優先條款」(supremacy clause) 或「尊重條款」(respect clause) 方式取得國際人權法優越地位。另一種模式為解釋模式，即法院於解釋憲法有關人權保障之規定時，透過直接援引或參考國際人權法之相關規定、解釋或判例，將國際人權法匯流入內國法中，值得注意之處為法院除了直接適用拘束該國之國際人權法之外，也可能援引並非拘束該國之國際人權規範❷。

◆ 公民與政治權利國際公約、經濟社會文化權利國際公約

　　公民與政治權利國際公約、經濟社會文化權利國際公約與世界人權宣言，合稱國際人權憲章。世界人權宣言及兩公約在內的國際人權法具有習慣國際法的地位，應為多數學者所同意。聯合國於一九四八年十二月十日通過世界人權宣言，該宣言屬於非具有強制性、旨在維護人類基本權利的文獻。兩公約的前身──世界人權宣言，在一九四八年由聯合國大會決議通過，雖然一開始並不具法律拘束力，許多國家的政治部門也多將其定位為是道德宣示受

---

❷　普遍認為係強行國際法內容如兩公約第一條均規定之民族自決、公政公約第二條與經社文公約第二條第二項要求國家平等尊重人權、公政公約第八條禁止奴隸販賣規定。法院及學者認為係強行國際法內容如公政公約第六條第五項禁止對未成年人判處死刑、第七條禁止酷刑、殘忍或不人道之處罰、第八條第二項強迫勞動之禁止，及經社文公約第十條童工禁止規定。

❷　張文貞，〈國際人權公約與憲法解釋：匯流的模式、功能及台灣實踐〉，《司法院大法官一〇四年度學術研討會──人權公約與我國憲法解釋》，頁 1–26，一〇四年。

到該宣言之啟發❷。聯合國在一九六六年十二月十六日通過了具有強制性的公民與政治權利國際公約和經濟社會文化權利國際公約，意即兩公約乃是為了具體實踐世界人權宣言之精神，將其重要內容轉化為具體條文並付諸實行的國際法公約，是國際社會中最重要的人權法典，同時也是國際人權保障體系最根本之法源，目前全球已經有超過八十個國家簽署，可謂具有普世價值之人權規範❷。世界人權宣言的諸多原則，早已成為國際習慣法的一環，而兩公約的內容則對於締約國具有實質的法律拘束力。公民與政治權利國際公約第四十條和經濟社會文化權利國際公約第十六條，規定了締約國須向聯合國提交報告❷。

公民與政治權利國際公約和經濟社會文化權利國際公約明確指出人權係自由、正義與和平之基礎，和聯合國的兩個目的「維護和平」以及「保護人權」接軌；同時確認人權源於天賦人格尊嚴，源於自然法❷。公民與政治權利國際公約包括前文以及人民自決權（第一條）、一般規定（第二條締約國義務、第三條男女平等、第四條權利限制、第五條超越權利限制費為之限制）、實體規定（第六至二十七條）等六部分，共五十三條。在實體權利規定方面，第六條至第十一條可視為是保護個人生命、自由和人身安全的核心條款。第十二條至第十三條涉及進入、離開和在異國領土內遷徙的權利，並確定了關於驅逐外僑問題的具體規則。第十四條至第十六條涉及有關司法人權的保障。第十七條至第二十二條提出享有不得無端受到外界干涉的基本自由。第二十三條至第二十四條承認家庭這個社會單元的特定作用，並提出婚姻和兒童權利的問題。第二十五條是關於公民參政權利與機會的規定。第二十六條強調法律之前人人平等；第二十七條則是有關少數人之權利❷。

---

❷ 張文貞，〈國際人權法與內國憲法的匯流：台灣施行兩大人權公約之後〉，首次發表於《台灣法學會 2009 年學術研討會》，頁 6，台灣法學會主辦，九十八年。

❷ 李永然，〈兩公約與人權保障之理論與實踐〉，《聯合國人權兩公約與我國人權保障》，頁 24-6，永然文化，一○一年。

❷ 行政院研究發展考核委員會，〈落實兩公約施行法之政策研究〉，頁 3-4，一○一年。

❷ 同註❷，頁 27。

❷ 同註❷，頁 5-6。

經濟社會文化權利國際公約包括前文及「人民自決權」（第一條）、一般規定（第二條至第四條）、實體規定（第六條至第十五條）等五部分，共三十一條。其前文、「人民自決權」，與公民與政治權利國際公約完全相同。在實體規定部分，各締約國應保障個人下列權利：（第六條）工作權；（第七條）享受公平的和良好的工作條件的權利；（第八條）組織和參加工會及罷工權利；（第九條）享受包括社會保險的社會保障之權利；（第十條）對家庭之保障及援助；（第十一條）獲得相當的生活水準、免於飢餓的權利；（第十二條）享有身體和心理健康達到最高可能標準的權利；（第十三條）教育之權利；（第十四條）免費的義務性初等教育；（第十五條）參加文化生活等權利❷❽。

另外，比較說明兩項國際人權公約的相異之處。第一，規範的權利範疇不盡相同。公民與政治權利國際公約所規範的權利乃著重於個人有權對抗來自國家方面的干預與壓制；相反地，經濟社會文化權利國際公約所規範的權利乃在個人有向國家爭取福利的權利，此須有國家權力的介入。第二，公約義務履行上的區別，公民與政治權利國際公約強調的是締約國有立即實現的義務；相反地，經濟社會文化權利國際公約因該等權利之執行須有一定的條件與基礎，故其所要求的乃是「漸進式實現」的義務❷❾。

◆ **我國與兩公約**

我國於一九六七年十月五日簽署兩公約，但是在一九七一年退出聯合國之前並未批准之，經過將近四十二年之後，立法院於二〇〇九年三月三十一日批准兩公約，總統於二〇〇九年五月十四日簽署批准書❸〇。為促進兩公約所保障各項人權之實現，立法院也已三讀通過公民與政治權利國際公約及經濟社會文化權利國際公約施行法，並於二〇〇九年十二月十日施行，其要點如下❸❶：

----

❷❽　同註❷❺，頁 6–7。

❷❾　李永然、陳建佑、田欣永，〈兩公約在國內之執行情形概要〉，《聯合國人權兩公約與我國人權保障》，頁 53–4，永然文化，一〇一年。

❸〇　廖福特，〈批准聯合國兩個人權公約——做好基礎建設才能真正與國際人權接軌〉，《2009 年台灣人權報告》，頁 13，社團法人台灣人權促進會，九十九年。

❸❶　同註❷❹，頁 26–7。

一、揭櫫本法立法目的及明定兩公約揭示保障人權之規定，具有國內法律之效力（第一條及第二條）。

二、適用兩公約規定，應參照其立法意旨及兩公約人權事務委員會之解釋（第三條）。

三、各級政府機關行使職權，應符合兩公約有關人權保障之規定，並應籌劃、推動及執行兩公約規定事項；政府應與國際間共同合作，以保護與促進兩公約所保障各項人權之實現（第四條及第五條）。

四、政府應依照兩公約之報告機制，建立人權報告制度（第六條）。

五、執行兩公約所需經費，應依財政狀況，優先編列（第七條）。

六、法令與行政措施有不符兩公約規定者，各級政府機關應於本法施行後二年內完成法令之制定、修正或廢止，以及行政措施之改進（第八條）。

◆ 兩公約之位階

學者多因兩公約施行法第二條之規定，肯認兩公約在我國具有法律位階❸。惟兩公約是否具有憲法位階？有學者從程序之角度分析，認以立法程序審議通過之國際條約即已不可能具有憲法位階，除非憲法特別規定或可以在憲法上找到立基點。此外，若解釋上賦予國際條約憲法或準憲法位階，亦須在憲法上找到規範的支撐點，否則有違權力分立及民主原則。實際上，截至目前為止，大法官亦未曾直接透過解釋賦予條約憲法位階❸。然有認目前國際法社群對於強行國際法內涵的共識、以及人權事務委員會的觀點，致兩公約的部分權利內容，已構成強行國際法或絕對法，而於國內法律體系的位階應等同於憲法地位，如公民與政治權利國際公約第七條禁止酷刑、殘忍或不人道的處罰等規定，以及經濟社會文化權利國際公約第十條所禁止之童工之規定，甚或高於憲法之地位，如公民與政治權利國際公約第二條要求國家

---

❸ 張文貞，〈國際人權法與內國憲法的匯流：台灣施行兩大人權公約之後〉，臺灣法學會主編，《台灣法學新課題（八）》，頁1，元照，九十八年；李建良，〈論國際條約的國內法效力與法位階定序——國際條約與憲法解釋之關係的基礎課題〉，廖福特編，《憲法解釋之理論與實務（八）》，頁200，新學林；廖福特，〈法院應否及如何適用公民與政治權利國際公約〉，《台灣法學雜誌》，第163期，頁61，九十九年。

❸ 李建良，同註❸，頁220-1。

平等尊重人權、第八條禁止奴隸販賣、經濟社會文化權利國際公約第二條第二項要求國家平等尊重人權等規定。若進一步從跨國憲政主義的發展脈絡，可以看到兩公約在各國的內國法律體系下的規範位階有明顯提高的現象❸。通說則認依據公民與政治權利國際公約第五十二條及經濟社會文化權利國際公約第三十條規定，如果聯合國秘書長未將我國存放批准書通知所有締約國，嚴格來說，兩公約存放行為未完成，應尚未對我國生效。然依陳建平等案（釋329）解釋理由書之旨趣，依行政院會議議決、立法院議決、總統簽署批准書，應該有國內法律效力，兩公約亦屬之。即當總統簽署批准書之後，兩公約即有國內法效力。又陳建平等案（釋329）解釋理由書旨趣，當總統簽署批准書之後，條約即有國內法效力，且認定條約之位階同於法律，兩公約亦屬之❸。

◆ 兩公約之適用

　　就兩公約適用之部分，有認與國內法律之適用相同，仍採取「新法優於舊法」以及「特別法優於普通法」之原則，並認為無「國際法優於國內法」之適用原則❸。惟依施行法第四條及第八條之規定，可見立法院以立法方式確認國內法如與兩公約衝突時必須修改，其意涵為兩公約之權利規範優於國內法❸。即縱使兩公約施行法僅賦予國內法律之效力，但相較於我國法律體系下的任何規範，仍為優先適用，此外，亦有學者進一步肯認根據國際人權法上目前多數的實踐、判例及學說，認為兩公約所保障的人權規定，已具備習慣國際法之地位，在我國內國法律體系內應可直接適用，無待正式批准兩公約或制定兩公約施行法，並指出我國對兩公約的批准或兩公約施行法的正式實施，僅是對此一立場的再次確認❸。你認為哪種觀點較為可採？其可採之理由為何？

----

❸　張文貞，同註❸，頁 2–10。
❸　廖福特，同註❸，頁 223–9；廖福特，〈法院應否及如何適用公民與政治權利國際公約〉，《台灣法學雜誌》，第 163 期，頁 45–65，九十九年。
❸　李建良，同註❸，頁 222–3。
❸　廖福特，同註❸，頁 225–9。
❸　張文貞，同註❸，頁 8。

◆ 一般性意見之適用

　　一般性意見之規範依據，公民與政治權利國際公約為第四十條第四項規定，而經濟社會文化權利國際公約為第二十一條規定。前者揭示委員會應研究本公約締約國提出之報告書，委員會應向締約國提送其報告書及其認為適當之一般評議；後者指出經社理事會得隨時向大會提出報告書，連同一般性質之建議。就一般性意見之效力言之，兩公約施行法第三條規定：「適用兩公約規定，應參照其立法意旨及兩公約人權事務委員會之解釋。」其中，所謂「兩公約人權事務委員會」的文字，應正確認知為公民與政治權利國際公約的人權事務委員會及經濟社會文化權利國際公約的經社文委員會。而所指的「解釋」，當然包括人權事務委員會及經社文委員會所作成的一般性意見。此外，這些委員會在近年的一般性意見中，也已經納入其等在審查締約國國家報告所作的觀察結論中，以及個人申訴案件決定中所表示的法律見解，故有學者認為委員會在這些觀察結論或申訴案件對公約所保障的權利所作的解釋，亦當然在本條所稱「解釋」的範圍內，因而主張我國政府機關，尤其是法院，不應僅是參照一般性意見，而應積極予以適用❸⑨。

◆ 兩公約適用情形

　　兩公約施行法第二條規定：「兩公約所揭示保障人權之規定，具有國內法律之效力。」同法第三條規定：「適用兩公約規定，應參照其立法意旨及兩公約人權事務委員會之解釋。」從上開規定可以發現，兩公約之人權規範在我國雖具有法律效力，惟其位階為何，應如何適用，均為法院在審判時應注意之處。再者，適用兩公約保障人權之規定時，應參照人權事務委員會之解釋內容，故並非僅以兩公約之規範文義為準，更應參酌其立法意旨與人權事務委員會對該規定之解釋內涵。

　　而我國法院是如何適用兩公約之人權規定？以死刑案件為例，依據公民及政治權利國際公約（下稱公政公約）第六條第二項規定：「凡未廢除死刑之國家，非犯情節最重大之罪，且依照犯罪時有效並與本公約規定及防止及懲

---

❸⑨　張文貞，〈演進中的法：一般性意見作為國際人權公約的權威解釋〉，《台灣人權學刊》，1 卷 2 期，頁 25–43，一〇〇年。

治殘害人群罪公約不牴觸之法律，不得科處死刑。死刑非依管轄法院終局判決，不得執行。」法院在案件審理過程中，必須論述被告所犯者是否為「情節重大之罪」，而如何判斷何謂「情節最重大之罪」，與法院對於該規定之解讀，以及對於相關解釋之理解及適用，有所關聯。

　　有學者將最高法院對於「情節最重大之罪」內涵之詮釋方式，區分為三種類型❹：其一，僅引述公政公約第六條條文內容，如 102 年度台上字第 2392 號判決，其認為公政公約第六條之規定係：「限制未廢除死刑國家，只有對『情節最重大之罪』（或譯為最嚴重的犯罪）可以判決死刑。而故意犯罪，且發生死亡或其他極端重大結果者，自可認為係『情節最重大之罪』。」並認為「故意犯罪，且發生死亡或其他極端重大結果」，可構成「情節最重大之罪」。其二，簡略說明依據人權事務委員會相關解釋，未指出具體解釋字號與內容，如 103 年度台上字第 807 號判決，其指出：「公民與政治權利國際公約（下稱公約）內國化後，關於死刑量刑在實體法上之判準，自應連結至公約第六條第二款中所謂『非犯情節最重大之罪，不得科處死刑』之概念與刑法第五十七條量刑事由之關係及適用。所謂『情節最重大之罪』，依人權事務委員會相關解釋，限於『蓄意殺害並造成生命喪失』(there was an intention to kill which resulted the loss of life) 方屬之」，將「情節最重大之罪」限於「蓄意殺害並造成生命喪失」情形。其三，引用「保障死刑犯人權之保證條款」，如 102 年度台上字第 446 號判決所示：「依西元一九八四年五月二十五日，聯合國經濟及社會理事會於第一九八四／五十號決議批准『保障死刑犯人權之保證條款』 (Safeguards Guaranteeing Protection of the Rights of Those Facing the Death Penalty)，該條款第一條除納入上開規定外，進而規範『在未廢除死刑的國家，只有最嚴重的犯罪可判處死刑，死刑的範圍應只限於故意犯罪，且發生死亡或其他極端重大結果之犯罪』 (In countries which have not abolished the death penalty, capital punishment may be imposed only for the most serious

---

❹　三種情形與所引用之判決內容整理自廖福特 (2014)，〈「公民與政治權利國際公約」國內法化之影響：最高法院死刑相關判決之檢視〉，《國立臺灣大學法學論叢》，第 43 卷特刊，頁 920–1。

crimes, it being understood that their scope should not go beyond intentional crimes with lethal or other extremely grave consequences)，即將『最嚴重的犯罪』限於造成『致死』或其他『極端嚴重結果』之『故意』犯罪行為。則具有殺人之故意，並且造成死亡結果之罪，符合公民與政治權利國際公約第參編第六條第二項所謂『最嚴重的犯罪』，應無疑義。」認為「最嚴重的犯罪」限於造成「致死」或其他「極端嚴重結果」之「故意」犯罪行為。

陳金鶯等對新北市政府案（釋字第七〇九號解釋）

⚖ 背景事實

　　陳金鶯等五十二人（下稱聲請人）位於新北市土城區大慶信義福邨五層樓集合住宅，該住宅共九十戶且座落同一基地，為民國九十一年三三一震災受損建築物。其中前排四十戶依都市更新條例相關規定辦理重建。嗣市府公告該四十戶辦理權利變換，其中部分住戶不滿權利變換內容，又該四十戶以外之其他住戶亦有主張有權參與重建者，故聲請人乃對市府核定之都更事業計畫暨權利變換計畫之行政處分不服，提起訴願遭行政院駁回；後復提起行政訴訟，經臺北高等行政法院判決駁回。上訴後雖最高行政法院認同聲請人之主張，廢棄部分原判決，發回臺北高等行政法院更審。然此期間，系爭建物遭「土城〇〇路公寓都市更新會」及市府動用公權力強行違法拆除。臺北高等行政法院或認既然已拆除重建，即承認違法既成事實而判決駁回。聲請人仍不服，復提起上訴，經最高行政法院以一百年度判字第一九〇五號判決駁回，全案乃告終局確定。

　　聲請人認為前開最高行政法院一百年度判字第一九〇五號判決書所適用之都市更新條例第二十二條第一項、第三項、第二十二條之一、第十條、第二十七條規定有牴觸憲法第十條、第十五條等規定之疑義，遂聲請解釋憲法。

解釋文（節）

　　中華民國八十七年十一月十一日制定公布之都市更新條例第十條第一項（於九十七年一月十六日僅為標點符號之修正）有關主管機關核准都市更新事業概要

之程序規定，未設置適當組織以審議都市更新事業概要，且未確保利害關係人知悉相關資訊及適時陳述意見之機會，與憲法要求之正當行政程序不符。同條第二項（於九十七年一月十六日修正，同意比率部分相同）有關申請核准都市更新事業概要時應具備之同意比率之規定，不符憲法要求之正當行政程序。九十二年一月二十九日修正公布之都市更新條例第十九條第三項前段（該條於九十九年五月十二日修正公布將原第三項分列為第三項、第四項）規定，並未要求主管機關應將該計畫相關資訊，對更新單元內申請人以外之其他土地及合法建築物所有權人分別為送達，且未規定由主管機關以公開方式舉辦聽證，使利害關係人得到場以言詞為意見之陳述及論辯後，斟酌全部聽證紀錄，說明採納及不採納之理由作成核定，連同已核定之都市更新事業計畫，分別送達更新單元內各土地及合法建築物所有權人、他項權利人、囑託限制登記機關及預告登記請求權人，亦不符憲法要求之正當行政程序。上開規定均有違憲法保障人民財產權與居住自由之意旨。相關機關應依本解釋意旨就上開違憲部分，於本解釋公布之日起一年內檢討修正，逾期未完成者，該部分規定失其效力。

……

─解釋理由書─（節）

……

　　都市更新為都市計畫之一環，乃用以促進都市土地有計畫之再開發利用，復甦都市機能，改善居住環境，增進公共利益。都市更新條例即為此目的而制定，除具有使人民得享有安全、和平與尊嚴之適足居住環境之意義（經濟社會文化權利國際公約第十一條第一項規定參照）外，並作為限制財產權與居住自由之法律依據。都市更新之實施涉及政治、經濟、社會、實質環境及居民權利等因素之考量，本質上係屬國家或地方自治團體之公共事務，故縱使基於事實上需要及引入民間活力之政策考量，而以法律規定人民在一定條件下得申請自行辦理，國家或地方自治團體仍須以公權力為必要之監督及審查決定。……其中經由核准都市更新事業概要之行政處分，在更新地區內劃定可單獨實施都市更新事業之更新單元範圍，影響更新單元內所有居民之法律權益，居民如有不願被劃入更新單元內者，得依法定救濟途徑謀求救濟。

而主管機關核定都市更新事業計畫之行政處分，涉及建築物配置、費用負擔、拆遷安置、財務計畫等實施都市更新事業之規制措施。且於後續程序貫徹執行其核准或核定內容之結果，更可使土地或建築物所有權人或其他權利人，乃至更新單元以外之人之權利受到不同程度影響，甚至在一定情形下喪失其權利，並被強制遷離其居住處所（本條例第二十一條、第二十六條第一項、第三十一條第一項、第三十六條第一項等規定參照）。故上述核准或核定均屬限制人民財產權與居住自由之行政處分。

……而於都市更新事業計畫之核定，限制人民財產權及居住自由尤其直接、嚴重，本條例並應規定由主管機關以公開方式舉辦聽證，使利害關係人得到場以言詞為意見之陳述及論辯後，斟酌全部聽證紀錄，說明採納及不採納之理由作成核定，始無違於憲法保障人民財產權及居住自由之意旨。

……

─協同意見書─（節）　　　大法官　李震山

……

貳、本條例允由私人參與都市更新任務，於該「公私協力」之行政中，形成國家、願意參與都市更新者及不願參與者間三面權益關係，而本件解釋所宣告違憲規定之程序內容，即因背離公正、公開、民主的正當法律程序原則，已使前揭三面關係失衡，而難確保不願參與都市更新者之基本權利

……

二、贊成與反對自有土地或建物被劃入都市更新單元者，各涉基本權利之保護事項

……

㈠不同意參與都市更新者所涉權益

已由主管機關核准都市更新事業概要，而不願讓其土地或合法建物被劃入更新單元者，其至少有如下的權益受到限制：首先，事業概要一經核准，關係人就必須捲入後續都市更新程序，因違反個人意願而必須成為行政程序當事人者，其自我決定的行為自由（本院釋字第六八九號解釋參照）及營私人生活不受干擾的自由（本院釋字第四四三號解釋參照），已受限制。其次，

其財產權存續狀況下自由使用、收益及處分之權能（本院釋字第四○○號解釋參照），將受限制或剝奪，至為明顯。其三，就其居住自由形成如下各種限制與剝奪：實施者得依本條例進入其住所，並移除土地上之障礙物；在無適當且具體替代方案或安置措施下，得拆除住屋而被迫遷移；不履行本條例規定之義務者有相應處罰（本條例第五十八條、第五十九條）及強制執行（本條例第二十六條第一項）等規定。

　　此外，從我國憲法所列舉人民權利面向言，若受干預的是憲法所保障的財產權或居住自由，自屬關係人民得要求排除侵害與嗣後請求救濟的主觀公權利。若從憲法未列舉權利面向言，尚得因事件性質而分別涉及以下多項可能具憲法位階的人民權利干預：包括古蹟、遺址、歷史建築、聚落等保存，而涉及歷史記憶、文化多樣性與藝術價值等「文化面向」的權益；弱勢族群因都市更新而成為無家可歸者的生存尊嚴等「社會面向」的權益❹；前曾述及行為自由而屬「人格面向」的權益。最關鍵的是，作為本件解釋重心且逐漸主觀化與原則化的「程序面向」權益，其已同時含括個人權利與集體權利。由上可知，基本權利保障並非冰冷的教條，而有其多元的人性關懷溫暖面向，然有部分論者，將少數堅決反對參與都市更新者，污名為只為金錢與利益的「釘子戶」，恐係見樹不見林以偏概全之見，並無助於問題之平和解決。

　㈡同意參與都市更新者所涉權益

　　願將私有土地或建物劃入都市更新單元而贊成都市更新者，其基本權利之保障亦應受同等重視。其土地與建物若位於本條例第七條第一項第一款、第二款應迅行劃定更新地區中之「因戰爭、地震、火災、水災、風災或其他

---

❹　此處，大法官更於註腳中表示：「針對經濟社會文化權利國際公約第十一條第一項規定，聯合國經濟社會文化權利委員會 (CESCR) 於其第四號 (The right to adequate housing, 1991/12/13) 與第七號 (The right to adequate housing (Art. 11.1): forced evictions, 1997/5/20) 一般性意見中明確指出，在未提供適當替代住宅之前，應停止強制驅離住民，旨在避免使人民因被迫遷移而無家可歸，加劇社會階級對立與貧富差距。另，依我國兩公約施行法第二條規定：『兩公約所揭示保障人權之規定，具有國內法律之效力。』及第三條規定：『適用兩公約規定，應參照其立法意旨及兩公約人權事務委員會之解釋。』前述一般性意見，亦應具有一定之國內法地位。」

重大事變遭受損壞」或「為避免重大災害之發生」，而涉及安全、和平與尊嚴居住環境者，應屬憲法居住自由保障範圍。至於若依意願重建而已拆除土地上建物，卻因糾紛無法順利開工及完工入住，若純屬私權爭執自與公權力無涉，其他，則仍須再衡酌「志願不構成侵害」(Volenti non fit injuria) 法理及風險責任分擔等因素，方能正確評斷其財產權及居住自由受侵害的有無與程度。若贊成都市更新者，僅單純以「增益其財產價值」或「提升居住品質」等增益性權利為訴求，而與追求重要公益尚無正當合理關聯性，尤其當涉及實施重建時，是否就能直接主張憲法財產權與居住自由的防禦功能，不無疑問。至從基本權利客觀功能以觀，在課予國家給付義務時，尚須考量國家財政及整體資源之分配。不論如何，願意參與都市更新的所有權人仍可依具有國內法效力之經濟社會文化權利國際公約第十一條第一項規定：「本公約各締約國承認，人人有權為他自己及其家人獲得適當的生活水準，包括適當的糧食、衣著、及住屋，並能持續改善其生活條件。各締約國將採取適當步驟以保障此權利之實現，並承認為此而實施基於自願同意的國際合作之重要性。」中涉及「適當住屋水準及持續改善」之所謂「適當住屋權」(right to adequate housing)，主張其權益，殆無疑義。

前述經內國化之國際人權公約，若其規定中，有與我國憲法明文列舉或經憲法解釋所概括保障之基本權利有相同內涵者，就該規定部分，當然具有憲法位階。若其規定與內國憲法有所扞格或出入……就其效力，則尚須另行論證。此外，其餘規定之位階與效力，一般皆承認其高於內國法令。因此，若不能證立前揭「適當住屋權」具憲法位階，其所保障的權益是否即能與內國憲法所保障之居住自由等量齊觀，而皆列屬得直接透過司法請求之主觀公權利，恐應有所保留。當然，於未來釋憲實務上，並不排除以下之可能性：其一，引據憲法第二十二條概括保障之規定，將「適當住屋權」結合其他相關基本權利，經詳細論證後提升至憲法位階，從而使其與傳統居住自由併列於人權保障之清單中。其次，直接將之納屬憲法居住自由之保護範圍，至少使之具備基本權利客觀功能。本件解釋就此並未表示看法，有待公評。

……

―協同意見書―（節）　　　大法官　陳春生

……

壹、都更條例系爭規定牽涉憲法保障人民之基本權

……

四、適足居住權

本號解釋亦可能從經濟社會文化權利國際公約第十一條規定之「人人有權享受其本人及家屬所需之適當生活程度」，以及聯合國經濟社會文化權利委員會於一九九七年所公布之第七號一般性意見：「適足居住權中，所有人均有免遭強迫驅逐之權」。惟基於公約在本院釋憲過程其地位是否得作為宣告審查客體違憲之根據，不無疑問。另一方面，經濟社會文化權利國際公約第十一條指出，人人有權享受不斷改善生活環境之權云，此似從主張都更者之權利出發，亦是都更條例所內涵之立法目的，而不適宜作為不願參加都更者之權利依據。

綜上所述，本號解釋多數固只以憲法保障人民財產權與居住自由為受侵害之基本權，本席認為，在中華民國憲法秩序下，於都更領域所牽涉之基本權利是否包含所謂「適足居住權」，基於目前學界與實務界對此之學理論述尚未成熟，本號解釋未加以納入，係以穩健的方式解釋憲法，應有所本。

……

―部分協同部分不同意見書―（節）　　　大法官　羅昌發

……

叁、都市更新所涉國際人權公約與憲法上權利之釐清：財產權與適足居住權

……

二、本件聲請涉及「適足居住權」之侵害

㈠如前所述，都市更新之方式有涉及重建或改建者，有僅涉及修建或維護者。不論何種方式，均有財產權限制之問題（惟修建與維護措施對財產權侵害較小，已如前述）。另就適足居住權而言，如僅涉及修建與維護，原則上與迫使所有權人遷離家園無關。但如涉及重建與改建，則最終將可能使不同

意都市更新之所有權人，被迫（或非自願地）遷離家園；此種情形，在國際人權公約中，最直接密切相關者為適足居住權，甚至可包括家庭權不受侵犯之權。

......

㈢經濟社會文化權利國際公約 （International Covenant on Economic, Social and Cultural Rights；簡稱 ICESCR）第十一條第一項所規定適足生活條件之權 (the right to adequate standard of living) 中，包括適足居住權 (the right to adequate standard of hosing〔編按 housing〕)：「本公約締約各國承認人人有權為其自己與家庭獲得相當的生活水準，包括足夠的食物、衣著與住房，並能不斷改進生活條件。各締約國將採取適當之步驟保證實現此一權利，並承認為此而實行基於自願同意的國際合作的重要性。」(The States Parties to the present Covenant recognize the right of everyone to an adequate standard of living for himself and his family, including adequate food, clothing and housing, and to the continuous improvement of living conditions. The States Parties will take appropriate steps to ensure the realization of this right, recognizing to this effect the essential importance of international co-operation based on free consent.)

㈣公民與政治權利國際公約（International Covenant on Civil and Political Rights；簡稱 ICCPR）第十七條第一項規定：「任何人之私生活、家庭、住宅或通信不得加以任意或非法干涉，其榮譽與名譽不得加以非法攻擊。」(No one shall be subjected to arbitrary or unlawful interference with his privacy, family, home or correspondence, nor to unlawful attacks on his honour and reputation.)

......

㈦以「重建」為手段之都市更新，如所有權人之土地及房屋遭「價購」或可能遭「價購」，原所有權人將喪失所有權（或有喪失所有權之虞），且最終將（或可能）遭到驅離其家園。其情形符合前揭國際公約及相關國際文件所稱之以「發展」為理由或基礎所導致之驅離及遷離家園。其所涉及最核心的基本權利應為適足生活條件權之下的適足居住權。此在我國憲法體系下，

應屬第十五條生存權範圍。然多數意見認此種情形係侵害人民受憲法第十條所保障的居住自由（見本號解釋理由書第二段）。本席認為有斟酌之餘地。

㈧蓋憲法第十條雖規定：「人民有居住及遷徙之自由。」然由於其規定係將「居住自由」與「遷徙自由」對應，故本條應係著重於人民居住地點的選擇；亦即包括選擇於某一地點居住以經營私人生活之居住自由，以及移居於他地之遷徙自由。本院釋字第四四三號解釋亦謂：「憲法第十條規定人民有居住及遷徙之自由，旨在保障人民有任意移居或旅行各地之權利。」故該條有關居住自由之部分，重點應係在於居住處所之選擇自由。被迫離開家園之情形，如涉及居住地點之選擇，自然有居住自由之問題；例如居民遭國家強迫遷村，即涉及居住自由之侵害。然本件情形，重點並非在人民因都市更新計畫而遭強迫遷往另一非自願選定之地點居住。本件重點毋寧為人民因都市計畫而無法繼續居住於其原有家園；而非被迫遷往他處。憲法第十條之居住自由之概念與範圍，實無法充分涵蓋此種人民被迫遷離家園之情形，自亦無法充分回應人民在此過程中將遭遇的問題；以憲法第十條作為本號解釋之論述基礎，人民基本權利之保障不無發生缺憾之虞。

㈨憲法第十五條規定，人民之生存權應予保障。以文義觀之，生存權之概念自應包括維持生存之適當生活條件；亦即包括前揭國際公約所稱適足生活條件之權 (the right to an adequate standard of living)。而依前揭公約及相關文件之規定，適足居住權屬適足生活條件權之重要內涵。故由國際公約之普遍見解及由我國憲法之體系而言，本院實應確認適足生活條件之權，屬憲法第十五條生存權之重要內涵；而適足居住權則為適足生活條件的要素。憲法第十條之居住自由既無法周延涵蓋適足居住之權，自應以憲法第十五條所規定之生存權保障作為本號解釋據以審查之基礎。

㈩我國已透過「公民與政治權利國際公約及經濟社會文化權利國際公約施行法」，施行 ICCPR 及 ICESCR。雖該施行法在我國國內屬於法律位階，然在我國法律體系內納入並執行國際人權公約，亦可證明我國對於該等人權公約所承認之人權價值，有明確且直接之肯定。我國雖非前揭公約之參與國，故無法直接引用該人權公約作為憲法解釋之依據，然此並不影響該國際文件所承認之各項人權及價值之普世性質，以及其得以作為解釋我國憲法基本權

利內涵之重要考量依據，使我國憲法及憲政思想，與國際人權趨勢，進行有效之對話，並強化對人民之基本權利保障。本席曾於本院釋字第六九四號、第六九六號、第七〇一號及第七〇八號解釋所提出之意見書中多次闡述此旨。本號解釋理由書第三段提及 ICESCR 第十一條第一項規定固屬重要之一步，然其未能釐清國際人權公約在我國憲法解釋之地位，且未能參照國際人權公約內涵，確認驅離家園規範所涉及生存權中之適足居住權之保障，殊為可惜。

......

一部分不同意見書一（節）　　大法官　陳新民

......

壹、法益保障的問題

......

三、傳統居住自由權與衍生居住權的角力

相對於不願都更者的居住自由受到都更程序可能的侵犯，而有憲法保障的問題。平衡都更合憲性的依據，則必須考量另一方面主張都更者的住戶，亦可主張居住自由的公益價值——優質、符合健康、衛生的居住自由。惟兩者的性質迥然不同。

後者是由傳統憲法保障的居住自由（現狀保障之居住自由）轉換到具有社會權性質的新型居住自由權。此新型自由可獲得國際人權公約的支持——按世界人權宣言第二十五條明白規定：「人人有權享受為維持他本人和家屬的健康與福利所需的生活水準，包括食物、衣著、住房、醫療和必要的社會服務。」這種可稱為「適足居住權」也呈現在一九七六年一月三日生效的「經濟社會文化權利國際公約」第十一條第一項：「本公約締約國確認人人有權享受其本人及家屬所需之適當之生活程度，包括適當之衣食住及不斷改善之生活環境。」此公約也隨著我國在二〇〇九年四月二十二日制定公布施行法，並於同年十二月十日正式施行後，成為國內法之一。故此「不斷改善之生活環境」，成為人權法之一，亦可創設出類似社會權性質的新興人權，將傳統居住自由正式擴張出另一種新型性質的居住權也。

......

─評析與問題─

◆ 適足居住權？

　　上開意見書提及之「適足居住權」或「適當住屋權」，其依據為經濟社會文化權利國際公約第十一條第一項之規定，若本號解釋在論述都市更新條例涉及之基本人權時，未援引經濟社會文化權利國際公約，則是否可以導出內涵相似之權利？若為肯定，是否表示此種權利內涵，原本就受到我國憲法之涵蓋？若該權利為我國憲法固有，則大法官於本號解釋援引國際公約之原因為何？

　　本號解釋理由書所示：「都市更新為都市計畫之一環，乃用以促進都市土地有計畫之再開發利用，復甦都市機能，改善居住環境，增進公共利益。都市更新條例即為此目的而制定，除具有使人民得享有安全、和平與尊嚴之適足居住環境之意義（經濟社會文化權利國際公約第十一條第一項規定參照）外，並作為限制財產權與居住自由之法律依據。」大法官於說明都市更新條例之立法目的時，援引經濟社會文化權利國際公約規定，該論述表現之意旨為何？是否如同意見書見解，肯認「適足居住權」為我國憲法所保障？又或是認為法律得基於適足居住公益之保障，而限制財產權或居住自由？

◆ 國際人權公約與憲法解釋之關係

　　隨著憲法解釋對於人權保障功能的逐漸強化，大法官在憲法解釋中援引國際人權公約作為論述基礎之次數日益增加，並可分為在解釋文與解釋理由書之援引，以及個別大法官意見書之援引。在解釋文與解釋理由書之援引情形❷，大法官於李○蘭案（釋 372）中首次援引國際人權公約，在解釋理由書中說明人格尊嚴為世界人權宣言所揭示，且受我國憲法保障。其後大法官於許信良案（釋 392）、徐自強案（釋 582）與梁○案（釋

---

❷　解釋文與解釋理由書援引國際人權公約部分，整理自張文貞，〈憲法與國際人權法的匯流──兼論我國大法官解釋之實踐〉，廖福特主編，《憲法解釋之理論與實務》第 6 輯，頁 253-9，中研院 / 元照，九十八年；黃舒芃，〈國際及區域人權公約在憲法解釋中扮演的角色：兼評司法院釋憲實務對國際及區域人權公約之看待與引用方式〉，司法院大法官一〇四年度學術研討會──人權公約與我國憲法解釋，頁 66-90。

710），援引公民及政治權利國際公約規定，進行正當法律程序內涵之論述。此外，大法官在陳宏榮案（釋 587）與蕭○煒案（釋 623），援引兒童權利國際公約，以強化兒童基本權之內涵。而在張耀武案（釋 549）與高瑋公司案（釋 578）中，大法官則援引國際勞工公約作為未來修法參考。近年作成的憲法解釋中，大法官援引之國際人權公約趨於多元，除陳金鶯等案（釋 709）引用經濟社會文化權利國際公約外，也於興農公司等案（釋 719）引用聯合國原住民族權利宣言，以及國際勞工組織原住民和部落人民公約。或於呂碧蓮等案（釋 728）引用消除對婦女一切形式歧視公約。

　　與解釋文與解釋理由書相較，個別大法官意見書對於國際人權公約之引用較為頻繁，有學者將個別大法官意見書援引國際人權公約之論述定位分為五種❸。其一，係直接以國際人權公約作為憲法法源，如黃越欽大法官於張耀武案（釋 549）提出之協同意見書中，積極主張國際公約應作為憲法法源❹。其二，若權利內涵與憲法有相同者，則具有憲法效力，其餘具特別效力，如李震山大法官於陳金鶯等案（釋 709）提出之協同意見書即指出：「經內國化之國際人權公約，若其規定中，有與我國憲法明文列舉或經憲法解釋所概括保障之基本權利有相同內涵者，就該規定部分，當然具有憲法位階。若其規定與內國憲法有所扞格或出入……，就其效力，則尚須另行論證。此外，其餘規定之位階與效力，一般皆承認其高於內國法令❺。」其三，得作為解釋我國憲法基本權利內涵的重要考量，此種論述方式以羅昌發大法官為代表。如其於郭燕娥案（釋 694）提出之部分協同與部分不同意見書❻。其四，認為解釋憲法規定時，得作為參考依據，此見解為多位大法官所採，如葉百修大法官於郭燕娥案（釋 694）之協同意見書、蘇永欽大法官於汪少祥等聲請認可收養案（釋 712）之協同意見書、湯德宗大法官於林柏儀案（釋 718）之協同意見書❼。最後一種情形，

----

❸　關於個別大法官意見書援引國際人權公約部分，整理自張文貞，同註㉒，頁 20–5。
❹　張文貞，同註㉒，頁 21–2。
❺　張文貞，同註㉒，頁 22。
❻　張文貞，同註㉒，頁 23。
❼　張文貞，同註㉒，頁 23–4。

則是在援引後避而不談或質疑其憲法法源地位，目前該見解為最多大法官所採，更有大法官採取反對援引國際人權公約之見解，如陳春生大法官在陳金鶯等案（釋709）提出之協同意見書中，即指出：「本席認為，在中華民國憲法秩序下，於都更領域所牽涉之基本權利是否包含所謂「適足居住權」，基於目前學界與實務界對此之學理論述尚未成熟，本號解釋未加以納入，係以穩健的方式解釋憲法，應有所本❹。」

　　國際人權公約與內國憲法之關係應如何理解？其對於憲法解釋之互動關係又是如何？強化基本權或為創設基本權？學者認為透過憲法解釋援引國際人權公約，可發揮四種功能，分別為：人權清單及內涵的增補、人權保護的論證補充、人權保護的界限劃定，以及作為指示立法或政策修改的標準❹。而本號解釋援引社會經濟文化權利公約之「適足居住權」，所發揮之功能為何？「適足居住權」是否為我國憲法所保障之基本人權？若為肯定，則其在我國憲法之定位為何？

　　如上所述，個別大法官意見書在援引國際人權公約時，有直接將其作為憲法法源之情形，你是否同意以國際人權公約內容直接作為憲法法源？若為肯定，則國際人權公約與我國憲法或人權觀念有衝突時，應如何處理？如國際人權公約對於智慧財產權之保障，適用於我國時對言論自由造成限制，此種權利衝突應如何解決？又如死刑問題，在我國通過兩公約施行法後，大法官是否得依據公民及政治權利國際公約第六條之規定，或其他人權事務委員會作成之解釋，作為我國廢除死刑之依據？或援引其他國際人權公約，認為我國應廢除死刑？國際人權公約所揭示的人權價值，是否即為普世的人權價值？是否一概適用於我國憲法？

　　何謂國際人權公約？應如何定義或劃定範圍？是否所有國際人權公約均具有憲法位階？如我國於九十四年通過之菸草控制框架公約。

　　本號解釋有關正當程序之問題，請參閱本書系列關於正當法律程序之講次。

---

❹　張文貞，同註❷，頁24–5。
❹　張文貞，同註❷，頁18–20。

陸、憲法與國家認同

憲法與國家認同❶，具有頗為密切之關連。林永謀大法官於郝龍斌等對國民大會案（釋499）中即謂「憲法不僅係國民主權之表徵，亦係全體國民共識之凝聚」。憲法中關於國家認同的規定，主要見於總綱的部分。憲法總綱第一條至第六條的規定❷每條均以國號為始，第一條規定國名國體、第二條規定主權、第三條規定國民、第四條規定國土、第六條規定國旗，在在都涉及國家認同的確立，只有第五條「中華民國各民族一律平等」中「中華民國」四字應作「中華民國領域之內」理解❸，其與「五族共和」❹的政治性認同理念其實也有相同的關連❺。當然，憲法凡是涉及領域，以及國家構成的條文❻，其實均與國家認同建立，關係密切。

----

❶ 關於「認同」、「國家認同」的意義，參閱石之瑜，《政治心理學》，頁175–7、187–91，五南，八十八年。

❷ 憲法第一條：「中華民國基於三民主義，為民有民治民享之民主共和國。」第二條：「中華民國之主權屬於國民全體。」第三條：「具有中華民國國籍者為中華民國國民。」第四條：「中華民國領土，依其固有之疆域，非經國民大會之決議，不得變更之。」第五條：「中華民國各民族一律平等。」第六條：「中華民國國旗定為紅地，左上角青天白日。」

❸ 吳經熊於民國二十一年所擬定之「中華民國憲法草案初稿」，其第九條即曰：「國內各民族……在政治上一律平等。」參見繆全吉，《中國制憲史資料彙編》，頁410–2，國史館，八十一年。

❹ 五族共和之主張，在孫中山先生民國初年之言論中，係指漢、滿、蒙、回、藏五族合一之為中華民族之意；至民國九年，則改以中國所有各民族取代五族之說法。參閱林恩顯，《國父民族主義與民國以來的民族政策》，頁72–3，國立編譯館，八十三年。

❺ 參閱林紀東，《中華民國憲法逐條釋義(一)》，頁45–6，三民，八十二年七版。

❻ 例如憲法前言、第一至六條、第一百十九條、第一百二十條、憲法增修條文前言、增修條文第十條第十一項及第十二項、以及增修條文第十一條均涉及國家領域以及國家構成。

◆ 表彰國家認同是立憲的目的？

　　憲法表彰建立國家認同，究竟是不是立憲的主要目的？建立國家認同，主要的作用是排他性的；此與主權「對內最高、對外獨立」❼之觀念中「對外獨立」一端所具有的排他性，相通相同。問題是，制定憲法以建立排他的國家獨立性，道理何在？是不是為了排除人民受到外來政治勢力的欺凌？此中值得辨明的是：究竟是為了排外？還是為了防止外來政治力量的侵凌？更值得注意的是：執政者往往以排外必須團結為由，成功地鞏固本身的權力；藉著排他性建立掌權者的最高性，暗暗取代理論上應該屬於人民的主權；沒有組織的人民要掌握主權，往往只是一句口號。組織起來的人民，不論是以政黨或其他形式出現，必須先爭取國家內部的政治權力才能談到排外；凡是足以號召團結排外者，必然已經成為應受憲法加以節約限制的政治勢力。循此推論，主權的排他性，是否註定要與憲法控制政治權力的目的產生衝突？國家認同的建立，若會成為政治人物藉用排外思想掌握權力的利器，是則憲法建立國家認同與限制權力是否可能構成兩種互斥的目的？憲法前言中「鞏固國權」與「保障民權」兩者，是否價值取向不一而可能相互衝突齟齬？憲法在排除外來的侵略上，能發生什麼作用？憲法控制政治權力會削弱抵禦外侮的能力嗎？

　　憲法能因防止外來的侵略而一概否定「外國人」的人權嗎？憲法若因排除侵略而有容許立法適度犧牲人權保障的理由，該不該有嚴格的條件（例如以發生戰爭為前提）？憲法第三條的規定，對國民採取開放性的定義，並未直接確立取得國籍的標準，是則若以「鞏固國權」四字做為主張憲法只保障國民而不保障外國人的根據，是否太過脆弱危險？關於外國人基本人權保障的適格性，參閱李念祖，〈論我國憲法上外國人基本人權之平等保障適格〉，《憲政時代》，27 卷 1 期，頁 80–100，九十年七月；姜皇池，《國際法與臺灣》，頁 544–5，學林，八十九年。

---

❼　所謂主權，就國家內部而言，以主權歸屬於國民或君主可區分為國民主權與君主主權，主權者因而對內具有最大權力；就國家外部而言，由於國際社會乃以國家為主體，擁有主權者必定是獨立而不受制於他國之國家。參見薩孟武，《中華民國憲法新論》，頁 41–3，三民，八十二年十版。

◆ 戰爭與國家認同

憲法規範軍隊❽，也有處理戰爭的規定❾。軍隊因有戰爭才有存在的價值，但是更重要的是，憲法第一百三十七條規定之基本國防國策，樹立了追求「和平」的憲法價值。軍隊只能用來防止或抵禦侵略，不能用來發動戰爭，同樣也是憲法第一百三十七條的要求。憲法是否可以期待一個沒有戰爭從而不需要軍隊之時代的到來？與此極有關係的是，戰爭常常因為國家認同所形成的衝突而起或者因之而加劇。然而戰爭發生時，憲政必然遭遇嚴重的威脅❿。憲法的規定促成國家認同的建立，但憲法規範權力（包括軍事武力）的效能，卻常在國家認同強化形成權力集中的同時，遭到抵銷或挑戰。問題是：憲法存在的終極目的，除了限制權力，包不包括建立國家認同？憲法限制權力是為了防止權力濫用；憲法建立國家認同，是為了什麼？憲法建立國家認同，除了釐清限制權力的疆域範圍及其制度結構基礎之外，有無為權力擴張目的用意在內？

◆ 憲法決定國家認同？

在臺灣，憲法決定國家名稱為中華民國。國家認同的問題，卻始終引起激烈的辯論，與憲法解釋的問題交織交會。蘇永欽教授對此問題，曾有扼要而精采的論述⓫：

> 中華民國建國後不久，即形成南北對立之局，南方政府統一全國後，

---

❽ 例如憲法第九條規定軍人始受軍事審判。第三十六條規定總統統率全國陸海空軍；第一百三十七條第二項規定國防之組織以法律定之；第一百三十八條規定軍隊獨立於政治之外；第一百三十九條規定武裝力量不得為政爭之工具；第一百四十條規定現役軍人不得兼任文官。增修條文第十條第九項規定現役及退役軍人之保障。

❾ 例如憲法第三十六條規定總統之軍隊統率權；第三十九條規定戒嚴之宣布；又以第三十八條、第五十八條、第六十三條規定宣戰媾和的程序皆是。

❿ 以法治主義為基礎之國家，一旦因戰爭或內爭以致國家之存立受到威脅時，為克服國家之危機，有時不能不任由權力逾越平時的制約而訴諸異常手段。參閱李鴻禧譯，小林直樹著，〈緊急權立憲體制與非常時期政府問題〉，《憲政思潮》，45 期，頁 97，六十八年三月。

⓫ 蘇永欽，〈從憲法的角度看兩岸政策〉，《歷史月刊》，166 期，頁 60–7，九十年十一月。

不旋踵又爆發國共內戰、中日戰爭。終戰不久制定憲法，行憲不到兩年，新政府即失掉全部大陸的統治權，中華民國再度分裂。但這一次，卻分別陷入全球兩極對立的板塊，變成和東西德、南北韓、南北越一樣，不僅在統治權，而且在政治經濟制度上分裂的國家。

這種由統一而分裂為數個獨立法律、政治秩序的所謂分裂國家，各獨立政治秩序之間，除了歷史、文化、種族上仍維持密切關係外，並在其人民的語言、觀念，乃至政治秩序的符號（如國名）、法律規範上，仍存有「祖國」的影子；某種程度的「雙重認同」，可說是分裂國家社會心理的最大特徵。它們在幅員、人口上或者相若，如南北韓、南北越，或有相當差距，如東西德，甚至非常懸殊，如臺灣海峽兩岸，但只要具備以上特質，便不影響分裂國家的定性。和一般國家一樣需要一部憲法來規範其國家秩序，但分裂國家在憲法上必須面對一個特殊難題，那就是「國家」的定位，和其未來發展的方向。正由於有著統一的過去，在憲法的自我定位上，也就是規範的對象，便不外乎過去統一的大我，或現在分裂的小我這兩種選擇。前者把分裂的現狀視為規範力的不達，正如社會發生重大脫序，不影響法律的「效力」。後者剛好相反，把統一的過去當成已經結束的歷史，而從現在有一定實效的政治秩序重新出發。但分裂國家的憲法也可能一方面肯定大我的繼續存在，使大我的國家潛在的仍在憲法規範範圍，另一方面又正視國家已經分裂的現實，使其規範只適用於治權所及的政治秩序，僅保留未來擴及適用於潛在大我範圍，借用德國憲法學的概念，就是有「主權」與「治權」之分，憲法涵蓋了「未來法」與「現實法」兩種面向。如果我們用 C 代表憲法，N 代表大我的國家，N1 代表分裂後的政治秩序之一，則分裂國家憲法在國家定立上即有三種選擇：C(N)、C(N1)、C(N/N1)。

二次大戰後的南北韓（朝鮮）、南北越及臺灣海峽兩岸的憲法都採取或維持 C(N) 類型，對領土、人的主權範圍均以分裂前的國家為準，比如南韓憲法明定大韓民國的領土涵蓋朝鮮半島及附屬島嶼。西德的基本法則自始即明確的定位為分裂國家而屬 C(N/N1) 類型，東德原來也是如此，七〇年代以後才重訂新憲，刻意割捨過去而採 C(N1) 類型。自我定

位通常即可推出國家發展的方向。C(N) 既以統一的國家為規範對象，則分裂只是暫時不符憲法的現實，忠於憲法的國家機關自有義務排除這種違憲狀態，不待規定而自明。像南韓憲法那樣，既以憲法效力及於全韓，又特別指定統一的目標與方式，默示承認憲法的實效不及於北韓，當然也沒什麼不可以。C(N1) 則以分裂的現狀為憲法的規範狀態，此時除非憲法特別規定，其國家機關應無義務使國家回復到分裂前的統一狀態。至於 C(N/N1) 類型的憲法，是以誠實反映規範與現實的差距為其特色，既未割捨統一的歷史，又不規避分裂的現實，其國家發展方向大概只有追求統一或任其發展不作規定兩種選擇。分裂後才制定西德基本法雖無一字提到再統一，但字裡行間充滿回復統一的渴望，而由憲法法院以判例宣示，所有國家機關皆負有不為任何妨害統一言行的義務。

　　中華民國的憲法以民國六十一年第四次修改臨時條款、八十年廢止臨時條款、制定增修條文為分水嶺，內戰國家的憲法 (C(N)) 逐漸過渡到反映分裂國家現實的憲法 (C(N/N1))。詳言之，民國三十七年依憲法選出來的政府，即使戰敗播遷到了臺灣，一直還是適用國家統一時制定的中華民國憲法，以全中國為主權與治權所及範圍，視中共為轄下叛亂團體而須「動員戡亂」，中央民意機關則主要仍由當年大陸選出的代表組成，甚至為維持法統而不改選。民國五十五年修改動員戡亂時期臨時條款雖已有增補選中央民意代表的規定，但只是反映臺灣省人口增加的事實而已，並未在憲法上明確認知國家已經分裂。一直到民國六十一年第四次修改臨時條款，才第一次出現「自由地區」的概念，且授權總統不按比例的訂定增額中央民意機關代表名額，已隱約寓有認知國家分裂現實之意。但一直到民國八十年正式宣告終止動員戡亂，在憲法增修條文裡首度出現「國家統一前」，而大陸地區代表也於民國八十一年底全部退職，全部中央民意代表都由臺灣人民選出，憲法上的中華民國才正式變成主權與治權分離的分裂國家。換言之，依修正後的憲法，大陸仍為中華民國領土，大陸人民仍為中華民國人民，憲法第一章的「總綱」並未有任何更動。但中華民國政府的統治權自此僅及於臺灣地區與臺灣地區的人民，同時基於臺灣優先（「自由地區」）的理念，授權制定兩岸條例規範

兩岸人民的特別關係（第一次增修條文第十條，及現行增修條文第十一條）。至此，中華民國的憲法已經從 C(N) 的統一國家憲法轉變為 C(N/N1) 的分裂國家憲法。形式上，雖不像當年的西德那樣，以一個在時（限於分裂時期）與空（限於西德）的效力上都自我設限的基本法來表達，但在憲法本文之外，另以附期限（「國家統一前」）的「增修條文」來間接表達，也已相當明確。

　　大法官作為終局的釋憲者，對於兩岸統獨這樣高度敏感的議題，雖抱著戒慎恐懼的態度，向來不願涉入太深。但在這漫長演變的過程中，大體上仍相當忠實的依各階段憲法意旨去就相關爭議作成解釋，即使盡量避免在文字上落入意識形態的泥沼，其微言大義還是相當清楚，不容置疑。比如在第一個階段，大法官所作的第三一、八五、一一七等號解釋，都在為維繫中華民國政府的全國代表性提供正當性；到了第二個階段，雖未放棄全國統治權，但已回應臺灣民主化的呼聲對國會結構做了調整，大法官的第一五〇、二五九、二六〇等號解釋，也發揮了過渡、催生的功能，第二六一號解釋更比國民大會先著一鞭的解除了第一屆中央民意機關的終身代表資格。前一年作成的第二四二號解釋，則適時的為開放兩岸人民交流後衍生的家庭問題解套。在明確走入分裂國家的第三個階段，大法官也刻意在第三二九號解釋理由書中強調兩岸的協議非「國際書面協定」，第四八一號解釋明確區分「事實上」能實施自治（治權所及）與不能實施自治（治權所不及）的省，認定福建為所謂「轄區不完整」的省，也就是實然（治權）與應然（主權）間有相當落差的地區，兩號解釋都是站在增修條文一國兩區的立場。大法官作為最高的憲法維護者，可以說亦步亦趨的闡明了憲法的兩岸政策。

以下的案例，似乎也構成國家認同問題廣泛辯論❷中的一個環節。

----

❷　關於國家領土範圍之不同論點，參見如黃昭元，〈兩國論的憲法分析——憲法解釋的挑戰與突破〉，黃昭元等編，《兩國論與臺灣國家定位》，頁 3–37，學林，八十九年；許宗力，〈兩岸關係法律定位百年來的演變與最新發展——臺灣的角度出發〉，黃昭元等編，《兩國論與臺灣國家定位》，頁 127–57，學林，八十九年；李念祖，〈兩岸人民關係條例中三項基本憲法問題初探〉，《理論與政策》，7 卷 2 期，頁 115，八十

臺灣法學會對內政部案（釋字第四七九號解釋）

續 (13) 181 (88)

背景事實

本案聲請人臺灣法學會係依法登記之人民團體，原名「中國比較法學會」。於民國八十五年十一月五日召開之會員大會中，議決將名稱變更為「臺灣法學會」，並向內政部報請核備。內政部認為依人民團體法第五條規定，人民團體應以行政區域為其組織區域；依同法第三條規定，人民團體分全國性、省（市）、縣（市）三級；而依社會團體許可立案作業規定第四－㈠－1點規定，人民團體應冠以所屬之行政區域名稱。聲請人乃為內政部許可立案的全國性社會團體，內政部認為其名稱應冠以「中國」或「中華民國」或「中華」之行政區域名稱，聲請人之更名與上述規定不合，並易與臺灣省級之人民團體相混淆，故而不准聲請人變更名稱，並要求回復使用舊有名稱。

聲請人提起訴願，內政部認為聲請人既為全國性社會團體，其組織區域係以全國範圍，故如名稱冠以「臺灣」字樣，難謂有全國性之含義。聲請人乃再提起訴願、行政訴訟，均遭駁回。乃向大法官聲請解釋憲法。

解釋文

憲法第十四條規定人民有結社自由，旨在保障人民為特定目的，以共同之意思組成團體並參與其活動之自由。就中關於團體名稱之選定，攸關其存立之目的、性質、成員之認同及與其他團體之識別，自屬結社自由保障之範圍。對團體名稱選用之限制，亦須符合憲法第二十三條所定之要件，以法律或法律明確授權之命令始得為之。

人民團體法第十二條僅列人民團體名稱、組織區域為章程應分別記載之事項，對於人民團體名稱究應如何訂定則未有規定。行政機關依其職權執行法律，雖得訂定命令對法律為必要之補充，惟其僅能就執行母法之細節性、技術性事項加以規定，不得逾越母法之限度，迭經本院解釋釋示在案。內政部訂定之「社會團體

二年二月；蘇永欽，〈自我表白重於外交突破〉，《走向憲政主義》，頁 412-3，聯經，八十三年。

許可立案作業規定」第四點關於人民團體應冠以所屬行政區域名稱之規定，逾越母法意旨，侵害人民依憲法應享之結社自由，應即失其效力。

一解釋理由書一（節）

　　憲法第十四條結社自由之規定，乃在使人民利用結社之形式以形成共同意志，追求共同理念，進而實現共同目標，為人民應享之基本權利。結社自由不僅保障人民得自由選定結社目的以集結成社、參與或不參與結社團體之組成與相關事務，並保障由個別人民集合而成之結社團體就其本身之形成、存續、命名及與結社相關活動之推展免於受不法之限制。結社團體於此保障下得依多數決之整體意志，自主決定包括名稱選用在內之各種結社相關之事務，並以有組織之形式，表達符合其團體組成目的之理念。就中人民團體之名稱，乃在表彰該團體之存在，作為與其他團體區別之標識，並得以其名稱顯現該團體之性質及成立目的，使其對內得以凝聚成員之認同，對外以團體之名義經營其關係、推展其活動。人民團體若對其名稱無自主決定之自由，其自主決定事務之特性固將無從貫徹，而其對成員之招募與維持及對外自我表現之發揮，尤將因而受不利之影響。故人民團體之命名權，無論其為成立時之自主決定權或嗣後之更名權，均為憲法第十四條結社自由所保障之範疇。對團體名稱選用之限制亦須符合憲法第二十三條所定之要件，以法律或法律明確授權之命令始得為之。

　　……人民團體名稱應如何訂定，同法並無明文規定。……探其立法意旨，關於人民團體組織區域之規定，無非在確立人民團體之主管機關及辦理法人登記之管轄法院，不在限制以章程上所記載之組織區域為人民團體實際對內或對外活動之範圍。人民團體之組織區域與名稱分別代表不同之意義，其間並無必然之關連。行政機關依其職權執行法律，雖得訂定命令對法律為必要之補充，惟其僅能就執行母法之細節性、技術性事項加以規定，不得逾越母法之限度，……

─不同意見書─（節）　　　大法官　董翔飛、劉鐵錚、黃越欽

……社會團體應與工業團體、商業團體、農業團體無異。蓋內政部身為人民團體法之主管機關，依職權為有效執行人民團體法第五條所揭示之「人民團體以行政區域為其組織區域」之主張，將人民團體區分為三級，並規定社會團體之名稱應冠以所屬區域名稱，藉以區別其層級與屬性及維護社會秩序之考量，在形式上僅在團體名稱之外，加註行政區域字樣，對人民團體自己原所選定之名稱，並未發生實質上之改變，顯已顧及比例原則之合適性及必要性，以職權命令解釋補充法律所漏未規定之細節事項，難謂已逾越人民團體法第五條所揭之意旨。

系爭之中國比較法學會，經內政部核准登記為全國性人民團體，依人民團體法第五條「行政區域為其組織區域」之規定，自應於「比較法學會」原名之上加註「中國」字樣，藉以彰顯其「全國性」人民團體之屬性，若因冠以行政區域或國家名號即已構成對人民結社自由之侵害，並影響其團體存立之目的、性質、成員之認同及與其他團體之識別者，依此邏輯，猶如財經主管機關要求各種基金會之上冠以「財團法人」文字及聲請人於聲請書中所提出之「全國性人民團體臺灣法學會」等模式，在形式上均係於原團體名稱之外加諸特定屬性文字，何以前者冠以「行政區域」名稱即被判為違憲，後者冠以「財團法人」或「全國性人民團體」等文字則不違憲，其審查之界線何在。況依現行人民團體法之規定，中國比較法學會若准易名為臺灣法學會，難免引發諸多質疑：如臺灣法學會是否仍為全國性人民團體，或抑已變為地域性人民團體？……

─評析與問題─

本案涉及基本人權保障的部分，將於本書系列的相關講次中加以討論。此處則集中討論本案中涉及之國家認同與憲法的關係。

◆ 憲法表彰的國家認同與私團體的國家認同

本案中政府要求人民團體以國家名稱做為團體標誌的首要部分，臺灣法學會堅持使用臺灣而非中華民國做為團體標誌，思想背景中其實涉及國家認同選擇的敏感問題。本案以名稱自由為解釋出發點，主要是在指出，

行政機關不能擅自以國家認同的標誌加諸民間團體，而應尊重民間團體自主決定其所選擇的標誌（或認同標誌）。此中除結社自由之外，實已涉及思想自由及表述自由的保障⓭。本案中臺灣法學會所選擇的名稱究竟是私團體認同的標誌還是國家認同的標誌？還是兼而有之？國家名稱於憲法第一條規定即已出現，本案解釋認為私團體的認同對象與憲法表彰的認同標誌不必一致，是否憲法表彰的認同標誌不必為個別人民所持續認同？是否憲法所表彰的認同標準不能構成個別人民的唯一國家認同標誌？大法官認不認為個別人民有效忠國家（或愛國）的憲法義務？對照不同意見書以觀，大法官在國家認同的憲法解釋問題上，究竟採取什麼立場？

◆ 國家認同與修憲界限

　　國大修憲延任案（釋499）提及憲法第一條的規定包含了修憲的實質界限，此一實質界限，除了民主共和國的國體規定之外，建立國家認同的國家名稱是否也非修憲所能改變？有沒有理由將國家認同的規定列為修憲的實質界限？

　　在國家認同的問題上激烈辯論，是思辯民主中的重要環節嗎？國家認同問題的辯論會強化或腐蝕思辯民主的成長？政府使用公權力強調憲法表彰國家認同的重要性，究竟有益於還是有害於憲法的價值？人民團體對於國家認同問題的執著，對於伸揚憲法的價值有無益處？有無害處？憲法的價值是在於彰顯了國家認同嗎？

　　關於本號解釋之評釋，參見蔡宗珍，〈人民團體之名稱決定權與結社自由——大法官釋字四七九號與附隨不同意見書之評釋〉，《台灣本土法學雜誌》，2期，頁53–65；葉俊榮，《行政法案例分析與研究方法》，頁329–50，三民，八十八年。

　　關於認同與國家、主權、戰爭之間的關係，參閱石之瑜，《政治心理學》，頁175–202，五南，八十八年。

⓭　例如黃茂林案（釋399）解釋認為「姓名權為人格權之一種，人之姓名為其人格之表現，故如何命名為人民之自由，應為憲法第二十二條所保障」，同樣涉及表述自由的問題，於此可以參照。

柒、憲法之變遷

　　憲法為了對應其所運作、適用的環境，規範變遷的社會，也適應社會的變遷❶，往往呈現出某種不同於原貌的內容，一般稱之為憲法的變遷。成文憲法從制定之後，憲法變遷幾乎是無時無刻不在發生。一個國家如果其憲法不只是不發生任何實際作用的名義憲法❷，也就是說，一個國家如果不是只有憲法而無憲政的話，就必然透過種種憲法變遷的型態，增益或豐富憲法內容，促使憲法發揮功能❸。以下先說明外觀上最為明顯的憲法變遷模式：憲法修正❹，再介紹另外兩種模式：憲法解釋與憲政慣例做為憲法變遷型態的意義所在。

甲、憲法之修正

　　民國八十一年，第二屆國民大會第二次臨時會依總統（八一）華總㈠義字第五五二一號電示，於十二月二十四日集會，行使監察院院長、副院長、監察委員之同意權❺。集會期間，有國民大會代表於會中提出修憲提案，並

---

❶　社會變遷，是社會學的概念，指的是社會結構甚至政治組織、經濟以及文化的改變。詳請參閱，江政寬譯，彼得‧柏克 (Peter Burke) 著，《歷史學與社會理論》，頁 257–316，麥田，九十一年。

❷　名義憲法，係指國家憲法因為社會或經濟因素，不能適應現實政治之需要，使得憲法成為名義上的憲法，而不能發揮規範性的功能。參見陳新民，《中華民國憲法釋論》，頁 22，自刊，九十年四版。

❸　參見賀凌虛，〈論憲法變遷的類型〉，《憲政思潮》，9 期，頁 127–45，五十九年一月。

❹　關於憲法的修改，參見陳新民，同註❷，頁 845 以下。

❺　憲法第九十一條：「監察院設監察委員，由各省市議會、蒙古西藏地方議會及華僑團體選舉之……」係採間接選舉；民國八十年五月一日制定之增修條文第三條：「監察院監察委員由省、市議會依左列規定選出之……」仍採間接選舉制；民國八十三年八月一日公布之增修條文第六條第二項：「監察院設監察委員……，由總統提名，經

以司法院大法官曾有<u>立法院對國民大會案</u>（釋 29）解釋❻：「國民大會遇有憲法第三十條列舉情形之一召集臨時會時，其所行使之職權，仍係國民大會職權之一部分，依憲法第二十九條召集之國民大會，自得行使之」❼。惟國大代表之間就可否將修憲案列入此次臨時會議程發生不同之看法及主張，乃有林銘德等二十七人及林政則等四十人分別聲請司法院大法官就<u>立法院對國民大會案</u>（釋 29）為補充解釋。

　　大法官乃做成<u>國民大會臨時會可否修憲案</u>（釋 314）解釋❽：

　　　　憲法為國家根本大法，其修改關係憲政秩序之安定及國民之福祉至鉅，應使國民預知其修改之目的並有表達意見之機會。國民大會臨時會係依各別不同之情形及程序而召集，其非以修憲為目的而召集之臨時會，自不得行使修改憲法之職權，本院釋字第二十九號解釋應予補充。

其解釋理由書如下：

　　　　國民大會遇有憲法第三十條列舉情形之一，召集臨時會時，其所行使之職權，仍係國民大會職權之一部分，依憲法第二十九條召集之國民大會，自得行使之，前經本院釋字第二十九號解釋釋示在案。該項解釋係就國民大會依憲法第二十九條定期集會時得行使之職權所為之釋示，非謂國民大會臨時會不問召集之原因及程序如何，均得行使國民大會之全部職權。

　　　　憲法為國家根本大法，舉凡國體、政體、人民之權利義務及中央與地方權限之劃分等重大事項，均賴憲法有所明定。故憲法之修改關係憲政秩序之安定及國民之福祉至鉅，應使全國國民預知其修改之目的並有表達意見之機會，國民大會代表亦得藉此瞭解民意之所在，俾其行使職權能符合全國國民之合理期待與信賴。憲法第一百七十四條第二款規定，

國民大會同意任命之。」民國八十九年四月二十五日修正第六條第二項：「監察院設監察委員……，由總統提名，經立法院同意任命之。」則改由總統提名，經國民大會或立法院同意。

❻　彙 54 (42)。

❼　憲法第二十九條：「國民大會於每屆總統任滿前九十日集會，由總統召集之。」

❽　續 (7) 82 (82)。

立法院擬定提請國民大會複決之憲法修正案，應於國民大會開會前半年公告之。行憲以來國民大會於中華民國三十七年五月十日公布之動員戡亂時期臨時條款第四項明定，第一屆國民大會應由總統至遲於三十九年十二月二十五日以前召集臨時會，討論有關修改憲法各案；四十九年三月十一日修改之同條款第四項及第五項規定，由總統擇期召集國民大會臨時會討論有關修改憲法各案；憲法增修條文第六條規定，國民大會應於第二屆國民大會代表選出後三個月內由總統召集臨時會修改憲法，及第十二條第二項規定，總統、副總統選舉之方式，由總統於中華民國八十四年五月二十日前召集國民大會臨時會以憲法增修條文定之，均係本此意旨而為。國民大會依憲法第一百七十四條第一款修改憲法，固無集會前半年公告之規定，但國民大會臨時會係依各別不同之情形及程序而召集，與國民大會依憲法第二十九條所定之定期集會不同。若其召集之目的非為修改憲法，自不得於因其他事項召集之臨時會，規避憲法關於召集程序之限制而逕行修改憲法。

　　按民國八十九年年初通過之憲法增修條文將國民大會改訂為所謂「任務型國民大會」❾，此後國民大會並不再有本案解釋與立法院對國民大會案（釋

---

❾　憲法增修條文第一條：「國民大會代表三百人，於立法院提出憲法修正案、領土變更案，經公告半年，或提出總統、副總統彈劾案時，應於三個月內採比例代表制選出之，不受憲法第二十六條、第二十八條及第一百三十五條之限制。比例代表制之選舉方式以法律定之。國民大會之職權如左，不適用憲法第四條、第二十七條第一項第一款至第三款及第二項、第一百七十四條第一款之規定：一、依憲法第二十七條第一項第四款及第一百七十四條第二款之規定，複決立法院所提之憲法修正案。二、依增修條文第四條第五項之規定，複決立法院所提之領土變更案。三、依增修條文第二條第十項之規定，議決立法院提出之總統、副總統彈劾案。國民大會代表於選舉結果確認後十日內自行集會，國民大會集會以一個月為限，不適用憲法第二十九條及第三十條之規定。國民大會代表任期與集會期間相同，憲法第二十八條之規定停止適用。第三屆國民大會代表任期至中華民國八十九年五月十九日止。國民大會職權調整後，國民大會組織法應於二年內配合修正。」
所謂任務型國民大會，係以達成特定任務為目的而存在，完成任務時任期即告結束。其特定任務，依上述條文之規定，複決包括憲法修正案、領土變更案及總統、副總

29）解釋所處理之臨時會與常會職權是否相同的問題存在❿。然則本案解釋的重要性，仍然存在；因為它闡述了修憲應使國民預知其目的並得表達意見的國民主權原則。亦即憲法之修正本為憲法正式發生變遷的形式，國民有權知道並且參與決定憲法正式變遷的內容，至於國民參與的方法，則包括選舉修憲之代表⓫、提出修憲的創制案⓬、複決修憲的提案⓭等等⓮。

　　從觀察憲法變遷的角度言之，國民大會臨時會可否修憲案（釋314）一方面限制了國民大會在臨時會中修改憲法，緩和了憲法變遷的步伐；另一方面則闡明了憲法上國民主權原則的確切涵義，也將立法院對國民大會案（釋29）解釋對於國民大會臨時會可否修憲看似中立的內容有所補充，採取了應依召集事由決定可否修憲的見解，解釋自身促成了憲法內容的明確化，亦就形成了憲法的變遷。

　　民國八十三年四月，第二屆國民大會開會時發生程序爭議，經朝野政黨協商並決議聲請司法院大法官解釋修憲第一讀會開議出席人數之爭議。大法官遂做成國民大會修憲讀會人數案（釋381）解釋⓯謂：

　　　　憲法第一百七十四條第一款關於憲法之修改，由國民大會代表總額

　　統彈劾案。依同條第四項之規定，其配套之國民大會組織法則由立法院制訂。

❿　憲法第二十九條係規定國民大會常會之集會，第三十條則規定國民大會臨時會之召集。其後之憲法增修條文，排除上述憲法第二十九條及第三十條規定，自是國民大會之集會即無常會與臨時會之區別。

⓫　現行憲法增修條文第一條第一項規定國民大會代表採比例代表制選出，其配套之國民大會代表選舉罷免法亦應修訂，惟並未列於同條第六項之清單中。有關比例代表制之檢討，參見許慶雄，《憲法講義》，頁263-4，知英文化，八十九年。

⓬　參見李念祖，〈從現行憲法規定論創制、複決之種類及其憲法基礎〉，《憲政時代》，27卷2期，頁9-10，九十年十月。

⓭　同前註⓬，頁13。

⓮　選舉、罷免、創制、複決係人民以投票方式表達其意見，惟一般談到「公民投票」或「公投」一詞時，則係指人民對法律、議案或個別政策所行使之創制、複決或政策票決，不包括以人為對象之選舉、罷免在內。參見許宗力，〈憲法與公民投票——公投的合憲性分析與公投法的建制〉，《憲法與法治國行政》，頁56，元照，八十八年。

⓯　續（9）156（84）。

三分之二之出席及出席代表四分之三之決議之規定，係指國民大會通過憲法修改案時，必須之出席及贊成之人數。至於憲法修改案應經何種讀會暨各次讀會之出席及議決人數，憲法及法律皆未規定。修改憲法所進行之一讀會程序，並非通過憲法修改案，其開議出席人數究採國民大會組織法第八條代表總額三分之一，或採憲法第一百七十四條第一款所定三分之二之出席人數，抑或參照一般會議規範所定出席人數為之，係屬議會自律之事項，均與憲法無違。至自律事項之決定，應符合自由民主憲政秩序之原則，乃屬當然。

此案解釋所稱國民大會係代表人民行使政權，其依據為憲法第二十五條之規定。該條所謂「政權」，當係中山先生所提出「權能區分」理論❶❻的用語，本係直接民權的指稱❶❼。國民大會代表國民從事修憲，自是國民主權原則的一種表現方式。此案解釋尊重國民大會於修憲程序中「議會自律」，國民大會自行決定修憲應經之讀會及各次讀會所需之出席及可決人數，亦是對於國民主權原則的尊重。

國民大會修憲各讀會之出席及可決人數是否均應採取憲法第一百七十四條所規定通過修憲提案之人數？其間之利弊究竟如何？修憲程序如此嚴格，是否符合多數決原理？對於議會中的少數究竟是保障還是限制？

此案解釋理由書中謂國民大會「於不牴觸憲法範圍內」，得依議事自律之原則為之，所謂不牴觸憲法之範圍，指的是什麼？解釋文中說「議事自律事項之決定，應符合自由民主之憲政秩序」，「自由民主之憲政秩序」又是什麼？此等問題，均於郝龍斌、鄭寶清、洪昭男等對國民大會案（釋 499）得到了解答。以下則為該案關於修憲程序界限之討論。

---

❶❻ 孫文，《三民主義》，頁 139–71，三民，六十八年七版。

❶❼ 參見董世芳，《論憲法與政權——我國憲法中之政權及其行使之研究》，頁 123，正中，六十七年；涂懷瑩，《憲法基本問題研究》，頁 561–2，臺灣復文興業，八十九年。李惠宗則以為我國憲法業已放棄了權能區分理論，雖非無見，但似難解釋憲法第二十五條規定之「政權」二字。參見李惠宗，《憲法要義》，頁 285–310，敦煌，八十八年二版。

郝龍斌、鄭寶清、洪昭男等對國民大會案 ❶
（釋字第四九九號解釋，又稱國大修憲延任案）

續 (13) 685 (89)

解釋文（節）

　　……修改憲法乃最直接體現國民主權之行為，應公開透明為之，以滿足理性溝通之條件，方能賦予憲政國家之正當性基礎。國民大會依憲法第二十五條、第二十七條第一項第三款及中華民國八十六年七月二十一日修正公布之憲法增修條文第一條第三項第四款規定，係代表全國國民行使修改憲法權限之唯一機關。其依修改憲法程序制定或修正憲法增修條文須符合公開透明原則，並應遵守憲法第一百七十四條及國民大會議事規則有關之規定，俾副全國國民之合理期待與信賴。是國民大會依八十三年八月一日修正公布憲法增修條文第一條第九項規定訂定之國民大會議事規則，其第三十八條第二項關於無記名投票之規定，於通過憲法修改案之讀會時，適用應受限制。而修改憲法亦係憲法上行為之一種，如有重大明顯瑕疵，即不生其應有之效力。所謂明顯，係指事實不待調查即可認定；所謂重大，就議事程序而言則指瑕疵之存在已喪失其程序之正當性，而違反修憲條文成立或效力之基本規範。國民大會於八十八年九月四日三讀通過修正憲法增修條文，其修正程序牴觸上開公開透明原則，且衡諸當時有效之國民大會議事規則第三十八條第二項規定，亦屬有違。依其議事錄及速記錄之記載，有不待調查即可發現之明顯瑕疵，國民因而不能知悉國民大會代表如何行使修憲職權，國民大會代表依憲法第一百三十三條規定或本院釋字第三三一號解釋對選區選民或所屬政黨所負政治責任之憲法意旨，亦無從貫徹。此項修憲行為有明顯重大瑕疵，已違反修憲條文發生效力之基本規範。

　　……

　　……第三屆國民大會於八十八年九月四日第四次會議第十八次大會以無記名投票方式表決通過憲法增修條文第一條、第四條、第九條暨第十條之修正，……其中第一條第一項至第三項、第四條第三項內容並與憲法中具有本質重要性而為規範秩序賴以存立之基礎，產生規範衝突，為自由民主憲政秩序所不許。上開修

❶　本案之背景事實介紹及解釋文、解釋理由書之其他部分見本書第一講　壹、乙、五。

正之第一條、第四條、第九條暨第十條應自本解釋公布之日起失其效力，八十六年七月二十一日修正公布之原增修條文繼續適用。

―解釋理由書―（節）

......

　　憲法為國家根本大法，其修改關係憲政秩序之安定及全國國民福祉至鉅，應由修憲機關循正當修憲程序為之。國民大會依憲法第二十五條、第二十七條第一項第三款及八十六年七月二十一日修正公布之憲法增修條文第一條第三項第四款規定，係代表全國國民行使修改憲法權限之唯一機關，並無其他任何制約，與其他國家修改憲法須分別經由國會中不同議院之決議，或先經國會通過修改案再提交公民複決或另由各邦（州）依法定程序予以批准，皆不相同，是國民大會修改憲法尤須踐行正當修憲程序，充分反映民意。國民大會依修改憲法程序制定憲法增修條文，須符合公開透明原則，並應遵守憲法第一百七十四條及國民大會議事規則之規定，俾副全國國民之合理期待與信賴。蓋基於國民主權原則（憲法第二條），國民主權必須經由國民意見表達及意思形成之溝通程序予以確保。易言之，國民主權之行使，表現於憲政制度及其運作之際，應公開透明以滿足理性溝通之條件，方能賦予憲政國家之正當性基礎。而修憲乃最直接體現國民主權之行為，依國民大會先後歷經九次修憲，包括動員戡亂時期臨時條款及增修條文之制定與修改，未有使用無記名投票修憲之先例，此亦屬上開原則之表現；國民大會代表及其所屬政黨並藉此公開透明之程序，對國民負責，國民復可經由罷免或改選程序追究其政治責任。是現行國民大會議事規則第三十八條第二項關於無記名投票之規定，於通過憲法修改案之讀會並無適用餘地。蓋通過憲法修改案之讀會，其踐行不僅應嚴格遵守憲法之規定，其適用之程序規範尤應符合自由民主憲政秩序之意旨（參照本院釋字第三八一號闡釋有案）。

　　國民大會於八十八年九月四日三讀通過修正之憲法增修條文，依其議事錄及速記錄之記載，修憲之議事程序實有諸多瑕疵，諸如：㈠二讀及三讀會採無記名投票，㈡復議案之處理未遵守議事規則，㈢散會動議既經成立未依規定優先處理，㈣已否決之修憲案重行表決與一般議事規範不符，㈤二讀會

後之文字整理逾越範圍等。第按瑕疵行為依其輕重之程度，產生不同法律效果。修改憲法乃國民主權之表達，亦係憲法上行為之一種，如有重大明顯瑕疵，即不生其應有之效力（參照本院釋字第四一九號解釋理由書，載《司法院大法官解釋續編》，第十冊，第三三二頁）。所謂明顯，係指事實不待調查即可認定；所謂重大，就議事程序而言則指瑕疵之存在已喪失其程序之正當性，而違反修憲條文成立或效力之基本規定（參照本院釋字第三四二號解釋理由書，前引《司法院大法官解釋續編》，第八冊，第一九頁）。前述各種瑕疵之中，無記名投票已達重大明顯之程度。國民大會行使職權之程序，得就開議之出席人數、可決人數、提案暨表決等事項，於不牴觸憲法與法律範圍內，自行訂立議事規範行之。國民大會議事規則第三十八條第二項規定：「前項之表決方法，得由主席酌定以舉手、起立、表決器或投票行之。主席裁定無記名投票時，如有出席代表三分之一以上之提議，則應採用記名投票」。此項規定在一般議案之表決固有其適用，若屬於通過憲法修改案之讀會時仍採用無記名投票，則與前述公開透明原則有違。查本件國民大會於八十八年九月四日議決通過之憲法增修條文，其二讀及三讀程序，依第三屆國民大會第四次會議第十八次大會議事錄記載，係採無記名投票方式，微論已與前述公開透明原則有所牴觸，即衡諸會議時所適用之國民大會議事規則第三十八條第二項，亦顯屬有違。蓋依上開議事錄記載，修憲案於進行二讀會及三讀會以前，已有代表提議：於修憲各議案進行二讀會及三讀會時以無記名投票方式為之，經表決結果，在場人數二百四十二人，贊成者為一百五十人。惟另有代表提案依國民大會議事規則第三十八條第二項規定建請大會在處理所有修憲提案表決時，採用記名投票方式行之。經表決結果，在場人數二百四十二人，贊成者有八十七人，投票贊成者已超過出席代表三分之一。依前述議事規則第三十八條第二項規定意旨，表決方式即應採用記名投票，方屬正辦，此不因大會主席就表決方式有無裁決而有異，蓋上述規定之意旨，乃在尊重少數代表之意見，以實現程序正義。詎大會竟以多數決採用無記名投票，表決修憲提案，顯已違反議事規則第三十八條第二項所定三分之一以上代表人數得為提議之保障規定，亦與行憲以來修憲程序之先例不符，致選民對國民大會代表行使職權之意見無從知悉。憲法第一百三十三條「被選舉人得由原

選舉區依法罷免之」之規定以及本院釋字第四○一號解釋：「國民大會代表經國內選舉區選出者，其原選舉區選舉人，認為國民大會代表所為之言論及表決不當者，得依法罷免」之釋示，暨依本院釋字第三三一號解釋意旨，各政黨對該黨僑居國外國民及全國不分區之代表追究其黨紀責任，使其喪失黨員資格，連帶喪失代表身分，均無從貫徹。聲請意旨指修憲行為具有明顯重大瑕疵非無理由，此部分之修憲程序違反修憲條文發生效力之基本規範。

　　本件相關機關國民大會雖主張：修憲程序之合憲性，依本院釋字第三四二號、第三八一號解釋，均屬議會自律事項，釋憲機關不應加以審究；並以外國之案例主張修憲程序不受司法審查；又國會議員基於自由委任地位，採公開或不公開之表決，均為憲法精神之所許云云。惟查憲法條文之修改應由憲法所定之機關依正當修憲程序議決通過，為憲法條文有效成立之前提，一旦發生疑義，釋憲機關自有受理解釋之權限，已見前述；至於相關機關所踐行之議事程序，於如何之範圍內為內部自律事項，何種情形已逾越限度而應受合憲性監督，則屬釋憲機關行使審查權之密度問題，並非謂任何議事程序皆得藉口內部自律事項，而規避其明顯重大瑕疵之法律效果；又國民大會通過憲法修改案之讀會，其出席及贊成人數必須符合憲法第一百七十四條第一款之規定，至於僅作大體討論即交付審查之一讀會其開議出席人數究採上開條款所定人數抑國民大會組織法第八條代表總額三分之一或參照一般會議規範所定出席人數為之，由國民大會依議事自律原則自行處理，但其處理仍應符合自由民主憲政秩序之原則，並非毫無限制，本院釋字第三四二號及第三八一號解釋分別闡釋有案。再所謂自律事項並不包括國民大會代表參與會議時之一切行為，故未經依法宣誓或其宣誓故意違反法定方式者，即不得行使職權（諸如投票、表決等），其未依法宣誓之國民大會代表，可否出席會議方屬應由國民大會自行處理之自律事項，亦經本院釋字第二五四號解釋釋示在案，是相關機關以自律事項為由，主張本院無權審究，並不足採。關於相關機關以比較憲法上理論或案例主張修憲程序不受司法審查乙節，按修改憲法及制定法律之權限由同一機關（即國會）行使之國家（如德國、奧地利、義大利、土耳其等），修憲與立法之程序僅出席及可決人數有別，性質上並無不同，修憲程序一旦發生疑義時，憲法法院得予審查，為應邀到院多數鑑定人

所肯認，相關機關對此亦無異詞。在若干國家司法實例中，憲法法院對修憲條文有無牴觸憲法本文不僅程序上受理，抑且作實體審查者，非無其例……若修改憲法與制定法律之機關及程序皆屬有異者（如美國），則觀點較為分歧。相關機關一面援引美國聯邦最高法院一九三九年 Coleman v. Miller, 307 U.S. 433 (1939) 一案，主張國會得專屬並完全決定修憲程序，不受司法審查，一面又引該國學者之著作，謂修憲程序為政治性程序，聯邦憲法第五條有關修憲程序之規定乃獨立於一般法律程序之外，司法機關不應干預云云……。實則上開 Coleman 案中最高法院對修憲程序是否均為政治性問題而不予司法審查，或仍可能屬於一般憲法問題得由法院予以解釋，在美國並未形成多數意見。一九八四年美國聯邦最高法院在關於加州公民提議修改聯邦憲法之有關事件中，大法官 Rehnquist 表達該院之見解，認為不能以 Coleman 一案，即論斷一切修憲程序均屬政治問題，而排除於法院審查之外 (Uhler v. AFL-CIO, 468 U.S. 1310 (1984))，顯見美國法院對修憲程序仍得斟酌憲法之意旨而為適當之審查。……姑不論我國憲法對憲法之施行及修改，賦予釋憲機關解釋之權限，已如上述，外國之法制自難比擬，縱以相關機關所引之美國憲法實例，亦不足以質疑釋憲機關對修憲程序審查之範圍。

　　至於相關機關以自由委任理論為其採無記名投票理由一節，按現代民主國家固多採自由委任而非強制委任，即民意代表係代表全國人民，而非選區選民所派遣，其言論表決對外不負責任，原選區之選民亦不得予以罷免，但非謂民意代表行使職權因此全然不受公意或所屬政黨之約束，況且我國憲法明定各級民意代表均得由原選舉區罷免之（憲法第一百三十三條及本院釋字第四〇一號解釋），與多數歐美國家皆有不同，就此而言，亦非純粹自由委任，從而尚不能以自由委任作為其違背議事規則之明文規定採無記名投票之正當理由。

　　……

一部分協同意見書一（節）　　大法官　林永謀

......

本院歷年之解釋，關於國家機關行為是否違憲之判斷，如已有憲法上之明文者，係以明文為準據，並依瑕疵態樣分別論其法律效果；如欠缺憲法之明文或明文所定標準不足時，除引據法理之外，固亦有得援引本院解釋之先例以為論斷之依據者，但仍應僅限之於相同或相類之情形始可。本件解釋之關於修憲程序瑕疵之判斷，因我國憲法對於修憲程序僅有第一百七十四條，即有關修憲之提議、出席與議決人數比例之規定，以及增修條文本於國會自律意旨，於第一條第九項授權國民大會自行訂定行使職權時之程序，除此之外，則無修憲程序應如何遵循之明文；然國民大會既係依據憲法規定所設置之修憲機關，即係「憲法所設置之權力」之一，自難遽為修憲程序應全由國民大會以議事規範自律而別無其他限制之論斷，此亦所以本院釋字第三八一號解釋明確揭示，除憲法第一百七十四條之明文限制外，國民大會之議事規範關於「自律事項之決定，仍應符合自由民主憲政秩序之原則」之原因。

議事規則係屬議會內部規範，雖有成文議事規則與不成文議事例規之分，然均非經常久遠之規、百世不刊之典，且若有牴觸憲法規定或自由民主憲政秩序時，均屬規範違憲之範疇，當然發生無效之問題。而所謂「程序瑕疵」則指修憲機關議事「行為」牴觸憲法第一百七十四條之規定或自由民主憲政秩序，或牴觸基於憲法之授權所制訂且符合自由民主憲政秩序之議事規範等情形而言。議事行為一旦如此，則此種瑕疵當然產生使修憲條文無效之效果。至若議事行為瑕疵尚未達於牴觸憲法或自由民主憲政秩序之程度者，應僅係違反議事規範，尚非當然可導致該行為於無效之結果。本件解釋可決多數之意見援用「重大明顯瑕疵」標準，以為修憲程序瑕疵明顯而重大時，即不生其應有之效力；惟依其所示「明顯」之闡釋，故無疑義，然所謂「重大」既係指「瑕疵之存在已喪失其程序之正當性，而違反修憲條文成立或效力之基本規範」，則所謂牴觸「足以影響修憲條文成立或效力之基本規範」，似係謂牴觸憲法第一百七十四條之規定及不成文之「自由民主憲政秩序」。若非有此等之情形，該議事行為係違反議事規範，雖具有瑕疵，只要尚未牴觸上述原則，則依該項標準所示，此等瑕疵似仍不足使修憲條文失其效力，而仍屬議

會自律之範圍。

　　茲「重大明顯瑕疵」，既經本件解釋執以為修憲程序是否有效之判斷標準，有如前述，其復稱該項標準係援自本院釋字第四一九號之解釋，而其則首見於本院釋字第三四二號。然前一件原係針對副總統兼任行政院長是否違憲問題所為之解釋，後者則係對於立法院審議「國家安全會議組織法草案」等三項法律草案所生之程序瑕疵爭議，其與本件解釋標的之國民大會依據憲法規定踐行修憲程序時所生之程序瑕疵，雖同屬憲法上之行為，然或為牴觸憲法權力分立原則之疑義，或為一般立法程序之瑕疵，或為修憲程序之瑕疵，三者之前提事實，在憲法上有其不容忽視之相當差異，若援用同一標準以論斷其效力，似非相宜。蓋就學理言之，「類推適用」相關之解釋先例，在論理基礎上仍應先行確定所援引解釋之事實與本件解釋間具有足夠之法評價上「類似性」，此因在司法裁判「使法之內容現實化」的邏輯三段論法過程中，如果欠缺作為大前提之「法明文規定」可資適用時，必須基於作為小前提之兩案件間構成要件「法評價」之重要觀點，具有法律上之足夠「類似性」，繼而本於「同類事物應作相同處理」之正義要求，始得適用相同之處理方式與評價。反面言之，如本案與前案之具體事實間具有法評價上不容忽視之差異時，基於「不同事物應作不同處理」之要求，亦應就兩案加以區別，適用不同之審查標準。本件解釋如欲援用釋字第三四二號解釋所闡釋之原則，首應探究修憲程序與一般立法程序在憲法上評價是否類似，以及國民大會與立法院所得享有之國會自律範圍是否相同，方得據以論斷本件解釋得否類推適用「重大明顯瑕疵」之審查標準。如兩者並未具有足夠的類似性，則逕以原僅應適用於一般立法程序之「重大明顯瑕疵」審查標準，繩諸本案之修憲程序瑕疵，其論理基礎自不免於動搖。首就憲法與一般法律之地位之不同而論，按我國憲法乃制憲國民大會基於全體國民之付託，為「鞏固國權，保障民權，奠定社會安寧，增進人民福利」而制定。凡我國之國體、政體、人民之權利義務等重大政治事務，多由憲法加以明定。是憲法不僅係國民主權之表徵，亦係全體國民共識之凝聚，其修改關係憲政秩序之安定與國民福祉至鉅，應由修憲機關慎重為之。本件解釋就此之論述，本席敬表贊同。觀諸我國憲法第一百七十一條第一項：「法律與憲法牴觸者無效」、第一百七十二條：「命令

與憲法或法律牴觸者無效」等規定，可知在我國整個之法規範體系中，憲法係居於根本規範之地位，所有法規範均不得與憲法相牴觸。不僅此也，依照法治國、民主國原則之要求，一切國家公權力行為之合法效力更應直接、間接來自憲法之授權，方具有其正當性，是以憲法之地位當遠非一般法律所可比擬，此乃自明之理，無庸辭費。憲法之規範效力既非一般法律所可比擬，則修憲程序與一般立法程序，在憲法上自應具有不同之評價，此不僅為「剛性憲法」之特徵，亦為我國憲法之當然要求。是以在立法院所代表之「常態政治」中，或可因多數國民為追求個人自我實現，欲保持與政治事務間之一定距離，而透過代議方式，委由代表民意之立法機關與政府部門決定國家法律與政策，國民只須以定期選舉與罷免等方式追究民意代表之責任即足；然一旦現有架構已不足因應國家社會之發展，而須透過修憲方式對既有憲政秩序加以調整時，則國民大會所踐行之修憲程序即已居於「憲法政治」之層次，當應允許國民高度參與，俾其昂揚國民之憲法意識，進而對於修憲議題為公共討論與思辯，各務其所尚，以此凝聚國民對於憲法之共識，形塑新的憲政秩序。此亦即本院釋字第三一四號解釋所示，在我國憲法上，修憲應有「使國民預知其修改之目的並有表達意見之機會」之要求。

　　修憲程序應較一般立法程序更為慎重與嚴格，並應更為容納國民高度之參與，集眾思、廣眾益，此世界各主要民主國家皆然，如美國聯邦憲法第五條、法國第五共和憲法第八十九條、日本國憲法第九十六條第一項、德國聯邦基本法第七十九條第二項，與荷蘭王國憲法第一百三十七條等等，即其例。此等國家關於修憲程序，若非將修憲案之議決交由國會以外之州立法機關議決，即交付國民以公民投票方式議決。更有規定國會於提出憲法修正案後應即重新改選，由新選出之國會議決修憲案者，且其於國會議決修憲案時，亦以迥異於一般立法程序之特別程序與加重可決人數繩諸該修憲案，如法國憲法規定由國會兩院聯席大會以五分之三同意、德國基本法規定由聯邦議會議員三分之二及聯邦參議院投票權三分之二加以同意。我國憲法關於修憲制度之設計，除以代表全國國民行使政權之國民大會行使修憲之決定權限外，復於第一百七十四條第一款中規定，修憲程序應有較一般立法程序為高之提議、出席與議決人數之比例，益足證明修憲與一般立法在我國憲法上確具有不同

之地位。況且我國憲法第一百七十四條第二款更規定，由立法院提出憲法修正案，交國民大會複決時，須於國民大會開會前半年公告之，俾使全體國民均能充分參與修憲議題之思考與論辯，以免突襲性修憲，本院釋字第三一四號解釋亦在闡明此旨。

修憲程序應秉「透明公開原則」為之，亦係本質上必然要求，自不待言；蓋國民大會之修憲決定，係涉及人民共營國家生活、影響子孫後代之基本性事項，性質上並非「常態政治」之一時一事決定，而乃關係國家基本架構，人民重要權益，當應使全體國民有共知共見之可能，故對於修憲條文之表決方式，絕非僅為「妥當」與否之問題，而係有憲法規範當然之一定要求，遠非一般立法過程得採秘密方式者所得比擬。故修憲程序，不僅會議之討論過程必須高度公開、透明，最後之表決方式亦不容以任何理由違反「透明公開」原則，期免是非淆於唇舌，取捨決於愛憎，而人民無以考其情實。

次按法律與憲法之性質既然迥異，故而一般立法程序與修憲程序在憲法評價上應有重大不同之差異，要無可疑，釋字第三四二號解釋所謂「重大明顯瑕疵」之標準，當亦應僅適用於針對立法程序瑕疵之審查。第按「重大明顯瑕疵」理論原係行政法上基於尊重國家機關公權力行為之此一思考，以之為判斷行政處分瑕疵是否達於自始、當然無效程度之低密度審查標準，我國行政程序法第一百十一條即為如此之明文規定，本院釋字第三四二號解釋遂引為判斷立法程序瑕疵之標準。其所以如此尊重議會自律與政府部門之運作，使已經公布施行之法律在原則上不因之無效，容或不無符合「權力相互尊重」原則以及「法安定性」等憲法基本原則之合理性；蓋常態政治下之一般立法程序，若非因為國家遭遇重大內亂外患，否則多能順利維持運作，一般法律縱使已有相當程序瑕疵，亦因尚未達於重大，仍得透過其後之立法程序再行補救，自可承認其有效。然憲法之修改，卻非時時為之，修憲機關亦非經年集會，又豈能容許已有相當瑕疵之修憲條文賡續存在？由是觀之，關於修憲程序瑕疵部分之判斷，當應相對提高審查之要求，援用更為嚴格審查標準繩之，適度縮小修憲機關議事行為自律之範圍，方符憲法關於修憲程序應當更為慎重之本質要求。否則，自相違覆，闕漏難補，國將不堪。

我國憲法第三章至第九章關於各憲法機關及權限之規定，乃係權力分立

制衡原則之具體性體現。惟權力分立制衡原則固要求所有「憲法所設置之國家權力」均應有其界限，並彼此制衡，但亦要求所有國家權力應彼此尊重，避免不當干涉其他權力部門核心權力之行使，此亦本院釋字第三號解釋所謂「五權分治、平等相維」之本意，亦係本院釋字第二五四號、第三四二號、第三八一號及第四三五號等號解釋歷來保障議會自律原則之基礎。……，然憲法既不同於法律，修憲程序亦非一般立法程序所得比擬，故作為修憲機關之國民大會，雖亦有國會自律原則之適用，畢竟兩者之性質與功能有其差異，如就憲法設置不同機關，賦予不同功能與結構之功能法取向而言，兩者所得享有之國會自律範圍及界限即未必應全然等同，尚應視兩者行使職權性質之差異而有所區別。是以「重大明顯瑕疵」審查標準，僅可適用於一般立法程序瑕疵之審查，而不應適用於對修憲程序瑕疵之審查。亦即為兼顧修憲程序應更為慎重，並容許國民之監督、參與之憲法意旨，以及憲法對於國會自律原則之保障，當應適度縮小修憲機關之議事自律範圍。爰提協同意見書如上。

一部分協同意見書一（節）　　大法官　孫森焱

一、……議會自治之尊重，不惟於立法院議事程序為然，於國民大會修改憲法所訂議事規範，亦莫不然。按國民大會議事規則乃國民大會依八十三年八月一日修正公布憲法增修條文第一條第九項本於尊重議會自治之意旨特別授權而訂定，具有補充憲法修憲程序規定之效力，與一般議事程序之規範有間。此項法規之位階與憲法第一百七十四條同為規範議事程序之法則，其內容不得牴觸憲法，惟優先於法律而適用。

二、本解釋文……以所謂「公開透明原則」限制國民大會議事規則第三十八條第二項規定之適用，無非謂無記名投票之採用有違自由民主憲政秩序之意旨。然公開透明原則如為「憲法中具有本質之重要性而為規範秩序存立之基礎」，國民大會議事規則關於無記名投票之規定，因與此原則牴觸而應受限制適用，然則同規則之相關內容，倘經國民大會為補充憲法第一百七十四條規定而增訂於憲法增修條文，豈非亦因牴觸「憲法整體基本原則」，為「自由民主憲政秩序」所不許而失其效力？如果無記名投票方式尚未及於牴觸「憲法整體基本原則」，則何以又違「自由民主憲政原則」而有排除國民大會議事

規則第三十八條第二項規定之效力？……

　　三、所謂公開透明原則係指國會議員於行使職權之際，自提案、討論及表決以至形成決議，應公開行之，俾使全國國民有預知及表達意見之機會，各代表之選區選民或其提名之政黨，藉此亦能獲知其依法選舉或遴選之代表對於相關議案所持之態度，以明瞭是否符合選民或政黨之期待與信賴。惟此項原則之適用範圍如何，乃屬議會自律之問題，以議事規範形成之。其中提案、討論階段如涉及國家機密等事項，以不公開方式為之，此觀國民大會議事規則第八條第一項規定，國民大會之會議公開行之，但必要時委員會得依大會之決議，改開秘密會議，即可明瞭。本解釋雖謂國民大會議事規則第三十八條第二項關於無記名投票之規定，於通過憲法修改案之讀會時，適用應受限制。惟憲法第一百七十四條規定修改憲法之程序，並無應採記名投票方式之限制，然則何以修改憲法，非採用記名投票不可？如果提案、討論及形成決議之過程均採公開方式，惟於表決方式採用無記名投票時，是否與公開透明原則即有未符？若記名投票方式為修改憲法程序不可缺之部分，何以憲法第一百七十四條就此漏未規定？其採用與否，採用之要件如何，又何以由憲法第三十四條明文規定授權立法機關以法律定之。八十三年八月一日再以增修條文第一條第九項規定改由國民大會自行訂定？本解釋以逾越憲法明文規定之「公開透明原則」限制國民大會議事規則第三十八條第二項規定之適用，將應屬議會自治事項之規範，為限縮解釋。以此推之，若國民大會主席於表決憲法修改案時，依同條第二項但書規定裁定以無記名投票為之，提議應採用記名投票之代表因不足出席代表人數三分之一，而不得不採用無記名投票表決，其憲法修改案亦因修改程序有重大明顯之瑕疵而不生效力。此項結論無異宣告國民大會議事規則第三十八條第二項關於無記名投票之規定，於適用憲法修改案之表決部分違憲。

　　四、憲法對於憲法修改案之讀會是否採取記名表決並無明文。關此，……鑑定人李建良副教授亦謂「以無記名投票進行修憲議案之表決，雖會增加人民及政黨對國民大會代表追究責任之困難度，惟國民大會代表並未因此而卸卻其政治責任，故尚無以此認定系爭程序構成違憲之餘地」（看李建良鑑定報告六頁）。鑑定人林子儀教授則謂：無記名投票方式並不當然即違反民主憲政

秩序。我國憲法並未明文規定修憲之決議應以記名投票方式為之。「國民參與原則」與「責任政治原則」固然為修憲程序中之重要原則，但也不必然即導出修憲的決議必須以記名投票方式方才符合此二原則（看林子儀鑑定報告二頁）。鑑定人許宗力教授並進一步說明「憲法責任政治所要求的國會透明、公開，所指涉範圍為何，學說意見不一。一說認為國會透明、公開僅止於議事公開，也就是討論與辯論公開，課予議會有讓任何人，特別是媒體進入議事場所觀察、監督議員發言、討論之義務，但該義務並不包括投票內容之公開。」「另一說則認為民主的公開、透明原則也適用於議會內部關係，以方便選民對議員政治責任之追究，故除非有特殊重大事由，否則議會應採公開投票。」並述兩說各有所本，雖然各國實務的趨勢是採後說，要求表決也應公開，但也不能因此就全然置前說於不顧，尤不宜過於急躁地宣告投票公開也是民主不可或缺之要件（看許宗力鑑定報告一～二頁）。按以上兩說應採何說，究屬兩難之局（許宗力教授語），八十三年八月一日修正公布憲法增修條文第一條第九項就國民大會行使職權之程序，明定由國民大會定之，即係本於議會自治之原則，授權國民大會自行決定議事程序，國民大會經斟酌兩說之優劣，採用折衷方案，於第三十八條第二項揭示議事公開之原則，並訂定出席人數三分之一以上代表得提議採用記名投票方式，以確保議事公開實現之制度。如果提議採用記名投票之代表不足出席人數三分之一，因而採用無記名投票，應為同條項規定所許。

　　五、……惟國民大會議事規則第三十八條第二項後段規定「出席代表三分之一以上之提議」，既云提議，提議之人自應表明身分，方能一一覆按，是與投票不同。政黨對於所屬黨員之國民大會代表追究黨紀責任，或原選區選民對其所選出國民大會代表之監督，於提議之階段即得為之，促使表決方式採用記名投票，且於提案、發言討論之際亦得瞭解各代表表示之見解，何庸等待投票而後可？……

　　六、若云國民大會議事規則第三十八條第二項關於無記名投票之規定，於通過憲法修改案之讀會時，適用應受限制，則係對該條文為限縮解釋。果爾，國民大會於八十八年九月四日以無記名投票方式表決通過憲法修改案，即不發生違背議事規則之問題。本解釋既論該程序係違背公開透明原則，復

細述本件憲法修改案之決議違背議事規則上開規定之情形，則究竟議事規則第三十八條第二項規定係應為限縮解釋而無其適用，抑決議係違背其規定而失其效力？

　　……

　　本案有關修憲程序的爭點，在於採不記名投票方法，是否構成違憲的問題。就此，多數通過的解釋文，認依修改憲法程序制定或修正憲法增修條文，不僅須符合公開透明原則，亦應遵守憲法第一七四條及國民大會議事有關之規定，以副全國國民之合理期待與信賴。這項修憲程序透明原則，固為本席所贊同，蓋為實現責任政治，應要求決策的公開、透明，以利民意之監督；特別是我國憲法對選區產生之民意代表尚有罷免權之規定，為責任政治上的制度性規範，故程序公開透明原則應受到尊重。惟對於違反公開透明原則的修憲決定，是否必然宣告「失效」的後果，本席則認為尚有商榷的餘地。

　　蓋憲法賦予國民大會修憲權，國民大會之代表應依據民主政治的原則行使其權限，此亦適用於議會的內部關係。惟憲法對國民大會之代表，並無明確規定其修憲權之行使，僅限於公開行使，方具效力。在責任政治原則的要求之下，修憲公開、透明原則，僅強調民主政治理性溝通時，應儘量予以尊重，但是憲法卻未對國民大會代表設定禁止採用無記名投票方式行使職權的憲法義務。誠如西方許多論者認為，由於很難從憲法規範秩序中推導出公開義務的要求，「立法者只須對其所制定的法律負責」。故在未考量其所通過之修正案，其實質內容是否具備正當性之前，尚難僅依修憲程序違反公開透明原則而否認其效力。又多數通過的解釋文，認定修憲是一種「憲法上行為」，如有重大明顯瑕疵，即不生其應有之效力。其立論係本諸司法院大法官釋字第三四二號對議事自律之界限解釋而來。從這些「可司法性」之要件概念而言，所謂明顯，係指其事實不待調查即可認定。此一標準乃是大法官在尊重國會自律原則之下，不待調查事實，僅依據議事記錄等相關文件即可認定之情形，吾人固可理解其規範範圍之所在；惟程序之瑕疵是否重大，乃至已喪失其程序之正當性，而違反修憲成立或效力之基本規範，則非純粹抽象概念的涵攝，亦不能僅以違反公開透明的原則，即加以認定，而應從功能法的觀點，視其具體修憲的相關內容，是否有違背憲法具有本質重要性的基本原理

而定。多數通過的解釋文，認為第三屆國民大會第四次會議第十八次大會以無記名投票方式表決通過憲法增修條文，其程序違背公開透明原則及違背議事規則為理由，而為失效之宣告，不無速斷之嫌。

……

本席除對多數通過之解釋文與解釋理由，提出前述法理分析及意見之外，並對解釋文所宣示的效力之理由，提出不同之法律意見如次：

修憲程序採行無記名投票方式，雖與修憲程序公開、透明原則有違，但尚不能據此即認定修憲條文已構成違憲失效，亦即形式上完成修憲程序的增修條文之中， 就其實質上與憲法基本規範並無衝突之條文， 仍應確認其效力。……

一協同意見書一（節）　　　大法官　賴英照

……

一、依據引發釋字第三四二號解釋之聲請書、立法院議事錄及其他相關文件之記載，立法院於八十二年十二月十三日開始審議「國家安全會議組織法草案」（以下簡稱第一案）、「國家安全局組織法草案」（簡稱第二案）及「行政院人事行政局組織條例草案」（簡稱第三案）等三項法案。經數次會議後，僅第二案完成一讀程序，第一案及第三案則均未完成審議。第一案部分，立法院法制、國防、內政及邊政、外交及僑政第二次聯席會議更作成決議：「行政院暨葉委員耀鵬等所提『國家安全會議組織法草案』均予退回，不予審查，擬具審查報告，提請院會公決」。（見《立法院公報》第八十三卷第二期，委員會紀錄第一四三頁）惟同年十二月三十日立法院院會中，有委員提案變更大會議程，將上開三案逕付二讀。經「表決」及「重付表決」之程序通過後，列入「第二讀會」議程。依立法院議事規則第三十條第二項規定：「第二讀會應將議案朗讀，依次或逐條提付討論」。在未朗讀議案及就條文內容做任何討論之情形下，主席逕將三案交付表決。第一案進行表決時，勉強仍可確知贊成、反對及棄權委員之人數及名單，至表決第二案及第三案時，會場秩序業已失控，主席亦無法確知其表決結果及委員投票意向，更無從確認曾否踐履三讀表決程序。立法院當日會議紀錄有如下之記載（原文照錄）：

「主席：現在進行第二案……，國家安全局組織法……照羅委員傳進所提修正動議……通過，請問院會，有無異議？（有）有異議，進行表決。贊成……

主席：報告表決結果，在場人數一二二人，贊成者……國家安全局組織法修正通過。現在進行第三案……人事行政……修正通過……（會場秩序陷入混亂，除主席臺、發言臺麥克風全遭破壞外，並有多位委員在主席臺下、臺上互相丟擲書籍、文件、椅子及電腦等物。現場陷入極度混亂狀態，主席之處理及言詞無法辨識，最後主席在一片吵鬧聲中，於十二時三十三分離開議場。）散會。」（見《立法院公報》第八十三卷第二期，院會紀錄第四三頁至第四四頁）。在相關院會紀錄尚未獲得確認之情形下，「國安三法」仍依規定程序予以公布施行。惟有多位立法委員認為國安三法「未經憲法所規定之立法程序，不能發生任何法律上之效力」，（見《司法院大法官解釋續編》第八冊，第二七頁）乃聲請本院解釋。對於此項爭議，本院以釋字第三四二號解釋確立國會自律原則，認為議事規範如何踐行係國會內部事項，依權力分立原則，司法機關應予尊重。惟如立法程序「有違反法律成立基本規定之明顯重大瑕疵者」，釋憲機關仍得宣告其為無效。至瑕疵是否已達足以影響法律成立之重大程度，如尚有爭議，並有待調查者，即非明顯。準此，第三四二號解釋認定立法院議決「國安三法」之議事程序並無明顯重大之瑕疵；解釋理由謂：「其通過各該法律之議事錄，雖未經確定，但非議事日程上之討論事項，尚不涉及憲法關於法律成立之基本規定，亦即並非足以影響各該法律成立之重大瑕疵。至除此之外，其瑕疵是否已達重大程度，則尚有爭議，立法院當時議事情形混亂，導致議事錄迄未確定，各該法律案曾否經實質議決，自非明顯，更無公眾週知之可言。」因此，國安三法經總統公布後仍依法發生效力。

二、議會自律原則及「明顯重大瑕疵」之審查標準，不僅適用於立法程序，且於判斷憲法上行為是否違憲時亦同其適用。本院釋字第三八一號解釋重申對國會自律原則之尊重，並指出會議中得以決議變更議事規則之意旨……

三、……依據議事錄及速記錄之記載，國民大會八十八年九月三日開會

討論修憲提案時，有出席代表三一〇人。（見第十八次大會議事錄第一頁至第三頁）會議中有代表提議第二讀會及第三讀會時應採用無記名投票，並獲得代表六十七人之附議（簡稱甲案）。另有代表則提出一二九位代表之連署書，主張依國民大會議事規則第三十八條第二項規定，有出席代表三分之一以上之提議者，應採行記名投票（簡稱乙案）。兩案均有代表發言支持，主席裁示交付表決（見第十八次大會速記錄第二六頁至第三二頁）。此時有出席代表提出權宜問題，質疑乙案所提之連署書是否確有三分之一代表連署：「剛才本席發言聲明願意放棄這次的連署，這是有原因的，因為本案雖經三分之一以上代表連署，但是因為所有連署的代表並不是依照國民黨或是其他黨代表的意願來簽署，所以本席請主席公布這三分之一的來源從何而來，以了解這個三分之一以上代表連署的連署書有沒有造假，有沒有偽造文書。在國民大會這麼嚴肅的表決問題，用這種方式，要如何做全國及民意代表的表率？所以本席請主席公布這三分之一的名單是什麼人，他們是不是都像本席一樣，不同意連署。」（見第十八次大會速記錄第三二頁）事實上，連署之一二九人除提出權宜問題之代表外，當日請假之六人中，亦有二人參與連署，與第三十八條第二項明定應由「出席代表」提議之規定不合。（見第十八次大會議事錄第三頁及第三七頁）惟主席並未處理此項權宜問題，仍裁示將甲、乙兩案分別提付表決。在場人數二四二人，贊成甲案採無記名投票者一五〇人，贊成乙案採記名投票者八十七人。主席裁示：甲案通過。（見第十八次大會速記錄第三二頁）九月四日凌晨，國民大會以無記名投票方式進行修憲案二、三讀之表決。二讀時，憲法增修條文第一條第一項至第四項曾分別經兩次表決，其餘條文則均一次表決通過；三讀時，出席代表二一四人，贊成者二一一人，反對者二人，棄權者一人，主席宣布增修條文第一條、第四條、第九條及第十條修正案通過，完成三讀程序。（見第十八次大會議事錄第十三頁、第十四頁、第二三頁至第二五頁、第二九頁至第三一頁、第三三頁、第三四頁）

從上述情形觀察，立法院議決「國安三法」與國民大會表決系爭憲法增修條文時，雖均有程序上之瑕疵，惟前者之情形顯較後者更為嚴重。對於是否完成一、二、三讀程序尚有疑義之「國安三法」，本院釋字第三四二號解釋以尊重議會自律之原則，認為立法院之議事瑕疵未達明顯重大之程度；但對

於已踐履三讀程序，僅因採行無記名投票進行二、三讀會之表決，則認係重大而明顯之瑕疵，其認事用法似欠一貫。

抑有進者，國民大會議決系爭修憲條文時，是否確有違反第三十八條第二項之規定？相關機關尚有爭議。（見國民大會八十九年二月二十三日（八九）國會金議字第○三○一號函）且當日提議採行記名投票者是否已達出席代表三分之一？與會代表曾經提出質疑，並有事實依據，並非「從任何角度觀察皆無疑義」（本院釋字第四一九號解釋用語）。或謂當日表決贊成記名投票者八十七人，已達在場人數二四二人的三分之一。惟八十七人係議案表決時之贊成人數，是否即為第三十八條第二項所定之「提議」人數？仍有疑義；況以出席代表三一○人計算，八十七人尚未達三分之一。凡此均顯示國民大會是否有違反第三十八條第二項規定之情事，尚非明確，非經調查無從確認。依本院前述釋憲先例，其瑕疵應非明顯。本件解釋一面標舉第三四二號解釋及第四一九號解釋為其判斷基礎，一面竟認定國民大會之議事瑕疵已達重大明顯之程度，理由似嫌牽強。

四、或謂憲法為國家根本大法，對於憲政秩序及國民福祉之影響遠甚於法律，因此修憲程序必須力求完善，釋憲機關尤應採用較為嚴格之審查標準。此說是否妥適？尚有仁智之見。蓋憲法之重要性，為社會所共認，無待申論；而憲法第一七四條明定修改憲法應有國民大會代表總額三分之二之出席，及出席代表四分之三之決議，均較法律之修正程序為嚴格，足可彰顯此點。然議事程序既經規定，出席及議決人數之門檻縱有高低之分，民意機關均應遵守，則無二致；釋憲機關之審查亦應本於事實做客觀公正之認定。依本院釋字第三四二號解釋、第三八一號解釋及第四一九號解釋之意旨，關於議事程序之審查，並未區分立法與修憲程序而適用不同之標準。第三八一號解釋……對於憲法第一百七十四條明文規定之出席人數，除第三讀會之程序外，國民大會尚得以議事規則為彈性處理，顯見本院對修憲程序及立法程序均秉持議會自律之原則，並未就二者採取相異之標準。本院釋字第四○一號解釋指出：「國民大會代表及立法委員因行使職權所為言論及表決，自應對其原選舉區之選舉人負政治上責任」，是以依責任政治之原則，國民大會代表及立法委員亦適用相同之標準。退而言之，如認為修憲與立法應適用不同之審查標準，

則應變更上開先例；惟本解釋並未做此宣告。

　　五、本解釋認為修憲程序應符合公開透明原則，固屬確論；惟所謂公開透明，其範圍究係僅指討論議案之公開？或更包含投票內容之公開？學說未有定論。各國憲法關於修憲程序應否採行記名投票仍有不同之規定。泰國憲法規定修憲之一讀及三讀程序應採記名表決（第二一一條第三款及第六款，載國民大會編印，《新編世界各國憲法大全》第一冊，一九九六年五月出版，第五八四頁、第五八五頁）；古巴共和國憲法亦規定修憲案應以「點名方式投票」（第一四一條第一項，載前引《新編世界各國憲法大全》第三冊，第一五一頁）。惟土耳其共和國憲法則明定修憲案應經全體議員五分之三以上「秘密投票同意」（第一七五條第一項，載前引《新編世界各國憲法大全》第一冊，第九十一頁），可見修憲採記名投票並非各國通例。我國憲法第一二九條對於憲法上之各種選舉明定應採無記名投票；增修條文第三條第二項第三款則規定立法院對行政院長之不信任案應以記名投票表決。至於修憲案之議決，憲法第一七四條則與美、日、德、法、瑞士等民主國家相同，並未就投票方式予以規定。國民大會依憲法增修條文第一條第八項（八十六年七月二十一日修正公布）之授權得自行訂定議事規則。

　　本解釋認為此次修憲違反行憲以來修憲程序之先例採行無記名投票，使國民因而不能知悉國民大會代表如何行使修憲職權，因此無從貫徹責任政治之憲法意旨；衡諸實務情形，理由亦欠堅強。依國民大會相關議事錄及速記錄之記載，行憲以來歷次會議進行修憲案之表決時，均僅記載在場人數及贊成者之人數，偶有兼及反對及棄權者之統計，但均未記錄贊成、反對或棄權者之名單。因此縱使採行記名表決，選民仍難以知悉國民大會代表「如何行使修憲職權」。從而依過去修憲會議之慣例而言，不論是否採行記名投票，對於憲法第一三三條所定責任政治之貫徹，未必產生涇渭分明之效果。實務上，選民對國會議員之罷免並不多見。本解釋以貫徹罷免權之行使為基礎，認為無記名投票違憲，理由亦嫌薄弱。況如將來改從歐美多數國家先例，修憲廢除國會議員之罷免制度時，本解釋所揭示之公開透明原則，將何所附麗？另方面，由於黨團之運作與監督，採行記名投票時，確使黨員之投票行為易於受到控制。政黨對於違反黨意而行使表決權之國民大會代表，亦便於施加黨

紀處分；如受處分者為僑選或不分區之身分者，並可因而喪失國會議員之資格。（參照本院釋字第三三一號解釋）如採行無記名投票，則黨紀之追究確實較為困難。在此情形下，若有黨意與民意相互扞格時，採無記名投票使黨員免於黨紀處分之牽制，反有利於廣大民意之反映。準此而論，記名或無記名投票之利弊得失尚難一概而論。本院釋字第三八一號解釋雖指明國民大會「自律事項之決定，應符合自由民主憲政秩序之原則」，惟從該號解釋認為國民大會可不受憲法第一七四條之限制自行訂定修憲案第一讀會之出席人數觀之，無記名投票之採行應屬議會自律事項之範圍，不能遽認其當然違背「自由民主憲政秩序之原則」。

六、綜上所述，此次修憲引發之爭議，應本憲法原理宣告延任相關修憲條文失其效力，而不宜另以薄弱之理由對程序問題強加非難，以免治絲益棼，徒貽無謂之疑慮與爭議。

一協同意見暨部分不同意見書一（節）　　　　大法官　陳計男

……「記名投票」雖有使程序公開透明之功能，選民或所屬政黨得據以知悉其投票行為，用以判斷該代表所為政治行為之內容，但尚非使其依公開透明原則負政治責任之唯一方法；國民意見表達及意見形成之溝通程序，也不以表決時，用「記名投票」為其唯一手段，且觀諸各國憲法關於憲法修正之決議，亦非均以「記名投票」為其通例，而國民大會依八十三年八月一日修正公布憲法增修條文第一條第九項規定訂定之國民大會議事規則第三十八條並無絕對禁止修憲時，採用「記名投票」，僅規定於有代表三分之一同意時即須採用「記名投票」而已；所謂憲政慣例又非一成不得變更。本件憲法增修條文之修改，其過程固有如理由書所述若干瑕疵，若僅以憲法增修條文之修改程序，因行「無記名投票」違反公開透明原則，即謂已違修憲條文效力之基本規定，而達程序明顯重大瑕疵，應屬無效，則難謂有堅強依據。矧憲法第一百七十四條第一款係規定：「由國民大會代表總額五分之一提議，三分之二之出席，及出席代表四分之三之決議，得修改之」。本件憲法增修條文之修改，於通過修改案時，其出席及贊成人數，均符合上開規定，且其改用無記名投票，係經多數決之通過有國民大會速記錄可稽，縱其議決之方式改採

「無記名投票」等可認為有瑕疵，此一瑕疵是否即足影響上述決議之效果？即非毫無疑議。即若足以影響致動搖其決議，該決議既屬無效，則應屬憲法增修條文未能通過而不成立，要非憲法增修條文無效問題。

─評析與問題─

◆ 制憲與創制修憲

民主憲法必然規定憲法修正之程序，但並無理由預設完全自我否定之機制，其實亦無此必要。易言之，相當於制憲行為之公民投票 (plebiscite)⑲，不會在成文憲法中出現，構成憲法自我解銷的機制。我國憲法中亦不存在此項機制，並無疑義⑳。

所成問題者，修憲與制憲如何區別？在修憲無界限說㉑者言之，修憲

---

⑲ Plebiscite 一詞之意義及引起之討論或爭議，參見 J. Gould & W. Kolb (eds.), *A Dictionary of the Social Sciences*, pp. 505–6 (Plebiscite) (UNESCO, 1974). *Black's Law Dictionary* 則以之為 Referendum 之同義詞。*Black's Law Dictionary*, 1153 (Plebiscite), 1281 (Referendum) (West, 6ᵗʰ ed. 1990). 並參閱湯德宗，〈論直接民主的制度設計〉，收入《當代公法新論（上）》，頁 465，元照，九十一年。

⑳ 即在鼓吹制憲權不必受制於實定憲法的學者言之，亦必同意制憲權是超實定法概念，而不至於假設實定的民主憲法中應該預設制憲機制以消納學說上的制憲權。參見如許志雄，〈制憲權的法理〉，收於《現代國家與憲法》，頁 123、166–71，月旦，八十六年。德國憲法學者有認為革命與憲法之間存在著極為矛盾的關係者，因為革命決定了憲法特定內容，制憲乃是將創造性的、無組織的、未加馴服的革命權力轉化變形為某種特定政治體制中被創造區分的權力。然則此一過程意味著一旦制憲權創造了憲法，任何主張具備政治正當性的權力均將臣屬於憲法，而無容許任何超憲法權力 (extra-constitutional power) 的餘地。創造憲法的過程中，革命勢力正在自掘墳墓；憲法乃是革命的終點作為。其說至有見地，也很值得思索玩味。U.K. Preuss, Constitutional Powermaking for the New Polity: Constituent Power and the Constitution, in M. Rosenfeld (ed.), *Constitutionalism, Identity, Difference, and Ligitiamacy*, pp. 144–5 (Duke, 1994).

㉑ 關於修憲無界限說，林紀東，《中華民國憲法逐條釋義㈣》，頁 386–90，三民，七十九年五版；許宗力，〈憲法修改界限的理論（上）（下）〉，《憲政時代》，7 卷 3、4 期，七十一年一月、四月；黃昭元，〈修憲界限之檢討〉，收於《現代國家與憲法》，頁 215–32，月旦，八十六年。

與制憲之區別，只在是否遵循憲法規定之修憲程序為之而已。依憲法規定之修憲程序即為修憲，不依憲法規定之修憲程序顛覆憲法者，則為制憲。然則在修憲有界限說❷者言之，修憲若逾越修憲之界限，即使依修憲程序而為，亦應歸於制憲行為。而且無論其是否被視為制憲，均無不同；無論其是否為人民所提出，就現行憲法體制言之，亦無二致。

　　人民可否運用創制途徑提出且通過並不違反修憲界限之修憲案？斯為人民對於憲法之修改有無創制權之問題，此則涉及修憲程序之規定與其遵守。我國現行憲法所規定之修憲程序，只有立法院提出修憲案交由人民複決之一種途徑，並未明文規定任何可由人民以「創制」此種直接民權的方法修憲之程序❸。

　　然則人民以創制方式直接修憲，是否可視為一種主權在民原則的體現，以憲法第二條以及第十七條規定為其直接依據？直接訴諸憲法第二條國民主權原則以及憲法第十七條規定做為人民創制修憲的憲法根據，在下述兩種假設中，必居其一：一是認為經由代議機關（如立法院或國民大會）修憲不是修憲最好的方法，直接民權才是；二是認為經由代議機關（如立法院或國民大會）修憲不是修憲僅有的方法。

　　就第一種假設而言，不信任代議民主本來即是直接民權論的原始態度❹，然則憲法第一條規定民主共和國原則，本即是要以代議制度即共和體制實現民主之意❺，否則規定「民主國」國體即為已足。然則憲法既已

----

❷　許宗力，〈憲法修改界限的理論（上）（下）〉，《憲政時代》，7 卷 3、4 期，七十一年一月、四月。

❸　民國九十四年六月十日總統令公布之憲法增修條文第十二條規定，修改了憲法第一百七十四條原來規定的修憲程序，由立法院立法委員四分之一之提議，四分之三之出席及出席委員四分之三之決議，提出憲法修正案，並於公告半年後，經中華民國自由地區選舉人投票複決，有效同意票過選舉人總額之半數，即為通過，成為唯一之法定修憲方式。

❹　廖仲愷譯，威爾確斯著，《全民政治》(Government by All the Pepole)，頁 67–70，帕米爾，四十六年。

❺　關於「共和」的定義，參見 J. Gould & W. Kolb (eds.), A Dictionary of the Social Sciences, pp. 594–6 (Republic, Republicanism) (UNESCO, 1974)；廖元豪，〈論共和主

確立民主共和國之國體之後，直接民主是否恆為憲法之優先選擇？代議政治乃是由選民的代理人介入其間運作，直接民權又何嘗不是？如無中介者（如政黨）在直接民主中扮演代理人，無組織的人民如何實現創制修憲？一旦組織人民的政治力量開始運作，豈無應受憲法規範的政治權力存在？又如何能從憲政主義或法治國原理推出以下的命題：缺乏憲法以具體文字規範之人民創制修憲，必會比受到憲法明文程序控制之代議機關修憲來得妥當或安穩？

　　就第二種假設言之，即使理論上代議機關修憲不是僅有的修憲方法，惟修憲方法的選擇是一種憲法政策。憲法增修條文既已專設第十二條規定憲法之修改，還可以再從第一章總綱裡的第二條或基本權利章裡的第十七條推論出人民可以直接創制修憲嗎？若然，又將如何避免隨之出現的權力失控風險：憲法第二條或第十七條果然是在為人民創制修憲提供憲法基礎，勢必還需要透過議會立法規定其實施程序的方式促其具體實現？然則一旦立法院取得立法規定人民創制修憲程序的權力，是否肯認立法院可以假借人民之名，不經憲法的明文委託或授權而不受憲法既有修憲規定的拘束，另以立法方式創設或建立修憲的模式？這是否已經根本牴觸了剛性憲法的最核心內容：立法者不能循普通立法的途徑，修改憲法❷❻？

◆ 修憲程序之變更

　　本案解釋係根據憲法第一百七十四條之修憲程序規定而做成。本案解釋做成之後，國民大會迅即集會修改憲法，憲法第一百七十四條第一款亦在修改之列，當時將關於修憲程序之規定列為增修條文第一條第一項、第二項，直至九十四年六月再經修憲徹底告別國民大會之建制，改以憲法增修條文第十二條規定新的修憲程序。關於八十九年修憲以後之修憲程序規定之介紹與討論，參閱陳新民，《憲法學釋論》，頁 958–68，自刊，九十四年五版。

義的政治哲學對美國憲法思想基礎及實務的影響〉，《憲政時代》，20 卷 3 期，頁 82，八十四年一月。

❷❻ 雷賓南譯，A. Dicey 著，《英憲精義》，頁 186，帕米爾，八十年十月；陳新民，《中華民國憲法釋論》，頁 15–6，自刊，九十年四版。

　　本案解釋就修憲程序規定中引申出重要之憲法限制。繼國民大會臨時會可否修憲案（釋 314）解釋依據憲法要求修憲應使國民預知其修改目的並有表達意見之機會、釋字第三八一號解釋指出修憲機關議會自律事項之決定應符合自由民主憲政秩序之原則以後，大法官認定本案系爭修憲程序之無記名投票違背公開透明原則，又其程序違反國民大會議事規則有明顯重大之瑕疵，為自由民主憲政秩序所不許，系爭修憲條文全文失效。

　　林永謀大法官在協同意見書中闡述國民參與修憲討論的民主程序，說明公共討論與理性思辯對於修憲而言乃屬不可或缺；此與學理上所謂「思辯民主」❷❼的概念提倡是否若合符節？本案解釋是否業已暗示修憲程序的民主意涵不僅在於多數決民主所需要的表決人數，而且在於民主理性思辯與討論的實質過程？

◆ 主權在民原則

　　本案解釋，自國民主權原則推出修憲應符合公開透明之原則，並就何謂明顯重大之瑕疵，給予定義。所謂國民主權原則，亦即為主權在民原則，依憲法第二條之規定，係指國家主權屬於國民全體，既非得由掌握政治權力的人所掌握，也不屬於任何個人；也就是世界人權宣言第二十一條第三款所言：「人民意志應為政府權力之基礎」的意思。惟由國民全體行使主權，態樣有二：一為由全體國民共同做成某種決定，即為直接民權之型態　（直接民權之實現可以全國人民同時行使憲法第十七條所保障之選舉、罷免、創制、複決等參政權為其著例）；二為經由多數決選舉產生之合法政府行使政治權力，是為代議政治之型態。直接民權為民主的原型狀態，關於其行使，有兩項基本的關切存在：一為難以經常而普遍的行使；二為如何有效地行使以臻合理　。　代議政治為民主的現實狀態　，關於其行使，亦有兩項基本的關切存在，一為如何防止代議士僭越而濫用代議士的權力；二為代議士反映多數選民之意志時如何防止多數決侵凌少數的基本

---

❷❼　思辯民主，deliberative democracy，有譯為討論式民主，為一種民主形式，強調討論與辯論之重要性，因為這些有助於界定公共利益。參閱如楊日青、李培元、林文斌、劉兆隆譯，Heywood 著，《最新政治學新論》，頁 131、670，韋伯文化，九十一年。

人權。本案中是否出現了代議政治所關切的問題現象？

◆ **直接民權與代議政治之選擇**

　　直接民權抑代議政治之選擇，乃至不同選擇之間所可能產生之各種關切，於憲法之修改程序而言均屬重要。本案解釋述及修憲機關之選擇，在解釋當時憲法及增修條文規定，係以國民大會為唯一之修憲機關，缺乏公民複決或由其他機關（如地方議會）予以制衡之規定，乃有從嚴要求修憲程序符合公開透明原則之推論基礎，也因此需要討論代議機關之建制理論，亦即自由委任與強制委任之差異。

　　所謂自由委任者，係指代議士係依法代表全體選民，而非選區選民所派遣，其執行職務乃不受選區選民約束之理論；而強制委任者，則指代議士為選區選民之代表，執行職務應符合選民之意志，不得違反。自由委任制與強制委任制，又稱為法定代表制與委任代表制。依強制委任之理論，至其極致，代議士必須事事請示選民，只為一種純粹之傳達工具，雖符合民主制度之本意，但不僅失卻代議政治建制之理由，實務上亦有執行之困難。且若採行絕對強制委任，何妨逕以直接民權取代？強制委任制於今日之世界乃少見存續，較為著名之例子恐怕只有美國總統選舉制中之選舉人團而已❷❽。相對地，自由委任制在實行上雖甚便利，但達其極致，代議士完全不受選民意志拘束，則代議政治予人「代議士應以選民的意志為意志」的觀念印象，與「選民係以代議士的意志為意志」的實際情景，未免截然相反！關於代議士性質之基本理論探討，參見曾繁康，《比較憲法》，頁 192 以下，三民，八十二年六版。

　　本案解釋認定我國憲法所規定之代議政治中，各級議會代表不能以純粹之自由代表視之，其立論根據則在於憲法第一百三十三條規定各級民意代表均得由原選區選民加以罷免❷❾，憲法仍有意由選民使用罷免權以約制

---

❷❽　有關美國總統選舉人團制度的詳細介紹，參閱史慶璞，《美國憲法與政治權力》，頁 261 以下，三民，九十年。

❷❾　依監察院聲請解釋不分區代表不受罷免案（釋 331）解釋，政黨比例代表制之「民意代表如喪失其所由選出之政黨黨員資格時，自應喪失其中央民意代表之資格」則為例外。惟「廣泛採行政黨比例代表制的歐陸各國，一向堅持『代表自由』之法理，

代議士，代議士仍不能全然漠視民意，而以自己之意志代替選民之意志。此一折衷說之採取，就理解我國憲法所建立之民主共和及代議制度而言，相當重要。

本案涉及修憲程序，國民大會既非純粹之自由委任代表，當時又為掌握終極修憲權力之唯一機關❸，大法官從而尋得必須加強修憲程序規範控制之立論基礎。其所關切者，則是代議政治中代議士僭越其權力界限的憲法基本問題。蓋如選民可以有效控制代議士，則代議士濫用其權力的行為亦有可能完全交由選民制裁，無須釋憲機關之介入；大法官在本案中特別指出，無記名投票的方式使得選民無從知悉誰是應該受到制裁的對象，將使得罷免機制亦無從節制代議士濫權。釋憲機關加強審查修憲程序是否具有違反自由民主憲政秩序的明顯重大瑕疵，即成為限制修憲權力無限膨脹之唯一途徑。換言之，大法官係從憲法規定民意代表的罷免制度的始意之中，推論得出本案中之無記名投票成為憲法所不能容忍的選擇。

◆ 剛性憲法的修憲程序

本案解釋，特別是林永謀大法官的協同意見書，說明我國憲法為剛性憲法❸，亦即憲法規定的修憲程序不容立法機關以立法程序修憲，使得立法機關的立法權，因為不能以立法方式修憲而無可避免地受到憲法的約束❸；立法機關若可透過普通立法程序修憲，立法權將不復受到憲法拘

對於喪失黨籍的議員，並不認為其當然喪失議員資格」。參見廖元豪，〈政黨政治、民主政治與直接選舉之衝突全額比例代表制國民大會之檢討〉，《政策月刊》，53 期，頁 58，八十八年十二月。

❸ 在民國八十九年四月二十五日修憲之前，修憲程序依憲法第一七四條之規定，得由立法院提案，國民大會複決，或是由國民大會主動提案。修憲之後，依憲法增修條文第一條第二款之規定，國民大會僅得複決立法院所提之憲法修正案。

❸ 依陳新民之研究，剛性憲法與柔性憲法之區分首見於戴雪所著《英憲精義》，雷賓南譯本頁 15。參見陳新民，《中華民國憲法釋論》，頁 15，自刊，九十年四版。

❸ 所謂立法者因憲法區別修憲程序與立法程序而受到憲法之拘束，其形態有三：一是憲法規定修憲權根本不歸立法者行使；二是憲法規定立法者可以參與修憲，但尚須經過其他憲法機關（如國民大會、州議會）複決或其他憲法程序（如公民投票）始得修憲者；三是憲法規定立法者享有修憲權，但修憲程序與立法程序有異，修憲須

束，國會主權即取代國民主權❸。本案中提出協同意見書之孫森焱大法官，在國民大會修憲讀會人數案（釋 381）中曾於不同意見書內指出：「我國憲法具有剛性憲法之性質，憲法的修改程序既由制憲機關明定於憲法，以拘束修改憲法之機關，修改憲法之機關即不得自行違背此規定之程序修改憲法。」然則本案解釋亦暗示我國規定的剛性修憲程序，非無弱點：國民大會缺乏有效制衡，可能在極端的情形下，運用修憲權破壞民主憲政機制而難於控制，亦即出現類如本案系爭修憲之爭議。而釋憲者之積極介入，發揮憲法防衛的功能，是否即成為彌補憲法弱點的一個重要因素？

　　就憲法第一百七十四條原文規定之修憲程序言之，其仔細設定之表決人數，除有一定之修憲提案人數限制之外，須有三分之二以上之國大代表出席，出席人數四分之三以上之同意，始得通過修憲案。以四分之三做為可決多數，程序不謂不嚴謹，而此可決人數之設計，本質上係在要求任何一項修憲案之通過，至少應有國大代表基數名額❸半數以上（三分之二乘以四分之三為二分之一）之通過，亦即避免修憲案以任何少於半數之比例通過，以示慎重，同時卻也可以免於超多數可決比例不似普通多數符合多數決原理之批評❸。然則如此精心設計之高門檻可決人數，在本案中似仍不足以防阻國大代表通過不符自由民主憲政秩序規格之修憲條文。大法官的解釋，雖不能改變憲法關於修憲程序的基本設計，卻事實上促成了國民大會日後另以憲法增修條文重寫了憲法第一百七十四條將國民大會做為唯一修憲機關規定之契機，實是憲政發展中始料未及的一項重要轉折。

◆ 議會自律原則與司法審查

　　本案解釋涉及議會自律原則之具體內涵，賴英照大法官提出協同意見

經特別多數決議之程序（例如四分之三）始得為之。三種形態中，又以最末一種防範立法者侵凌憲法之方式最為柔弱。

❸ 例如無成文憲法之英國即是如此。參見雷賓南譯，A. Dicey 著，《英憲精義》，頁 133–81，帕米爾，八十年十月。

❸ 國民大會代表總額計算標準案（釋 85）解釋認為「憲法所稱國民大會代表總額，在當前情形，應以依法選出而能應召集會之國民大會代表人數，為計算標準」。

❸ 參見羅傳賢，《立法程序與技術》，頁 548–50，五南，九十年二版。

書認為議會自律原則在立法院與國民大會應該同其標準，林永謀大法官之協同意見書則認為國民大會職司修憲，議會自律不受司法審查之範圍應較立法機關為小，孰為有理？本案解釋採取的是哪一種看法？

　　本案曾華松大法官提出之不同意見書認同國民大會主張本案應採政治問題不受司法審查之概念，不予解釋。何謂政治問題？政治問題與議會自律原則之理論淵源有無相通之處？從本案解釋所引用之美國憲法判例可否看出兩者有其相通之處？政治問題理論與議會自律原則之憲法根據何在？

◆ 憲法防衛

　　司法審查修憲程序是否合憲，以非民選機關審查民意機關行為有無違反民主之疑慮？如果非民選之司法機關不得審查民意機關所行之修憲程序是否合憲，則憲法規定修憲程序之遵守與否，是否全由修憲機關自行決定？修憲機關若不遵守修憲程序時，應由誰來防衛憲法？選民的選票可不可以有效防衛憲法？選民不願或不能用選票防衛憲法時，除了釋憲者之外，還有沒有其他可能的防衛機制存在（如立法院行使預算權）？釋憲機關如果濫用釋憲權，憲法有無自我防衛的機制存在？到底該把防衛憲法的責任交給誰？民意機關為民意之代表，並非人民本身，可否以此為由主張司法審查並不違反民主？

　　學界關於本案解釋之評釋，參閱許志雄，〈憲法保障與違憲的憲法規範〉，收入《憲法秩序之變動》，元照，八十九年；許宗力，〈憲法違憲乎？──評釋字第四九九號解釋〉，《月旦法學雜誌》，60期，頁141-54，八十九年五月。

制憲聯盟對中央選舉委員會案（釋字第七二一號解釋）

　　聲請人制憲聯盟認政黨選舉票之政黨得票比率未達百分之五不分配當選名額之規定，及政黨比例代表三十四席且席次分配採並立制之規定，與第七屆立法委員選舉單一選區制相結合所建構之選舉制度，無法忠實反映國民總意志。聲請人主張上述規定牴觸憲法第二條國民主權原則、第一二九條平等

選舉票票等值原則，並侵害其受憲法保障之參政權、結社自由及平等權，應予宣告違憲。

大法官於解釋文認憲法增修條文第四條第一項及第二項關於單一選區兩票制之並立制、政黨比例代表席次及政黨門檻規定部分，及公職人員選舉罷免法第六十七條第二項關於並立制及政黨門檻規定部分，皆未違反現行之自由民主憲政秩序。解釋理由書中，於修憲界限之討論，先參照釋字第四九九號解釋之意旨，說明憲法之修改應由修憲機關循正當修憲程序為之，蓋國民大會基於修憲職權所制定之憲法增修條文與未經修改之憲法條文為同等位階，惟憲法條文中具有本質之重要性而為規範秩序存立之基礎者，諸如：第一條民主共和國原則、第二條國民主權原則、第二章保障人民權利、以及有關權力分立與制衡之原則，除其程序有明顯重大瑕疵或內容涉及違反自由民主憲政秩序外，自應予尊重，如聽任修改條文予以變更，則憲法整體規範秩序將形同破毀，該修改之條文即失其應有之正當性。此外，於本號解釋除再次闡釋憲法之修改如未違反前述民主共和國原則、國民主權原則及權力分立與制衡原則，即未違反自由民主憲政秩序，於保障人民權利之部分，更進一步揭示如未涉人民基本權核心內涵之變動，亦未違反憲法賴以存立之自由民主憲政秩序。

一協同意見書一（節）　　　大法官　蘇永欽

......

一、修憲條文僅於極例外情形始得審查，在公民複決修憲案的情形，其審查範圍更應限於修憲程序的合法（憲）性。

......

......比較可採的，還是本院在釋字第四九九號解釋以憲法中具有本質重要性的規定為基礎進行審查的先例，實質上即為德國二戰前重要學者 Carl Schmitt 的憲章、憲律二分論，先確認憲法中屬於制憲者基本決定的部分，以其改變等同憲法的破毀，而不再是修憲，因此成為修憲的界限。惟 Schmitt 的憲法學理論並未說明由何機關來認定修憲界限是否已經逾越，事實上在其與 Hans Kelsen 的論戰中，明確反對由特設司法機關承擔此一權責。就此部分，

本院在第四九九號解釋刻意再把作為修憲界限的本質重要性規定，與自由民主憲政秩序連結，顯然又參考了德國戰後基本法依「防衛性民主」(streitbare oder wehrhafte Demokratie) 理念建構的制度 ，而以憲法法院為此一秩序的守護者……以此對照憲法增修條文第五條第四、五兩項規定，雖僅就政黨違憲解散部分加以規定，但該規定以政黨「危害自由民主之憲政秩序」為違憲，而僅得由本院大法官審判認定，實已寓有以本院為自由民主憲政秩序守護者的意旨，則在修憲逾越修憲界限而危害自由民主憲政秩序的情形，本院也應有審查認定的權責，這是第四九九號解釋為本院認定憲法違憲意在言外找到的憲法理據。

　　但第四九九號解釋創設的審查權，將本院通常據以審查國會法律的憲法規定也納入審查，畢竟太不尋常，應該僅在極例外的情形，即憲政運作已因此陷入困境，民主法治有可能逸出不可折返點而將難以自癒時，始足以合理化。該案由國大代表在任期將屆滿之際，未經所屬政黨同意，即先以多數通過不記名表決提案，繼以此方式通過延長代表本身及現任立委任期的修正案，的確已使民主憲政陷入難解的危機，而使本院不得不創設憲法未規定的審查權並即對修憲條文進行審查。例外情形的受理本應從嚴，基於憲政穩定的考量，若非有類似的急迫情形，本院自不宜僅以第四九九號解釋創有先例在前，即輕啟審查憲法條文之門，否則群起效尤，反而會帶來憲政的不安。

　　不僅如此，本案在受理上還有一個異於第四九九號解釋的特殊背景，不能不納入考量，該背景足以動搖第四九九號解釋創設本院審查權的基礎，因此在勉予受理時，尤有說明清楚的必要。簡言之，Carl Schmitt 所持由發動的制憲力 (pouvoir constituant) 所做的基本決定（即憲章：Verfassung），不得由依據該憲法所生的憲制力 (pouvoir constitué) 所做的修憲決定 （即憲律： Verfassungsgesetz）加以改變，是以制憲力與修憲力的可分為前提，但對於制憲力如何發動，Schmitt 也明知無法建構明確的規範理論，不過他仍基於主權在民的基本思考，想像了幾種合理的選擇，都以人民某種程度的直接參與為其特徵。足見其修憲界限理論仍內含了修憲程序所涉民主正當性高低的前提，即在國民直接而非付託特定機關修改憲法的情形，其民主正當性已與制憲力的發動無異，縱使形式上是依據憲法發動的修憲程序，基於主權在民的基本

原則，可否再由依憲法設置的司法機關本於原憲法的本質重要性規定去作審查，理論上即不能無疑。本席認為，在這種國民直接修憲的情形，本院即使因憲政陷入困境而認有受理需要，基於主權在民的基本原則，所得審查者應該也以修憲程序有無重大違反正當民主程序之處為限，而不得再進一步對修憲內容加以審查。

本案審查的中華民國九十四年六月十日修正公布的憲法增修條文第四條第一、二項規定，是依八十九年四月二十五日修正公布的憲法增修條文第一條所定修憲程序所修正，該程序剛好就有高度的國民參與，也就是在立法院提出憲法修正案，經公告半年後，由採比例代表制選出的國民大會代表複決該憲法修正案，其選舉方式授權法律定之。依上開授權規定，於九十四年二月五日制定公布的國民大會代表選舉法（九十五年一月二十五日公布廢止）第二十一條第一項規定，選舉票上應刊印政黨、聯盟就該憲法修正案贊成或反對。九十四年五月二十七日制定公布的國民大會職權行使法第八條規定，政黨、聯盟推薦的國民大會代表行使職權時，應依其所屬政黨、聯盟在選票所刊印的贊成或反對意見，以記名投票方式為之。其違反者，以廢票論。由此可見，依此程序選出的國民大會代表僅負有依選舉結果代表全體國民複決該憲法修正案之權，所複決的憲法修正案實質上和公民複決已經相去不遠。而和第四九九號解釋審查的憲法增修條文相比，當時是經由國民大會以一般代議方式完成修正，人民在選舉國大代表時尚無任何修憲案，國大代表提出、審議修憲案時，不僅未受人民的明確委任，也沒有公告半年讓民眾充分討論，當然有其本質的不同。故本席對於本件解釋案的聲請，寧以無明顯憲政困境而不受理為恰當，其受理也認應以程序有無重大瑕疵為限去作審查為宜，縱使因形式上畢竟仍由國民大會議決，非公民直接複決，而援第四九九號解釋先例，對憲法增修條文的內容加以審查，考量上述憲法論證上的困難，也認為應充分節制，避免作任何多餘的論述。故就解釋結果，本席雖勉予接受，卻不得不作以上違心之論。

……

―部分協同暨部分不同意見書―　　　　大法官　湯德宗

......

一、釋字第四九九號解釋所釋示之修憲實質界限應僅適用於經由代議（間接）民主產生之憲法增修條文

我國憲法與德、法兩國不同，原未規定憲法修改之實質界限，嗣大法官懍於守護憲法之神聖職責，並有鑑於其時修憲權由國民大會獨佔（其他憲法機關全然無法制衡）之憲法結構，......乃作成釋字第四九九號解釋，宣示國民大會修憲應有程序界限與實質界限，終於力挽狂瀾，避免憲法破毀之危機。惟，細繹該號解釋所釋示之修憲實質界限......即可察知：其係以國民大會乃憲法所設置之修憲機關，而國民大會代表依據憲法以「法定代表」之身分，本於其自由意志，概括代表全國國民行使修憲權作為前提，所為之憲法論理。換言之，前揭本院釋字第四九九號所宣示之修憲實質界限係指由國民大會代表全國國民制定憲法增修條文之情形而言。

二、經由直接民主產生之憲法增修條文應僅受正當修憲程序之限制

按憲法第二條規定：「中華民國之主權屬於國民全體」，意指中華民國境內最高之政治主權 (political sovereignty) 係由國民全體共同保有，全體國民經由定期選舉，同意接受統治（憲法第一條：「中華民國基於三民主義，為民有民治民享之民主共和國」參見），並將法律主權 (legal sovereignty) 交由其所選任之代表代為行使，含立法委員之立法及國民大會之修憲（憲法第六十二條規定：「立法院為國家最高立法機關，由人民選舉之立法委員組織之，代表人民行使立法權」；憲法第二十五條規定：「國民大會依本憲法之規定，代表全國國民行使政權」參見）。故前揭本院釋字第四九九號解釋明言：「國民大會為憲法所設置之機關，其具有之職權亦為憲法所賦予......基於前述規定所形成之自由民主憲政秩序，乃現行憲法賴以存立之基礎，凡憲法設置之機關均有遵守之義務」。倘國民大會通過之憲法增修條文牴觸具有本質重要性之憲法基本原則，而破壞自由民主憲政秩序者，即不具實質正當性。

至於國民全體複決通過憲法增修條文時，前揭釋字第四九九號解釋以代議民主（由國民大會代表全國國民修改憲法）為基礎所釋示之修憲實質界限即難繼續適用。蓋全體國民既已當家作主，經由複決直接展現國民總意志

(general will of the people)，則其所為之抉擇（含修憲決定）實質上必為最終（最高）之決定，始符合「國民主權原則」之真諦。是除憲法增修程序違反公開透明、理性思辨之正當修憲程序（憲法第一百七十四條、憲法增修條文第十二條參見），致國民無從自由、平等表達其意志者（如投票時普遍存在威脅利誘情事，憲法第一百三十二條參見）外，釋憲機關對國民全體複決通過之憲法增修條文內容即應予尊重。

民國八十九年四月二十五日修正公布之（第六次）憲法增修條文第一條規定，國民大會代表於立法院提出憲法修正案，經公告半年，採比例代表制選出，以複決該憲法修正案；比例代表制之選舉方式，以法律定之。立法院於九十四年二月五日制定公布國民大會代表選舉法（九十五年一月二十五日公布廢止），其第二十一條第一項規定：「選舉票上應刊印政黨、聯盟就該憲法修正案贊成或反對」。九十四年五月二十七日制定公布之國民大會職權行使法第八條並規定：「政黨、聯盟推薦之國民大會代表行使職權時，應依其所屬政黨、聯盟在選票所刊印之贊成或反對意見，以記名投票之方式為之。其違反者，以廢票論」。是該次修憲雖形式上仍由國民大會為之，然依上開方式選出之國民大會代表實際僅得依選舉結果，以「委任代表」之身分，代表全體國民複決該憲法修正案。此一任務型國民大會之代表，遵照國民之委任，複決通過之憲法增修條文，實質上已屬由公民複決所通過之憲法增修條文，堪稱國民總意志之直接展現。前揭「兩票並立制」、「政黨比例代表席次」及「百分之五政黨門檻」等三項選制設計，其增修提案之程序既無重大明顯瑕疵，而違反公開透明、理性思辨之正當修憲程序，其複決之投票程序亦未有普遍妨礙國民自由表達意願之情事，自無違憲疑議，本院對上開選制變革應予尊重。

……

◆ 修憲界限？

本號解釋理由書指出：「申言之，憲法之修改如未違反前述民主共和國原則、國民主權原則，或未涉人民基本權核心內涵之變動，或不涉權力分立與制衡原則之違反，即未違反自由民主憲政秩序。」與郝龍斌、鄭寶

清、洪昭男等對國民大會案（釋 499）解釋文闡述修憲界限相比：「憲法條文中，諸如：第一條所樹立之民主共和國原則、第二條國民主權原則、第二章保障人民權利、以及有關權力分立與制衡之原則，具有本質之重要性，亦為憲法整體基本原則之所在。」兩者有何相異之處，修憲界限是否應以基本權之核心內涵為限？何謂人民基本權之核心內涵？是否所有基本權均有核心內涵？蓋言論自由之核心意涵為何？黃茂林案（釋 399）所創設之姓名權是否有核心內涵？又如汪少祥等聲請認可收養案（釋 712）蘇永欽及羅昌發大法官所提及之家庭權是否有核心保障之範圍？

又從修憲界限程序之討論言之，湯德宗大法官於意見書認郝龍斌、鄭寶清、洪昭男等案（釋 499）由代議民主所為之修憲實質界限應無法繼續適用本號解釋。其意見書說明本號解釋乃國民大會以「委任代表」之身分，代表全體國民複決通過憲法增修條文，實質上已屬由公民複決所通過之情形，堪稱國民總意志之直接展現，蘇永欽大法官於意見書亦有類同見解。是否認同兩位大法官所述，郝龍斌、鄭寶清、洪昭男等對國民大會案（釋 499）與本號解釋之修憲界限內涵並不相同？

乙、憲法之解釋

　　憲法修正是外觀上最為明顯的憲法變遷模式，然而憲法變遷的模式並不限於修憲，憲法解釋則是另外一種。本書所介紹之憲法解釋案例，無一不為憲政演進與成長的一部分過程，也就顯現出憲法在無形中產生變遷的一種型式。依郝龍斌等對國民大會案（釋499）之解釋理由書所述，憲法解釋，所要解決的問題有：規範競合、規範衝突與規範缺漏三類，該案解釋處理憲法規範競合與規範衝突的結果，修憲條文亦被認為無效；修憲所形成之憲法變遷，卻因憲法解釋而發生重大轉折變化，由此可以看出憲法解釋在憲法變遷中所占據的重要位置。

　　在前面討論憲法的定義——憲法是否以法官的宣示為準時，我們已經說到憲法解釋的方法及其所產生的若干值得思索的問題。以下兩個案例則可顯示憲法解釋面對規範缺漏所能發揮的作用。

總統府聲請解釋司法院人事任命㈠案
（釋字第四七○號解釋）

續 (12) 355 (87)

✎ 背景事實

　　本案之聲請人應為總統，但實際向司法院大法官提出解釋聲請者為總統府秘書長黃昆輝。聲請解釋的原因，則係民國八十六年七月二十一日修正公布之憲法增修條文第五條第一項有關司法院正副院長及大法官提名之規定，附有應自中華民國九十二年起實施之期限，而在期限未屆之前，總統就司法人事提名應如何適用憲法、是否適用修正公布前原憲法增修條文第四條之規定，滋生疑義，乃向大法官聲請解釋。

解釋文

　　中華民國八十一年五月二十八日修正公布之憲法增修條文第十三條第一項規定司法院設院長、副院長各一人，大法官若干人，由總統提名，經國民大會同意

任命之，不適用憲法第七十九條之有關規定，自此監察院已無行使同意之權。總統並分別於八十二年四月二日及八十三年七月三十日依前開增修條文規定，提名司法院院長、副院長、大法官，經國民大會同意任命。八十三年八月一日修正公布之憲法增修條文將上開同條文條次變更為第四條第一項。八十六年七月二十一日修正公布之憲法增修條文雖針對前開增修條文加以修正，改列為第五條第一項而異其內容，但明定自九十二年起實施。是在此之前所提名之司法院院長、副院長及大法官，自無從適用。未屆九十二年以前，司法院院長、副院長及本屆大法官出缺致影響司法院職權之正常運作時，其任命之程序如何，現行憲法增修條文漏未規定，要屬修憲之疏失，總統如行使提名權，應適用八十三年八月一日修正公布之憲法增修條文第四條規定程序為之。

一解釋理由書一

　　中華民國八十一年五月二十八日第二屆國民大會修正公布之憲法增修條文第十三條第一項規定司法院設院長、副院長各一人，大法官若干人，由總統提名，經國民大會同意任命之，不適用憲法第七十九條之規定。嗣於八十三年八月一日將該條調整條次為第四條第一項。第三屆國民大會又於八十六年七月二十一日將該條修正其內容，並變動條次為第五條第一項：「司法院設大法官十五人，並以其中一人為院長、一人為副院長，由總統提名，經國民大會同意任命之，自中華民國九十二年起實施，不適用憲法第七十九條之有關規定。」由此可知，該條係對司法院院長、副院長資格及大法官人數、任期之重大變更，且明定自民國九十二年起實施，在此之前所提名之司法院院長、副院長及大法官自無從適用。現任司法院院長、大法官及目前出缺之副院長，係總統分別於八十三年七月三十日及八十二年四月二日，依據八十一年憲法增修條文第十三條第一項規定提名，咨請國民大會同意所任命。因此院長、副院長不必具有大法官身分，而第六屆大法官之任期，依據司法院組織法第五條第二項之規定為九年，至民國九十二年十月始行屆滿。於此憲法增修條文新舊交替期間，遇有院長、副院長或大法官出缺時，其任命之程序如何，八十六年憲法增修條文第五條並無明文規定。憲法第七十九條雖規定，監察院對總統提名之司法院院長、副院長及大法官有同意之權，惟自民國八

十一年公布之憲法增修條文第十三條實施後，監察院已無此項權限，現行憲法增修條文第七條第一項規定亦同。司法院院長、副院長及大法官之提名自無再循憲法第七十九條規定同意任命之餘地。現行憲法增修條文第五條之修憲意旨原係於現任大法官之任期至九十二年十月屆滿時，由繼任之大法官銜接，在此期間，司法院院長、副院長及大法官出缺致影響司法院職權之正常運作時，其任命之程序，本應以過渡條款規定，援用八十三年憲法增修條文第四條。然八十六年憲法增修條文第五條就此漏未規定，要屬修憲之疏失，總統如行使提名權，應適用八十三年八月一日公布之憲法增修條文第四條規定程序為之。

一不同意見書一（節）　　　　　　　大法官　陳計男、施文森

　　……

　　八十六年七月二十一日修正公布之中華民國憲法增修條文（下簡稱新增修條文）第五條第一項明定：「司法院設大法官十五人，並以其中一人為院長、一人為副院長，由總統提名，經國民大會同意後任命之，自中華民國九十二年起實施，不適用憲法第七十九條之有關規定」。而憲法第七十九條係規定：「司法院設院長、副院長各一人，由總統提名，經監察院同意任命之」（第一項）。「司法院設大法官若干人，掌理本憲法第七十八條規定事項，由總統提名，經監察院同意任命之」（第二項）。與修正前八十三年公布之憲法增修條文第四條（八十一年公布之憲法增修條文第十三條同）比較，可見新增修條文第五條第一項係在規定司法院院長、副院長須由大法官出任，並限制司法院大法官人數為十五人，其任命程序係由總統提名，經國民大會同意任命，不再適用憲法第七十九條之有關規定，惟為配合現在司法院院長非由大法官出任及第六屆大法官之任期及任命之人數，明文規定上述院長、副院長、大法官人數及任命程序之規定，自九十二年起實施。故在九十二年新規定實施前，如有任命院長、副院長或大法官之必要，其程序新增修條文既未規定，且修正前之憲法增修條文又因新增修條文之公布而失效，則此新增修條文未特別規定之事項，自應回歸適用憲法，即憲法第七十九條之規定。……惟查新增修條文第五條第一項，係規定為自中華民國九十二年起「實施」，而

非「施行」，是新增修條文全部業因總統公布而施行，僅就其第五條第一項，關於提名任命程序等部分，因種種因素之考量，延後至九十二年實施而已，至原司法院院長、副院長、大法官之職位，則不受影響。國民大會於修憲時既已注意及新增修條文第五條所定司法院院長、副院長資格及大法官之人數和任命與修正前之規定不同，而另訂其實施日期，其獨對新增修條文公布至九十二年期間，如須任命司法院院長、副院長及大法官時之任命程序，未設規定，不論是否出於修憲時之有意或疏失所致，其應否再為修訂？如何修訂？均屬修憲者職權行使之範圍，應由修憲之國民大會自行處理解決，處理前仍應回歸憲法原來之規定（憲法第七十九條）。故本席不認在九十二年以前，可依修憲時有疏失之推論，使已失效僅成為法制史上存在之八十三年公布之憲法增修條文第四條規定，以大法官解釋回復其效力，而加以適用，作為總統提名司法院院長、副院長及大法官，咨請國民大會同意後任用之依據。況現任司法院院長及本屆大法官係依八十一年憲法增修條文第十三條規定程序任命，亦非依八十三年憲法增修條文第四條之規定所任命。至回歸憲法第七十九條之規定後，監察院因八十一年公布之憲法增修條文第十三條規定已無行使同意權之職權，且依新增修條文第七條第一項規定，亦喪失憲法所定行使同意權之權限，自已無行使同意總統任命政府重要人員之正當權源。新增修條文第五條雖已將總統任命司法院院長、副院長及大法官之同意權規定由國民大會行使，但須俟九十二年始實施。關於司法院院長、副院長及大法官之任命程序，憲法及憲法增修條文既均自為明文規定，即應遵循。則九十二年以前司法院院長、副院長及大法官之任命回歸憲法第七十九條後，因與新增修條文第七條第一項規定相齟齬，而新增修條文第一條第三項第六款之規定，又以依第五條之規定為前提，致憲法第七十九條規定難以適用，此項齟齬之解決，依上說明，自應由修憲機關自行處理，殊無由由大法官藉用解釋憲法之權，迴避失效法律不得適用之原則，藉為期司法院職權正常運作等理由，將已失效之規定，還魂適用代修憲者為補救之餘地。矧司法院目前僅副院長及三名大法官（依司法院組織法第三條第一項所定員額計算）出缺，而副院長之出缺，依司法院組織法第八條第四項規定，副院長並非不可暫時從缺，又依同條第五項規定，院長、副院長均出缺時，亦可由總統就大法官中指定

一人代理院長；再大法官之員額，憲法並未規定，司法院組織法第三條第一項雖規定，人數為十七人，惟歷屆大法官任命常有不足額之情事，參諸新增修條文將其定為十五人，其中尚包括院長、副院長二人，則九十二年以後，司法院除並為院長、副院長之大法官外，大法官至多僅為十三人，較現在在任之大法官人數十四人為少，且依大法官審理案件法第十四條之規定，大法官解釋憲法或統一解釋法律或命令時之出席、可決人數之計算，係以現有總額為準，就司法院組織法規定之大法官人數而言，目前雖有三位大法官之缺額，但於大法官職權之行使，尚無妨礙。難謂上開規定之齟齬對於司法權或司法院之運作與穩定已有不良影響，並對憲政運作發生明顯而立即之危險，有不能等待修憲機關之處理，必須藉由釋憲，以解決此憲政運作困境或危機之急迫情事。何況國民大會每年均有集會（參照新增修條文第一條第五項），如認有修訂必要，自得隨時修訂，以為解決。倘若修憲者之目的，在於有意使總統於九十二年以前暫時不能行使對司法院院長、副院長及大法官之提名任命權，就上開齟齬情形故意不予處理，亦屬對總統職權行使限制之問題。惟總統之職權源於憲法（包括憲法增修條文）之規定，修憲者本得加以變更或限制，尚不生憲法及憲法增修條文之規定，有妨礙總統職權行使之情事。再總統即使有任命司法院院長、副院長、大法官之急迫情事，不及等待憲法或憲法增修條文之修訂，而須及時解釋以維憲政之運作，亦應從歷來之憲法增修條文對於監察院職權之修訂及原監察院同意權改由國民大會行使之旨趣，考慮是否解釋為在九十二年增修條文第五條實施前，在憲政運作有急迫之情形下，憲法第七十九條所定監察院之同意權，應改由國民大會行使，而非適用已失效僅法制史上存在之八十三年憲法增修條文第四條規定。從而多數大法官不待修憲者之處理，以「因任命之程序致影響司法院職權之正常運作」為前提，預作「應適用八十三年之憲法增修條文第四條規定程序辦理之解釋」，不無侵害修憲者職權行使之嫌，大法官解釋權之行使，能不知所自制乎？

總統府聲請解釋司法院人事任命㈡案
（釋字第五四一號解釋）

續 (15) 190 (91)

📌 背景事實

於總統府聲請解釋司法院人事任命㈠案（釋 470）解釋之後，民國八十九年四月二十五日修正公布之憲法增修條文，仍未處理司法院人事任命之修憲闕漏，司法院第六屆大法官於九十二年任期屆滿前，大法官及司法院院長、副院長出缺時之任命程序仍未規定。九十一年陳水扁總統欲為大法官提名以補足缺額，遭到與前案相同之問題，然因八十九年之修憲已就國民大會組織進行重大改變，而仍不能從前案解釋中得到答案。乃仍循往例，由總統府秘書長陳師孟聲請大法官解釋，聲請書遞出後，總統府並再函告司法院，秘書長係奉總統核示代總統提出釋憲聲請。

解釋文

中華民國八十九年四月二十五日修正公布之憲法增修條文第五條第一項前段規定，司法院設大法官十五人，並以其中一人為院長、一人為副院長，由總統提名，經立法院同意任命之，自中華民國九十二年起實施，不適用憲法第七十九條之規定。關於司法院第六屆大法官於九十二年任期屆滿前，大法官及司法院院長、副院長出缺時，其任命之程序，現行憲法增修條文未設規定。惟司法院院長、副院長及大法官係憲法所設置，並賦予一定之職權，乃憲政體制之一環，為維護其機制之完整，其任命程序如何，自不能無所依循。司法院院長、副院長及大法官由總統提名，經民意機關同意後任命之，係憲法及其增修條文之一貫意旨，亦為民意政治基本理念之所在。現行憲法增修條文既已將司法、考試、監察三院人事之任命程序改由總統提名，經立法院同意任命，基於憲法及其歷次增修條文之一貫意旨與其規範整體性之考量，人事同意權制度設計之民意政治原理，司法院第六屆大法官於九十二年任期屆滿前，大法官及司法院院長、副院長出缺時，其任命之程序，應由總統提名，經立法院同意任命之。

─解釋理由書─

　　本件聲請係總統府秘書長經呈奉總統核示：「應依司法院大法官審理案件法第五條第一項第一款之規定，送請司法院大法官解釋」，乃代函請本院解釋，是本件聲請人係總統而非總統府秘書長，合先敘明。

　　中華民國八十九年四月二十五日修正公布之憲法增修條文第五條第一項前段規定，司法院設大法官十五人，並以其中一人為院長、一人為副院長，由總統提名，經立法院同意任命之，自中華民國九十二年起實施，不適用憲法第七十九條之規定。關於司法院第六屆大法官於九十二年任期屆滿前，大法官及司法院院長、副院長出缺時，其任命程序，現行憲法增修條文未設規定。惟司法院院長、副院長及大法官係憲法及其增修條文所設置，並經賦予一定之職權（憲法第七十八條、現行憲法增修條文第五條、司法院組織法第三條及第八條參照），乃憲政體制之一環，為維護其體制之完整，其任命程序，自不能無所依循。本院大法官職司憲法疑義之解釋（司法院大法官審理案件法第五條第一項第一款前段參照），對於憲法增修條文之上述情形，自應為合於憲法整體規範設計之填補。

　　憲法第七十九條規定，司法院院長、副院長及大法官由總統提名，經監察院同意任命之，是時監察院亦屬民意機關而行使人事同意權，嗣第二屆國民大會於八十一年五月二十八日修正公布之憲法增修條文第十三條第一項規定，司法院院長、副院長及大法官由總統提名，經國民大會同意任命之，不適用憲法第七十九條之規定。自此項規定實施後，監察院對總統提名之司法院院長、副院長及大法官已無同意任命之權限。同屆國民大會於八十三年八月一日復將上述第十三條第一項調整為第四條第一項。第三屆國民大會又於八十六年七月二十一日將該條內容修正，並變動條次為第五條第一項：「司法院設大法官十五人，並以其中一人為院長、一人為副院長，由總統提名，經國民大會同意任命之，自中華民國九十二年起實施，不適用憲法第七十九條之有關規定。」繼於八十九年四月二十五日再將該條由國民大會同意任命之規定，修正為由立法院同意任命之。自憲法與其增修條文之上述歷次增修規定可知，司法院院長、副院長及大法官之提名、任命權屬總統之權限，而其同意權則係由具有民意基礎之民意機關行使。此乃憲法及其增修條文之一貫

意旨。

　　第三屆國民大會於八十九年四月二十五日修正公布之憲法增修條文已將國民大會之設置及職權作重大調整，除將國民大會之職權明列於第一條，國民大會代表之選舉與集會，亦以行使該條所定之職權為限，並將總統提名之司法院院長、副院長、大法官，考試院院長、副院長、考試委員及監察院院長、副院長、監察委員之任命同意權，均改由立法院行使（上開增修條文第五條第一項、第六條第二項、第七條第二項參照）。是自現行憲法增修條文施行後，國民大會已無司法院院長、副院長及大法官之同意任命權，國民大會代表亦無從為此而選舉與集會。基於憲法及其增修條文規範整體性之要求，司法院院長、副院長及第六屆大法官出缺時，總統對缺額補行提名，應由立法院行使同意權，以符民主政治應以民意為基礎始具正當性之基本理念。憲法與其增修條文之上開各項人事任命同意權制度，應係本此意旨所為之設計。對總統之司法院院長、副院長及大法官提名，於國民大會已無任命同意權後，其任命同意權即應由民意機關之立法院行使。是以司法院第六屆大法官於九十二年任期屆滿前，大法官及司法院院長、副院長出缺而影響司法院職權之正常運作時，其任命之程序，應由總統提名，經立法院同意任命之。

─協同意見書─　　　　　　　　大法官　施文森

　　解釋憲法應以憲法規定本身及其所顯示之意旨為本，凡憲法所省略規定之事項，應認為有意省略，容由具修憲權限之機關自行決定如何增補，此為基於權力分立，機關間相互尊重所必須遵循之基本原則。除非憲法未為規定之事項影響憲政運作，其因而所顯現之問題又急需解決，釋憲者始得於合理範圍內行使符合憲法整體意旨之解釋權。本院釋字第四七○號解釋，顯然有悖前開原則，就憲法未規定事項，逕行認定為「修憲之疏失」，類推適用業經修憲機關所廢止之憲法條文以為補救，自屬逾分之舉，此何以本席於該號解釋，與陳大法官計男聯名作成不同意見書。惟於本號解釋本席改變立場，贊同多數意見，實係基於如下之考量：

　　一、提名權為總統固有職權之一，無論憲法本文及增修條文均載有明文，但提名權之行使以同意機關之存在為前提要件，現行增修條文完成制定於八

十九年，時在前開第四七〇號解釋公布之後，修憲機關於該次修憲時原可參酌該號解釋意旨就總統行使大法官補缺提名權之同意機關而為增補，但仍略而未提，此已非有意省略或修憲疏失，而係應為而不為，嚴重損及總統於憲法制度設計下所應有之職權。於此不得已之情況下，大法官經由解釋以維護憲政機制之完整與運作，何能謂之不宜。

二、自中華民國八十九年四月二十五日起，國民大會之職權及集會期間已有所調整，憲法修正須由立法院提出，由國民大會複決。總統於第六屆大法官任期屆滿前行使補缺提名權，若須依現行憲法增修條文規定先經修憲程序以確定同意機關，不僅曠時費日，緩不濟急，其因而付出之社會成本亦屬不貲，此在手段與目的之間是否有失均衡？以及憲政體制之運作宜否如此長期延宕？不得不有所深思。此際，若由釋憲者援引憲法基本原理原則，探求符合憲法整體精神及意旨以謀解決之道，應無失其法理上之正當性。矧憲法前後修正六次，本乎民主政治應以民意為基礎之基本理念，此項同意權應由民意機關行使之意旨，已至為明顯，大法官因而據以為由立法院同意之釋示，似已符首揭之例外。

釋憲者須忠於憲法，面對涉及憲政體制運作之重大問題，尤須毅然知所抉擇與取捨，多數意見即本此而為解釋，惟本席於贊成多數意見之餘，仍欲於此呼籲：就憲法省略事項所行使之解釋權，應嚴格地以本號解釋相類之情事為限，不宜任意擴張或持以為常例。

─協同意見書─（節）　　　大法官　謝在全

......

二、憲法增修條文第五條第一項規定，於新舊法交替時期未設過渡條款，屬法律漏洞。

憲法第七十九條規定，司法院院長、副院長及大法官由總統提名，經監察院同意任命之。嗣第二屆國民大會於八十一年五月二十八日修正公布之憲法增修條文第十三條第一項規定，司法院院長、副院長、大法官由總統提名，經國民大會同意任命之，不適用憲法第七十九條之規定。自此項規定實施後，監察院對總統提名之上述人員已無同意任命之權限。同屆國民大會於八十三

年八月一日復將上述第十三條第一項調整為第四條第一項。第三屆國民大會
又於八十六年七月二十一日將該條修正內容，並變動條次為第五條第一項：
「司法院設大法官十五人，並以其中一人為院長、一人為副院長，由總統提
名，經國民大會同意任命之，自中華民國九十二年起實施，不適用憲法第七
十九條之有關規定。」司法院第六屆大法官係總統於八十三年七月三十日依
據八十一年憲法增修條文第十三條第一項規定提名，咨請國民大會同意所任
命。由於八十六年憲法增修條文上開規定明定自民國九十二年起實施，在此
之前所提名之司法院院長、副院長及大法官自無從適用。司法院院長、副院
長及第六屆大法官於九十二年十月任期屆滿前如有出缺，其任命程序如何，
八十六年憲法增修條文未設規定，屬法律漏洞，嗣經本院釋字第四七○號解
釋，適用八十三年八月一日公布之憲法增修條文第四條規定程序為之。總統
乃依據本院上述解釋意旨，於八十七年十二月五日適用八十三年憲法增修條
文第四條第一項規定提名司法院院長、副院長及三位大法官，咨請國民大會
同意任命，並經該會依此項程序辦理完畢。

　　八十八年九月十五日、八十九年四月二十五日憲法增修條文復經兩次修
正，八十九年憲法增修條文第五條第一項規定並經修正為司法院設大法官十
五人，並以其中一人為院長、一人為副院長，由總統提名，經立法院同意任
命之，自中華民國九十二年起實施，不適用憲法第七十九條之規定。然前述
司法院院長、副院長及第六屆大法官出缺時之任命程序如何，亦未見增設。
經查閱有關之國民大會修憲實錄，第三屆國民大會第四次會議雖有第二十一
號修憲提案，擬將八十六年七月二十一日修正公布之憲法增修條文第五條第
一至五項修正為：「司法院設大法官十五人，並以其中一人為院長、一人為副
院長，由總統提名，經國民大會同意任命之，不適用憲法第七十九條之有關
規定（第一項）。司法院大法官任期十二年，不分屆次，個別計算，並不得連
任。但並為院長、副院長之大法官，其院長、副院長之任期四年，並得連任
一次（第二項）。大法官因故出缺時，得依第一項之規定重新任命，其任期以
補足原任期為限，但所補任期不足六年者，得再連任一次（第三項）。中華民
國九十二年總統提名之大法官，其中五位大法官，任期四年，另五位大法官，
任期八年，其餘五位大法官任期為十二年，不適用第二項任期之規定（第四

項）。前四項之規定，除任命程序外，其餘自中華民國九十二年起實施（第五項）。」原第四、五、六項維持不變，依序改為第六、七、八項。上述憲法修正提案經國民大會之修憲審查委員會第八次會議決議不通過（見第三屆國民大會第四次會議修憲審查委員會第八次會議速記錄第三十九頁），並送大會確定（見第三屆國民大會第四次會議第十四次大會會議速記錄第十頁），故雖有前述第二十一號修憲提案，然未經通過究係因上述修正案之第一至四項之事由，抑或因第五項事由甚或其他原因，客觀意旨不明，無從查考。

惟司法院院長、副院長及大法官係憲法及其增修條文所設置，並經賦予一定之職權（憲法第七十八條、現行憲法增修條文第五條、司法院組織法第三條及第八條參照），乃憲政體制一環之憲法機關，新舊法交替時，就司法院院長、副院長、大法官出缺時之任命程序既未設規定，復無明文或其他明顯客觀之情事足以表示係有意限制其任命程序之情形下，為維護憲政體制之完整，自應解為係屬法律漏洞，方符事理常情。本院大法官職司憲法疑義之解釋（憲法第七十八條及其增修條文第五條第四項，司法院大法官審理案件法第五條第一項第一款前段參照），對於憲法增修條文之上述情形，自應為合於憲法整體規範設計之填補。

三、憲法對於總統之司法院人事提名權未設限制規定。

司法院院長、副院長及大法官之提名權屬於總統，此自憲法第七十九條及其增修條文之相關歷次修正規定（詳如本號解釋理由書第三段）觀之即明，而此項司法院人事提名權，除就大法官之任用資格與其任期，分別於司法院組織法第四條、第五條及憲法增修條文第五條第二項定有明文外，別無其他限制之設。是總統對於司法院之上述人事出缺時，如擬就缺額補行提名，除應受前開規定之規範外，法律上並無其他限制，盡委諸總統之政治判斷。本號解釋文僅謂：司法院第六屆大法官於九十二年任期屆滿前，大法官及司法院院長、副院長出缺時，其任命之程序，應由總統提名，經立法院同意任命之云云，未增加其他限制，緣故在此。

惟司法院院長綜理院務及監督所屬機關，並為大法官會議主席，司法院院長因故不能視事時，由副院長代理其職務（司法院組織法第七條、第八條，司法院大法官審理案件法第十六條參照）。大法官更須超出黨派以外，獨立行

使職權，不受任何干涉（司法院組織法第五條第一項規定參照），是大法官行使憲法所賦予之職權，以為憲法之守護，受審判獨立之制度保障。可見於權力分立之憲政體制下，基於司法人事之上述特性，司法院院長、副院長及大法官之職務與其他政治職務之任命未盡相同。……

─評析與問題─

前面介紹的立監委繼續行使職權案（釋31）與資深中央民意代表退職解釋案（釋261），都是憲法規範與憲政現實明顯難以對應、而且在修憲的氣候並不具備的前提下，依賴司法所為之憲法解釋，促使憲法維持運作或成長，並隨著環境變遷的例子。現在看到的這一對案例，則是憲法透過修正的方式而形成變遷、卻出現了漏洞或瑕疵，透過憲法解釋以解決問題的經驗。

從這兩案解釋中，可以體會什麼叫做「法律漏洞」，也就了解憲法規定可能存在某些漏洞，以及司法可以填補憲法漏洞，發揮促進憲政成長、完成憲法變遷的功能。

◆ 補白之道

民國八十六年修憲時，曾經重塑司法院正副院長與大法官的任命模式，由於不欲影響當時在任者之地位，乃規定新的條文應於民國九十二年，亦即當時在任大法官任期屆滿時❸❻實施。然而原有之憲法條文❸❼當時既經修正，即已規定不再適用。因此憲法在司法院重要人事任命的事項上，即形成新法未立、舊法已逝的真空狀態，修憲機關所未交待者，為民國九十二年之前，司法院正副院長與大法官之任命程序，如何適用。如何填補這個留白，總統府聲請解釋司法院人事任命㈠案（釋470）解釋所能提供的答案，可謂呼之欲出，並無爭議。因為無論依照舊條文或新條文，

---

❸❻ 八十一年十一月二十日修正公布之司法院組織法第五條第二項：大法官之任期，每屆為九年。第六屆大法官於八十三年就任，任期至九十二年。

❸❼ 原憲法增修條文第四條第一項（八十三年八月一日修正公布）：司法院設院長、副院長各一人，大法官若干人，由總統提名，經國民大會同意任命之，不適用憲法第七十九條之有關規定。

都是循總統提名、國民大會同意之程序辦理，中間留白的期間，實無為不同方式加以處理的理由。可加爭議者，則為究應由修憲者依修憲方式填空，或是可由釋憲者依釋憲程序補白。在司法院人事任命㈡案（釋541）的情形，則不盡相同，補白的具體內容該是什麼，非無討論空間。因為民國八十九年修憲時，國民大會已改為任務型編制。憲法增修條文第五條規定雖經配合修改，將司法院正副院長及大法官之同意權改由立法院行使，卻依然在新舊條文適用問題上留白。在舊條文與新條文兩不適用的期間內，留白的內容，究應適用舊條文由國民大會同意？抑應適用新條文由立法院同意？抑或並無可以適用之程序？同時存在者，當然也還有應由修憲者還是釋憲者加以補白的問題。司法院人事任命㈡案（釋541）則就此等問題均已有所回答。

◆ 何謂憲法漏洞？

學者將法律漏洞定義為「法律對其規整範圍中的特定案件類型缺乏適當的規則」，換言之，對此保持沉默時，即有法律漏洞存在[38]。依此概念，總統府聲請解釋司法院人事任命㈠案（釋470）與司法院人事任命㈡案（釋541）兩案解釋所涉及之修憲規定，何者屬憲法漏洞？抑或兩者皆為漏洞？用司法解釋彌補漏洞，司法者應該遵守那些原則？認定憲法漏洞是否存在，為何重要？監察院提案權釋憲案（釋3）解釋文就「憲法有意省略」認為，「省略規定之事項應認為有意省略」(Casus omissus pro omisso habendus est) 以及「明示規定其一者應認為排除其他」(expressio unius est exclusio alterius) 之拉丁法諺，並非在任何情形之下均可援用，如法律條文顯有闕漏或有關法條尚有解釋之餘地時，則此項法諺即不復適用。憲法漏洞與憲法有意省略事項如何區分？憲法中不免存在漏洞，因此而有解釋憲法的需要；然則憲法需要解釋，還有什麼其他的理由？關於憲法需要解釋的理由，參閱林紀東，《中華民國憲法釋論》，頁83–4，大中國圖書，八十二年五十六版。

---

[38] 陳愛娥譯，Karl Larenz 著，《法學方法論》，頁281，五南，八十五年。

◆ 憲法解釋的方法

吳庚大法官研究憲法解釋的方法，曾將憲法解釋的方法分為法學的文義解釋方法、歷史解釋方法、論理解釋方法、體系解釋方法、目的論方法、個別問題取向法、憲法整體解釋原則、符合憲法之法律解釋等八種方法❸，其中歷史解釋法由於司法院大法官審理案件法第十三條的規定❹，顯得特別重要。憲法出現漏洞時，歷史解釋除了可以突顯漏洞之外，是否有助於填補漏洞，司法院人事任命㊀㊁案（釋 470、541）除了採取歷史解釋法以外，還採用了那些解釋方法？論理解釋法？體系解釋法？其他？

關於法解釋學以及法律漏洞填補在法解釋學上的位置，參閱陳愛娥譯，Karl Larenz 著，《法學方法論》，頁 217–25、277–312，五南，八十五年。

◆ 釋憲替代修憲？

就司法院正副院長及大法官之任命程序部分言之，民國八十六年的修憲有無憲法變遷可言？在此問題之上，有無假設修憲者的決定會與總統府聲請解釋司法院人事任命㊀案（釋 470）釋憲內容不同而發生憲法變遷的理由？亦即該案釋憲的內容能不能稱之為憲法的變遷？惟該案中施文森與陳計男兩位大法官仍然主張釋憲與修憲不同；釋憲者不應有所僭越，無論是漏洞或有意省略，均應將留白之填補交給修憲者決定。到了司法院人事任命㊁案（釋 541），修憲確實意欲產生憲法變遷，惟其所意欲中的憲法變遷，業已透過釋憲的方式提前生效，施、陳二位大法官則均反不再堅持原有的看法。施大法官還以協同意見書強調民國八十九年修憲時既又錯過由修憲機關補白的機會，司法即有循釋憲方式加以處理的理由，但仍以為司法院人事任命㊀案（釋 470）為憲法有意省略而非憲法漏洞。兩相對照，是否驗證修憲與釋憲其實是可以相互取代的憲法變遷模式？

修憲與釋憲形成的憲法變遷，有何不同？釋憲與修憲該不該有所區

---

❸　吳庚，〈論憲法解釋〉，《法令月刊》，41 卷 8 期，頁 3–6，七十九年八月。

❹　司法院大法官審理案件法第十三條第一項：大法官解釋案件，應參考制憲、修憲及立法資料，並得依請求或逕行通知聲請人、關係人及有關機關說明，或為調查。必要時，得行言詞辯論。

別？應該維持什麼樣的區別？郝龍斌等對國民大會案（釋499）中，大法官所說的修憲實質界限，可否看做憲法變遷的界限？憲法解釋闡明憲法變遷的界限，是在顯示憲法的原旨還是也構成另一項憲法變遷？不同的憲法變遷形式，是否顯示憲政成長的路徑可能曲折而多變？對於憲政穩定，會不會形成某種威脅？

關於修憲與釋憲兩種憲法變遷模式在我國憲政經驗中之辯證關係，參閱顏厥安，〈憲政主義的法治向度〉，頁151–60，收入蔡英文、江宜樺編，《現代性與中國社會文化》，頁115，新臺灣人文教基金會，九十一年。

◆ 憲法解釋的變遷

憲法解釋是憲法變遷的一種型態，憲法解釋本身其實亦不能免於變遷，司法院人事任命㈠㈡案（釋470、541）兩案的解釋態度有無發生變遷？司法院人事任命㈠案（釋470）受理總統府秘書長聲請憲法解釋，並無遲疑，司法院人事任命㈡案（釋541）則就此改變態度，在解釋理由書中特為提及，則可視為憲法解釋行為的變遷。偉萌公司案（釋439）解釋明言王清風對基隆關稅局案（釋211）應予變更，則是憲法解釋亦會發生變更的具體例證。憲法變動不足以適應環境，在憲法的規範效力上會不會發生折損或增強的作用？

丙、憲政慣例

在李登輝留任連戰案❹（釋419）中，大法官曾解釋處理副總統得否兼任行政院院長的問題。按我國行憲之後，曾有陳誠副總統自民國四十七年七月至五十二年十二月、嚴家淦副總統自五十五年五月至六十一年五月兼任行政院院長，前後共達十一年，行政院主張此等事例可以援引為副總統得兼任行政院院長之先例。大法官則指出憲政慣例在憲法上的特殊地位，大法官認為：

> 憲政慣例在不成文憲法國家，恆居重要地位，其規範效力亦不容置疑。至於在成文憲法之下，雖亦有憲政慣例之概念，但僅具補充成文憲法之作用，尚不能與前者相提並論。所謂慣例係指反覆發生之慣行，其經歷長久時間仍受遵循，而被確信具有拘束行為之效力時，始屬不成文規範之一種。若雖有行為之先例，但因亦曾出現相反之先例或因有牴觸成文規範之嫌，拘束力備受質疑者，即不能認其為具備規範效力之慣例。本件副總統兼任行政院院長，以往雖有二例，然亦有因當選副總統而立即辭卸行政院院長之一例，況此種兼任是否牴觸憲法，既有爭論，依上開說明，不能認已成為我國之憲政慣例而發生規範效力。

依大法官對憲政慣例之定義，與民法第一條規定之習慣實可相互參照❷，

---

❹ 續 (10) 32 (85)。

❷ 民法第一條：「民事，法律所未規定者，依習慣，無習慣者，依法理。」所謂「習慣」，史尚寬謂：「有法的效力的習慣，與單純之事實習慣有別。其成立要件有二：第一、須有習慣之事實，即就同一事項反覆為同一行為之謂也；第二、須有為法之意思，及一般以其習慣有法的效果而守之之謂。」見史尚寬，《民法總論》，頁67，自刊，七十九年。施啟揚亦謂：「習慣」在客觀要件上，應在社會上有反覆實施的行為，在主觀要件上，則須有法的確信。見施啟揚，《民法總則》，頁55，自刊，八十五年七版。王澤鑑則引用最高法院判例以說明習慣法之意義：「民法第一條所稱『習慣』係指習慣法而言，須以多年慣行之事實及普通一般人之確信心為其成立基礎。（十七年上字第六一三號判例）」王著，《民法總則》，頁61，自刊，2000年。另查最高法院十七年上字第六九一號判例：「習慣法應以一般人所共信不害公益為要件，

亦即成文憲法中並未加以規定，卻經由長時間反覆發生之慣行受到遵循，乃構成被確信為具有拘束效力之不成文規範；成文憲法的規定得到補充，亦是憲法變遷的一種型態。

李登輝留任連戰案（釋419）中，大法官否定副總統兼任行政院院長為一種憲政慣例，然則我國憲政史上曾經有過那些憲政慣例出現？於丁守中等對國防部案（釋461）中，大法官認定：

> 行政院各部會首長及所屬公務員除依法獨立行使職權，不受外部干涉之人員外，於立法院各種委員會依憲法第六十七條第二項規定邀請到會備詢時，有應邀說明之義務……至司法、考試、監察三院院長，本於五院間相互尊重之立場，並依循憲政慣例，得不受邀請備詢。

此是否為我國憲法上曾經大法官解釋為憲政慣例者之僅有例證？此一慣例，經過大法官解釋之後，業已成為憲法解釋之內容，殊亦構成憲法變遷形式之一種轉換。

大法官在郝龍斌等對國民大會案（釋499）中認為國民大會於民國八十八年運用無記名投票方式修憲，與歷次國民大會修憲程序之「先例」不符，是否以為以記名投票方式修憲業已構成一項拘束國民大會修憲程序的憲政慣例？可否再舉出我國憲政史上可認為憲政慣例之他例？我國憲法第三十七條、第七十二條規定總統應依法公布法令，惟並未明文規定憲法之修正應經總統公布。按法令由總統公布，有經由國家元首公示生效之作用存在❹，憲法為

否則縱屬舊有習慣，亦難認為有法的效力。」該判例與上揭大法官針對憲政慣例所為之解釋「若雖有行為之先例，但因亦曾出現相反之先例或因有牴觸成文規範之嫌，拘束力備受質疑者，即不能認其為具備規範效力之慣例」，兩者見解異曲同工。

❹ 依林紀東教授之見解，「法律命令須由總統公布之原因，係因法律為國家之意思表示，且有關國家與人民之重要事項，均應以法律定之（參見中央法規標準法第五條），關係重要，故須由總統公布之；命令雖亦為國家之意思表示，關係究不如法律之重要，故各級行政機關依法亦可發布命令，惟總統為國家元首，我國總統之地位又非垂拱無為之國家元首之比，既有公布法律之權，自亦有公布命令之權。」見林紀東，《中華民國憲法逐條釋義(二)》，頁26，三民，八十一年五版。另葉俊榮在其所主持之一項研究計畫中認為，法律、命令之公布應制度化並應刊載於《總統府公報》、或各院及其所屬機關之公報後始生效力，因此建議修正中央法規標準法相關條

國家根本大法，憲法之修正自亦應有公示之程序，以國家元首發揮國家布告欄作用之原理，將憲法之修正經由總統公布，自屬恰當。自行憲以來，歷次臨時條款修正條文以及憲法增修條文之公布，均由總統為之❹，可否視作反覆發生、受到遵循之慣行，構成一項憲政慣例？

　　關於憲政慣例之意義，參閱涂懷瑩著，《中華民國憲法原理》，頁 5–10，自刊，八十二年十二版，以及賀凌虛譯，〈論憲法變遷的類型〉，《憲政思潮》，9 期，頁 127–45，五十九年一月。

　　文，例如：該法第四條應修正為：「法律應經立法院通過，總統公布。（第一項）法律之公布非經刊載《總統府公報》，不生效力。（第二項）《總統府公報》之發行作業辦法由總統府定之。（第三項）」同法第七條亦應修正為：「各機關依其法定職權或基於法律授權訂定之命令，應視其性質分別下達或發布，並即送法院。（第一項）前項命令之發布非經刊載公報，不生效力。（第二項）各院及其所屬各機關刊載公報之作業辦法，由各院或其所屬各機關定之。（第三項）」惟該研究計畫成果出版迄今，政府尚未修正中央法規標準法相關條文。見葉俊榮、朱柏松，《建立各機關公報發行制度之研究》，頁 216–7，行政院研究發展考核委員會，八十四年。

❹　蔡志方，〈論終止動員戡亂時期之宣告、動員戡亂時期臨時條款之廢止與中華民國憲法增修條文之公布施行〉，《司法周刊》，520 期，頁二版，八十年五月二十二日。

第二講

基本人權導論

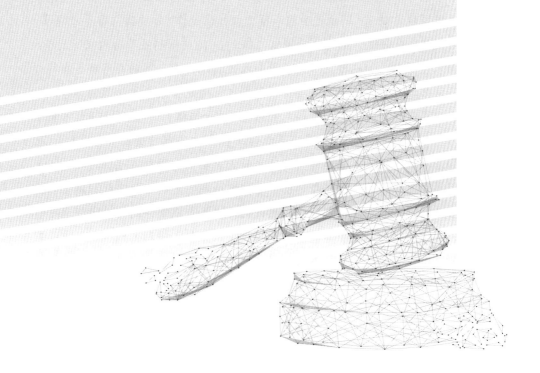

壹、人權的分類與不分類

林永謀大法官在徐忠徹對雲林縣選委會案（釋442）中提出之協同意見書，有如下之敘述：

　　憲法上，關於人民之基本權利，若按其行使方式之不同予以分類，大別可區分為自由權、受益權、參政權，至於平等權則為前述三類基本權利之前提。倘依基本權利之本質與形成背景予以分類，可區分為「前國家之權利」與「後國家之權利」。前者係指國家未出現、未成立之前，任何個人已自然享有之權利，此種權利乃每個人與生俱來所固有者，且係人之所以為人應擁有者，故又稱為自然權利。後者係以國家存立為前提所具有之權利，而國家存在之目的，乃在保障國民之生命、自由及追求幸福等「前國家之權利」；然事實上，此等權利若欲在現實社會生活中具體實現其效果，則須經由國家權力之積極運作，方能獲得確實之保障。前述之「自由權」，即屬「前國家之權利」，此種權利並非由國家所創設，國家僅係對之加以確認，並於兼顧人民其他自由、權利之同時，在符合憲法第二十三條所規定之要件下限制之。因是立法者未加限制部分，人民自享有充分之自由、權利。至前述之「受益權」（憲法第十五條、第十六條參照）、「參政權」（憲法第十七條參照），則屬「後國家之權利」，此類基本權，理論上在其可得行使之最大範圍內，固屬憲法保護之領域，但事實上此類基本權利之行使，若非經由制憲者與立法者就相關要件與程序加以具體立法，則人民將無從行使之。是以憲法對於自由權與受益權、參政權之保護，本質上雖無歧異；惟在基本權利之限制上，憲法對於自由權係以積極立法方式實現之，而於受益權、參政權則係以消極立法方式予以達成。

　　訴訟權與選舉權（被選舉權），為憲法所保障之人民基本權利，其性質分屬受益權與參政權，理論上在其可得行使之最大範圍內，乃屬憲法保護之領域，此已述之如前；惟訴訟權與選舉權（被選舉權）之行使，

若非藉由制憲者與立法者就相關要件與程序加以具體的規定，人民則無從行使，於此之情形，係屬剝奪人民之訴訟權與選舉權（被選舉權），當為憲法所不許；但立法者就訴訟權與選舉權（被選舉權）之行使制定相關要件與程序時，固係本於憲法之付託而有某程度裁量之權，然如前所述，亦應兼顧人民其他自由、權利，並須符合憲法第二十三條之規定。

憲法第十六條所定人民有訴訟之權，此固在使人民為實現其憲法上所保障之自由、權利，得向國家所設之司法機關提起訴訟之制度性保障；惟此人民訴訟權之制度性保障，其本質內容，僅係保障人民有權向此等司法機關提起訴訟，期以正當程序獲得公平審判，並不得藉故予以剝奪之權利。

此等敘述，係在討論人權之分類。其中關於自由權、受益權、平等權、參政權之區別，為我國憲法學理上傳統之人權分類方式❶。所謂自由權，為古典人權觀念的典型，指的是每個人排除權力干涉、防禦性的權利型態❷，黃茂林案（釋 399）、臺灣法學會案（釋 479）中的命名自由、李秋蘭案（釋 372）中的人身自由、陳麗鳳案（釋 452）中的居住自由均為其例；所謂受益權，則與自由權相對，是廿世紀之後出現的人權觀念，指的是請求政府給予基本生存或生活條件保障索取性的權利型態❸，郭信子案（釋 316）中的社會保險給付請求權、邴寶昌案（釋 320）中的殘廢給付請求權、萬華企業案（釋 514）中黃越欽大法官所描述的工作權、徐忠徹案（釋 442）中的訴訟權（或權利保護請求權）❹均為其例；所謂平等權，亦稱平等原則❺，指的是

----

❶　參閱劉慶瑞，《中華民國憲法要義》，頁 56-7，自刊，八十八年二版；以及林紀東，《中華民國憲法逐條釋義㈠》，頁 59-60，三民，八十七年八版。

❷　劉慶瑞，同註❶，頁 67-70。

❸　依學者見解，受益權係指人民站在積極的地位，為自己的利益，向國家要求一定行為的權利，見劉慶瑞，同註❶，頁 100-10。

❹　依學者見解，訴訟權係指人民於權利受侵害時，向法院提起訴訟，請求為一定裁判的權利，見林紀東，同註❶，頁 254-5、262-4。

❺　有關平等權或平等原則，見法治斌、董保城，《中華民國憲法》，頁 177-184，空中大學，八十六年再版。

免於遭受法律歧視基本人權、排除不合理差別待遇的權利❻，陳麗鳳案（釋452）裡的性別平等即為其例；從權利面比較自由權與受益權，可與從權力面比較干預行政與給付行政❼得到對應的概念。所謂參政權，指的是人民參與組織政府、參與政治決策的權利❽，劉俠案（釋290）中的被選舉權即為其例。這些基本人權項目中，多尚需要另行立法形成具體的制度性保障，翁金珠案（釋380）中的學術自由、張宜昌案（釋384）中的人身自由、洪德生案（釋422）中的生存權、徐忠徹案（釋442）中的訴訟權，均屬其例。

　　基本人權的分類除了以上四項之外，還有其他的類目嗎？學者有舉出社會權❾、環境權為新興人權者❿，還記得萬華企業案（釋514）中黃越欽大法官介紹社會權的不同意見書嗎？社會權與受益權有無不同？又何謂環境權？

------

❻　法治斌，〈司法審查權中之平等權：建構雙重基準之研究〉，《人文及社會科學》，6 卷 1 期，頁 38–40，八十五年一月。

❼　所謂「給付行政」，指有關社會保險、社會救助、生活必需品之供給、舉辦職業訓練、給與經濟補助及提供文化服務等措施而言。見吳庚，《行政法之理論與實用》，頁 18，自刊，八十九年。

❽　依學者見解，參政權指人民站在主動的地位，參加國家統治權之行使的權利，見劉慶瑞，同註❶，頁 111–36。另學者顏厥安認為參政權的基礎在民主原則與國民主權原理，而與平等權、自由權、社會權之係從人權保障之法理衍生而來有所不同，見氏著〈基礎規則與法律詮釋：一個理論與實務的綜合檢討〉，收於《固有法制與當代民事法學》，頁 660–1，三民，八十六年。

❾　見陳新民，《憲法基本權利之基本理論（上）》，頁 95–128，元照，八十八年五版；李建良，〈自由、人權與市民社會國家與社會二元論的歷史淵源與現代意義〉，收入氏著《憲法理論與實踐(二)》，頁 28–39，學林，八十九年；許慶雄，《憲法入門》，頁 141–210，元照，八十九年；保障社會權之法律，性質常介乎公法與私法之間，亦有將其歸類為第三法域為社會法者，依學者郝鳳鳴之看法，社會法為與日常生活息息相關之法律，尤其為基本生活保障之法律，一旦社會法上之權益無法獲得保障，重則有足以立即影響生命之存續者，見氏著〈我國社會法之回顧與展望〉，《臺灣法學會學報》，18 輯，頁 437，台灣法學會，八十六年十一月。又我國憲法第一百零八條第十三款有規定「社會立法」，與社會法是否同義？是否足以為社會法之概念提供若干憲法基礎？

❿　陳新民，《中華民國憲法釋論》，頁 126，自刊，九十年四版；黃越欽，〈憲法中工作權之意義暨其演進〉，《法令月刊》，51 卷 10 期，頁 34，八十九年十月。

環境權與傳統基本人權在性質上有無差異？有何差異？誰為可以主張環境權的主體？關於環境權，參閱葉俊榮，《環境政策與法律》，頁 11，月旦，1993年；李鴻禧，〈論環境權之憲法人權意義〉，頁 473–94，收入氏著《憲法與人權》，頁 529–54，自刊，八十四年八版；李建良，〈環境議題的形成與國家任務的變遷──「環境國家」理念的初步研究〉，頁 275 以下，收入《憲法體制與法治行政(1)》，三民，八十七年。

◆ 人權保障與政府權力的消長

　　林大法官指出自由權與受益權實現之立法型態並不相同，值得進一步分析。自由權為排斥權力干預的權利，自由權伸張時，政府權力即相對縮限。受益權則有不同，而為積極要求政府提供服務或為資源分配之權利，亦即受益權伸張時，政府之權力不僅不會收縮，反而還會擴張。例如要求實現全民健保之受益權時，國家即取得立法規劃財產重為分配之權力。自由權與受益權之實現，在政府權力之消長上形成截然相反之狀態，對於以控制政府權力為要務的憲法而言，是個不可忽視的重大差異。

◆ 前國家權利 v. 後國家權利

　　林永謀大法官又將人權分為前國家之權利與後國家之權利，如依法實證主義[11]「憲法即國家」的說法[12]，前國家之權利，就是先於憲法而非由憲法創造、但受憲法保障之權利；後國家之權利，則是後於憲法而存在、經由憲法所創設並加以保障之權利。然則基本人權既是人之所以為人所應擁有而不可或缺之權利，是否應繫於國家之創設？以參政權為例，參政權可不可能先於國家或憲法而存在？人民依國民主權原則制定憲法時，是否即在行使參政權？憲法刊列應予保障的人權，是創設其權利還是肯認基本人權具有拘束政治權力的效力？蘇俊雄大法官在李秋蘭案（釋 372）之協同意見書中說道：

> 　　「人性尊嚴」不可侵犯，乃是「先於國家」之自然的固有法理，而普遍為現代文明國家之憲法規範所確認。

---

[11] 林文雄，《法實證主義》，頁 181 以下，自刊，七十八年四版；楊日然等譯，W. Friedmann 著，《法理學》，頁 271 以下，司法週刊雜誌社，八十三年七版。

[12] 雷崧生譯，凱爾生著，《法律與國家》，頁 225，正中，六十三年二版；林文雄，同註[11]，頁 190。

一語道破先國家權利之基本思想，值得三復斯言。

◆ **統合性的人權概念**

不同類型的人權，是互相排斥還是開放流動的概念？吳素月等案（釋400）中的財產權不是同時包含著財產自由與受益權？臺灣法學會案（釋479）中不是同時包含著結社自由、命名自由與表述自由？陳麗鳳案（釋452）不是同時包含著居住自由、平等原則？劉俠案（釋290）中不是同時包含著被選舉權、選舉權、平等原則與人性尊嚴？另如謝在全大法官在洪怡換對金門縣政府案（釋538）中出協同意見書，探討工作權的基本人權屬性時即說：

> 按基本權利之濫觴，原確係為保障人民之生命、身體、財產等自由權利得免於國家之侵害、干預，具有防禦權之功能，迨現代給付國家概念興起，已逐漸向受益權功能、保護功能、程序保障功能、制度保障功能等多方向演進。就我國憲法上財產權之保障而言，學者自本院釋字第一八七號、第二○一號、第三一二號、第三二○號、第三八九號、第四三一號及四三四號解釋等推論對國家具有「公法上財產請求權」，「使財產權增加了受益權的色彩」；更有謂自史料推知制憲者之本意，視財產權為「請求國家積極提供給付的受益權的一種」。學者亦有指出勞動基本權雖被歸納為社會權，然其中常蘊含有自由權之性質。均可見學說與實務對憲法上基本權保障之多功能發展趨勢。是以本院上述解釋於目前將憲法上工作權保障定位為自由權性質，應無礙於其向兼具受益權性質發展，如此亦與基本權之多功能發展趨勢一致，更無礙於基本權保障體系之建立。

同一個人的基本權利為何物，端看怎麼觀察、怎麼體會、怎麼形容、從哪一個角度形容罷了！統合起來形容，人權總不脫基本人性的需要與基本需要的自由選擇；拆開來形容，則可能是某種具體或特定面向的人性需要，或是某種具體或特定面向之基本需要的自由選擇而已。循此推論，憲法第七條到第二十一條，規定的乃是林林總總的人權特定面向的定格觀察，人權的分類亦不過是在歸納這些特定面向的共通之處而已。在每一個個案之中，特定面向的取景，未必能完全描述人權的全貌，也不該使用特定面向甚至人權的

分類來侷限跨越特定面向或跨越人權分類描述的努力。憲法第二十二條的規定，看起來空洞無物，卻隱藏著完整的、不受限於片段描述或取景的人權概念。憲法第二章兼從人權的外延與人權的內涵雙向呈現應受權力尊重、保障的人權面貌，對應的是圓顱方趾、不容輕易否定其人格、人籍及尊嚴之人。

關於人權之基本概念，參閱張佛泉，《自由與人權》，頁 74–125，商務，八十二年；張君勱，《中華民國民主憲法十講》，頁 25–43，商務，六十年；鄒文海，《自由與權力》，頁 131–57，自刊，八十三年。

關於憲法上基本人權性質的理論體系，參閱吳庚，〈基本權的三重性質——兼論大法官關於基本權解釋的理論體系〉，收入《司法院大法官釋憲五十週年紀念論文集》，頁 1–51，司法院，八十七年；張嘉尹，〈基本權理論、基本權功能與基本權客觀面向〉，收入《當代公法新論（上）》，頁 29–70，元照，九十一年。

人權的分類，是思考人權保障問題的必要前提嗎？請閱讀下面的案例。

鄧元貞、吳秀琴對陳鸞香案（釋字第二四二號解釋）

續 (4) 165 (78)

🖋 背景事實

鄧元貞與陳鸞香曾於民國二十九年於福建省締結婚姻，民國三十八年前後國家內部發生戰爭並形成分裂分治狀態，臺灣海峽兩岸一切接觸中斷。鄧氏隻身來臺，於民國四十九年三月二十四日與吳秀琴在臺灣另依法定程序結婚，婚後並育有三子兩孫，至聲請解釋之日止，鄧、吳二人結褵已逾二十八年。

及至兩岸於民國七十六年解嚴之後恢復接觸，鄧氏原配陳女士依據當時有效之舊民法第九百九十二條之規定（結婚違反第九百八十五條之規定者，利害關係人，得向法院請求撤銷之。但在前婚姻關係消滅後，不得請求撤銷。）向臺中地方法院聲請撤銷鄧、吳間之後婚姻。臺中地院審理後，按舊民法第九九二條規定撤銷鄧、吳之婚姻關係（臺中地院七十五年家訴字第六十二號判決）；高等法院臺中分院（七十六年家上字第四十二號判決）、最高法院（七十六年臺上字第二六〇七號判決；七十七年臺再字第一〇四號判決）

亦均以同一理由維持原判，並駁回鄧氏與吳氏之上訴及再審聲請。鄧元貞及吳秀琴即分別向司法院大法官聲請釋憲。

解釋文

　　中華民國七十四年六月三日修正公布前之民法親屬編，其第九百八十五條規定：「有配偶者，不得重婚」；第九百九十二條規定：「結婚違反第九百八十五條之規定者，利害關係人得向法院請求撤銷之。但在前婚姻關係消滅後，不得請求撤銷」，乃維持一夫一妻婚姻制度之社會秩序所必要，與憲法並無牴觸。惟國家遭遇重大變故，在夫妻隔離，相聚無期之情況下所發生之重婚事件，與一般重婚事件究有不同，對於此種有長期實際共同生活事實之後婚姻關係，仍得適用上開第九百九十二條之規定予以撤銷，嚴重影響其家庭生活及人倫關係，反足妨害社會秩序，就此而言，自與憲法第二十二條保障人民自由及權利之規定有所牴觸。

─解釋理由書─

　　中華民國七十四年六月三日修正公布前之民法親屬編，其第九百八十五條規定：「有配偶者，不得重婚」，旨在建立一夫一妻之善良婚姻制度，其就違反該項規定之重婚，於第九百九十二條規定：「結婚違反第九百八十五條之規定者，利害關係人得向法院請求撤銷之。但在前婚姻關係消滅後，不得請求撤銷」，以資限制。此項規定，並不設除斥期間，乃在使撤銷權人隨時得行使其撤銷權，為維持一夫一妻婚姻制度之社會秩序所必要，與憲法並無牴觸。惟修正公布前民法親屬編未如修正公布後之第九百八十八條規定重婚為無效，則重婚未經撤銷者，後婚姻仍屬有效，而國家遭遇重大變故，在夫妻隔離，相聚無期，甚或音訊全無，生死莫卜之情況下所發生之重婚事件，有不得已之因素存在，與一般重婚事件究有不同，對於此種有長期實際共同生活事實之後婚姻關係，仍得適用上開第九百九十二條之規定予以撤銷，其結果將致人民不得享有正常婚姻生活，嚴重影響後婚姻當事人及其親屬之家庭生活及人倫關係，反足以妨害社會秩序，就此而言，自與憲法第二十二條保障人民自由及權利之規定，有所牴觸。至此情形，聲請人得依本院釋字第一七七號及第一八五號解釋意旨，提起再審之訴，併予說明。

－不同意見書－（節）　　　大法官　劉鐵錚

……

一夫一妻之婚姻政策，為維持男女平等、家庭和睦之理想制度，不容吾人置疑，而世界上大多數國家均採之，也為不爭之事實。惟我國民法親屬編於民國七十四年修正前，關於重婚，其第九百九十二條僅規定：「結婚違反第九百八十五條之規定者，利害關係人得向法院請求撤銷之。」而未如該編修正後之第九百八十八條規定為無效。……

立法者既已為立法裁量，為一夫一妻制開設例外，重婚在未撤銷前為合法，則在憲法的層面上，法律便不能完全無視於第二次婚姻所建構之家庭人倫秩序。……

……

三、婚姻以及由婚姻所建構之家庭倫理關係，是構成社會人倫秩序之基礎，也是民族發展之礎石。憲法第一百五十六條特別強調國家應保護「母性」，即係本此意旨。故婚姻權及家庭倫理關係也應在憲法第二十二條人民其他自由及權利所保障之範疇中。舊民法既已肯認後婚可以合法建立，亦即容認人民可以建立第二次的家庭關係與人倫秩序，則其一旦建立，自應同受憲法保障，立法者不能予與予奪，任意以違憲方式侵害後婚配偶之婚姻權。是故舊民法第九百九十二條容許撤銷權人可以不問久暫，隨時得以訴訟撤銷後婚姻之規定，既為限制人民自由權利之規定，其必須接受憲法第二十三條之考驗，……舊民法係採取得撤銷主義以控制重婚，立法者自應預見後婚姻配偶可因後婚姻之合法締結而構建後婚姻之家庭關係與人倫秩序，撤銷權規定之目的，無非在阻卻後婚姻之締結，以保護前婚姻之配偶，惟此一限制目的，立法者縱加設除斥期間，對於後婚姻之締結，仍可具有阻卻效用，但其對於立法者原已容認之後婚姻配偶之婚姻權與其家庭關係、人倫秩序之破壞，較之未設合理除斥期間之得撤銷制度，顯然侵害較少，是以未設除斥期間之得撤銷制度，對於人民婚姻權、家庭倫理關係之限制，並非對人民損害最輕、負擔最低之手段，與憲法第二十三條限制人民自由權利之規定不符。

─不同意見書─（節）　　　　大法官　陳瑞堂

......

二、近代一夫一妻制淵源於歐洲中世紀教會倫理與康德等之哲學思想，為各文明國家維護婚姻及家庭秩序之基礎而成為各國民法典所採行之親屬基本關係。各國憲法雖未明定一夫一妻制，但與憲法上所揭櫫之民主自由、男女平等原則以及人道主義，兩性尊嚴之維護等理念相符合。......由此可知世界各文明國均致力於維護一夫一妻制，而我國民法將重婚得撤銷修正為無效更顯示法制上積極貫徹一夫一妻制之趨勢。至於重婚撤銷未設除斥期間既非立法上疏漏，亦為一夫一妻制開設例外，實有其立法上之相當理由存在。本件解釋理由書雖肯定有關禁止重婚之法律，「旨在建立一夫一妻之善良婚姻制度」，並認為有關重婚撤銷之規定不設除斥期間「乃在使撤銷權人隨時得行使其撤銷權」，卻認為確定終局裁判撤銷長期存在之後婚配偶之重婚為侵害後婚配偶之自由與權利而牴觸憲法，殊有背馳立法潮流，違反常理之嫌。

......

─評析與問題─

本案為大法官首度從憲法第二十二條之概括規定中，尋得可受憲法保障之基本人權條目。本案中聲請人等主張其在臺灣締結的婚姻以及據之組織的家庭應為憲法所保障的基本人權。大法官則同意基於長期實際共同生活事實之系爭後婚姻關係，構成應受憲法保障之正當婚姻生活、家庭生活及人倫關係。本案雖然是一夫一妻制度之例外型態，大法官仍然認為應獲得憲法之保障，因而受到陳瑞堂大法官不同意見書❸的質疑。

◆ 本案人權項目應如何歸類？

與黃茂林案（釋399）中的命名自由一樣，婚姻、家庭乃至於人倫關係，並非憲法標明之基本人權條目，為何被認作是憲法第二十二條所涵蓋之基本人權？婚姻、家庭、人倫關係，皆不失為人之所以為人的基本需

---

❸ 本號解釋中劉鐵錚大法官所主筆之不同意見書，實際上應為協同意見書，陳瑞堂大法官所提出者，則是真正的不同意見書。

要，但是難道完全無從以憲法業已列舉之人權條目加以理解，而必須引用憲法第二十二條做為保障之依據？憲法第十四條保障規定結社自由，可不可以認為是為了保障個人建立親密社會人際關係的需要❶？如果組織公司或會社尚且受到憲法第十四條保障，締結婚姻、組織家庭如此親密團體的權利為何不在該條規定保障範圍之內？婚姻、家庭難道與憲法第十條保障之居住自由❶無關？其與第八條保障之人身自由有無關係？民法規定親屬關係難道不是一種制度性保障？婚姻制度的安排又豈不然？被稱為婚姻、家庭的人際關係若可從結社自由、居住自由或是人身自由各種不同的角度加以理解，是否足以顯示基本人權的概念像一棵枝繁葉茂的大樹，分枝無限，根源則一，而憲法第二十二條正屬其根源所在之處？基本人權的條目分類是否不應成為理解基本人權的限制，而只該是幫助正確理解基本人權義理的若干顯明標記或指南而已？

婚姻是受憲法保障之基本人權，一夫一妻制度是否為受憲法保障之婚姻之必要前提？其是或不是的理由何在？憲法根據為何？

本案中憲法第二十二條、第二十三條中關於「社會秩序、公共利益」應如何理解？就此問題，劉鐵錚大法官與陳瑞堂大法官在憲法解釋的方法上有何不同？

◆ **基本權利的衝突**

本案就鄧氏而言，有兩個婚姻並存，婚姻是憲法保障之基本人權，前婚姻與後婚姻究應如何抉擇孰更值得保障？至本案訴訟時，後婚姻已存續二十八年❶，前婚姻則仍形式上存在，本案是否涉及婚姻之形式與婚姻所

---

❶　結社自由 (the right of association)，係指多數自然人為共同之目的，所組織之一種繼續性的結合，以營社會生活的自由。常被認為是集會自由甚或言論自由的延伸。此外，如婚姻，雖為二人之結合，亦不必將之排除於結社自由的概念之外；因為結社自由，重在人與人結合共營社會生活，家庭則為多數人之結合，似無保障結社自由反而排除家庭及婚姻制度之理由？

❶　居住自由，係強調人民在安寧居住空間自由發展人格，當然包涵家庭權之觀念在內。參閱法治斌、董保城，《中華民國憲法》，頁 145 以下，空大，九十年三版。

❶　大法官於解釋中就人民聲請解釋之案件對當事人明白加以指示，本案為首例。臺北

形成之實質生活關係孰更值得保障的問題？此點是否為大法官做成解釋的重點考量？

　　本案解釋理由末尾諭知當事人據以聲請法院再審以資救濟 **⑰**，事實上最高法院嗣後亦已再審撤銷原判決 **⑱**，使鄧吳之後婚姻恢復合法效力。此種合法之重婚狀態中，前配偶與後婚姻將發生那些法律關係之變化？

　　鄧、吳之婚姻關係受憲法保障，陳鸞香的婚姻呢？鄧、吳婚姻為受憲法保障的基本人權，乃不容司法裁判適用法律任加拆散，陳鸞香的婚姻若亦為憲法保障的基本人權，該不該發生排他（後婚姻）的效力？本案是否涉及基本人權與基本人權之衝突？應以何種原則處理這種衝突？關於基本人權之衝突及解決，參閱陳慈陽，《基本權核心理論之實證化及其難題》，翰蘆，八十六年。

　　關於本案解釋相關問題之研究，參閱戴東雄，〈二十八年的老公怎麼沒了？——從鄧元貞重婚撤銷案談起〉，《法學叢刊》，34 卷 1 期，頁 25–35，七十八年一月；陳惠馨，〈從大法官會議第二四二號及第三六二號解釋看我國一夫一妻婚姻制度之困境〉，《固有法制與當代民事法學》，頁 367–428，三民，八十六年；顏厥安，〈憲政主義的法治向度〉，蔡英文、江宜樺編，《現代性與中國社會文化》，頁 115，新臺灣人文教基金會，九十一年。

　　市政府對祁志凱案（釋 540）中，大法官明白指示為聲請之法院法官據以聲請解釋之案件，應依職權將該案移由另一法院繫屬並進行審判（《總統府公報》，6458 號，九十年三月十五日），則為較近之實例。

⑰　其法律根據應在司法院大法官審理案件法第十七條第二項：「大法官所為之解釋，得諭知有關機關執行，並得確定執行之種類及方法。」

⑱　本案業經最高法院七十八年臺再字第———號再審判決救濟。

貳、何謂人權？

前講說明，憲法存在的目的，就在保障人權。然則人權是什麼？為什麼會構成建立憲政制度的動因？「權利」，並非生自中國社會傳統的概念，而係從西方 right 的思想傳來，張佛泉氏指出 right，就是「直」、「尺度」，也就是理應如此的意思❶。循其觀念理解「人權」，其中的尺度為何？「人權」與「權利」，與「基本人權」，在概念上有無差異❷？有沒有可以一以貫之的觀念，理解人權或基本人權的意義？以下分從「維持人性尊嚴的基本條件」與「選擇的自由」兩個並不相同的思考方向，理解憲法所保障的人權，究竟是什麼？

甲、如何能成為憲法保障的人權？

◆ 成為憲法保障人權之要件

憲法所保障之人權，是每一個人都有資格主張的權利，所以稱之為基本權或基本權利。除了以列舉方式明定於憲法之外，亦可透過憲法第二十二條概括基本權之規定納入憲法中，補充我國憲法人權清單之不足，建構更完整之人權體系。然而，何種權利才能成為憲法保障之人權，是否須具備特定特質或條件？觀諸我國釋憲實務之發展，大法官似乎廣泛的將人民各種權利皆解釋為憲法保障之人權，是否所有人民之權利均應成為憲法保障之人權？（如打手機的權利、拒絕在汽車後座繫安全帶的權利，是否亦為憲法保障之權利）應如何判斷憲法層次與非憲法層次之人權？

如舉凡所有人民之相關權利均可成為憲法保障之人權，則憲法保障之權利與法律保障之權利有何不同？我國此種大幅度承認憲法人權之模式，對於

---

❶　張佛泉，《自由與人權》，頁 75，商務，八十四年。

❷　相關討論，參閱如周宗憲譯，阿部照哉、池田政章、初宿正典、戶松秀典等編著，《憲法（下）基本人權篇》，頁 30-1，元照，九十年。

人權保障之順序或人權之限制與審查是否有所影響？是否廣泛承認憲法位階保障之人權，亦可能涉及權力分立權限分配與制衡之思考，如所有人民相關權利均提昇至憲法位階保障，則行政機關於執法時是否會受到過度之限制，無法發揮行政之彈性與效率？司法機關是否會因廣泛承認憲法之權利而承載過多之功能，使得司法違憲審查取代立法判斷與行政專業，賦予司法過多之責任，而有破壞權力平衡之虞？

我國大法官認定構成憲法保障基本人權之要件，可以下列兩號解釋理由書為例：

1. 賴清德等對行政院㈡案（釋 603）解釋理由書：「維護人性尊嚴與尊重人格自由發展，乃自由民主憲政秩序之核心價值。隱私權雖非憲法明文列舉之權利，惟基於人性尊嚴與個人主體性之維護及人格發展之完整，並為保障個人生活私密領域免於他人侵擾及個人資料之自主控制，隱私權乃為不可或缺之基本權利，而受憲法第二十二條所保障（本院釋字第五八五號解釋參照）⋯⋯。」

2. 王煒博對臺北市政府警察局中山分局案（釋 689）解釋理由書：「基於人性尊嚴之理念，個人主體性及人格之自由發展，應受憲法保障（本院釋字第六〇三號解釋參照）。為維護個人主體性及人格自由發展，除憲法已保障之各項自由外，於不妨害社會秩序公共利益之前提下，人民依其意志作為或不作為之一般行為自由，亦受憲法第二十二條所保障。人民隨時任意前往他方或停留一定處所之行動自由（本院釋字第五三五號解釋參照），自在一般行為自由保障範圍之內。」

由以上解釋理由書可知，大法官係以「人性尊嚴」、「個人主體性」及「人格發展完整」等作為判斷是否為憲法人權之要件，將人權一詞，以「維持人性尊嚴的基本條件」加以理解，應該是接近當代憲法學界通說立場的一種說法❸。則思考大法官透過解釋所承認之基本權利（諸如隱私權、婚姻自由、

---

❸ 例如，陳清秀解釋憲法上人性尊嚴的概念時說：「在個人生活領域中，人性尊嚴是個人『生存形相之核心部分』，屬於維繫個人生命及自由發展人格不可或缺之權利。」見氏著，〈憲法上人性尊嚴〉，《現代國家與憲法》，頁 95，月旦，八十六年。

一般行動自由等），是否均涉及「維持人性尊嚴的基本條件」的保障？涉及了那些基本條件？什麼樣的基本條件？為什麼是基本條件？

◆ **憲法人權之內在界線？有條件說 v. 無條件說**

　　憲法第二十二條規定：「凡人民之其他自由及權利，不妨害社會秩序公共利益者，均受憲法之保障。」對於本條之「不妨害社會秩序公共利益」是否為憲法保障之人之內在界線，我國學說大致上可分為無條件說與有條件說。無條件說對於條件之設定寬鬆，通常也因概念上過於抽象而形同無條件，如人性尊嚴與人格自由等，因此說認為此內在條件不具規範實益，故對於權利之限制應僅以憲法第二十三條為依據❹。或有認為應限縮解釋憲法第二十二條之「不妨害社會秩序公共利益」，以擴大憲法保障人權之範圍❺。有條件說則認為應符合特定條件或特質始得成為憲法保障之人權，故認為憲法第二十二條規定為人權之內在界線，如特定權利無法滿足此內在界線，則非憲法保障之人權❻。

　　如果參酌上開賴清德等案（釋603）、王煒博案（釋689）解釋理由書之論述脈絡，你是否認同我國目前釋憲實務對於何謂人權之認定似乎傾向無條件說，以人性尊嚴、人格自由等積極要件為限？對於憲法保障之人權是否應符合內在界線，林俊廷等質疑社維法罰娼不罰嫖案（釋字666）所涉及之社會秩序維護法第八十條第一項第一款就意圖得利與人姦、宿者，處三日以下拘留或新臺幣三萬元以下罰鍰之規定，造成罰娼不罰嫖之情形，限制性工作者之基本權保障，數位大法官意見書對於性工作者是否受到工作權之保障有相關討論：

---

❹　參照陳新民，《憲法導論》，頁66，新學林，九十四年。

❺　參照許宗力，〈基本權的保障與限制（上）〉，《月旦法學雜誌》，11期，頁66，八十五年三月。

❻　參照吳庚、陳淳文，《憲法理論與政府體制》，頁86，三民，一〇二年；李惠宗著，《憲法要義》，頁83，敦煌，八十七年。

─協同意見書─（節）　　大法官　許宗力

……

三、系爭規定涉及人民工作權之限制

就有關系爭規定禁止性交易，究竟限制人民何種憲法上權利，主要有二種見解：其一主張涉及性自主權，其二主張涉及工作權。這兩說未必衝突，但本席較傾向後說立場，其中最重要的理由是，提供性服務以收取對價應認為是一種職業，而納入憲法職業自由之討論。蓋憲法第十五條職業自由所稱之職業，原則上只要是人民用以謀生的經濟活動即足當之，毋庸沾染太多道德或價值判斷的色彩，至於該職業應否管制或如何管制始為正當，則是後續的問題。

有論者主張，立法者對該活動合法與否的評價，是憲法上職業概念的內在界線，但這樣的論點會造成以法律規定來界定憲法上權利界線的矛盾，難謂妥當。又有些論者可能進一步質疑，如果非法的活動也能算是職業，豈非認走私、洗錢、販毒，甚至殺手都可以成為職業？平心而論，上述犯罪行為仍不失為少數人用以謀生的經濟活動，但即使承認其屬職業，鑑於這些行為高度的法益侵害性，自仍得輕易正當化國家對其全面禁止的合憲性，實在沒有必要為了這些極端事例，刻意預先限縮憲法上職業自由的職業概念。此外，就實定法的層面觀之，我國多年來一直存在特許的娼妓業，例如民國六、七十年軍中營區設有軍中樂園，部分縣市迄今仍存在領有執照的公娼，不論上述管制政策良窳與否，公娼既然是現行法制向來承認的職業，則更無認為性交易有本質上不能算是職業的理由。……

─協同意見書─（節）　　大法官　葉百修

……

二、性交易是否為憲法保障之工作權

㈠肯定見解

對於以性行為提供性服務以換取對價（報酬）之經濟活動，是否構成憲法上工作權之保障，首先應探討該經濟活動是否屬於憲法上工作權之意涵。憲法上工作權之意涵，並不以該行為有無法律所合法承認為必要，而係以該

行為所呈現的經濟活動之態樣與實施，是否造成第三人或社會整體具體傷害。對於成人間自願從事性交易之行為，就性行為參與者而言，若該性行為之進行並未造成第三人或社會整體有任何具體傷害可言，自應受憲法工作權之保障。

(二)否定見解

對於性交易構成憲法上工作權意涵持否定見解者認為，不論性工作者是否自願，性交易行為對於從事性交易而提供服務者本身以及社會整體而言，均構成傷害性，而不應受憲法工作權之保障。其論據在於性交易將性行為作為一種可資交易換取對價之行為，無異將從事性交易之行為人（特別是女性）視為一種商品，造成對於人性尊嚴之一種貶抑，同時，對傳統社會將性行為視為具有神聖性之價值觀，以及從事性行為衍生對上開價值觀所形成之善良風俗有所妨害，況且，性交易行為通常伴隨著其他犯罪行為如竊盜、性騷擾、人口販賣及其他組織性犯罪，增加性傳染病散布之危險等等，其行為本身應不得構成憲法工作權意涵下之工作及職業。

(三)本席意見

本席就憲法工作權所保障之工作及職業之概念採從寬認定，並對成年人間自願性之非公開從事之性交易行為，應受憲法工作權予以保障，其理由尚有以下兩點：

1.現行法規對性交易管理制度所形成的工作權應受憲法之保障

對於性工作者權利保障之性交易制度，固然因各國國情與社會歷史文化之不同而異，我國目前對於性交易制度亦非全然毫無管理規範。自民國48年間訂定「台灣省各縣市管理娼妓辦法」以來，性交易行為即已視為是一種人民所自由選擇之工作及職業。隨後雖因該辦法廢止，然各縣市仍本於地方自治之精神，分別訂定各該自治條例而對性交易行為進行管理，實際上並未全面禁止性交易行為。以宜蘭縣娼妓管理自治條例之規定為例，對於性交易行為亦非全面予以禁止，而採取肅清暗娼、登記管理、職業輔導與收容教化之方式對性交易行為進行管理，雖然對於提供性交易之行為人與工作場所，該條例採不准新設而使逐漸淘汰之方式，即該提供性交易之行為人與工作場所，除原登記許可者外，不予開放申請登記而為新設。然而，對於從事性交易之

行為人本身，大多數縣市自治條例則並無限制，換言之，任何性別之成年人均可自願登記取得許可而「合法」從事性交易行為。因此，於現行各縣市政府所訂定自治條例之規範下，人民自得選擇以性交易作為工作及職業，並以系爭規定處罰「未經登記許可」而「意圖得利與人姦、宿者」，藉以保障經登記許可而從事性交易之行為人，此項工作權合乎憲法工作權之保障意涵，自應受憲法予以保障。

2.性交易行為予以除罪化，無礙性工作者之人性尊嚴

關於性交易行為是否除罪化，除了前述關於性交易是否可以成為一種工作及職業之討論外，另一項重要的爭論在於「性」可否予以商品化，以及因為性商品化之後，在傳統父權社會對於女性性別權力不對等的現象予以公開宣示其正當性。換言之，性交易行為破壞傳統上性行為作為「人類延續生命的工具地位」，以及性行為所應伴隨的人類情感交流的結果。性交易作為人類歷史上最古老的職業，自古以來均難以禁絕，而性交易現實關係中，提供性服務之性工作者，通常為弱勢女性且不具社會影響力，對性交易行為予以除罪化，或許其惡劣處境得以改善，避免性工作者受到執法人員、性交易業者與尋求性交易服務者之不當剝削，進而改變性工作乃致於社會對性別歧視之制度性壓迫。更重要的是，性交易除罪化之後，將可使女性對其身體與身分得以自我控制的主體性權力獲得實踐，方為維護性工作者之人性尊嚴，同時可以促進社會對於性別平等之重視（續見本意見書第四節之說明）。簡言之，工作及職業無貴賤，性交易作為一項工作及職業，性工作者並非僅因其選擇性交易作為其工作及職業，其人性尊嚴即受到貶抑，反而是經由承認性工作受憲法工作權之保障，使從事性工作者獲得自信與保障之工作空間。……

─協同意見書─（節）　　　大法官　林錫堯、陳　敏、陳春生

……

叁、性交易行為是否屬職業自由保障範圍，容有討論空間

一、性交易行為是否屬職業自由保障範圍之爭議

論者有主張以「工作權」之保障討論系爭規定合憲性，其核心問題在於，此一受社會秩序維護法所禁止之意圖得利與人姦宿之行為，是否為職業自由

保障範圍所及？

㈠我國學界見解：

學者有認為：「『職業』 既然指的是具有持續性的營利 『活動』 (Tätigkeit)，此等活動自然以『行為』(Handlung) 為內涵；亦即，『職業』即是由一組相關聯的行為群所構成。於此情形下，若『職業』所本之行為本身已經由刑事法規定受到禁止時，除了意味著該行為本身為法所不許者外，也意味了該相關的『職業』概念無法建立，從事如此之違法行為者亦無法主張受職業自由之保障。據此，凡是刑事法處罰的行為，如竊盜、販毒等，其行為人均無法主張受職業自由之保障，僅能就與該行為相關之基本權項目來加以審視各該刑事法規定的合憲性」。

亦有學者認為，「對職業自由的討論，可以分為以下幾個層次：首先，原則上任何營利活動都受到職業自由的保障。其次，但是如果該營利活動受到國家法律禁止規範的禁止，此等活動就不落在職業自由的內在界限。第三，國家會透過禁止規範來禁止的營利活動，通常是該活動的本身就具有實質違法性，例如竊盜、銷贓、走私，因此原則上當然是以刑法來加以禁止。具有實質違法性的營利活動，當然不受到憲法職業自由的保障。第四，如果要透過行政法來『管制』職業，那一定是針對職業之行使，而非職業本身，來進行必要的管制措施。因此，若國家要禁止性交易，必定是認為該等營利活動具有某種實質違法性，而且也必須以刑法來加以制裁。而我國刑法並未制裁性交易行為本身，只有秩序法制裁，更表明立法者也認為『性工作』作為一種職業，並不具有實質違法性，因此其他法律規定就只能有合憲形塑或限制的作用，針對行為引起的外部效果加以制裁或限制，若逾越此一限制的法律規定就有侵害職業自由之虞。但社會秩序維護法第八十條第一項第一款之制裁規定乃限制性交易行為 『本身』，因此可以說該項規定違憲地干預了某種『職業行為』或得為職業之行為」。

上述二見解，在學理上不無斟酌之餘地。前者，係以合法行為作為職業自由之前提，不無以立法來詮釋憲法基本權利保障範圍之嫌；後者則係將刑事不法與行政不法認定為質的區別，再據立法者對某一行為應施予刑事罰或行政罰之擇定，進而認定該行為是否具有實質違法性與國家得對之加以管制

的程度，不無速斷之嫌，亦有以法律界定作為闡釋憲法基本權利保護範圍之誤解。……

㈣本案不宜處理性交易行為是否為職業自由所保障之理由

基於下列理由，目前不宜處理性交易行為是否為職業自由所保障之爭議：

首先，觀察德國立法過程，對於性交易行為本身係從全面處罰改為具備特定條件始為處罰，且保障娼妓之人身與財產權利。我國目前現行法制配合當前之社會環境及文化觀念，對性交易行為僅科處行政罰，而未論以刑責，但立法政策上仍將性交易本身界定為違法行為，且稅法實務上就娼妓所得不予課稅，民事法上亦不承認其契約合法性。鑑諸德國法之發展，承認性交易行為屬職業自由保護範圍之列，有其學理上依據，蓋應儘可能將個人行為廣泛涵蓋進基本權保障範圍，再針對不同公益目的之要求，進行廣狹不一限制。然就此爭議，由於在我國尚乏一致共識，且若視為職業，後續職業訓練、保障、輔導管理及監督等機制，均有賴於行政及立法部門審慎規劃。因此依目前法制現況、社會文化觀念等因素，是否適宜逕由釋憲機關承認其屬憲法上之職業概念，復受憲法上職業自由保障，容有爭議。

再者，就本案而言，縱使承認其屬職業自由之列，其與性自主權兩者間即構成基本權競合，而以性自主權之涉及程度較為直接且涵蓋較廣，因系爭規定之處罰對象，不以性交易為業者為限，非以性交易為業者如有符合其構成要件之行為，亦在處罰之列，即非職業自由所能完全涵蓋，故以性自主權加以審查即為已足。

─評析與問題─

◆ 憲法保障人權之其他條件？

除憲法第二十二條內在界線及第二十三條之相關限制，成為憲法人權是否需要其他要件？有學者認為人民之權利保障若提昇至憲法保障層次，該項權利需具有普遍性及不可侵害性❼，亦有學者認應限於對個人自我認

---

❼　李震山，〈憲法未列舉權保障之多元面貌──以憲法第二十二條為中心〉，收於氏著，《多元、寬容與人權保障──以憲法未列舉權之保障為中心》，頁40，元照，九十四年。

同、人格存續與發展、維持私密生活等，具有重要關聯的自主決定，才需要給予憲法層次的高度保障❽，此外，學者亦主張除維護人格所不可或缺的利益外，應具備歷史正當性（長期間屬於國民生活上之基本事項）、普遍性（多數國民經常行使或可以行使）及公共性（對他人之基本權無侵害之虞或侵害極小）等特質，使承認其成為憲法上所保障之權利❾。是否尚有其他人權條件設定？如列舉權無法涵蓋之權利、如具備國際性之權利？

　　上述學者所提出相關人權承認之條件，實質上似已窄化憲法之權利保障範疇，你認為對於相關條件之認定是否應謹慎，且應審視所設條件之合理性？以歷史正當性為例，該條件似乎係以特定權利於歷史發展之脈絡考量是否承認特定基本權利，惟透過憲法第二十二條承認入憲之權利多為制憲時未考量或未發展之新興人權，若以歷史正當性為條件則該等新興人權恐被排除在外，而無法受到保障。又普遍性或公共性之特質往往忽略少數價值觀之需求，且憲法所保障者不僅為多數之利益，許多時候少數權利之保障更能符合憲法所欲彰顯之價值，如同性戀者之婚姻家庭權、被遺忘權，以此等問題觀之，你認為學者上述所提出之相關條件是否合理？

　　關於透過我國憲法第二十二條承認基本人權之相關文獻，請參考黃昭元，〈車速限制與行為自主權〉，《月旦法學教室》，第 5 期，頁 8-9，九十二年三月；李震山，〈論憲法未列舉之自由權利之保障──司法院大法官相關解釋之評析〉，收於劉孔中、陳新民主編，《憲法解釋之理論與實務（第三輯上冊）》，頁 365-393，中央研究院中山人文社會科學研究所，九十一年一月；許宗力，〈基本權的保障與限制（上）〉，《月旦法學教室》，第 11 期，頁 67，九十二年九月。

陳銘壎等質疑吊銷駕照規定案（釋字第六九九號解釋）

⚑ 背景事實

　　賴正隆為領有普通大貨車駕駛執照之汽車駕駛人，於民國九十八年五月

---

❽　黃昭元，〈車速限制與行為自主權〉，《月旦法學教室》，5 期，頁 8-9，九十二年三月。
❾　許志雄，〈隱私權之保障〉，《月旦法學雜誌》，11 期，頁 39-40，八十五年三月。

十四日晚間，酒後駕駛重型機車外出，在同晚七時十二分許，遇警臨檢，因係酒後駕駛車輛，深恐受重罰，遂在不諳道路交通管理處罰條例相關規定之情形下，拒絕接受執勤警員之酒精濃度測試檢定，而為警當場舉發，乃依道路交通管理處罰條例第三十五條第四項前段及同條例第六十七條第二項前段規定，裁處罰鍰新臺幣六萬元、吊銷駕駛執照及三年內禁止考領駕駛執照之處分（下稱原處分）；而依同條例第六十八條之規定，吊銷駕駛執照處分之範圍，係吊銷駕駛人所持有各級車類之駕駛執照。

其後，賴正隆向地方法院聲明異議，請求撤銷原處分。彰化地方法院法官陳銘壎審理本案（臺灣彰化地方法院九十八年度交聲字第一一三四號違反道路交通管理處罰條例案件）時，認所應適用之道路交通管理處罰條例第三十五條第四項前段、第六十七條第二項前段及第六十八條規定，就吊銷駕駛執照之處分部分，違反憲法第七條平等原則及第二十三條比例原則，爰依司法院釋字第三七一號、第五七二號及第五九〇號等解釋意旨，先行裁定停止訴訟程序，聲請大法官解釋。

解釋文

道路交通管理處罰條例第三十五條第四項前段規定，汽車駕駛人拒絕接受同條第一項第一款酒精濃度測試之檢定者，吊銷其駕駛執照。同條例第六十七條第二項前段復規定，汽車駕駛人曾依第三十五條第四項前段規定吊銷駕駛執照者，三年內不得考領駕駛執照。又中華民國九十四年十二月十四日修正公布之同條例第六十八條另規定，汽車駕駛人因第三十五條第四項前段規定而受吊銷駕駛執照處分者，吊銷其持有各級車類之駕駛執照。上開規定與憲法第二十三條比例原則尚無牴觸，而與憲法保障人民行動自由及工作權之意旨無違。

一解釋理由書一（節）

人民有隨時任意前往他方或停留一定處所之行動自由，於不妨害社會秩序公共利益之前提下，受憲法第二十二條所保障（本院釋字第五三五號、第六八九號解釋參照）。此一行動自由應涵蓋駕駛汽車或使用其他交通工具之自由。又人民之工作權應予保障，亦為憲法第十五條所明定。惟上揭自由權利

於合乎憲法第二十三條要件下，以法律或法律明確授權之命令加以適當之限制，尚非憲法所不許。

……

立法者為加強道路交通管理，維護交通秩序，確保交通安全之目的，制定道路交通管理處罰條例（同條例第一條規定參照；下稱系爭條例）。有鑑於酒後駕車為道路交通事故主要肇事原因之一，……。上開系爭條例第三十五條第四項前段吊銷駕駛執照部分、第六十七條第二項前段暨第六十八條規定關於違反第三十五條第四項前段部分（以下合稱系爭規定），係為考量道路交通行車安全，保護大眾權益，其目的洵屬正當，且所採吊銷駕駛執照等手段，亦可促使駕駛人接受酒測，進而遏止酒後駕車之不當行為，防範發生交通事故，有助於上開目的之達成。

……惟依內政部警政署八十八年至九十年間之統計數字卻顯示，酒後駕車肇事傷亡事件有逐年上升之趨勢。鑑於汽車駕駛人拒絕接受酒測，或係為逃避其酒後駕車致可能受刑法第一百八十五條之三公共危險罪之處罰。立法者遂於九十年一月十七日修正系爭條例第三十五條提高拒絕酒測之罰責……，以防堵酒駕管制之漏洞，有效遏阻酒後駕車行為。系爭規定所採手段，具有杜絕此種僥倖心理，促使汽車駕駛人接受酒測之效果，且尚乏可達成相同效果之較溫和手段，自應認系爭規定係達成前述立法目的之必要手段。

系爭規定之處罰，固限制駕駛執照持有人受憲法保障之行動自由，……對於以駕駛汽車為職業之駕駛人或其他工作上高度倚賴駕駛汽車為工具者（例如送貨員、餐車業者）而言，除行動自由外，尚涉工作權之限制，然作為職業駕駛人，本應更遵守道路交通安全法規，並具備較一般駕駛人為高之駕駛品德。故職業駕駛人因違反系爭規定而受吊銷駕駛執照之處罰者，即不得因工作權而受較輕之處罰。……綜上所述，尚難遽認系爭規定牴觸憲法第二十三條之比例原則，其與憲法保障人民行動自由及工作權之意旨尚無違背。

……

一協同意見書一（節）　　　大法官　羅昌發

……

貳、吊銷駕照所可能侵害的憲法上權利

……

三、吊銷駕照所影響之遷徙自由：

……

（二）遷徙二字在中文意涵中，通常係指發生具有較長遠的政治、經濟、社會、教育等目的或含義之移動或移居。不過，由於實務上常將憲法上之「遷徙」二字，翻譯為 freedom of movement （或使其相互等同）；而 freedom of movement 在文義上確係包括單純的移動。故在我國憲法上，可能產生不同的解釋：一種解釋為認憲法上遷徙自由限於具有較長遠政治、經濟、社會、教育等目的之移動或移居，而不包括單純的移動；自然人單純的移動，則屬憲法第二十二條關於其他自由權利保護的範圍（以下簡稱第一種見解）。另一種解釋則為認憲法上遷徙自由應包括具有前述較為長遠目的之移動或移居以及單純的移動情形二者（以下簡稱第二種見解）。本解釋多數意見係採第一種見解……兩種見解之差異在於：第二種見解下，單純的移動自由，將直接受憲法第十條的保障；然第一種見解下，此種自由屬於憲法列舉以外的權利，必須於不妨害社會秩序公共利益之前提下，始受憲法第二十二條所保障。第一種見解顯然對單純的移動自由保護較有限縮。由前述世界人權宣言及公民權利與政治權利國際公約官方中文版本，將遷徙自由等同於 freedom of movement 觀之，憲法第十條所稱遷徙自由，似不應限縮適用於具有政治、經濟、社會、教育等目的或含義之移動或移居。另自然人單純的移動，有可能有其家庭或個人的重要目的；如非重要目的，個人的自由移動，亦屬其實現人格的一環。本席認為，由國際規範係使單純的移動與具有政治、經濟、社會、教育等目的之移動均受相同的規範所保障，以及由其重要性難以區別輕重等角度而言，實無區別兩類自由移動在憲法上分別依第十條及第二十二條作為保護依據之必要。……

―部分協同暨部分不同意見書―（節）　　大法官　湯德宗

壹、關於本件所涉人民權利之定位，尚值斟酌

本件多數意見「解釋理由書」第一段依例說明前揭系爭規定所涉及的憲法權利：「人民有隨時任意前往他方或停留一定處所之行動自由，於不妨害社會秩序公共利益之前提下，受憲法第二十二條所保障（本院釋字第五三五號、第六八九號解釋參照）。此一行動自由應涵蓋駕駛汽車或使用其他交通工具之自由」。上開定性至少有兩點值得商權。

一、「行動自由」與「一般行為自由」的憲法定位不同，不應混為一談

……

「行動自由」與「一般行為自由」雖系出同源，關係密切，但兩者在憲法上的依據及定位截然不同，不能混為一談！質言之，「行動自由」在我國憲法上的依據是第十條所稱「居住及遷徙之自由」，而其核心意涵則來自憲法第八條的「人身自由」。亦即，狹義的「人身自由」固指憲法第八條所規定的「人身安全」（即人民身體應有免於遭非法逮捕、拘禁、審問、處罰之自由）；廣義的「人身自由」則以「人身安全」為基礎，擴及於憲法第十條所規定的「居住及遷徙之自由」，再擴及於「在不妨害社會秩序公共利益之前提下，人民依其意志作為或不作為之一般行為自由」（屬於憲法第二十二條所保障的概括基本權）。三者的關係猶如同心圓般，乃由內（核心）而外（外沿），漸次開展。

如上權利定性，相較於前揭本件多數意見，至少有兩項差別。首先，將（人民得隨時任意前往他方或停留一定處所之）「行動自由」納入「遷徙自由」，可以改正本院歷來關於「遷徙自由」的解釋過度限縮的傾向，適時與國際人權規範接軌。其次，我國憲法「人民之權利義務」章於揭示「平等權」（第七條）後，即以僅見的細緻程度，詳細規範「人身自由」（第八條）。顯示制憲先賢深具務實精神，深體吾國社會現實，乃強調人身自由為一切人權之基礎。循此脈絡，憲法第十條緊接著規定「人民有居住及遷徙之自由」。因此應認為制憲者已宣示保障「人民得隨時任意前往他方或停留一定處所」的「行動自由」！行動自由既是屬於憲法第十條所列舉的「遷徙自由」範圍，自然不是憲法第二十二條所保障的「概括基本權」。憲法第二十二條的概括基本

權須是憲法第七條至第二十一條所未列舉的「其他」自由及權利。

綜上，本件多數意見雖嘗試填補本院釋字第五三五號解釋漏未說明「行動自由」憲法依據的缺漏；然而卻沿襲釋字第六八九號解釋將「行動自由」錯誤歸入「一般行為自由」，並同以憲法第二十二條為依據之見解。此舉不僅低估了制憲先賢的智慧，並且紊亂了憲法「列舉的基本權」與「非列舉的（概括）基本權」的界線，實難贊同。

二、「駕車自由」係屬憲法第二十二條所保障之未列舉的「一般行為自由」，並非憲法第十條所規定的「行動自由」

多數意見認為「駕車自由為行動自由」之一種，而「行動自由於不妨害社會秩序公共利益之前提下，亦受憲法第二十二條之保障」。我以為「駕車自由」僅屬憲法第二十二條所保障之未列舉的「一般行為自由」，而非憲法第十條明定之「行動自由」。除前述「行動自由與一般行為自由之憲法定位不同，不應混淆」外，還有兩點理由可以支持我的見解。

首先，以本件為例，因拒絕酒測而被「吊銷該駕照」、「禁止考照三年」且「一併吊銷所有駕照」的駕駛人，至少在其後三年裡將澈底喪失「駕車自由」；但是他（她）仍然保有徒步或乘坐各式交通工具，隨時任意前往他方或停留一定處所的「行動自由」！換言之，喪失了（憲法第二十二條所保障之未列舉的）「一般行為自由」，仍可保有（憲法第十條所明定的）「行動自由」。足見「行動自由」與「一般行為自由」乃不同的概念，而非如多數意見所說「行動自由……自在一般行為自由保障範圍之內」！

其次，就事物之本質觀察，憲法保障人民有「隨時任意前往他方或停留一定處所」的行動自由，而未保障人民有隨時任意（無條件）駕車的自由，也是極為顯然的事。因為駕駛汽車是具有危險性的社會活動，稍有不慎便會造成他人的死傷或（及）財物的損失。因此，各國為了防止妨礙他人自由（車禍肇事死傷）、維持社會秩序（道路交通安全），僅能將駕車自由授予合於一定資格之人。國家對於駕車自由的管制可以駕駛執照的「核發」與「吊扣」為代表。駕照的「核發」代表國家對於特定人「駕駛資格」（含駕駛技術、交通規則認知、及駕駛倫理）的認可；反之，當合格的駕駛人不再具備駕駛資格時，則以「吊扣」駕照 (suspension)（短時期沒收保管駕照）與「吊銷」

(revocation) 駕照（使駕照永久失效）剝奪其人駕車的自由。足見「駕車自由」乃屬憲法第二十二條所保障的未列舉的「一般行為自由」，並非憲法第十條所規定的「行動自由」；駕車自由乃以「不妨害社會秩序、公共利益」為前提而存在，與「行動自由」乃人民普遍受保障之基本權不可同日而語。

─評析與問題─

　　本案聲請人係因拒絕酒精濃度測試檢定（呼氣）受到裁罰，而大法官僅以裁罰法律效果侵害之權利（行動自由及工作權）為審查重點，並未討論呼氣或拒絕呼氣與權利侵害之關聯性。呼氣是否為憲法保障之人權？若為肯定，則應如何理解與歸納？呼氣選擇自由係列舉基本權之內涵（如居住遷徙自由、正當法律程序）或第二十二條概括基本權之內涵（新興之獨立權利）？而本案除了呼氣以外是否有其他基本權可主張（如正當法律程序或人身自由）。大法官選擇行動自由作為本案憲法權利之審查標的，而行動自由於我國憲法應如何定位？應為憲法第十條遷徙自由之內涵，抑或是第二十二條概括基本權之範疇？湯德宗大法官於本號解釋意見書指出行動自由為憲法第十條保障遷徙自由之內涵，而一般行為自由則係憲法第二十二條規定範疇，兩者定位不同，而本號解釋理由書則將行動自由歸類為一般行為自由，你贊成哪種見解？兩種見解有何實質之差異？

　　你認為本號解釋不以列舉基本權（如正當法律程序）處理本案所涉及之基本權，而選擇概括基本權之原因為何？是否僅因行動自由之定位問題，抑或者係為承襲李榮富案（釋 535）、賴清德等案（釋 603）、王煒博案（釋 689）脈絡，大法官欲擴充我國對於概括基本權之討論？我國憲法下，人權被定位為列舉基本權或概括基本權，審查密度是否有所不同？若本案為人身自由、正當法律程序或是呼氣自由，你認為審查基準或結果是否會改變？

乙、他者還是我者的權利？
客觀權利的保護 v. 主體的選擇自由

真正為了自由而珍惜自由的人們相信，擁有自由從事選擇，而非被選擇，乃是使得人之所以為人的一項不可讓渡的元素。

柏林 (Isaiah Berlin)《自由四論》(*Four Essays on Liberty*, 1969)

人權，可以用「維持人性尊嚴的基本條件」單一的概念完全涵蓋嗎？例如生命是維持人性尊嚴的基本條件，生命的主體，有沒有需要放棄生命以維持人性尊嚴的可能？如果有，那人權的概念只存在於「生命」的本身嗎？又如工作權，是維持人性尊嚴的基本條件，但是人權究竟是存在於足以維生的工作本身呢？還是某種選擇工作的自主性？都涉及「選擇的自由」是否為「人權」概念核心部分的問題。請閱讀以下的幾個案例，思考憲法所應加以保障的，究竟是「維持人性尊嚴的基本條件」？還是「選擇的自由」？

人權之意涵為何？理解上大致可分為兩派，一派係與客觀的人性尊嚴相結合；另一派則認乃權利主體之選擇與不選擇的自由。以安樂死為例，若以客觀之人性尊嚴（他者人權）為考量，則為維持病人之生命權，如許可病人自主選擇死亡，似乎與客觀人性尊嚴及生命權的理念相違背；惟如不許病人選擇安樂死，則顯然是在剝奪或否定，做為權利主體的病人自主選擇放棄生命的自由（我者人權），客觀人性尊嚴與主體選擇自由兩者是否皆為人權？若皆為人權，他者與我者人權兩者相互衝突下，孰重孰輕？病人自主權利法❿之制定意旨為對病人醫療自主之重視，病人除對於病情有知情之權利外，更對於醫師為其提供之醫療有選擇與決定之權利，你認為此一法令是否代表我國病人可以選擇安樂死⓫？該法許可安樂死於我國憲法下有無違憲？

---

❿ 民國一○四年十二月十八日立法院第八屆第八會期第十四次會議通過，總統於民國一○五年一月六日公布，病人自主權利法第十九條特別規定，本法之施行日為公布後三年，即本法於民國一○八年一月六日起生效。

⓫ 病人自主權利法第八條規定：「具完全行為能力之人，得為預立醫療決定，並得隨時以書面撤回或變更之。前項預立醫療決定應包括意願人於第十四條特定臨床條件時，

　　另一種看法則是，基本權利是唯有人民做為權利主體可以向國家主張的權利，除非經由憲法明文課國家以某種作為性的保護義務，凡是出於法律規定所保護的權利，特別是不以國家或政府做為相對之義務主體的權利，即使是在保護某種與基本權利同名的權利（如隱私權或生命權），都不能稱做是基本權利。

　　我國憲法並未將人性尊嚴抑或選擇自由明定於憲法中，惟我國之釋憲實務多以人性尊嚴作為認定人權的條件，你認為何謂人性尊嚴？人性尊嚴是否為具獨立性質之人權？人性尊嚴適不適合成為獨立性的人權？還是僅係檢驗是否成為人權的標準？人性尊嚴本身是否為憲法之最高價值？其與其他人權相連結後，其保障之密度是否會隨之下降？我國釋憲實務多以人性尊嚴當作為人權之要素，是否代表大法官係選擇客觀人性尊嚴（他者人權）作為人權之價值觀？

　　彭鳳至大法官於張國勳等聲請拘提管收案（釋588）之一部協同及一部不同意見書中，對於人性尊嚴之意涵有詳細闡述，值得參考：

　　……

一、人性尊嚴之意涵

　　「人格尊嚴」的概念，明訂於八十九年修正憲法增修條文第十條基本國策的第六項第一句「國家應維護婦女之人格尊嚴」。自本院釋字第三七二號解釋之後，「人格尊嚴」或「人性尊嚴」，則常經本院大法官援用於解釋文、解釋理由書或不同意見書的論述中。然而「人性尊嚴」除了作為個人價值觀的意義外，在憲法上的規範意涵與效力如何，憲法、憲法增修條文以及大法官釋憲實務上，並沒有作明確界定。而相關論述適用「人格尊嚴」或「人性尊嚴」的差異，亦十分明顯。如釋字第三七二號解釋，是以憲法保障「人格尊嚴」作為具體化何謂「不堪同居之虐待」時的價值補充理念；釋字第四九〇號解釋，則以「人性尊嚴」，作為檢驗兵役法第一條規定是否牴觸憲法第七條平等原則及第十三條宗教信仰自由之保障的基準；釋字第五五〇號解釋理由書的論述，似認定「人性尊嚴」，不只是一種要求國家保護與尊重的防衛權，

　　接受或拒絕維持生命治療或人工營養及流體餵養之全部或一部。」

還是一種請求國家提供符合「人性尊嚴」生活的請求權；釋字第五六七號解釋理由書則可解讀出「人性尊嚴」是一種防衛權，而且具有不容國家機關以任何理由、任何方式予以侵害的效力，然而「人性尊嚴」的規範內涵是什麼？是不是僅指該號解釋相關的思想自由，或概括指「不容侵犯之最低限度人權保障」？又何謂「最低限度人權保障」？仍不明確。

二、人性尊嚴之侵害

「人性尊嚴」的意涵，因歷史、文化、宗教等因素而不同，我國學者引進此一憲法概念時，多參酌德國基本法第一條第一項及第七十九條第三項規定，描述其規範地位與作用為：憲法最高價值，任何國家公權力均應予以尊重並加以保護，不容以任何形式侵犯之，屬於不得經由修憲程序變更的憲法核心領域。惟該國制憲者、釋憲者及憲法學者，至今亦無法就其意涵，為完整之定義。為使此一「帝王條款」不致流於政治上與雄辯式的口號，或恣意適用的空白條款，該國聯邦憲法法院一方面正確的認知，與其奢談何謂人性尊嚴，不如務實判斷何謂人性尊嚴之侵害，因為在憲法上有意義的是人性尊嚴不可侵害，而不是探求人性尊嚴的哲理；另一方面憲法學者也嘗試放棄擬定或適用抽象的「公式」以界定何謂人性尊嚴或何謂人性尊嚴之侵害，而開始整理實務見解，從歸納該國聯邦憲法法院認定公權力侵害或未侵害當事人人性尊嚴的案例之中，具體化人性尊嚴條款之適用範圍與適用對象。

我國學者既參酌該國基本法第一條第一項及第七十九條第三項規定引進此一憲法概念，則在相同之自由民主法治國之憲政精神下，其具體適用與研究之成果，似亦可供釋憲實務上參考。

德國聯邦憲法法院固常引用所謂「客體公式」(Objektformel)，作為認定人性尊嚴是否受到侵害的標準，可是此一公式的缺點十分明顯，簡而言之，就是太不確定，援用者就何謂「具體的個人被貶為客體、純粹的手段或是可任意替代人物」，仍然無法突破各說各話的困境。因此該院除正面列舉所謂人性尊嚴受到侵害，係指侮辱 (Erniedrigung)、烙印 (Brandmarkung)、跟蹤 (Verfolgung)、逐出社會 (Ächtung) 以及「類似情形」外，更於適用前開「公式」時補充說明如下：

「依基本法第七十九條第三項規定，該法第一條第一項所定不得依修憲

程序加以變更的人性尊嚴不可侵犯原則的規範範圍如何，完全視在何種情況下人性尊嚴可能被侵犯的認定而定。這種情況顯然無法一概而論，而是必須個案認定。一般性的公式，譬如個人不得被貶低成僅作為公權力的客體，只能指出一個可能發現人性尊嚴被侵犯事件的方向，個人不僅在各種關係或社會發展中只是客體的情形並不少見，在他不能顧慮自身利益而必須服膺法的情形，甚至還是法的客體。所以僅依上開公式，尚無法認定人性尊嚴是否受侵害。必須進一步觀察，公權力是否對人民採行一種可能動搖其人格主體性的處置，或者在具體個案的處置上發生故意不尊重其人格尊嚴的情形而定。公權力執行法律對個人有所處置而有侵害人性尊嚴之虞者，必須有不尊重該個人因其為人所應享有之價值之表現，換言之，即為一種『蔑視處置』(verächtliche Behandlung)，始足當之。……毫無爭議的是，並非每一項限制人民自由、賦予人民義務或未經人民同意而使其受不知道且持續不使其知道的措施拘束的規制或命令，皆牴觸基本法第一條第一項規定。」(BVerfGE 30, 1 [25f.])

　　學者則自歷史角度整理出來典型侵犯人性尊嚴的態樣，有以下情形：

　　一使人為奴役；農奴制度 (Leibeigenschaft)；歧視，對被歧視者剝奪其作為人之地位及生命權；買賣婦女及兒童一大規模侵害人類的平等

　　一酷刑 (Folter)；秘密地或以強暴方式進行以研究或生殖為目的的藥物控制；洗腦 (Gehirnwäsche)；以迷幻藥 (Wahrheitsdrogen) 或催眠術使人的意志崩潰；有組織計畫性地侮辱或貶抑一大規模對身體或精神之同一性及完整性進行侵害

　　一剝奪最低生活水準；放任 (Verkommenlassen) 處於無助狀態；剝奪個人對國家之需求與依賴得以付諸實現的任何可能性一大規模的忽略國家對個人應負之社會國與法治國責任。

三、人性尊嚴與其他基本權利之關係

　　我國學者多主張，人性尊嚴為我國憲法所保障之基本權利。然而人性尊嚴既經釋字第五六七號解釋理由提升為具有不容國家機關以任何理由、任何方式予以侵害的效力時，則憲法上得以法律於符合比例原則之範圍內加以限制的基本權利，與憲法上不容任何侵害的人性尊嚴之關係如何，自應予以釐

清。

本席本於支持釋字第五六七號解釋之見解，認為人性尊嚴乃憲法最高價值，既係指導憲法適用的客觀標準「人性尊嚴」，亦係基於憲法整體規範及自由民主憲政秩序所導出、可單獨作為憲法上請求權基礎之人民主觀權利「人性尊嚴條款」，任何國家公權力均應予以尊重並加以保護，不容以任何形式侵犯之，屬於不得經由修憲程序變更的憲法核心領域。

惟人性尊嚴既係憲法最高價值，其保障必然經由憲法第二章所規定的各項人民基本權利予以具體化，因此憲法有關各項基本權利規定，應認係作為人民主觀權利之「人性尊嚴條款」之特別法，原則上優先於人性尊嚴條款而適用。譬如公法上徵收之爭議，優先適用財產權保障以審查其合憲性；限制出境應優先適用人民居住、遷徙自由之保障以審查其合憲性，如果各該基本權利規定，在憲法第二十三條法律保留原則與比例原則容許之範圍之內，對人民相關權益之保障已充分，原則上即不再適用人性尊嚴條款進行審查。人性尊嚴條款宜作為所謂「限制的限制」(Schranken-Schranke) 條款，換言之，人性尊嚴的侵犯，原則上以公權力行為牴觸其他基本權利保障規定為前提。

如此一方面肯認「人性尊嚴」為憲法最高價值，另一方面建立最高位階的「人性尊嚴條款」與憲法明定人民其他基本權利間之合理關係，始不致造成憲法基本權利保護體系之衝突。否則，人性尊嚴既是憲法最高價值理念，乃解釋憲法所保障各項人民基本權利的指導原則（客觀價值），則任何人民基本權利的限制，亦無不可回溯為人性尊嚴條款（主觀權利）的侵害，如此國家即不得以任何理由、任何方式限制之，則憲法第二十三條所規定的法律保留原則與比例原則，無異形同虛設。憲法明訂各種法益，時有衝突，其解決途徑如果可以簡化為獨尊人言言殊的人性尊嚴條款，則因群體生活而取得憲法上最高價值的人性尊嚴理念，最終也可能因為其反噬群體生活而顯得毫無意義。……

一、人權是客觀的人性尊嚴與人格自由發展的基本條件？

我國是否以人性尊嚴作為檢驗人權之標準，釋字第七一二號解釋有相關之討論。該號解釋乃大法官首次以「人權」等同「人性尊嚴」為論述，且試

圖定義並解釋人性尊嚴的內涵，該號解釋理由書中以人性尊嚴為出發，說明家庭制度具有繁衍、教育等功能，與人格發展息息相關，並指出收養為家庭之一環，有助於收養人與被收養人家庭之和諧與被收養人之身心發展與人格養成，蘇永欽大法官於其意見書中更進一步對於家庭乃形塑成熟人格之重心有詳細之論述。

汪少祥等聲請認可收養案（釋字第七一二號解釋）

本案聲請人之一汪少祥為臺灣地區人民，與其前妻育有成年子女三人，與劉茜於九十二年結婚，欲收養其大陸配偶當時尚未成年之大陸地區子女為養子，向法院聲請認可收養，惟因不符臺灣地區與大陸地區人民關係條例第六十五條第一款之規定（下稱系爭規定）：「臺灣地區人民收養大陸地區人民為養子女，除依民法第一千零七十九條第五項規定外，有下列情形之一者，法院亦應不予認可：一、已有子女或養子女者。……」，法院予以駁回。聲請人認裁定所適用之系爭規定違反憲法第二十二條所保障之家庭權、收養子女自由權及平等原則、比例原則等，聲請大法官解釋。

大法官於解釋文中認系爭規定與憲法第二十二條保障收養自由之意旨及第二十三條比例原則不符，自本解釋公布之日起失其效力。於解釋理由書中對於家庭制度與人性尊嚴、人格自由發展間之關係提出詳細之闡述：「基於人性尊嚴之理念，個人主體性及人格之自由發展，應受憲法保障（本院釋字第六八九號解釋參照）。婚姻與家庭為社會形成與發展之基礎，受憲法制度性保障（本院釋字第三六二號、第五五二號、第五五四號及第六九六號解釋參照）。家庭制度植基於人格自由，具有繁衍、教育、經濟、文化等多重功能，乃提供個人於社會生活之必要支持，並為社會形成與發展之基礎。而收養為我國家庭制度之一環，係以創設親子關係為目的之身分行為，藉此形成收養人與被收養人間教養、撫育、扶持、認同、家業傳承之人倫關係，對於收養人及被收養人之身心發展與人格之形塑具有重要功能。是人民收養子女之自由，攸關收養人及被收養人之人格自由發展，應受憲法第二十二條所保障。」又本號解釋重申釋字第六一八號解釋意旨，因兩岸關係事務，涉及諸多因素

之判斷，代表多元民意之立法機關之決定如非具有明顯之重大瑕疵，司法審查機關宜予以尊重。系爭規定之設立乃為維護避免臺灣地區人口比例失衡，影響人口發展及社會安全之重要公共利益，惟未就臺灣地區人民收養其配偶之大陸地區子女，將有助於其婚姻幸福、家庭和諧及其與被收養人之身心發展與人格之形塑，予以考量，實與憲法強調人民婚姻與家庭應受制度性保障，及維護人性尊嚴與人格自由發展之意旨不符，系爭規定之限制實屬過當，與憲法第二十三條比例原則不符，亦牴觸憲法第二十二條保障人民收養子女自由之意旨。

─協同意見書─（節）　　　大法官　蘇永欽

一、護佑人格自由發展的家庭權

......

人類社會從來就是家族群居的社會，在我國傳統法制，家庭更是高度制度化的組織，但此一傳統法制下的家庭，還完全沒有實現個人人格發展的理念，個人的存在和努力反而都是為了傳宗接代，乃至光宗耀祖。本院從釋字第二四二號解釋以來所談到的家庭，則已經反映了我國家庭制度在上個世紀所經歷的社會變遷，是一種以個人為本的家庭，就此本件解釋在理由書中首次對家庭所做的闡釋也很清楚的點出：「家庭制度植基於人格自由，具有繁衍、教育、經濟、文化等多重功能，乃提供個人於社會生活之必要支持，並為社會形成與發展之基礎。」只是這樣的描述顯然略過了家庭在社會學考察上的重大改變，如果和工業化較早的西方社會放在一起而以兩個世紀來觀照，個人和家庭主客倒置，表現出來的另外一面，是這個初級團體的結構調整，其主軸從大家庭轉向核心家庭，而這又只是家庭高度去功能化的自然結果。家庭不再是和公權力銜接，在國家之下唯一具有諸多社會功能的次體系（「同心圓」），基本上學校取代了它的文化傳承功能，企業取代了它的經濟營生功能，國家取代了它的供養福利功能，甚至慰藉心靈的功能，也大部分被社團、媒體、網路給取代了。……但正確的說，去功能化後家庭已經變成人類最私密的組織，不同於這些以平等個體為基礎，具有高度功能、目的性的組織，家庭為生活整體的結合，除了基於自由意志的進入退出，其組成更建立於生

育血緣之上；其成員間的互動，除以自由人格為前提外，更多時候正是為形塑成熟的人格、為走出社會面對競爭而準備。這種全人、私密、初始、養成的組織，反而是它與一般營利、非營利組織主要區隔之處。換言之，現代社會的家庭已經成為個人與社會——而不再是個人與國家——鏈接的主要環節，就憲法保障人格自由發展的中心意旨而言，以家庭建構公權力所不及的私密空間，消除傳統家庭個人淪為客體的「餘毒」（家庭暴力、重男輕女等），乃至保留其結構調適空間以回應社會新的改變，都應成為本院解釋相關問題的重心，在基本權價值秩序的形成上，具有一定的「戰略」重要性。……

二、人權是主體的選擇自由？

楊岫涓對嘉義縣政府案（釋字第七一一號解釋）

✦ 背景事實

聲請人楊岫涓執業登錄於嘉義縣布袋鎮之「祐安藥局」，其於民國九十九年六月八日向嘉義縣政府衛生局申請支援臺中市幸福大藥局，執行一般藥師業務，經該機關認定與藥師法第十一條規定不符，乃於九十九年六月二十一日以府衛藥食字第○九九○○九六九五五號函，並依藥師法第十一條規定藥師經登記領照執業者，其執業處應以一處為限，否准聲請人之申請。聲請人不服，提起訴願及行政訴訟均遭駁回後，認確定終局裁判所適用的法律及命令牴觸憲法，故聲請大法官解釋。

解釋文

藥師法第十一條規定：「藥師經登記領照執業者，其執業處所應以一處為限。」未就藥師於不違反該條立法目的之情形下，或於有重大公益或緊急情況之需要時，設必要合理之例外規定，已對藥師執行職業自由形成不必要之限制，有違憲法第二十三條比例原則，與憲法第十五條保障工作權之意旨相牴觸，應自本解釋公布之日起，至遲於屆滿一年時失其效力。

改制前之行政院衛生署（現已改制為衛生福利部）中華民國一○○年四月一

日衛署醫字第一〇〇〇〇七二四七號函限制兼具藥師及護理人員資格者，其執業場所應以同一處所為限，違反憲法第二十三條法律保留原則，應自本解釋公布之日起不再援用。

一解釋理由書一（節）

......

系爭規定明定：「藥師經登記領照執業者，其執業處所應以一處為限。」限制藥師於登記領照執業後，僅得於一處所執業，核屬對藥師執行職業之方法、地點所為之限制。查系爭規定之立法目的，係為推行藥師專任之政策及防止租借牌照營業之不法情事（立法院公報第六十七卷第八十七期委員會紀錄第三十一頁參照）。且自八十二年一月十八日修正公布之藥事法第一百零二條規定，推行醫藥分業制度後，藥師係以專門知識技能，核對醫師開立之處方以調配藥劑，並為病人提供正確藥物資訊、諮詢等服務。系爭規定限制藥師執業處所於一處，乃出於確保醫藥管理制度之完善、妥善運用分配整體醫療人力資源，並維護人民用藥安全等公共利益之考量。立法者為此限制，其目的雖屬正當，惟仍不得逾越必要之程度，而對藥師之執行職業自由為過度限制，始符憲法第二十三條之比例原則。

系爭規定將藥師執業處所限於一處，固有助於前揭立法目的之達成。惟藥師依法本得執行各種不同之業務（藥師法第十五條參照），社會對執行不同業務藥師之期待因而有所不同，且因執業場所及其規模之差異而應有彈性有效運用藥師專業知識之可能。又於醫療義診，或於缺乏藥師之偏遠地區或災區，配合巡迴醫療工作及至安養機構提供藥事諮詢服務等活動，由執業之藥師前往支援，並不違反前揭立法目的，實無限制之必要。且參諸現行實務，主管機關於有上揭情形時皆對系爭規定為彈性解釋，有條件允許之。足見就藥師執業處所僅限於一處之規範，設置一定條件之例外確有其必要。系爭規定於藥師不違反前揭立法目的之情形下，或於有重大公益或緊急情況之需要時，一律禁止藥師於其他處所執行各種不同之藥事業務，未設必要合理之例外規定，已對藥師執行職業自由形成不必要之限制，有違憲法第二十三條比例原則，而與憲法第十五條保障工作權之意旨相牴觸。相關機關至遲應於本

解釋公布之日起一年內，依本解釋意旨檢討修正，屆時未完成修法者，系爭規定失其效力。

按各類醫事人員如何提供醫療服務，具有高度專業及技術之差異性。立法者基於維護醫療品質與保障國民健康之考量，得針對各類專門醫事人員執業之方法、時間及地點而為不同限制。系爭規定與規範其他醫事人員執業處所之規定雖有不同，惟係立法者衡量藥師與其他醫事人員職業性質之差異及其他相關因素所為之不同規定，尚不生牴觸憲法第七條平等原則之問題。

……醫事人員如具備多重醫事人員執業資格，關於醫事人員執業資格、方式或執業場所之限制等規範，涉及人民職業自由之限制及維護國民健康之公共利益等重要事項，應由立法機關以法律明定或明確授權行政機關發布命令為補充規定，始符合憲法第二十三條法律保留原則。系爭函釋謂：「四、至於藥師兼具護士雙重醫事人員資格，雖得依各該醫事人員專門職業法律之規定，分別申請執業執照，惟其雙重資格執業場所以同一處所為限。」惟藥師法並未規定人民同時領有藥師及護理人員證書，其執業場所僅得以同一處所為限。系爭函釋已對人民工作權增加法律所無之限制，與法律保留原則有違，應自本解釋公布之日起，不再援用。

……

一協同意見書一（節）　　　大法官　葉百修

……

本席意見：系爭規定應已構成「選擇工作及職業之客觀許可要件」之限制

系爭規定就藥師「執業處所應以一處為限」之設，表面上確實如多數意見所認定，屬執行職業之「地點」的限制；實際上，系爭規定對於藥師執業處所之「地點」並無限制，藥師蓋可自由選擇其執業處所，並且可隨時更換，例如今天設於臺北、明日改設臺中等等，僅藥師於決定執業處所後，僅得以該處所一處執業，不得另設第二處處所執行其業務，則系爭規定之限制，已非單純限制藥師執行職業之地點，而係透過法律強制規定僅得「同時」於一處執業；又藥師之業務畢竟與藥商不同，藥商依據藥事法第二十七條之規定，

凡經申請直轄市或縣（市）衛生主管機關核准登記，繳納執照費，領得許可執照後，即可從事藥品或醫療器材之販賣、製造（藥事法第十四條至第十八條規定參照）。相對於藥師依據藥師法第一條規定，則須經考試及格者始得為之。

藥師既已通過考試及格而執行其業務，客觀上即非一般人民均可任意執行該藥師之業務，該業務之執行接近由具有考試及格之藥師所「獨占」。是系爭規定所為「一處執業」之限制，非藥師個人努力所可達成或可改變之要件，而應已構成對於藥師「選擇工作及職業之客觀許可要件」之限制，應採取嚴格審查，即須為達成極重要之公共利益，手段須以唯一可達成該公共利益者，並與達成該公共利益具有緊密關聯性始足該當。

　　……

本席與多數意見就系爭規定之定性不同，……依關係機關之答辯，系爭規定限制藥師以一處執業，是否為落實專任藥師駐店（廠）管理（監製）制度、要求藥師親自主持藥局業務、維護醫療品質、厚植藥師專業以達成保障國民健康權之唯一手段？系爭規定之限制手段與達成目的間亦具有緊密關聯性？本席認為從關係機關之答辯內容，尚不足以支持於嚴格審查基準下之要件該當，未能通過嚴格審查而應屬違憲。況關係機關亦稱，於現行實務所採取之目的性限縮解釋，已彈性准許藥師得於一處執業下，例外前往他處執行業務，亦足以證明系爭規定之限制手段，並非達成所稱重大公共利益之唯一手段。

縱退一步言，以本件解釋多數意見所稱，系爭規定僅屬執行職業自由之限制，則限制藥師於一處執業，對於落實專任藥師駐店（廠）管理（監製）制度、要求藥師親自主持藥局業務、維護醫療品質、厚植藥師專業以達成保障國民健康權之目的間，亦不具合理之關聯性。按藥師於不同處所執行其業務，即便有時間、地點之不同，實際上並不影響其親自主持藥局業務之可能性；藥師於不同時段與處所執行其業務，仍可維持專任駐店、維護醫療品質，並不足以影響人民用藥安全，況限制一處執業，豈能因此便可厚植藥師專業？因此，系爭規定所為之限制手段，與達成所稱公共利益間，本席不認為有其合理關聯性，因而並無法滿足合理審查基準之要件，即與憲法第十五條保障

工作權之意旨相牴觸。

－協同意見書－（節）　　大法官　陳新民

壹、「藥師執業處所限於一處」規定之性質

......

二、「三階段論」的突破——「職業形象規範」的出現

惟對於職業執行的限制，若涉及職業資格的喪失與否，此時則會由第一階段的限制，提升到第二階段的限制。亦即屬於：執行職業自由最後一個行為準則，同時屬於選擇職業自由的第一道準則。這些規範的外表雖歸類在職業執行自由的限制，實質上已將橫跨到職業選擇自由之主觀限制（第二階段），例如本院釋字第七〇二號解釋認為教師不得有「行為不檢有損師道，經主管機關查證屬實」之行為（違反者會遭到解聘處分，屬於執行職業自由之限制），該行為規範已邁入到進入職業之門檻主觀條件（第二階段之選擇職業自由之主觀限制）。同樣的，如何區分「三階段論」中第二階段職業選擇自由之主觀限制與第三階段職業選擇自由之客觀條件限制？經常會造成疑惑。例如在釋字第六八二號解釋，到底立法僅許可大學中醫學系畢業生，方得報考中醫師特考；至於過去通過中醫師檢定考試之非大學中醫學系畢業生，即不得報考，已排除了經檢定考試及格者擔任中醫師的機會，是屬於選擇職業自由的主觀條件或客觀條件之限制（排除檢定考試及格出身者）？如以個人能掌握的能力而論（操之在我），似屬於職業選擇自由的主觀條件限制（固然考生仍可就讀大學中醫學系，是否為不切實際之期待？）惟基於信賴保護或比例原則，對經檢定考試及格者考生的權利亦應重視，必須訂定妥善過渡條款（落日條款）。此要件儘管可劃歸在第二階段限制，在比例原則的要求上，已和第三階段限制無異矣。

現代國家因為社會分工的細密以及國家任務的多元化，對於具有特別技術的職業人員，例如教師、醫事專業人員、會計師、律師等，往往會要求具備一定專業智識（主觀條件），形成出某些行為的「獨占化」——某種行為僅能由某種職業所能獨占......

在強調這些專技人員都應該具備一定的專業智識同時，也使這些職業人

員，具備一定的「職業品質」──即要求必須遵守一定的行為準則，作為其他國民信賴的基礎──某些行為視為從事某種職業所絕對不可行；……這是立法者依據各種社會價值，可以經由自行立法、委託立法或委由職業團體立法，即德國所謂之「工會自治法」(Standesrecht)，來予以形塑之，這些行為準則可稱之為「職業形象」(Berufsbild)。

現代國家這種對專門技術人員的職業管制，已經將其「職業形象」類型化。立法者擁有廣泛的社會、經濟及行業政策形成權，對於人民工作權與職業自由的實踐，自行或經授權立下各種規範，以追求各種不同的公共利益，例如國民健康保障、消費者保護、人民租稅義務確實履行、司法訴訟權利確保等，在德國學界被稱之為「職業形象典範」(Berufsbildfixierung)。這些規範多半都可列入職業執行的規範範圍，卻都涉及到人民能否執行該種職業的實質規定也。

這些「職業形象典範」很明顯橫跨在職業選擇與執行職業自由之間遊走。例如在本號解釋中，對於一人若擁有兩項以上醫事人員專業資格，是否可以分別執業？本號解釋多數意見認為屬於「關於醫事人員執業資格、方式、或執業場所之限制」，即為執行職業自由之限制，屬於第一階段限制。若立法者明定只能「擇一執業時」，猶如限制人民只得選擇一種職業，而放棄執行他種職業，是否進入到對選擇職業自由的限制範疇內？

……

因此，不論是許多職業的形象典範、追求公共利益與配合公共政策的公營企業、公務員考取制度與工商業之管制措施，都事涉人民的職業選擇自由與執行職業自由之限制，都已經打亂了「三階段論」的區分標準矣。

……

然而，這種理想化的「樣版」卻失於形式化之試想，若每個階段均運用比例原則（包括目的性、必要性及均衡性）來審查，那與其他種類的基本人權（如人身自由或言論自由）之限制與審查，又有何不同？任何人權的限制，不都也是公共利益與手段間均衡乎？職業自由的限制雖採三階段審查標準，人身自由為何不運用三階段審查標準?若云人身自由之重要遠超過職業自由，那麼人身自由豈非應有「四階段」審查標準不可，以突顯運用最嚴格審查標

準，來確保所有人權中最重要之人身自由權？

……

四、我國當否全盤移植「三階段論」？

……

本席認為：各種涉及職業自由之限制，都應當有出自不同的立法目的與有其特性，從而公益斟酌與限制手段的採納都必須靈活與彈性。「三階段論」最大的疑慮，乃會造成先入為主的印象，而將比例原則的審查標準過度簡化，容易讓立法者或釋憲者忽視了這些問題判斷的複雜度也。

－協同意見書－（節）　　　大法官　羅昌發

……

貳、關於系爭規定限制藥師執業處所以一處為限部分
一、系爭規定所侵害人民憲法上之工作權之性質及程度

㈠……本院以往解釋曾就憲法第十五條所規定應予保障之工作權之限制，區分為對選擇執業方法之限制、對選擇職業自由主觀要件之限制、對選擇職業自由客觀要件之限制。……本席認為，此種分類方式對理解憲法第十五條工作權之內涵及分析憲法第二十三條必要要件，有甚大助益。然本席亦必須指出，此等分類並非周延（蓋對於工作權之侵害，並不限於執業方法之限制或以主觀與客觀條件加以限制，而包括未設任何條件卻直接對工作權予以剝奪），且容易流於形式上判斷（蓋對執業方法之限制，依照嚴重程度，可能轉變成為對工作權之剝奪；然釋字第六四九號解釋之分類，並未考量此種情形）。本席認為較適宜的分類應為：

1.「程序性質之限制」：即「對從事工作之方法、時間、地點等執行職業自由之非實質限制」；

2.「主觀及實質之限制」：即「對於選擇職業自由所為之主觀條件限制」及「對從事工作之方法、時間、地點等執行職業自由之實質限制」；

3.「客觀限制或剝奪」：即「對於選擇職業自由所為之剝奪」、「對於選擇職業自由所為之客觀條件限制」及「以限制工作方法、時間、地點等之方式而程度上已達對選擇職業自由之剝奪者」。

「對從事工作之方法、時間、地點等執行職業自由之實質限制」，其嚴重情形已相當於對於選擇職業自由所為之主觀限制，其限制之正當性要求應較「執行職業自由之非實質限制者」為高。而「以限制工作方法、時間、地點等執行職業自由之方式而已達對選擇職業自由之剝奪程度者」，其嚴重情形已相當於對於選擇職業自由所為之客觀限制，其限制之正當性要求自應最高。

(二)系爭規定以「藥師經登記領照執業者，其執業處所應以一處為限」。多數意見認為屬於對藥師執行職業之方法、地點所為之限制。聲請人之一錢建榮法官認為系爭規定限制藥師執業處所以一處為限，已非單純對執行職業自由之限制，而係對職業選擇自由之客觀限制。本席認為，依照前段說明，且由實質上理解系爭規定限制之內涵，可知藥師執業處所以一處為限之規定，與單純對執業場所地點之要求不同。規定藥師執業處所以一處為限，顯將對藥師執行業務之自由，形成諸多實質上限制。……適用系爭規定之結果，藥師在上述例子中之工作權顯然受到實質的限制……系爭規定顯非僅屬單純之執業場所限制。此種限制的嚴重程度，已不亞於對選擇職業自由所為之主觀限制。

─評析與問題─

如本號解釋之人權之內涵僅以客觀人性尊嚴之角度為出發，是否可能認為本件對於藥師職業處所之限制未涉及人性尊嚴之剝奪，故解釋之結果可能為合憲？本號解釋認藥師之職業處所僅以一處為限的規定限制職業自由而違憲，是否代表大法官於本號解釋之考量因素非僅限於人性尊嚴，其思考面向亦包括藥師選擇職業處所的自由？

於本號解釋之敘述脈絡可推知人性尊嚴並非大法官描繪人權圖像之唯一要素，選擇自由亦為其考量依據，然兩者之重要性是否相同？是否具有先後順序？本號解釋於此部分有無明確說明？本號解釋涉及職業處所自由之選擇，大法官歷年之解釋對於憲法第十五條所保障之工作權，已建立三階段理論之審查基準，此一理論，是否代表人做為法之主體的選擇自由也會有重要程度之區分？

參、人權之主體

甲、誰不是人？

人權，顧名思義，是「人」所享有的權利。民法第六條規定：「人之權利能力，始於出生，終於死亡」；第七條規定：「胎兒以將來非死產者為限，關於其個人利益之保護，視為既已出生。」同樣的概念，適用於憲法上「人」權的保障嗎？請閱讀以下三個案例，思考「人」的定義為何？「人」的定義可以大到什麼範圍？可以小到什麼範圍？

郭信子對中央信託局案（釋字第三一六號解釋）

續 (7) 104 (82)

背景事實

郭信子原任職於臺東市公所，七十八年間發生意外，嚴重腦挫傷，經開顱手術後，全身癱瘓，醫師宣告已無任何藥物可為有效治療，而終止醫治，並開具證明確定郭為多重一級永久殘廢。嗣後，郭信子自費住於私人安養院中，每月費用達兩萬餘元，乃七十九年九月十三日檢具醫院出具之「全身癱瘓（植物人）」殘廢證明書，經由臺東市公所向中央信託局所屬公務人員保險處請領公教人員保險殘廢給付。惟中央信託局以郭女士已成植物人，不得申請殘廢給付；其不給付之緣故，在於銓敘部依據公務人員保險醫療辦法第四十一條之規定，將發生之醫療給付爭議交由公務人員保險監理委員會治療顧問會議審議，並做成不給付之決議，該項決議之依據則為公務人員保險法施行細則第五十八條規定❶。銓敘部乃以七十九年十月六日七九臺華特一字第

---

❶ 該條規定：「被保險人發生本法第十五條規定之保險事故，致成殘廢，經醫治終止，無法矯正，確實成為永久殘廢，得依據本保險醫療機構審定成為殘廢月份之保險俸

〇四七〇七七七號函釋：「植物人由於長期臥床，極易發生各種感染併發症，雖然其大腦病變可終止治療，然而其所引發之併發症很多，無法終止治療，必須終身依賴醫療照顧，故不同意殘廢給付」，並於十月十七日函復中信局公保處不予給付，郭信子於民國八十一年經臺東地方法院宣告禁治產，其代理人對中央信託局拒絕為殘廢給付之行政處分提起訴願、再訴願、行政訴訟，均遭駁回，乃向大法官聲請解釋憲法。

解釋文

公務人員保險法第三條規定之疾病、傷害與殘廢，乃屬不同之保險事故。被保險人在保險有效期間發生殘廢事故時，自應依同法第十四條予以殘廢給付。其於領取殘廢給付後，承保機關在何種情形下仍應負擔其醫療費用，係另一問題。銓敘部七十九年十月六日七九臺華特一字第〇四七〇七七七號函謂「植物人」之大腦病變可終止治療，如屬無誤，則已合於殘廢給付之條件，乃又以其引起之併發症無法終止治療為由而不予核給，將殘廢給付與疾病、傷害給付混為同一保險事故，增加法律所無之條件，與憲法實施社會保險照顧殘廢者生活，以保障人民權利之意旨尚有不符，應不再援用。惟「植物人」之大腦病變縱可終止治療，其所需治療以外之專門性照護，較殘廢給付更為重要，現行公務人員保險就專業照護欠缺規定，應迅予檢討改進。又大腦病變之「植物人」於領取殘廢給付後，如因大腦病變以外之其他傷病而有治療之必要者，既非屬同一傷病之範圍，承保機關仍應負擔醫療費用，乃屬當然，併予說明。

―解釋理由書―（節）

公務人員保險為社會保險之一種。國家為謀社會福利，應實施社會保險制度，人民之老弱殘廢，無力生活，及受非常災害者，國家應予以適當之扶助與救濟，為憲法第一百五十五條所明定。而得否請領殘廢保險給付，涉及憲法上人民權利之保障。公務人員保險法第三條就保險事故之範圍，分為生育、疾病、傷害、殘廢、養老、死亡及眷屬喪葬七項，其中疾病，傷害與殘

給數額，經由要保機關請領殘廢給付。」

廢，乃不同之保險事故。依同法施行細則第五十八條第一項規定，被保險人
發生保險事故，致成殘廢，經醫治終止，無法矯正，確屬成為永久殘廢者，
即應依同法第十四條規定，按殘廢之標準予以現金給付。同法第十三條第五
項第四款，雖限制因傷病而致殘廢經領取殘廢給付後，不得以同一傷病再申
請診療，亦即承保機關就同一傷病不再負擔其醫療費用。惟此乃另一疾病或
傷害保險事故之保險給付問題，與已發生殘廢之保險事故應予以殘廢之給付
無關，且上述法律規定之「同一傷病」，同法施行細則第五十一條第二項則採
列舉規定，其內容為㈠傷病部位與原殘廢部位相同者㈡傷病名稱與原殘廢之
傷病名稱相同者㈢傷病情況尚未超過原殘廢等級編號範圍者。並未將非同一
傷病之各種感染及併發症，亦併列為「同一傷病」之範圍。且各種疾病與傷
害，如在非殘廢人亦可能發生者，更無從擴張解釋為「同一事故」。銓敘部七
十九年十月六日七九臺華特一字第○四七○七七七號函謂「植物人」之大腦
病變可終止治療，如屬無誤，則已合於殘廢給付之條件，乃又以其引起之併
發症無法終止治療為由而不予核給，將殘廢給付與疾病、傷害給付混為同一
保險事故，增加法律所無之條件，與憲法實施社會保險照顧殘廢者生活，以
保障人民權利之意旨尚有不符，應不再援用。……

一評析與問題一

◆ 基本人權的權利主體

　　基本人權的權利主體是人。人，即享有基本人權；非人，即不享有基
本人權。本案解釋涉及憲法人權保障最根本的問題之一：誰不是人（植物
人是否不是人），從而不享有基本人權？依行政機關之見解，植物人業已
終止治療，不予核發殘廢給付，亦無須核給併發症之疾病、傷害治療費用
之給付。大法官則不但認為「植物人」應依法予以殘廢給付，其領取殘廢
給付之外所需之疾病傷害給付，亦不受是否終止治療之影響；即便治療以
外之專門性照護，亦不可欠缺給付規定。

◆ 植物人也是人

　　本案最重要之意義，或在於大法官認定：即使醫師宣告可以終止治療
之植物人，亦可主張基本人權之保障。按社會觀念上所謂終止治療之植物

人，或不免招致某種設想：植物人既無救治可能、即非可領取殘廢給付之「殘廢」；如連「殘廢」亦不是者，則甚至可能發生已否不再是「人」的疑問。本案解釋則確定「植物人」仍然是憲法上基本權利受到保障的「人」，不受是否已經醫師放棄治療而有不同。

◆ 誰來為「人」下定義？

人與「非人」（例如動物、植物、生物、礦物）的界限在哪裡？誰來為人下法律定義？生物學家嗎？法學家嗎？這些問題所以重要，在於涉及給「人」下定義。然則茲事體大，憲法學上，少有為「人」直接下定義者。因為，任何落在「人」之定義之外者，可能失去享受基本人權保障的資格，為「人」下法的定義，是至為危險的舉動。民法將人分為自然人及法人，但何謂自然人則無定義；法學討論中也罕見自然人的定義。立法者該為「人」下定義嗎？「人」可以由民主社會裡的多數人來定義嗎？人之所以為人不可缺少的部分，會隨著時代或社會變遷或地理位置而異其標準嗎？會因人而異嗎？人，有共同的定義或定義標準嗎？

張佛泉先生的皇皇巨著《自由與人權》（臺灣商務，八十四年）中，將基本人權之主體稱為圓頂方趾之人 ❷，不能只是「公民」，推其用意，當是在為「人」求取極大之定義範圍。此中甚為關鍵的是，一旦了解「人」是不可在憲法上輕易加以定義的概念後，思考憲法人權保障之對象，即知不宜擅就「誰是人」的問題給出否定答案。相較而言，「誰不是人」或許是較佳的問法；為了避免將不該排除於「人」之範圍之外者加以排除的危險，應由主張何者不是人者，負擔說服與證明責任。本案拒絕將「植物人」排除在「人」之適格之外；任何較植物人更為健全之人，自無任遭排除在「人」之適格之外之理。

在社會觀念中，有些常常可能被假設為不完整的人，包括兒童 ❸、老

---

❷　張佛泉，《自由與人權》，頁80，商務，八十四年。

❸　黃茂林案（釋399）所保障之權利主體，即為兒童。民法規定兒童為無行為能力、限制行為能力人，是否已透露其為不完整之人？關於未成年人之人權，參閱陳孟瑩，〈聯合國兒童權利公約與我國法律對兒童之保護〉，《社會建設》，94期，頁4-7，八十五年四月；何希，〈我國未成年人基本權的保護與限制㈡、㈢、㈣〉，《植根雜誌》，

年人❹ 、 身心障礙者❺ 、 看守所收容人❻ 、 受刑人❼ 、 外國人❽ 、 女

12 卷 9 期，頁 26–31，八十五年九月；12 卷 10 期，頁 14–9，八十五年十月；12 卷 11 期，頁 19–21，八十五年十一月。

❹ 老年人是傳統的弱勢族群，關於老年人的基本人權保障，參閱李世代，〈老人健康照顧與人權〉，《臺灣法學會學報 20 輯》，頁 141，臺灣法學會，八十八年十一月；高忠義譯，Richard Posner 著，《老年、社會、法律結構學》，頁 289 以下，商周，九十年。

❺ 憲法增修條文第十條第七項：「國家對於身心障礙者之保險與就醫、無障礙環境之建構、教育訓練與就業輔導及生活維護與救助，應予保障，並扶助其自立與發展。」就業服務法第五條：「為保障國民就業機會平等，雇主對求職人或所僱用員工，不得以……容貌、五官、身心障礙……或以往工會會員身分為由，予以歧視……。」身心障礙者權益保障法第十六條：「身心障礙者之人格及合法權益，應受尊重與保障，對其接受教育、應考、進用、就業、居住、遷徙、醫療等權益，不得有歧視之對待。」均為國家對身心障礙者特別加以保障之規定。又身心障礙者同時可能為權利侵害的主體與客體，為保護身心障礙者本身或為遺傳優生之目的，未經身心障礙者之同意而對其施以結紮手術，是否係否定其人格而侵害其人權之作為？思維邏輯異於一般人的人，就是智能障礙？就是「不正常」？關於身心障礙者之人權保障，參閱莊繡霞，〈學生之受教權身心障礙者之教育權保障〉，《憲政時代》，22 卷 4 期，頁 49–55，八十六年四月；蔡茂寅，〈身心障礙者與人權以正常的社會參與為檢驗標準〉，《世界人權宣言五十週年紀念研討會專輯》，頁 46–8，臺灣法學會，八十八年十一月。

❻ 未經判決有罪確定而羈押於看守所中之被告，其基本人權在什麼樣的範圍內可以受到限制呢？看守所中被告如參選立法委員而當選，可否因不能於看守所內宣誓就職而不使其就職？

❼ 受刑人與監獄之間，傳統上認屬特別權力關係，與一般人民與國家之關係不同，參閱許宗力，《法與國家權力》，頁 144，自刊，八十一年。此外刑法第三十七條第五項規定，宣告有期徒刑而宣告褫奪公權者，自主刑執行完畢或赦免之日起算；司法院院字二四九四號解釋謂經宣告褫奪公權者，自裁判確定時起，不得行使選舉、罷免、創制、複決之權；似以受刑人在監獄中當然無行使公權之權利。惟未受宣告褫奪公權者，可否於監獄中行使參政權（如投票權）？應如何行使？又關於死刑犯捐贈器官問題，因死刑犯常有以捐贈器官贖罪的心態，或欲以捐贈器官來獲取較好的社會評價及死前待遇，故允許死刑犯捐贈器官是否符合人道精神？有無侵害其人權？關於受刑人之人權，參閱李茂生，〈受刑人之人權及其救濟制度以美日兩國之制度發展為中心〉，《刑事法雜誌》，36 卷 1 期，頁 12–42，八十六年二月；盧映潔，〈論德

人❾、某方面異常的人❿……，此外，「機器人」、「人工智慧」、「人造人」的問題，都可能引發「人」從何時開始是「人」的問題，以及「胚胎」、「人類胚胎幹細胞」與「人性尊嚴」之間有無聯繫的問題⓫，「人造人」可不可以⓬？幹細胞等不等於「人」？複製人是不是人？是不是可以被擬

國監獄受刑人之法律地位及權利救濟途徑〉，《政大法學評論》，63 期，頁 323–57，八十九年六月。

❽ 參閱李念祖，〈論我國憲法上外國人基本人權之平等保障適格〉，《國際法論集》，三民，頁 135–67，九十年；李震山，〈論外國人之憲法權利〉，《憲政時代》，25 卷 1 期，頁 104–32，八十八年七月。

❾ 例如刑法第二二六條第二項規定處罰強制性交猥褻因而致被害人羞忿自殺者，有無隱含以貞操觀念將婦女物化之想法？參閱陳志龍，〈女性解放的法律絆腳石－論刑法第二二六條第二項強姦被害婦女羞忿自殺罪之性質〉，《月旦法學雜誌》，59 期，頁 43–4，八十九年 4 月。

❿ 例如精神病患之定義，依精神衛生法第三條：「精神疾病：指思考、情緒、知覺、認知、行為等精神狀態表現異常，致其適應生活之功能發生障礙，需給予醫療及照顧之疾病；其範圍包括精神病、精神官能症、酒癮、藥癮及其他經中央主管機關認定之精神疾病，但不包括反社會人格違常者」，為思考、情緒、知覺、認知等精神狀態異常之人。民法第十五條：「受監護宣告之人，無行為能力」。從監護宣告這幾個字眼可以看出其主要目的在於保護受監護宣告之人之財產及社會交易上之安全，但受監護宣告之人一切行為能力皆被剝奪，有無妨礙其人權？歐美諸國近年相繼廢止監護宣告制度，參閱劉得寬，〈成年「監護法」之檢討與改革〉，《政大法學評論》，62 期，頁 229–41，八十八年十二月。

⓫ 參閱李震山，〈胚胎基因工程之法律涵意以生命權為例〉，《法律論叢》，引卷第 3 期，頁 1–15，九十一年五月；陳英鈐，〈人類幹細胞研究的法問題〉，劉尚志主編，《2001 全國科技法律研討會論文集》，頁 499–528，交大科法所，九十年；陳英鈐，〈人類胚胎幹細胞研究的管制〉，《當代公法新論（中）》，頁 751–78，元照，九十一年；顏厥安，〈沒有臉龐的權利主體由法理學檢討生物科技與人工生殖技術〉，收入《法與實踐理性》，頁 348–53，允晨文化，八十七年；李震山，〈論生命科技與生命尊嚴以人工生殖為探討中心〉，《人性尊嚴與人權保障》，頁 83–120，元照，八十九年。

⓬ 參閱李震山，〈「複製人」科技發展對既有法律思維與制度之衝擊以基本權利保障為例〉，《月旦法學雜誌》，79 期，頁 158–71，九十年十二月；羅麗珠、王惠珍，〈複製人類在歐美之法制規範〉，《資訊法務透析》，頁 24–31，八十七年九月。

制或假設為不同的人（或權利主體）⓭？均挑戰著「人」的定義。

　　觀賞羅賓威廉斯 (Robin Williams) 主演的電影《變人》⓮，可以有助於認識如何為「人」下適當定義的問題。

◆ 郭信子受保障的權利，是什麼性質的人權？

　　本案中大法官認為郭信子雖成為植物人，基本人權仍受憲法保障。郭信子請領殘廢保險給付的權利，究竟是什麼性質的人權？大法官並未指明，只說行政機關的決定，因增加法律所無之條件而違憲，似在暗示本案侵犯的是「法律保留原則」。但「法律保留原則」亦係用於保障人權的原則，郭信子不獲公保給付，是生存權、受益權、平等權還是人格尊嚴受到侵犯？還是兼而有之？

　　大法官在本案中引用憲法第一百五十五條之條文，認為國家應實施社會保險制度，並予老弱殘廢、無力生活者適當之扶助與救濟。在紐創企業對健保局案（釋 472）中，施文森大法官認為應將社會保險與社會救助有所區隔，本案解釋有無如此區隔？公教人員保險為社會保險之一種，與社會救助有何差別？本案中大法官認為植物人應可獲得併發症醫療費用之保險給付；而現行公務人員保險制度不能涵蓋植物人所需治療以外之專門照顧，應予檢討。惟此項專門照顧，性質上應屬於保險給付之範圍抑或社會救助之範圍？

◆ 人與身分

　　在法律實務上，「身分」常係「人」的一種無形定義。「植物人」亦未始不能視做一種「身分」。本案聲請人郭信子尚具有「公務員」之身分，其請求公務人員保險給付即係依此身分而來，本案解釋「植物人」亦是「人」，與郭信子為公務員有無關係？「植物人」亦是「人」的觀念是否限

⓭　參閱陳英鈐，〈人類幹細胞研究的法問題〉，劉尚志主編，《2001 全國科技法律研討會論文集》，頁 524–5，交大科法所，九十年；周志宏，〈複製人與生物科技之法律規範〉，《月旦法學雜誌》，35 期，頁 46–62，八十七年三月；蔡維音，〈人類基因科技下之法益保護體系「擬似權利主體」之提案與相關法制雛型〉，《當代公法新論（中）》，頁 727–50，元照，九十一年。

⓮　*Bicentennial Man* (1999 Columbia Pictures).

於「公務員」始有適用？「植物人」之基本生存權不受歧視與其是否為「公務員」有無相干？在特別權力關係之理論影響下，公務員常發生基本人權是否受到與一般人相同保障的問題；本案解釋並不只限於認定「公務員植物人」也是「人」，也可有助於思考：是否因為「公務員」身分而可主張優於一般人之基本人權保障？大法官在蘇煥智等聲請解釋眷村改建條例案（釋485）中就此曾有解釋，參閱本書系列關於平等原則與權利保護請求之講次。

關於「身分」在西方法律發展史上之觀念變化，亦即從「身分」到「契約」的演變歷史，參閱王海南、李太正、法治斌、陳連順、顏厥安，《法學入門》，頁60，月旦，八十七年；關於身分與人權之保障，參閱本書系列關於平等原則之講次；並參閱黃俊杰，《弱勢人權保障》，頁81-104，傳文文化，八十七年。

      ＊   ＊   ＊

本案中被認為違憲之法令為何？如果本案系爭函釋所載之決議就是針對本案所做成，本案究竟是函釋違憲抑或係行政處分違憲？本案有無法律適用違憲的情形？大法官是否並不計較郭信子是否符合聲請釋憲之程序，刻意做成給予實質救濟之解釋？

邴寶昌等對聯勤總部留守業務署案（釋字第三二〇號解釋）

續 (7) 147 (82)

⚖ 背景事實

邴寶昌等三十四人均為民國四十年以前奉命參加對共軍作戰負傷並成殘廢之官兵，因民國七十九年制定公布之戰士授田憑據處理條例而得據之享有「十個補償基數」（每個基數相當於新臺幣五萬元）之補償金。惟聯勤總司令部基於該處理條例施行細則之規定（作戰受傷致成殘廢之事實須經反共抗俄戰士授田條例公布日即民國四十年十月十八日後發生始有適用），認定邴寶昌等於條例公布前作戰受傷致成殘廢者非為該條例所稱得依殘廢標準領取補償金之人，僅發給其等二至四個補償基數之補償金。經邴寶昌等提起訴願、再

訴願、行政訴訟均遭駁回，遂聲請大法官解釋憲法。

解釋文

　　戰士授田憑據處理條例，係為收回已依反共抗俄戰士授田條例領取之戰士授田憑據，分別情形給予不同基數之補償金而制定。該授田條例雖於中華民國四十年十月十八日生效，但依其第五條、第十一條第二項規定之意旨，關於作戰受傷致成殘廢，並不以該日以後發生者為限。戰士授田憑據處理條例施行細則第三條第一項謂殘廢以四十年十月十八日以後發生者，始發給殘廢標準之補償金，致在該日以前作戰受傷致成殘廢，而已領有授田憑據之人員，失其依該條例所定殘廢標準領取補償金之機會，與法律規定不符，有違憲法保障人民權利之意旨，應不予適用。至此項人員負傷所由致之作戰，其範圍如何，應由主管機關依各該條例立法意旨予以界定，乃屬當然。

─解釋理由書─

　　中華民國七十九年四月二十三日制定公布之戰士授田憑據處理條例第一條規定：「反共抗俄戰士授田條例及其施行細則廢止後，為收回戰士授田憑據，特制定本條例」。同條例第三條第一項本文並規定：「每份戰士授田憑據發給一至十個基數之補償金；每一個基數之金額為新臺幣五萬元，除陣亡或公亡戰士之家屬及作戰受傷致成殘廢及年逾五十五歲未享退休給與、未輔導就養、就業之自謀生活者，給與最高十個基數外，餘由行政院就補償對象分別訂定之」。該授田條例雖於中華民國四十年十月十六日公布，十八日生效，但其中關於發給授田憑據時，有無殘廢之認定，依該授田條例第五條、第十一條第二項規定之意旨，並不限於以該日以後發生之狀況為準。而戰士授田憑據處理條例本係就以前已領有授田憑據之既存事實或依其第十條視同已發給授田憑據擬制之既存事實，賦予依一定程序發給補償金之效果，別無所謂溯及既往之問題。其關於殘廢之既存事實，該處理條例亦無僅以四十年十月十八日以後發生者為限之限制。乃該處理條例施行細則第三條第三款竟規定：「作戰受傷致成殘廢之戰士，指於四十年十月十八日反共抗俄戰士授田條例公布日後，作戰受傷，經核定為三等殘以上，並辦理傷殘撫卹有案者」，致在

該日以前作戰受傷致成殘廢，而已領有授田憑據之人員，失其依上述殘廢標準領取補償金之機會，與法律規定不符，有違憲法保障人民權利之意旨，應不予適用。

─評析與問題─

　　繼郭信子對中信局案（釋 316）大法官認定植物人為人權主體之後，本案復認為殘廢之退役戰士亦為憲法基本人權之主體。此點本來毫無可資懷疑之處，然則本案逼人思考之問題為，常被稱為「穿著制服之國民」❶❺的軍人，於戰場上接受作戰命令，捐軀亦係指顧之間之事，作戰命令之下，生命、身體、健康等基本人權均所不保，軍人究竟餘有何種基本人權受到憲法保障？蘇煥智對國防部案（釋 436）中大法官雖認為軍人亦是人，而應受憲法基本人權之保障，但以現役軍人之基本人權受到其善盡「保衛國家之特別義務」❶❻之限制，與一般享有基本人權之「人」相較，未免所餘無幾。當代國際法以戰爭為非法行為之思潮趨向❶❼，良有以也。

　　本案為作戰成為殘廢之軍人人權受到保障之實例，其所得之補償，性質上究為何種人權？大法官未為說明。其係身體及健康之替代權利？抑係獲得社會救助之受益權？還是紐創企業案（釋 472）中蘇俊雄大法官所提及，藉由「禁止不足給付原則」（亦稱「禁止保護不足原則」）所表彰之生存權？還是人格之尊嚴？抑或兼而有之？

　　憲法第一百五十五條規定：「……人民之老弱殘廢，無力生活，及受

---

❶❺　陳新民，《軍事憲法論》，頁 167，五南，八十三年；黃俊杰，〈憲法之軍人權利與軍隊派遣〉，《當代憲法新論（上）》，頁 308-9，元照，九十一年。

❶❻　該案中大法官認為軍人有「保衛國家之特別義務」，值得討論的是，此特別義務是否為憲法義務？認定軍人有此種特別義務其實源自於特別權力關係的推論，關於特別權力關係，見許宗力，〈論法律保留原則〉，《法與國家權力》，頁 117-213，元照，八十八年。

❶❼　鑒於戰爭造成人類危害和對人權侵害的反省，依一九七八年聯合國出版有關人權的〈國際文件彙編〉中已提及戰爭為一種罪行，見丘宏達，《現代國際法》，頁 445，三民，八十九年。

非常災害者，國家應予以適當之扶助與救濟。」是否即在揭示「禁止保護不足原則」？「無力生活」四字是否在揭示生存權（做為一種受益權）之最低度保障？本案中邴寶昌等人主張之權利是否可以此條規定為其憲法基礎？

又憲法增修條文第十條第九項規定：「國家應尊重軍人對社會之貢獻，並對其退役後之就學、就業、就醫、就養予以保障」**⓲**，與憲法第一百五十五條之規定有何不同？是否要求國家給予軍人較一般老弱殘廢更高之生存保護？本案聲請人若根據憲法增修條文第十條第九項之規定請求十個基數之補償金，是否較憲法第一百五十五條之保障更為有利？

關於軍人權利之憲法保障，參閱黃俊杰，〈憲法之軍人權利與軍隊派遣〉，《當代憲法新論（上）》，頁 307–21，元照，九十一年；關於軍人之憲法義務，參閱李麒，〈德國軍人法之研究〉，《當代憲法新論（上）》，頁 331–60，元照，九十一年。

本案聲請人是否可因本案解釋而獲得十個基數補償金之救濟？本案解釋末尾所謂「此項人員負傷所由致之作戰，其範圍如何」，究應由誰認定？是聯勤總部抑或得將本案重開再審之行政法院？大法官說「應由主管機關予以界定，乃屬當然」，主管機關係指行政機關或司法機關？如為前者，主管機關之界定應否經過司法審查？否則聲請人之基本人權有無重遭行政機關否定，又成泡影之虞？

太子保險公司對中央標準局案（釋字第四八六號解釋）

續 (13) 299 (88)

✍ 背景事實

太子保險公司於七十九年八月間以「萬泰 COSMOS」服務標章，指定於保險之營業類別申請註冊，為中央標準局審查核准列為審定第某號服務標章。嗣有萬泰證券股份有限公司以系爭服務標章與其公司名稱特取部分「萬泰」相同，且依保險業與證券業之營業範圍，同可於集中交易市場或營業處所受

⓲　本條款係於八十九年四月二日修憲時所納入，本案聲請時，尚無此項規定存在。

託買賣有價證券為由,對之提出異議。歷經兩次行政訴訟之後,中央標準局重為審查,乃據萬泰證券公司之主張事由,依當時商標法第三十七條第一項第一款「服務標章圖樣有他人之肖像、法人及其他團體或全國著名之商號名稱或姓名,未得其承諾者,不得申請註冊」之規定,將系爭服務標章之審定撤銷。太子保險公司則以其為系爭服務標章申請註冊時,萬泰證券公司尚未依法設立,只為財政部證管會准予籌設之公司籌備處為由,主張其非具有權利能力之團體,不得適用商標法系爭條文主張權利,提起訴願、再訴願及行政訴訟,均遭駁回。乃向大法官聲請解釋憲法。

解釋文

　　憲法上所保障之權利或法律上之利益受侵害者,其主體均得依法請求救濟。中華民國七十八年五月二十六日修正公布之商標法第三十七條第一項第十一款(現行法為第三十七條第十一款)前段所稱「其他團體」,係指自然人及法人以外其他無權利能力之團體而言,其立法目的係在一定限度內保護該團體之人格權及財產上利益。自然人及法人為權利義務之主體,固均為憲法保護之對象;惟為貫徹憲法對人格權及財產權之保障,非具有權利能力之「團體」,如有一定之名稱、組織而有自主意思,以其團體名稱對外為一定商業行為或從事事務有年,已有相當之知名度,為一般人所知悉或熟識,且有受保護之利益者,不論其是否從事公益,均為商標法保護之對象,而受憲法之保障。商標法上開規定,商標圖樣,有其他團體之名稱,未得其承諾者,不得申請註冊,目的在於保護各該團體之名稱不受侵害,並兼有保護消費者之作用,與憲法第二十二條規定之意旨尚無牴觸。

—解釋理由書—

　　人民基本權利之保障乃現代法治國家之主要任務,凡憲法上所保障之權利或法律上之利益受侵害者,其主體均得依法請求救濟。商標法第三十七條第一項第十一款(現行法為第三十七條第十一款)前段所稱「其他團體」,係指於自然人及法人以外其他無權利能力之團體而言,其立法目的係在一定限度內保護該團體之人格權及財產上利益。按自然人及法人為權利義務之主體,當然為憲法保護之對象;惟為貫徹憲法對人格權及財產權之保障,非具有權

利能力之「團體」，如係由多數人為特定之目的所組織，有一定之名稱、事務所或營業所及獨立支配之財產，且設有管理人或代表人，對外並以團體名義為法律行為，在性質上，具有與法人相同之實體與組織，並具有自主之意思能力而為實質之單一體，且脫離各該機構成員而存在，固屬該法所稱之「其他團體」。至其他有一定之名稱、組織而有自主意思之團體，以團體名稱對外為一定商業行為或從事事務有年，已有相當之知名度，為一般人所知悉或熟識，且有受保護之利益者，不論是否從事公益，均為商標法保護之對象，而受憲法之保障。商標法第三十七條第一項第十一款（現行法為第三十七條第十一款）前段規定：商標圖樣，有其他團體之名稱，未得其承諾者，不得申請註冊。旨在保護各該團體之名稱不受侵害，並兼有保護消費者之作用，與憲法第二十二條規定之意旨尚無牴觸。又申請註冊之商標，因尚未經核准註冊，固未取得商標專用權，然商標註冊申請所生之權利，得移轉於他人，為商標法第三十八條第一項所明定，是以該項權利，具有財產上之價值，應屬憲法保障之財產權，權利主體自得以該權利遭受不法侵害為由，依法請求救濟。至公司籌備處是否屬於商標法第三十七條第一項第十一款（現行法為第三十七條第十一款）所稱之「其他團體」，則應依前開解釋意旨，視具體情形而定，併此指明。

一評析與問題一

　　本案聲請人主張為違憲者，係商標法保障「團體」營利名稱之規定，亦即認為法律保護「團體」營利名稱超越了憲法第二十二條之範圍。此中涉及之問題有二：一為權利主體的問題，亦即憲法保障之權利主體為誰？二為權利內容的問題，亦即憲法保障人權的內容是否及於商標法上所保障之權利與利益？大法官之解釋，在兩個問題上均從廣從寬，努力擴張憲法保障的範圍。

◆ 基本人權的主體

　　就基本人權主體孰屬的問題，大法官不但確認自然人與法人均為受到憲法保障之權利主體；即連非法人團體之可認為與法人之性質相當者，不論是否從事公益，均經大法官認係商標法保護之對象，而受憲法保障[19]。

大法官並且樹立了確切的標準，以資認定非法人團體在性質上如何能與法人相當；此項標準，於本案情形亦應適用。依大法官之意，公司法人設立登記前之籌備處，如符合本案所揭示之認定標準，縱未具法人資格，亦可為憲法保障之權利主體。本案解釋不啻打破了法學上只有自然人與法人可為權利主體的傳統教科書觀念❷。

◆ 憲法保障集體權？

　　基本人權之權利主體是否應該以自然人為限？法人若只為法律擬制或創設之權利主體❷，為何亦為基本人權之權利主體？法人具有憲法上的人格權可資主張嗎？法人可以主張人格尊嚴嗎？非法人團體呢❷？大法官將基本人權主體擴及於非法人團體的理論基礎何在？非法人團體在法律上並不具有權利能力，為何可以成為憲法上之權利主體？憲法上權利能力的概念是否與法律上的權利能力概念不同？憲法上該不該有權利能力的概念？基本人權係先於憲法存在抑或係由憲法所創造者？

　　公法人可以成為憲法基本人權保障之主體嗎？可以主張什麼樣內容的基本人權保障呢❷？團體的權利是自然人基本權利的集合嗎？團體的權利是一種集體權嗎？憲法保障集體權嗎？憲法保障集體權與憲法保障個人基本權利有何不同？誰有資格主張集體權？

◆ 憲法所保障之權利之範圍

　　就憲法所保障之權利之範圍的問題，大法官亦認為系爭法律並不違反

---

❶⁹ 商標法第八十五條：「團體標章，指具有法人資格之公會、協會或其他團體，為表彰其會員之會籍，並藉以與非該團體會員相區別之標識。」營利及非營利團體皆可申請團體標章而受現行商標法保護。

❷⁰ 史尚寬，《民法總論》，頁71，自刊，五十九年。

❷¹ 同前註❽，頁 120–1。

❷² 法人為依民法或其他法律之規定而成立者，非法人團體為未取得法人資格者，但以團體名義為交易，為應實際需要，宜使其以其名義為訴訟之主體。王甲乙、楊建華、鄭健才，《民事訴訟法新論》，頁 47–8，自刊，八十九年。

❷³ 相關討論，參見李建良、劉淑範，〈「公法人」基本權利能力之問題初探──試解基本權利「本質」之一道難題〉，湯德宗編，《憲法解釋之理論與實務(4)》，頁 392–410，中央研究院法律學研究所籌備處，九十四年。

憲法第二十二條之規定。本案受商標法保護者為非法人團體之營利事業名稱，依大法官之解釋，不但受商標法保障，亦受憲法保障。惟大法官並不明言其受憲法保障之依據，只說商標法保障此種利益並不違憲，是否可以推論其權利保障之憲法依據就是憲法第二十二條？抑或因未註冊之商標得為移轉而具有財產上價值，乃同時亦受憲法第十五條關於財產權所賅括之營業自由之保障？本案中誰的營業自由較應受到保障？又本案有無萬華企業案（釋 514）解釋保障概念之適用？事實上本案解釋說明解釋之目的在於「貫徹憲法對財產權與人格權之保障」，是否業已間接認定本案中萬泰證券公司籌備處之涉案權益兼有財產權與人格權之性質？財產權、營業自由、人格權、命名自由的概念是否已足賅括本案所涉及之基本人權？

◆ **基本權利之衝突**

本案太子保險公司主張系爭法律違反憲法第二十二條及第二十三條，大法官只說並不違反憲法第二十二條，而未語及憲法第二十三條，其故何在？係因本案不涉及憲法第二十三條之適用問題？抑或大法官疏於審查或解釋？本案既然認定商標法保障之權益亦受憲法保障，本案太子保險公司之服務標章與萬泰證券公司之商業名稱在商標法上是二擇其一的權益，既均有主張商標法保障之可能，即均有受憲法保障之可能，是則本案有無基本權利保障相衝突之問題？大法官是否更鍾意保障非法人團體之商名而非公司法人之服務標章？抑或本案中大法官只在說明非法人團體的商名亦同受憲法保障，但並未在兩相衝突之權益中實際做成誰才該受保障的選擇？解釋文中言及消費者之保護作用，消費者保護在憲法第二十二條及第二十三條之中占據什麼位置？

◆ **本案與臺灣法學會案（釋 479）之比較**

基本人權的基本單位是自然人，但自然人亦可透過組織團體的途徑享受基本人權。本案解釋業已肯認，自然人、法人乃至於無法律上權利能力之團體均可為憲法保障之對象，在臺灣法學會案（釋 479）解釋之中，則強調人民團體成為憲法保障之權利主體，實植基於組成團體之個人之結社自由受到保障。該案受到保障之人權可分兩個層次加以觀察，先有團體成員之結社自由受到尊重，然後即有人民團體之命名權或更名權可以受到保

護。憲法看似保障法人之權利，其實仍要以自然人之基本人權做為基礎。法人畢竟只是擬制的「人」，基本人權所寓含之人格尊嚴，無論從「人之所以為人」之基本條件或是人的自主選擇加以理解，均係以自然人為原始權利主體；法人或人民團體之「人格」只是出於法律的擬制或創設，為的是自然人從事社會或經濟活動之需要與便利。法人或人民團體所主張之憲法保障，都應以組成團體之自然人的結社自由做為媒介，始能理解其範圍及意義。臺灣法學會案（釋479）中董翔飛、劉鐵錚、黃越欽等三位大法官共同提出之不同意見書，認為內政部要求冠以區別團體活動區域的名稱，類似公司法中要求公司名稱標示地域（公司法第十八條）❷❹甚或公司種類（公司法第二條）❷❺的規定，並無截然之不同。循其推論，公司法第二條、第十八條之規定，是否亦可認為違憲？如果不然，為什麼？此與公司為營利團體而人民團體非是，有無關係？營利組織可以享受的命名自由範圍是否較為狹窄？有何理由較為狹窄？而本案（太子保險代理人公司案，釋486）中大法官是否業已認定團體之命名自由不因其團體為公益團體或營利團體而受到不同程度的憲法保障？

　　自然人所享有之基本人權各種項目，是否均可由行使結社自由所組成的團體加以主張？可與不可，能不能各舉出一些例子？

　　臺灣法學會案（釋479）中，內政部以行政命令侵犯人民團體之命名自由而被認定為違憲，設若同樣內容的規定係載於立法院通過的法律之中，是否同樣會有違憲的評價？大法官認定該案之行政命令違憲，究係僅因違反「法律保留原則」之故，抑或同時因其規定之內容侵犯人權過甚，根本為憲法所不容，即使由議會加以通過，亦屬違憲？

---

❷❹　公司法第十八條規定：公司名稱，不得與他公司名稱相同；公司不得使用易於使人誤認其與政府機關、公益團體有關或妨害公共秩序或善良風俗之名稱；公司名稱及業務，於公司登記前應先申請核准。

❷❺　公司法第二條規定：公司分為四種：無限公司、有限公司、兩合公司與股份有限公司，公司之名稱，應標明公司之種類。

乙、人的分類？

一、外國人？

蘇乎星等聲請提審案（釋字第七〇八號解釋）

背景事實

　　泰國籍之蘇乎星，於民國九十七年四月聲請居留證延期，因提供不實資料，於九十九年三月間經內政部入出國及移民署註銷其外僑居留證，並依入出國及移民法第三十六條第一項第九款規定，作成強制驅逐出國處分。又該署以受收容人有入出國及移民法第三十八條第一項第一款「受驅逐出國處分尚未辦妥出國手續」、第二款「非法入國或逾期停留、居留」之事由，因而對蘇乎星為收容處分，將其收容在該署之南投收容所。蘇乎星於收容期間向臺灣南投地方法院遞出提審狀，遭該院九九年度提字第一號刑事裁定駁回。其後提起抗告，由臺灣高等法院臺中分院九九年度抗字第三〇〇號刑事裁定（下稱系爭裁定）認定不予受理，全案終告確定。遂按大法官審理案件法第五條第一項第二款規定聲請解釋憲法，主張系爭裁定所適用之入出國及移民法第三十八條第一項，與憲法第八條第二項規範之聲請提審要件有牴觸疑義。

解釋文

　　中華民國九十六年十二月二十六日修正公布之入出國及移民法第三十八條第一項：「外國人有下列情形之一者，入出國及移民署得暫予收容……」（即一〇〇年十一月二十三日修正公布同條項：「外國人有下列情形之一，……入出國及移民署得暫予收容……」）之規定，其因遣送所需合理作業期間之暫時收容部分，未賦予受暫時收容人即時之司法救濟；又逾越上開暫時收容期間之收容部分，非由法院審查決定，均有違憲法第八條第一項保障人民身體自由之意旨，應自本解釋公布之日起，至遲於屆滿二年時，失其效力。

—解釋理由書—（節）

人民身體自由享有充分保障，乃行使其憲法上所保障其他自由權利之前提，為重要之基本人權。……又人身自由係基本人權，為人類一切自由、權利之根本，任何人不分國籍均應受保障，此為現代法治國家共同之準則。故我國憲法第八條關於人身自由之保障亦應及於外國人，使與本國人同受保障。
……

系爭規定所稱之「收容」，雖與刑事羈押或處罰之性質不同，但仍係於一定期間拘束受收容外國人於一定處所，使其與外界隔離……，亦屬剝奪人身自由之一種態樣，係嚴重干預人民身體自由之強制處分（本院釋字第三九二號解釋參照），依憲法第八條第一項規定意旨，自須踐行必要之司法程序或其他正當法律程序。……查外國人並無自由進入我國國境之權利，而入出國及移民署依系爭規定收容外國人之目的，在儘速將外國人遣送出國，非為逮捕拘禁犯罪嫌疑人，則在該外國人可立即於短期間內迅速遣送出國之情形下，入出國及移民署自須有合理之作業期間，以利執行遣送事宜，……從整體法秩序為價值判斷，系爭規定賦予該署合理之遣送作業期間，且於此短暫期間內得處分暫時收容該外國人，以防範其脫逃，俾能迅速將該外國人遣送出國，當屬合理、必要，亦屬國家主權之行使，並不違反憲法第八條第一項保障人身自由之意旨，是此暫時收容之處分部分，尚無須經由法院為之。惟基於上述憲法意旨，為落實即時有效之保障功能，對上述處分仍應賦予受暫時收容之外國人有立即聲請法院審查決定之救濟機會，倘受收容人於暫時收容期間內，對於暫時收容處分表示不服，或要求由法院審查決定是否予以收容，入出國及移民署應即於二十四小時內將受收容人移送法院迅速裁定是否予以收容；且於處分或裁定收容之後，亦應即以受收容之外國人可理解之語言及書面，告知其處分收容之原因、法律依據及不服處分之司法救濟途徑，並通知其指定之在臺親友或其原籍國駐華使領館或授權機關，俾受收容人善用上述救濟程序，得即時有效維護其權益，方符上開憲法保障人身自由之意旨。……惟考量暫時收容期間不宜過長，避免過度干預受暫時收容人之人身自由，並衡酌入出國及移民署現行作業實務……其上限不得超過十五日。

……系爭規定關於逾越前述暫時收容期間之收容部分，自應由公正、獨

立審判之法院依法審查決定。故入出國及移民署應於暫時收容期間屆滿之前，將受暫時收容人移送法院聲請裁定收容，始能續予收容；嗣後如依法有延長收容之必要者，亦同。……

一協同意見書一（節）　　大法官　蔡清遊

……

一、本號解釋重要之論述

㈠本號解釋係以憲法第八條第一項為基礎，憲法第八條關於人身自由之保障亦應及於外國人，使與本國人同受保障。

本號解釋理由書第一段已說明，本號解釋係以憲法第八條第一項為基礎，並參照本院釋字第五八八號、第六三六號解釋，再次闡述國家剝奪或限制人民身體自由之處置，不問其是否屬於刑事被告之身分，除須有法律之依據外，尚應踐行必要之司法程序或其他正當法律程序。惟因本號解釋所審查之系爭規定，其收容之對象為外國人，故解釋理由書第一段亦首次闡明，人身自由之基本人權，任何人不分國籍均應同受保障，我國憲法第八條關於人身自由之保障，亦應及於外國人，使與本國人同受保障，此所指我國憲法第八條，自係指第八條全部條項，而非僅指該條第一項。……

一協同意見書一（節）　　大法官　葉百修

……

一、本件解釋解釋標的之適用範圍未臻明確

……

㈠外國人與本國人憲法權利保障之類型與範圍形同實異

多數意見固然以憲法對於人民身體自由之保障，不分本國人或外國人，然對於受驅逐出國處分之外國人，依據系爭規定得暫時收容，其收容亦屬於一定期間、處所內拘束受收容之外國人而剝奪其人身自由之強制處分，應有憲法第八條第一項規定之適用。關於外國人與本國人於我國憲法上所保障權利之適用類型與範圍，學說上雖有權利性質說、文義界定說、國民限定說、一律平等說及人性尊嚴說等不同見解。多數意見以人身自由係基本人權，為

「人類」一切自由、權利之根本，依據現代法治國家共同之準則，任何「人」不分國籍均應受保障，外國人人身自由是與本國人同受保障，顯係採人性尊嚴說。然一方面多數意見稱外國人並無自由進入我國國境之權利，二方面又以合理作業期間內，移民署得依據系爭規定暫時收容外國人，無須經由法院審查決定，與憲法第八條保障人身自由之意旨尚無牴觸。果爾，假如外國人與本國人同受憲法第八條第一項人身自由之保障，外國人得依據系爭規定如此「暫時收容」，則本國人所受之相同保障，豈非也承認，本國人若於相同情事下，也可以任由行政機關以合理作業期間，而「暫時」限制或剝奪本國人之人身自由？假如對於本國人如此暫時限制或剝奪其人身自由，無論是以何種名義、何種目的，而不經法院審查決定，是本院關於保障人身自由歷來解釋意旨所不採，則多數意見於本件解釋中，又如何正當化系爭規定得以之對待外國人？抑或實際上多數意見係以「主權」為出發點，而對外國人人身自由之保障，與本國人間有「合理」之差別待遇？均不無疑問。……

一部分協同部分不同意見書一（節） 大法官 羅昌發

……

貳、以國際標準解釋我國憲法並檢視本號解釋所提供之標準

一、有關外國人人身自由之保障應與本國人相同部分

㈠憲法第二章「人民之權利義務」對該章所用之「人民」一詞並未定義。該章除第七條規定「中華民國人民」之外，其餘有關憲法上基本權利之保障，均係以「人民」作為享有之主體，而未限制其國籍條件……。故憲法所規定之基本權利，除性質上不符（例如外國人在我國並未享有與我國人相同之工作權及選舉權）或屬國家福利措施或社會扶助之享有（例如釋字第五六〇號解釋對受聘僱之外國人在國外之眷屬發生死亡事故不得請領喪葬給付，認不違反憲法規定）等事項外，原則上自應給予外國人相同之保障。

㈡憲法第八條第一項規定：「人民身體之自由應予保障。除現行犯之逮捕由法律另定外，非經司法或警察機關依法定程序，不得逮捕拘禁。非由法院依法定程序，不得審問處罰。非依法定程序之逮捕、拘禁、審問、處罰，得拒絕之。」收容外國人，對其人身自由之限制之程度，相當於刑事之拘禁。

法務部九十年十二月六日法檢字〇二九九九五號函亦認受依法收容之外國人，屬於刑法第一百六十一條依法拘禁之人。多數意見以人身自由係基本人權，為人類一切自由、權利之根本，任何人不分國籍均應受保障，此為現代法治國家共同之準則；故我國憲法第八條關於人身自由之保障亦應及於外國人（見解釋理由書第一段）。本席對此敬表同意；並認此部分為有關我國憲法之重要宣示；且符合國際公約所定保護外國人基本權利之標準。實際上，法務部早於民國九十年即曾草擬「人權保障基本法草案」。該草案第七條規定：「國家對於停留或居留本國境內之外國人或無國籍人，應依法及國際條約或慣例，保障其基本人權。」此項法案雖未曾通過立法，但由其規定可知，有關保護外國人基本人權之意旨，國人早有認知，且有相當高度的共識。……

―評析與問題―

◆ 外國人的基本權利保障範圍

外國人於我國憲法下應享有之憲法基本權利範圍為何，學說有不同看法，傳統立場將基本權利分為人權（係指個人以人的資格所享有的權利，是人類與生俱來的權利，為構成人格之要素，非法律賦予，亦不受法律剝奪，如人身自由、信仰自由等）、國民權（基於本國國民身分之人民始得享有之權利，如經濟上及教育上之受益權）與公民權（僅限於公民始得享有之權利，如參政權、服公職之權利。必須滿足一定年齡之積極條件，與未受褫奪公權等之消極要件），並認為外國人僅享有人權之保障[26]。有認為除憲法第七條之平等權與參政權僅限本國人享有外，其餘憲法基本權利之保障範圍應及於外國人[27]。更有認為憲法基本權利之保障主體不因是否為外國人而有所差異[28]。針對外國人應享有憲法基本權利範圍之問題，你

[26] 法治斌、董保城，《憲法新論》，頁148-9，元照，九十七年三版。
[27] 許宗力，〈基本權主體〉，《月旦法學教室》，4期，頁80-1，九十二年。
[28] 李念祖，〈論我國憲法上外國人基本人權之平等保障適格〉，《憲政時代》，27卷1期，頁82-93，九十年；廖元豪，〈移民——基本人權的化外之民：檢視批判「移民無人權」的憲法論述與實務〉，《月旦法學雜誌》，161期，頁83-104，九十七年；廖元豪，〈外人做頭家？——論外國人的公民權〉，《政大法學評論》，113期，頁245-

的立場為何？本案大法官對此問題有無處理？本號解釋正面肯定外國人亦受我國憲法第八條人身自由之保障，可否推導認為大法官明揭基本權利之享有不因是否為外國人而有所區別？

本號解釋認為憲法第八條保障之人身自由同時適用於外國人及本國人，而葉百修大法官提出之協同意見書中則質疑多數意見之看法。其認為多數意見一方面承認外國人與本國人均享有人身自由之保障，卻又允許與本國人有合理差別待遇，此種情形顯非合理。外國人與本國人之人身自由保障內涵與範圍是否應相同？你的立場為何？憲法第七條規定曰：「中華民國人民……在法律上一律平等」，其他基本人權各條則無中華民國字樣，是指外國人得主張基本人權，但不得主張平等保護嗎？還是應該參照憲法第五條「中華民國各民族一律平等」之規定，將「中華民國人民」解為「中華民國境內之人」，而非「中華民國國民」？

◆ **外國人入境權 v. 國家主權**

本案涉及受驅逐出境外國人之暫時收容問題，而入出國及移民法中對於外國人入境限制及強制驅逐出境等規定，是否突顯外國人進出國境之權利與本國人有所不同？本號解釋理由書中指出：「外國人並無自由進入我國國境之權利」，似乎認為外國人之入境權得予以限制，該見解是否妥適？釋字第五五八號解釋中特別明揭國民有隨時返回本國之權利，世界人權宣言第十三條第二項規定 ❷⁹ 解釋上亦認為僅本國人享有返國權，由兩者觀之，得否得出外國人之入境權與本國人之返國權為不同權利之結論，且後者保障程度優於前者？外國人入境權與本國人返國權保障程度之落差，應係源自國家對於自身主權之維護。所謂外國人之入境權，其背後面對的是基本人權保障與國家主權鞏固之衝突與拉鋸。從憲法所欲捍衛之價值出發，憲法更應在乎何種面向？主權之維護？抑或人權之保障？

306，九十九年。

❷⁹　世界人權宣言第十三條第二項：「人人有權離開任何國家，包括其本國在內，並有權返回他的國家。」

二、大陸人？

謝紅梅對臺北市政府人事處案（釋字第六一八號解釋）

✒ 背景事實

　　謝紅梅於民國（下同）六十年四月八日出生於南京市，八十年十二月十三日與本國人結婚，八十五年十月十六日來臺定居，八十七年十月二十九日初設戶籍登記於臺北縣，並取得本國國民身分證。九十年二月應九〇年初等考試筆試及格錄取，經行政院人事行政處分發至臺北市士林區社子國民小學人事機構佔書記職缺實施實務訓練，九十年八月二十六日實務訓練期滿，成績考核及格，九十年十二月三日考試院核發考試及格證書。嗣經臺北市政府人事處發現其為大陸人士，在臺設籍尚未滿十年，依臺灣地區與大陸地區人民關係條例第二十一條規定，不得擔任軍公教或公營事業機關（構）人員。臺北市政府人事行政處乃以九十年九月七日北市人壹字第九〇二〇七六〇〇〇號函請銓敘部及行政院人事行政局釋示得否辦理派代送審作業。函復認臺灣地區與大陸地區人民關係條例第二十一條第一項規定系屬強制規定，因謝紅梅在臺灣地區設籍未滿十年，依系爭規定，不得擔任公務人員，無法辦理派代送審作業，是故，臺北市政府人事處以九十一年三月十二日北市人壹字第〇九一三〇一〇〇七〇〇號函復謝紅梅，依系爭規定，無法辦理派代送審作業。謝紅梅不服，提起訴願遭駁回，遂向臺北高等行政法院提起行政訴訟，臺北高等行政法院於審理時認臺灣地區與大陸地區人民關係條例第二十一條第一項前段之規定有違反憲法第二十三條及第七條之疑慮，遂聲請大法官解釋。

解釋文（節）

　　……中華民國八十年五月一日制定公布之憲法增修條文第十條（八十六年七月二十一日修正公布改列為第十一條）規定：「自由地區與大陸地區間人民權利義務關係及其他事務之處理，得以法律為特別之規定。」臺灣地區與大陸地區人民

關係條例（以下簡稱兩岸關係條例），即為國家統一前規範臺灣地區與大陸地區間人民權利義務關係及其他事務處理之特別立法。

　　八十九年十二月二十日修正公布之兩岸關係條例第二十一條第一項前段規定，大陸地區人民經許可進入臺灣地區者，非在臺灣地區設有戶籍滿十年，不得擔任公務人員部分，乃係基於公務人員經國家任用後，即與國家發生公法上職務關係及忠誠義務，其職務之行使，涉及國家之公權力，不僅應遵守法令，更應積極考量國家整體利益，採取一切有利於國家之行為與決策；並鑒於兩岸目前仍處於分治與對立之狀態，且政治、經濟與社會等體制具有重大之本質差異，為確保臺灣地區安全、民眾福祉暨維護自由民主之憲政秩序，所為之特別規定，其目的洵屬合理正當。基於原設籍大陸地區人民設籍臺灣地區未滿十年者，對自由民主憲政體制認識與其他臺灣地區人民容有差異，故對其擔任公務人員之資格與其他臺灣地區人民予以區別對待，亦屬合理，與憲法第七條之平等原則及憲法增修條文第十一條之意旨尚無違背。又系爭規定限制原設籍大陸地區人民，須在臺灣地區設有戶籍滿十年，作為擔任公務人員之要件，實乃考量原設籍大陸地區人民對自由民主憲政體制認識之差異，及融入臺灣社會需經過適應期間，且為使原設籍大陸地區人民於擔任公務人員時普遍獲得人民對其所行使公權力之信賴，尤需有長時間之培養，系爭規定以十年為期，其手段仍在必要及合理之範圍內，立法者就此所為之斟酌判斷，尚無明顯而重大之瑕疵，難謂違反憲法第二十三條規定之比例原則。

―解釋理由書―（節）

　　……惟兩岸關係事務，涉及政治、經濟與社會等諸多因素之考量與判斷，對於代表多元民意及掌握充分資訊之立法機關就此所為之決定，如非具有明顯之重大瑕疵，職司法律違憲審查之釋憲機關即宜予以尊重。

　　八十年五月一日制定公布之憲法增修條文第十條（八十六年七月二十一日修正公布改列為第十一條）規定：「自由地區與大陸地區間人民權利義務關係及其他事務之處理，得以法律為特別之規定。」八十一年七月三十一日公布之臺灣地區與大陸地區人民關係條例即係依據上開憲法增修條文之意旨所制定，為國家統一前規範臺灣地區與大陸地區間人民權利義務關係及其他事

務處理之特別立法。八十九年十二月二十日修正公布之該條例第二十一條第一項前段規定，大陸地區人民經許可進入臺灣地區者，非在臺灣地區設有戶籍滿十年，不得擔任公務人員部分（與八十一年七月三十一日制定公布之第二十一條規定相同），乃係基於公務人員經國家任用後，即與國家發生公法上職務關係及忠誠義務，其職務之行使，涉及國家之公權力，不僅應遵守法令，更應積極考量國家整體利益，採取一切有利於國家之行為與決策，並鑒於兩岸目前仍處於分治與對立之狀態，且政治、經濟與社會等體制具有重大之本質差異，為確保臺灣地區安全、民眾福祉暨維護自由民主之憲政秩序，所為之特別規定，其目的洵屬合理正當。基於原設籍大陸地區人民設籍臺灣地區未滿十年者，對自由民主憲政體制認識與其他臺灣地區人民容有差異，故對其擔任公務人員之資格與其他臺灣地區人民予以區別對待，亦屬合理，與憲法第七條之平等原則及憲法增修條文第十一條之意旨尚無違背。又系爭規定限制原設籍大陸地區人民，須在臺灣地區設有戶籍滿十年，作為擔任公務人員之要件，實乃考量原設籍大陸地區人民對自由民主憲政體制認識之差異，及融入臺灣社會需經過適應期間，且為使原設籍大陸地區人民於擔任公務人員時普遍獲得人民對其所行使公權力之信賴，尤需有長時間之培養，若採逐案審查，非僅個人主觀意向與人格特質及維護自由民主憲政秩序之認同程度難以嚴密查核，且徒增浩大之行政成本而難期正確與公平，則系爭規定以十年為期，其手段仍在必要及合理之範圍內。至於何種公務人員之何種職務於兩岸關係事務中，足以影響臺灣地區安全、民眾福祉暨自由民主之憲政秩序，釋憲機關對於立法機關就此所為之決定，宜予以尊重，系爭法律就此未作區分而予以不同之限制，尚無明顯而重大之瑕疵，難謂違反憲法第二十三條規定之比例原則。

─評析與問題─

◆ 以「戶籍」為差別待遇標準是否構成憲法第七條之「可疑的區分」？

　　多數國際條約明文禁止國家對於國籍之歧視❸，蓋任何立法以國籍作

---

❸　世界人權宣言 (Universal Declaration of Human Rights) 第二條係規定「人人有權享有

為差別待遇之標準，因構成對於人民「原生地」或「原國籍國家」之歧視，非屬人力所得控制之因素，且亦可能隱含憲法第七條之種族歧視，屬於可疑之區分 (suspect classification)，應受到最嚴格之審查標準審查，此已多次見於以下之大法官意見書：

1.葉百修大法官於汪少祥案（釋 712）之意見書指出：「……此外，以設籍十年之限制，亦屬以出生地或原國籍等非人力所得改變之特質為分類基準，其所為之差別待遇，亦應以較嚴格之審查基準為之。……」

2.葉百修大法官於興農公司案（釋 719）之意見書指出：「……差別待遇，其審查基準，則視該分類標準，是否係涉及所謂『違憲可疑分類』(suspect classes/classification)，即有無涉及『非屬人力所得控制之生理狀態』者，例如性別（本院釋字第三六五號、第四九〇號解釋參照）、國籍 （本院釋字第五六〇號解釋參照）、出生地（本院釋字第六一八號解釋參照）、身心障礙（本院釋字第六二六號、第六四九號解釋參照）；或者有無涉及弱勢之結構性地位（本院釋字第六四九號解釋參照）或欠缺政治參與之機會等因素。若屬違憲可疑分類 ，則須採取較嚴格或嚴格之審查基準 ； 其餘一般分

本宣言所載之一切權利與自由，而不分種族、膚色、性別、語言、宗教、政治或其他見解、國籍或社會出身、財產、出生或其他身分等任何區別。」經濟、社會與文化權利國際公約 (International Covenant on Economic, Social and Cultural Rights) 第二條第二項規定：「本公約締約國承允保證人人行使本公約所載之各種權利 ，不因種族、膚色、性別、語言、宗教、政見或其他主張、民族本源或社會階級、財產、出生或其他身分等等而受歧視。」公民與政治權利國際公約 (International Covenant on Civil and Political Rights) 第二條第一項亦規定：「本公約締約國承允尊重並確保所有境內受其管轄之人，無分種類、膚色、性別、語言、宗教、政見或其他主張民族本源或社會階級、財產、出生或其他主張民族本源或社會階級、財產、出生或其他身分等等 ，一律享受本公約所確認之權利。 」 消除一切形式種族歧視國際公約 (International Convention on the Elimination of All Forms of Racial Discrimination) 第一條第一項之規定，種族歧視包括種族、膚色、家世族系及原始國籍或原始族裔之歧視措施，於該公約下均應禁止。

類，例如財產資力（本院釋字第五八〇號、第五九三號解釋參照）、公職年資（本院釋字第五七五號、第六〇五號解釋參照）等社會經濟事務之規範，則採取寬鬆審查基準。……」

　　3.陳新民大法官於汪少祥案（釋712）意見書指出：「……依德國聯邦憲法法院所操作『因人而異』而為的差別待遇(personenbezogene Ungleichbehandlung)，是指針對法規適用對象的年齡、身分、教育背景、來自地域及職業區別等，而採取差別之待遇。這是最容易造成侵犯平等權的類型，應當適用嚴格的標準，此時即應運用比例原則，予以進一步檢驗。……至於美國聯邦最高法院在處理平等權問題特別涉及來自地域差異，例如種族歧視，或是性別歧視，都是採行『嚴格審查標準』(Strict Scrutiny Test)，似乎都已成為定律。由上述德國聯邦憲法法院歷經整整三十年的平等權檢驗過程以及美國聯邦最高法院運作，可知對於『因人而異』的平等權爭議，必須採用最嚴格的標準與運用比例原則。……」

關於憲法第七條種族差別待遇及「可疑的區分」之憲法審查密度，請參閱本書平等權與平等原則講次。本號解釋涉及兩岸關係條例第二十一條第一項前段規定，大陸地區人民經許可進入臺灣地區者，非在臺灣地區設有戶籍滿十年，不得擔任公務人員，該條規定以「設戶籍」作為得否擔任臺灣公務員之區別標準，請問，你認為此一「設籍」是否為以國籍或原生地為區別標準之差別待遇？學者有指出，本案系爭規定乃對「現」同為臺灣人民者，依其取得臺灣人民身分的時點究竟是「出生取得」（原始取得）或「嗣後取得」（非原始取得）為區別❸，認為本案之聲請人為已定居並設籍於中華民國自由地區之「原」大陸地區人民，定位上應非「大陸地區人民」，而是「中華民國（自由地區）人民」，兩岸關係條例乃對「原始國籍之歧視」(national origin discrimination)，而美國法院將「原始國籍歧視」

---

❸　黃昭元，〈從釋字第六一八號解釋探討原國籍分類的司法審查標準〉，許志雄、蔡茂寅、周志宏主編，《現代憲法的理論與現實——李鴻禧教授七秩華誕祝壽論文集》，頁483–9，元照，九十六年初版一刷。

等同「種族歧視」❸，故本案係以實質等同於種族之原始國籍為區分標準所為之差別待遇。你是否同意此種觀點？

◆ 兩岸關係條例對於職務設籍限制之妥當性？

參兩岸關係條例第二十一條第一項後段之規定：「大陸地區人民經許可進入臺灣地區者，除法律另有規定外，非在臺灣地區設有戶籍滿十年，不得登記為公職候選人、擔任公教或公營事業機關（構）人員及組織政黨；非在臺灣地區設有戶籍滿二十年，不得擔任情報機關（構）人員，……。」依照本條規定，思考以下案例：某甲父母為臺商，其於大陸出生，臺灣大學法律系畢業後，欲參加法務部調查局考試，然因就讀大學期間才回臺定居，依該條規定某甲未在臺灣設籍滿二十年，故無法參加調查局之考試。依此規定限制擔任我國三種單位職員：1.公職候選人；2.公教或公營事業機關（構）人員及組織政黨；3.情報機關（構）人員，你認為此三種類限制之理由與正當性是否相同？請一併思考以下問題：對於具有高度政治性、敏感性之職務要求須於臺灣設籍滿二十年是否合理？是否合憲？是否因情報機關之特性而具備限制之正當性？又對情報機關限制設籍二十年的理由為何？若是基於對國家的忠誠，則本條規定之戶籍與要求情報人員對國家忠誠間之關連性又為何？此外，長達二十年限制的門檻是否能通過比例原則的檢驗？

承前例，某甲雖於大陸地區出生，但因父母皆為臺灣人民，依國籍法第二條第一項第一款之規定，為具有中華民國國籍之人民❸，惟因於臺灣未設有戶籍滿二十年，故無法符合考取調查局人員之資格，某甲究竟是臺灣人還是大陸人？某甲如係臺灣人，為何仍須受兩岸關係條例第二十一條第一項後段規定之限制？此案例是否正顯示相關限制即為對出生地之歧視？決定一個人之國籍有兩種因素：出生地及血緣，出生地及血緣皆為一

---

❸　廖元豪，〈試用期的台灣人？──承認次等公民的釋字六一八號解釋〉，《全國律師》，11 卷 5 期，頁 27-37，九十六年。

❸　國籍法第二條第一項之規定：「有下列各款情形之一者，屬中華民國國籍：一、出生時父或母為中華民國國民。二、出生於父或母死亡後，其父或母死亡時為中華民國國民。三、出生於中華民國領域內，父母均無可考，或均無國籍者。四、歸化者。」

出生即確定無法改變之因素，故而國籍歧視是否等同於出生地歧視、原籍歧視，而應受到最嚴格之司法審查？本號解釋採取之審查標準為何？

關於本號解釋之評析，請參見黃昭元，〈從釋字第六一八號解釋探討原國籍分類的司法審查標準〉，許志雄、蔡茂寅、周志宏主編，《現代憲法的理論與現實——李鴻禧教授七秩華誕祝壽論文集》，頁471–98，元照，九十六年初版一刷；廖元豪，〈試用期的台灣人？——承認次等公民的釋字六一八號解釋〉，《全國律師》，11卷5期，頁27–37，九十六年。

梁玉對內政部案（釋字第七一〇號解釋）

背景事實

聲請人梁玉係大陸地區人民，於民國（下同）九十二年間與臺灣地區人民王一明結婚，以依親名義往返兩岸；期間曾因非法打工遭強制出境，亦曾因居留期滿而離境。九十六年梁玉四度來臺依親獲准，惟經內政部入出國移民署面談，認梁王二人說詞有重大瑕疵，乃依大陸地區人民申請進入臺灣地區面談管理辦法第十條第一項第三款及第十一條規定，註銷其入出境證件，同時依臺灣地區與大陸地區人民關係條例第十八條第一項第一款作成強制出境處分；並依同條第二項及大陸地區人民及香港澳門居民強制出境處理辦法第五條第四款規定，自九十六年九月十七日起暫予收容，九十七年一月二十一日始強制離境，計收容一百二十六日。梁玉於九十七年十二月間再次來臺，認前揭收容違法拘束其人身自由，並致生其損害，提起國家賠償訴訟遭駁回確定，乃主張上揭各項規定違反憲法之法官保留原則、法律保留原則、法律明確性原則、比例原則及正當法律程序等憲法原則，聲請解釋。

解釋文（節）

中華民國九十二年十月二十九日修正公布之臺灣地區與大陸地區人民關係條例第十八條第一項規定：「進入臺灣地區之大陸地區人民，有下列情形之一者，治安機關得逕行強制出境。……」（該條於九十八年七月一日為文字修正）除因危害國家安全或社會秩序而須為急速處分之情形外，對於經許可合法入境之大陸地區

人民，未予申辯之機會，即得逕行強制出境部分，有違憲法正當法律程序原則，不符憲法第十條保障遷徙自由之意旨。同條第二項規定：「前項大陸地區人民，於強制出境前，得暫予收容……」（即九十八年七月一日修正公布之同條例第十八條第三項），未能顯示應限於非暫予收容顯難強制出境者，始得暫予收容之意旨，亦未明定暫予收容之事由，有違法律明確性原則；於因執行遣送所需合理作業期間內之暫時收容部分，未予受暫時收容人即時之司法救濟；於逾越前開暫時收容期間之收容部分，未由法院審查決定，均有違憲法正當法律程序原則，不符憲法第八條保障人身自由之意旨。又同條例關於暫予收容未設期間限制，有導致受收容人身體自由遭受過度剝奪之虞，有違憲法第二十三條比例原則，亦不符憲法第八條保障人身自由之意旨。前揭第十八條第一項與本解釋意旨不符部分及第二項關於暫予收容之規定均應自本解釋公布之日起，至遲於屆滿二年時失其效力。……

—解釋理由書—（節）

......

憲法增修條文前言明揭：「為因應國家統一前之需要，依照憲法第二十七條第一項第三款及第一百七十四條第一款之規定，增修本憲法條文如左：……」憲法增修條文第十一條明定：「自由地區與大陸地區間人民權利義務關係及其他事務之處理，得以法律為特別之規定。」臺灣地區與大陸地區人民關係條例（下稱兩岸關係條例）即為規範國家統一前，臺灣地區與大陸地區間人民權利義務及其他事務，所制定之特別立法（本院釋字第六一八號解釋參照）。兩岸關係條例第十條第一項規定：「大陸地區人民非經主管機關許可，不得進入臺灣地區。」是在兩岸分治之現況下，大陸地區人民入境臺灣地區之自由受有限制（本院釋字第四九七號、第五五八號解釋參照）。惟大陸地區人民形式上經主管機關許可，且已合法入境臺灣地區者，其遷徙之自由原則上即應受憲法保障（參酌聯合國公民與政治權利國際公約第十二條及第十五號一般性意見第六點）。除因危害國家安全或社會秩序而須為急速處分者外，強制經許可合法入境之大陸地區人民出境，應踐行相應之正當程序（參酌聯合國公民與政治權利國際公約第十三條、歐洲人權公約第七號議定書第一條）。尤其強制經許可合法入境之大陸配偶出境，影響人民之婚姻及家庭關

係至鉅，更應審慎。九十二年十月二十九日修正公布之兩岸關係條例第十八條第一項規定：「進入臺灣地區之大陸地區人民，有下列情形之一者，治安機關得逕行強制出境。但其所涉案件已進入司法程序者，應先經司法機關之同意：一、未經許可入境者。二、經許可入境，已逾停留、居留期限者。三、從事與許可目的不符之活動或工作者。四、有事實足認為有犯罪行為者。五、有事實足認為有危害國家安全或社會安定之虞者。」（本條於九十八年七月一日修正公布，第一項僅為文字修正）九十八年七月一日修正公布同條例第十八條第二項固增訂：「進入臺灣地區之大陸地區人民已取得居留許可而有前項第三款至第五款情形之一者，內政部入出國及移民署於強制其出境前，得召開審查會，並給予當事人陳述意見之機會。」惟上開第十八條第一項規定就因危害國家安全或社會秩序而須為急速處分以外之情形，於強制經許可合法入境之大陸地區人民出境前，並未明定治安機關應給予申辯之機會，有違憲法上正當法律程序原則，不符憲法第十條保障遷徙自由之意旨。此規定與本解釋意旨不符部分，應自本解釋公布之日起，至遲於屆滿二年時失其效力。

　　九十二年十月二十九日修正公布之兩岸關係條例第十八條第二項規定：「前項大陸地區人民，於強制出境前，得暫予收容……。」（即九十八年七月一日修正公布之同條例第十八條第三項）按暫予收容既拘束受收容人於一定處所，使與外界隔離（內政部發布之大陸地區人民及香港澳門居民收容處所設置及管理辦法參照），自屬對人民身體自由之剝奪。暫予收容之事由爰應以法律直接規定或法律具體明確授權之命令定之（本院釋字第四四三號、第五二三號解釋參照），始符合法律保留原則；法律規定之內容並應明確，始符合法律明確性原則（本院釋字第六三六號、第六九〇號解釋參照）。前揭第十八條第二項僅規定大陸地區人民受強制出境處分者，於強制出境前得暫予收容，其文義過於寬泛，未能顯示應限於非暫予收容顯難強制出境者，始得暫予收容之意旨，亦未明定暫予收容之事由，與法律明確性原則不符。次按人身自由乃人民行使其憲法上各項自由權利所不可或缺之前提，國家以法律明確規定限制人民之身體自由者，須踐行正當法律程序，並須符合憲法第二十三條之比例原則，方為憲法所許（本院釋字第三八四號、第五八八號解釋參照）。……為防範受強制出境之大陸地區人民脫逃，俾能迅速將之遣送出境，

治安機關依前揭第十八條第二項規定暫時收容受強制出境之大陸地區人民，於合理之遣送作業期間內，尚屬合理、必要，此暫時收容之處分固無須經由法院為之，惟仍應予受收容人即時司法救濟之機會，始符合憲法第八條第一項正當法律程序之意旨。是治安機關依前揭兩岸關係條例第十八條第二項作成暫時收容之處分時，應以書面告知受收容人暫時收容之原因及不服之救濟方法，並通知其所指定在臺之親友或有關機關；受收容人一經表示不服，或要求由法院審查決定是否予以收容者，暫時收容機關應即於二十四小時內移送法院迅速裁定是否收容。至於暫時收容期間屆滿前，未能遣送出境者，暫時收容機關應將受暫時收容人移送法院聲請裁定收容，始能續予收容（本院釋字第七〇八號解釋參照）。另兩岸關係條例關於暫予收容之期限未設有規定，不符合「迅速將受收容人強制出境」之目的，並有導致受收容人身體自由遭受過度剝奪之虞，有違憲法第二十三條比例原則，亦不符第八條保障人民身體自由之意旨。相關機關應自本解釋公布之日起二年內，依本解釋之意旨，審酌實際需要並避免過度干預人身自由，以法律或法律具體明確授權之命令規定得暫予收容之具體事由，並以法律規定執行遣送所需合理作業期間、合理之暫予收容期間及相應之正當法律程序。屆期未完成者，前揭兩岸關係條例第十八條第二項關於「得暫予收容」部分失其效力。

……

－部分協同暨部分不同意見書－（節）　　　大法官　陳春生

……

關於大陸地區人民自由、權利之保障與限制

首須探討者為：1.在中華民國憲法秩序下，大陸地區人民在我國法上定性為何？即大陸地區人民是否為外國人？或本國人？2.其入我國境內後，所受保護之自由、權利與外國人及臺灣地區人民有何異同？3.本案關於人身自由與遷徙自由之限制，是否應比照本國人或外國人？其所受正當法律程序之保障是否比照本國人民，還是基於憲法增修條文第十一條規定，因此可為特別限制？說明如下：

一、大陸地區人民之法地位較為特殊

大陸地區人民依憲法增修條文既非外國人、又非本國人（不具中華民國國籍）、亦非無國籍人，故其自由權利之保障與限制，無法立即與本國人或外國人一概而論。

二、大陸地區人民其自由、權利之保障與限制之法源不清楚

依本院釋字第七○八號解釋關於外國人收容事件之解釋，本院明白指出，人身自由為普世價值，亦適用於外國人。此見解亦應同樣適用於大陸地區人民？或者對於大陸地區人民之自由權利保障，直接援引中華民國憲法及增修條文規定即可，而與中華民國人民基本權利保障，同樣適用？本號解釋中並未明確言及。……

－部分協同部分不同意見書－（節）　　　　　　大法官　羅昌發
……

壹、兩岸關係之憲法界定及大陸地區人民比照外國人之保障

一、大陸地區人民非外國人且非臺灣地區人民之特殊地位：我國憲法係基於固有疆域而制定。然兩岸分治之現況，使憲法及法律之適用，實際上無法及於大陸地區，而有對兩岸關係及相關事務另為法制上處理之必要。憲法增修條文（以下簡稱增修條文）即係為因應兩岸分治現況之需要，而增修憲法相關規定。增修條文第十一條規定：「自由地區與大陸地區間人民權利義務關係及其他事務之處理，得以法律為特別之規定。」在本條之下，為處理大陸地區人民之相關事務，自得以法律為有別於臺灣地區人民之規範。故在憲法與增修條文之架構下，大陸地區人民雖與擁有其他國籍之外國人不同，然其亦非屬得在我國法律下享受與臺灣地區人民完全相同待遇與保障之國民。是以其在憲法與法律上，與臺灣地區人民所得享有之待遇與保障，未必相同。……

二、大陸地區人民在憲法上比照外國人之保護：為處理兩岸人民關係及其他相關事務，立法機關乃制定兩岸關係條例，以執行增修條文第十一條所授權並要求以「法律為特別之規定」之意旨。兩岸關係條例中對於大陸地區人民自由與權利所設之諸多限制，有增修條文為憲法之基礎；惟該等對大陸

地區人民自由與權利之限制，仍應受憲法第二十三條必要要件之規範，自不待言。由於大陸地區人民在增修條文與兩岸關係條例之架構下，屬於境外人民，故在入出境事務層面，本質上較接近外國人；在憲法保障上，除符合憲法第二十三條之條件而有更進一步限制其基本權利之必要外，大陸地區人民原則上應享有不低於外國人之基本權利保障。

三、外國人及大陸地區人民之憲法上保障：憲法諸多基本權利之保障規定，並不限於我國人民。例如憲法第八條所規定人民身體之自由應予保障；除現行犯之逮捕由法律另定外，非經司法或警察機關依法定程序，不得逮捕拘禁之規定；非由法院依法定程序，不得審問處罰；人民因犯罪嫌疑被逮捕拘禁時，至遲於二十四小時內移送該管法院審問等，均應適用於非我國主權所及之人民（包括外國人及增修條文所特別規定之大陸地區人民；本院釋字第七〇八號解釋參照）。⋯⋯

一部分不同意見書一（節）　　大法官　陳新民

⋯⋯

一、大陸地區人民基本人權的保障與可限制性

本號解釋多數意見雖然暢言憲法第八條保障人身自由、正當法律程序以及遷徙自由的重要性（解釋理由書第一段），但卻強調了大陸地區人民入境臺灣的自由，可以受到法律的限制，並且援引憲法增修條文之前言及第十一條明文規定（解釋理由書第二段）。似乎將大陸地區人民入臺的權利以及其權利義務都可由立法者為特別之規定。

這種將大陸地區人民的基本人權，完全交由立法者來決定的見解，顯然將大陸地區人民的人權保障，繫乎立法者的決定——憲法在此乃採取「憲法授權」的立場，完全可由立法者審時度勢，賦予大陸地區人民基本人權的種類及其限度。

上述立論顯然忽視了憲法亦應當對大陸地區人民以及外國人民，都應當發揮「人權保障者」的功能。這正是文明與法治國家憲法的寫照。對本國人及非本國人，公權力不得為過度之濫用，更須維護人性尊嚴，甚至包含法治國家的基本原則，例如「禁止空白授權原則」、「權力分立原則」都不應排除

適用，已是國際社會的基本原則。

　　儘管我國憲法增修條文第十一條已明文規定：「自由地區與大陸地區間人民權利義務關係及其他事務之處理，得以法律為特別之規定。」此規定僅係一個「價值中立」的「憲法委託」(Wertneutraler Verfassungsauftrag)。憲法增修條文授權立法者可為差別待遇，其目的僅僅是提供立法者在規範兩岸事務時，可以免除來自憲法第七條平等權的「立法障礙」──人民不應來自於地域之差別而有法律上之不同對待。縱然立法者在排除了牴觸平等權的疑慮外，並非表示立法者擁有完全的立法裁量權，可以不顧其他憲法與法治的基本原則。在法律規範的位階上，縱然此兩岸關係特別法律的授權，來自於憲法增修條文第十一條，儘管具有憲法位階，但修憲條文本身也不能牴觸法治國原則的重要核心價值，包括基本人權價值的肯認（本院釋字第四九九號解釋已明白宣示斯旨）。

　　故大陸地區人民的基本人權，可以具有「可限制性」(Die Beschrankbarkeit)，如同臺灣地區人民的基本人權可受到法律限制，本質上無太大的差別。憲法增修條文對立法者規範兩岸事務的特別授權，應當稱為「憲法委託」，而非「憲法授權」，乃在於立法者應當服膺法治國家理論，同時這種期盼立法者持續的隨著社會發展，主動的立法與修法，讓憲法的理念「實踐與充實」在該領域內，是憲法之寄望於立法者的積極作為之上。

　　其次，兩岸關係之授權，乃一種「價值中立」的憲法委託，是因為憲法增修條文並未（亦不可）有任何歧視大陸地區或臺灣地區人民的立法授權。質言之，該增修條文規定並不可解讀為「歧視授權」，否則即會造成同一部憲法前後理念相互矛盾的結果，此亦本院釋字第四九九號解釋宣告若干憲法增修條文違憲的理由。立法者無疑負有斟酌社會主客觀環境之需要，且在具有正當性理由時，方可為差別待遇之規定。此時是否存有正當性理由以及手段是否合乎目的與比例原則，都將受合憲性的檢驗。

　　本院大法官在過去有若干解釋涉及到兩岸人民關係時，……都顯示本院大法官在承認立法者在兩岸事務差別待遇上，享有大幅度自由判斷之權限也。

　　本號解釋多數意見似乎不免仍延續此自由授權的想法，最明顯的一例，莫過於承認行政機關擁有決定暫時收容的合憲性，包括「執行遣送所需合理

作業期間」、「合理之暫予收容期間」等，僅需有法律或法律具體明確授權之命令規範者即可，無庸比照本院釋字第七〇八號解釋中，對外國人執行遣送合理作業期間規定不得超過十五日。即可見大法官對概括立法授權之合憲性的容忍度甚大矣。

縱不論前揭多號解釋作成時，兩岸關係之和緩與今日已非可同日而語。但隨著兩公約（聯合國公民與政治權利國際公約、經濟社會文化權利國際公約）成為我國國內法後（兩公約之施行法於民國九十八年四月二十二日制定公布），上述容忍立法者自由裁量差別立法的態勢已遭到衝擊。對此，本號解釋理由書第二段也援引聯合國公民與政治權利國際公約第十三條規定，認定強制經合法入境之大陸地區人民出境，必須履行正當法律程序。說明了憲法對於立法者的自由裁量之授權，其容忍度應有日漸萎縮之趨勢！這是值得鼓勵的現象。

惟實體法上這種漠視或忽視法治國原則的授權，仍不乏其例。除了處處可見的「概括授權」，顯示出授權明確性原則幾乎無法在兩岸關係條例中獲得實踐外，最明顯的莫過於規範國家行政行為最重要的準據法——行政程序法，被兩岸關係條例第九十五條之三規定，明文排除適用之。此條文是在民國九十二年十月二十九日增訂公布，援引行政程序法第三條第三項第一款之規定：涉及「國家安全保障事項之行為」，立論是臺灣地區與大陸地區人民來往有關事務，不適用之。其立法理由為：「此種事項攸關國家安全與利益，故得排除行政程序法之程序規定。爰增訂本條，以資明確。」

按兩岸人民的關係，許多都是民事、刑事及行政法性質，豈能概括列入類似「軍事行動」或其他敵對性與潛在敵對性的行為領域？因此將兩岸關係事項全部列入「攸關國家安全與利益」，而一概排除行政程序法之適用，是戒嚴心態的重現，嚴重違反法治國家之原則，顯然牴觸比例原則，也種下本號解釋許多矛盾的種因。

……

―評析與問題―

◆ 入境、遷徙自由：外國人 v. 本國人 v. 大陸人

　　有學者認為，本案解釋理由書中所涉及之兩岸關係條例第十條第一項規定，大陸地區人民非經主管機關之許可，不得進入臺灣地區，是指在兩岸分治之現狀下，大陸地區人民入境臺灣之自由，乃「受有限制」，非如同釋字第七〇八號解釋之外國人並無自由進入我國國境之權利❸❹，你是否認同此一區分？此一區分是否具有正當性？外國人與大陸人為何受到不同限制？此一差異是否構成入境自由之差別待遇？

　　如依本案之解釋理由書所述：「……在兩岸分治之現況下，大陸地區人民入境臺灣地區之自由受有限制（本院釋字第四九七號、第五五八號解釋參照）。惟大陸地區人民形式上經主管機關許可，且已合法入境臺灣地區者，其遷徙之自由原則上即應受憲法保障（參酌聯合國公民與政治權利國際公約第十二條及第十五號一般性意見第六點）。……」，此段是否暗示我國對於經許可合法入境「大陸人」與本國人間應受同等保障，若有相異的規定即有違憲之疑慮？

◆ 敵國與敵人的憲法觀？

　　依陳新民大法官於意見書中所述，將兩岸關係事項皆將「攸關國家安全與利益」列入考量，而視為類似軍事行動或其他敵對性之行為領域，乃戒嚴之心態。此一心態是否代表我國將對岸視為「敵國」，而將其人民理所當然的視為「敵人」？你同不同意此一觀點？理由為何？若在「人」的前面加上「大陸」二字之形容詞，是否即成為得對其有所限制之正當化理由？在我國憲法下應不應該區分敵人與非敵人？你是否同意這樣的憲法觀？又我國之憲法是否在乎敵人與非敵人之分類❸❺？若憲法有意區分敵人

---

❸❹　廖元豪，〈「外人」的人身自由與正當程序──析論大法官釋字第七〇八與七一〇號解釋〉，《月旦法學雜誌》，228 期，頁 244-62，一〇三年。

❸❺　如中華人民共和國 1954 年的憲法將「反革命分子」之處置規範於第十九條：「中華人民共和國保衛人民民主制度，鎮壓一切叛國的和反革命的活動，懲辦一切賣國賊和反革命分子。國家依照法律在一定時期內剝奪封建地主和官僚資本家的政治權利，同時給以生活出路，使他們在勞動中改造成為自食其力的公民。」

非敵人，應如何定義？又由誰來定義？

◆ **臺灣地區人民 v. 大陸地區人民**

謝紅梅案（釋 618）與梁玉案（釋 710）之聲請人是否均為大陸人？大陸人之定義為何？依兩岸關係條例第二條第三、四款之規定：「……三、臺灣地區人民：指在臺灣地區設有戶籍之人民。四、大陸地區人民：指在大陸地區設有戶籍之人民。」，惟謝紅梅案（釋 618）之聲請人具有臺北縣之戶籍，亦取得本國國民身分證，依前述規定，謝紅梅應具有兩種身分，亦即同時為臺灣地區人民及大陸地區人民，此與本號解釋之梁玉未取得臺灣戶籍情狀不同，你認為，此種差異是否應影響兩號解釋之結果？

汪少祥等聲請認可收養案（釋字第七一二號解釋）

本案聲請人之一汪少祥為臺灣地區人民，與其前妻育有成年子女三人，與劉茜於九十二年結婚，欲收養其大陸配偶當時尚未成年之大陸地區子女為養子，向法院聲請認可收養，惟因不符臺灣地區與大陸地區人民關係條例第六十五條第一款之規定（下稱系爭規定）：「臺灣地區人民收養大陸地區人民為養子女，除依民法第一千零七十九條第五項規定外，有下列情形之一者，法院亦應不予認可：一、已有子女或養子女者。……」，法院予以駁回。聲請人認裁定所適用之系爭規定違反憲法第二十二條所保障之家庭權、收養子女自由權及平等原則、比例原則等，聲請大法官解釋。

大法官於解釋文中認系爭規定與憲法第二十二條保障收養自由之意旨及第二十三條比例原則不符，自本解釋公布之日起失其效力。於解釋理由書中對於家庭制度與人性尊嚴、人格自由發展間之關係提出詳細之闡述：「基於人性尊嚴之理念，個人主體性及人格之自由發展，應受憲法保障（本院釋字第六八九號解釋參照）。婚姻與家庭為社會形成與發展之基礎，受憲法制度性保障（本院釋字第三六二號、第五五二號、第五五四號及第六九六號解釋參照）。家庭制度植基於人格自由，具有繁衍、教育、經濟、文化等多重功能，乃提供個人於社會生活之必要支持，並為社會形成與發展之基礎。而收養為我國家庭制度之一環，係以創設親子

關係為目的之身分行為，藉此形成收養人與被收養人間教養、撫育、扶持、認同、家業傳承之人倫關係，對於收養人及被收養人之身心發展與人格之形塑具有重要功能。是人民收養子女之自由，攸關收養人及被收養人之人格自由發展，應受憲法第二十二條所保障。」又本號解釋重申釋字第六一八號解釋意旨，因兩岸關係事務，涉及諸多因素之判斷，代表多元民意之立法機關之決定如非具有明顯之重大瑕疵，司法審查機關宜予以尊重。系爭規定之設立乃為維護避免臺灣地區人口比例失衡，影響人口發展及社會安全之重要公共利益，惟未就臺灣地區人民收養其配偶之大陸地區子女，將有助於其婚姻幸福、家庭和諧及其與被收養人之身心發展與人格之形塑，予以考量，實與憲法強調人民婚姻與家庭應受制度性保障，及維護人性尊嚴與人格自由發展之意旨不符，系爭規定之限制實屬過當，與憲法第二十三條比例原則不符，亦牴觸憲法第二十二條保障人民收養子女自由之意旨。

　　本案解釋值得討論者係，收養認可與否是否因被收養人身分而異？本案解釋涉及之平等權審查問題及其相關討論，請參閱本書平等權與平等原則講次。本案解釋以婚姻家庭制度及由其衍生之收養自由作為審查之核心。然而，本案所涉基本權利除收養自由外，是否亦有平等權之問題？系爭規定不僅限制人民之收養自由，同時以被收養者是否為大陸地區人民為劃分依據，制定更嚴格之收養要件，導致被收養者為大陸地區人民時，受到之限制較收養臺灣地區人民更甚，進而形成差別待遇。系爭規定造成之差別待遇顯而易見，為何本案大法官於審查本案時，未從平等權著手？有無其他考量或影響審查之因素？

肆、制度性保障

　　憲法保障個人的人權，除了直接將人權項目寫入憲法之外，有沒有其他的方法？可不可以委由法律為之？可不可能避免由法律為之？此中涉及制度性保障的概念。請閱讀下面三個案例，思考相關的問題。

翁金珠等對教育部案
（釋字第三八〇號解釋，又稱大學共同必修科目解釋案）

續 (9) 141 (84)

♪ 背景事實

　　教育部於民國八十三年八月廿六日發布之大學法施行細則第二十三條規定，各大學學生未修畢共同必修科目不得畢業；復規定共同必修科目由教育部邀集各大學相關人員研訂。教育部將大學法施行細則送立法院備查，翁金珠等立法委員認為大學法中對於課程安排之權限並未授權教育行政機關，而係委由各大學自行辦理，且大學法明定大學學位授與權，由各大學為之；教育部以施行細則增定大學法中所無之「共同必修科目」規定，剝奪大學之課程自主權；而其中限制未修習該部所定課程，學生即不得畢業之規定，亦剝奪大學授予學位之權能及傷害學生權益。乃以大學法施行細則牴觸大學法、教育部剝奪大學課程自主權牴觸憲法第十一條及第一百六十二條為由，依據司法院大法官審理案件法第五條第一項第三款規定聲請大法官解釋憲法。

解釋文

　　憲法第十一條關於講學自由之規定，係對學術自由之制度性保障；就大學教育而言，應包含研究自由、教學自由及學習自由等事項。大學法第一條第二項規定：「大學應受學術自由之保障，並在法律規定範圍內，享有自治權」，其自治權之範圍，應包含直接涉及研究與教學之學術重要事項。大學課程如何訂定，大學法未定有明文，然因直接與教學、學習自由相關，亦屬學術之重要事項，為大學

自治之範圍。憲法第一百六十二條固規定：「全國公私立之教育文化機關，依法律受國家監督。」則國家對於大學自治之監督，應於法律規定範圍內為之，並須符合憲法第二十三條規定之法律保留原則。大學之必修課程，除法律有明文規定外，其訂定應符合上開大學自治之原則，大學法施行細則第二十二條第三項規定：「各大學共同必修科目，由教育部邀集各大學相關人員共同研訂之。」惟大學法並未授權教育部邀集各大學共同研訂共同必修科目，大學法施行細則所定內容即不得增加大學法所未規定之限制。又同條第一項後段「各大學共同必修科目不及格者不得畢業」之規定，涉及對畢業條件之限制，致使各大學共同必修科目之訂定實質上發生限制畢業之效果，而依大學法第二十三條、第二十五條及學位授予法第二條、第三條規定，畢業之條件係屬大學自治權範疇。是大學法施行細則第二十二條第一項後段逾越大學法規定，同條第三項未經大學法授權，均與上開憲法意旨不符，應自本解釋公布之日起，至遲於屆滿一年時，失其效力。

一解釋理由書一

憲法第十一條關於講學自由之規定，以保障學術自由為目的，學術自由之保障，應自大學組織及其他建制方面，加以確保，亦即為制度性之保障。為保障大學之學術自由，應承認大學自治之制度，對於研究、教學及學習等活動，擔保其不受不當之干涉，使大學享有組織經營之自治權能，個人享有學術自由。憲法第一百六十二條規定：「全國公私立之教育文化機關，依法律受國家之監督。」大學法第一條第二項規定：「大學應受學術自由之保障，並在法律規定範圍內，享有自治權。」是教育主管機關對大學之監督，應有法律之授權，且法律本身亦須符合憲法第二十三條規定之法律保留原則。

按學術自由與教育之發展具有密切關係，就其發展之過程而言，免於國家權力干預之學術自由，首先表現於研究之自由與教學之自由，其保障範圍並應延伸至其他重要學術活動，舉凡與探討學問，發現真理有關者，諸如研究動機之形成，計畫之提出，研究人員之組成，預算之籌措分配，研究成果之發表，非但應受保障並得分享社會資源之供應。研究以外屬於教學與學習範疇之事項，諸如課程設計、科目訂定、講授內容、學力評定、考試規則、學生選擇科系與課程之自由，以及學生自治等亦在保障之列。除此之外，大

學內部組織、教師聘任及資格評量，亦為大學之自治權限，尤應杜絕外來之不當干涉。大學法第四條、第八條、第十一條、第二十二條、第二十三條及私立學校法第三條前段均定有大學應受國家監督之意旨，惟教育主管機關依法行使其行政監督權之際，應避免涉入前述受學術自由保障之事項。至於大學課程之自主，既與教學、學習自由相關，屬學術之重要事項，自為憲法上學術自由制度性保障之範圍。大學課程之訂定與安排，應由各大學依據大學自治與學術責任原則處理之。

　　大學法第二十三條對於大學修業年限之延長及縮短，規定為大學自治事項，有關辦法授權由各大學自行擬定，報請教育部核備後實施，故教育部對各大學之運作僅屬於適法性監督之地位。教育部監督權之行使，應符合學術自由之保障及大學自治之尊重，不得增加法律所未規定限制，乃屬當然。大學之必修課程，除法律有明文規定外，其訂定亦應符合上開大學自治之原則，大學法施行細則第二十二條第三項規定：「各大學共同必修科目，由教育部邀集各大學相關人員共同研訂之。」惟大學法並未授權教育部邀集各大學相關人員共同研訂共同必修科目，大學法施行細則所定內容即不得增加大學法所未規定限制。教育部依此所定各大學共同必修科目僅係提供各大學訂定相關科目之準則。同條第一項後段「各大學共同必修科目不及格者不得畢業」之規定，為對畢業條件所加之限制，各大學共同必修科目之訂定因而發生限制畢業之效果，而依大學法第二十三條、第二十五條及學位授予法第二條、第三條規定，畢業之條件係屬大學自治權範疇。大學法施行細則第二十二條第一項後段自係逾越大學法規定，又同條第三項未經大學法授權，均與前揭憲法意旨不符，應自本解釋公布之日起，至遲於屆滿一年時，失其效力。於此期間，大學共同必修科目之設置，應本大學自治之精神由法律明文規定，或循大學課程自主之程序由各大學自行訂定，併此指明。

一協同意見書一（節）　　　　　　　　　大法官　林永謀、楊慧英

　　所謂「講學自由」，固係指國家不得對「講學者」濫加干預、壓抑之意，而此雖非完全否定下級教育機關就此所享有之自由；然因大學之本質在於以學術為中心，進而深入探討真理，並發展新的知識領域，故必須予以特別之

保障，其與中、小學教育，為因應學生尚在身心成長、發展階段，理解、批判等能力猶有未足，國家為維持一定之國民知識水準，俾其來日產生奇葩，結成異果，而須為一定教育之實踐，因得加以廣泛的限制者不同。是以基於教育之本質，講學自由應僅適用於大學（或高等研究機構——如我國中央研究院）。

　　所謂大學自治，係指大學得經由自己之機關獨自負責並且不受國家之指示以完成事務之意，亦即大學之管理、運營係委諸於大學內部之自主性決定。雖大學法第一條第二項規定大學在法律規定範圍內，享有自治權；然大學法並未詳細規定大學自治之範圍，因是，其實際之自治事項，允宜就其本質之學術研究與講學之自由予以權衡；蓋如前所述，此兩者與大學自治本屬息息相關，並亦因此使自治之內容受有限制，亦即其愈近於學術研究及講學自由之範圍者，愈應將之劃歸自治之範疇；惟欲一一將之為截然之劃分，事實上亦非可能。大致言之，其直接根基於學術自由之過程、行為方式、認識探知學問之決定與其意義暨進一步之內容等，均屬大學自治之核心範圍——諸如大學之計劃、組織與研究暨教學活動之實行，即係其最著者；又其須由大學自行負責予以完成，藉以確保自由研究與教學所必要之事項亦屬之，如學術研究內容、方法及教學之基本方針與具體計劃、學生必修、選修課程之訂定與其內容、學術性之考試、學生成績之評定方式、學位之授與、教授人事之自主決定權暨預算管理等等，亦為其例；然某一事項即令與學術研究暨教學有關，倘其完成之種類與方式係關乎公益者，則國家之參與自不能謂其仍無必要，如德國大學基準法第六十條規定「大學之學習及考試規則」、「專業領域」、「學習領域」、「學術設備」等等，須以法律規定「邦」與「大學」共同合作，即其一例；且即令明顯屬於大學自治重要內涵之學生必修、選修課程之排定與其講授之內容，即所謂課程之自主，亦非排除各大學間基於互助合作方式所為課程之訂定，蓋此乃各大學間合作性之自治，應仍屬大學自治之範疇。至於憲法第一百六十二條固規定：「全國公私立之教育文化機關，依法律受國家監督。」然國家依據法律對各大學之監督則仍須於學術自由暨大學自治此一原則下進行，而不得與之悖離，亦由於此一原因，國家對各大學之監督雖重在其適法性之有無，但所為若未違背學術自由、大學自治之精神，

當不得僅因大學法未有具體明確規定之乙端，即認為違法。

一不同意見書一（節）　　　大法官　董翔飛、施文森、曾華松

解釋文及理由書廣泛討論學術自由之涵意，並認定施行細則第二十二條規定與法律保留原則有違，惟對於憲法第十一條所規定之「講學自由」與大學法所稱之「學術自由」及「大學自治」，其在理念上是否有所不同以及應否受不同程度之規範，未見深入之分析。依教育部之現行實務作法，各大學共同必修科目經由教育部邀集各大學相關人員共同研訂分為：國文、外文、歷史及中華民國憲法與立國精神等四個領域。各領域內涵蓋各種科目，由各校斟酌師資狀況、學生需求、教學環境及專業特性，自為規劃；教學方法、教材選用，亦由授課教師自行決定，而學生對領域內各種科目，亦能自由選擇，不受任何干預。是系爭規定與學術自由之關係，應自學校、教師、學生三方面分別加以觀察，始得為合理之判斷，而不致發生偏差。

㈠自大學自治言，大學為教育文化事業之一環，亦為致力於學術研究之機關。憲法第一百五十八條所揭示者，非以適用於基本教育為限，應為整體教育文化之實質目標。憲法又於第一百六十二條賦予國家依法律監督教育文化機關，則此項監督權之行使，應以達成憲法所明定之實質教育文化目標為首要考量，教育主管機關自有責任以實際之措施促其實現。其依合作性適當程序與各大學相關人員研商共同必修科目，若能符合憲法前揭之教育文化實質目標，應屬促進憲法所定教育文化政策所必需，而不能謂與大學自治有所牴觸。蓋依現行制度，大學除共同必修科目外，尚有各校自定必修科目及學系專業（門）必修科目，各校並可開設選修科目，四者相輔相成，並非以共同必修科目排斥其他三者，且共同必修科目係由各大學相關人員共同參與會商後作領域性之訂定，不僅充分反映及尊重大學自治之精神，亦為符合憲法第一百五十八條之要求而不得不有此設置，但本解釋文及解釋理由書竟棄後者不論，尤失允當。

㈡從教師之講學自由言，共同必修科目之研訂，於個別教師之講學自由應無妨礙。蓋講授共同科目之教師，可依自主之學術立場、選用教材，決定其授課內容及方式，其學說或理念得以充分發揮，不受教育主管機關之任何

干預。

　　㈢從學生之角度言，學生在整個大學過程中屬施教之對象，無權參與課程之設計，亦不能指定教師授課之項目，並須修滿一定年限及學分後始得畢業，故所謂學習自由其反映於課程上者，僅為共同必修課程與校定及系定課程是否能為學生預留選擇之空間，就此觀點，按領域性指定之共同必修科目實已為學生提供相對之選擇自由。

　　準此，於現制之下，就學校而言，仍有規劃授課科目之廣泛自主空間；就教師而言，仍有如何教授共同科目之教學自由；就學生而言，仍有自由選擇學習科目之機會，則系爭之大學法施行細則相關規定，究係如何侵犯或限制講學自由乃至學術自由？對此，解釋文及理由書並無具體闡述。教育主管機關依憲法第一百五十八條、第一百六十二條負有落實國家教育文化目標及維持公私立大學必要水準之責任，邀集各大學相關人員共同研討各大學共同必修課程之領域，其內容俱屬符合憲法及大學法相關規定之要求，又無具體可資辨識之「自由」因其施行而遭致侵害，自無違憲之可言。……

─評析與問題─

　　本案解釋乃是大法官首次將「制度性保障」之觀念適用於憲法解釋之中，所涉及之主題，則為學術自由中之「大學自治」。解釋文中所稱之「制度性保障」，乃是指憲法所欲保障之基本人權項目，憲法的規定有時應該當作一種客觀存在的制度加以看待或理解，對於某些於制憲時既存的或應受憲法肯認的社會制度而言，應直接受到憲法的保護。不但不能任由立法者以立法否定或變更其核心價值及內容，其完整之保障機制還有賴立法者善盡其立法責任、制定法律為制度性之補充，亦即必須經由法律的周延建制具體實現其內容。制度性保障的實例所在多有，當然不以大學自治為限，如政伸企業案（釋507）中，大法官明言刑事司法制度即在提供人民訴訟權之制度化保障；另如陳雅蘭對司法院案（釋539）中，大法官並且將與訴訟基本權息息相關之審判獨立，也看做一種制度性保障❶。關於制

---

❶　《司法院公報》，44卷3期，頁18，九十一年三月。

度性保障的基本概念，參閱鄒文海，《自由與權力》，頁 140 以下，自刊，八十三年；陳新民，《中華民國憲法釋論》，頁 143 以下，自刊，九十年四版。

制度性保障與憲法規定之個人保障在觀念上有何不同？制度性保障與憲法委託在概念上有無可以互通或是區別之處？

◆ 行政命令與大學自治

本案解釋認定涵攝於學術自由概念之下的「大學自治」，是以制憲時即已存在的大學制度為基礎，復藉由大學法建立的具體制度，使之受到憲法的直接保障。聲請本案解釋的立法委員，挑戰教育部所訂立之大學法施行細則中規定作為畢業條件的共同必修科目違反憲法，得到大法官的共鳴。大法官的主要觀點，在於共同必修科目缺乏大學法的授權，亦即以為大學課程之訂定屬於大學自治的範圍，大學法所建立的制度性保障不容行政機關以行政命令加以縮限。解釋理由書末尾指出，「大學共同必修科目之設置應本大學自治之精神由法律明文規定」，即在指明本案的癥結在於行政命令違反「法律保留原則」，其意是否並非大學共同必修科目之設置本身違反憲法？若能透過法律制度化的建置者，則大法官是否並不以為大學共同必修科目在憲法上將與學術自由或大學自治產生絕對的衝突而不容許存在？關於學術自由與大學自治之關連及意義，參閱董保城，〈德國學術自由與大學自治──兼論我國大學法爭議〉，《教育法與學術自由》，月旦，1997 年。

◆ 法律保留與大學自治

依本案解釋之觀點，由於大學自治是制度性保障的產物，大學共同必修科目之設置不能逕由行政命令決定，而必須出自法律的授權。然則「法律保留原則」之依據在憲法第十九條、第二十條及第二十三條等，設非憲法保障之基本人權牽涉其間，有無「法律保留原則」之適用？若有，其憲法上依據為何？是憲法第一百五十八條或第一百六十二條之規定嗎？本案系爭行政命令可否直接以憲法第一百五十八條之規定為其依據而不須另有法律授權為其基礎？是否憲法以第一百五十八條及第一百六十二條兩項條文規定教育文化事務，具有憲政上之重要性，因此可以構成「法律保留原則」應予適用之理由❷？

◆ 學術自由與大學自治

　　本案中學術自由是大學自治的上游概念，大學共同必修科目是否構成學術自由的限制？如何構成學術自由之限制？均是前提問題。大法官認為共同必修科目涉及大學課程自主，而與教學自由、學習自由有關，亦即主管機關依法對大學從事行政監督時所應加尊重之學術自由。而提出不同意見之五位大法官，則正面質疑「共同必修科目」的設置是否果真限制教學或學習自由乃至大學課程自主。

　　按共同必修科目的設置如果確實限制了學術自由，即使是出自法律規定，也應依憲法第二十三條規定檢驗其合憲性。而本案解釋所未交待的問題則是：為何經由法律規定共同必修科目即屬合憲？此外，果如持不同意見之三位大法官所言，系爭命令並不違反憲法規定之講學自由者，系爭命令是否當然亦不生違反「依法行政原則」之問題？大學法之規定究竟有無排除行政機關設置共同必修科目之立意？大學法如果有意如此，是否違反大學自治之制度性保障之核心內容或價值？

◆ 教學自由、學習自由與大學自治

　　本案解釋認定教育部邀集各大學相關人員會商研訂共同必修科目為違憲之舉，如謂此係侵犯學生的學習自由與教師的教學自由，則公立大學校方、院方或系方決定任何共同必修科目，是否亦同樣侵犯學生的學習自由與教師的教學自由（如法律系可否將憲法或民法或刑法列為必修科目）？大學某一學系該選擇修習那些科目、那些是必修科目、那些是選修科目等，應由何人決定？由誰決定才不會違反教師的教學自由與學生的學習自由？教育部可不可以決定大學某一學系的必修課程❸？教育部可不可以根據自訂的課程標準審定學校授與學生的學位或畢業證書❹？林永謀、楊慧英二位提出協同意見的大法官的看法與多數意見有何不同？與提出不同意見之大法官有何不同？依協同意見的看法，教育部可以決定什麼、不可以

----

❷　此處涉及法律保留原則範圍的決定標準與相關理論，參許宗力，〈論法律保留原則〉，《法與國家權力》，頁 117 以下，元照，八十八年。

❸　目前關於大學各科系之必修課程，由各大學依前述大學法施行細則之規定訂定。

❹　現今畢業證書之發放與學位之授與均由各大學自行為之。

決定什麼？

　　什麼是教學自由？設置共同必修科目是否限制教學自由？教學自由是否為一種選擇自由？是否為一種教或不教、以及以什麼為教學內容、以什麼為教學方法的選擇自由？

　　什麼是學習自由？學習行為與參與課程設計有無差異？參與課程設計與決定課程內容有無不同？學習自由是否為一種選擇自由（選擇學習科目、選擇教師、選擇是否學習的自由）？如果不是，學習自由的內容是什麼？學習自由是否即為憲法第二十一條規定之受教育之權❺？學習自由與憲法規定之受教育權有何不同？

　　本案董翔飛等三位大法官所提出之不同意見書中認為教育部邀集各校人員共同協商共同必修科目，係以擇定若干領域（如國文、英文等）之方式為之，學校與教授仍得決定某一領域之內之課程種類及內容，故不影響學術自由。然則系爭命令只規定「共同必修科目」而非「共同必修領域」，本案解釋認為系爭命令違憲，是否因為系爭命令並非以「共同必修領域」為規定之內容？

◆ 大學定位與大學自治

　　大學自治，由誰自治？如何自治？大學自治與「學院自治」、「學系自治」、「教授治校」、「學生自治」有無區別？大學自治之概念與大學在性質上是否為公法人或公用營造物❻有無關係？大學若為法人，是財團法人？是社團法人？抑或是特殊性質之法人？有無基本成員？若有，其基本成員是誰？學生？教授？學術行政人員？以上皆是？

　　本案解釋作成後，大法官不旋踵即作成王世賢對行政法院案（釋 382）解釋，其解釋理由謂：

---

❺　相關討論，參閱周志宏，〈學習權序論——教育基本法學習權規定之解析〉，《當代公法新論（上）》，頁 187-219，元照，九十一年。

❻　此一問題之討論，參閱董保城，〈德國學術自由與大學自治兼論我國大學法爭議：公立大學公法人化〉，《教育法與學術自由》，頁 105，月旦，八十六年；李建良，〈大學自治與公立大學公法人化——以德國公立大學制度發展為借鏡〉，《憲法理論與實踐(二)》，頁 235，學林，八十九年。

「係各級政府依法令設置實施教育之機構，具有機關之地位，而私立學校係依私立學校法經主管教育行政機關許可設立並製發印信授權使用，在實施教育之範圍內，有錄取學生、確定學籍、獎懲學生、核發畢業或學位證書等權限，係屬由法律在特定範圍內授與行使公權力之教育機構，由於處理上述事項時亦具有與機關相當之地位 （參照釋字第二六九號解釋）。」

其所謂之公立學校與私立學校是否包括大學在內？如果答案為是，具有政府機關地位之公立大學，與由法律在特定範圍內授與行使公權力之私立大學，勢不能不受政府之命令指揮，將如何自治？此兩項解釋之見解，彼此有無矛盾？

本案解釋課題之評析與討論，參見顏厥安，〈大學共同必修科目之規定是否牴觸學術自由？〉，《法與實踐理性》，頁 387，允晨，八十七年；蔡達智，〈從學術自由與大學自治應有之取向評釋司法院釋字第三八〇號解釋〉，《憲政時代》，八十五年四月。

關於大學之理想概念，參閱楊東平（編），《大學精神——五四前後知識分子論大學精神之經典文獻》，立緒，九十年；關於學術自由與大學法制在美、德、日各國之法例上之發展，參閱周志宏，《學術自由與大學法》，頁 33 以下，蔚理，七十八年。

劉治平對銓敘部案（釋字第四八三號解釋）

續 (13) 247 (88)

🖋 背景事實

本案聲請人劉治平原為彰化溪湖鎮公所薦任八職等人事室主任，八十二年因人地不宜等理由遭降調為彰化市戶政事務所六職等人事管理員，聲請人認為對於其這類高資低用之人員，名義上雖規定有「以原職等任用」、「以原職等參加考績」等，惟實際上將此類人員薪資凍結於低職等，以達不能與其原職等同樣之人依法晉級，而收「降敘」之實的效果，聲請人不服，提起行政救濟，經訴願、再訴願後提起行政訴訟，均遭駁回，聲請人以其憲法所保障之平等權及公務員權利受侵害為由，向司法院大法官聲請解釋。

解釋文

　　公務人員依法銓敘取得之官等俸級，非經公務員懲戒機關依法定程序之審議決定，不得降級或減俸，此乃憲法上服公職權利所受之制度性保障，亦為公務員懲戒法第一條、公務人員保障法第十六條及公務人員俸給法第十六條之所由設。公務人員任用法第十八條第一項第三款前段規定：「經依法任用人員，除自願者外，不得調任低一官等之職務；在同官等內調任低職等職務者，仍以原職等任用」，有任免權之長官固得據此將高職等之公務人員調任為較低官等或職等之職務；惟一經調任，依公務人員俸給法第十三條第二項及同法施行細則第七條之規定，此等人員其所敘俸級已達調任職等年功俸最高級者，考績時不再晉敘，致高資低用人員縱於調任後如何戮力奉公，成績卓著，又不論其原敘職等是否已達年功俸最高級，亦無晉敘之機會，則調任雖無降級或減俸之名，但實際上則生類似降級或減俸之懲戒效果，與首開憲法保障人民服公職權利之意旨未盡相符，主管機關應對上開公務人員任用法、公務人員俸給法及附屬法規從速檢討修正。

─解釋理由書─

　　人民有服公職之權，此為憲法第十八條所明定。公務員懲戒法第一條：「公務員非依本法不受懲戒。但法律另有規定者，從其規定。」公務人員保障法第十六條：「公務人員經銓敘審定之俸級應予保障，非依法律不得降級或減俸。」中華民國七十五年七月十六日公布之公務人員俸給法第十六條：「經銓敘機關敘定之等級，非依公務員懲戒法及其他法律之規定，不得降敘。」是公務人員依法銓敘取得之官等俸級，非經公務員懲戒機關依法定程序之審議決定，不得降級或減俸，乃憲法上服公職權利所受之制度性保障，亦為公務員懲戒法第一條、公務人員保障法第十六條及公務人員俸給法第十六條之所由設。七十五年四月二十一日公布之公務人員任用法第十八條第一項第三款前段規定：「經依法任用人員，除自願者外，不得調任低一官等之職務；在同官等內調任低職等職務者，仍以原職等任用」，有任免權之長官固得據此將高職等之公務人員調任為較低官等或職等之職務；惟一經調任，依公務人員俸給法第十三條第二項：「在同官等內高資低用，仍敘原俸級人員，考績時不再晉敘。」及七十六年一月十四日發布之公務人員俸給法施行細則第七條第

一項：「本法第十三條第二項所稱『在同官等內高資低用，仍敘原俸級人員，考績時不再晉級』，指同官等內高職等調任低職等仍以原職等任用人員，原敘俸級已達所調任職等年功俸最高級者，考績時不再晉敘。」此等人員其所敘俸級已達調任職等年功俸最高級者，考績時不再晉敘，致高資低用人員縱於調任後如何戮力奉公，成績卓著，又不論其原敘職等是否已達年功俸最高級，亦無晉敘之機會，則調任雖無降級或減俸之名，但實際上則生類似降級或減俸之懲戒效果，與首開憲法保障人民服公職權利之意旨未盡相符，主管機關應對上開公務人員任用法、公務人員俸給法及附屬法規從速檢討修正。

一評析與問題一

本案解釋認為公務員依法銓敘之官等俸級非經公務員懲戒❼之正當法律程序❽不得降低減少，並將之視為憲法對服公職權利（憲法第十八

---

❼ 大法官就有關公務員懲戒事件應遵守正當法律程序所為之解釋，可自許繼仲案（釋396）及洪柏松案（釋491）理解。大法官在許繼仲案（釋396）指出，公務員因公法上職務關係而有違法失職之行為，應受懲戒處分者，公務員懲戒委員會應本正當法律程序之原則，對被付懲戒人予以充分之程序保障，例如：採取直接審理、言詞辯論、對審及辯護制度，並予以被付懲戒人最後陳述之機會等，以貫徹憲法第十六條保障人民訴訟權之本旨。而在洪柏松案（釋491），大法官認為中央或地方機關依公務人員考績法或相關法規之規定對公務人員所為免職之懲處處分，為限制人民服公職之權利，實質上屬於懲戒處分，其構成要件應由法律定之，方符憲法第二十三條之意旨。又懲處處分之構成要件，法律以抽象概念表示者，其意義須非難以理解，且為一般受規範者所得預見，並可經由司法審查加以確認，方符法律明確性原則。而對於公務人員之免職處分既係限制憲法保障人民服公職之權利，自應踐行正當法律程序，諸如作成處分應經機關內部組成立場公正之委員會決議，處分前並應給予受處分人陳述及申辯之機會，處分書應附記理由，並表明救濟方法、期間及受理機關等，設立相關制度予以保障。

❽ 大法官在張宜昌案（釋384）之解釋理由書指出：「正當法律程序，係指凡限制人民身體自由之處置，在一定限度內為憲法保留之範圍，不問是否屬於刑事被告身分，均受憲法第八條第一項規定之保障。除現行犯之逮捕，由法律另定外，其他事項所定之程序，亦須以法律定之，且立法機關於制定法律時，其內容更須合乎實質正當，並應符合憲法第二十三條所定之比例原則，此乃屬人身自由之制度性保障。因此，

條）之一種制度性保障。準此，本案系爭法令被大法官宣告為違憲（與憲法規定意旨「未盡相符」），具體顯示了制度性保障的確切意涵。

◆ 憲法設定之制度性保障內容？

本案系爭法令被宣告違反制度性保障的理由，在於大法官認定公務員之降調減俸是一種懲戒性質的處分。必須經過正當法律程序始得為之。人民非由法院經法定程序不受審判處罰，即所謂正當法律程序之概念可以構成制度化保障，原是憲法保障人權的一種程序機制，本書系列有專門之講次加以說明。本案將此種程序保障適用於公務員權利，看做是公務員權利的制度性保障，並以之作為評價既有法律規定是否違憲的判準，是否已將「制度性保障」的內容當作憲法的要求，而非可完全任由立法者加以決定者？然則制度性保障苟無立法者制定法律加以實現，單憑憲法的規定可否偵知其實質的內容為何？基本權利的制度性保障究竟取決於憲法還是法律？還是同時取決於兩者？還是也取決於司法（即釋憲者）？制度性保障雖然有賴立法者以法律具體規定其內容，是否仍然有其不可脫離的憲法所預設的人權保障概念範疇存在？本案中立法者制定的法律內容是否不符憲法最基本的人權保障要求，以致被宣告為違憲？公務員升遷及加薪的空間因為降調職位而減少，從而被認作是實質的降級與減俸，為何是服公職權的當然內容？如果降調形成實質的降級減俸尚且有所不可，政府裁員是否構成更嚴重的公務員權利侵犯？政府為了追求效率、裁併機關以進行政府改造時，如果進行裁員，會不會受到本案解釋之限制？

◆ 制度性保障立法是實質憲法？

前面介紹憲法的定義時，曾提及實質憲法的概念。制度性保障的立法

正當法律程序兼指實體法及程序法規定之內容，就實體法而言，如：須遵守罪刑法定主義；就程序法而言，如：犯罪嫌疑人除現行犯外，其逮捕應踐行必要之司法程序、被告自白須出於自由意志、犯罪事實應依證據認定、同一行為不得重覆處罰、當事人有與證人對質或詰問證人之權利、審判與檢察之分離、審判過程以公開為原則及對裁判不服提供審級救濟等為其要者。除依法宣告戒嚴或國家、人民處於緊急危難之狀態，容許其有必要之例外情形外，各種法律之規定，倘與上述各項原則悖離，即應認為有違憲法上實質正當之法律程序。」

是否可視為實質憲法？亦即本案解釋推求制度性保障的內容，固然認為現有法律保障不周，乃須直接從憲法的規定推導出制度性保障應有的內容；但若立法者當時制定公務員任用法及公務員俸給法時即能按照本案解釋所遵循的法理加以規定，根本並無做成本案解釋之必要。依本案解釋之意，此等內容既是憲法所要求者，則立法者實現制度化保障之立法，是否構成實質的憲法？違反該等立法，是否實質上等於違憲？雖然是以法律的形式出現，立法者是否不能擅予廢止或任意加以改變？如果立法院將之廢止或修改，是否即生違反憲法制度性人權保障的問題？

◆ **本案聲請人有無救濟？**

　　本案為違憲解釋抑或警告性解釋？本案只謂系爭法規應從速檢討修正，並未訂定修正期限，本案聲請人可否得到翻案救濟？可否依據洪其中對洪棋火案（釋 177），得到再審的機會？

洪德生對南投縣政府案
（釋字第四二二號解釋，又稱佃農生活費標準案）

續 (10) 400 (86)

📌 背景事實

　　洪德生為佃農，向陳志榕承租農地耕種多年，租約規定每六年更新一次。最後一次租約於民國七十九年十二月三十一日屆滿。洪德生要求續訂租約，出租人以已有自耕能力為由，依耕地三七五減租條例第十九條第二項「出租人為擴大家庭農場經營規模，得收回與其自耕地同一或鄰近地段內之耕地自耕」，主張收回自耕。洪德生以該耕地確實為其「家庭生活之依據」，乃依同條例第十九條第一項第三款向耕地主管機關草屯鎮公所與南投縣政府申請續租。南投縣政府以其「七十八年度綜合所得收支相抵，尚有結餘」，否認系爭耕地為聲請人家庭生活之依據，駁回續耕之申請，而核准出租人收回系爭耕地。案經聲請人提起訴願、再訴願，惟相繼被臺灣省政府與內政部駁回，乃向行政法院提起行政訴訟。八十二年三月，行政法院判決洪德生勝訴。南投縣政府提請再審，行政法院再審，結果廢棄原判決。

　　行政法院再審判決主要依據為行政院四十九年十二月二十三日臺四九內

字第七二二六號令：「出租人因收回耕地，致承租人失其家庭生活依據者，係指租約期滿前一年，承租人本人及其配偶，與同一戶內直系血親綜合所得總額，不扣除免稅額、寬減額，扣除出租人租金後，不足以支付一家全年生活費之支出。出、承租人生活費用之計算標準，準用租約期滿當年，臺灣省在營軍人家屬最低生活標準表之規定」。至準用「臺灣省在營軍人家屬最低生活標準表」計算聲請人在租約期滿當年一家六口全年生活費支出，則「應為172,800 元」。再依南投縣稅捐稽徵處所覆聲請人一家七十八年度綜合所得總額為 242,097 元，扣除上開全家生活費 172,800 元，尚有剩餘 69,297 元，據而認定系爭耕地並非洪德生全家「家庭生活之依據」。

但洪德生認為：耕地三七五減租條例第十九條第一項第三款所謂「家庭生活之依據」係指耕地對「家庭生活」有根本主要性而言。扣除出租人租金後如已所剩無幾時，即可證明耕地為佃農家庭生活之依據。本件依各行政機關之計算，全年生活費最低標準 172,800 元過低，極不合理。即使扣除最低標準後也只有 69,297 元，平均每人每天剩餘約 32 元（69,297 元 ÷ 6 人 ÷ 12 個月 ÷ 30 天 = 32.10 元），根本不能維持生活，系爭耕地自屬「家庭生活之依據」。又再審判決謂：依臺灣省在營軍人家屬最低生活標準表計算，聲請人一家六口全年生活費「應為 172,800 元」，則每人每天生活費只有八十元（172,800 元 ÷ 12 個月 ÷ 6 人 ÷ 30 天 = 80 元），況且三七五減租條例第十九條第一項第三款所稱「家庭生活之依據」並無「最低」生活標準之含義。洪德生因此主張：系爭行政法院再審判決所適用之上開行政命令，不僅侵害佃農與軍人家屬依憲法第十五條應有之生存權、工作權及財產權（耕地租佃權），也違反上開減租條例「家庭生活依據」之本意，乃聲請大法官解釋。

解釋文（節）

憲法第十五條規定，人民之生存權應予保障；第一百五十三條復明定，國家為改良農民之生活，增進其生產技能，應制定保護農民之法律，實施保護農民之政策，明確揭示國家負有保障農民生存及提昇其生活水準之義務。耕地三七五減租條例即屬上開憲法所稱保護農民之法律，其第十九條第一項第三款規定，出租人因收回耕地，致承租人失其家庭生活依據者，耕地租約期滿時，出租人不得收

回自耕，目的即在保障佃農，於租約期滿時不致因出租人收回耕地，嚴重影響其家庭生活及生存權利。行政院於中華民國四十九年十二月二十三日以臺四九內字第七二二六號令及內政部七十三年十一月一日七十三臺內地字第二六六七七九號函，關於承租人全年家庭生活費用之核計方式，……以固定不變之金額標準，推計承租人之生活費用，而未斟酌承租人家庭生活之具體情形及實際所生之困窘狀況，難謂切近實際，有失合理，與憲法保護農民之意旨不符，應不再援用。

一解釋理由書一（節）

　　……憲法第十五條及第一百五十三條……明確揭示國家負有保障農民生存及提昇其生活水準之義務。

　　耕地三七五減租條例係為改善租佃制度，安定農村社會，同時亦為促進農業生產，提高農民所得，奠定國家經濟發展之基礎而制定。其後為配合國家整體農地改革之措施，於七十二年雖有就上開條例第十九條租約期滿時，地主為擴大家庭農場經營規模，得收回其出租耕地之相應性修正，惟同條例第十九條第一項第三款復規定……保障仰賴承租耕地農作收入為生活憑藉之佃農的生存權。行政院四十九年十二月二十三日臺四九內字第七二二六號令，關於承租人本人及其配偶與同一戶內之直系血親全年生活費用之核計方式，逕行準用臺灣省當年度辦理役種區劃適用生活標準表規定部分；內政部七十三年十一月一日臺內地字第二六六七七九號函，關於承租人之收益與生活費用之審核標準，定為以耕地租約期滿前一年，承租人本人及其配偶與同一戶內之直系血親綜合所得總額與全年生活費為準，生活費用之計算標準則準用臺灣省（臺北市、高雄市）辦理役種區劃現行最低生活費支出標準金額計算審核表（原役種區劃適用生活標準表）中所列最低生活費支出標準金額之規定，以固定不變之金額標準，推計承租人之生活費用，而未就不同地域物價水準之差異作考量，亦未斟酌各別農家具體收支情形或其他特殊狀況，諸如必要之醫療及保險相關費用之支出等實際所生困窘狀況，自難謂為切近實際，有失合理，與憲法保護農民之意旨不符，應不再援用。

─評析與問題─

大法官於翁金珠對教育部案（釋380）首度援用制度性保障概念為憲法解釋之後，於張宜昌對臺北縣警察局等案（釋384）中，亦謂立法機關制定法律建構實質正當之法律程序行為，乃屬人身自由之制度性保障。本案系爭法律規定，是否涉及農民生存權之制度性保障？析言之，本案中耕地三七五減租條例的規定，一方面是在具體建構憲法第十五條生存權的保障，另一方面則是在履踐憲法第一百五十三條保障農民生存的義務。前者能否視為構成基本人權的制度性保障，後者是否為憲法委託的付諸實現，兩者似乎桴鼓相應，然則本案解釋並未明文言及制度性保障或憲法委託，有無差別？

◆ 禁止給付不足

本案是否同時涉及紐創企業案（釋472）中蘇俊雄大法官於協同意見書中所稱憲法保障生存權所含「禁止不足給付原則」的要求？行政院命令準用「臺灣省在營軍人家屬最低生活標準表」推計承租耕地佃農一家之生活費用，大法官認為不切實際，究係認定系爭費用標準數額過低以致違憲？抑或只是使用固定不變金額標準之方法思慮不周而違憲？大法官所以不逕就數額多寡表示意見，是否避免涉及事實認定？本案該不該避免此種事實認定❾？大法官不為數額多寡之事實認定，有無其他方式適用「禁止

---

❾ 大法官若要針對本案做事實判斷，可否適用民事訴訟法第二七八條規定，依其生活經驗，逕為認定佃農一家一年之生活費僅十七萬元不足以維持其生活？本案若舉行言詞辯論，而該佃農表示其若不能續租則其生活無依時，對此大法官可否逕行認定該佃農只會耕作、不會做其他工作，而認為應予其續租之機會？或逕為認定該佃農應可做其他工作，故即使不予其續租機會，其生活仍可維持？然而，對於上述假設問題，如果不做事實判斷，司法之功能是否意義極其有限？事實上大法官亦無法避免為事實判斷，謝啟大、林濁水等對立法院案（釋342）中，多數大法官做成之解釋文拒絕對事實做認定，其理由係尊重議會自治，但楊建華大法官在其不同意見書中則不以為然；在郝龍斌等對國民大會案（釋499），大法官則曾依據國大實錄等書面資料對系爭案件之事實加以判斷。就現行司法體制而言，大法官所以不做事實判斷，係因認定大法官是規範控制機關，不是審判機關，惟若將來因司法改革結果，大法官成為終審審判機關，大法官是否須對聲請案件作事實判斷？則應為司法改革

不足給付原則」？本案聲請人請求大法官認定系爭費用標準數額過低，以致不符三七五減租條例規定不使承租人家庭生活失據之要求，大法官則僅謂其推計承租人生活費之方法有誤，能否確實發揮救濟承租佃農之效果❿？解釋理由書中要求，推計承租人生活費用，應考量不同地域物價水準差異、斟酌個案農家具體收支或特殊狀況，包括必要之醫療、保險相關支出等實際困窘狀況，是否仍在適用「禁止不足給付原則」？本案是否顯示，生存權之制度性保障亦應包含或符合「禁止不足給付原則」之要求？

　　本案解釋認為違憲之客體法令為何？是行政院令與內政部函？抑為「臺灣省辦理役種區劃現行最低生活費支出標準金額計算審核表」⓫？抑

之立法政策考量問題：蓋以最高法院作為不審理事實爭議之法律審為例，對於事實不明之案件，仍可發回下級法院更審；未來司法院大法官若取代最高法院之功能，則仲裁人民權利爭議之案件，因須先經下級法院審理，大法官仍可維持法律審，而不做事實之調查；但若系爭案件為機關間之憲法爭議而直接請求大法官審理之案件，則因案件未經下級法院審理，大法官勢須兼就事實及法律爭議做裁判。然而就大法官對本案（洪德生對南投縣政府案，釋 422）之審理而論，大法官對於事實不明之部分，既未逕為重新認定，亦不發回下級法院更審，則對當事人之制度性保障言，有無不足？

❿ 大法官在解釋文中，僅針對該承租人（佃農）家庭生活費用之核計方式指出：「……以固定不變之金額標準，推計承租人之生活費用，而未斟酌承租人家庭生活之具體情形及實際所生之困窘狀況，難謂切近實際，有失合理」，但大法官並未回答：若該核計方式不妥，則應適用何標準？

⓫ 「役種區劃標準」係由內政部及國防部會銜於六十三年公布施行，見《中華民國現行法規彙編㈢》，頁 1439，八十三年五月，及《臺灣省政府公報》，六十三年冬字第 7 期，頁 2；惟已於八十九年十二月六日公告廢止，見《內政部公報》，5 卷 18 期，頁 90，八十九年十二月十六日。依照「役種區劃標準」第二條第一項規定：「役種區劃除體位及超額區劃，依照兵役法、兵役法施行法及有關法令規定辦理外，其適服常備兵役之役男，因家庭經濟狀況區劃補充兵役者，悉依本標準辦理。」而同「標準」第五條第一項則規定合乎該項第三款：「役男本人負擔家庭生計主要責任，其全年工作收入在全家生活支出標準百分之五十以上者」及第四款：「役男及其家庭財產價值（包括動產及不動產）及工作收益總額在全家生活支出標準以下者」者，得申請劃為補充兵役，至於上開二款中所謂「支出標準」則為該「標準」所附之「臺灣省辦理役種區劃現行最低生活費支出標準金額計算審核表」。因此，該「表」應為役

兼而有之？所謂不再援用，係指行政院令及內政部函、抑為系爭生活標準表不再援用？如不包括後者，而只是不許該表適用於承租佃農生活費之認定者，難道不能用以認定佃農生活標準之計算審核表，卻可用以認定役男之生活標準？役男家庭之生存權與佃農家庭之生存權該不該有不同待遇？

◆ 限制契約自由？

本案涉及出租人收回土地自耕權利與佃農請求續租以維持生計的權利衝突，耕地三七五減租條例的規定在一定的條件下強制地主與佃農續租，有無限制契約自由？契約自由是否為憲法應保障的基本人權？佃農可否主張耕地三七五減租條例公布之後成立的耕地租約，不生契約自由受限制的問題，因為地主應該知悉法律設有強制續約的規定？地主可否主張法律可以給予佃農生存權制度性保障，但不該以地主的財產權做為犧牲品？法律以私人之財產權做為他人生存權之保障，是否違反憲法保障之財產權？憲法第一百四十三條第四項及第一百四十五條之規定是否已經提供了某種答案？此中有無依據某種重要社會關係建構社會權作為基本權利之主張（亦即主張耕地租佃關係中存有相互依賴的社會關係，足以支撐耕作者享有「應受憲法保障、得請求政府命令地主遵守既有契約關係容忍其繼續耕作，以維持其基本生存權利之社會權」）之可能？

◆ 基本國策與憲法委託之實現

憲法第一百五十三條規定於基本國策一章，學者有認為本案積極引用空泛的基本國策規定，「作為審查法規範的依據，這對於立法者的形成自由構成重大的威脅；在憲法學理上，具體化基本國策中『方針條款』、『憲法委託』的內容，首應由立法機關，而非釋憲機關為之」❷者，本案中立

政機關判定原本應服常備兵役之役男可否因家庭生活困難而改服補充兵役之標準，但該「標準」是否亦可作為判斷佃農生活困難之依據？又行政院如何依據該「標準」而推計佃農生活費用？則不得而知。

❷　陳愛娥，〈大法官憲法解釋權之界限──由功能法的觀點出發〉，《憲政時代》，24 卷 3 期，頁 194，八十七年十二月。關於基本國策規定與立法裁量空間之消長互動問題，參閱如蘇永欽，〈經濟憲法作為政治與經濟關係的基本規範〉，收入《新世紀經濟法治之建構與挑戰》，頁 155–61，元照，九十一年。

法者有無未盡其依憲法委託之立法義務而生立法怠惰情形❸？如果司法者不提供適時之救濟，憲法委託乃至於制度性保障是否可能落空？關於憲法委託或制度性保障立法之形成自由，與由司法提供即時之人權保障，孰輕孰重？可不可以由司法者填補立法怠惰的空缺？什麼條件之下，可以由司法者填補此項空缺？

　　關於「禁止不足給付原則」之意義，參閱程明修，〈論基本權保障之「禁止保護不足原則」〉，《憲法體制與法治行政(1)》，頁 221–73，三民，八十七年。

---

❸　陳愛娥，〈立法怠惰與司法審查〉，《憲政時代》，26 卷 3 期，頁 43，九十年一月。

基本權利之防線：
比例原則（憲法第 23 條）

壹、比例原則之憲法依據：憲法第 23 條

鄭玉波大法官在蔡花對最高法院案（釋 179）提出之不同意見書中指出，「憲法上之保障，係相對的，非絕對的，有時非不可以法律加以限制，但人民之基本權利，究以無限制為原則，有限制為例外」，言簡意賅，語在要害。此一看法，有無憲法上之根據？

鄭玉波大法官所稱原則與例外之區別，林紀東教授則曾從憲法第二十三條所規定之「除」「外」「不」三字得出相同的解釋❶，實為不移之論。憲法第二十三條若無此三字，則可能得出完全相反之解釋。換言之，此三字讓憲法第二十三條成為法律限制人權的限制規定，而非法律限制人權的授權規定。此一區別，同時亦左右了同條中「必要」二字的解釋。如果不察此條意在對法律限制人權加設全面的限制而誤以為係在授權法律限制人權者，則「必要」二字可能被解釋為「適當」的同義語❷；正因為憲法第二十三條係在限制法律恣意限制人權，「必要」二字即可導出「比例原則」之解釋。此一解釋方法，在我國憲法學界已成通說❸。

---

❶ 林紀東，《中華民國憲法逐條釋義(一)》，頁 343，三民，八十七年八版。

❷ 憲法第四十三條與憲法增修條文第二條第三項均有「必要」處置之字樣，該處「必要」二字即與憲法第二十三條規定之「必要」二字存有不同解釋之空間。美國憲法上亦有曾為類似討論之案例，在 McCulloch v. Maryland, 17 U.S. (4 Wheat) 316 (1819) 案中，美國最高法院首席大法官 John Marshall 認為「國會制定各種必要且適當的法律」之條款如寫在國會之各項權力之中時，則「必要」之法律應做最廣之解釋，由此可知，在我國憲法第二十三條之情形，係為限制國會權力之規定，因此該條中「必要」之限制一詞應做最嚴格之解釋。李念祖，〈司法審查與聯邦主權：McCulloch v. Maryland〉，《司法者的憲法》，頁 262-3，五南，九十年。

❸ 廖義男，〈國家對價格之管制〉，《企業與經濟法》，頁 154，臺大法學叢書，六十九年；法治斌、董保城，《中華民國憲法》，頁 41，國立空中大學，八十六年再版；陳新民，《中華民國憲法釋論》，頁 170，自刊，九十年四版；葉俊榮，〈論比例原則與行政裁量〉，《憲政時代》，11 卷 3 期，頁 85，七十五年一月；盛子龍，《比例原則作

許玉秀大法官於五峰景德會案（釋 573）中曾說：比例原則是「程序規則」❹，這應是將比例原則看成一種憲法要求的思考程序，以確保權力機關行使權力之實踐中，其思想流程能夠符合保障人權的憲法要求。於此同時，若將比例原則引為法律限制各種向度之基本人權實質內容時所應有的憲法上最基本的制約，則比例原則可謂業已融入人權保障之內容，亦不妨以人權的實質內容視之。本書系列乃置於「人權保障的內容」首講中述之。

又學者曾稱比例原則在德國法上有「顯赫之地位」❺；此語在我國憲法上論之，亦屬恰當。惟在大法官所為憲法解釋中，類似的概念是否已成定論？則應研究後列諸項憲法解釋。

憲法第二十三條之「必要」二字可以推出比例原則，早期只能從個別大法官所提出之不同意見書中，隱約見之。首開相關討論之先河者，應推蔡花對最高法院案（釋 179）中提出不同意見書之鄭玉波大法官；最早完整呈現比例原則全貌的，則屬鄧元貞案（釋 242）中提出不同意見書之劉鐵錚大法官，當時他將比例原則稱之為「必要原則」，但其描述的內容，已經完整地呈現了「比例原則」的具體形貌。「比例原則」四字在憲法解釋中首度出現，係於何加興對臺灣省政府案（釋 409），惟當時係在引述土地法中比例原則之規定。大法官最早在憲法解釋中正式提及「比例原則」係由憲法第二十三條規定者，則為黃耀湘對郵政總局案（釋 428）之解釋理由書及蘇煥智對國防部案（釋 436）之解釋文，但從黃耀湘案（釋 428）或蘇煥智對國防部案（釋 436）中，仍然不易看得出來為什麼比例原則的依據在於憲法第二十三條；從以下的案例，則可以瞭解為何憲法第二十三條乃是比例原則的依據。

　　為規範違憲審查之準則》，臺灣大學法律學研究所碩士論文，七十八年。

❹ 「自主原則、平等原則、比例原則及法定原則同為現代法治國之基本原則……其中比例原則及法定原則乃程序規則……前二者則為實體規則，比例原則及法定原則係用以協助自由原則與平等原則之落實，因此自由權與平等權是否遭受侵害，每須依此二原則予以審查。」續 (17) 165 (93)。

❺ 陳愛娥，〈憲法作為政治之法與憲法解釋〉，《當代公法新論（上）》，頁 731，元照，九十一年七月。

政伸公司對中敏公司案（釋字第五○七號解釋）

續 (14) 119 (89)

♦ 背景事實

　　聲請人政伸公司為某件發明專利之專利權人，民國八十六年四月提出告訴主張中敏公司涉嫌仿冒使用其專利權，經臺灣臺中地方法院檢察署以中敏公司之負責人違反專利法之罪嫌，提起公訴。臺灣臺中地方法院以專利法第一百三十一條第二項至第四項之規定，專利權人於提出告訴時，必須檢附司法院暨行政院協調指定之鑑定機構所出具之鑑定報告，告訴始謂合法。政伸公司所檢附之侵害鑑定報告書係某位專利代理人個人之書面報告，臺灣臺中地方法院乃以刑事判決，諭知公訴不受理。政伸公司不服，具狀請求檢察官依法上訴，臺灣高等法院臺中分院八十七年仍持同一理由，判決將上訴駁回。本案乃告確定。

　　政伸公司認為上揭確定之終局判決，適用專利法第一百三十一條第二項、第三項及第四項之規定，侵害憲法第十六條所賦予人民之訴訟權，乃聲請大法官解釋。

解釋文 （節）

　　……訴訟權如何行使，應由法律予以規定。法律為防止濫行興訟致妨害他人自由，或為避免虛耗國家有限之司法資源，對於告訴或自訴自得為合理之限制，惟此種限制仍應符合憲法第二十三條之比例原則。中華民國八十三年一月二十一日修正公布之專利法第一百三十一條第二項至第四項規定：「專利權人就第一百二十三條至第一百二十六條提出告訴，應檢附侵害鑑定報告與侵害人經專利權人請求排除侵害之書面通知。未提出前項文件者，其告訴不合法。司法院與行政院應協調指定侵害鑑定專業機構。」依此規定被害人必須檢附侵害鑑定報告，始得提出告訴，係對人民訴訟權所為不必要之限制，違反前述比例原則。是上開專利法第一百三十一條第二項應檢附侵害鑑定報告及同條第三項未提出前項侵害鑑定報告者，其告訴不合法之規定，應自本解釋公布之日起不予適用。

─解釋理由書─

　　憲法第十六條規定人民有訴訟之權，此項權利自亦包括人民尋求刑事司法救濟在內，是故人民因權利遭受非法侵害，加害之行為人因而應負刑事責任者，被害人有請求司法機關予以偵查、追訴、審判之權利，此項權利之行使國家亦應提供制度性之保障。其基於防止濫訴並避免虛耗國家有限之司法資源，法律對於訴訟權之行使固得予以限制，惟限制之條件仍應符合憲法第二十三條之比例原則。中華民國八十三年一月二十一日修正公布之專利法第一百三十一條第二項至第四項規定：「專利權人就第一百二十三條至第一百二十六條提出告訴，應檢附侵害鑑定報告與侵害人經專利權人請求排除侵害之書面通知。未提出前項文件者，其告訴不合法。司法院與行政院應協調指定侵害鑑定專業機構。」查訴訟法上之鑑定為證據方法之一種，而依刑事訴訟法之規定，程序開始進行後，方有鑑定之適用，鑑定人之選任偵查中屬於檢察官，審判中則為法院之職權，縱經被害人提出所謂侵害鑑定報告，檢察官或法院仍應依法調查證據，非可僅憑上開鑑定報告逕行認定犯罪行為。專利法前述規定以檢附侵害鑑定報告為行使告訴權之條件，係對人民訴訟權所為不必要之限制，違反憲法第二十三條之比例原則。況鑑定專業機構若不願意接受被害人請求鑑定、作業遲延或因專利內容日新月異非其所能勝任等原因，將導致專利權人不能於行使告訴權之法定期間內，提起告訴。是主張遭受侵害之專利權人已以訴狀具體指明其專利權遭受侵害之事證者，其告訴即屬合法。……

─評析與問題─

◆ 比例原則係「必要」二字的具體內容

　　本案解釋運用憲法第二十三條規定之比例原則認定系爭專利法規定違憲。在此之前，例如黃耀湘對郵政總局案（釋 428）或蘇煥智對國防部案（釋 436），大法官雖然都曾提及比例原則的根據在憲法第二十三條，但均語焉不詳。本案解釋則顯示，法律限制人民基本權利違反憲法第二十三條比例原則者，係為「不必要之限制」，可知「比例原則」乃係由憲法第二十三條規定之「必要」二字發展出來。扼要言之，該條「必要」二字應

依「比例原則」的內容加以理解，並藉之評價法律限制人民基本權利是否符合憲法之要求。

◆ 量身裁衣始為「必要」

憲法第二十三條規定文字之結構，乃係要求例外容許法律限制人權的情形，須以「為……（該條所明定之四項正當目的）之必要者」為限，亦即同時控制㈠限制人權之法律所欲達成的目的，以及㈡限制人權的法律是否為達成其合憲的必要手段，雙管齊下，以防止人權遭到法律不當的限制，透過「目的」與「手段」必要性之雙重控制，所有限制基本人權的法律，在憲法的要求之下，均須「量身裁衣」，不能有過度的限制，因為過度的限制，就不是「必要」的限制。

本案解釋系爭專利法要求專利權人必須檢附官方指定鑑定機構出具之鑑定報告，其告訴始為合法，此項要求，係屬行使告訴權的一種限制。大法官認定專利權人提出告訴，為憲法所保障之訴訟權的內容，專利法對於告訴設定限制，即為須通過憲法第二十三條比例原則檢驗之基本人權法律上限制。本案解釋認為系爭法律限制乃是不必要的限制，然則它究竟如何形成過度的限制？本案解釋理由書中有無顯示其過度的部分在那裡？陳計男大法官的不同意見書有無顯示系爭法律過度的限制為何？專利權人雖然可用其他方法證明其為直接被害人，卻可能因為欠缺所指定之鑑定報告而不得提出告訴，是否受到了過度的限制？陳計男大法官既已觀察到系爭法律確有限制過度的問題，為何仍然認為系爭法律並非過度限制，而應使用警告解釋而非違憲解釋的方法處理本案？其論證理由有無矛盾？

◆ 告訴、自訴為基本人權？

本案大法官是否認為告訴與自訴為人民尋求刑事司法救濟之基本人權？刑事訴訟中，被害人成為訴訟當事人之理由為何？刑事訴訟究竟該是國家與被告間關於刑罰權之實施抑或被害人與被告間關於刑罰權之實施？如果自訴或告訴是基本人權保障的項目，則若刑事訴訟法廢棄自訴制度，是否違憲？如認自訴或告訴制度是刑事司法上關於訴訟權之一種制度性保障，刑事訴訟法可否修正撤除此種制度性保障？本案認定犯罪被害人提起刑事訴訟屬於基本人權之一環，其性質為何種型態的人權？是訴訟權或請

願權？本案使用比例原則審查法律限制自訴是否違憲，與<u>陳南堃對最高法</u><u>院案（釋 297）的觀點❻</u>有無本質上的差異？

◆ 比例原則的名稱

　　本案中不難理解比例原則與憲法第二十三條的關係，但是，比例原則因何而得名❼？從「必要」二字發展出來的原則為何稱為比例原則？比例原則的內容為何？本案解釋並未進一步交代，而須進一步閱讀其他的案例與學術資料。

----

❻　陳南堃對最高法院案（釋 297）認為法律既未明定得提起自訴犯罪直接被害人之範
　　圍，應由審判法院依具體事實認定之。

❼　我國學界使用比例原則一詞，應係由德文翻譯而得。蓋因比例原則要求限制人權立
　　法追求的效益與所犧牲的人權應該合乎比例之故。參見陳新民，《憲法基本權利之基
　　本理論（上）》，頁 239，自刊，八十八年五版。

貳、比例原則之內容

一、比例原則的四道檢驗

比例原則規定於憲法第二十三條，依據憲法第二章規定之條文順序，或應先行介紹憲法列舉例示之各種人權條目之後再就比例原則進行探討。不過，討論憲法人權清單上個別人權條目之內容，均不能避免理解該等人權條目受到法律限制時出現的憲法保障意涵，即常不能脫離憲法第二十三條比例原則之檢驗評價。本書為行文方便計，乃將比例原則之講次置於介紹人權保障內容之前列，以收開宗明義、提綱挈領之效。

關於比例原則之內容，可用極其淺顯而一般人均可理解的方式粗略表達，陳志祥法官於聲請釋憲時曾經以孔子之言「割雞焉用牛刀」及莊子之言「以隋侯之珠，彈千仞之雀，世必笑之」加以說明；德國學者則形容其概念為「警察不能以大砲打麻雀」❶；美國最高法院亦曾有「不必焚室而烤豬」的譬喻❷；也就都是「應該量身裁衣」的意思。惟在憲法學上，如何始謂「必要」，如何始屬「量身而裁衣」，需要較為縝密之分析。以下將分別層次介紹比例原則的內容。先請閱讀以下兩則案例，對比例原則從事全貌性的鳥瞰。

---

❶ 陳新民，〈論憲法人民基本權利的限制〉，《憲法基本權利之基本理論 （上）》，頁242，元照，八十八年五版。陳新民曾經引述，德國學者弗萊納 (F. Fleiner) 在 1911 年出版的《德國行政法之體系》 (*Institutionen des Deutschen Verwaltungsrechts*) 一書中，指出「警察不能以大砲打麻雀」 (Die polizei soll nicht mit Kanonen auf Spatzen schiessen)，作為制止警察小題大作，濫行公權力之警語，寖假成為描述比例原則時，常被認為貼切傳神而加引用的名言。參見陳新民，《中華民國憲法釋論》，175-1（註九），自刊，九十年四版。中文中，「割雞焉用牛刀」的說法差相彷彿。

❷ 此語見於美國聯邦最高法院 FCC v. Pacifica Foundation, 438 U.S. 726 (1978) 案中 W. Brennan 大法官之不同意見書。

賴清德等對行政院㈡案（釋字第六〇三號解釋）❸

續 (18)＿(94)

背景事實

　　本件因立法委員賴清德等八十五人，認中華民國八十六年公布施行之戶籍法第八條違反憲法第二十二條及第二十三條，爰聲請解釋憲法，同時聲請大法官於本案作成解釋前，宣告暫時停止戶籍法第八條之適用。大法官先就聲請暫時處分部分，作成賴清德等對行政院㈠案（釋 599）解釋，暫停戶籍法第八條第二項及第三項之適用，並駁回聲請人就戶籍法第八條第一項為暫時處分之聲請。就聲請解釋憲法部分，本案曾先舉行審查說明會，再在憲法法庭舉行言詞辯論，並邀請鑑定人到庭陳述意見。聲請解釋之範圍，限縮至戶籍法第八條第二、三項規定之違憲審查。

解釋文（節）

　　……

　　指紋乃重要之個人資訊，個人對其指紋資訊之自主控制，受資訊隱私權之保障。而國民身分證發給與否，則直接影響人民基本權利之行使。戶籍法第八條第二項規定：依前項請領國民身分證，應捺指紋並錄存。但未滿十四歲請領者，不予捺指紋，俟年滿十四歲時，應補捺指紋並錄存。第三項規定：請領國民身分證，不依前項規定捺指紋者，不予發給。對於未依規定捺指紋者，拒絕發給國民身分證，形同強制按捺並錄存指紋，以作為核發國民身分證之要件，其目的為何，戶籍法未設明文規定，於憲法保障人民資訊隱私權之意旨已有未合。縱用以達到國民身分證之防偽、防止冒領、冒用、辨識路倒病人、迷途失智者、無名屍體等目的而言，亦屬損益失衡、手段過當，不符比例原則之要求。戶籍法第八條第二項、第三項強制人民按捺指紋並予錄存否則不予發給國民身分證之規定，與憲法第二十二條、第二十三條規定之意旨不符，應自本解釋公布之日起不再適用。……

　　國家基於特定重大公益之目的而有大規模蒐集、錄存人民指紋、並有建立資料庫儲存之必要者，則應以法律明定其蒐集之目的，其蒐集應與重大公益目的之

❸　《總統府公報》，6661 號，頁 40–52，九十四年十一月三十日。

達成，具有密切之必要性與關聯性，並應明文禁止法定目的外之使用。主管機關尤應配合當代科技發展，運用足以確保資訊正確及安全之方式為之，並對所蒐集之指紋檔案採取組織上與程序上必要之防護措施，以符憲法保障人民資訊隱私權之本旨。

一解釋理由書一（節）

......

指紋係個人身體之生物特徵，因其具有人各不同、終身不變之特質，故一旦與個人身分連結，即屬具備高度人別辨識功能之一種個人資訊。由於指紋觸碰留痕之特質，故經由建檔指紋之比對，將使指紋居於開啟完整個人檔案鎖鑰之地位。因指紋具上述諸種特性，故國家藉由身分確認而蒐集個人指紋並建檔管理者，足使指紋形成得以監控個人之敏感性資訊。國家如以強制之方法大規模蒐集國民之指紋資料，則其資訊蒐集應屬與重大公益之目的之達成，具備密切關聯之侵害較小手段，並以法律明確規定之，以符合憲法第二十二條、第二十三條之意旨。

查戶籍法就強制按捺與錄存指紋資料之目的，未有明文規定，與上揭憲法維護人民資訊隱私權之本旨，已有未合。……縱依行政院於本案言詞辯論中主張，戶籍法第八條規定強制人民按捺指紋並予以錄存之目的，係為加強新版國民身分證之防偽功能、防止冒領及冒用國民身分證及辨識迷途失智者、路倒病人、精神病患與無名屍體之身分等，固不失為合憲之重要公益目的，惟以強制全民按捺指紋並予錄存否則不發給國民身分證為手段，仍不符合憲法第二十三條比例原則之限制。蓋就「加強國民身分證之防偽」及「防止冒用國民身分證」之目的而言，錄存人民指紋資料如欲發揮即時辨識之防止偽造或防止冒用功能，除須以顯性或隱性方式將指紋錄存於國民身分證上外，尚須有普遍之辨識設備或其他配套措施，方能充分發揮。惟為發揮此種功能，不僅必須投入大量成本，且因缺乏適當之防護措施，並可能造成資訊保護之高度風險。……次就「防止冒領國民身分證」之目的言，主管機關未曾提出冒領身分證之確切統計數據，是無從評估因此防範冒領所獲得之潛在公共利益與實際效果。且此次換發國民身分證，戶政機關勢必藉由人民指紋資料

之外之其他戶籍資料交叉比對，並仰賴其他可靠之證明，以確認按捺指紋者之身分。則以現有指紋資料以外之資訊，既能正確辨識人民之身分，指紋資料之蒐集與「防止冒領國民身分證」之目的間，並無密切關聯性。未就有關「迷途失智者、路倒病人、精神病患與無名屍體之辨認」之目的而言，關係機關行政院指出目前收容在社會福利機構迷途失智老人二七九六位，每年發現無名屍約二百具。此類有特殊辨識身分需要的國民個案雖少，但辨識其身分之利益仍屬重要之公益目的。然而就目前已身分不明、辨識困難的國民而言，於換發國民身分證時一併強制按捺並錄存指紋資料對其身分辨識並無助益，而須著眼於解決未來身分辨識之需求。惟縱為未來可能需要，並認此一手段有助前開目的之達成，然因路倒病人、失智者、無名屍體之身分辨識需求，而強制年滿十四歲之全部國民均事先錄存個人之指紋資料，並使全民承擔授權不明確及資訊外洩所可能導致之風險，實屬損益失衡、手段過當，難以符合比例原則之要求，侵害人民受憲法第二十二條保障之資訊隱私權。

　　揆諸上揭說明，戶籍法第八條第二項、第三項形同強制人民按捺指紋並予錄存，否則不予發給國民身分證之規定，已侵害人民受憲法保障之資訊隱私權，而就達到加強新版國民身分證之防偽功能、防止冒領及冒用國民身分證及辨識迷途失智者、路倒病人、精神病患與無名屍體之身分等目的而言，難認符合比例原則之要求，與憲法第二十二條、第二十三條意旨均有未符，應自本解釋公布之日起不再適用。……

一評析與問題一

　　本號解釋為大法官少數運用比例原則就法規進行完整審查之代表。大法官首先指出，對於資訊隱私權之侵害，必須有重大公益目的，而資訊蒐集需與重大公益目的達成，具備密切關連性，並且屬於侵害較小之手段。接著，大法官先認定戶籍法強制按捺與錄存指紋欠缺重大公益。而就行政院所提出之各種公益目的，包括：「加強國民身分證之防偽」、「防止冒用國民身分證」與「迷途失智者、路倒病人、精神病患與無名屍體之辨認」等大法官分別分析強制按捺指紋或未必能達成此等目的，或並非達成此等目的之較小侵害手段，故最後認定戶籍法強制按捺指紋之規定違反比例原

則而構成違憲。

　　除比例原則之運用與審查外，你認為大法官本號解釋比例原則所採之審查基準為何？嚴格還是寬鬆？大法官有無說明其所採取嚴格或寬鬆基準之理由？你認為理由為何？

陳銘壎等質疑吊銷駕照規定案（釋字第六九九號解釋）

♪ 背景事實

　　賴正隆為領有普通大貨車駕駛執照之汽車駕駛人，於民國九十八年五月十四日晚間，酒後駕駛重型機車外出，在同晚七時十二分許，遇警臨檢，因係酒後駕駛車輛，深恐受重罰，遂在不諳道路交通管理處罰條例相關規定之情形下，拒絕接受執勤警員之酒精濃度測試檢定，而為警當場舉發，乃依道路交通管理處罰條例第三十五條第四項前段及同條例第六十七條第二項前段規定，裁處罰鍰新臺幣六萬元、吊銷駕駛執照及三年內禁止考領駕駛執照之處分（下稱原處分）；而依同條例第六十八條之規定，吊銷駕駛執照處分之範圍，係吊銷駕駛人所持有各級車類之駕駛執照。

　　其後，賴正隆向地方法院聲明異議，請求撤銷原處分。彰化地方法院法官陳銘壎審理本案（臺灣彰化地方法院九十八年度交聲字第一一三四號違反道路交通管理處罰條例案件）時，認所應適用之道路交通管理處罰條例第三十五條第四項前段、第六十七條第二項前段及第六十八條規定，就吊銷駕駛執照之處分部分，違反憲法第七條平等原則及第二十三條比例原則，爰依司法院釋字第三七一號、第五七二號及第五九〇號等解釋意旨，先行裁定停止訴訟程序，聲請大法官解釋。

解釋文

　　道路交通管理處罰條例第三十五條第四項前段規定，汽車駕駛人拒絕接受同條第一項第一款酒精濃度測試之檢定者，吊銷其駕駛執照。同條例第六十七條第二項前段復規定，汽車駕駛人曾依第三十五條第四項前段規定吊銷駕駛執照者，三年內不得考領駕駛執照。又中華民國九十四年十二月十四日修正公布之同條例

第六十八條另規定，汽車駕駛人因第三十五條第四項前段規定而受吊銷駕駛執照處分者，吊銷其持有各級車類之駕駛執照。上開規定與憲法第二十三條比例原則尚無牴觸，而與憲法保障人民行動自由及工作權之意旨無違。

一解釋理由書一（節）

人民有隨時任意前往他方或停留一定處所之行動自由，於不妨害社會秩序公共利益之前提下，受憲法第二十二條所保障（本院釋字第五三五號、第六八九號解釋參照）。此一行動自由應涵蓋駕駛汽車或使用其他交通工具之自由。又人民之工作權應予保障，亦為憲法第十五條所明定。惟上揭自由權利於合乎憲法第二十三條要件下，以法律或法律明確授權之命令加以適當之限制，尚非憲法所不許。

……

立法者為加強道路交通管理，維護交通秩序，確保交通安全之目的，制定道路交通管理處罰條例（同條例第一條規定參照；下稱系爭條例）。有鑑於酒後駕車為道路交通事故主要肇事原因之一，立法者乃於系爭條例第三十五條第四項前段規定汽車駕駛人拒絕接受同條第一項第一款酒測，除處新臺幣六萬元罰鍰，當場移置保管該汽車外，並吊銷其駕駛執照。系爭條例第六十七條第二項前段復規定，汽車駕駛人曾依第三十五條第四項前段規定吊銷駕駛執照者，三年內不得考領駕駛執照。九十四年十二月十四日修正公布之系爭條例第六十八條另規定，汽車駕駛人因違反第三十五條第四項前段規定而受吊銷駕駛執照處分者，吊銷其持有各級車類之駕駛執照。上開系爭條例第三十五條第四項前段吊銷駕駛執照部分、第六十七條第二項前段暨第六十八條規定關於違反第三十五條第四項前段部分（以下合稱系爭規定），係為考量道路交通行車安全，保護大眾權益，其目的洵屬正當，且所採吊銷駕駛執照等手段，亦可促使駕駛人接受酒測，進而遏止酒後駕車之不當行為，防範發生交通事故，有助於上開目的之達成。

為強化取締酒後駕車，維護交通安全，立法者於八十八年四月二十一日增訂刑法第一百八十五條之三規定（嗣後於九十七年一月二日及一〇〇年十一月三十日更兩度修正提高法定刑）。惟依內政部警政署八十八年至九十年間

之統計數字卻顯示，酒後駕車肇事傷亡事件有逐年上升之趨勢。鑒於汽車駕駛人拒絕接受酒測，或係為逃避其酒後駕車致可能受刑法第一百八十五條之三公共危險罪之處罰。立法者遂於九十年一月十七日修正系爭條例第三十五條提高拒絕酒測之罰責⋯⋯，以防堵酒駕管制之漏洞，有效遏阻酒後駕車行為。系爭規定所採手段，具有杜絕此種僥倖心理，促使汽車駕駛人接受酒測之效果，且尚乏可達成相同效果之較溫和手段，自應認系爭規定係達成前述立法目的之必要手段。

　　系爭規定之處罰，固限制駕駛執照持有人受憲法保障之行動自由，惟駕駛人本有依法配合酒測之義務，且由於酒後駕駛，不只危及他人及自己之生命、身體、健康、財產，亦妨害公共安全及交通秩序，是其所限制與所保護之法益間，尚非顯失均衡。縱對於以駕駛汽車為職業之駕駛人或其他工作上高度倚賴駕駛汽車為工具者（例如送貨員、餐車業者）而言，除行動自由外，尚涉工作權之限制，然作為職業駕駛人，本應更遵守道路交通安全法規，並具備較一般駕駛人為高之駕駛品德。故職業駕駛人因違反系爭規定而受吊銷駕駛執照之處罰者，即不得因工作權而受較輕之處罰。況在執行時警察亦已先行勸導並告知拒絕之法律效果，顯見受檢人已有將受此種處罰之認知，仍執意拒絕接受酒測，是系爭規定之處罰手段尚未過當。綜上所述，尚難遽認系爭規定牴觸憲法第二十三條之比例原則，其與憲法保障人民行動自由及工作權之意旨尚無違背。

　　⋯⋯

─協同意見書─（節）　　　大法官　林錫堯

　　⋯⋯比例原則之審查係依照：國家措施（立法所採取之手段）之目的正當性、手段符合適合性、必要性與狹義比例性四個步驟按序審查。⋯⋯

一、比例原則在違憲審查上之意義

　　⋯⋯

　　於法律違憲審查上，憲法上比例原則，僅係禁止目的與手段間不得有不合比例之情形，故僅具消極功能，並非積極要求達於一定範圍、程度或分寸。為維護立法者對基本權限制之形成自由，比例原則僅適用於「明顯逾越界限

krasse Grenzuberschreitungen」之情形，例如：僅有明顯不適合、目的與手段明顯不成比例等情形，始認有違反比例原則，比例原則之適用，斷非單純的利益衡量或合目的性審查。立法者依其政策形成之裁量，決定其所欲達成之目的為何；對於其為達成法定目的所規定之手段是否適合，亦享有廣泛之判斷或預測空間。……於比例原則之審查時，如要求必須作成唯一正確之最佳決定，則將取代立法或行政之地位，瓦解具民主正當性之決定與形成空間。比例原則之審查應僅要求目的與手段間有適當比例，對於基本權衝突或公益私益間衝突之衡量，經常難以依據某一明確之規範性標準獲得法律上唯一正確之決定。於比例原則之審查，對於立法者或行政者之評價亦僅審查是否「適當 Vertretbarkeit」。

要之，於法律違憲審查時，基本上，主張違反比例原則者應負積極證明之義務，而並非由主張符合比例原則者負積極證明其如何符合比例原則。於合憲之論述上，主張符合比例原則者如能說明國家措施（立法所採取之手段）尚無違反比例原則所要求之最低標準（即於手段必要性之審查僅說明尚無其他可達成相同效果之更溫和手段；於狹義比例性之審查原則上僅說明受侵害之個人利益與欲保護之公益間尚無顯失均衡之情形，詳述如下）即足。同時，亦當尊重立法者之裁量、評價與衡量之空間。

二、關於必要性 (Erforderlichkeit) 審查

基於必要性，國家措施（立法所採取之手段）不得逾達成目的之必要範圍。立法者應就可達成其所欲目的之各種適合手段中（即就各種具有相同效果之手段中），選擇對人民基本權侵害最少之手段。換言之，是否符合必要性，必須從立法者之廣泛評價空間出發，依下列二個標準認定：(1)除立法者所選擇之手段外，是否另有本質上可達成相同效果之手段；(2)此種另有之手段較立法者實際上所選擇之手段是否對人民基本權侵害較少之手段，如無此種手段，則立法者所選擇之手段符合必要性。

因此，所謂必要性，必須在可達成相同效果之各種手段中選擇最溫和之手段。所謂相同效果，係指對效果之可能發生有相同之提昇作用。其判斷應斟酌關係人之法律地位、受侵害之程度與人數、第三人利益、附帶效果與費用負擔等因素。……雖屬較少侵害之手段，但如造成過度之行政費用負擔，

亦非必要……

　　……當立法者為達成一定效果而採取某種手段時，事後於進行是否符合比例原則之必要性審查時，必須以立法者所欲達成之效果或相同效果為準，判斷是否有對相對人基本權侵害較少之手段，且於為此一判斷時，亦當斟酌公益（含行政費用負擔之程度）與第三人利益。縱有對相對人基本權侵害較少之手段，若係不能達成立法者所欲達成之效果或相同效果者，仍非屬必要之手段。縱有能達成立法者所欲達成之效果或相同效果，而對相對人基本權侵害較少之手段，但如對公益（尤其行政費用負擔）與第三人利益造成過度負擔，亦非屬必要之手段。此外，司法於對立法作必要性審查之際，如同審查手段適合性一般，當尊重立法之判斷或預測空間。

　　準上所述，解釋理由首先認定系爭規定之目的係為考量道路交通行車安全，保護大眾權益，其目的洵屬正當；而所採吊銷駕駛執照等手段，可促使駕駛人接受酒測，進而遏止酒後駕車之不當行為，防範發生交通事故，有助於上開目的之達成（即手段符合適合性）。繼而，於手段必要性之審查時，指出：汽車駕駛人拒絕接受酒測，或係為逃避其酒後駕車致可能受刑法第一百八十五條之三公共危險罪之處罰，系爭規定所採手段，具有杜絕此種僥倖心理，促使汽車駕駛人接受酒測之效果，且尚乏可達成相同效果之較溫和手段，自應認系爭規定係達成前述立法目的之必要手段等語。其論述，符合上述理論，應可贊同。

三、關於狹義比例性 (Verhaltnismasigkeit i.e.S.) 之審查

　　……狹義比例性之要求，應就「所欲追求致必須侵害基本權之公益」與「對關係人法益之影響」二者間，加以衡量。

　　本項審查旨在審查「侵害程度」與「侵害所依據之正當理由之重要性與迫切性」間應有適當之比例。對基本權侵害之程度與措施所欲達成之目的間，不得有「明顯不合比例 (krass auser Verhaltnis)」之情形。具體而言，於侵害基本權之情形，形成個人利益與公益之對立，當關係人遭受到基本權之侵害愈深，則維持侵害正當性之公益危險性需愈強。利益衡量之結果，如關係人利益就具體情形「顯然受到較重之負擔 ersichtlich schwerer wiegen」者，自應認侵害行為違反狹義比例性。簡言之，對關係人基本權之侵害顯然重於法益

保護之增進時，所採取之手段違反狹義比例性。

　　為判斷是否符合狹義比例性，必須先對目的與手段有所評價，進而就其間存在之有利與不利加以衡量。為評價時，首先必須確認手段之積極效果與消極效果：何種基本權之保護客體 (Schutzgegenstand) 受何等範圍與程度之侵害？該侵害對基本權之保護客體有何意義？從而如何予以評價？尚有何利益受影響？其次，判斷手段所欲達成之目的：在目的之背後有何利益與地位？該目的在憲法秩序上有何意義？所採取之手段可促成目的實現之程度為何？因而可發生什麼利益？再其次，應就上述觀察結果予以衡量，基本上，對關係人愈不利，必須所欲達成目的之重要性愈高。如關係人之不利與所欲達成之目的（有利）並非不合比例，因而可認關係人之負擔係屬合理，則手段符合狹義比例性。

　　對利益衡量之司法審查並不等於利益衡量之行為本身，二者應有區別，蓋關於評價之問題，究竟具體公益在利益衡量中之「重要程度 Gewicht」為何？又就此等公益與基本權侵害程度間之利益衡量結果為何？這些問題原則上應由立法者回答。司法審查應限於該利益衡量是否已就「侵害程度」與「侵害所依據之正當理由之重要性」間保持合理的界限，換言之，個人負擔之程度與一般人享受利益之程度，其間是否有合理關係。

　　審查利益衡量時應斟酌之因素，不僅是國家直接運用之手段與人民之直接損害，亦應一併斟酌間接效果（包括例如：法之發展、法之和平、法之服從）。……且侵害是否過度，立法者應享有「評價空間 Wertungsspielraum」。但是，除一方面應斟酌所欲促進之公益與所採取之手段，相對地，另一方面應斟酌受侵害之法律地位與經考量各種可能結果（含可能獲得之補償及個案之特殊情況）後減損之程度。

　　然而，如何衡量？尚乏固定標準。縱然，偶而從基本權本身可發現正確之評重與衡量，但大多必須就各個相關公益與私益予以評重與衡量，且憲法或基本權之價值秩序未必能提供證明，法院容易陷入主觀判斷，而如此取代立法者之判斷終非正當。為免此種危險，學者乃有認應視個案情形捨棄狹義比例性審查，而強調必要性審查，僅於例外情形始為狹義比例性之審查。由於憲法就上述衡量方式能提供之判斷觀點有限，因此有某些基本權之理論不

適合適用此種狹義比例性之審查，例如：對刑罰是否符合狹義比例性之審查，不依刑罰之不利與刑罰目的之有利間之衡量方式認定，而係視刑罰是否已尊重「責任相當性 (Schuldangemessenheit)」而定。學者因而認為，如無法確立固定標準，則宜限於「顯然不適當」時始認為違憲。

綜上所述，狹義比例性之審查，必須列出直接或間接相關之公益與個人利益，進而予以評價與衡量。而有關是否符合比例之判斷，如無法確立標準，則以公益與個人利益顯然失衡，形成個人利益過度負擔時，始認違反狹義比例性。司法應注意避免以其主觀判斷取代立法者之意志。

準上所述，解釋理由於狹義比例性之審查時，羅列系爭規定所涉法益，即：一方面以系爭規定係限制駕駛人之行動自由，亦可能限制其工作權（受侵害之法益）；另一方面以系爭規定具有保障交通秩序與他人及駕駛人自己之生命、身體、健康、財產之功能（所保護之法益），經兩相權衡，尚非顯失均衡，系爭規定之處罰手段尚未過當等語。其論述，當亦屬符合上開狹義比例性審查之理論，而可資贊同。

四、結語

比例原則如何實際操作？於法律是否違反比例原則之釋憲個案，此一問題，如同比例原則適用範圍之問題，均屬必須先予解決之問題，因為不同之操作方法可能導致不同之見解與結論，而本文所述僅屬一般方法，並不排斥於特殊領域或基本權而採取其他方法之可能……依上述一般操作方法之結果，倘若認定某一法律規定不違反比例原則，僅表示該一規定尚未違反目的之正當性、手段適合性、必要性與狹義比例性等比例原則之審查標準……並非表示該法律規定毫無改善之餘地。蓋如立法者本其立法裁量設定不同之目的或效果，則可能有必要採取其他方法或更溫和之手段達成該目的或效果，且釋憲者尚可採用其他憲法原則作為違憲審查之基準。因此，倘若於宣告某一法律規定不違反比例原則之同時，建議立法者作某種檢討改進，其間並非必然有矛盾，如論述妥適，反而可促進法制之進步，畢竟比例原則作為法律是否違憲之審查基準，僅具有一定限度之意義與功能。

─評析與問題─

本號解釋林錫堯大法官之意見書就比例原則之要件與審查提出完整之介紹，值得參考。大法官於本號解釋認為「系爭規定所採手段，具有杜絕此種僥倖心理，促使汽車駕駛人接受酒測之效果，且尚乏可達成相同效果之較溫和手段」，你是否同意？拒絕酒測除了吊銷其駕駛執照、三年內不得考領駕駛執照外，其他如加重行政罰鍰、加強宣導是否均非有效達成目的之較小侵害手段？你能想出其他較小侵害替代手段嗎？

賴文中對桃園地檢署案（釋字第五四四號解釋）

續 (15) 244 (91)

聲請人賴文中於民國（下同）八十六年期間，在臺北縣石門鄉自宅及桃園縣中壢市祐民醫院等地，非法吸用安非他命多次。同年又另於上開自宅，施用毒品海洛因兩次。於祐民醫院為警查獲。案經臺灣桃園地方法院檢察署檢察官偵查起訴，臺灣桃園地方法院八十六年度訴字第一四一三號刑事判決，依麻醉藥品管理條例第十三條之一第二項第四款規定，及肅清煙毒條例第九條第一項規定，分別判處有期徒刑四月及三年二月，後上訴遭臺灣高等法院判決駁回而確定。聲請人認為施打、吸用安非他命與施用海洛因均屬無被害人之行為，與刑法不罰之自傷行為相似，本諸無法益損害即無刑罰之原則，上揭兩條例將無法益遭受侵害或危害之行為犯罪化，牴觸憲法，聲請大法官解釋為無效。

大法官首先於解釋文指出：「自由刑涉及對人民身體自由之嚴重限制，除非必須對其採強制隔離施以矯治，方能維護社會秩序時，其科處始屬正當合理，而刑度之制定尤應顧及行為之侵害性與法益保護之重要性。」再者，大法官於理由書中進一步說明，以刑罰作為處罰個人之手段時，「須刑事立法之目的具有正當性，施以刑罰有助於立法目的之達成，且別無其他侵害較小亦能達成相同目的之手段可資運用時，始得為之」。此外，應注意「刑罰對基本權利之限制」與「立法者所欲維護法益之重要性」及「行為對法益危害之程度」，上開要素之衡量應合乎比例之關係。然而，大法官認為：「刑罰是否為達成立法目的之適當且必要手段，以及判斷相關行為對個人或社會是否造成

危害，乃立法者自由形成之範圍。」

其次，大法官強調毒品對於個人及社會之危害，認為施用毒品，輕則使個人成癮而失去正常生活及工作能力，成為家庭或社會之負擔；重則衍生犯罪行為，造成治安與公益之損害。是以，立法者自得採取必要手段，適當限制施用毒品者之人身自由。八十一年七月二十七日修正公布肅清煙毒條例第九條第一項規定，及八十四年一月十三日修正公布之麻醉藥品管理條例第十三條之一第二項第四款規定（以下併稱系爭規定），雖僅以施用毒品類型為規範對象，未細部區分行為人是否成癮或對法益危害程度為何而為相異規範。然而，其目的係藉由刑罰規定達到嚇阻功能，避免毒品之施用以維護社會秩序，與憲法第八條、第二十三條規定並無牴觸。而系爭規定於八十七年及八十八年相繼修正，對經勒戒而無繼續施用毒品傾向者，改採除刑不除罪，對初犯者以保安處分替代刑罰，已更能符合首揭意旨。

本案解釋是大法官對於比例原則為完整描述的重要案例，嗣於葉啟洲質疑刑法通姦罪案（釋554）中重申其旨，而值得近距離加以觀察。

◆ 比例原則三部曲與行政程序法第七條❹之比較

在大法官的語彙中，比例原則分為三個部分，亦即目的正當性、手段必要性與限制妥當性，進行剖析。大法官的區分，顯然是根據憲法第二十三條的文理邏輯而來。「目的正當性」是對應於「為防止妨礙他人自由、避免緊急危難、維持社會秩序或增進公共利益」的部分；手段必要性與限制妥當性則是對應於「所必要者」一語。大法官在本案與陳志祥案（釋476）中所描述的比例原則三部曲，與行政程序法第七條所描述的比例原則，排列組合上非無出入。行政程序法第七條規定並未包括目的是否正當的檢驗。大法官在本案中所說的手段必要性，則同時包含了行政程序法第七條第一款「手段有助於目的之達成」與第二款「最小限制手段」兩個部分；「限制妥當性」則對應於行政程序法第七條第三款狹義比例原則的部

---

❹　行政程序法第七條：「行政行為，應依下列原則為之：一、採取之方法應有助於目的之達成。二、有多種同樣能達成目的之方法時，應選擇對人民權益損害最少者。三、採取之方法所造成之損害不得與欲達成目的之利益顯失均衡。」

分。

◆ 比例原則涉及四道檢驗

比例原則在英美法系與大陸法系都被廣泛應用❺。行政程序法第七條規定比例原則的方式，基本上採取的是大陸法系行政法上應用比例原則的模式❻。美國最高法院在憲法案例中使用比例原則的方法，則係在上述行政程序法第七條之模式之外，還要考察立法的目的是否合乎憲法正當性的要求❼。此與我國憲法第二十三條明文設定立法限制人權的四項目的（即防止妨礙他人自由、避免緊急危難、維持社會秩序、增進公共利益）之用意，若合符節，也與大法官在本案中描述的比例原則三部曲，相互呼應。在大法官歷年關於比例原則的解釋中，雖然完整描述、全程運用比例原則的例子不多，但歸納大法官之諸多解釋，仔細言之，比例原則在我國憲法上，其實設定了四道檢驗限制人權立法的關卡❽：

第一道檢驗：目的正當性檢驗；

第二道檢驗：手段符合目的（許宗力大法官稱之為適合原則）檢驗；

---

❺　法治斌譯，〈比例原則〉，《憲政時代》，14 卷 3 期，頁 37–47，七十八年一月；葉俊榮，〈論比例原則與行政裁量〉，《憲政時代》，11 卷 3 期，頁 79、83–4，七十五年一月。

❻　葉俊榮，同註❺，頁 83–4、87；蔡茂寅，〈比例原則的界限與問題性〉，《月旦法學雜誌》，59 期，頁 30，八十九年四月。學者有將比例原則分為妥當性原則、必要性原則、均衡原則或將廣義比例原則包括適當性原則、必要性原則及衡量性三原則，而衡量性原則又稱為狹義之比例原則，分別見陳新民，《行政法學總論》，頁 80–5，自刊，八十九年；吳庚，《行政法之理論與實用》，頁 59，自刊，九十三年。

❼　參見法治斌，同註❺，頁 40；李念祖，"The Less-Restrictive-Means Principle and the Methodology of Judicial Review —— A Comparative Case Study of the US and ROC Constitutional Laws"，《中美憲法論文集》，頁 61–2，中國憲法學會，七十六年。

❽　葉啟洲案（釋 554）解釋理由書已明白指出，首先立法目的必須具有正當性，其次，手段須有助於立法目的之達成（適合原則），亦無其他侵害較小亦能達成相同目的之手段可資運用（必要原則），最後，手段對基本權利之限制與立法者所欲維護法益之重要性必須處於合乎比例之關係（狹義比例原則）。參見高瑋公司對何申魁案（釋 578）許宗力大法官協同意見書，93/5/21，《總統府公報》，6583 號，頁 83，九十三年六月三十日。

第三道檢驗：最小（或較小）損害手段（許宗力大法官稱之為必要原則）檢驗；（第二、三道檢驗合稱手段必要性檢驗）

第四道檢驗：效益與犧牲合比例（許宗力大法官稱之為狹義比例原則）（限制妥當性檢驗）。

◆ 自由刑與比例原則的檢驗

本案以比例原則三部曲對制裁吸用毒品之自由刑從事四道檢驗，值得略加分析。就目的正當性檢驗而言，本案解釋認為施用毒品雖為自傷行為，但為減省家庭或社會負擔、防止吸毒者滋生重大刑事案件，威脅治安，可以立法加以限制。減省家庭或社會負擔可以視為正當目的，通過目的正當性檢驗，是否顯示了某種經濟價值或社會價值的取捨判斷？減省家庭或社會負擔可不可以稱為重要的立法目的？又，認定吸毒是重大治安問題的原因，需不需科學實證資料建立其間因果關係的可信度，以通過目的正當性的檢驗？

就手段必要性而言，大法官認為自由刑是為了嚇阻毒品施用，仍然係在說明立法目的，然則自由刑是否足以嚇阻吸毒？於抽象危險階段即施以處罰，是否為較小限制手段？大法官就此有無認真加以論斷？本案解釋承認系爭法律未按行為人有無成癮為類型化區分，亦未顧及行為對法益危害的程度，仍然以其目的正當而認可其通過檢驗，審查基準是否過於寬鬆？有無真正進入手段必要性檢驗？抑或仍是停留在目的正當性檢驗的階段？

就限制妥當性檢驗而言，本案解釋係在論斷保安處分措施時，說明相關規定顧及罪刑均衡，暗示業已符合限制妥當性的要求。雖然未說明保安處分（如勒戒）之目的與自由刑之純為嚇阻❾，並不相同，但此為顯然之理，本無待詞費。但就自由刑部分，為何數年之徒刑與所追求的立法目的

---

❾ 自由刑是國家剝奪犯罪人身體自由的一種刑罰制度。自由刑是否純為嚇阻，學者意見不一。蘇俊雄認為近代的自由刑制度，除了報應制裁的意義以外，還兼有改善刑、教育刑的思想理念。蘇俊雄，《刑法總論 III 犯罪競合理論、刑罰理論》，頁 199，自刊，八十九年。蔡墩銘則區分無期徒刑與有期徒刑，認為自由刑之目的，無期徒刑在威嚇與隔離，有期徒刑在矯正、隔離，其最後的目的為犯人之復歸社會。蔡墩銘，《刑法總論》，頁 335，三民，八十九年四版。

（減省家庭或社會負擔或避免重大刑案之可能性）合乎比例？大法官未加說明，是否亦可以自明之理視之？監禁數年是否也會產生家庭負擔或社會負擔？能避免多少重大刑案？限制妥當性的價值取捨判準究竟為何？

本案解釋末段促請立法者檢討刑事政策的部分，與比例原則有無關連？

◆ 憲法第二十三條與第一百四十八條之適用關係

毒品是否為憲法第一百四十八條所稱之貨物？立法者將某種物品列為違禁品時，即係對該條規定之「貨物」加設限縮性定義，應否適用憲法第二十三條檢視審查？本案解釋之後，聲請人可否根據本案解釋，聲請再審翻案？

林俊廷質疑誣陷連坐刑罰案（釋字第五五一號解釋）

續 (16) 1 (91)

臺灣宜蘭地方法院法官林俊廷為審理該院八十九年度訴字第一〇五號被告劉金輝違反毒品危害防制條例案件，認所應適用之毒品危害防制條例第十六條規定誣陷連坐之規定（下稱系爭規定），有違憲疑義，依立法院對臺南地院案（釋 371）解釋之規定，聲請大法官解釋。

大法官揭示毒品危害防制條例之立法目的，係為「肅清煙毒、防制毒品危害，維護國民身心健康，藉以維持社會秩序及公共利益」。其認為有關栽贓誣陷或捏造證據誣告他人犯該條例之罪者，若須為較重之非難評價，除刑法普通誣告罪外，亦得斟酌立法目的而為特別處罰之規定。再者，大法官指出系爭規定：「栽贓誣陷或捏造證據誣告他人犯本條例之罪者，處以其所誣告之罪之刑」係源自戡亂時期肅清煙毒條例第十五條規定，該規定有其歷史脈絡之考量。而違反系爭規定之人與該條例規定製造、運輸、販賣、施用、轉讓、持有或栽種毒品等行為之不法內涵及暴利特質兩不相侔，若逕以所誣告之罪反坐，顯未慮及誣告行為與所誣告罪之行為本質上有所不同，因誣告行為不僅未有損於國民身心健康，更與該條例之立法目的無必然關連。是以，大法官認為系爭規定「未顧及行為人負擔刑事責任應以其行為本身之惡害程度予以非難評價之刑法原則，強調同害之原始報應刑思想，以所誣告罪名反坐，

所採措置與欲達成目的及所需程度有失均衡」即係罪刑不相當，**與憲法第二十三條所定比例原則未盡相符**。並宣告兩年之定期失效，指示**有關機關應自本解釋公布之日起兩年內通盤檢討修正，若逾期未為修正者，系爭規定失其效力**。

◆ 比例原則限制與立法形成自由

本案解釋宣告違憲之毒品危害防制條例系爭規定，原為該法前身、亦即曾經賴文中對桃園地檢署案（釋 544）所審查之肅清煙毒條例的內容。被宣告違憲的系爭規定被稱為誣陷反坐制裁，本案解釋審查之焦點，則在於法律將誣陷者處以其所誣告之罪之刑，是否合乎比例原則。賴文中對桃園地檢署案（釋 544）中認為何種行為構成犯罪、應以何種刑罰為立法自由形成之範圍，本案是否係在指明依立法自由形成之刑罰額度違反比例原則？大法官所謂立法自由形成之部分，立法者在形成立法決定的過程中，要不要根據比例原則做成決定？立法者可以不根據比例原則而自由決定刑度嗎？

◆ 本案涉及什麼人權？

本案系爭反坐處罰規定侵犯了什麼人權？本案解釋開宗明義，指出身體自由與生存權應受保障，此兩者是否即為系爭規定所侵犯的人權項目？生存權與生命權有無關係？有無不同？立法者一方面規定毒品犯罪行為應處以生命刑或自由刑，一方面則規定誣陷他人使受生命刑或自由刑者亦處以相同之生命刑或自由刑。依本案以前的解釋（黃樹明聲請解釋肅清煙毒條例違憲案，釋 194；陳志祥聲請解釋死刑違憲案，釋 476；賴文中對桃園地檢署案，釋 544），從不以懲治毒品犯罪的立法加施生命刑或自由刑為違憲，本案則以反坐刑為違憲，是否以為誣陷者不得處以生命刑或自由刑？抑或只是以為使用反坐方式對應誣陷行為之「刑罰法定」方法違憲？本案解釋使用比例原則審查反坐刑罰的合憲性來保障生命權與人身自由權，大法官該不該也用比例原則直接針對死刑制度檢討其合憲性，以保障生命權？

◆ 比例原則的內容

　　本案所言的比例原則與賴文中對桃園地檢署案（釋544）所說的比例原則有無不同？與陳志祥案（釋476）所說的比例原則有無不同？同樣的比例原則在不同案件中運作是否得出不同之結論？大法官的審查密度有無不同？可否說：大法官使用比例原則作為量尺，與顯微鏡的效果近似？是否愈做近距離的審查，愈易顯現審查客體的瑕疵？

　　本案系爭法律究竟違反比例原則的那一道檢驗？大法官在本案中從事了幾道檢驗？大法官在本案中是否認為系爭法律可以通過目的正當性的檢驗？大法官有沒有在本案中從事目的正當性的審查？本案質疑系爭規定係基於強調同害的應報刑思想而來，是否屬於目的正當性的審查？大法官是否已於本案中否定強調同害的應報刑思想可以成為刑事政策目的？

　　本案解釋是否認為系爭法律未能通過手段必要性之檢驗？是否認為系爭法律未能通過限制妥當性之檢驗？本案大法官實質上是否係在認定系爭法律罪刑失衡，罪刑失衡的立法算是「手段不能達成目的」還是「已非最小限制手段」？還是兼而有之？罪刑失衡究竟是不符手段必要性還是不符限制妥當性？還是兼而有之？大法官適用比例原則從事違憲審查，是否應該指明，違反比例原則的客體規範究竟是違反比例原則的那一部分？

蔡花對最高法院案（釋字第一七九號解釋）

續 (2) 72 (72)

　　蔡花因案向最高法院提起再審之訴，但未繳納裁判費，經最高法院參酌民事訴訟法施行法第九條規定意旨，未命補正而逕認其再審之訴不合法，裁定駁回其訴。民事訴訟法施行法第九條規定（下稱系爭規定）：「上訴人有律師為訴訟代理人，或依書狀上之記載可認其明知上訴要件有欠缺者，法院得不行民事訴訟法第四百四十二條第二項及第四百四十四條第一項但書之程序。」而當時民事訴訟法第四百四十二條第二項則規定：「上訴有應繳而未繳裁判費或當事人訴訟能力或代理權有欠缺者，原第一審法院應定期間命其補正，如不於期間內補正者，原第一審法院應以裁定駁回之。」聲請人主張上開最高法院裁定引用之系爭規定違反憲法第七條規定之平等權，聲請大法官

解釋。

　　大法官認為訴訟法上補正之規定，係慮及當事人不諳訴訟法上知識，為保障其訴訟權行使而設。系爭規定適用於當事人委任律師為訴訟代理人情形，因繳納裁判費應為訴訟代理人所熟知，為避免延滯訴訟，系爭規定賦予法官應否命補正之裁量權，並無妨礙人民訴訟權之行使。再者，憲法第七條之規定並非不許法律基於人民之年齡、職業、經濟狀況等因素為合理之相異規定，故系爭規定亦無礙於憲法對人民平等權之保障。最後，大法官指出系爭規定是否準用第三審或第二審確定判決提起再審之訴情形，係「裁判上適用法律之問題」，要難認為牴觸憲法。

　　鄭玉波大法官提出之不同意見書中認為，憲法第七條平等權為第十六條訴訟權之基礎，即人民享有之訴訟權應得以平等行使，方符憲法意旨。而系爭規定使有律師為訴訟代理人之當事人於訴訟權之行使上造成不平等情形，與憲法上保障人民訴訟權及平等權之本旨不符。其進一步指出，憲法保障基本權利為相對的，雖非不得以法律限制之，惟該限制應具備必要、合理及適當三要件。鄭玉波大法官並詳細說明各該要件之內涵：首先，「必要」係憲法第二十三條所定之「為防止妨礙他人自由，避免緊急危難，維持社會秩序，或增進公共利益所必要者」情形。而系爭規定顯然不具備任一上開情形。其次，「合理」係指法律規定須合於法理。其更引用拉丁法諺「過多無害」(Superflua non nocent)，認為系爭規定使當事人因委任律師為訴訟代理人，形成訴訟上之不利地位，係「因多一律師而受累，在法律方面亦因多有知識而為患，形成『過多有害』之結果，於理不合」。最後，「適當」係指法律所維護之利益應大於所造成之不利益。系爭規定所維護之利益，僅使法院免為一次補正程序，又是否命補正所費時間相差無幾，且亦未必延滯訴訟。而所造成之不利益，如使當事人喪失訴訟機會、引發當事人與律師之糾紛，甚至引發人民對於司法之反感等，可知系爭規定弊大於利，難謂適當。綜上，鄭玉波大法官認為系爭規定「既無必要，亦非合理，尤不適當，自不能阻卻違憲，應為無效」。

　　本案為大法官較為早期之解釋，可以驗證當時大法官對於憲法第二十三條規定之認識顯然不足。鄭玉波大法官的不同意見書，則是最早對於憲法第

二十三條規定之比例原則提出較為正確觀點之大法官意見，其對該條之解釋，雖然與後來之發展不盡相同，但是甚有可觀之處，特別是關於比例原則涉及某一限制基本權利之法律的立法效益與所犧牲之權利間的權衡比較問題，鄭大法官之議論，實為時所未見者。

　　本案聲請人因為未於聲請再審時繳納訴訟費用而喪失再審之機會，大法官做成本案之解釋，非以聲請再審並非憲法第十六條所保障之訴訟權範圍所及的緣故，而係認定系爭民事訴訟費用法限制訴訟權之規定並不違憲。

　　從憲法第二十三條規定之觀點而言，大法官認為系爭法律係在避免訴訟遭訴訟代理人延滯，或係在確認系爭法律具有符合憲法第二十三條所要求之正當目的（或可認為此為具有「維持訴訟秩序」目的的一項規定）。但如前所述，法律具有正當目的限制基本人權，只是憲法第二十三條比例原則分析的開始，不能因此即遽為「法律合憲」之結論。除了具有正當目的外，系爭限制基本權利的法律尚須足以達成其正當目的，且須無同樣可以達成目的但限制人權較少之其他法律手段存在，均如前述。本案情形，系爭法律足以達成其維持訴訟秩序之正當目的，或無爭議。惟是否尚有較小限制手段可資取代？如謂系爭法律之目的是要百分之百排除延滯之訴訟，則捨駁回再審之訴之途徑之外，還有沒有可以避免訴訟代理人利用遲延繳納訴訟費用之方式延滯訴訟？不論有無其他較小限制之途徑，系爭法律尚須受到「第四道檢驗」（亦即通稱為狹義之比例原則 ❿ ）：系爭法律所追求之立法效益與所限制、犧牲之基本權利是否合乎比例。

---

❿ 依學者見解，「比例原則」是一個廣義的概念，本身包括了三個次要的概念：妥當性原則、必要性原則和比例性原則（狹義的比例原則）。所謂「狹義的比例原則」是指對人民所為之限制，即使是已合乎公益考量原則，或依法律所決定之目的、手段皆為恰當，但若與其所追求的公益間仍無法取得平衡，則仍不符合「狹義的比例原則」，因此，有學者稱之為「天秤式的衡量」，參閱陳新民，《中華民國憲法釋論》，頁 170-3，自刊，九十年四版；另見同著者，〈論憲法人民基本權利之限制〉，頁 242，《憲法基本權利之基本理論（上）》，元照，八十八年五版。

◆ 效益與犧牲之比較

　　本案涉及之立法效益與權利犧牲的內容為何？所涉及之立法效益，是不是訴訟完全不受延滯？所涉及之權利犧牲，是不是當事人的再審訴訟權以及其因不能再審所可能喪失之實質財產權利？鄭玉波大法官主張應該給予當事人在一定期間之內補行繳納訴訟費用之機會，然則如果法院設定一定之期間（如三日、五日、七日或十日）命當事人補繳訴訟費用，但當事人仍未繳納而遭法院駁回再審之訴時，此與法院未給予補正期間而逕行駁回其再審之訴之情形，差別何在？如當事人因此即在法院所定期間內繳納訴訟費用從而取得法院審酌其再審之訴之機會　，就效益與犧牲之比較而言，相為比較之效益與犧牲為何？立法所追求之效益是否是三日、五日、七日或十日之訴訟延滯之避免？權利之犧牲是否為再審訴訟機會之有無以及再審所繫之實體財產權利？三日、五日、七日或十日之訴訟遲延與當事人再審訴訟機會以及財產權主張之完全喪失是否成比例？從鄭大法官的不同意見書對照來看，從事第四道檢驗與第三道檢驗（即檢驗有無較小限制權利的手段存在）是否具有高度關連性？所謂效益與犧牲合比例是否包括「不同手段能夠達成之邊際立法效益」與「不同手段所可能犧牲之邊際權利」間的差異比較？

　　本案中鄭玉波大法官是否已然從事這樣的比較之後，始提出不同意見？

　　鄭大法官認為限制人權「非嚴格的具備必要、合理及適當三要件則不可」，鄭大法官提出此三要件與陳志祥質疑死刑違憲案（釋 476）所稱之「目的正當性、手段必要性、限制妥當性」有無不同？鄭大法官提出之三項要件中，必要要件之「必要」二字出自憲法第二十三條規定，合理及適當兩要件有無根據？其所稱之「適當」要件，與憲法第二十三條所設定之第四道檢驗：效益與犧牲之比較，是否並無實質不同？就憲法第二十三條規定之「必要」二字而言，立法效益與權利犧牲不合比例，亦即法諺所謂「以大砲打小鳥」之謂，能否稱之為限制人權之「必要」手段？

　　鄭大法官所稱之「合理」係指「合乎法理」，可否解釋為要求法律限制權利之手段必須合理？當事人尋求法律辯護本為保障權利之途徑，亦構成憲法保障之基本人權，鄭玉波大法官認為系爭法律不合理，是否意指系

爭法律不僅限制了當事人提起再審之訴的訴訟權，也同時限制了當事人尋求辯護的權利？事實上系爭法律是否無異制裁行使權利尋求受辯護保障之當事人？鄭大法官認為此一限制不合理，是否因為此一限制不合目的？或是因為效益與犧牲不合比例？

從鄭大法官的不同意見書中，是否可以發現，本案系爭法律所欲周全者，只為減少三日、五日、七日或十日的訴訟延滯；所犧牲者，則為當事人尋求再審救濟的訴訟權、其提起再審所欲保障之實體財產權、以及其尋求律師為其辯護之正當法律程序保障？本案所涉及之立法效益與權利犧牲是否合乎比例？其判斷的標準為何？本案多數大法官所使用的判斷標準為何？還是本案多數大法官並未就此從事完整的檢驗與判斷？未從事相關的檢驗之前，能否得出系爭法律為符合憲法第二十三條規定之「必要」的權利限制？

林慶華、李永然對臺灣高等法院案（釋字第三〇六號解釋）

續 (6) 289 (81)

林慶華於民國七十七年間經臺北地方法院板橋分院以貪污罪名判決有期徒刑五年、褫奪公權三年，因不服上開判決，遂由辯護人李永然律師以辯護人之名義為被告之利益上訴，臺北地方法院並未依以為其上訴不合法律程式而裁定駁回，並將案卷轉呈臺灣高等法院。法院審理之七、八個月期間，從未表示上訴程式不合法，但最後卻以上訴不合法律程式，判決駁回以李永然名義提起上訴，林慶華上訴第三審，經最高法院據同一理由判決駁回，本案終告確定。

最高法院以為「刑事被告之原審辯護人雖得為被告利益提起上訴，但非獨立上訴，其上訴應以被告名義行之，若以自己名義提起上訴，即屬違背法律上之程式」。故對於本案上訴狀之當事人欄載明：「上訴人及被告之選任辯護人李永然律師」，以及具狀人欄亦僅載明：「李永然律師」情形，法院認為顯非以被告名義上訴，違背法律上之程式，應予駁回。然林慶華及李永然等主張：上開法院判決理由所依據之刑事訴訟法第三百四十六條、司法院院解字第三〇二七號解釋、及最高法院五十三年臺上字第二六一七號判例牴觸憲

法第十六條及第二十三條，乃聲請大法官解釋憲法。

大法官認為，司法院院解字第三〇二七號解釋及最高法院五十三年臺上字第二六一七號判例，要求刑事被告之原審辯護人為被告之利益提起上訴，應以被告名義為之。在此範圍內被告上訴權之行使未受限制，且由原審辯護人代為上訴，於訴訟程序上更為簡便，故並無牴觸憲法保障人民訴訟權之意旨。但上開判例已指明此係程式問題，如原審辯護人已為被告之利益提起上訴，而僅未於上訴書狀內表明以被告名義上訴，該情形並非不可補正，法院或審判長自應依據刑事訴訟法相關規定，先限期命補正。如未先命補正，即認為上訴不合法而逕予駁回時，應給予當事人依法救濟之途徑。最後，大法官指出，最高法院與上述判例相關連之六十九年臺非字第二〇號判例中，認為上開情形無可補正之內容，與前述意旨不符，應不予援用。

本案解釋做成時，當事人雖得依洪其中對洪棋火案（釋177）聲請法院再審以為救濟，但若其原案判決業已確定並已付之執行時，即使尋求冤獄賠償，亦有不能挽回之遺憾。大法官若係於審判中解釋憲法，可否避免此類遺憾之發生？

◆ **本案之情形與蔡花對最高法院案（釋179）有無類似性？**

系爭法律容許辯護人得為被告之利益而上訴之規定係在保障或是限制被告之訴訟權利？系爭解釋⓫與判例要求為被告利益而上訴之辯護人應以被告而非自己之名義為之，係在保障或限制被告之訴訟權利？系爭解釋與判例皆如此要求之正當理由為何？系爭解釋與判例以辯護人為被告之利益上訴，並非「獨立上訴」，故不得以自己之名義為之，若係為與刑事訴訟法第三百四十五條規定「被告之法定代理人或配偶，得為被告之利益獨

⓫ 司法院院解字第三〇二七號解釋（三十四年十一月二十二日）：「刑事被告之原審辯護人，雖得依刑事訴訟法第三百三十八條為被告利益提起上訴，但既非獨立上訴，無論是否為公設辯護人，其上訴均應以被告名義行之。」見《司法院解釋彙編（第四冊）》，頁2649，司法院秘書處，七十八年五版。以上資料，可參閱郭衛編輯，《大理院判決例全書》編輯緣起，司法院秘書處重印，六十七年；同編者，《司法院解釋例全文（第一冊）》編輯緣起，三十五年；以及前揭《司法院解釋彙編（第一冊）》五版例言。

立上訴」有所區別，則為此區別而限制被告之上訴權，其正當目的為何？其欲追求之立法效益為何？刑事訴訟法第三百四十五條規定獨立上訴之目的，係重在規定提起上訴以何人名義為之，抑係重在規定提起上訴得否與被告本人之意志相反？如果刑事訴訟法第三百四十五條及第三百四十六條之差別在於，法定代理人及配偶所為之上訴得與被告明知之意思相反而訴訟代理人或辯護人不得如此❷，則以誰之名義提起上訴，又有何重要？如均不違當事人之意思，以辯護人自己之名義上訴或以被告之名義上訴，究竟有何差別？如果是要便於法院區別究係辯護人代為上訴或係被告自行上訴，是否應該要求辯護人以被告之名義上訴？李永然律師的上訴方式是否比最高法院的要求更為合乎刑事訴訟法的意旨？要求辯護人以被告之名義上訴，能否達到便於法院區別何人上訴的目的？系爭解釋與判例是否能夠通過第一道檢驗（目的正當性）及第二道檢驗（手段足以促成目的）？系爭解釋與判例若曾經過第一道檢驗與第二道檢驗之判斷，是否還需要進行第三道檢驗（較小限制手段）或第四道檢驗（立法效益與權利犧牲合比

---

❷ 刑事訴訟法第三百四十五條：「被告之法定代理人或配偶，得為被告之利益獨立上訴。」同法第三百四十六條：「原審之代理人或辯護人，得為被告之利益而上訴。但不得與被告明示之意思相反。」依學者見解，第三百四十六條規定之「原審代理人或辯護人得為被告之利益上訴，因其有輔助防禦之權，且對於訴訟情形當所熟稔，但此項上訴，乃本代理權之作用，不過代行被告所有之上訴權，係傳來權利，而非原來權利，與第三百四十五條所規定之獨立上訴權不同，故不得與被告之明示意思相反……如被告並未上訴或其上訴為不合法，仍應就原審之代理人或辯護人之上訴而為裁判，但原審之代理人或辯護人之上訴不合法，並不影響被告合法之上訴」，參閱程元藩、曹偉修，《修正刑事訴訟法釋義（下）》，頁773，自刊，五十八年再版。但刑事訴訟法究竟為何將「被告之法定代理人與配偶」與「原審之代理人或辯護人」兩者之上訴權區分為「獨立上訴」及「非獨立上訴」？是否兩者在實質上有所不同？倘若被告對於是否上訴不置可否，而原審之代理人或辯護人以被告之名義為被告之利益上訴，嗣後被告又明示反對意思，則為被告上訴之代理人或辯護人有無觸犯刑法上偽造文書之刑責之虞？又實務上辯護人必須以被告之名義始得上訴，有無礙難之處（例如不及取得被告之授權而上訴期間業已屆至）？若辯護人以被告之名義上訴，法官如何從訴狀上區別究為辯護人為被告之利益上訴，抑或被告自己上訴？凡此等情形，皆顯示出上開關於刑事訴訟法第三百四十六條規定之通行見解有待商榷。

例）？本案解釋係在從事何種檢驗？

◆ **第一道檢驗系爭判例有無正當的政策目的？**

　　依本案解釋的看法，系爭判例認定「辯護人為被告上訴，應以被告名義行之，若以自己之名義上訴係屬違反程式」的見解本身，並非當然構成被告上訴權之限制，且可節省勞費、減少貽誤，尚不牴觸憲法保障訴訟權之意旨；惟若以辯護人違反法定程式之錯誤作為駁回上訴之理由，被告之上訴權即可能受有不測之損害。本案大法官是否以為無論法院強制辯護人須以何人之名義上訴，此法定程式之要求均可節省勞費、減少貽誤，即為憲法可以接受之上訴權限制？大法官認定系爭判例真正所以違憲之處，在於法院不予補正程式錯誤之機會　，是否因為此種不予補正即予駁回之決定，並無合乎憲法所容許之正當目的存在？還是認為如此雖然亦可「節省勞費、減少貽誤」，但此種節省勞費、減少貽誤的手段不是較小限制人權之手段、或者不是立法效益與權利犧牲合乎比例的手段？

　　所謂「節省勞費」，是依要求之法定程式上訴可以節省勞費，還是容許辯護人代為上訴可以節省勞費？節省誰的勞費？是法院的勞費還是當事人的勞費？還是都有？「節省勞費」屬於憲法第二十三條四項正當理由的那一項？是不是歸類為任何一項都有些勉強？

　　所謂「減少貽誤」，減少什麼貽誤？減少辯護人貽誤法定程序？還是減少當事人本人貽誤上訴期間？辯護人在以誰的名義上訴的問題上會發生貽誤，是否因為法定程式遭到限定的緣故？能否不問限定辯護人須以被告名義上訴而不得以自己名義上訴之實質政策理由為何，而只認為「嚴格遵守法定程式」即是合於憲法的正當目的？「嚴格遵守法定程式」本身可不可以視為符合憲法第二十三條之「維持訴訟秩序」的目的而不問法定程式所以如此的理由？蔡花對最高法院案（釋 179）中並未採取嚴格遵守法定程式（訴訟代理人提起再審之訴之同時即應繳納訴訟費用）作為系爭立法的正當目的　，而是認定系爭立法目的在於避免訴訟延滯；然則所欲避免者，究為訴訟延滯，抑為訴訟代理人故意不繳訴訟費用所生之訴訟延滯？無論何者，是否均與「促成嚴格遵守法定程式」為不同之政策考量？林慶華案（釋 306）中，系爭判例及該案中審理法院之態度，是否均在執行一

種不計理由「促成法定程式之嚴格遵守」之訴訟政策？本案解釋中大法官是否認同此項目的為合憲的正當訴訟政策目的？所謂減少貽誤，是否當然係指減少當事人本身貽誤上訴期間的機會，而非不計後果地要求嚴格遵守法定程式？法律應該要求嚴格遵守法定程式而不計理由嗎？「嚴格遵守法定程式」或「減少貽誤」，屬於憲法第二十三條四項正當理由的那一項？可以算是維持包括訴訟秩序在內的社會秩序嗎？是否過於抽象也過於牽強？「嚴格遵守法定程式」是否過於空泛而根本難以成為限制人權的正當理由 ❸ ？

◆ 第二道檢驗系爭判例可否促成其政策目的？

確定了系爭政策的正當目的之後，即可進行第二道檢驗。如果系爭判例的正當訴訟政策目的在於節省勞費與減少當事人本身遲誤上訴期間的機會，則系爭判例是否足以促成此項政策目的？只以辯護人違反法定程式為由即駁回上訴，如何避免當事人本身遲誤上訴期間所生之不利益？

◆ 第三道檢驗較小限制手段？

本案解釋是否以為系爭判例不是限制訴訟權的較小手段？如果不能辨識正當的政策目的為何，如何決定何為較小的限制手段？如果本案的政策目的即在要求「法定程式的嚴格遵守」，又何來較小的限制手段？臺灣國際菸草公司對臺北市衛生局案（釋 577）中，大法官曾為如下之分析：

> 告知菸品中特定成分含量之多寡，亦能使消費者意識並警覺吸菸行為可能造成之危害，促其審慎判斷，作為是否購買之參考，明顯有助於維護國民健康目的之達成；相較課予菸品業者標示義務，責由各

---

❸ 以「嚴格遵守法定程式」為限制人權的理由，其實即係認為人民有不問法的實質正當性為何而守法之義務。然任一政府廉能，且民主、法治上軌道的社會，仍不免有不公、不義的事情發生，因此在歐美有稱之為「市民不服從」(civil disobedience) 的群眾抗議行動。所謂「市民不服從」，許宗力認為係指「任何人基於政治道德良心之動機，以促使法律、政府政策或社會弊端變更為目的，單獨或與他人共同所為公開、非暴力之有意識觸犯法律規範的行為」。至於市民不服從的正當性理論根據，參見許宗力，〈試論民主法治國家的「市民不服從」〉，《法與國家權力》，頁 73–116，元照，八十八年；朱敬一、李念祖，《基本人權》，頁 29–31，100–2，時報，九十二年。

機關學校辦理菸害防制教育，固屬較小侵害手段，但於目的之達成，尚非屬相同有效手段，故課予標示義務並未違反必要原則。

依此邏輯，不同之政策手段，能夠達成之立法目的，常有程度上之差異，每一種手段，依其能達成的立法目的之程度言之，或均可謂是最小限制手段，會不會因此使得第三道檢驗落空？此時乃必須藉著第四道檢驗同時運作，才能顯現第三道檢驗的效益。

◆ 第四道檢驗政策效益與權利犧牲合乎比例？

若將要求定期補正與逕予駁回上訴相較，定期補正所能達到之立法目的（即嚴格遵守程序）之效益顯較逕予駁回為低，但是逕予駁回所能增加之效益，與逕予駁回所增加犧牲之訴訟權益，是否成比例？此即為第三道檢驗進入第四道檢驗之入口。

第四道檢驗在於權衡政策效益與權利犧牲的價值比重。本案只有在認為「法定程式的嚴格遵守」構成正當訴訟政策目的之前提之下，始有進行第四道檢驗的可能。「法定程式的嚴格遵守」與當事人的上訴權及上訴所涉及之實質人身自由，究竟孰重？依本案解釋之意，法院如命當事人之辯護人補正，但辯護人不為補正時，可否駁回上訴？如果法院採此不補正即予駁回上訴的態度，相關訴訟政策的正當理由為何？是不是仍為「嚴格遵守法定程式以建立司法的威權或尊嚴」？那與不許補正即予駁回有何不同？要求嚴格遵守法定程式以維持司法尊嚴或威權是否為正當之政策理由？在何種範圍內可以？本案究竟該不該進入第四道檢驗之思維？

◆ 價值檢驗與價值檢驗的價值

進行第四道檢驗是否僅為一種終極價值的權衡？本案所權衡之價值衝突為何？在林王梅雀對農委會案（釋 465）中，聲請人因販賣象牙印材，違反野生動物保育法而遭判處有期徒刑，大法官認為並不違反比例原則，是否認為野生動物保育較人身自由更為重要？能不能以為係在權衡象身自由（或象之生存權）與人身自由之結果？抑或尚有更高之價值？法院為此等權衡的標準為何？要求司法為此權衡的價值何在？

依比例原則思維程序進行之四道檢驗，能不能解決價值衝突時所必須從事的取捨？比例原則本身有無提供價值取捨的標準？如果依比例原則所

進行的檢驗亦不能避免由檢驗者依其自身的價值為取捨之決斷，則比例原則亦將不過是一種依價值而為的檢驗而已；此種價值檢驗有無價值？有何價值？依比例原則進行四道檢驗具有隱藏或是透明反映法院終極價值取捨之功能？

司法依比例原則進行四道檢驗時，是否不能避免基本人權衝突時之價值衡量？是否具有促使其他憲政機關（立法、行政及下級法院）審慎思考基本人權衝突之價值取捨問題的價值？是否有透過司法透明檢驗其他憲政機關如何為終極價值取捨的價值？

司法依比例原則進行四道檢驗時，是否恆將以立法所欲限制之人權做為保障客體，回頭檢視立法者所欲追求之價值（有時可能亦為另一種人權價值）有無更為重要且勝過保障客體之人權價值之理由？是否意味憲法在不同的人權價值之間，其實維持著一種中立，從而要求政府不得只以任何一種人權或價值優先為由，犧牲另一種人權價值？

關於狹義的比例原則，參閱陳新民，《中華民國憲法釋論》，頁 171，自刊，九十年四版；法治斌譯，George A. Bermann 著，〈比例原則〉，《人權保障與司法審查：憲法專論㈡》，頁 333，月旦，八十三年；葉俊榮，〈論比例原則與行政裁量〉，《憲政時代》，11 卷 3 期，頁 79-94，七十五年一月；關於比例原則的功能限度與其正反效益評價，參閱廖義男，〈國家對價格之管制〉，《企業與經濟法》，頁 154，自刊，六十九年；李建良，〈論立法裁量之憲法基礎理論〉，《憲法理論與實踐㈡》，頁 373、381，學林，八十九年。

二、個案過苛處罰之禁止

籃永春對臺北市國稅局案（釋字第六四一號解釋）

✐ 背景事實

籃永春分別於民國九十一年一月十五日至十七日，銷售前菸酒公賣局（九十一年七月一日改制後為臺灣菸酒股份有限公司，下稱菸酒公賣局）產

製之舊裝米酒計四萬八千瓶予全國加油站股份有限公司、四千八百瓶予邱志濱，實際成交金額分別為新臺幣二百六十萬元及二十五萬元，已超過按原米酒專賣價格（每瓶二十一元）計算之總金額分別為一百萬零八千元及十萬零八百元，違反菸酒稅法第二十一條之規定：「本法施行前專賣之米酒，應依原專賣價格出售。超過原專賣價格出售者，應處每瓶新臺幣二千元之罰鍰。」，案經內政部警政署刑事警察局查獲，移送臺北市國稅局審理違章成立，依同法條後段規定，處以每瓶二千元之罰鍰計一億零五百六十萬元。籃永春不服，申請復查，經臺北市國稅局駁回；向財政部提起訴願，亦遭決定駁回後，遂向臺北高等行政法院提起行政訴訟。經審查該案之臺北高等行政法院第三庭，認為所應據以適用之系爭規定，有牴觸憲法第十五條及第二十三條之疑義，裁定停止訴訟程序後向司法院大法官聲請解釋。

解釋文

　　菸酒稅法第二十一條規定：「本法施行前專賣之米酒，應依原專賣價格出售。超過原專賣價格出售者，應處每瓶新臺幣二千元之罰鍰。」其有關處罰方式之規定，使超過原專賣價格出售該法施行前專賣之米酒者，一律處每瓶新臺幣二千元之罰鍰，固已考量販售數量而異其處罰程度，惟採取劃一之處罰方式，於個案之處罰顯然過苛時，法律未設適當之調整機制，對人民受憲法第十五條保障之財產權所為限制，顯不符妥當性而與憲法第二十三條之比例原則尚有未符，有關機關應儘速予以修正，並至遲於本解釋公布之日起屆滿一年時停止適用。

　　系爭規定修正前，依該規定裁罰及審判而有造成個案顯然過苛處罰之虞者，應依菸酒稅法第二十一條規定之立法目的與個案實質正義之要求，斟酌出售價格、販賣數量、實際獲利情形、影響交易秩序之程度，及個案其他相關情狀等，依本解釋意旨另為符合比例原則之適當處置，併予指明。

─解釋理由書─（節）

　　對人民違反行政法上義務之行為處以罰鍰，其違規情節有區分輕重程度之可能與必要者，應根據違反義務情節之輕重程度為之，使責罰相當。立法者針對特別應予非難之違反行政法上義務行為，為求執法明確，以固定之方

式區分違規情節之輕重並據以計算罰鍰金額，而未預留罰鍰之裁量範圍者，或非憲法所不許，惟仍應設適當之調整機制，以避免個案顯然過苛之處罰，始符合憲法第二十三條規定限制人民基本權利應遵守比例原則之意旨。

　　米酒在長期菸酒專賣、價格平穩之制度下，乃國人之大量消費品，惟歷經菸酒專賣改制與加入世界貿易組織 (World Trade Organization) 談判之影響，零售商與民眾預期米酒價格上漲，而國人之料理習俗與飲食習慣，一時難以更易，故坊間出現囤積爭購行為，造成市場混亂，消費者權益受損情形。中華民國八十九年四月十九日公布、九十一年一月一日施行之菸酒稅法第二十一條規定：「本法施行前專賣之米酒，應依原專賣價格出售。超過原專賣價格出售者，應處每瓶新臺幣二千元之罰鍰。」乃課人民就該法施行前專賣之米酒應依原專賣價格出售之行政法上義務，並對違反此一行政法上義務者，處以罰鍰，以維護穩定米酒價格、維持市場供需之公共利益，本質上乃為穩定米酒市場所採之經濟管制措施，揆諸專賣改制前後，米酒短缺，市場失序，致有民眾須持戶口名簿排隊購買之情形，其立法目的洵屬正當。又罰鍰係對違反行政法上義務者施以制裁，乃督促人民履行其行政法上義務之有效方法，是該規定為達行政目的所採取處以罰鍰之手段，亦屬適合。

　　至於處以罰鍰之方式，於符合責罰相當之前提下，立法者得視違反行政法上義務者應受責難之程度，以及維護公共利益之重要性與急迫性等，而有其形成之空間。菸酒稅法第二十一條規定，乃以「瓶」為計算基礎，使超過原專賣價格出售該法施行前專賣之米酒者，每出售一瓶，即處以新臺幣二千元之罰鍰，受處罰者除有行政罰法減免處罰規定之適用者外，行政機關或法院並無綜合個案一切違法情狀以裁量處罰輕重之權限，立法固嚴，揆諸為平穩米酒價格及維持市場供需，其他相關法律並無與菸酒稅法第二十一條規定達成相同立法目的之有效手段，且上開規定之違法行為態樣及法律效果明確，易收遏阻不法之效，是尚屬維護公益之必要措施。但該條規定以單一標準區分違規情節之輕重並據以計算罰鍰金額，如此劃一之處罰方式，於特殊個案情形，難免無法兼顧其實質正義，尤其罰鍰金額有無限擴大之虞，可能造成個案顯然過苛之處罰，致有嚴重侵害人民財產權之不當後果，立法者就此未設適當之調整機制，其對人民受憲法第十五條保障之財產權所為限制，顯不

符妥當性而有違憲法第二十三條之比例原則，有關機關應儘速予以修正，並至遲於本解釋公布之日起屆滿一年時停止適用。

……

—協同不同意見書—（節） 　　　　大法官　李震山、許玉秀

貳、宣告違憲之理由部分宣告系爭規定違憲之理由，應可歸納如下：

……系爭規定並未考量每瓶出賣單價或實際獲利程度，有無囤積事實或影響交易秩序，不問情形一律處每瓶新臺幣二千元之罰鍰，尚有未洽。至於多數意見：「固已考量販售數量而異其處罰程度」論理是否太過單一，尚有待檢證。

系爭規定並未斟酌其他同等能達立法目的，且不致造成行為與處罰不能相當之方法，例如：比較功能同為維護市場秩序之公平交易法，明定罰鍰上下限額（第二十四條與第四十一條之規定參照）；或比較性質同為菸酒行政管制之菸酒管理法，輔以不法利益倍增罰鍰（第四十六條以下之規定參照）。惟多數意見係以「其他相關法律並無與菸酒稅法第二十一條規定達成相同立法目的之有效手段」為理由，認為系爭規定「尚屬維護公益之必要措施」。本席等對其究否屬「必要」保留存疑，蓋與多數意見論理之邏輯，以及對事件因果關係之理解，有所出入而各異其趣。

系爭規定未設合理最高額之限制。茲以遺產及贈與稅法第四十七條規定為例：「前三條規定之罰鍰，連同應徵之稅款，最多不得超過遺產總額或贈與總額。」設有合理最高額之限制，方不致於無限上綱。此外，嚴厲如刑罰者，尚會為某些極端情況設一定門檻或調整機制，例如：刑法第五十一條、第五十九條及第六十一條之規定等，藉以避免過度逾越而有違反比例原則之虞，舉重明輕，立法良窳判明如鏡。

前揭三點理由相加，「顯然過苛」之結果勢所難免。其除過度侵害財產權外，甚至在嚴重情形下，將導致被處罰人破產而危及生活最低尊嚴之保障並影響其改過重生，亦可能易生被處罰人脫產之負面行為，凡此均恐非主管機關制裁之原始目的。特別值得一提者，「顯然過苛」之案件已累積相當數量，已非純屬「個案」問題。蓋若僅有少數個案產生處罰過苛情形，尚不能必然

推導所依據之法律違憲。因為，縱然適用合憲法律，亦可能在特殊狀況下，產生少數責與罰極端失衡之個案，而此時，僅需由行政裁罰或司法審判機關，依立法目的、狹義比例原則或其他相關法原則處理即可。多數意見認為系爭規定之所以違憲，係少數處罰過苛個案因未設「適當之調整機制」，致無法合乎「個案實質正義之要求」而生。但本席等認為，過苛案件俯拾皆是，矛頭顯直指系爭規定之處罰方式，至於未設適當調整機制，是該處罰方式之當然結果。若將兩者勉強予以分離，倒置其因與果，確可達到強化立法者「維護公共利益之重要性與急迫性，而有其形成之空間」理由的正當性，但與宣告系爭規定違憲之結果間，尚難調合。

金馬旅行社公司對法務部案（釋字第七一六號解釋）

本案解釋共含有金馬旅行社公司等六件聲請案，人民或因代表人之配偶或手足或公司監察人之配偶或代表人自身為縣市議員，或因代表人配偶之兄任職台電核安處處長，而參與各該公職人員服務機關或受其監督機關之投標案或簽訂營建承攬契約，交易金額不一而足，先後皆遭法務部認定公職人員利益衝突法第九條規定，依第十五條處以交易金額一倍罰鍰，皆為公職人員利益衝突迴避法事件。聲請人認各該確定終局判決，所適用之公職人員利益衝突迴避法第二條、第九條、第十五條規定及法務部中華民國九十三年十一月十六日法政決字第〇九三〇〇四一九九八號函釋，有牴觸憲法第十五條人民財產權之保障、比例原則、信賴保護原則、法律不溯及既往原則及明確性原則，向司法院大法官聲請解釋。

大法官於解釋文中指出：「公職人員利益衝突迴避法第十五條規定：『違反第九條規定者，處該交易行為金額一倍至三倍之罰鍰。』於可能造成顯然過苛處罰之情形，未設適當之調整機制，其處罰已逾越必要之程度，不符憲法第二十三條之比例原則，與憲法第十五條保障人民財產權之意旨有違，應自本解釋公布之日起，至遲於屆滿一年時失其效力。」，更於解釋理由書肯認釋字第六四一號解釋過苛刑罰禁止之意旨，而認本號解釋所涉之規定處罰違規交易行為金額一倍至三倍之罰鍰，雖予以行政機關處罰範圍之裁量空間，

惟認：「交易行為之金額在個案中通常遠高甚或數倍於交易行為所得利益，如重大工程之交易，其交易金額往往甚鉅，縱然僅處最低度交易金額一倍之罰鍰，違規者恐亦無力負擔。是故公職人員利益衝突法第九條規定，依第十五條可能造成個案顯然過苛之處罰，立法者就此未設適當之調整機制，其處罰已逾越必要之程度，不符憲法第二十三條之比例原則，與憲法第十五條保障人民財產權之意旨有違，應自本解釋公布之日起，至遲於屆滿一年時失其效力。」

蘇永欽大法官提出之一部不同意見書中認為多數意見於本件解釋審查比例原則的態度，不夠謹慎。其認一倍至三倍的罰鍰是否過高，及對市場公平競爭是否有影響，恐怕不是一、兩句話得以概括說明。其認：「以個別交易行為金額為科罰計算基礎，和多數罰鍰的直接規定金額，或如公平交易法第四十一條第二項就違法事業全年度銷售總金額為計算基礎，何者較苛，也很難一概而論。」並於意見書中肯認囤積米酒案例（釋641），對於超過原專賣價格出售該法施行前專賣之米酒者，「一律」裁處二千元之金額，未保留個案審酌的空間，是故，釋字第六四一號解釋意旨認定顯然過苛具有一定程度之說服力，然與本號解釋相比較之下，其認：「在未做充分闡明的情形下即大幅降低標準認定按該筆交易金額一倍至三倍也已達到顯然過苛的程度，對於未來立法如何裁量無疑將帶來高度的不確定。」

湯德宗大法官於部分不同意見書中認：「行政罰鍰之裁處原寓有多重考慮，不僅是為『應報或懲罰』之目的，還兼為『嚇阻』之目的，包括如何促使違規者避免再次違反行政法上義務（所謂『特別嚇阻』）及促使他人（社會大眾）避免違反行政法上義務（所謂『一般嚇阻』）。故罰鍰之妥適性不能單就『金額與（違規所造成之）損害是否合乎比例』（即多數意見所謂『責罰相當』）來進行論斷，並需考量『違規行為被查獲（如監測得知）的機率』、（因違規而獲取的）『不法利得』及『所欲達成之嚇阻目標』（可為『最適嚇阻』或『完全嚇阻』）等因素來論斷。在理論研究迄無定論、本土實證研究幾付闕如、且欠缺強有力之外國實務可資參考的情形下，本件解釋率爾宣告系爭規定二之處罰逾越必要程度，勢將對現行行政罰鍰制度產生重大衝擊，徒增立法機關與行政機關之困擾。」

─評析與問題─

◆ 個案過苛處罰之禁止「原則」？

　　「禁止過苛處罰」之原則源於國際人權法之要求，聯合國公民與政治權利國際公約 (International Covenant on Civil and Political Rights, ICCPR) 第 7 條規定：「任何人均不受凌虐或殘酷、不人道或羞辱的待遇或處罰……。」美國憲法增補條款第 8 條亦明文規定：「不得要求過度之保釋金，亦不得科處過度之罰款，更不得施以嚴苛且不合常情之處罰❹。」你認為我國憲法有無相應之規定或要求？

　　籃永春案（釋 641）及金馬旅行社公司案（釋 716）皆涉及行政罰鍰之處罰，認行政罰鍰應以責罰相當為前提，避免個案過苛之處罰，以符合實質正義，由此兩號解釋是否可以推知大法官已形成個案過苛處罰禁止之審查模式？個案過苛處罰禁止有無獨立成為原則之必要？關此問題，湯德宗大法官於台芳食品對臺灣省南區國稅局案（釋 697）之意見書內容可供參考：「關於『行為罰』方面，本院並已確立了『禁止個案顯然過苛原則』。典型的釋例為大法官釋字第六八五號解釋……『禁止個案顯然過苛原則』的法理，一言以蔽之，即『責罰相當』的概念，堪稱『比例原則』在租稅行政罰領域的適用或體現。質言之，關於租稅裁罰，立法者固得視違反行政法上義務者應受責難之程度，及維護公共利益之重要性與急迫性等，而有其形成之空間（本院釋字第六四一號解釋參照），但行政機關在實際裁罰時，仍應兼顧個案正義，尤其相關罰則如因未設最高金額限制，使罰鍰金額有無限擴大的可能，而可能造成個案顯然過苛之處罰，致不當侵害人民財產權時，仍屬違反比例原則。」

　　個案過苛處罰禁止之原則之意義為何？是否指行為若無可責性或欠缺期待可能性而給予過苛之處罰，有違反比例原則之嫌疑？又此一原則背後精神是否與比例原則相同？如其背後之精神為比例原則，則行政處罰罰鍰構成過苛處罰而應予禁止時，究係違反比例原則之哪一個內涵？比例原則

---

❹ U.S. Const. amend. VIII. "Excessivebail shall not be required, nor excessive fines imposed, nor cruel and unusual punishments inflicted."

乃一輔助吾人判斷價值選擇之工具，而過苛處罰禁止似乎已將判斷價值之問題更進一步予以細緻化，直接要求判斷罪罰是否相當之問題？個案過苛處罰之禁止本身是否已具有相當之價值選擇？關於個案過苛處罰禁止原則之意義，羅昌發大法官於邱復生對臺北市國稅局案（釋713）之意見書有精闢之論述，可供參考：「本席認為，不論行為罰或漏稅罰均不應過苛，否則可能構成『殘酷之處罰』之情形。行為罰或漏稅罰之處罰是否過苛，均應依憲法第二十三條所列各項因素而為判斷（見本席就本院釋字第六九七號解釋所提不同意見書）。本席並認為，本院以往解釋所提出『應賦予稅捐機關參酌具體違章狀況及按情節輕重決定裁罰數額』及『應設合理最高之限制』之二項標準，屬於憲法第二十三條適用於稅法處罰之適當的判斷因素。且情節輕重與合理最高限制兩項要件相輔相成。如僅要求稽徵機關考量情節輕重，而未設合理最高限制，則其仍有可能課處逾越必要程度之高額處罰；如僅有合理最高限制，而無情節輕重之考量，則情節差異極大之行為受相同之處罰，亦與必要性之要求有違。」

羅昌發大法官所言稅捐機關應「參酌具體違章狀況及按情節輕重決定裁罰數額」一節，在邱復生對臺北市國稅局案（釋713）中，大法官認定：

「扣繳義務人之扣繳義務，包括扣繳稅款義務及申報扣繳憑單義務，二者之違反對國庫稅收及租稅公益之維護所造成之損害，程度上顯有差異。如扣繳義務人已於限期內補繳應扣未扣或短扣之稅款，僅不按實補報扣繳憑單者，雖影響稅捐稽徵機關對課稅資料之掌握及納稅義務人之結算申報，然因其已補繳稅款，所造成之不利影響較不補繳稅款為輕，乃系爭規定就此部分之處罰，與同標準第六條第一項第三款所定未於限期內補繳應扣未扣或短扣之稅款，於裁罰處分核定前已按實補繳者之處罰等同視之，一律按應扣未扣或短扣之稅額處一‧五倍之罰鍰，未許稅捐稽徵機關得參酌具體違章狀況，依情節輕重裁量罰鍰之數額，其處罰顯已逾越必要程度，不符憲法第二十三條之比例原則，與憲法第十五條保障人民財產權之意旨有違，應自本解釋公布之日起不再適用。有關機關對未於限期內補報扣繳憑單，於裁罰處分核定前已按實補報之案件，應斟酌個案情節輕重，並依稅捐稽徵法第四十八條之三之規定，另為符合比例原則之適當處

置，併予指明。」

　　此是以不同之違章行為之可罰性具有明顯之差異，做為判斷處罰是否過重以致違反比例原則之標準，即為司法在個案中可以如何運用過苛處罰禁止原則之另一個指標例證。

◆ 定數處罰及倍數處罰之合憲性

　　籃永春案（釋641）認超過原專賣價格出售者，應處每瓶新臺幣二千元罰鍰之規定違憲，此一罰鍰進入國庫後為公共財政收入，此一稅捐立法是否為正當目的？為何國家涉及稅收，通常會以特別之定數規範之？是否乃因國家財政的考量？又定數之規定是否合理？是否可採取其他的制定方式，如以百分比規定？

　　金馬旅行社公司案（釋716）之處罰乃一倍至三倍之罰鍰，為一倍數處罰，此一規定是否符合個案過苛處罰之禁止原則？蘇永欽大法官認一倍至三倍的罰鍰是否過高，應進一步考量是否影響市場之公平競爭，而湯德宗大法官則認除以責罰相當為判斷外，仍需斟酌其他因素。兩位大法官皆質疑多數意見過度限制立法，影響立法之裁量，你認為多數意見與兩位大法官之意見何種較為可採？個案過苛處罰之禁止與立法裁量兩者間應如何權衡？

　　從籃永春案（釋641）至金馬旅行社公司案（釋716），大法官數次揭示如就某種違法行為處以定數或倍數裁罰，可能有違憲之疑慮，此是否可以進一步推論大法官認為只要是定倍數處罰都有過苛之嫌疑？而處罰之數額過大，是否會侵害人民之財產權？甚至進一步影響到人民之生存權？

　　關於釋字第六四一號解釋之評釋，參見李念祖，〈稅的憲法界限？——司法院釋字第641號解釋的稅法立場試讀〉，《法令月刊》，頁4–21，九十九年十一月。

三、禁止涵蓋過廣原則？

　　禁止涵蓋過廣原則 (overbreadth) 乃美國法制中對於言論自由之限制的脈絡下，為了避免法律打擊範圍過廣而產生寒蟬效應，故如法規可能限制到第

三人之言論自由，即可能違反禁止涵蓋過廣原則，關於禁止涵蓋過廣原則於言論自由脈絡下的討論，請參照劉靜怡，〈媒體是亂源？——新聞採訪自由與隱私保護〉，《月旦法學教室》，205 期，頁 238-46，一○一年六月；劉靜怡，〈暴力內容受言論自由保障嗎？〉，《月旦法學教室》，113 期，頁 6-8，一○一年三月。

　　禁止涵蓋過廣原則於我國則有學者認為係法律明確性原則的內涵之一**⓯**。於何明晃質疑虞犯少年收容案（釋 664）中，大法官曾於解釋文中提及：「少年事件處理法第三條第二款第三目規定，經常逃學或逃家之少年，依其性格及環境，而有觸犯刑罰法律之虞者，由少年法院依該法處理之，係為維護虞犯少年健全自我成長所設之保護制度，尚難逕認其為違憲；惟該規定仍有涵蓋過廣與不明確之嫌，應盡速檢討改進。」是否即係將涵蓋過廣原則當成法律明確性原則之代表內涵？

　　除明確性原則外，我國釋憲實務中的比例原則是否有涵蓋過廣的概念？湯德宗大法官曾於單獨執行業務者計算所得選擇權責發生制案（釋 722）之部分協同意見書指出：「所謂『直接相關』乃指系爭手段（分類）須為達成目的之 （絕對）『必要且量身定作之手段』 (necessary and narrowly tailored means)，多一分太多（涵蓋過廣，殃及無辜），少一分太少（涵蓋不足，未盡全功）。正因為『高標』之『手段與目的關聯性』要求如此嚴格——必須『恰如其分』，始為『直接相關』，而如此精準之手段（精確之分類）在現實世界毋寧為罕見，無怪乎有 『名為嚴格（審查），實為致命（違憲）』("strict" in theory and fatal in fact) 之說。（註五）至於『中標』或『低標』因僅分別要求手段（分類）與目的之達成間應具有『實質關聯』(substantially related to) 或『合理關聯』，其『手段與目的關聯性』之要求無須為『直接相關、恰如其分』，故僅需審查其手段（分類）是否『涵蓋過廣』，而不需審查其是否『涵蓋不足』。」湯大法官所提及之檢視達成法規目的之手段有無「涵蓋過廣」之

⓯　參照許宗力，〈論法律明確性之審查：從司法院大法官相關解釋談起〉，《國立臺灣大學法學論叢》，41 卷 4 期，頁 1716，一○一年十二月、李建良，〈公務員的言論自由與行政中立——淺析公務人員行政中立法〉，《人事行政》，174 期，頁 6，一○○年一月。

概念，是否即係比例原則下之禁止涵蓋過廣原則？

　　我國大法官解釋有無於比例原則之審查時運用禁止涵蓋過廣原則之概念？請參考以下解釋：

王萬金等對臺北市政府警察局等案（釋字第七四九號解釋）

♪ 背景事實

　　本件聲請人王萬金、李耀華、李榮耀、陳志傑（原名陳特豪）、葉清友及許華宗等人均為計程車駕駛人，因觸犯道路交通管理處罰條例（下稱道交條例）第三十七條第三項之罪，經法院判決有期徒刑以上之刑確定，分別被主管機關廢止其執業登記並吊銷駕駛執照，經分別提起訴訟、窮盡審級救濟途徑後受敗訴判決確定。上開人等認其確定終局裁判所適用之道交條例第三十七條第三項、第六十七條第二項及第六十八條規定，有牴觸憲法第七條、第十五條、第二十二條及第二十三條之疑義，遂聲請釋憲。

　　另聲請人臺灣臺北地方法院行政訴訟庭晴股法官，為審理同院一〇二年度交字第二〇二號、一〇三年度交字第十一號交通裁決事件；臺灣桃園地方法院行政訴訟庭柔股法官，為審理同院一〇四年度交字第三四九號交通裁決事件，就應適用之道交條例第三十七條第三項規定，認有牴觸憲法疑義，遂裁定停止訴訟程序、聲請釋憲。

　　上開聲請案同就道交條例第三十七條第三項、第六十七條第二項、第六十八條規定是否違憲之疑義聲請解釋，大法官認為有其共通性，爰併案審理，作成本解釋。

解釋文

　　道路交通管理處罰條例第三十七條第三項規定：「計程車駕駛人，在執業期中，犯竊盜、詐欺、贓物、妨害自由或刑法第二百三十條至第二百三十六條各罪之一，經第一審法院判決有期徒刑以上之刑後，吊扣其執業登記證。其經法院判決有期徒刑以上之刑確定者，廢止其執業登記，並吊銷其駕駛執照。」僅以計程車駕駛人所觸犯之罪及經法院判決有期徒刑以上之刑為要件，而不問其犯行是否

足以顯示對乘客安全具有實質風險，均吊扣其執業登記證、廢止其執業登記，就此而言，已逾越必要程度，不符憲法第二十三條比例原則，與憲法第十五條保障人民工作權之意旨有違。有關機關應於本解釋公布之日起二年內，依本解釋意旨妥為修正；逾期未修正者，上開規定有關吊扣執業登記證、廢止執業登記部分失其效力。於上開規定修正前，為貫徹原定期禁業之目的，計程車駕駛人經廢止執業登記者，三年內不得再行辦理執業登記。

上開條例第三十七條第三項有關吊銷駕駛執照部分，顯逾達成定期禁業目的之必要程度，不符憲法第二十三條比例原則，與憲法第十五條保障人民工作權及第二十二條保障人民一般行為自由之意旨有違，應自本解釋公布之日起失其效力。從而，自不得再以違反同條例第三十七條第三項為由，適用同條例第六十八條第一項（即中華民國九十九年五月五日修正公布前之第六十八條）之規定，吊銷計程車駕駛人執有之各級車類駕駛執照。

上開條例第六十七條第二項規定：「汽車駕駛人，曾依……第三十七條第三項……規定吊銷駕駛執照者，三年內不得考領駕駛執照……。」因同條例第三十七條第三項有關吊銷駕駛執照部分既經本解釋宣告失其效力，應即併同失效。

一解釋理由書一 （節）

......

一、道交條例第三十七條第三項有關吊扣執業登記證及廢止執業登記部分

道交條例第三十七條第三項規定：「計程車駕駛人，在執業期中，犯竊盜、詐欺、贓物、妨害自由或刑法第二百三十條至第二百三十六條各罪之一，經第一審法院判決有期徒刑以上之刑後，吊扣其執業登記證。其經法院判決有期徒刑以上之刑確定者，廢止其執業登記，並吊銷其駕駛執照。」（下稱系爭規定一）有關吊扣執業登記證及廢止執業登記部分，限制計程車駕駛人選擇職業之自由。

按憲法第十五條規定，人民之工作權應予保障，其內涵包括人民選擇職業之自由。惟人民之職業與公共利益有密切關係者，國家對於從事一定職業應具備之資格或其他要件，於符合憲法第二十三條規定之限度內，得以法律或法律明確授權之命令加以限制（本院釋字第四○四號、第五一○號及第五

八四號解釋參照）。然對職業自由之限制，因其內容之差異，在憲法上有寬嚴不同之容許標準。關於人民選擇職業應具備之主觀條件，例如知識能力、體能、犯罪紀錄等，立法者若欲加以規範，其目的須為追求重要之公共利益，且其手段與目的之達成具有實質關聯，始符比例原則之要求。

計程車為社會大眾之重要交通工具，其駕駛人工作與乘客安全、社會治安具有密切關聯。鑑於以計程車作為犯罪工具之案件層出不窮，經調查有犯罪紀錄之計程車駕駛人以曾犯竊盜、詐欺、贓物、妨害自由等罪較多，部分案件並成為輿論指責焦點，對乘客安全、社會治安構成重大威脅，且其工作富流動性，接觸獨自乘車女性及攜帶財物旅客之機會甚多，並易於控制乘客行動，故為遏止歹徒利用計程車犯案，確保乘客安全，系爭規定一前於七十年七月二十九日增訂之初，爰明定計程車駕駛人於執業期中犯上述之罪者，吊銷其營業小客車執業登記證（現修正為吊扣其執業登記證及廢止其執業登記）並吊銷駕駛執照，以維護乘客安全（見《立法院公報》第七十卷第五十五期院會紀錄第四十三頁及第四十四頁）。

按我國計程車營業方式係以「巡迴攬客」為大宗，乘客採隨機搭乘，多無法於上車前適時篩選駕駛人或得知其服務品質；又乘客處於狹小密閉空間內，相對易受制於駕駛人。是系爭規定一就計程車駕駛人主觀資格，設一定之限制，以保護乘客安全及維護社會治安，係為追求重要公共利益，其目的洵屬合憲。

系爭規定一對計程車駕駛人曾犯一定之罪，並受一定刑之宣告者，限制其執業之資格，固有助於達成前揭目的，然其資格限制應以對乘客安全具有實質風險者為限，其手段始得謂與前揭目的之達成間具有實質關聯。

鑑於有犯罪紀錄之計程車駕駛人以曾犯竊盜、詐欺、贓物及妨害自由罪較多，有關機關於七十年七月二十九日修正公布道交條例，增訂第三十七條之一第三項，將犯竊盜、詐欺、贓物及妨害自由各罪列入定期禁業之範圍（見《立法院公報》第七十卷第五十五期院會紀錄第四十三頁及第四十四頁，七十五年五月二十一日全文修正時改列為第三十七條）；另為強化婦女乘客安全之保障，於八十六年一月二十二日修正公布、自同年三月一日施行之同法第三十七條第三項，增列第二百三十條至第二百三十六條妨害風化罪（見《立

法院公報》第八十六卷第二期院會紀錄第一四二頁至第一四四頁，嗣九十四年十二月二十八日修正公布為系爭規定一，禁業範圍不變），固有其當時之立法考量。惟系爭規定一所列罪名，包括侵害財產法益之類型者（竊盜、詐欺、贓物），妨害自由之類型者（刑法第二百九十六條至第三百零八條）與妨害風化之類型者（刑法第二百三十條至第二百三十六條），主要係以罪章作為禁業規定之依據，而刑法同一罪章內所列各罪之危險性與侵害法益之程度有所差異，其罪名甚至有與乘客安全無直接關聯者（諸如刑法第三百二十條第二項之竊佔不動產罪、第三百三十九條之一之由收費設備取得他人之物罪、第三百零七條不依法令搜索罪等）。況立法資料及有關機關迄今所提出之統計或研究，仍不足以推論曾經觸犯系爭規定一所定之罪者，在一定期間內均有利用業務上之便利，再觸犯上開之罪，致有危害乘客安全之實質風險。

　　又計程車駕駛人縱觸犯上開之罪，並經法院宣告有期徒刑以上之刑，然倘法院斟酌其犯意、犯罪後態度及犯罪情節等各項因素後，僅宣告短期有期徒刑，甚或宣告緩刑，則此等計程車駕駛人是否均具有危害乘客安全之實質風險，而均需予相同之禁業限制，亦有檢討之必要。是系爭規定一僅以計程車駕駛人所觸犯之罪及經法院判決有期徒刑以上之刑為要件，而不問其犯行是否足以顯示對乘客安全具有實質風險，均吊扣其執業登記證、廢止其執業登記。就此而言，對計程車駕駛人工作權之限制，已逾越必要程度。

　　綜上，系爭規定一有關吊扣執業登記證及廢止執業登記部分，不符憲法第二十三條比例原則，與憲法第十五條保障人民工作權之意旨有違。有關機關應於本解釋公布之日起二年內，依本解釋意旨妥為修正；逾期未修正者，系爭規定一有關吊扣執業登記證、廢止執業登記部分失其效力。

二、系爭規定一吊銷駕駛執照部分及道交條例第六十七條第二項、第六十八條涉及系爭規定一部分

　　依計程車駕駛人執業登記管理辦法第二條規定，汽車駕駛人以從事計程車駕駛為業者，應於執業前向執業地直轄市、縣（市）警察局申請辦理執業登記，領有計程車駕駛人執業登記證及其副證，始得執業。故廢止執業登記，使其不得以駕駛計程車為業，已足以達成維護乘客安全之立法目的。系爭規定一有關吊銷駕駛執照部分，除限制工作權外，進一步剝奪人民駕駛汽車之

自由，顯逾達成目的之必要程度，不符憲法第二十三條比例原則，與憲法第十五條保障人民工作權及第二十二條保障人民一般行為自由之意旨有違，應自本解釋公布之日起失其效力。從而，自不得再以違反系爭規定一為由，適用道交條例第六十八條第一項（即中華民國九十九年五月五日修正公布前之第六十八條）規定：「汽車駕駛人，因違反本條例及道路交通安全規則之規定，受吊銷駕駛執照處分時，吊銷其執有各級車類之駕駛執照。」吊銷計程車駕駛人執有之各級車類駕駛執照。

　　至道交條例第六十七條第二項規定：「汽車駕駛人，曾依……第三十七條第三項……規定吊銷駕駛執照者，三年內不得考領駕駛執照……。」（下稱系爭規定二）因系爭規定一有關吊銷駕駛執照部分既經本解釋宣告失其效力，應即併同失效。

　　依本解釋意旨，計程車駕駛人自本解釋公布之日起至有關機關依本解釋意旨修正系爭規定一之前，經依系爭規定一廢止執業登記者，仍得繼續持有職業駕駛執照。即令本解釋公布之日前，經依系爭規定一吊銷駕駛執照者，亦得立即重新考領職業駕駛執照。而依計程車駕駛人執業登記管理辦法第三條規定：「汽車駕駛人須領有職業駕駛執照，且無本條例第三十六條第四項或第三十七條第一項情事者，始得申請辦理執業登記。」上開計程車駕駛人得持原有或新考領取得之職業駕駛執照，申請執業登記，故無法達到原系爭規定二禁業三年之效果。茲為貫徹原定期禁業之目的，於相關法令修正前，計程車駕駛人經廢止執業登記者，三年內不得再行辦理執業登記。

　　……

─協同意見書─　　　大法官　黃虹霞提出、蔡明誠加入

　　一、本件解釋仍延續本院釋字第五八四號解釋之肯定道路交通管理處罰條例第三十七條保障乘客安全目的之意旨，並未改變，此由本件解釋理由書第八段稱：「是系爭規定一就計程車駕駛人主觀資格，設一定之限制，以保護乘客安全及維護社會治安，係為追求重要公共利益，其目的洵屬合憲。」等語，即可知之。故本件解釋仍係於保障乘客安全之大前提下所作成，應先予敘明。

二、本件解釋與本院釋字第五八四號解釋之釋憲客體不同：本件解釋之客體為道路交通管理處罰條例第三十七條第三項，而本院釋字第五八四號解釋之客體則為同條第一項，因此，沒有所謂變不變更本院釋字第五八四號解釋之問題。

三、本件解釋之結論為違憲，固與本院釋字第五八四號解釋之結論為合憲，乍看似大不相同，但因如前所述，釋憲客體不同，故二者已並不相違逆。而且由本院釋字第五八四號解釋文末：「惟以限制營業小客車駕駛人選擇職業之自由，作為保障乘客安全、預防犯罪之方法，乃基於現階段營業小客車管理制度所採取之不得已措施，但究屬人民選擇職業自由之限制，自應隨營業小客車管理，犯罪預防制度之發展或其他制度之健全，隨時檢討改進；且若已有方法證明曾犯此等犯罪之人對乘客安全不具特別危險時，即應適時解除其駕駛營業小客車執業之限制，俾……能貫徹憲法人民工作權之保障……之意旨」之諭示，更可知：本院前輩大法官亦認為對計程車駕駛人職業自由之限制，為不得已之措施，主管機關應隨時檢討改進；並已進一步指出稱：「倘對乘客安全不具特別危險時，即應解除其限制」云云，即已進一步指出：可否對計程車駕駛人禁業（禁止以開計程車載客為職業）之判斷標準應為：該駕駛人所犯之罪是否會對計程車乘客安全具特別危險。而由本件解釋文第一段稱：「而不問其犯行是否足以顯示對乘客安全具有實質風險」云云，即知本件解釋係延續前本院釋字第五八四號解釋本同一意旨而作成，二者前後呼應。

四、道路交通管理處罰條例第三十七條第一項及第三項規定，固有禁業之期間不同（終身禁業與三年禁業）之別，也有罪名或所侵害法益輕重（第一項主要為人身重大法益、第三項主要為財產及較輕微法益）之不同，但均為對職業自由主觀條件之限制，故二規定是否違憲，自同應受較嚴格之審查。本件解釋採與本院釋字第五八四號解釋同一審查原則及相同判斷標準，雖然就是否違憲獲致不同結論，但係就不同情形，本於相同憲法原理而為，本件解釋之違憲結論應仍屬妥當。

五、因為本件係延續本院釋字第五八四號解釋意旨，以計程車駕駛人之犯罪是否對乘客安全具特別危險（實質風險）作判斷標準，而經查道路交通管理處罰條例第三十七條第三項相關立法資料及主管機關之說明，均充其量

只能看出：該條項之犯罪罪名，為計程車駕駛人犯罪紀錄中之較多者而已。但看不出列舉之各該犯罪名之犯行均與乘客安全之特別危險（實質風險）間有實質關聯，因此，乃認為本條項規定至少其中一部分為違憲，故應由有關機關以「是否對乘客安全具特別危險即實質風險」作為標準，檢視本條項所列舉罪名之妥當性，以及單以受有期徒刑以上宣告為條件，是否可能有由個案情節觀之，為過當之情形，而非屬合宜。至於實質風險 (substantial risk) 之意義為何，在我國法上不甚確定，未來須待實務及學說進一步闡釋，以利適用。

　　六、惟本件解釋並非否定該條項具有保障乘客安全之功能，也不是認為該條項所列舉之罪名對乘客安全均必然無特別危險。然因至少本席由聲請人所提出之確定終局裁判及所調得前案資料等，綜合觀察認為其中部分聲請人之犯行輕微，係偶一為之，甚至所為與計程車業務無關，也非利用所駕駛之計程車而為，即此種情形，對乘客安全應不具特別危險，故無依本條項限制其執行計程車業務之理，本席乃贊成本條項規定應即檢討修正。又 1.有關機關於檢討修正時，請依本件解釋意旨通盤檢討適當調整刪減不適當之罪名外，如依上述標準審查，而發現有應加入而原未加入之罪名者，則請依職責斟酌之，以維乘客安全。 2.本席由調得之相關資料也發現，目前法院基於若干主客觀因素考量，量刑似有普遍偏低現象，而且法院非計程車業之主管機關，刑事審判尤與計程車駕駛人之禁業與否決定無關，故已不宜逕以法院是否諭知緩刑等，作為對計程車駕駛人禁業之唯一標準。更何況再累犯比率之考量為本院釋字第五八四號解釋所肯定，即同受緩刑或低度有期徒刑之宣告者，可能因其犯案情節不同或犯罪前案紀錄狀況，而異其對乘客安全之危險性，故可能不宜一概而論。因此，本件解釋固然肯定僅被宣告短期自由刑，甚至被宣告緩刑與否，可列入為檢討範圍，但只是以之為數可能考量因素之一部分而已，並無以之為不可禁業之絕對標準之意思，有關機關仍應自行綜合相關全部可能因素考量之，即有關機關若欲將之作為是否禁業之標準時，仍應依職權自行詳細審酌，以免因量刑普遍偏低之現實狀況，使本條項原有保障乘客安全之功能不達，致違反本件解釋之意旨。

　　七、又何謂「對乘客安全具特別危險即實質風險」之犯罪，而可列入禁

業範圍？本席認為過往計程車駕駛人於執行計程車載客業務時，與乘客間之糾紛事例，尤其因此而涉及之對乘客犯罪統計，以及駕駛人在生理、心理及品性上是否適合駕駛之資料，均適宜列入為重要參考。

一協同意見書一（節）　　大法官　羅昌發

……

壹、吊銷職業駕照究竟影響何種憲法上權利

……多數意見認為有關前揭吊銷駕駛執照之規定，「除限制工作權外，進一步剝奪人民駕駛汽車之自由」（見本號解釋理由書第十四段），本席固然同意；惟由於在憲法第二十二條之下之駕駛汽車自由（亦即自由決定開車與否）係一般行為自由之範疇，其對人民之重要性，顯不如憲法第十條之下之行動自由（亦即必須仰賴開車而得以進行較大範圍的行動）及憲法第十五條之下之工作權（亦即駕駛計程車為業以謀生，或駕駛其他種類之營業小客車甚至自用小客車以經營生計）。在依憲法第二十三條規定檢視法律對人民之自由權利所為之限制是否符合必要性之要件時，所應賦予駕駛汽車自由之評價，與所應賦予行動自由及工作權之評價，其重要性，亦不能等量齊觀。故本席認為，如本件將行動自由之部分納入分析，將更為周延。

……

貳、本號解釋理由書對「實質風險」之要件雖有部分闡述，然本席認為並不充分，而應予補充說明

……所謂「實質風險」應理解為發生實害的可能性確實存在；其標準應高於「單純理論上或遙遠的可能性」(mere theoretical or remote possibility)，但未達於即將發生或極有可能發生 (going to happen or extremely likely to happen) 的程度……只要立法者有立法資料足以支持將來所列舉的罪名及計程車駕駛人受判刑之情形，發生危害乘客安全的可能性確實存在，其規定吊扣及廢止執業登記證之處罰，即可通過「實質風險」要件之檢視。……道交條例第三十七條第三項所列之罪，如其罪名與乘客安全無直接關聯者（諸如刑法第三百二十條第二項之竊佔不動產罪、第三百三十九條之一之由收費設備取得他人之物罪、第三百零七條不依法令搜索罪等），自應認為不符合「實

質風險」之要件（見本號解釋理由書第十段），而應由道交條例第三十七條第三項剔除……立法者自應依相關資料，逐項檢視道交條例第三十七條第三項所列之罪，確認計程車駕駛人觸犯其罪，是否對乘客之安全具有「實質風險」。……立法者究應認定所宣告之有期徒刑，低於如何之刑度，始符合可以被考量屬於無「實質風險」之情形，立法裁量範圍仍大，但無論如何，立法者必須有相當的立法資料，足以支持其所劃定之刑度界線。

　　……

一部分協同意見書一（節）　　大法官　湯德宗

　　……本件爭點，一言以蔽之，即人民（計程車駕駛人）之「工作權」與人民（計程車乘客）之「身安全」應如何最適地兼顧（調和）？就此，解釋理由書第六段固明白宣示：「對職業自由之限制，因其內容之差異，在憲法上有寬嚴不同之容許標準。關於人民選擇職業應具備之主觀條件，例如知識能力、體能、犯罪紀錄等，立法者若欲加以規範，其目的須為追求重要之公共利益，且其手段與目的之達成具有實質關聯，始符比例原則之要求。」亦即應以「較為嚴格之標準」（或稱「中標」）審查系爭規定之合憲性。惟解釋之論理，實際不盡相符……解釋文第一段指摘：系爭規定「僅以計程車駕駛人所觸犯之罪及經法院判決有期徒刑以上之刑為要件，而不問其犯行是否足以顯示對乘客安全具有實質風險，均吊扣其執業登記證、廢止其執業登記，就此而言，已逾越必要程度，不符憲法第二十三條比例原則，與憲法第十五條保障人民工作權之意旨有違」。如上論理，至少有三點值得商榷：

　　首先，所謂「不問……，均（限制或禁止）……，已逾越必要程度」之論理模式，殆僅需由系爭法規之表面觀察（形式審查），即可認定。核其性質，當僅屬「合理關聯」（或稱「低標」）審查；其既未就「手段有效性」進行實質審查，自難謂係「較為嚴格之審查」（或稱「中標」審查）！

　　其次，所謂「計程車駕駛人之犯行是否足以顯示對乘客安全具有實質風險」，似指：計程車駕駛人之具體犯行（非抽象罪名）須足以顯示對乘客安全具有「實質風險」者，始能認定系爭主觀條件（須無系爭規定所列犯罪紀錄）與「重要公益目的」（維護乘客安全及社會治安）之達成間，具有「實質關

聯」。如此說理係將「實質風險」與「實質關聯」悄然劃上等號。惟，本解釋通篇並未說明如何認定「實質風險」，乃無異於「以問答問」！

尤有甚者，所謂「實質風險」殆難顯示應具「較高風險」之意。就此而言，所謂「實質風險」反不如本院釋字第五八四號解釋稱「特別危險」（以示更甚於「一般危險」或「抽象危險」），來得貼切。總之，本席以為，除主管機關能（提出統計或研究）證立（顯示）：具系爭規定所列犯罪紀錄之「計程車駕駛人」，於嗣後一定期間內，利用業務上便利，再觸犯系爭規定所列對乘客安全構成危害之罪名之機率（再犯率）確實高於具系爭規定所列犯罪紀錄之「非計程車駕駛人」，於嗣後相同之一定期間內，再觸犯系爭規定所列相同罪名之罪之機率（再犯率）者外，應認系爭規定設定之主觀條件（須不具系爭規定所列犯罪紀錄）與重要公益目的（保護乘客安全及維護社會治安）之達成間，欠缺實質關聯。

……

―協同意見書―（節）　　　大法官　許志雄

一、……解釋理由書有關第三十七條第三項吊銷駕駛執照侵害工作權部分之說理不足……**本號解釋首先認定道交條例第三十七條第三項有關吊扣執業登記證及廢止執業登記部分違憲，理由如下：一、作為禁業依據之罪名過廣**……二、立法資料及有關機關迄今所提出之統計或研究，仍不足以推論曾經觸犯該條項所定之罪者，在一定期間內均有利用業務上之便利，再觸犯各該罪，致有危害乘客安全之實質風險。亦即，基於立法事實之檢證，判斷尚無足以支撐其規制手段合理性之立法事實。……三、又「僅以計程車駕駛人所觸犯之罪及經法院判決有期徒刑以上之刑為要件，而不問其犯行是否足以顯示對乘客安全具有實質風險，均吊扣其執業登記證、廢止其執業登記。就此而言，對計程車駕駛人工作權之限制，已逾越必要程度。」……。**反之，對於吊銷駕駛執照違憲部分，僅謂：**「依計程車駕駛人執業登記管理辦法第二條規定，汽車駕駛人以從事計程車駕駛為業者，應於執業前向執業地直轄市、縣（市）警察局申請辦理執業登記，領有計程車駕駛人執業登記證及其副證，始得執業。故廢止執業登記，使其不得以駕駛計程車為業，已足以達成維護

乘客安全之立法目的。」據而認定道交條例第三十七條第三項「有關吊銷駕駛執照部分，除限制工作權外，進一步剝奪人民駕駛汽車之自由，顯逾達成目的之必要程度，不符憲法第二十三條比例原則，與憲法第十五條保障人民工作權及第二十二條保障人民一般行為自由之意旨有違……。」其以形式論理之方式，判定吊銷駕駛執照之規定違憲，在說理上未盡妥適。尤有甚者，本號解釋既先認定廢止執業登記之規定違憲，卻又以廢止執業登記已足以達成維護乘客安全之立法目的，認吊銷駕駛執照多此一舉，顯逾達成目的之必要程度，而構成違憲。此一論法，寧無悖理之處？……依計程車駕駛人執業登記管理辦法第三條規定，汽車駕駛人須領有職業駕駛執照，始得申請辦理執業登記。依理，原已辦理執業登記之計程車駕駛人，一有吊銷職業駕駛執照情形，應即廢止其執業登記。按道交條例第三十七條第三項吊銷駕駛執照規定之所以違憲，實質理由應與廢止執業登記規定相同。因此，若仿照本號解釋之論法，先依同一理由認定吊銷駕駛執照規定違憲，然後再以形式論理方式論斷廢止執業登記規定違憲，則亦會出現既先認定吊銷駕駛執照之規定違憲，卻又以吊銷駕駛執照已足以達成維護乘客安全之立法目的為由，認廢止執業登記多此一舉，顯逾達成目的之必要程度，而構成違憲之悖理說法。有鑑於此，關於違憲之理由，吊銷駕駛執照部分與廢止執業登記部分，允宜合併論述，方能周全。

　　二、一般行為自由……在我國釋憲實務上，司法院釋字第六八九號解釋首度揭示「一般行為自由」概念……按憲法第二十二條為概括性權利保障條款，釋字第六八九號解釋從中導出一般行為自由，值得肯定。惟大法官僅以「人民依其意志作為或不作為」說明一般行為自由，無從據以理解其內涵、性質、在憲法權利體系中的地位及審查方法。更且，該號解釋將人民隨時任意前往他方或停留一定處所之行動自由納入一般行為自由保障範疇內，導致屬於人身自由之一環的行動自由與一般行為自由混淆不清。關於吊銷駕駛執照爭議之釋字第六九九號解釋，認行動自由應涵蓋駕駛汽車或使用其他交通工具之自由，其見解亦有概念及理論謬誤之問題。……本席認為，相對於憲法個別列舉之權利規定而言，憲法第二十二條概括性權利保障條款係居於普通法之地位，擔負補充之保障機能。凡是憲法其他條文已明定之權利，即無

援引概括性權利保障條款之必要。如依釋字第六八九號解釋所示，一般行為自由係「人民依其意志作為或不作為」之自由，受憲法概括性權利保障條款之保障，則其性質上應屬概括性權利，與其他憲法上之權利立於普通法與特別法的關係，凡屬於其他憲法上之權利者，即不適用一般行為自由之保障……一般行為自由，因範圍廣泛，及於一切生活領域有關之行為，而不以有關人格利益或自律者為限，且未直接牽涉個人尊嚴之維護，是尚不宜列入人權範疇。惟其可排除國家之「違憲強制」或「違憲侵害」，有助於個人主體性之實現，故應為受憲法保障之其他權利，只是一般行為自由之審查密度通常較低，有關規制立法之違憲可能性亦相對減少……準此，本號解釋將駕駛汽車之自由納入一般行為自由中，洵屬正確。而且，本號解釋不再誤用行動自由概念，值得肯定。……惟就道交條例第三十七條第三項規定觀之，其吊銷之駕駛執照應為職業駕駛執照，構成工作權之侵害。如前所述，一般行為自由既居於補充保障之地位，當無再論以侵害一般行為自由之必要。嚴格言之，係因同條例第六十八條規定：「吊銷駕駛執照處分時，吊銷其執有各級車類之駕駛執照。」導致計程車駕駛人之職業駕駛執照經吊銷時，其普通駕駛執照一併遭吊銷。普通駕駛執照之吊銷部分，構成一般行為自由之侵害，不俟贅言。……

一協同意見書一（節）　　　　大法官　黃瑞明

壹、系爭規定一立法不當之處

一、以犯罪人數之多寡，而非依據對人身安全之危害程度列為禁業罪名，不符合「保護乘客安全」之立法目的

本號解釋理由指出「鑑於有犯罪紀錄之計程車駕駛人以曾犯竊盜、詐欺、贓物及妨害自由罪較多，有關機關於七十年七月二十九日修正公布道交條例，增訂第三十七條之一第三項，將犯竊盜、詐欺、贓物及妨害自由各罪列入定期禁業之範圍」，故知系爭規定一於立法時是以計程車駕駛人中犯有前科者，依所犯罪名之人數較多者，依序挑選出來作為禁業之依據，而非就計程車駕駛人所犯之罪中挑出對於乘客安全較有疑慮者列為禁業罪名。本號解釋指出系爭規定一違憲之理由在於「僅以計程車駕駛人所觸犯之罪及經法院判決有期徒刑以上之刑為要件，而不問其犯行是否足以顯示對乘客安全具有實質風

險」，至少有二個意涵，一是所列各罪未必與計程車業有關或可能對計程車之乘客構成安全威脅，二是其他未被列入禁業罪名者，有可能是社會危險性較高，並對乘客構成實質風險者，諸如：傷害罪章內有許多犯行具有乘客安全之疑慮，例如重傷罪（刑法第二百七十八條）及聚眾鬥毆罪（刑法第二百八十三條）等，相較於系爭規定一所列之罪名，對乘客安全之疑慮實更嚴重。足見目前所列禁業罪名與立法之目的間並無實質關聯，有重新檢討之必要……

　　二、系爭規定一之立法方式並未達成篩選計程車駕駛人之目的

　　系爭規定一是以具有計程車駕駛人身分作為規範對象，若不具計程車駕駛人身分者觸犯系爭規定一所定之罪，無論其犯罪情節輕重與所受判刑之刑期長短，均不影響其於犯罪後申請成為計程車駕駛人。又觸犯系爭規定一所列舉之罪，情節較嚴重者（如經判處有期徒刑三年以上者），於服刑期間，本無擔任計程車駕駛人之可能，反而對於犯行較輕微者，如被判刑六個月以下得易科罰金，或受緩刑宣告者，實質限制其擔任計程車駕駛人之職業自由。可見系爭規定一之立法缺失無法達到防止具有犯罪前科者於一定期間內擔任計程車駕駛人之目的，解決之道應參考其他行業有關定期執業限制之起始點均以「執行完畢」或「服刑期滿後」尚未逾幾年（一般為三年或五年）之方式立法。

　　三、系爭規定一尚不足以作為增進計程車業者之安全形象與職業信賴之手段

　　系爭規定一於七十年立法時，與以後歷次修改之立法紀錄，均列出立法目的在於「保障乘客之安全」。但主管機關於九十九年及一○六年回復本院之函指出系爭規定一之立法目的包括「增進計程車業者之安全形象與職業信賴」，因為該目的並未出現在立法資料，因此本號解釋並未以之為審查之標的。但本席認為交通部所指出增進「安全形象」與「職業信賴」之目的仍具有討論之價值……目前之規定與該目的亦不合比例原則，且有違平等權，……如對某特定行業成員之禁業規定過於嚴苛，甚至對於犯輕罪或受緩刑宣告者均不給予改過遷善之空間與機會，反而彰顯立法者對該行業成員之不信任感，形成對整體行業之負面標籤，對於所欲達成增進職業信賴之目的，不僅沒有

幫助，反而有負面效果。

四、吊銷駕駛執照部分與立法目的無關，而且顯不合理

本號解釋文對於系爭規定一有關吊銷駕駛執照部分認為「顯逾達成目的之必要程度，不符憲法第二十三條比例原則，與憲法第十五條保障人民工作權及第二十二條保障人民一般行為自由之意旨有違，應自本解釋公布之日起失其效力」，於解釋理由指出「廢止執業登記，使其不得以駕駛計程車為業，已足以達成維護乘客安全之立法目的」「系爭規定一有關吊銷駕駛執照部分，除限制工作權外，進一步剝奪人民駕駛汽車之自由，顯逾達成目的之必要程度」。本號解釋言簡意賅指出對於觸犯系爭規定一所定之罪者，於廢止執業登記之外，另外再剝奪其駕駛汽車之自由是沒有必要的。本席認有必要補充說明吊銷駕駛執照之不合情理：㈠系爭規定一所規定之罪名（竊盜、詐欺等）與駕駛行為並無關聯。……㈡如有非計程車駕駛人觸犯系爭規定一所定之罪者，並不會被吊銷各種駕駛執照，仍享有駕駛之自由，可見系爭規定一是對計程車駕駛人為無理由之差別待遇，構成對計程車駕駛人之歧視。㈢依道交條例第六十八條規定之結果，觸犯系爭規定一之計程車駕駛人不僅三年內不得從事計程車營業，並且連駕駛各級車輛之執照亦被剝奪，不僅不得駕駛一般汽車以從事日常生活事務，如載送子女上下學等，甚至連駕駛貨車營生亦不許可，實不合理。

貳、未來立法得考慮之方向

一、參考目前我國有關禁業規範之立法類型

本號解釋指出系爭規定一違憲之理由為「僅以計程車駕駛人所觸犯之罪及經法院判決有期徒刑以上之刑為要件，而不問其犯行是否足以顯示對乘客安全具有實質風險」，且限於二年內妥為修正。將來立法應考量的是如何確認何種犯行「足以顯示對乘客安全具有實質風險」。我國目前對於有前科者之職業選擇自由之限制分別規定於規範各行業之法規，可分為終身限制與定期限制。參考我國目前各行業對有前科者之執業限制規定方式有如下：

　　　1.以所受判決之刑期為標準，而不論所犯罪名者，如私立學校董事（私立學校法第二十條）、公證人（公證法第二十六條）及引水人（引水法第十三條）等。此限制方式因所犯之罪與其從事之職業可能並無關聯，

恐失之過苛。

2.僅就觸犯與業務上有關犯罪行為經判決確定者為終身禁業規定，如心理師法第六條、建築師法第四條及技師法第六條，如參考各該立法而僅規定與計程車有關或利用駕駛計程車之機會所為之犯罪行為而受有罪或一定刑期以上之宣告者為禁業規定，則可能失之過寬，因觸犯與業務無關之罪名亦可能有犯罪手段嚴重，且有較高潛在犯罪之風險者。

3.列舉特定之罪，而經判決有罪或一定刑期以上者為禁業規定，為目前系爭規定一及大多數定期禁業之立法態樣。雖然已經綜合前述二種情況為折衷性立法，但前二者之缺點依然存在。如同一罪名內所包括各種犯罪態樣，其實罪質差距很大，單以同一罪名為限制之依據，失之過苛；另一方面有些與業務有關之罪反而未被列入，以計程車駕駛人而言，如犯傷害罪未被列入終身或定期禁業，但傷害罪章內亦有犯罪情節相對嚴重者，對比其他較不嚴重之罪名，卻被列入禁業範圍，可知此種立法方式依然掛一漏萬，並不嚴謹。

二、德國立法例之參考

德國對於禁止執業及禁止駕駛均規定於刑法。德國刑法第七十條規定，若行為人濫用其職業或行業，或嚴重違反與其相關的義務而實施違法犯罪行為，遭有罪判決，或行為人係因無責任能力或其無責任能力之狀態無法被排除者，法院可禁止該人在一年以上五年以下從事該職業，如認為五年仍不能防止該行為所造成之危險，得永遠禁止其執業。值得注意的有兩點：1.限於濫用其執業或嚴重違反與其相關之義務，而被判決有罪者。 2.法院可對該行為人及其行為進行整體評估後，決定為一至五年之禁業或終身禁業。德國法之規定係針對個案進行評估，可以避免規範過嚴而傷害無辜，亦可避免規範過鬆而有漏網之魚……另外德國刑法第四十四條亦規範「禁止駕駛」之處罰，其要件為「犯罪發生於駕駛機動車輛時，或與之有關或由於違反駕駛人員之義務，而被判處自由刑或罰金，法院得禁止其於街道駕駛一切或特定種類之機動車輛，期間為一個月以上，三個月以下」，於此亦可得知其特點為1.限與駕駛有關之犯罪行為而被判處自由刑或罰金。2.由法院裁量是否禁止其駕駛。3.期間僅一至三個月。

由上可知德國係將職業禁止或駕駛禁止分開處理，而非如我國對於犯道交條例第三十七條第三項之罪者，一律禁止其駕駛，並從而剝奪了其擔任計程車駕駛人之機會，甚至使其無法駕駛自用車以從事一般日常生活，相較於德國就個案為衡量，我國目前一竿子打翻一船人之規定方式實過於嚴苛……

參、避免因社會事件過度反應而制定嚴苛之法律

本號解釋作成前，瑞典發生了恐怖攻擊事件（二〇一七年四月七日斯德哥爾摩發生卡車衝撞百貨公司購物人潮，造成四死十五傷）。初步調查嫌犯為來自中亞的難民，因申請政府庇護未受核准，即將被遣返。這事件無疑地為將難民與恐怖份子劃上等號的人增加添油加醋的材料。……發生在八十五年十二月一日的彭婉如命案造成社會強烈震撼，同年十二月三十一日就通過修正道交條例第三十七條第一項，將原先僅對犯特定犯罪經判決確定者，二年內不得擔任計程車駕駛人之規定，修改為終身禁業。九十年一月再次修正系爭規定一，取消原宣告緩刑或易科罰金即免受三年禁業限制之規定，只要受有期徒刑以上刑之宣告者，即吊扣執業登記證、吊銷執業登記證及吊銷駕駛執照……。

每次發生重大治安事件，最容易對特定社群貼上標籤，給予過度嚴厲之處分，瑞典的恐攻事件並沒有導致瑞典人立法限制在瑞典的難民的各種自由權利。因為對特定社會群體之害怕或恐懼而對其貼上特定標籤，容易形成歧視。若對特定群體型塑刻板印象者是掌握話語權者，則被歧視的對象幾乎無力表述，長期被歧視者將以最激烈的手段報復歧視他們的社會。美國總統林肯曾說：世上沒有卑鄙的職業，只有卑鄙的人。因此應該把行業中的害群之馬與該行業作區隔，避免因該行業之個人行為產生之負面觀感，擴及至對於整個行業全體從業人員之刻板印象，而以「寧可錯殺一百，不可錯放一人」的態度過度立法。

─部分不同暨部分協同意見書─ （節）　　大法官　詹森林

壹、道交條例第三十七條第三項關於吊扣執業登記證、廢止執業登記部分

一、……道交條例第三十七條第三項規定所選擇之「吊銷計程車駕駛人執業登記證及廢止其執業登記」手段，與該規定所欲達成之「保障乘客安全」

目的，欠缺實質關聯。本解釋因而認為，就此而言，該規定不符憲法第二十三條比例原則，與憲法第十五條保障人民工作權之意旨有違，並要求有關機關至遲於解釋公布後二年內修定之。此項解釋意旨自值贊同。

二、……關於道交條例第三十七條第三項修正前，計程車駕駛人經廢止執業登記者，三年內仍不得再行辦理執業登記部分……本席以為尚有疑義……本解釋既然宣告道交條例第三十七條第三項規定全部（即吊扣執業登記證、廢止執業登記暨吊銷駕駛執照），及同條例第六十七條第二項關於依第三十七條第三項吊銷駕駛執照部分，皆為違反比例原則，有違憲法第十五條保障人民工作權之意旨，故該第三十七條第三項關於吊扣執業登記證、廢止執業登記部分，應限期修正，關於吊銷駕駛執照部分，更應立即失效，且第六十七條第二項相關部分，亦併同立即失效，顯見本解釋蘊含該第三十七條第三項規定全部及第六十七條第二項相關部分，曾經不法侵害人民工作權之意味。況且，本解釋又認為，計程車駕駛人如被依前開第三十七條第三項規定吊銷駕駛執照者，該吊銷駕照之處分，若係作成於本解釋公布後，該計程車駕駛人得繼續持有小型車職業駕照，若係作成於本解釋公布前，則得立即重新考領小型車職業駕照。因此，本解釋所應貫徹者，乃回復曾因前開第三十七條第三項及第六十七條第二項規定，致其工作權受不法侵害之計程車駕駛人之權益。詎料，本解釋卻反其道，就因第三十七條第三項吊銷駕照失效，而在此範圍內亦被宣告失效之第六十七條第二項，貫徹該第六十七條第二項之原定立法目的，繼續禁止工作權可能遭不法侵害之計程車駕駛人，三年內不得執行駕駛計程車職務。尚嫌未洽，難予贊同。……

貳、道交條例第三十七條第三項關於吊銷駕駛執照違憲部分

本解釋稱：「廢止執業登記，使其（即計程車駕駛人）不得以駕駛計程車為業，已足以達成維護乘客安全之立法目的。系爭規定一（即道交條例第三十七條第三項）有關吊銷駕駛執照部分，除限制工作權外，進一步剝奪人民駕駛汽車之自由，顯逾達成目的之必要程度，不符憲法第二十三條比例原則，與憲法第十五條保障人民工作權及第二十二條保障人民一般行為自由之意旨有違，應自本解釋公布之日起失其效力。從而，自不得再以違反同條例第三十七條第三項為由，適用同條例第六十八條第一項……。」前揭意旨，理由

充分，結論正確，無待贅言。該意旨關於強調道交條例第三十七條第三項連結第六十八條第一項規定，導致剝奪人民駕駛汽車之自由，顯然逾越比例原則，從而違反憲法第二十二條保障人民一般行為自由部分，尤值贊同。

尚可一言者，係本段意旨與本院釋字第六九九號解釋之對照觀察。本院釋字第六九九號解釋稱：「道路交通管理處罰條例第三十五條第四項前段規定，汽車駕駛人拒絕接受同條第一項第一款酒精濃度測試之檢定者，吊銷其駕駛執照。同條例第六十七條第二項前段復規定，汽車駕駛人曾依第三十五條第四項前段規定吊銷駕駛執照者，三年內不得考領駕駛執照。又中華民國九十四年十二月十四日修正公布之同條例第六十八條另規定，汽車駕駛人因第三十五條第四項前段規定而受吊銷駕駛執照處分者，吊銷其持有各級車類之駕駛執照。上開規定與憲法第二十三條比例原則尚無牴觸，而與憲法保障人民行動自由及工作權之意旨無違。」依據本院釋字第六九九號解釋意旨，汽車駕駛人違反行政法規（拒絕接受酒測）者，即應吊銷其駕駛執照，且不因而侵害該駕駛人之一般行為自由及工作權。反之，依本解釋意旨，計程車駕駛人違反刑法（犯竊盜、詐欺、贓物、妨害自由或刑法第二百三十條至第二百三十六條各罪之一），如因而吊銷其駕駛執照，即屬侵害其一般行為自由及工作權。

或有認為，本院釋字第六九九號解釋，乃處理汽車駕駛人因從事危害交通安全之行為（拒絕接受酒測），而受吊銷駕駛執照之處罰；本解釋則係處理計程車駕駛人因從事無關交通安全之行為（犯竊盜、詐欺、贓物、妨害自由或刑法第二百三十條至第二百三十六條各罪之一），而受吊銷其駕駛執照之處罰。二者不無差別。惟依憲法體系解釋要求，並考量舉輕明重法則，駕駛汽車而拒絕接受酒測者，僅為危險犯，仍得吊銷其駕駛執照，但計程車駕駛人觸犯刑事罪責者，縱該犯罪與其駕駛計程車有關，已屬實害犯，卻不得吊銷其駕駛執照。兩相對照，似有未洽。

本席以為，對照之下，釋字第六九九號解釋容有重新檢討之必要。要言之，僅因汽車駕駛人拒絕接受酒精濃度測試，即適用道交條例第三十五條第四項前段，吊銷其駕駛執照，並因而連動適用同條例第六十七條第二項與第六十八條規定，吊銷其所持有之各級車類駕照，且不准其於三年內考領駕駛

執照，尚欠妥適，並有違反憲法保障人民一般行為自由及工作權意旨之疑義。

參、道交條例第六十八條第一項規定部分

道交條例第六十八條規定……對此規定，本解釋意旨認為，由於道交條例第三十七條第二項業經宣告失效，故自無再以違反該規定為由，而適用前開第六十八條。

惟本席以為，依照本解釋所採取較嚴格審查標準，道交條例第六十八條第一項立法目的在於維護交通秩序及確保交通安全，係為追求重要公共利益，其目的合憲。然為達成該目的，前揭規定不分吊銷駕駛執照處分之各別具體情況，一律以「吊銷其執有各級車類之駕駛執照」為手段，難謂與該目的間具有實質關聯，且該手段亦不符合最小侵害原則。本解釋關於道交條例第六十八條第一項之違憲疑義，僅一語帶過，有意忽略其違反比例原則，殊為可惜……

肆、結論

釋字第六九九號解釋保障人民工作權與一般行動自由之用心，應給予最大肯定。在此初衷下，釋憲機關僅能宣告經立法者制定之法律規定（例如本解釋所涉之道交條例第三十七條第三項、第六十七條第二項及第六十八條）有無違反憲法意旨；至於經違憲宣告之法律，應如何修正，本於權力分立原則，釋憲機關則應恪守司法者本分，尊重立法者之自由形成空間。

然而，仍可一語者，立法機關於制定法律時，應審時度勢，深思熟慮，不宜如制定道交條例第三十七條第三項之情形，於立法時，僅以犯罪人數多寡為依據，而不問該犯罪與計程車駕駛人工作權之限制，有無關聯，導致逾越比例原則，而未能達成保障乘客安全之立法目的。尤應避免者為，僅基於偶發之重大社會安全事件，為平息民眾因此產生之一時不安情緒，遂乖違憲法宣示之永恆人權價值，而制定「寧冤枉百人」之嚴酷法律，卻依舊未能達成「不錯放一人」之立法目的。

—評析與問題—

◆ **本號解釋宣告違反比例原則之理由**

　　本號解釋依照使用職業選擇三階段審查標準，依比例原則審查，細觀本號解釋理由，在審查系爭規定一之部分，你認為大法官有無依照傳統比例原則之目的、手段適合性（有助於目的之達成）、手段必要性（最小侵害手段）、手段均衡性（所欲保護法益和受侵害法益是否顯失均衡）的每一階層去一一審視？如果沒有，大法官是基於何種理由認定系爭規定一違反比例原則？

　　關於系爭規定一之立法目的之審查，本號解釋仍延續黃坤榮對臺中市警察局案（釋584）中肯定道路交通管理處罰條例第三十七條保障乘客安全目的之意旨。關於手段與目的之關聯性，本號解釋理由書指出：「資格限制應以對乘客安全具有實質風險者為限，其手段始得謂與前揭目的之達成間具有實質關聯」亦延續黃坤榮對臺中市警察局案（釋584）之解釋意旨，以計程車駕駛人之犯罪是否對乘客安全具特別危險（實質風險）作判斷標準。而本號解釋認定系爭規定一違憲之理由，乃在於：「是系爭規定一僅以計程車駕駛人所觸犯之罪及經法院判決有期徒刑以上之刑為要件，而不問其犯行是否足以顯示對乘客安全具有實質風險，均吊扣其執業登記證、廢止其執業登記。就此而言，對計程車駕駛人工作權之限制，已逾越必要程度。」你認為大法官基於系爭規定不問計程車駕駛之犯行是否對於乘客安全有實質風險，而一律於符合法規要件時，均吊扣其執業登記證、廢止其執業登記，屬於「逾越必要程度」，故而違反比例原則而違憲，此種認定違憲之理由，有無隱含系爭規定一涵蓋過廣故而違反比例原則之意思？

　　最後，關於目的手段關聯性部分，本號解釋雖是採取「乘客安全之實質風險」，然本號解釋理由書對「實質風險」之要件闡述並不充分，亦未說明「實質風險」究竟所指為何。就此，羅昌發大法官、湯德宗大法官、黃瑞明大法官之意見書都有各自不同之定義，值得參考。你認為「乘客安全之實質風險」是否審查目的手段關聯性之最重要因素？除此之外，你認為還有沒有其他因素應一併審酌？

◆ 比例原則較小手段性之審查

　　本號解釋多次運用比例原則之手段必要性來宣告系爭規定一、二、三違憲。第一次係就系爭規定一吊扣執照和廢止執業登記部分，認為「僅以計程車駕駛人所觸犯之罪及經法院判決有期徒刑以上之行為要件，而不問其犯行是否足以顯示對乘客安全具有實質風險，均吊扣其執業登記證、廢止其執業登記，就此而言，已逾越必要程度」。首先，關於何謂「對乘客安全具實質風險」之犯罪而可列入禁業範圍，黃虹霞大法官之意見書有提供相關參考因子，你是否同意？你認為立法上應該如何設計？再者，究其實際，所有立法手段衡有較小侵害手段之選擇，你認為是否只要仍有其他較小侵害手段，恆會導致法律違憲？此中可能涉及權力分立之考量，倘司法動輒可基於立法手段存有其他較小侵害手段，即可以此宣告違憲，你認為是否妥適？對於立法是否尊重？應否尊重立法？本號解釋對系爭規定一認為手段逾越必要程度，你認為大法官是否也認為系爭規定一涵蓋過廣，從而宣告違反比例原則？

　　關於系爭規定一、二、三，本號解釋雖均做成違憲宣告，但系爭規定一吊扣執照和廢止執業登記部分，大法官選擇兩年內定期失效；系爭規定一吊銷執照部分，以及系爭規定二、三與之相關之部分，則是立即失效。你認為有此差別之原因為何？是否是因為後者違反比例原則之程度較大，故直接失效？必要性手段審查或是涵蓋過廣原則要如何加以限縮？是否要先等立法者規劃，大法官不適合逕行作成解釋，否則就會侵害權力分立？但從另一種觀點，如果要尊重立法者，是否反而應該採用定期失效（而非立即失效），讓立法者有一段彈性修改、妥為規劃之時間？透過上述兩種觀點之討論，你認為我國大法官在選擇立即失效或定期失效之標準究竟為何？

◆ 本號解釋之救濟諭知

　　本號解釋在系爭規定一吊扣執照部分和廢止執業登記之部分，形式上看似採用定期失效之違憲宣告模式，惟理由書末段實質上已使此部分質變為立即失效（理由書末段：「依本解釋意旨，計程車駕駛人自本解釋公布之日起至有關機關依本解釋意旨修正系爭規定一之前，經依系爭規定一廢

止執業登記者，仍得繼續持有職業駕駛執照」）。你認為大法官為何不直接採取立即失效之違憲宣告模式？此問題在祁家威對臺北市萬華區戶政事務所案（釋 748）亦有，你認為祁家威案（釋 748）和本號解釋，大法官之定期失效違憲宣告是否僅是嚇阻效果（希望立法者快點修正）？另外，上段救濟諭知實質上使本號解釋發生溯及既往之效力，你認為司法解釋可否發生如此強之效力（不僅針對聲請人，甚至還有溯及效力），是否有破壞法安定性之虞？理論上立法者才能決定法規向後或溯及失效或生效，本號解釋是否已經違反司法與立法之分際，而有破壞權力分立之虞？

　　另外，理由書末段：「而依計程車駕駛人執業登記管理辦法第三條規定：『汽車駕駛人須領有職業駕駛執照，且無本條例第三十六條第四項或第三十七條第一項情事者，始得申請辦理執業登記。』上開計程車駕駛人得持原有或新考領取得之職業駕駛執照，申請執業登記，故無法達到原系爭規定二禁業三年之效果。茲為貫徹原定期禁業之目的，於相關法令修正前，計程車駕駛人經廢止執業登記者，三年內不得再行辦理執業登記。」。你認為上開救濟諭知，是否係以司法解釋代替立法之具體內容？此種針對抽象法規之大法官解釋是否應有其界限？亦即除消極宣告立法違憲外，大法官積極程度是否只能到救濟個案聲請人，不能通案到所有法規之具體修正或救濟方式？本號解釋是否已屬司法過度積極之展現，而有逾越司法權之功能導致違反權力分立？大法官解釋此種積極之展現，有無立法者不尊重大法官解釋之意旨，斲傷大法官之威信、使司法威信蕩然無存之風險？例如監察院對司法院、法務部案（釋 530）？

參、比例原則之審查基準

許宗力大法官在黃坤榮對臺中市警察局案（釋 584）的協同意見中，談到建立不同審查標準的理由與需要：

> 違憲審查具強烈公益色彩，故基本上採職權調查主義。但在立法事實判斷上，究應達到何種確信程度，才足以認定事實之存在，未免流於恣意，本院大法官參酌外國釋憲實務，也逐漸發展寬嚴不同的認定或者說審查標準。不同寬嚴審查標準的選擇，應考量許多因素，例如系爭法律所涉事務領域，根據功能最適觀點，由司法者或政治部門作決定，較能達到儘可能「正確」之境地，系爭法律所涉基本權之種類、對基本權干預之強度，還有憲法本身揭示的價值秩序等等，都會影響寬嚴不同審查基準之選擇。

此外，許宗力大法官在高瑋公司對何申魁案（釋 578）的協同意見中，則首次指出了比例原則寬嚴不同之審查基準概念：

> 比例原則之操作，一般總以為僅僅是依循三個次原則之要求，單純作目的與手段間之利益衡量而已。其實，操作比例原則，不僅與利益衡量有關，也涉及對立法事實認定之審查。⋯⋯為避免司法者就相關立法事實存在與否形成心證時，會流於恣意，也同時為提升司法審查的可預測性與可接受度，逐步發展出寬嚴不同的審查基準，自亦有其必要。
>
> 參酌外國釋憲經驗，關於對立法事實判斷之審查，約可粗分三種寬嚴不同審查基準：如採最寬鬆審查標準，只要立法者對事實的判斷與預測，不具公然、明顯的錯誤，或不構成明顯恣意，即予尊重；如採中度審查標準，則進一步審查立法者的事實判斷是否合乎事理、說得過去，因而可以支持；如採最嚴格審查標準，司法者對立法者判斷就須作具體詳盡的深入分析，倘無法確信立法者的判斷是正確的，就只能宣告系爭手段不符比例原則之要求。何時從嚴，何時從寬審查，應考量許多因素，例如系爭法律所涉事務領域，根據功能最適觀點，由司法者或政治部門

作決定，較能達到儘可能「正確」之境地，系爭法律所涉基本權之種類、對基本權干預之強度，還有憲法本身揭示的價值秩序等等，都會影響寬嚴不同審查基準之選擇。

　　至於本件，本件立法因涉及國家整體資源的配置與運用、社會環境、經濟結構及勞雇關係等複雜政策性問題，基於功能最適之考量，不可能採嚴格審查標準，而應留給政治部門較廣泛之政策形成空間。惟承認政治部門享有廣泛之政策形成空間，是否就表示司法者只能採最寬鬆審查標準？多數意見之解釋理由書提到系爭「手段仍在合理範圍內」，似隱含採美國寬鬆之合理審查標準之意。對於涉及經濟與社會政策立法，縱使本席同意從寬審查，也不必然意謂著一律採最寬鬆的審查標準，至少就本件而言，由於系爭規定也涉及限制廣大中小企業主之財產權與契約自由，而民國八十六年七月二十一日修正憲法增修條文第十條第三項恰凸顯國家對中小企業的照顧發展義務，要求「國家對於人民興辦之中小型經濟事業，應扶助並保護其生存與發展」，基於對此由修憲者特別揭示之憲法價值之尊重，本席因而認為本件應提升至中度審查基準，就立法事實的認定與預測，審查是否合乎事理、說得過去，而非僅止於審查是否明顯錯誤、明顯恣意。

　　林子儀大法官於黃坤榮對臺中市警察局案（釋584）之不同意見書，則進一步提出比例原則審查基準與政府舉證責任之關聯性：

　　　本席以為採取較嚴格審查標準如欲有其合憲性控制上的意義，而非流於紙面文章，在操作上即意謂要求立法者提出更重要的立法目的，並以實質有效且侵害較小之手段達成目的。換言之，手段不能僅是可以達成目的，而必須是可靠、具備實效，與目的之達成具有實質關連性之手段；同時，該手段固然不必是侵害最小的手段，但最起碼必須是經過斟酌的選擇對人民權利侵害較小的手段。尤有甚者，立法者的選擇不再享有合憲推定，立法者因此須對於上述目的之重要性、手段之實質有效性與其侵害程度係可接受等，負舉證的責任。一般而言，我國司法違憲審查制度受限於抽象審查的機制設計，相關政府機關的舉證責任往往難以彰顯，司法釋憲者也少有揭露在事實層面如何形成心證的過程，司法違憲

審查過程的舉證問題因此也較少受到關注。但是在本案中，多數意見確實就手段之有效性與侵害程度有所調查、認定，從而在本案中，我們應深刻地檢討當採取較嚴格之審查標準時，相關政府機關的舉證責任問題。惟多數意見所謂採取較嚴格的審查標準，似主張除要求系爭法律規定所維護之公共利益必須「更為重要」之外，手段均須屬「必要」，此外即無其他更加嚴格之要求。而在實際適用該審查標準時，由於「更為重要」的公共利益，其標準往往流於抽象，不容易區別提高審查標準的實益。至於有關手段的審查，我國釋憲實務上所謂「必要」手段，在不同個案中往往代表不同程度的合憲性要求，而嚴格與否乃是取決於對於「必要」手段的認定，與對相關政府機關宣稱系爭手段係屬「必要」之說理與舉證要求。然而根據本案多數意見之說理，無論是對於手段侵害性的接受度以及對其有效性的採認，所反映的僅是一種相當低度的標準與舉證要求，幾至難以分辨其所宣示採取之較嚴格之審查標準與寬鬆的合理審查標準有何差別。多數意見認可法務部及警政署所提出的民國八十六年之累（再）犯率統計數字，並對比於修法後犯上述之罪人數已呈下降趨勢等，作為系爭手段有效性之合憲論據。姑不論上述數據的解讀是否合於統計數據原本之意涵，以及將修法前的累再犯比率與修法後的犯罪人數，兩組數據之間是否有對比判讀的意義。再犯乃指服刑期滿後五年內再度犯罪，故累、再犯率之合併統計數據是否足徵說明「終身」限制的有效性或必要性？上述所統計之犯罪人是否曾有犯罪紀錄？其犯罪態樣是否與營業小客車之駕駛營運相關，例如以營業小客車為犯罪工具或利用駕駛營運之機會犯罪等等？諸如此類對於說明修法效果因果關係的重要論據，多數意見卻少有考量。又試問倘使特定犯罪之累再犯比例，確實顯示其相當危險，則主管機關仍容許有一定犯罪前科而在修法前已領得執照者繼續營運，豈非自相矛盾？何況，多數意見所認定犯罪數量下降此一單純的數據，或許可能是肇因品牌計程車之逐步建立、或因行動電話之普及、或因定點無線電預約叫車服務之推廣。但多數意見卻認定上開法務部與警政署之統計數據，已足證實相關政府機關對採用終身限制手段之實效性之舉證說理義務的要求，以及所謂「必要」手段的認定。如

此推論，如何能謂已對相關政府機關之舉證責任，已善盡審查之責。更遑論相關主管機關對於是項限制，根本沒有任何預測基礎與追蹤成效的作為，本案審理參考或引用的統計數據都是在本院一再要求之下，相關主管機關方才配合完成調查。無怪乎欲進一步要求其提出更切合系爭立法之實證資料，尤其難也。

……

此外，湯德宗大法官於蔡〇雪對臺北市國稅局案（釋 696）提出之協同意見書中，進一步介紹美國之司法審查標準❶：

……

貳、本件解釋之商榷──扭曲的平等原則「較為嚴格之審查」

……

一、「目的合憲」是審查「結論」，而非審查「標準」

多數意見解釋理由書第一段援引本院釋字第六八二號解釋，宣示法規範是否符合平等原則應採取「二元審查架構」，即審查「法規範是否符合平等權保障之要求，其判斷應取決於該法規範所以為差別待遇之目的是否合憲，其所採取之分類與規範目的之達成之間，是否存有一定程度之關聯性而定」。所謂「該法規範所以為差別待遇之目的是否合憲」即「目的合憲性」審查；所謂「所採取之差別待遇與規範目的之達成之間，是否存有一定程度之關聯性」即「手段與目的關聯性」審查。至於在此框架下，「哪樣的目的」算是「合憲」，差別待遇手段與規範目的之達成間「如何程度的關聯」算是「一定程度之關聯」，端視採取何種審查基準（所謂「低標」、「中標」或「高標」）而有

----

❶ 美國學者 R. Kelso 將「限制較少之替代手段檢驗」(less restrictive alternatives test) 及「舉證責任」(burden of proof) 分配兩項要素，融合美國原本司法審查標準中之「目的」、「手段與目的之關連」，形成四項判準、並分析美國聯邦最高法院在各個權利領域使用之審查標準，歸納出「三階六層」違憲審查基準。而我國學者依此理論為基礎，進一步提出「階層式比例原則」之內涵及操作模式。相關內容請參閱湯德宗，〈違憲審查基準體系建構初探──「階層式比例原則」構想〉，廖福特主編，《憲法解釋之理論與實務(六)（下）》，頁 581–660，中央研究院法律學研究所籌備處，九十八年七月。

不同，並非一成不變。各國並得發展出不同內容的審查基準，以因應各自需求，但總須言之成理，始能發生效用。

以美國為例，所謂「低標」，亦稱「合理審查基準」(mere rationality test, rational basis review)，旨在審查：系爭法規範所以為差別待遇之目的是否在追求「合法之公共利益」(a legitimate/permissible public interest)，且其所採取之差別待遇與規範目的之達成間，是否存有「合理關聯」(rationally/reasonably related to)。換言之，採取差別待遇的目的須為追求「合法之公共利益」始為「合憲」，而差別待遇之手段與規範目的之達成間須有「合理之關聯」始能認為具備「一定程度之關聯」。本院前此關於平等權的解釋大多採此「低標」審查，而獲致系爭法規範「合憲」的結論。

其次，美國所謂「中標」，亦稱「中度審查基準」(intermediate level review)，旨在（進一步）審查：系爭法規範所以為差別待遇之目的是否在追求「重要的公共利益」(a substantial/significant/important public/governmental interest)，且其所採取之差別待遇與規範目的之達成間，是否存有「實質關聯」(substantially related to)。換言之，採取差別待遇的目的須為追求「重要公共利益」始為「合憲」，而差別待遇之手段與規範目的之達成間須有「實質關聯」始能認為具備「一定程度之關聯」。本院釋字第六二六號解釋所謂「較為嚴格之審查」，即係採此「中標」審查，而獲致警大招生簡章排除色盲考生報考之規定「合憲」的結論。

至於美國所謂「高標」，亦稱「嚴格審查基準」(strict/heightened scrutiny)，旨在（更進一步）審查：系爭法規範所以為差別待遇之目的是否在追求「極重要、極優越的公共利益」(a compelling/overriding public/governmental interest)，且其所採取之差別待遇與規範目的之達成間，是否存有「直接關聯」(directly related to)。換言之，採取差別待遇的目的須為追求「極重要公共利益」始為「合憲」，而差別待遇之手段與規範目的之達成間須有「直接關聯」始能認為具備「一定程度之關聯」。我國大法官則尚未發展出類似標準。……

關於司法違憲審查密度之相關文獻，可參考湯德宗，〈違憲審查基準體系建構初探──「階層式比例原則」構想〉，廖福特主編，《憲法解釋之理論與

實務㈥》，頁 7-45，中央研究院法律學研究所籌備處，九十八年；許宗力，
〈比例原則之操作試論〉，《法與國家權力㈡》，頁 121-40，元照，九十六年，
初版一刷。

　　我國大法官解釋就比例原則有無如美國區分三種寬嚴不同之審查密度？
如有，各該密度之標準為何？請閱讀以下幾號解釋：

一、嚴格審查基準？

林瑞絨等對臺北市社會局案（釋字第六四九號解釋）

♠ 背景事實

　　聲請人之一林瑞絨經營管理髮店，僱用非視障者之聲請人楊春花及鍾美日，
於營業場所內從事按摩服務，為警查獲。經臺北市政府社會局認違反身心障
礙者保護法第三十七條第一項前段規定，並依同法第六十五條第一項與第二
項規定，分別處以新臺幣四萬元、一萬元及二萬元罰鍰。聲請人等不服，提
起行政爭訟，分別遭最高行政法院九十四年度裁字第二〇三三號裁定，與最
高行政法院九十四年度裁字第一二九一號裁定駁回，案件確定。聲請人等認
身心障礙者保護法第三十七條第一項前段規定，有侵害人民平等權及工作權
之虞，聲請解釋憲法。

解釋文

　　中華民國九十年十一月二十一日修正公布之身心障礙者保護法第三十七條第
一項前段規定：「非本法所稱視覺障礙者，不得從事按摩業。」（九十六年七月十
一日該法名稱修正為身心障礙者權益保障法，上開規定之「非本法所稱視覺障礙
者」，經修正為「非視覺功能障礙者」，並移列為第四十六條第一項前段，規定意
旨相同）與憲法第七條平等權、第十五條工作權及第二十三條比例原則之規定不
符，應自本解釋公布之日起至遲於屆滿三年時失其效力。

－解釋理由書－（節）

　　九十年十一月二十一日修正公布之身心障礙者保護法第三十七條第一項前段規定：「非本法所稱視覺障礙者，不得從事按摩業。」（下稱系爭規定……）係以保障視覺障礙者（下稱視障者）工作權為目的所採職業保留之優惠性差別待遇，亦係對非視障者工作權中之選擇職業自由所為之職業禁止，自應合於憲法第七條平等權、第十五條工作權及第二十三條比例原則之規定。

　　查視障非屬人力所得控制之生理狀態，系爭規定之差別待遇係以視障與否為分類標準，使多數非視障者均不得從事按摩業，影響甚鉅。基於我國視障者在成長、行動、學習、受教育等方面之諸多障礙，可供選擇之工作及職業種類較少，其弱勢之結構性地位不易改變，立法者乃衡酌視障者以按摩業為生由來已久之實際情況，且認為視障狀態適合於從事按摩，制定保護視障者權益之規定，本應予以尊重，惟仍須該規定所追求之目的為重要公共利益，所採禁止非視障者從事按摩業之手段，須對非視障者之權利並未造成過度限制，且有助於視障者工作權之維護，而與目的間有實質關聯者，方符合平等權之保障。……國家保障視障者工作權確實具備重要公共利益，其優惠性差別待遇之目的合乎憲法相關規定之意旨。

　　六十九年殘障福利法制定施行之時，視障者得選擇之職業種類較少，禁止非視障者從事按摩業之規定，對有意選擇按摩為業之視障者確有助益，事實上視障就業者亦以相當高之比率選擇以按摩為業。惟按摩業依其工作性質與所需技能，原非僅視障者方能從事，隨著社會發展，按摩業就業與消費市場擴大，系爭規定對欲從事按摩業之非視障者造成過度限制。而同屬身心障礙之非視障者亦在禁止之列，並未如視障者享有職業保留之優惠。在視障者知識能力日漸提升，得選擇之職業種類日益增加下，系爭規定易使主管機關忽略視障者所具稟賦非僅侷限於從事按摩業，以致系爭規定施行近三十年而職業選擇多元之今日，仍未能大幅改善視障者之經社地位，目的與手段間難謂具備實質關聯性，從而有違憲法第七條保障平等權之意旨。

　　又按憲法第十五條規定人民之工作權應予保障，人民從事工作並有選擇職業之自由……對職業自由之限制，因其內容之差異，在憲法上有寬嚴不同之容許標準。關於從事工作之方法、時間、地點等執行職業自由，立法者為

追求一般公共利益，非不得予以適當之限制。至人民選擇職業之自由，如屬應具備之主觀條件，乃指從事特定職業之個人本身所應具備之專業能力或資格，且該等能力或資格可經由訓練培養而獲得者，例如知識、學位、體能等，立法者欲對此加以限制，須有重要公共利益存在。而人民選擇職業應具備之客觀條件，係指對從事特定職業之條件限制，非個人努力所可達成，例如行業獨占制度，則應以保護特別重要之公共利益始得為之。且不論何種情形之限制，所採之手段均須與比例原則無違。

查系爭規定禁止非視障者從事按摩業，係屬對非視障者選擇職業自由之客觀條件限制。該規定旨在保障視障者之就業機會，徵諸憲法第一百五十五條後段及增修條文第十條第七項之意旨，自屬特別重要之公共利益，目的洵屬正當。惟鑑於社會之發展，按摩業之需求市場範圍擴大，而依規定，按摩業之手技甚為廣泛，包括「輕擦、揉捏、指壓、叩打、震顫、曲手、運動及其他特殊手技。」……系爭規定對非視障者從事按摩業之禁止，其範圍尚非明確，導致執行標準不一，使得非視障者從事類似相關工作及行業觸法之可能性大增，此有各級行政法院諸多裁判可稽。且按摩業並非僅得由視障者從事，有意從事按摩業者受相當之訓練並經檢定合格應即有就業之資格，將按摩業僅允准視障者從事，使有意投身專業按摩工作之非視障者須轉行或失業，未能形成多元競爭環境裨益消費者選擇，與所欲保障視障者工作權而生之就業利益相較，顯不相當。故系爭規定對於非視障者職業選擇自由之限制，實與憲法第二十三條比例原則不符，而牴觸憲法第十五條工作權之保障。

保障視障者之工作權，為特別重要之公共利益，應由主管機關就適合視障者從事之職業予以訓練輔導、保留適當之就業機會等促進就業之多元手段採行具體措施，並應對按摩業及相關事務為妥善之管理，兼顧視障與非視障者、消費與供給者之權益，且注意弱勢保障與市場機制之均衡，以有效促進視障者及其他身心障礙者之就業機會，踐履憲法扶助弱勢自立發展之意旨、促進實質平等之原則與精神。此等措施均須縝密之規劃與執行，故系爭規定應自本解釋公布之日起至遲於屆滿三年時失其效力。

─評析與問題─

◆ 嚴格審查基準之提出？適用？

　　本號解釋審查平等權所使用之「重要公共利益」、「目的與手段間難謂具備實質關聯性」等用語，亦曾於多號解釋出現（如鄭○中對中央警察大學案（釋 626）、林○菁對教育部案（釋 659）），你認為此用語是否與美國法之中度審查基準相同？

　　於工作權與職業自由審查部分，本號解釋於立法目的提及需有「特別重要公共利益」，此是否表示我國釋憲實務已發展出嚴格審查基準，而形成三種不同審查基準？抑或此種「特別重要公共利益」之要求僅適用於工作權與職業自由之審查？其次，理由書中之「手段均須與比例原則無違」應如何理解？與美國法之嚴密剪裁 (narrowly tailored) 有何不同，是否係指除該唯一特定之手段外，其他手段均無法符合比例原則之要求？

　　若依據上開用語而認定本號解釋已提出嚴格審查基準，惟本號解釋適用嚴格審查基準之方式，則非無疑義。觀諸本號解釋理由書倒數第二段有關按摩業多元競爭與視障者工作權保障之論述，係認為保障視障者屬於特別重要公益目的，惟其所採取限制非視障者工作權之手段則非必要手段，你認為本號解釋就工作權及職業自由比例原則之操作，是否符合一般所理解之嚴格審查基準？你認為嚴格審查基準如於本號解釋運用，應如何為之？此外，本號解釋理由書末段再次強調「保障視障者之工作權，為特別重要之公共利益」，意義為何？與嚴格審查基準之適用有無關聯？

　　關於本案工作權及職業自由審查基準之討論，參見黃昭元，〈平等權與自由權競合案件之審查──從釋字第六四九號解釋談起〉，《法學新論》，7 期，頁 17–43，九十八年。氏認為本案中於平等權之部分，要求之目的為「重要的公共利益」，目的與手段間具「實質關聯性」，大法官似採取中度審查標準；於工作權之部分，認目的應為「特別重要之公共利益」，似採取嚴格審查，手段部分，解釋理由書揭示系爭規定未能形成多元競爭環境供消費者選擇，與所欲保障視障者工作權而生之就業利益相較之下，顯不相當。

二、中度審查基準？

王證貴對財政部證期會案（釋字第六三四號解釋）

♪ 背景事實

　　聲請人王證貴未經主管機關證期會之核准，自民國九十年十一月起，於財訊快報等報紙刊登廣告，以每期二個月、每週上課一次，收取費用新臺幣十萬元之條件，招攬一般民眾參加其所舉辦之證券投資講習課程，並於授課時提供證券交易市場分析資料，從事有價證券價值分析及投資判斷之建議（如操盤術及選股術），多人先後繳費上課。案經移送偵辦，遭臺灣臺北地方法院為有罪判決；後提起上訴，經同院九十二年度簡上字第三三三號判決駁回確定。聲請人認上開確定終局判決所適用之證交法第十八條第一項、第一百七十五條、管理規則第二條及第五條第一項第四款等規定有牴觸憲法第十一條、第十五條及第二十三條規定之疑義，聲請解釋。

解釋文

　　中華民國七十七年一月二十九日修正公布之證券交易法第十八條第一項原規定應經主管機關核准之證券投資顧問事業，其業務範圍依該規定之立法目的及憲法保障言論自由之意旨，並不包括僅提供一般性之證券投資資訊，而非以直接或間接從事個別有價證券價值分析或推介建議為目的之證券投資講習。八十九年十月九日修正發布之證券投資顧問事業管理規則（已停止適用）第五條第一項第四款規定，於此範圍內，與憲法保障人民職業自由及言論自由之意旨尚無牴觸。

─解釋理由書─（節）

　　人民之工作權為憲法第十五條規定所保障，其內涵包括人民選擇職業之自由。人民之職業與公共福祉有密切關係，故對於選擇職業應具備之主觀條件加以限制者，於符合憲法第二十三條規定之限度內，得以法律或法律明確授權之命令加以限制，惟其目的須為重要之公共利益，且其手段與目的之達

成有實質關聯，始符比例原則之要求。憲法第十一條保障人民之言論自由，乃在保障意見之自由流通，使人民有取得充分資訊及自我實現之機會，經濟性言論所提供之訊息，內容非虛偽不實，或無誤導作用，而有助於消費大眾為經濟上之合理抉擇者，應受憲法言論自由之保障。惟國家為重要公益目的所必要，仍得於符合憲法第二十三條規定之限度內，以法律或法律明確授權之命令，採取與目的達成有實質關聯之手段予以限制。

七十七年一月二十九日修正公布之證券交易法（以下簡稱「證交法」）第十八條第一項原規定：「經營……證券投資顧問事業……，應經主管機關之核准。」同條第二項規定：「前項事業之管理、監督事項，由行政院以命令定之。」……九十一年二月六日修正之同法第一百七十五條並規定：「違反第十八條第一項……之規定者，處二年以下有期徒刑、拘役或科或併科新臺幣一百八十萬元以下罰金。」行政院於八十九年十月九日依據證交法第十八條第二項規定之授權，修正發布之證券投資顧問事業管理規則（以下簡稱「管理規則」……）第二條第一項規定：「本規則所稱證券投資顧問事業，指為獲取報酬，經營或提供有價證券價值分析、投資判斷建議，或基於該投資判斷，為委任人執行有價證券投資之業務者。」第二項規定：「前項所稱報酬，包含直接或間接自委任人或第三人取得之任何利益。」第五條第一項規定：「證券投資顧問事業得經營下列業務，其種類範圍以經證期會核准者為限：……四、舉辦有關證券投資之講習。……」是依上開規定，如從事管理規則第五條第一項規定之業務者，依證交法第十八條第一項規定應先經主管機關核准，如有違反，即依同法第一百七十五條規定予以處罰。

證券投資顧問事業之定義，證交法雖未作明文規定，惟依同法第十八條之意旨，及於八十九年十月九日管理規則修正發布前，證券投資顧問事業得經營之業務範圍，實務上係以提供證券投資資訊及分析建議為限，尚未及於接受客戶全權委託投資之業務等我國證券市場特性暨證券投資顧問事業之發展情形，可知上開法律規定應經主管機關核准始得經營之事業，包括提供證券投資之資訊及分析建議，或接受客戶全權委託投資等二類專業服務。是管理規則第二條將證券投資顧問事業定義為：直接或間接自委任人或第三人獲取報酬，經營或提供有價證券價值分析、投資判斷建議，或基於該投資判斷，

為委任人執行有價證券投資業務者而言，並未逾越證交法第十八條第一項證券投資顧問事業所欲規範之範圍。因舉辦有關證券投資之講習，涉及證券投資之資訊提供及分析建議，故管理規則第五條第一項第四款規定，亦將舉辦有關證券投資之講習，列舉為應經主管機關核准之證券投資顧問事業之一種。

人民欲舉辦有關證券投資講習者，依前開證交法第十八條第一項及管理規則第五條第一項第四款之規定，須為經主管機關核准之證券投資顧問事業，並要求從事上開業務者須具備一定之專業資格及組織規模……；故上開規定係對欲從事有關證券投資講習者之職業選擇自由為主觀條件之限制。查證交法第十八條第一項之立法意旨，係鑒於證券投資本具有一定之風險性及專業性，而證券投資顧問事業關係證券市場秩序維持與投資人權益保護之公共利益至鉅，故就該事業之成立管理採取核准設立制度，俾提升並健全該事業之專業性，亦使主管機關得實際進行監督管理，以保障投資，發展國民經濟……，主管機關亦依上開意旨訂定管理規則。是證交法第十八條第一項及管理規則第五條第一項第四款之規範目的，係為建立證券投資顧問之專業性，保障委任人獲得忠實及專業服務之品質，避免發生擾亂證券市場秩序之情事，其所欲追求之目的核屬實質重要之公共利益，符合憲法第二十三條對系爭規範目的正當性之要求。

按人民舉辦有關證券投資之講習，係在提供證券投資相關資訊，其內容與經濟活動有關，為個人對證券投資之意見表達或資訊提供，其內容非虛偽不實，或無誤導作用，而使參與講習者有獲得證券投資相關資訊之機會，自應受憲法第十一條言論自由之保障。然依證交法第十八條第一項及管理規則第五條第一項第四款規定，舉辦有關證券投資講習屬證券投資顧問事業之營業範圍者，必須經主管機關核准取得證券投資顧問事業之資格，方得為之。是依上開規定之規範內涵，除限制欲舉辦有關證券投資講習者之職業自由外，亦對其言論自由有所限制。上開規定所欲追求之目的固屬實質重要之公共利益，已如前述，惟其限制手段與目的之達成須具有實質關聯，始符憲法第二十三條之比例原則，而未違背憲法保障人民職業自由及言論自由之意旨。

按證交法第十八條第一項及管理規則第五條第一項第四款規定之證券投資顧問事業，就經營或提供有價證券價值分析、投資判斷建議之業務而言，

係在建立證券投資顧問之專業性，保障投資人於投資個別有價證券時，獲得忠實及專業之服務品質，並避免發生擾亂證券市場秩序之情事，依此立法目的及憲法保障言論自由之意旨，如僅提供一般性之證券投資資訊，而非以直接或間接從事個別有價證券價值分析或推介建議為目的之證券投資講習（例如講習雖係對某類型有價證券之分析，而其客觀上有導致個別有價證券價值分析之實質效果者，即屬間接提供個別有價證券價值分析之證券投資講習），自不受上開法律之限制。證交法第十八條第一項及管理規則第五條第一項第四款規定就人民舉辦有關證券投資講習業務者，須為經主管機關核准之證券投資顧問事業，並要求從事上開業務者須具備一定之專業資格及組織規模，衡諸我國證券交易市場投資人結構特性，及證券投資顧問專業制度之情況，尚屬實質有助於實現上開目的之手段；且其所納入規範之證券投資講習之範圍，於上開解釋意旨範圍內，對建立證券投資顧問之專業性與保障投資人亦有實質之助益。是證交法第十八條第一項與管理規則第五條第一項第四款規定人民舉辦有關證券投資講習業務，須經主管機關核准設立證券投資顧問事業始得為之，其限制手段與目的達成具有實質關聯，符合比例原則，與憲法保障人民職業自由及言論自由之意旨尚無牴觸。

─評析與問題─

◆ 審查標準之選擇？

本號解釋以「實質關聯」作為目的與手段之審查，且宣告合憲，惟同樣以此為審查標準之其他解釋（如林俊廷等質疑社維法罰娼不罰嫖案（釋666）、曹○民對臺灣省北區國稅局案（釋701））卻宣告違憲，導致兩者結果迥異之原因為何？是否與審查標準之選擇有關？又釋憲實務對於「實質關聯」之適用是否有具體可循之標準？若果我們無法歸納出具體之判斷標準，是否可能表示大法官於「實質關聯」審查基準下，可以恣意決定審查之結果？

審查基準之選擇，往往與受限制之基本權利性質為何，有直接而密切之關係。臺灣國際菸草公司對臺北市衛生局案（釋577）中，就同一法令對於言論自由及財產權同時加設之限制，即採取了顯然不同之審查基準，

即為明顯之例證。請參閱本書言論自由章節中臺灣國際菸草公司對臺北市衛生局案（釋 577）之討論。

三、寬鬆（或合理）審查基準？

楊熙榮等對國防部案（釋字第七二七號解釋）

背景事實

聲請人楊熙榮等六人為原高雄市自治新村眷戶，因不同意所居住眷村辦理改建，經國防部依國軍老舊眷村改建條例第二十二條規定（下稱眷改條例），註銷眷舍居住憑證及原眷戶權益，並因而喪失承購住宅之相關權益，亦不得領取搬遷補助費或拆遷補償費。聲請人提起行政爭訟敗訴確定，認眷改條例第二十二條規定有牴觸憲法第七條、第十五條與第二十三條規定之虞，聲請大法官解釋。

解釋文（節）

中華民國八十五年二月五日制定公布之國軍老舊眷村改建條例（下稱眷改條例）第二十二條規定：「規劃改建之眷村，其原眷戶有四分之三以上同意改建者，對不同意改建之眷戶，主管機關得逕行註銷其眷舍居住憑證及原眷戶權益，收回該房地，並得移送管轄之地方法院裁定後強制執行。」……對於不同意改建之原眷戶得逕行註銷其眷舍居住憑證及原眷戶權益部分，與憲法第七條之平等原則尚無牴觸。惟同意改建之原眷戶除依眷改條例第五條第一項前段規定得承購住宅及輔助購宅款之權益外，尚得領取同條例施行細則第十三條第二項所定之搬遷補助費及同細則第十四條所定之拆遷補償費，而不同意改建之原眷戶不僅喪失前開承購住宅及輔助購宅款權益，並喪失前開搬遷補助費及拆遷補償費；況按期搬遷之違占建戶依眷改條例第二十三條規定，尚得領取拆遷補償費，不同意改建之原眷戶竟付之闕如；又對於因無力負擔自備款而拒絕改建之極少數原眷戶，應為如何之特別處理，亦未有規定。足徵眷改條例尚未充分考慮不同意改建所涉各種情事，有關法益之權衡並未臻於妥適，相關機關應儘速通盤檢討改進。

－解釋理由書－（節）

　　……立法機關就各種社會給付之優先順序、規範目的、受益人範圍、給付方式及額度等有關規定，自有充分之形成自由，得斟酌對人民保護照顧之需求及國家財政狀況等因素，制定法律，將福利資源為限定性之分配（本院釋字第四八五號解釋參照），倘該給付規定所以為差別待遇之目的係屬正當，且所採手段與目的之達成間具合理關聯，即與平等原則無違。

　　八十五年二月五日制定公布之眷改條例第二十二條規定：「規劃改建之眷村，其原眷戶有四分之三以上同意改建者，對不同意改建之眷戶，主管機關得逕行註銷其眷舍居住憑證及原眷戶權益，收回該房地，並得移送管轄之地方法院裁定後強制執行。」……對於不同意改建之原眷戶得逕行註銷其眷舍居住憑證及原眷戶權益，而不能如同意改建之原眷戶享有依眷改條例第五條第一項前段規定承購依同條例興建之住宅及由政府給與輔助購宅款等權益，形成與同意改建者間之差別待遇。

　　軍人之眷舍配住，為使用借貸性質之福利措施（本院釋字第四五七號解釋意旨參照），其終止原不以配住眷戶之同意為必要。系爭規定之立法目的，係考量老舊眷村之特殊環境，為避免眷戶持續觀望而影響眷村改建整體工作之執行進度，徒使改建成本不斷增高，乃藉同意門檻之設定暨對不同意改建之原眷戶註銷其眷舍居住憑證及原眷戶權益之差別待遇手段，促使原眷戶間相互說服，以加速凝聚共識，並據以要求按期搬遷，達成土地使用之最佳經濟效益，以維護公共利益。所有原眷戶均有相同機會同意改建而取得相關權益，並明知不同意改建即無法獲得相關權益。是系爭規定所為差別待遇之目的要屬正當，且所採差別待遇手段與前開立法目的之達成間具有合理關聯，與憲法第七條平等原則尚無牴觸。……

一部分協同意見書一（節）　　大法官　湯德宗

……

二、何以釋字第四五七號解釋作違憲宣告，而本號解釋卻作合憲宣告，兩者有無矛盾？

……

2.兩號解釋所採取之審查基準（審查密度）亦不相同

綜觀本號解釋理由書第一段之原則宣示……及解釋理由書第三段之論證歸結……，本號解釋顯然係以「低標」為基準進行審查。而究其所以採取「低標」作為審查基準，除考量「事物之本質」（眷舍配住屬給付行政之優惠措施）外，實施「差別待遇之分類基礎」實屬關鍵。

按「平等原則／平等權」審查基準之選擇雖為綜合評估之結果，然其中最關鍵之兩項因素厥為：「系爭權利之性質（重要性）」及「差別待遇之分類基礎」。前已言之，由於平等權並未指涉特定之內容，其受法律平等保護（平等對待）之程度，輒視個案所涉之基礎權利之性質而定，亦即愈重要之基本權，愈應受到法律之平等保障（平等對待）。是本院釋字第六九四號解釋鑒於「生存權」之重要性，而釋示：為確保「生存照顧之平等保障」，就該案系爭規定所形成之差別待遇是否違反「平等原則」，應受「較為嚴格之審查」。又釋字第六九六號解釋亦鑒於「婚姻與家庭」於憲法上之重要性，而認該案系爭規定所形成之差別待遇是否違反平等原則，亦應受「較為嚴格之審查」。本號解釋則將「眷舍配住」，一如釋字第四五七號解釋之將「農地配耕」，定性為「使用借貸關係之福利措施」，不承認聲請人有憲法上之權利得主張「配住眷舍」，聲請人乃無從主張憲法上之「平等權」，而須改依「平等原則」為審查，已如前述。是就「系爭權利之性質（重要性）」而言，本號解釋與釋字第四五七號解釋並無不同，則兩者審查結論之差異，當是兩案所涉「差別待遇之分類基礎」不同所致。

釋字第四五七號解釋所涉之差別待遇乃以「性別」作為分類之基礎，屬於憲法第七條所例示之「男女」平等問題；而本件系爭之差別待遇乃以「同意改建與否」作為分類之基礎，不在憲法第七條例示之列。

按平等權與平等原則之作用，旨在「禁止恣意」——不許國家（甚或私

人）以與事物本質無關之事由，實行差別待遇，致使「等者不等之」（對相同事物，為不同之對待）或「不等者等之」（對不同事物，為相同之對待）。而鑒於人類社會生活關係極為多樣且複雜，為使立法機關得基於憲法之價值體系，斟酌規範事物之性質差異，而為合理之差別待遇，實務上關於「平等權」及「平等原則」之違憲審查，輒預設「低標」作為審查基準，再視個案所涉之「基本權性質（重要程度）」，以及「據以實施差別待遇之分類基礎」是否「可疑」——亦即，實施差別待遇之分類基礎，是否為某種「無法改變之（生理）特徵」(immutable characteristics)？或依各該社會之生活經驗觀之，是否為反映某種「刻板印象」(stereotype) 之「社會烙印」(social stigma)？或是否針對實際上無法有效參與政治之 「孤立而隔絕之少數」 (discrete and insular minority) 而設等——俾酌予提高審查基準。……

一協同意見書一（節）　　　大法官　林錫堯

　　……

　　（三）系爭規定僅涉及不同意改建原眷戶之平等權，因而僅得以平等原則加以審查；且依其規範事項之特徵，僅能作寬鬆審查

　　系爭規定既已對於不同意改建之原眷戶與同意改建之原眷戶作差別待遇之規定，並使不同意改建之原眷戶喪失眷改條例第五條所定得承購住宅及輔助購宅款之權益，顯已形成對不同意改建之原眷戶之平等權之侵害，自得以平等原則加以審查。又鑒於平等權（平等原則）旨在防止無正當理由之差別待遇，平等原則本身是一種「空白公式 leere Form」，並未提供評價標準，評價標準必須另從憲法尋得；系爭規定又不涉及其財產權或居住自由，可資憑藉以提昇平等原則之審查密度與標準，復基於眷改條例本具有國家照顧軍人、軍眷或遺眷生活之優惠特性，以及系爭規定旨在加速眷村改建之立法目的（詳見解釋理由書），實亦無由對系爭規定是否違憲採取嚴格之審查。故解釋理由採取寬鬆審查，認「系爭規定所為差別待遇之目的要屬正當，且所採差別待遇手段與前開立法目的之達成間具有合理關聯，與憲法第七條平等原則尚無牴觸」，應可贊同。

—評析與問題—

◆ 給付行政之審查基準？

　　本案乃針對主管機關得逕行註銷不同意改建眷戶之眷舍居住憑證及原眷戶權益之規定所引發的爭議，多數意見於解釋理由書揭示倘該規定所為之差別待遇之目的係屬「正當」，且所採手段與目的之達成間具「合理關聯」，故無違反平等原則，本案是否可視為採取比例原則之合理審查基準？於本號解釋理由書中，大法官指出本案之搬遷補助費及拆遷補償費乃社會給付，吾人是否可以因此推論，大法官係基於本件屬於給付行政事項，而採取合理的審查基準？給付行政僅需受到司法低密度之審查原因為何？一般認為，因為給付行政涉及經濟資源之分配，而屬於立法裁量範圍❷，你是否認同此一理論？

　　湯德宗大法官認為本案之差別待遇乃以「同意改建與否」作為分類基礎，而多數意見似因此一分類基礎非屬憲法第七條例示「可疑區分」之列，而僅以「低標」為基準進行審查，湯大法官就此則提醒除了可疑之區分，關於平等權或平等原則之違憲審查，仍應視個案所涉之基本權性質及是否涉及「無法改變之（生理）特徵」、是否為反映某種「刻板印象」之「社會烙印」，或是否針對實際上無法有效參與政治之「孤立而隔絕之少數」而視情況提高審查密度。林錫堯大法官則認為，系爭規定不涉及財產權或居住自由，乃基於眷改條例具有國家照顧軍人、軍眷或遺眷生活之目的，而為之優惠措施，毋須採取嚴格之審查。對照湯大法官之觀察，你認為本案採取寬鬆審查之理由為何？降低司法審查基準除應考量給付行政、可疑之區分，以及是否為優惠措施等外，是否有其他應考量之因素？

----

❷ 陳新民大法官於張〇昌等健保投保額分級案（釋 676）意見書說明：「除非涉及到法治國原則所肯認的基本人權、權力分立外，在貫徹社會（福利）國理念，立法者在為服務行政（給付行政）的範疇，只要不侵犯平等原則，立法者恆享有極大的裁量權限。相形之下，釋憲者只能給予最寬鬆審查標準。這種屬於『司法自制』的一環，也顯示出作為憲法機關之一的大法官，對代表最高民意機關的立法權，表達最大的尊重。」

羅○霖對考選部案（釋字第六八二號解釋）

　　本號解釋中大法官認為，中醫特考有零分或專科平均或特定科目成績未達規定者不予及格之相關規定（下稱系爭規定），未牴觸憲法第二十三條法律保留原則、比例原則及第七條平等權之保障，亦與憲法第十五條保障人民工作權及第十八條保障人民應考試權之意旨無違。首先，大法官指出系爭規定係考選部依據專門職業及技術人員考試法第十五條與第十九條授權訂定，系爭規定之內容亦未逾越授權範圍，未違反憲法第二十三條法律保留原則。其次，大法官認為系爭規定係為鑑別非經正式中醫學教育養成之應考人有無取得中醫師執業資格之合理手段，故未違反憲法第二十三條比例原則、第十五條保障人民職業自由與第十八條保障人民應考試權之規定。

　　於平等權之審查基準上，大法官基於考試事項涉及專業判斷，採取較為寬鬆之審查標準。其認為：「相關機關以應考人學經歷作為分類考試之標準，並進而採取不同考試內容暨及格標準，雖與人民職業選擇自由之限制及應考試權密切關聯，惟因考試方法之決定涉及考選專業判斷，如該分類標準及所採手段與鑑別應考人知識能力之考試目的間具合理關聯，即與平等原則無違。」，可知大法官於本案採取合理審查標準。再者，大法官指出考試院在考試制度之設計上，因考量不同制度之應考人受中醫學教育及訓練養成背景、基本學養等因素之不同，故訂定之考試規則中，就及格方式、應試科目等規定自會有所差異。而大法官認為系爭規定造成之差別待遇，係出於考試主管機關之專業判斷，非出於恣意，且「與鑑別中醫師特考應考人是否具有中醫師執業所需之知識、技術與能力，有合理關聯性」。是以，系爭規定尚無違背憲法第七條保障之平等權。

◆ 行政專業之審查基準？

　　本件乃涉及中醫特考之爭議，解釋理由書指出考試主管機關於考試資格、方法之規定，因涉及專業判斷，應予以尊重，故認為本案立法者所採取之手段與鑑別應考人知識能力之考試目的間具合理關聯，與平等原則無違。由本案之結果觀之，是否可以推導出針對行政專業事項時，大法官之審查密度將較為寬鬆？於行政法上，有所謂行政裁量或判斷餘地之概念，

乃要求法院應就行政專業判斷予以尊重❸，你認為大法官是否與一般法院法官相同，對於涉及行政專業之事項，亦應考量行政裁量與判斷餘地而降低司法審查基準？

---

❸ 吳庚，《行政法之理論與實用》，頁 113–35，三民，九十年七版；陳敏，《行政法總論》，頁 178–212，自刊，一〇〇年七版；李震山，《行政法導論》，頁 68–83，三民，九十二年五版；李惠宗，《行政法要義》，頁 185–210，五南，八十九年二版。

肆、基本權衝突與比例原則的權衡

蘇俊雄大法官在黃鴻仁對蔡兆陽案（釋509）中提出協同意見書，指出基本權之衝突問題及其解決之道：

> 憲法保障的不同基本權之間，有時在具體事件中會發生基本權衝突──亦即，一個基本權主體在行使其權利時，會影響到另一個基本權主體的基本權利實現。基本權利之間發生衝突時，也就是有兩種看起來對立的憲法要求（對不同基本權的實現要求）同時存在；此時，必然有一方之權利主張必須退讓，方能維持憲法價值秩序的內部和諧。由於憲法所揭示的各種基本權，並沒有特定權利必然優先於另外一種權利的抽象位階關係存在，故在發生基本權衝突的情形時，就必須而且也只能透過進一步的價值衡量，來探求超越憲法對個別基本權保護要求的整體價值秩序。
>
> 就此，立法者應有「優先權限」採取適當之規範與手段，於衡量特定社會行為態樣中相衝突權利的比重後，決定系爭情形中對立基本權利實現的先後。而釋憲者的職權，則在於透過比例原則等價值衡量方法，審查現行規範是否對於相衝突的基本權利，已依其在憲法價值上之重要性與因法律規定而可能有的限制程度做出適當的衡量，而不至於過份限制或忽略了某一項基本權。至於在個案適用法律時，行政或司法機關亦應具體衡量案件中法律欲保護的法益與相對的基本權限制，據以決定系爭法律的解釋適用，追求個案中相衝突之基本權的最適調和。
>
> 由誹謗行為所引起的社會爭議，基本上便是一種典型的基本權衝突問題；蓋此際表意人所得向國家主張之言論自由防禦權，會與人格名譽受侵害者所得要求國家履行的基本權保護義務，發生碰撞衝突。面對此項難題，立法者一方面必須給予受到侵擾的人格名譽權益以適當之保護，滿足國家履行保護義務的基本要求，他方面亦須維持言論自由的適度活動空間，不得對其造成過度之干預限制。而在社會生活型態多樣的情況

下，如何妥慎區分不同的生活事實以進行細緻之權衡決定，更是此項基本權衝突能否獲致衡平解決的重要關鍵。

蘇俊雄大法官言及比例原則是一種價值衡量方法，然則使用比例原則衡量價值取捨，運用比例原則的人是否容易藉之隱藏心中所為的價值取捨？還是可以透過比例原則的規範，暴露權力決策者的價值取捨？比例原則有無先天的價值取捨偏好？還是純為一種價值取捨中立的分析模式而已？可不可以這樣理解比例原則：比例原則對於憲法所保障各種基本人權的價值，並無先天的偏好取捨；但是要求有意限制人權的政府，於針對一種基本人權價值設定限制之際，必須提供足夠重要的價值理由（正當目的），並且選擇適合的手段、盡量求取相衝突之價值之間的調和之道（必要手段），始為憲法所許？亦即憲法所列陳之多元人權價值之中，政府若為保障其中之一而限制另一項人權價值，憲法即藉用比例原則而衛護政府所欲加限制的部分，要求政府仔細審視其保障的目的是否充分、限制的方法有無其他更好（限制較少）的選擇？黃鴻仁案（釋 509）中，立法者為保障名譽權而限制言論自由，司法運用比例原則的目的，則在衛護言論自由，以求兩相衝突的價值，衝突面減至最低。如果立法者有朝一日立法保障言論自由而限制其他基本人權時，也一樣要運用比例原則以節制政府。屆時，比例原則衛護受限制的基本人權，藉以降低兩相衝突的價值之間的衝突面積，其實並無不同。

許宗力大法官於新新聞文化事業公司對呂秀蓮案（釋 656）之意見書亦提出基本權利衝突調和應如何考量之分析：

> 按所謂道歉，指行為人對自身過去之行為，承認錯誤，並對被害人表示歉意。道歉如係出於公權力所迫，並在公開場合為之，則道歉人受影響的，就不僅僅是不表意自由，也因令其感到屈辱，還包括人格尊嚴，且所涉內容如涉及倫理對錯的良心問題，甚至還涉及良心自由。故公權力是否宜強迫人民登報公開道歉，即涉及基本權衝突，也就是被害人一方的名譽權，以及加害人一方不表意自由、人格權，乃至良心自由雙方間衝突的問題。而有義務根據憲法保障基本權的精神，解釋系爭「回復名譽之適當處分」此一不確定概念的本院大法官，要解決基本權衝突，自然就須對相衝突之基本權作適切的利益衡量。利益衡量不脫價值判

斷。……權衡相衝突之基本權，總不得任憑衡量者自身之恣意與好惡，最基本的要求是不得偏袒任何一方基本權，致作出全有或全無之認定，而是必須在對雙方基本權盡可能兼顧，盡可能都傷害最小的前提下，作出適當之調和，以避免對任一方基本權造成過度侵害，否則將構成錯誤、違憲的利益衡量。

據此，以強迫登報公開道歉作為「回復名譽之適當處分」之一種，本席認為明顯不是在對雙方基本權盡可能兼顧，盡可能都傷害最小的前提下，所作出之適當調和，而是明顯錯誤、違憲的利益衡量。因受害人一旦贏得侵害名譽訴訟，通常勝訴判決本身就已還其公道，回復其名譽。如考量個案情形，為回復名譽，而有進一步讓勝訴判決廣為周知之需要，則充其量採取諸如由法院判命敗訴之加害人負擔費用，刊載澄清事實之聲明，或被害人勝訴判決之啟事，或將判決書重要內容登報等手段，即為已足，因為這些手段，都是既可以達成回復被害人名譽之目的，又不致於對加害人之不表意自由、人格權與良心自由等構成侵害的兩全其美手段，根本無須動用到命公開道歉這尊大砲。……強迫公開道歉於回復被害人名譽之外，所溢出的副作用實在太大、太強了，姑且不論對加害人不表意自由，乃至良心自由的侵害，還因具有心理上、精神上與道德上的公開懲罰功能，使加害人受到類似遊街示眾的屈辱，嚴重打擊其人格尊嚴。是客觀上明明有兩全其美之手段可供選擇，而竟允許可以捨此不由，選擇這種大大超出回復名譽所必要限度之手段，此種解釋方式，或許迎合了一般人的素樸法感，但站在憲法高度看，天秤明顯嚴重偏向一方，難謂是對相衝突基本權所作之適當調和。

與黃鴻仁案（釋509）相同，新新聞文化事業公司對呂秀蓮案（釋656）同為立法者為保障名譽權而限制言論自由之情形。法院要求加害人回復名譽之行為，同時涉及憲法對於被害人名譽權以及加害人不表意自由之保障，而形成基本權衝突。面對該衝突，憲法應優先保障何者？是否得透過比例原則之操作得到答案？應如何為基本權之衡量與價值判斷？又採取何種回復名譽之方式能有效調和衝突？設想若自己為名譽權受到侵害之人，欲主張回復名譽之方式為何？刊載澄清事實是否已足？或必須登報公開道歉方得回復名譽？

又假設自己為侵害他人名譽權之人，是否願意登報公開道歉？若被強迫為之，是否過度限制自身之不表意自由，甚至違背良心自由？試圖站在兩造之立場思考此問題，進行基本權之衡量與價值判斷，所得結論為何？

關於基本權衝突之選擇，參閱李惠宗，〈憲法基本權與私法的關係〉，頁 280-4，〈憲法工作權保障之系譜〉，頁 377-81，《權力分立與基本權保障》，韋伯文化，八十八年三月。

伍、比例原則之適用範圍

憲法第二十三條規定，「以上各條所列舉之自由權利……」，法律就之加以限制時，以符合正當憲法目的而有必要者為限。此一規定適用之範圍，是否僅以列於憲法第二十三條之前各條的自由權利為限？劉俠案（釋290）中，系爭選罷法加設學歷限制，而為憲法第一百三十一條所稱之法律，是否仍有憲法第二十三條之適用而受比例原則之限制？如果不然，憲法第十七條規定參政權之保障有無遭到淘空之虞？施寄青案（釋468）認為，系爭總統副總統選舉罷免法限制被選舉權並不違背憲法第二十三條之規定，是否已就此一問題作了答覆？亦即憲法第二十三條規定適用不只限於置於其前的權利保障規定而已？比例原則之適用範圍究竟有多廣？除了適用於立法行為，是否適用於行政作用？是否適用於一切之行政作用？前面看過的何加興案（釋409）是個值得思考的例子，請繼續閱讀下列之案例。

梁基恩對北市交警案（釋字第四一七號解釋）

續 (10) 300 (85)

♪ 背景事實

聲請人梁基恩於八十二年四月十七日早晨在臺北市沿中山北路西側人行道北行，於橫越農安街時遭交通警察攔阻，以違反道路交通處罰條例第七十八條及道路交通安全規則第一百三十四條第一款，裁決罰鍰銀元一百二十元。聲請人迭向臺灣臺北地方法院交通法庭、臺灣高等法院異議抗告，均遭駁回確定。臺北地院於裁定中認為系爭法律是否違憲，非法院所應審究。

聲請人不得不繳納罰鍰，但仍以為道路交通管理條例第七十八條規定之罰鍰為對人民財產權之剝奪，講習亦為人身自由之限制，已超過憲法第二十三條規定之必要程度。又以為天橋、地下道固為行人安全而設，但對於老人或殘障人士而言，卻頗為不便，行人不應因有安全設備就須被剝奪方便，二者並非交換條件，建設之前應召開附近居民公聽會，取得同意始為合理。而

行人應否被禁止穿越道路，應就各道路之個別狀況而為判斷，其與有無天橋或地下道並無必然關聯。乃基於上開各項理由，聲請大法官解釋。

解釋文 （節）

道路交通管理處罰條例第七十八條第三款規定……，係為維持社會秩序及公共利益所必需，與憲法尚無牴觸。依同條例授權訂定之道路交通安全規則第一百三十四條第一款規定：……，係就上開處罰之構成要件為必要之補充規定，固符合該條例之立法意旨；惟行人穿越道、人行天橋及人行地下道之設置，應選擇適當之地點，注意設置之必要性及大眾穿越之方便與安全，並考慮殘障人士或其他行動不便者及天候災變等難以使用之因素，參酌同條例第七十八條第二款對有正當理由不能穿越天橋、地下道之行人不予處罰之意旨，檢討修正上開規則。

─解釋理由書─

國家為加強交通管理、維持交通秩序及確保交通安全，乃制定道路交通管理處罰條例，俾車輛及行人共同遵行。如有違反，則予處罰，以維護人車通行之安全，進而保障人民之生命、身體及財產。該條例第七十八條第三款規定：行人在道路上不依規定，擅自穿越車道者，處一百二十元罰鍰，或施一至二小時之道路交通安全講習。其對人民違反行政法上義務之行為予以處罰，係為維持社會秩序及增進公共利益所必需，與憲法第二十三條以法律限制人民自由權利之意旨尚無牴觸。至同條例第七十八條授權訂定之道路交通安全規則第一百三十四條第一款規定：行人穿越道路設有行人穿越道、人行天橋或人行地下道者，必須經由行人穿越道、人行天橋或人行地下道穿越，不得在其三十公尺範圍內穿越道路，係就上開法條處罰構成要件中「依規定」所為之必要補充，固與該條例之立法意旨相符；惟行人穿越道、人行天橋及人行地下道之設置，應選擇適當之地點，注意設置之必要性及大眾穿越之方便與安全，並考慮殘障人士或其他行動不便者及天候災變等難以使用之因素，參酌同條例第七十八條第二款對有正當理由不能穿越天橋、地下道之行人不予處罰之意旨，檢討修正上開規則。

―一部不同意見書―（節）　大法官　劉鐵錚

「道路交通管理處罰條例第七十八條第三款規定……，係為維持社會秩序及公共利益所必需，與憲法尚無牴觸。依同條例授權訂定之道路交通安全規則第一百三十四條第一款規定……係就上開處罰之構成要件為必要之補充規定，符合該條例之立法意旨」，本席均表贊同；對行人穿越道之設置，應盡量考慮殘障人士或其他行動不便者之方便，尤表支持；……在不設行人穿越道（僅設有天橋、地下道）之道路，前述法令為保障行人之安全，故對不經由天橋、地下道穿越道路者，訂有處罰之明文。立法之目的，在提高行人之警覺，罰期無罰，以嚇阻行人穿越「虎口」，俾保障行人之安全。倘吾人建議對殘障人士或其他行動不便者可不予處罰，由於虎口仍為虎口（未設置行人穿越道），一般人因有罰則之嚇阻，不敢穿越道路，得保生命之安全；而殘障人士及其他行動不便者，穿越道路如可不罰，則難免輕心，致陷虎口，而危及生命，「吾人愛之，豈非害之」，「我不殺伯仁，伯仁為我而死」，此豈吾人應有之同情心乎！

―評析與問題―

本案解釋涉及之問題看似細微，卻足以顯示：人民生活周遭之問題，細如穿越馬路受到交通規則之限制，亦應受到憲法之保障，而有比例原則之適用可能。本案聲請人梁基恩先生受罰之金額微薄，卻擇善固執，大法官亦認真給予解釋，可為「不以善小而不為」之一項憲法實例。

◆ 比例原則的思維與適用

本案言及憲法第二十三條規定，雖未明白交待「比例原則」之內容，但思維方法，則循比例原則所要求之目的、手段分析模式進行；亦即大法官先行確定系爭交通法令之立法目的合乎憲法第二十三條之要求之後，繼則針對系爭法規實現其立法目的之手段有所要求。簡言之，本案解釋要求，應就如何達成維持交通秩序之手段，有所選擇；大法官並就選擇所應考量的因素，加以列述；亦即要求設置人行孔道之地點與方法，應考慮安全、方便及特殊之相關因素。此中維護安全是立法原欲追求之目的，行人之行的方便與自由則是權益之犧牲；在手段選擇中權衡安全與方便，俾求

兼顧，就成為比例原則講究的境界。

　　大法官在本案中，並未明言本案所涉之基本人權項目為何。梁基恩所主張之基本人權，是行動自由？人身自由？旅行（遷徙）自由？還是財產權？抑或由於本案涉及行政罰，依西北航空公司案（釋313），凡限制人民權利，均有法律保留原則之適用，也就自然會發動司法院憲法第二十三條之比例原則進行審查？

◆ 誰該適用比例原則？

　　立法者應該適用比例原則，是憲法第二十三條的要求，並無疑義。然則本案解釋，係在要求立法者適用比例原則嗎？立法者以立法規定設置人行孔道；執行法律、設置人行孔道的則為行政機關，不是立法機關。本案解釋要求設置人行孔道時應該使用比例原則的思維，其實是在以比例原則要求行政機關。本案解釋又謂應就殘障人士及天候災變等難以使用等等因素，考量是否具備正當理由不對行人施以處罰，亦無非是在要求依照比例原則中較少手段的部分斟酌是否處罰，這又是對誰的要求？劉大法官的不同意見，是否係因其認為方便的考量不能取代安全？司法者使用比例原則要求立法者與行政者，不也正是比例原則拘束司法者的表現？

　　本案中大法官要求行政機關設置人行孔道應依比例原則而為，是否會涉及事實之判斷？大法官向少進行事實調查，涉及事實調查的違憲審查是不是該由法院於審判中為之？本案原審地方法院在審判中拒就法律違憲進行審查，符不符臺南地院案（釋371）解釋意旨？不就法律違憲進行審查是一回事，但為何不就行政機關設置人行孔道之措施進行審查？行政機關設置人行孔道的行為算是行政處分、行政計畫、還是行政命令？是不是大法官例行違憲審查的客體？是否是法官審判從事司法審查的客體？如果都不是，比例原則之運用，豈非無司法用武的餘地？

　　　　＊　　　　　　　＊　　　　　　　＊

◆ 比例原則僅適用於人權保障案件？

　　前已言之，行政程序法第七條係比例原則在法律位階的實證規定。該條的立法理由云：

> 比例原則在德國公法上已具有憲法位階，我國憲法第二十三條亦充分表彰此一法理。為使此一憲法原則落實到行政權之行使，特將其明文化，以規範行政目的與手段之合理聯結。

　　以此印證該條規定的內容可知，在行政法上，或至少在行政行為的規範上，比例原則的應用，並不以涉及人權的案件為限，在憲法的領域中，是否亦為如此？大法官在臺北市政府對行政院案（釋553）的解釋文中，即提及應將「比例原則之考量」，納入地方制度法第八十三條所謂特殊事故得延期辦理里長改選的判斷過程。其立論根據，係在憲法本身抑或行政程序法第七條之規定？解釋上似以行政程序法第七條為根據較為穩妥，但是否以該條為根據，大法官卻未加以說明。陳計男大法官在北市補助健保費案（釋550）中之協同意見書中亦曾指出，全民健保法要求地方自治團體之補助數額比例，應合於憲法所定之比例原則。可知大法官們對於憲法比例原則可以用於支配中央地方權限分配關係，至少未見排斥的態度。惟相關憲法理論的開展，則似乎尚須俟諸來日。

基本權利之轉換：國家賠償與損失補償（憲法第 24 條）

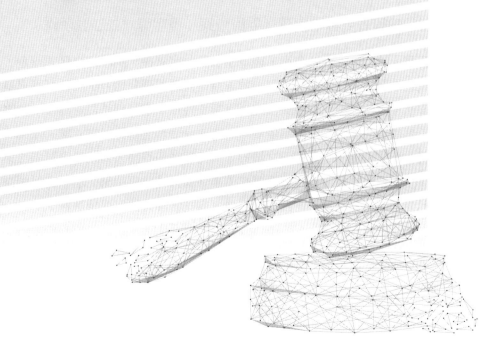

壹、國家賠償之理論基礎

憲法第二十四條規定國家賠償，位於第二章規定之末條，具有條文排列結構上的意義。憲法第七條至第二十一條，臚列基本人權之個別項目；第二十二條則為概括保障條款，俾求基本人權之概念完整周延，價值體系不致出現漏洞；接下來排列的第二十三條，則預見公權力限制人權之需要或誘惑難以避免，乃嚴格設定法律限制人權的限制，以謀適當之控制。第二十三條規定之後，仍覺有所不足，制憲者深知憲法規定人權保障無論如何周密，終難完全避免國家公務人員侵害人權之情狀發生，乃又於第二十四條規定公務員違法侵犯人權時，公務員以及國家所應負之責任。第二十四條之規定，實為基本人權受到公權力不法侵犯時之賠償或回復機制，亦為基本人權權利轉換之一種型態。

陳○翰等對冤獄賠償覆議委員會案（釋字第六二四號解釋）

聲請人陳○翰因涉嫌貪污，經軍事法院裁定羈押，嗣經判決無罪確定，聲請人遂依冤獄賠償法第一條第一項等規定向臺灣臺北地方法院及高等軍事法院聲請冤獄賠償，均經各該法院以軍事法院依軍事審判法裁定羈押，非屬冤獄賠償法第一條第一項所謂依刑事訴訟法令受理之案件，亦非屬同條第二項所謂「不依前項法令羈押」之情形，駁回聲請。聲請人乃以冤獄賠償法第一條（下稱系爭規定）及辦理冤獄賠償事件應行注意事項第二點，有牴觸憲法第七條、第八條及第二十四條之疑義，向司法院大法官聲請解釋。

大法官於解釋文揭示：「……冤獄賠償法第一條規定，……依立法者明示之適用範圍及立法計畫，僅限於司法機關依刑事訴訟法令受理案件所致上開自由、權利受損害之人民，未包括軍事機關依軍事審判法令受理案件所致該等自由、權利受同等損害之人民，係對上開自由、權利遭受同等損害，應享有冤獄賠償請求權之人民，未具正當理由而為差別待遇，……自與憲法第七

條之本旨有所牴觸。……」且大法官亦認辦理冤獄賠償事件應行注意事項第二點規定違反平等原則。

於解釋理由書中更進一步闡釋軍事審判之本質同於司法審判：「……我國有司法審判與軍事審判程序之分，前者係由司法機關依據刑事訴訟法實施，後者則由軍事機關依據軍事審判法實施，但兩者之功能及目的，同為對犯罪之追訴、處罰。司法審判程序源自憲法第七十七條規定之司法權，軍事審判程序則係由立法機關依據憲法第九條……，惟軍事檢察及審判機關所行使對特定犯罪之追訴、處罰權，亦屬國家刑罰權之一種，……其涉及軍人權利之限制者，亦應遵守憲法相關規定……。是則司法審判與軍事審判兩種刑事訴訟程序，在本質上並無不同……」。大法官亦於理由書中明確表示雖軍事機關依軍事審判法致被害者陷於冤獄之情狀，非系爭規定賠償之範圍，然依平等原則審查系爭規定仍牴觸憲法之意旨，理由書謂：「……刑事冤獄包括司法審判與軍事審判之冤獄，除有正當理由外，對冤獄予以賠償，本應平等對待，且戒嚴時期軍事審判機關審理之刑事案件，因其適用之程序與一般刑事案件所適用者有別，救濟功能不足，保障人民身體自由，未若正常狀態下司法程序之周全（本院釋字第四七七號解釋參照），對於其致生之冤獄受害人，更無不賦予賠償請求權之理。是根據冤獄賠償制度之目的，立法者若對依軍事審判法令……，遭受與依刑事訴訟法令受理……同等損害之人民，未賦予冤獄賠償請求權，難謂有正當理由，即與憲法平等原則有違。……」

－部分協同部分不同意見書－（節）　　　大法官　許玉秀

本席支持多數意見的解釋結論，但認為多數意見捨棄憲法第二十四條，僅依據平等原則簡單地操作審查程序，完全沒有澄清國家賠償與補償責任的憲法基礎，因此也沒有為系爭法律冤獄賠償法的立法義務提出憲法依據，使得平等原則的審查，無所依附，嚴重減損本號解釋的價值。爰提出部分不同意見書論述理由如次：

壹、憲法第二十四條的國家責任

一、憲法的制裁規範

……

　　憲法第二十四條前段宣示公務員違法侵害人民基本權利應負法律責任，後段則規範國家因此應該擔負賠償責任。與對公務員的制裁規定相較，對國家的制裁規範更具意義。……國家在封建君主專制時期是沒有法律責任的，因為君王不會犯錯 (the king can do no wrong)。在現代自由民主憲政國家，才有針對國家責任的憲法規定出現，因為在法治國原則之下，國家既需遵守依法而治的法定原則，對於國家手足違反法定原則的違法行為，國家必須承擔違反法治國原則的法律責任。所以縱使沒有第二十四條規定，從法治國原則的法定原則，也可以找到國家對公務員違法行為擔負賠償責任的依據。

　　二、國家賠償責任以公務員有故意或過失為前提？

　　國內實務及通說一貫認為，國家賠償責任以公務員有故意、過失為前提，國家賠償法立法之初，也採相同立場，但是，從憲法條文的文義觀之，所謂「公務員違法侵害人民之自由及權利」，並未明指限於故意或過失，公務員無過失的違法行為，仍可要求國家負責，公務員無過失，只表示公務員個人在過失責任原則之下不必遭受歸責，不受歸責並不等同於行為合法，縱使公務員不負無過失責任，公務員既然代表國家而行為，國家不能違法，仍應該承擔該違法責任。國家這種違法責任，以有違法行為為前提，不受國家手足的有責與否所影響。所以如果以冤獄賠償法屬於無過失責任為理由（冤獄賠償法當然也不是國家的無過失責任法，見下文貳、），認為冤獄賠償法屬於損失補償的性質，而與國家賠償法無關，是混淆了有責與違法的概念。

　　就憲法第二十四條的文句的段落以及國家責任的法理而言，國家的責任應該理解為不以公務員已經必須擔負民、刑事或行政責任為前提，只要公務員有違法侵害人民自由及權利，縱使公務員有其他事由可以免除法律責任，國家的賠償責任依舊不能免除。

　　三、國家賠償責任限於公務員違法行為責任

　　因為國家自己不能行為，必須透過代表國家的自然人才能行為，所以當然必須代表國家的自然人有行為時，也就是公務員有行為時，國家才有行為。所謂制裁，是因為違反行為規範的緣故，沒有違反行為規範，無制裁可言。因此，如果將憲法第二十四條看作對國家的制裁規範，那麼國家的賠償責任的確限於違法行為責任。

　　但何謂違法？形式意義的違法觀，以公務員的行為有無違背制定法為斷；實質意義的違法觀，以規範目的是否遭受侵害，作為違法與否的論斷依據。國家的任務既然在於保護人民的基本權利，如果不是因為人民自己的過錯行為，導致人民的基本權利受到損害，那麼就是國家機器的運作沒有發揮保護人民不受侵害的功能，如果國家的運作，竟然使人民基本權利受到侵害，則國家機器的運作，就是違反國家存在的目的而運作，這樣的運作也就是違法的運作。

貳、冤獄的國家賠償責任依據

一、包括對合法及違法行為的賠償？

　　冤獄賠償法第一條規定……看起來國家應該賠償的對象，似乎包括進行刑事追訴、審判及執行刑罰程序的公務員合法和違法導致冤獄的情形，其中第一項規定當然也包括違法和不違法兩種情形。……如果採形式的違法觀，不起訴處分前的羈押未必違背法令，無罪判決確定前的有罪判決和起訴處分，及因而存在的限制人身自由的處分，也未必違背法令，因而的確可以認為冤獄賠償責任，似乎包含因合法公務行為導致人民的損失，國家應該給予補償的情形。

　　……依據實質的違法觀，事後的不起訴處分和無罪確定判決，都證明先前限制人身自由的羈押，是國家機器的運作失去了功能，因為國家沒有能力一眼看出來被羈押的人不是犯罪人，國家機器的運作也因而違反了國家存在的目的，所以這種看似不違背法令的羈押，其實都是不合法的。

　　對實質的違法觀點而言，認為冤獄賠償責任包含賠償和補償兩種性質，是一種形式違法論的觀點。

二、實質違法與特別犧牲不同

　　如果因為冤獄賠償事件當中有一些不具備形式違法的賠償事由，而認為冤獄賠償責任的憲法依據在於特別犧牲的補償法理，恐怕有失精確。特別犧牲都是國家經過評估的有意行為所造成，補償特別犧牲的憲法依據，在於社會國原則。是因為明知要個別人民特別犧牲實屬不得已，所以加以補償，和因為不知道人民是否真的犯罪，只是懷疑人民可能犯罪，而採取保險（全）措施，明顯不同。

……在冤獄賠償事件還付出犧牲人民人身自由、人格尊嚴的代價，甚至導致個人人際關係瓦解、社會支持系統崩潰。這樣的冤獄案件，當然反映國家機器失靈、國家存在的目的受到破壞。這種被認為公務員沒有違失的冤獄案件，怎麼和特別犧牲的補償事件相比擬？

三、冤獄賠償法是國家賠償法的特別法

對於冤獄賠償法和國家賠償法的競合關係，之所以有所懷疑，顯然是因為對於國家賠償法理解得太狹隘，對於冤獄賠償法理解得太廣泛所致。當兩個法律的國家賠償責任，都被理解為國家機器運作的失靈、國家機器的運作違反國家的存在目的時，兩者之間的競合關係，就會清楚浮現：一個是刑事訴訟的特別領域，一個是國家權力機關的一般性運作。這兩個法規範與國家為了有利於多數的特定目的，所導致的少數特別犧牲，完全不同，因為特別犧牲的補償事件，基本上不能認為是國家機器的失靈，更不是國家機器違背國家存在目的的運作。……

參、結語：害怕面對過去，也會失去未來

一、憲法第二十四條的發展空間

……現行憲法第二十四條，所規範的只是國家賠償責任的部分，國家補償責任的規定，尚付之闕如。為了完備憲法，有必要對於國家補償責任增定一個制度性保障的規定。……

二、因小失大

迴避以憲法第二十四條的國家賠償責任作為審查準據，或許以為可以不必觸及過去四十八年來軍事追訴審判及執行程序所造成的冤獄，是否來自公務員的故意或過失行為這樣的問題，但是冤獄來自於國家機器的違失，是不容否認的，軍事刑事程序所造成的冤獄，更難免是出於國家機器的惡意和殘酷報復。

因為不能認清冤獄賠償的賠償本質，多數意見錯失一個從憲法上澈底檢討國家責任的機會，……釐清補償與賠償的法理基礎，最根本的意義在於，顯示釋憲機關代表國家，清楚地知道聲請人的冤屈何在，知道冤屈何在，才能真正賠償、平反，能真正賠償、平反，才能化解人民對國家的仇恨，能化解人民對國家的仇恨，國家的生存基礎才能堅實。

◆ 軍事審判與司法審判？

軍事審判一詞，首見於憲法第九條之規定。在立法院廢止軍事審判法之前，大法官之解釋曾多次闡明軍事審判在憲法上的意義。本案多數意見認軍事審判和司法審判本質相同，惟兩者在適用法規、程序等規定仍有差異，你認為立法者究竟認為兩者有何不同而得以差別對待？此一差異得否作為合理差別待遇之基礎？為何多數意見認為本案關於冤獄賠償之部分，兩者應作相同之對待？多數意見之考量，是否僅以憲法第七條為論理基礎，還是除了憲法第七條外，多數意見其實已實質援用憲法第二十四條之規定？

曹昭蘇等對冤獄賠償覆議委員會案（釋字第四七七號解釋）

續 (13) 31 (88)

本案解釋共含有曹昭蘇等二十四件聲請案，皆係於戒嚴時期因違反戡亂時期檢肅匪諜條例，受有罪判決執行期滿後被非法逾期羈押，依據戒嚴時期人民受損權利回復條例聲請所屬地方法院比照冤獄賠償法相關規定，請求國家賠償。聲請人認為戒嚴時期人民受損權利回復條例第六條規定比照冤獄賠償法第一條，關於聲請冤獄賠償適用要件限於「不起訴處分」或「無罪確定判決」之規定，限制冤獄賠償的範圍，違反憲法保障人民訴訟權及憲法第二十四條公務員及國家違法侵害人民權利應負賠償責任之意旨，聲請大法官解釋。

大法官首先於解釋文指出臺灣於戒嚴時期由軍事審判機關行使之刑事案件審判權，適用程序有別於一般刑事案件，救濟功能亦有不足之處，故認：「立法機關乃制定戒嚴時期人民受損權利回復條例，對犯內亂罪及外患罪，符合該條例所定要件之人民，回復其權利或給予相當賠償……。至於其他刑事案件不在上開權利回復條例適用之列，要屬立法裁量範圍，與憲法尚無牴觸。」又因戒嚴時期人民受損權利回復條例第六條規定，人民於戒嚴時期因犯內亂、外患、懲治叛亂條例或檢肅匪諜條例之罪者，以受無罪之判決確定前曾受羈押或刑之執行者為限，始得準用冤獄賠償法相關規定，請求國家賠償，對此解釋理由書進一步說明：「僅對受無罪判決確定前喪失人身自由之人

民予以賠償，反足以形成人民在法律上之不平等，就此而言，自與憲法第七條有所牴觸。」故大法官於解釋文中表示：「戒嚴時期人民受損權利回復條例第六條適用對象……未能包括不起訴處分確定前或後、經治安機關逮捕以罪嫌不足逕行釋放前、無罪判決確定後、有罪判決（包括感化、感訓處分）執行完畢後，受羈押或未經依法釋放之人民，係對權利遭受同等損害，應享有回復利益者，漏未規定，顯屬立法上之重大瑕疵，若仍適用該條例上開規定，僅對受無罪判決確定前喪失人身自由者予以賠償，反足以形成人民在法律上之不平等，就此而言，自與憲法第七條有所牴觸。」

　　陳計男大法官對於本號解釋之範圍於部分不同意見書認：「關於不起訴處分確定前……因犯罪嫌疑不足而受不起訴處分之遭押被告，既受有冤抑，應予國家賠償，有其正當性。……惟不起訴處分之事由，並不以此為限，其中尚有行為雖合於犯罪構成要件，但因法律之特別規定，而予不起訴處分者，……似此情形，比照冤獄賠償法第二條所定精神觀之，若仍許其請求國家賠償，顯難謂與正當性及公平之原則無違，解釋範圍是否應擴及於此情形，實值商榷。」依冤獄賠償法於中華民國四十八年六月十一日公布並於同年九月一日施行，是故如其情形係在四十八年九月一日後發生者，陳計男大法官認：「即可依冤獄賠償法第一條第二項規定，請求國家賠償，殊不能謂法有漏未規定有再依本解釋擴大本條例第六條適用範圍，使其另得請求國家賠償之必要。」又依冤獄賠償法第一條第一項之規定且參酌釋字第四三六號解釋之意旨，其認冤獄賠償法對於軍事審判案件應無排除不適用之理，並於部分不同意見書進一步說明：「……殊不容以『注意事項』之行政命令限縮其適用。縱過去在戒嚴時期因特殊緣由事實上排斥未用，……懍於當時為戒嚴時期未敢依冤獄賠償法請求，情堪同情確有加以特別賠償之必要，但既非原無請求救濟之途徑，倘須使其另外獲得特別救濟，自須另以法律予以明定，殊無由大法官以解釋任意擴大其適用範圍之餘地。至四十八年冤獄賠償法施行前受羈押之情形，因當時尚無其他救濟途徑可循，為使人民權利受憲法之保障，解釋擴大本條例第六條適用範圍及此，尚可同意。……」

　　憲法第二十四條規定國家賠償制度作為一種基本人權的保障機制，該條中「人民得依法律請求國家賠償」一語，為國家賠償法之制定依據。惟國家

賠償法係於民國六十九年間制定，七十年正式實施。於國家賠償法制定之前，類似國家賠償制度之法律規定，僅有冤獄賠償法❶。本案聲請人等共有二十四起案件，涉案事實均發生於國家賠償法制定之前，亦即是處於俗稱為白色恐怖❷的時代。聲請人等當時或不敢或不能依據冤獄賠償法請求救濟，乃只能冀求依照解嚴後制定之戒嚴時期人民受損權利回復條例獲得賠償。

◆ 填補法律漏洞的依據？

　　本案大法官解釋認為聲請人之案情雖均不在該權利回復條例規定救濟之範圍，但依據憲法第七條之平等原則，則均應獲得國家賠償。系爭立法既未規定聲請人等得請求國家賠償，乃為法律規定的漏洞，則聲請人等依本案解釋而請求國家賠償，除了係以憲法第七條之平等原則為基礎之外，是否已直接引據憲法第二十四條之規定？若非直接適用憲法第二十四條之規定，大法官解釋其等應獲國家賠償的依據又在那裡？

◆ 制度性保障之適用

　　憲法第二十四條規定「人民得依法律請求賠償」，是指國家賠償需要立法建立制度性保障？還是在謂若無立法院制定關於國家賠償的法律，人民即無從獲得國家賠償（亦即憲法第二十四條本身不能直接構成請求國家賠償的依據）？若為後者，則若立法院始終怠於制定相關立法，憲法第二十四條規定難道即永遠不能實現？本解釋是否即係以直接援引闡釋憲法第

---

❶　國家賠償法制定之前，除冤獄賠償法外，尚有警械使用條例、土地法第六十八條之零星規定，人民可據以請求國家賠償。廖義男，《國家賠償法》，頁 5，自刊，八十七年二版。冤獄賠償制度之內容，在規定凡人民原無犯罪行為，因國家司法機關之審判錯誤，致受不當之羈押、審訊、罪行之宣告及處罰者，經裁判無罪後，由國家予以損害賠償。依冤獄賠償法第一條之規定，賠償請求權之範圍包括不起訴處分或無罪之判決確定前曾受羈押者、依再審或非常上訴程序判決無罪確定前，曾受羈押或刑之執行者、不依刑事訴訟法令之羈押者。曹競輝，《國家賠償法之理論與實務》，頁 13，319–20，自刊，七十年。

❷　論者稱白色恐怖一詞多係用來指述一九四〇後半年代自蔣介石主政之政府統治臺灣起之數十年期間因權力濫用形成受害人受難之一種政治氛圍。參見如施明雄，《白色恐怖黑暗時代臺灣人受難史》，頁 5，前衛，八十七年。

二十四條規定的方法，彌補立法院怠於制定合乎憲法要求的國家賠償制度？本案解釋又謂，系爭立法規定限於內亂外患罪名所造成之戒嚴時期冤獄可以求償而不及於他種罪名，乃屬立法裁量的範圍，此種觀點與前述的推論之間，有無矛盾之處？大法官係基於何種判準認定本案法律漏未規定給予賠償的部分係屬違憲之瑕疵，卻認為刻意排除他種罪名的部分並不違憲？憲法第二十四條規定之「依法律」究係授權法律限制國家賠償的範圍，抑係要求法律提供制度性保障以促成國家賠償之實現？在薛正宜對南投縣政府案（釋469）之解釋理由書中，大法官對此是否已為解釋而選擇了後者？

　　憲法第二十四條規定：「凡公務員違法侵害人民之自由或權利者，除依法律受懲戒外，應負刑事及民事責任。被害人民就其所受損害，並得依法律向國家請求賠償。」國家負賠償責任僅以違法為條件，沒有以故意或過失為條件，國家賠償法第二條第二項之規定是否符合憲法規定？是否是憲法授權的裁量？國家賠償的立法可否完全採無過失責任？採過失責任是否是違憲的限制？憲法規定人民得「依法律」向國家請求賠償，所謂的法律係指人民可以依憑請求賠償之程序規定，還是可以在賠償前提條件設限的實體規定？

　　國家賠償法第二條第二項以公務員行使公權力作為人民可以主張國家責任的條件，是否是憲法授權的裁量？依憲法之規定，可否不以公權力行使為條件請求國家賠償？是否可以包括私經濟行為？以公權力行使為求償範圍之界限是否違反憲法？

◆ 國家賠償的法理依據

　　國家賠償係由國家提供賠償；國家為什麼要提供賠償？是因為國家做錯了事？還是因為公務員做錯了事？憲法第二十四條規定如何解釋？本案中是誰做錯了事而招致國家賠償責任？國家賠償應由國庫支付，國庫收入的主要來源之一是納稅人繳納的租稅，國家公務員做錯了事，為什麼國庫（或者間接而言，為納稅人）要提供賠償？是因為公務員代表國家嗎？公務員做錯事亦即違法而侵犯人權時，能算是國家的代表嗎？國家可能犯錯嗎？代表人民立法的立法院可能犯錯，但是立法院通過違憲立法時，代表

的是國家或人民的意志嗎？如果國家依據憲法運作，不可為非、也不可能為非❸，國家或國庫為何要提供賠償？在樓高對中油公司案（釋269）中，大法官指出政府機關就特定事項依法授與公權力之團體，在授權範圍內有政府機關功能，就其行使公權力所為行政處分，得為行政訴訟之被告當事人❹，國家賠償法第四條亦有類似之規定。如此規定的法理基礎究竟何在？是代位責任❺？是過失責任❻？是無過失責任❼？還是國家危險責任❽？

　　關於國家賠償責任之理論基礎，參閱城仲模，〈行政法上國家責任之理論與立法之研究〉，《行政法之基礎理論》，頁652–78，三民，八十三年

---

❸　「國家不能為非」係自「國王不能為非」的法諺演變而來。「國王不能為非」法諺，係由國王免訴原則及國王無惡原則所構成。前者源於國王神聖不可侵犯之觀念，後者認為國王有不為侵權行為之絕對性。曹競輝，同註❶，頁74。

❹　樓高對中油公司案（釋269）之背景事實為，中油公司之員工樓高，因中油公司以公司內規即「人員退休分等限齡表」及「經濟部所屬事業人員退休撫卹及資遣辦法」之行政命令，強制其提前於六十三歲屆滿時退休，而不適用公務員法令，樓高提起訴願、再訴願、行政訴訟，皆以「公營事業機構並非依法組織之行政機關，要無行政處分權能，不得對之提起訴願」，從程序上駁回其請求，因而聲請該號解釋。續(5) 169–176 (79)。

❺　代位責任指國家替代公務員個人作為賠償義務主體之地位，直接對被害人負責賠償，而國家在對被害人為賠償後，僅在一定條件下，對於為加害行為之公務員，保留有求償權。論者有謂該賠償責任本質上是公務員個人賠償責任之替代者。廖義男，同註❶，頁10。

❻　國家代位公務員負賠償責任的前提須公務員執行職務行使公權力時，因故意或過失不法侵害人民之自由或權利。廖義男，同註❶，頁9。

❼　由於國家職能擴大，在日益增多之公務活動中，難免會因公務員偶有不法執行其職務，或公共設施之設置或管理有欠缺而使人民之自由權利受損害，此種損害係國家從事其增進公益活動之同時所帶來的一種危險，國家必須對其自身行為所帶來的危險自負其責，而與公務員個人是否對該加害行為有故意過失以及應否負責無關，此稱之為國家賠償之無過失責任論。廖義男，同註❶，頁10–1。

❽　國家危險責任有直稱為「行政危險」者，也有稱其為「無過失責任」。城仲模，〈行政法上國家責任之理論與立法之研究〉，《行政法之基礎理論》，頁669，三民，八十三年再版。

再版；廖義男，《國家賠償法》，頁 8-11，自刊，八十七年二版；董保城，《國家責任法》，頁 39-49，神州，九十一年。

本案關於平等原則的分析，參閱本書系列關於平等原則的講次。

本案解釋，係因有法官停止審判聲請釋憲，促成大法官直接給予聲請人得以求償之解釋；嗣後立法院亦為相關之法律修正❾，為少見之徹底給予救濟之釋憲案例，值得肯定。

◆ 冤獄賠償終審機關之組織

本案涉及司法院冤獄賠償覆議委員會覆議決定，本案解釋稱之為冤獄賠償之終審機關，既為地方法院關於冤獄賠償案件的覆議機關，自係審判機關無疑，此在高華生對冤獄賠償覆議委員會案（釋 487）中亦曾經大法官明白確認。依據簡長順對律師懲戒覆審委員會案（釋 378）、許繼仲㈠案（釋 396）、監察院對司法院暨法務部案（釋 530）所共同樹立之標準，此一司法審判機關之名稱及組織有無可議之處？有何可議之處？本案中大法官未予指明，是否有所忽略？是否改變了見解？

---

❾ 中華民國八十九年二月二日公布修正戒嚴時期人民受損權利回復條例第六條，增加得請求國家賠償之情形，包括㈠經治安機關逮捕而以罪嫌不足逕行釋放前，人身自由受拘束；㈡於不起訴處分確定前受羈押，或不起訴處分確定後未依法釋放；㈢無罪判決確定後未依法釋放；㈣於有罪判決或交付感化教育、感訓處分，執行完畢後，未依法釋放。此外增訂第六條之一，放寬人民舉證權利受損之文書證據不以正本為限。

貳、國家賠償之法定條件及例外

依據曹昭蘇案（釋477）之觀點，請求國家賠償是否只要符合憲法第二十四條之規定即為已足？請求國家賠償有些什麼條件？國家賠償法的明文規定是否均為請求國家賠償的條件？

◆ 行使公權力

在樓高對中油公司案（釋269）中，大法官說：

> 依法設立之團體，如經政府機關就特定事項依法授與公權力者，以行使該公權力為行政處分之特定事件為限，有行政訴訟之被告當事人能力。

該案之中，有鄭健才大法官提出不同意見書指出：

> 公營公司既不能享有私營公司所無之特權，即不能以行使公權力作為其營利手段。公營公司如因國家賠償法第四條規定，成為行使公權力之受委託人，亦與該條規定個人受委託行使公權力之情形同。受委託人倘有故意或過失不法侵害人民自由權利者，視同委託人所自為，應由國家負損害賠償責任而已；非謂受委託人（包括個人）即當然因此而成為行政處分機關，而得為行政訴訟之被告。此與民法第二百二十四條關於使用人代理責任歸屬之法理，正相類似。

從此案之討論，以及國家賠償法第四條之規定可以看出，「行使公權力」，亦為請求國家賠償時，所必須存在之前提狀況。若非因行使公權力致有人民自由、權利受侵害，即無具備請求國家賠償之要件可言。

除了加害機關應係在行使公權力之外，請求國家賠償還有什麼其他的請求條件？公務人員是否具備有責性（故意或過失）？是否具備違法性？是否為職務上之行為？是否侵犯基本人權？侵害行為與結果是否具備因果關係？法律上有無得為求償之規定？請閱讀下面幾個案例。

甲、不　法

高華生對冤獄賠償覆議委員會案（釋字第四八七號解釋）

續 (13) 319 (88)

　　高華生於民國（下同）八十年因非法共同持槍傷人，經臺灣高等法院治安法庭裁定交付感訓處分確定，被移送執行感訓處分。嗣後經臺灣板橋地方法院檢察署起訴，板橋地方法院判決有罪，上訴至高等法院撤銷原審判決，改判無罪確定。其後高等法院治安法庭應高華生之聲請，對其先前交付感訓處分之裁定重新審理，並撤銷原裁定，改裁定不付感訓處分確定，惟此時聲請人已被羈押及執行感訓共計四百零六天。聲請人遂據此依檢肅流氓條例第十一條第四項❶準用冤獄賠償法第一條第二項及第四條第一項❷，向法院聲請冤獄賠償，臺灣板橋地方法院以冤獄賠償法第二條第二款（下稱系爭規定）「受無罪之宣告前，因受害人之行為違反公共秩序或善良風俗致受羈押者，不得請求賠償。」認為高華生之行為與公序良俗有違，而駁回其聲請。高華生不服，復向司法院冤獄賠償覆議委員會聲請覆議，仍遭維持原決定，因此聲請大法官解釋。

　　大法官揭示冤獄賠償法為國家賠償責任之特別立法，立法機關依據憲法第二十四條之規定有制定國家賠償法律之義務，此等法律之要件規定應符合憲法上之比例原則。又刑事被告之羈押，乃對人民身體自由之嚴重侵害，故

----

❶　當時之檢肅流氓條例（八十一年七月二十九日公布）第十一條第四項：「依第一項規定留置之被移送裁定人，經法院依第十三條第三項第一款規定裁定不付感訓處分確定者，或已受感訓處分之執行後，聲請重新審理，經法院更為裁定不付感訓處分確定者，其留置或感訓處分之執行，得準用冤獄賠償法之規定請求賠償。」

❷　當時之冤獄賠償法（八十年十一月二十二日公布）第一條：「依刑事訴訟法令受理之案件，具有左列情形之一者，受害人得依本法請求國家賠償：一、不起訴處分或無罪之判決確定前受羈押者。二、依再審或非常上訴程序判決無罪確定前曾受羈押或刑之執行者。不依前項法令之羈押，受害人亦得依本法請求國家賠償。」第四條第一項：「冤獄賠償，由原處分或判決無罪機關管轄。但依第一條第二項規定請求賠償者，由所屬地方法院管轄。」

因羈押而生之冤獄賠償，尤須尊重憲法保障人身自由之精神。系爭規定僅以受害人行為違反公共秩序或善良風俗為由，認不得請求賠償，於此解釋文中指出：「未能以其情節是否重大，有無逾越社會通常觀念所能容忍之程度為衡量標準，與前述憲法意旨未盡相符。」，並於解釋理由書中進一步說明：「冤獄賠償法第二條對冤獄賠償請求權之行使定有限制，其第二款前段規定，曾受羈押而受不起訴處分或無罪宣告者，若行為違反公共秩序或善良風俗，則不得請求賠償。其立法目的雖在維護社會秩序及公共道德，然泛以公序良俗之違反為理由，使身體自由因羈押遭受嚴重限制之受害人，其冤獄賠償請求權受到排除，而未能以其情節是否重大，致為社會通常觀念所不能容忍為衡量標準（德國羈押賠償法第二條第一項規定參照），與同款後段及同條其餘各款所定之其他事由相較，亦有輕重失衡之處，……」故認系爭規定與本號解釋不合之部分，應不予適用。

　　大法官孫森焱提出之不同意見書認為，冤獄賠償法既由憲法第二十四條規定委由立法機關制定，立法自應享有較寬廣之自由形成空間，又羈押為一侵害人身自由最深刻之強制處分。倘偵查結果經檢察官為不起訴處分，或經法院審理後為無罪之判決確定，無辜的被告於國家行使公權力之過程中，所受之權利侵害，自不宜也不應由其負擔全部損害。冤獄賠償法第一條之規定即係基於無過失責任之危險責任而來。且羈押被告之判斷與冤獄賠償請求權之賦予係屬二事，前者法院以羈押當時之情狀為判斷，惟系爭規定所定違反公共秩序善良風俗之行為，乃於事後經檢察官為不起訴處分或法院為無罪判決之宣告後，始得依檢察官處分書或刑事終局確定判決認定之事實基礎為斷。故應認被告行為是否違反公共秩序善良風俗非決定羈押之要件。系爭規定所定之行為違反公共秩序善良風俗，非司法機關斟酌犯罪嫌疑人應否羈押之理由，僅為考量應否賠償犯罪嫌疑人受羈押所受損害之因素，乃立法機關於制定法律時之價值判斷，認對此行為人如果給予賠償，有失事理之平之立法裁量。

　　所謂公共秩序與善良風俗，屬不確定之法律概念，有待司法機關於個案事實進一步具體化，依系爭規定行為經認定為違反公共秩序或善良風俗者，其隨之法律效果，應即發生。申言之，既認公共秩序、善良風俗之違反，非

道德所能容忍，其情節不論重大與否，法律效果應無軒輊之分。本號解釋似認倘若情節非屬重大，即尚未踰越社會通常觀念所能容忍之範圍，然行為若違反公共秩序、善良風俗即具有反社會性，與社會道德觀念不符，更牴觸國家一般利益，應不論其行為違反公共秩序、善良風俗情節輕重之程度，均無不同。本解釋意旨，將系爭規定之公共秩序與善良風俗解為二義，一為逾越社會通常觀念者，一為未逾越社會通常觀念者，然則未逾越社會通常觀念之行為，又如何認係違反公共秩序、善良風俗？實有說理上之矛盾與混淆。

大法官劉鐵錚提出之不同意見書認為，憲法第二十四條及國家賠償法第二條第二項之規定，明定公務員違法之行為以故意、過失為要件，冤獄賠償法如屬國家賠償法第六條所謂之「本法及民法以外其他法律」，應僅指冤獄賠償法第一條第二項而言。同法第一條第一項對於公務員無故意、過失或無違法之情形，仍准予國家賠償之規定，性質上係由於國家合法行為對人民造成損失所為之「補償」，換言之，冤獄賠償法第一條第一項應另為尋求其補償之憲法上理由，而非以憲法第二十四條為憲法上依據。

損失補償之概念，大法官已於多號解釋肯認因國家合法行為致財產權人有特別犧牲者，應予補償，方符憲法保障財產權之意旨。損失補償制度既係由於公益而特別犧牲之情狀，除財產權外，亦應涵蓋生命、身體等權利，始符合憲法保障人民權利之本旨。又憲法第八條保障之人身自由為一切自由權利之基礎，大法官既已承認人民財產權侵害所受之損失補償，自更應本於憲法對人身自由之保障，認許對合法羈押者之損失補償。系爭規定以公共秩序、善良風俗為由，限制人民為損失補償之請求，除受憲法第七條、第二十三條規定檢驗外，自應以憲法人身自由保障之最高密度之標準審查之。

冤獄賠償法期於事後以金錢賠償（或補償）之方式，填補受害人名譽及自由所遭受之損害，以符合憲法保障人身自由國家賠償之意旨。系爭規定之公序良俗，為抽象之不確定法律概念，無客觀明確之標準。本號解釋之多數意見於系爭規定關於公序良俗之判斷，另增「其情節是否『重大』，有無逾越社會通常觀念所能容忍之程度」為要件，試圖緩和當事人不得請求或難以請求冤獄賠償之限制，惟此一作法僅另依一不確定法律概念解釋原本之不確定概念，實未曾稍改其空洞、抽象之不確定本質。在罪刑法定主義及法律明確

性要求檢驗下，應仍認不符客觀明確之標準。

　　關於憲法第七條平等原則之檢驗，劉鐵錚大法官於不同意見書指出：「……對於違反公序良俗之行為所為人身自由之限制，依社會秩序維護法第十九條第一項第一款規定，至多不過處以拘留五日，且尚以法有明文並具備一定構成要件為限（同法第二條），然依刑事訴訟法第一百零八條規定，偵查中可羈押犯罪嫌疑人達四個月之久，審判中對被告之羈押有時一審級更可長達九個月（所犯為最重本刑十年以下有期徒刑以下之罪者），而案件經發回者，其延長羈押之次數，在更新計算下，更屬漫長無期，倘不起訴處分或無罪判決宣告後，法律或大法官解釋竟以其行為違背公序良俗而情節重大，致為社會通念所不容為由，即剝奪受害人請求冤獄賠償之權利，二相比較，輕重失衡……」相比較下，系爭規定以不確定之法律概念，限制曾受羈押而受不起訴處分或無罪宣告之受害人之冤獄賠償請求權，與憲法上平等原則有違。又依憲法第二十三條之規定，系爭規定對於增進公益、維持立法秩序之目的所能發揮之功能薄弱，相對於此規定關於受害人因人身自由遭侵害仍不得請求冤獄賠償之限制，縱系爭規定符合目的性之要求，亦與必要性原則有違，且顯有輕重失衡之瑕疵，不符憲法第二十三條之比例原則。是故，系爭規定違反憲法第八條、第七條、第二十三條、第二十四條規定，應為無效之解釋。

　　本案涉及冤獄賠償的問題。大法官在解釋中，首先強調，冤獄賠償為國家賠償責任制度之「特別立法」，是否謂其本質上亦屬國家賠償責任之範圍？若然，則其特別之處何在？是對合法之侵犯權利（如合法之羈押）亦予賠償嗎？是補償而非賠償嗎？是增加憲法所定國家賠償以外之賠償責任嗎？

◆ 「不法」作為國家賠償之條件

　　憲法第二十四條規定公務人員「違法」侵害人權時，國家應負賠償責任，冤獄賠償法規定審判前受合法羈押，嗣後獲判無罪者可以請求國家賠償，惟請求人既係受合法之羈押，給予國家賠償之理論基礎何在？於曾受羈押而獲判無罪時，是否即已事後證明原來的羈押決定，是一種錯誤判斷？冤獄賠償法是否業已間接改行擬制其羈押為不合法之羈押？若然，則

原來做成羈押決定之法官，是否亦應就其侵權行為自負民法上公務人員之賠償責任？

　　冤獄賠償法若未因嗣後無罪判決而假定審判前之羈押為違法，則其規定是否係在公務員不須負責的情形下，賦予國家賠償請求權？是否賦予當事人超出憲法第二十四條規定之保障？是否顯示：以「不法」作為國家賠償的條件，有時並不足以充分保障人民之基本權利？是否間接承認：行使公權力發生之錯誤，制度上尚有必須肯認其為「合法的錯誤」之無奈？冤獄賠償法規定受合法羈押亦可請求賠償，是否更加彰顯國家賠償具有社會分擔公權力行使危險責任之功能？

◆ 本案與蔡進展案（釋 228）之比較

　　本案中，司法所為之羈押決定嗣後證明錯誤時，冤獄賠償法並不改行認定其為不法而使決定羈押之法官或檢察官❸個人負擔侵權行為賠償責任，大法官基本上給予支持；蔡進展案（釋 228）中，則對法官或檢察官之某些錯誤決定（如採取錯誤之法律見解），允許國家賠償法不予國家賠償，而使公務員身冒自負賠償責任的風險，兩案之基本立場，有無難以調和的矛盾存在？抑或國家是否賠償，悉依法律之規定？

◆ 「依法律」請求賠償

　　若無國家賠償法，人民可否逕依憲法第二十四條請求國家賠償？憲法第二十四條所謂「依法律」是指由法律規定請求國家賠償的程序或規定請求國家賠償的要件？或兩者皆可？本案解釋是否認為憲法第二十四條原已定有國家賠償之固有要件，並非法律可以任意伸縮者❹？

---

❸　修法前冤獄賠償法第二條：「受不起訴處分或無罪之宣告，曾受羈押，有左列情形之一者，不得請求賠償：一、因刑法第十八條第一項、第十九條第一項規定之事由者。二、行為違反公共秩序或善良風俗或應施以保安處分者。三、因受害人故意或重大過失之行為，致受羈押或刑之執行者。四、因判決合併處罰之一部受無罪之宣告，而其他部分受有罪之宣告者。五、依刑事訴訟法第二百五十二條第一款至第五款、第七款、第九款及第二百五十三條之規定，為不起訴處分者。六、依刑事訴訟法第二百五十二條第六款之規定，受不起訴處分時，如有證據足認為無該事由即應起訴者。」

❹　董保城認依法律向國家請求損害賠償，為一種憲法委託，是憲法委託立法者立法，

◆ 國家賠償與風俗道德

　　本案中兩位提出不同意見之孫森焱大法官與劉鐵錚大法官，恰巧位於多數意見之相反兩端。系爭冤獄賠償法規定，以受羈押人之行為是否合於公序良俗決定能否獲取冤獄賠償，孫大法官認為並不違憲，劉大法官認為違反平等原則，多數大法官則認為應視其行為違反公序良俗之情節是否重大、有無逾越社會通念所能忍受之程度而定，故與比例原則不符。劉大法官期期以為不可者，以公序良俗為不確定之法律概念，加上「情節重大」，亦無減於其依賴道德通念之漫無標準；孫大法官則以為公序良俗本即應依社會通念決定，加上「情節重大」未免多此一舉。兩者觀點雖然結論相反，推論基礎則相一致，說理邏輯是否更較多數意見謹嚴？

　　依多數意見與孫大法官之觀點，重大違反道德通念（公序良俗）之合法行為，雖受羈押亦無從獲得任何賠償（無關國家賠償責任，亦無公務員賠償責任），是否等於容許法律規定行為違反道德通念之人受到羈押係屬理所當然？這是不是開給道德規範的一張空白憲法支票？

薛正宣等對南投縣政府案（釋字第四六九號解釋）

續 (12) 319 (87)

♪ 背景事實

　　公司員工舉辦旅遊活動，於夜間搭乘未經檢驗合格、救生設備嚴重欠缺之無照「興業號」遊艇於日月潭風景區內遊湖時翻覆，計五十八人罹難。薛正宣等為受難家屬，認為南投縣政府就其所管理之日月潭風景區未盡管理責任，怠於其取締違法之職務，南投縣政府應依國家賠償法第二條第二項、第三條第一項之規定，賠償殯葬費、扶養費及精神慰藉金等損害，遭南投縣政府拒絕。聲請人提起訴訟，遭最高法院援引七十二年臺上字第七〇四號判例（下稱系爭判例）：「國家賠償法第二條第二項後段所謂公務員怠於執行職務，

　　立法者如何從憲法獲得積極立法的義務，必須衡諸憲法規定價值，確定立法者不為此立法時，即「立法怠惰」，而有違憲者之虞。董保城，《國家責任法》，頁 55，神州，九十一年。依其見解，似不認為憲法第二十四條已定有國家賠償之固有要件。

係指公務員對於被害人有應執行之職務而怠於執行者而言。換言之，被害人對於公務員為特定職務行為，有公法上請求權存在，經請求其執行而怠於執行，致自由或權利遭受損害者，始得依上開規定，請求國家負損害賠償責任。若公務員對於職務之執行，雖可使一般人民享有反射利益，人民對於公務員仍不得請求為該職務之行為者，縱公務員怠於執行該職務，人民尚無公法上請求權可資行使，以資保護其利益，自不得依上開規定請求國家賠償損害。」加以駁回。聲請人等以該項判例侵害憲法第十六條所保障之訴訟權及憲法第二十四條所保障之國家賠償請求權，聲請大法官解釋。

解釋文（節）

　　法律規定之內容非僅屬授予國家機關推行公共事務之權限，而其目的係為保護人民生命、身體及財產等法益，且法律對主管機關應執行職務行使公權力之事項規定明確，該管機關公務員依此規定對可得特定之人所負作為義務已無不作為之裁量餘地，猶因故意或過失怠於執行職務，致特定人之自由或權利遭受損害，被害人得依國家賠償法第二條第二項後段，向國家請求損害賠償。最高法院七十二年臺上字第七〇四號判例……對於符合一定要件，而有公法上請求權，經由法定程序請求公務員作為而怠於執行職務者，自有其適用，惟與首開意旨不符部分，則係對人民請求國家賠償增列法律所無之限制，有違憲法保障人民權利之意旨，應不予援用。

─解釋理由書─（節）

　　憲法第二十四條規定公務員違法侵害人民之自由或權利，人民得依法律向國家請求賠償，係對國家損害賠償義務所作原則性之揭示，立法機關應本此意旨對國家責任制定適當之法律，且在法律規範之前提下，行政機關並得因職能擴大，為因應伴隨高度工業化或過度開發而產生對環境或衛生等之危害，以及科技設施所引發之危險，而採取危險防止或危險管理之措施，以增進國民生活之安全保障。倘國家責任成立之要件，從法律規定中已堪認定，則適用法律時不應限縮解釋，以免人民依法應享有之權利無從實現。

　　國家賠償法第二條第二項規定：「公務員於執行職務行使公權力時，因故

意或過失不法侵害人民自由或權利者，國家應負損害賠償責任。公務員怠於執行職務，致人民自由或權利遭受損害者亦同」，凡公務員職務上之行為符合：行使公權力、有故意或過失、行為違法、特定人自由或權利所受損害與違法行為間具相當因果關係之要件，而非純屬天然災害或其他不可抗力所致者，被害人即得分就積極作為或消極不作為，依上開法條前段或後段請求國家賠償，該條規定之意旨甚為明顯，並不以被害人對於公務員怠於執行之職務行為有公法上請求權存在，經請求其執行而怠於執行為必要。惟法律之種類繁多，其規範之目的亦各有不同，有僅屬賦予主管機關推行公共事務之權限者，亦有賦予主管機關作為或不作為之裁量權限者，對於上述各類法律之規定，該管機關之公務員縱有怠於執行職務之行為，或尚難認為人民之權利因而遭受直接之損害，或性質上仍屬適當與否之行政裁量問題，既未達違法之程度，亦無在個別事件中因各種情況之考量，例如：斟酌人民權益所受侵害之危險迫切程度、公務員對於損害之發生是否可得預見、侵害之防止是否須仰賴公權力之行使始可達成目的而非個人之努力可能避免等因素，已致無可裁量之情事者，自無成立國家賠償之餘地。倘法律規範之目的係為保障人民生命、身體及財產等法益，且對主管機關應執行職務行使公權力之事項規定明確，該管機關公務員依此規定對可得特定之人負有作為義務已無不作為之裁量空間，猶因故意或過失怠於執行職務或拒不為職務上應為之行為，致特定人之自由或權利遭受損害，被害人自得向國家請求損害賠償。至前開法律規範保障目的之探求，應就具體個案而定，如法律明確規定特定人得享有權利，或對符合法定條件而可得特定之人，授予向行政主體或國家機關為一定作為之請求權者，其規範目的在於保障個人權益，固無疑義；如法律雖係為公共利益或一般國民福祉而設之規定，但就法律之整體結構、適用對象、所欲產生之規範效果及社會發展因素等綜合判斷，可得知亦有保障特定人之意旨時，則個人主張其權益因公務員怠於執行職務而受損害者，即應許其依法請求救濟。

　　最高法院七十二年臺上字第七○四號判例……對於符合一定要件，而有公法上請求權，經由法定程序請求公務員作為而怠於執行職務者，自有其適用，惟與前開意旨不符部分，則係對人民請求國家賠償增列法律所無之限制，

有違憲法保障人民權利之意旨,應不予援用。

依上述意旨應負賠償義務之機關,對故意或重大過失之公務員,自得依國家賠償法第二條第三項行使求償權,如就損害賠償有應負責任之人時,賠償義務機關對之亦有求償權,乃屬當然。

一孫森焱大法官之不同意見書一

大法官孫森焱於本號解釋所提出之不同意見書認為,國家賠償法第二條第二項前段規定之「執行職務之行為」,包括作為及不作為。若以不作為致人民自由或權利受侵害時,須以公務員依法有作為之義務為要件。國家制定法律,課與公務員作為義務,有以增進公益為目的者,亦有兼及保護第三人之權益,公務員基於作為義務而為職務之執行,如以公共利益為目的,人民得享有反射利益,然不得以此認公務員不為該作為時,人民即得以此為由,認侵害其權利而請求國家賠償。如除增進公益外,亦兼及保護第三人之利益時,尚須視公務員就作為或不作為有無裁量權限,而論定國家賠償責任。孫森焱大法官於不同意見書中明確指出裁量權行使所須審酌之因素:「……除法律對主管機關應執行職務、行使公權力之事項,定有明確規定外,並應斟酌人民自由或權利,因行政不作為所受侵害之危險程度、因行政作為得防止侵害權益之可能性、公務員對於損害之發生是否可得預見、侵害之防止是否須仰賴公權力之行使始可達成目的等因素,於公務員就作為或不作為已無裁量餘地時,因其故意或過失而不作為,不法侵害人民之自由或權利致生損害,則國家即應依上開規定負賠償責任。類此情形,與公務員以作為加害人民之權益者,應由國家負賠償責任,並無二致。」而國家賠償法第二條第二項後段之立法意旨乃謂第三人就公務員為特定職務之行為,有公法上請求權存在,經請求公務員執行卻怠於執行致人民自由或權利受侵害之情狀。又自行政訴訟法修正後,關於公法上請求權之行使,權利人得依同法第五條及第八條向國家請求給付,大法官孫森焱認行政訴訟法上之公法請求權:「……與公務員對於規制權限之不作為,具有裁量餘地者,性質有異;與國家賠償法第二條第二項前段規定,人民之自由或權利因公務員積極作為或消極不作為之侵權行為而發生之損害,由國家負賠償責任者,亦屬不同。」是故,最高法院之系

爭判例乃就國家賠償法第二條第二項後段之規定為說明，應未增加法所無之限制，亦無牴觸憲法第二十四條之精神，即若適用同法第二項前段規定，尚須以公務員之故意或過失為要件，若同法第二條第二項後段之規定，因公務員怠於執行職務致人民權利或自由受損時，被害人即得請求國家賠償。實屬以前段規定之構成要件適用於後段規定之侵權行為，有混淆二者構成要件之嫌。是故，多數意見僅依條文之文義解釋認最高法院之系爭判例限縮國家賠償法第二條第二項後段之範圍，立論過程實屬不夠嚴謹，蓋同法第二條第二項前段與後段之規定，既然所指之賠償責任內容和類型不同，系爭判例僅就國家賠償法第二條第二項後段為闡釋，應無違憲法保障人民權利意旨。

─評析與問題─

本案多數大法官與孫森焱大法官之間，爭執點似乎頗為複雜，其實是圍繞在本案的中心議題從事討論：因公務員怠於執行職務而產生之國家賠償責任，最高法院判例要求，應以人民依法律具有求為特定職務所為之權利時為限，是否合乎憲法？

◆ 不作為違法之國賠責任條件

本案中孫森焱大法官認定不作為違法之國家賠償責任條件與多數大法官之見解有無不同？是否均不認為公務員以職務上之不作為方式侵害人民權利時，須以法律明文規定人民有權請求公務員為特定職務者為限？若然，則孫大法官之不同意見與多數意見之差異究竟何在？

依照最高法院系爭判例意旨，公務員怠忽法定職務而侵害人民權益時，應該區別其應盡之法定職務，所準據之法律究係單純地加課公務員行為義務，抑係同時賦予人民請求公務員為特定職務行為之權利。在僅為單純加課公務員行為義務之情形，公務員之職務行為，對人民而言，僅為「反射利益」❺，乃非法律上可以主張之權利，既非權利受害，自無賠償

---

❺　反射利益乃法規之反射效果，即法規之目的在保障公共利益而非個人私益，但因法規之規定對個人也產生一種有利之附隨效果。吳庚，《行政法之理論與實用》，頁162，自刊，九十三年。

責任可以主張。就本案聲請人等之遭遇而言，南投縣政府未依法善盡管理日月潭風景區遊艇救生設施之義務，固屬怠於職務上應為之行為，但聲請人等若原無依法可以要求南投縣政府如何為相關管理之特定行為者，對聲請人等而言，縣政府之依法管理即屬反射利益而不是法定權利之實現。依最高法院判例，即無請求國家賠償之餘地。

　　本案大法官之解釋，則是否已採不同見解，認為不應設定如此嚴格之條件限制國家賠償之請求？本案解釋以為，法律縱並未明文賦予人民請求特定職務行為之權利，若是公務員依法對請求國家賠償之人民所應為之職務行為，公務員已無裁量是否作為之餘地，亦即依法已有應為之義務而仍怠忽不為者，即足以引起國家賠償之責任；在本案聲請人之案件言之，南投縣政府有無裁量不對聲請人搭乘之遊艇要求備具足夠救生設施的餘地？答案若為否定者，聲請人是否即可獲得國家賠償？抑或此時聲請人之國賠請求只是少了一項障礙，能否獲得賠償還要繫於其他法定條件是否具備（如縣政府之怠於檢查業者裝備，與權利受害之間有無因果關係）？吳素月案（釋 400）解釋公用地段之公用道路應予徵收，政府還能不能以財務困難為由，就何種徵收以及徵收對象之先後順序為編列預算之裁量？依本案解釋意旨，公務員是否已無裁量是否作為之餘地❻？

　　本案大法官採取與最高法院判例不同之見解，其根據何在？是在憲法第二十四條嗎？是基於國家賠償之憲法理論嗎？是在國家賠償法的規定嗎？本案解釋究竟認為系爭判例為違憲或合憲？孫大法官所爭執之重點，是否就在系爭判例是否實質違憲？與陳麗鳳對蘇水銅案（釋 452）對照，本案解釋最高法院判例之為合憲違憲，以高度含蓄的態度利用合憲式的語句說明違憲的實質，是否有特殊的緣故？

◆ 法定義務不履行的賠償 v. 侵權行為的賠償

　　孫大法官除了認為最高法院系爭判例合憲而與多數大法官持不同意見之外，是否尚主張公務員之職務上不作為侵害人民權利，應依侵權行為

---

❻　相關討論，參閱黃啟禎，〈既成道路徵收補償實務問題之商榷與建議〉，《中律會訊雜誌》，6 卷 3 期，頁 23-6，九十二年十二月。

法理而非法定義務不履行之概念判斷是引發國家賠償責任？此二者有何不同？依侵權行為之法理而言，公務員職務不作為若可構成侵權行為，必然先有作為之義務，或有防止其危險發生之義務。公務員之不作為若屬適法，又如何能夠構成侵權行為？侵權行為與法定義務不履行有何區別？孫大法官認為國家賠償法系爭規定前段與後段規定適用場合並不相同，是否以為該條後段係屬無過失責任之規定？惟其既認為系爭法條前段之行為亦應包括「不作為」在內，則對同樣的違法不作為，前、後段規定之適用有無扞格矛盾之處？若謂前段係以過失責任為基礎，國家賠償責任之發生不以法律明定特定作為義務為限；後段係以無過失責任為基礎，國家賠償責任之發生乃將反射利益之情形排除在外者，是否認為「不作為」尚有故意不作為與過失不作為之區別？孫大法官是否以為本案聲請人尚應證明南投縣政府乃係故意不檢查或過失不檢查，才能主張侵權行為之國賠責任？

◆ 國家賠償之理論基礎

　　最高法院判例是否符合憲法第二十四條所稱「依法律」請求國家賠償之規定？最高法院是否認為，法律既未賦予聲請人請求公署作為之權利，公署雖不作為亦無可資替代之權利存在，即無給予國家賠償之理由？然在法律未明文規定賦予本案聲請人家屬有權請求公務員盡其特定作為職務之情形下，依侵權行為理論仍屬侵害聲請人家屬之權利（在本案為生命權），一旦將國家賠償視為填補損害之替代性權利，有何理由排除請求國家賠償之權利？公務員之不作為但屬不法，其不作為但與人民權利之受侵害具有因果關係，憲法賦予國家賠償之請求權行使條件是否即已具備？其他的請求條件，是否都屬加設憲法所無之限制而應論為違憲？

　　本案解釋理由書中謂應在個案中探求法律規範「保障目的」為何以決定有無作為請求權一節，學者有批評此為我國所不採取之「保護規範理論」❼而應予揚棄者，蓋以「保護規範理論」係依據國家代位責任建構國家賠償理論基礎，而我國之國家賠償責任則係以國家自身之責任為主流思

---

❼　董保城，《國家責任法》，頁 236-7、258-60，神州，九十一年。

想❽。代位責任論與自身責任論之差異❾何在？憲法第二十四條之規定有無明顯之取向❿？如採自身責任論建構的國家賠償責任制度，不能秉持代位責任論作為補充理論⓫嗎？

---

❽　同前註❽，頁 260。

❾　代位責任是指，國家雖然對於被害人負賠償責任，但該賠償責任的本質上乃係公務員個人賠償責任之替代。故國家賠償責任之成立，須該行為構成公務員個人賠償責任為必要，即公務員因該行為須負損害賠償責任時，國家始負損害賠償責任。國家自己責任是指，對於公務員於執行公務之際，所為不法行為，不法行為之責任直接歸屬給國家，國家對受害人負責，公務員不負賠償責任。同前註❽，頁 47–50。

❿　憲法第二十四條應係採國家自身責任說，參城仲模，〈論國家賠償制度之新展望〉，收入氏著《行政法之基礎理論》，頁 775，三民，八十八年。

⓫　亦即國家在公務員有不法行為侵害人民權利時，除國家自己負賠償責任之外，是否也可以因公務員個人構成侵權行為時，仍以代位責任作為補充，使得國家賠償機制更為完整。

乙、司法行為之例外

蔡進展對高等法院案（釋字第二二八號解釋）

續 (4) 75 (77)

臺灣高等法院臺南分院審理七十二年度上更字第一六四號臺灣省畜產試驗所與蔡進展間請求返還土地事件，判決蔡進展敗訴確定。蔡進展主張該判決違背憲法規定，侵害其財產權，請求法院給付國家賠償之損害賠償金，經最高法院依據國家賠償法第十三條判決敗訴確定。蔡進展乃向大法官聲請解釋國家賠償法第十三條違憲。

大法官於解釋文中指出：「國家賠償法第十三條規定（下稱系爭規定）：『有審判或追訴職務之公務員，因執行職務侵害人民自由或權利，就其參與審判或追訴案件犯職務上之罪，經判決有罪確定者，適用本法規定。』係針對審判與追訴職務之特性所為之特別規定，尚未逾越立法裁量範圍，與憲法並無牴觸」，於理由書說明立法機關依據憲法第二十四條為國家賠償之立法，此項立法，自得就人民請求國家賠償之要件為合理之立法裁量。又國家賠償法第二條第二項前段，係公務員之侵權行為負損害賠償責任之一般規定。而系爭規定為國家就有審判或追訴職務之公務員，因執行職務致人民自由或權利受侵害之侵權行為特別規定。又依我國之訴訟制度，有審判或追訴職務之公務員執行職務時，基於審理或偵查所得之證據或資料，依其心證及自己確信為事實及法律上判斷，更於理由書進一步說明：「……各級有審判或追訴職務之公務員，就同一案件所形成之心證或見解，難免彼此有所不同，倘有心證或見解上之差誤，訴訟制度本身已有糾正機能。關於刑事案件，復有冤獄賠償制度，予以賠償。為維護審判獨立及追訴不受外界干擾，以實現公平正義，上述難於避免之差誤，在合理範圍內，應予容忍。」，意即為使執行審判或追訴職務之公務員能保持超然立場，並使審判及追訴臻於客觀公正，此一規定尚未逾越立法裁量之範圍。然若依系爭規定，執行此等職務之公務員，因參與審判或追訴案件犯職務上之罪，經判決有罪確定時，因其不法侵害人民自由或權利之事實，已臻明確，非僅為心證或見解上之差誤，於此國家自

當予以賠償。又按憲法平等原則之規定，並無禁止法律因國家機關功能之差別，而對國家賠償責任為合理之不同規定。故系爭規定，為維護審判獨立及追訴不受外界干擾所必要，尚未逾立法裁量範圍，並無牴觸憲法第七條、第十六條、第二十三條及第二十四條之規定。

一不同意見書一（節）　　　大法官　劉鐵錚

　　……

　　一、憲法第二十四條規定……僅曰凡公務員「違法」侵害人民之自由或權利，國家即應負賠償責任，並未提及故意或過失之問題。……本人姑採通說，以過失責任主義為不同意見書之立論基礎。

　　二、憲法第二十四條僅曰「凡公務員」違法侵害人民之自由或權利，國家即應負賠償責任，並未區別公務員之類別，此因公務員種類繁多，職務各異，性質有殊，實難一一劃分，惟於其有故意或過失不法侵害人民權益，構成侵權行為，人民遭受損害時，則其結果相同。為符合憲法保障人民權利之意旨，貫徹國家賠償法制之精神，國家自均應負賠償責任……；今國家本身侵害人民之自由或權利，國家卻因該等公務員非故意（未構成犯罪，並判刑確定），而推卸國家責任，此豈事理之平，不僅擅改憲法上之過失責任主義為故意責任主義，且也混淆民事與刑事責任之區別，更是違背有權利即有救濟、有損害就有賠償之法諺。

　　三、民法第一百八十六條第一項規定：「公務員因故意違背對於第三人應執行之職務。致第三人之權利受損害者，負賠償責任。其因過失者，以被害人不能依他項方法受賠償時為限，負其責任。」係現行法上關於公務員民事責任之基本規定，並未區別公務員之類別，而一體適用。其中過失侵權行為時，所採責任限制之規定，係因公務員職務之執行，乃推動國家之政務，以促進人民之福祉，事繁且重，難免疏誤。如因而招致人民權益之損害，必也使其負賠償責任，則公務員不免心生畏懼，多所瞻顧，此不僅妨礙國家政務之推動，也嚴重影響人民之利益。職是之故，乃有此學說上所謂之公務員補充責任條款之規定，以促使公務員安心工作，勇於擔當。今公務員因「過失」違法侵害人民之權益，在一般公務員，因被害人民可依國家賠償法第二條第

二項前段……請求國家賠償，一般公務員因而免責；而於有審判或追訴職務之公務員，因被害人民受到國家賠償法第十三條之限制，不能請求國家負賠償責任，而唯有請求有審判或追訴職務之公務員自己賠償。國家賠償法第十三條針對審判與追訴職務之特性，所為之特別規定，除已造成公務員負民事責任之差別待遇外，豈能促使執行審判或追訴職務之公務員，於執行職務時無所瞻顧，又豈能維護審判獨立及追訴不受外界干擾之原則？相反地，該條規定將造成公務員補充責任條款之立法目的完全落空之境地，殆可斷言。

　　四、公務員係代表國家行使公權力，於執行職務時，非無違法執行之可能，故國家對其授與之權限，因公務員違法執行，致造成人民損害時，國家自應直接負賠償責任。今推檢人員因「過失」不法侵害人民之權益，推檢人員本身猶須負賠償責任時，國家卻袖手旁觀，……抑有進者，於推檢人員有「重大過失」違法侵害人民權益時，國家竟也不負賠償之責，是則憲法上所保障之人民自由或權利，以及憲法上所規定之國家賠償制度，豈不等於一紙空談？而重大過失之責任，不得預先免除之基本法理，也破壞殆盡矣！

　　五、在訴訟程序中，對於法律之運用或解釋，由於執法者之過失，以致錯認事實，誤解法律，誤用法律，違法侵害人民之自由或權利，致人民遭受損害，非無可能。關於刑事案件，雖有冤獄賠償法，對於無辜而受羈押或受刑之執行者，予以賠償之規定，然推檢人員因過失違法侵害人民之權益，豈僅冤獄耳！生命權、自由權以外之人格權，以及身分權、財產權，皆有被侵害之可能，訴訟制度上各種程序，雖有糾正機能（有罪改判無罪、敗訴改判勝訴等是），卻未必能完全回復當事人現實上所受損害之權益（如財產已執行、名譽已受損）。於一般公務員違法侵害人民權益，或公有公共設施，因設置或管理有欠缺，致人民權益受損時，國家皆負賠償責任，而於代表公平正義之司法人員，因過失或重大過失違法侵害人民自由或權利時，國家反不負責，剝奪人民依憲法應享有之國家賠償權，此豈符合舉輕以明重之原則，又豈為尊重人權之表現？

　　六、憲法第二十四條對國家賠償制度，雖具有原則規範之性質，人民不得逕據本條而為賠償之請求，猶須依據法律為之。然此「法律」絕不可限縮國家之責任，嚴格國家賠償之要件，而犧牲人民基本權利之保障，故此所謂

「依法律」，並非法律保留之意義，乃為國家無責任原則之拋棄的表示。因而國家賠償法第十三條囿於舊日國王不能為非、官尊民卑之觀念，而為排除國家應負賠償責任之規定，自屬違背憲法。

　　綜合以上所述理由，國家賠償法第十三條……逾越立法上合理裁量之範疇，依憲法第一百七十一條第一項：「法律與憲法牴觸者無效。」之規定，自應為無效之解釋。

　　本案似僅涉及審判及追訴職務侵犯基本人權時，國家賠償責任是否可由法律解免的問題，但從劉鐵錚大法官的不同意見書中，可知本案其實觸及憲法上國家賠償機制的若干基本概念，特別是請求國家賠償的條件問題，而不只是片面性、技術性的問題而已。

◆ 無過失責任？無賠償責任？

　　劉大法官的不同意見書，提及國家賠償法設定之賠償條件，為過失責任，惟憲法第二十四條究係採過失責任抑或無過失責任，並非無疑。劉大法官言下之意，就此不無質疑。按「違法」與「有責」為不同之概念，憲法第二十四條僅設定「違法」之求償要件，國家賠償法規定過失責任之條件，有無加設憲法所無之限制？國家賠償法關於公有公共設施有欠缺部分之規定，係採取無過失責任，係屬進步之立法，抑為憲法之要求？而違憲的問題，本案解釋就此問題，是否已做成決定？

　　劉大法官進一步質疑，國家賠償法第十三條連國家賠償責任中之重大過失責任亦予免除，不符基本法理而應認為違反憲法第二十四條，實則該條規定是否同亦有免除故意行為之可能？該條規定國家賠償責任之前提，為相關人員就其參與審判或追訴案件犯職務上之罪，經判決有罪確定。此中是否已假設所有之故意違法行為都必定在刑事上判決有罪確定？民事上認定故意行為與刑事上認定犯罪行為之標準是否完全相同？證據法則是否採取同等標準？為何故意行為以能在刑事程序中被證明作為民事求償的前提？受害人可不可以不介意追究刑事責任而只追究賠償責任？以刑事責任確定作為國家賠償責任之前提條件，合不合乎憲法第二十三條比例原則之要求？有多少案件能夠依此規定順利求償？系爭規定是否等於宣告國家就司法案件無賠償責任？是否加設了憲法第二十四條所未規定之請求障礙？

◆ 加重抑或減輕公務員責任？

　　劉大法官指出，憲法第二十四條規定者為雙重賠償責任，一方面確認公務員應對受害者負擔賠償責任；另一方面國家亦應同樣負擔賠償責任，以便利受害者選擇其求償對象，提高獲得賠償之機會。國家賠償法系爭法條則近乎完全解免國家賠償責任，保護的對象是誰？多數意見認為是在保護公務員，然則誠如劉大法官所言，該條規定既非解免公務員本身之賠償責任，為何以之為減輕公務員之責任？人民因該條規定而不能向國家求償，為何不會向公務員本人求償？公務員個人責任是否轉趨嚴重 ⓬，而非減輕？多數意見認為系爭規定可以促使公務員從事審判或追訴，無所瞻顧，公務員個人民事賠償責任成為單一存在之賠償責任，公務員有何理由會因此行使職權無所瞻顧？系爭規定，使得連帶賠償責任 ⓭ 成為單獨賠償

⓬　國家賠償法第二條第二項前段規定國家賠償責任以公務員故意或過失為要件，同法第十三條則就有審判或追訴職務之公務員之情況，限縮國家賠償責任須就其參與審判或追訴案件犯職務上之罪，並經判決有罪確定，始得成立。若是有審判或追訴職務之公務員於執行職務時雖有輕過失，但並不成罪，人民既不得依國家賠償法請求賠償，勢必依民法第一百八十六條第一項後段向該公務員求償。若無國家賠償法第十三條之規定，人民本得向國家請求賠償，而國家依同法第二條第三項對該公務員並無求償權。一旦依國家賠償法第十三條之規定，國家不負賠償責任，而該公務員即須依民法第一百八十六條第一項負侵權行為責任，豈非增加其個人責任！採此見解者，除劉鐵錚大法官不同意見書之外，鄭玉波亦認為本號解釋將使國家之賠償機會減少，相對的有審判或追訴之公務員個人賠償機會增多。參見氏著〈大法官會議釋字第二二八號解釋與民法第一八六條之關係〉，司法院秘書處編，《司法院大法官釋憲四十週年紀念論文集》，頁 346-7，司法周刊雜誌社，八十一年再版。

⓭　林紀東認為「本條規定之重點，固在承認國家損害賠償制度，使國家對於公務員之不法行為，連帶負其責任」。參見氏著，《中華民國憲法逐條釋義(一)》，頁 364，三民，八十二年七版。惟所謂連帶賠償責任，又可區分為真正連帶與不真正連帶，有關其間差異，參見孫森焱，《民法債編總論（下）》，頁 866 以下，自刊，八十九年修訂版。公務員故意違背對第三人應執行之職務，致第三人之權利受損害者，依民法第一百八十六條第一項前段，公務員應負賠償責任，同時，依國家賠償法第二條第二項之規定，國家亦負賠償責任。此時，公務員賠償責任與國家賠償責任併存，被害人得先向公務員或國家請求賠償，或同時為之。待受賠償後，被害人對於公務員及國家之賠償請求權即歸於消滅，此乃不真正連帶債務。參見鄭玉波，〈論國家賠償責任與公務員賠償責任之關係〉，《法學叢刊》，26 卷 1 期，頁 7，七十年三月。

責任，對於受害人之人民的權利是否為一種傷害？系爭規定既不利受害人，又不利公務員，究竟有利誰？如果系爭法條只保障國家不負賠償責任，此與憲法第二十四條規定特別要求國家擔負賠償責任，是否正相牴觸？如何可以認為合憲？

◆「依法律」求償

劉鐵錚大法官與多數意見對於憲法第二十四條「依法律」求償的規定，理解大相逕庭，孰為有理？此所謂依法律求償之規定，若係授權立法者決定國家賠償之條件而無憲法限制，憲法第二十四條是否可為立法者予取予奪的機會？「依法律」是否仍應受到憲法第二十三條比例原則之限制？「依法律」求償，指的是不是應由法律規定應適用的求償程序，實現國家賠償之建制美意？

◆ 國王不能為非？

劉大法官指責系爭法律係囿於「國王不能為非」的概念❶，所謂「國王不能為非」，其意為何？系爭法條與「國王不能為非」的觀念有何關連？系爭法條是以「法官不能為非」取代「國王不能為非」嗎？在沒有國王的時代，可用「國家不能為非」或「法官不能為非」的觀念取代「國王不能為非」嗎？國家能否為非？國家若不能為非，為何要國家負擔賠償責任？可否從此推出無過失責任之理論依據？

◆ 民法第一百八十六條的憲法問題

民法第一百八十六條規定，公務員因過失而侵權者，以被害人不能依他項方法受賠償時為限，負其責任。亦即既有國家賠償法規定國家應負賠償責任，公務員之個人賠償責任即遭解除。國家賠償法第二條第三項則規定，國家向公務員求償之權利，以公務員有故意或重大過失時始為存在。兩相對照，於公務員僅具輕過失而侵害人民自由權利時，公務員依民法不

---

❶ 此法諺源自英國，其依據之理論，包括：主權者有權創制及廢止法律，其自身不受拘束；國王之大權係為人民之利益而存在，不可能為侵害行為；國王乃最高之主權者，其上若容法官審判其行為正確與否，即與此原則相違；國王之行為，法律上設有負責人，若有違法侵害人民者，係個人行為。參見曹競輝，《國家賠償法之理論與實務》，頁 74-5，自刊，七十年修訂版；城仲模，〈行政法上國家責任之理論與立法之研究〉，《行政法之基礎理論》，頁 658-61，三民，八十三年再版。

須負擔賠償責任，國家則依國家賠償應負擔賠償責任❶，其道理何在？憲法第二十四條除了規定國家賠償責任時，亦要求公務員「應負民、刑事責任」，民法第一百八十六條之規定是否合於憲法第二十四條要求公務員負責或是國家與公務員共同負責的意旨❶？法律解除公務員之賠償責任是否應依憲法第二十三條之規定加以檢視？

關於本號解釋之評釋，參見鄭玉波，〈大法官會議釋字第二二八號解釋與民法第一八六條之關係〉，收入《司法院大法官釋憲四十週年紀念論文集》，頁 343。

◆ **審檢之司法特性相同？**

國家賠償法第十三條將審判之法官及追訴之檢察官同列，本案解釋亦無辭而一體加以對待，此與許信良案（釋 392）之區別法官與檢察官為不同性質之權力作用，是否大異其趣？有無在國家賠償法制上加予區別的理由？學者有執德國立法例為據而就此有所批評者❶，有認本案解釋已違背體系正義者❶，相對於上述民法第一百八十六條之適用關係而言，應否就之有所區別？

---

❶ 民法第一百八十六條第一項：「公務員因故意違背對於第三人應執行之職務，致第三人受損害者，負賠償責任。其因過失者，以被害人不能依他項方法受賠償時為限，負其責任。」依此規定，公務員就其職務上之故意侵權行為應負賠償責任，若是因過失致第三人受損害，被害人既可依國家賠償法受償，即不得依民法向公務員請求賠償。惟此處所謂之過失不包括重大過失。

❶ 民法第一百八十六條第二項之立法理由：「……被害人本可以法律上之救濟方法，除去其損害，而因故意或過失，怠於為之者，毋庸保護，例如不依上訴聲明不服等是也。此時被害人各由自取，故使公務員不負損害賠償之責任。此第二項所由設也。」

❶ 董保城，《國家責任法》，頁 150–1，神州，九十一年。

❶ 體系正義乃指立法者於第一次規範形成時固有其自由，惟一旦立法者形成一項法則時，此後立法者即應一貫地持續其本身所確立的基本原則，否則就是破壞其本身所建立的法則，有違反平等原則之嫌。氏認為國家賠償責任以公務員負民事責任為已足，本號解釋無極堅強之理由卻容許立法者將偵審人員之國家賠償責任限縮至以構成刑事責任為條件。此外，偵查係行政權，審判係司法權，本號解釋以形成心證過程難免差異、維護審判獨立為理由，僅對於司法權成立，並不適用於行政權。李惠宗，〈「體系正義」作為違憲審查基準之探討——以釋字二二八號解釋為素材〉，《憲政時代》，16 卷 2 期，頁 27、33–4，七十九年十二月。

參、損失補償與特別犧牲理論

張國隆等對冤獄賠償覆議委員會案（釋字第六七〇號解釋）

背景事實

　　聲請人張〇隆原於銀行負責外匯作業暨審核業務。六十七年十二月間因發生出口押匯遭國外開狀銀行拒付案，於民國六十八年二月二十八日，經臺灣臺北地方法院檢察署認涉有犯貪污罪之重大嫌疑遭羈押，迄於七十二年四月八日，始經臺灣高等法院諭知交保釋放，共計被羈押一千五百日，嗣經臺灣高等法院九十二年度重上更（十二）字第二三二號判決無罪確定，爰依冤獄賠償法第一條第一項第一款、第三條第一項之規定，以每日新臺幣五千元，合計請求七百五十萬元賠償。經司法院冤獄賠償法庭覆審決定認聲請人經辦押匯作業仍有重大瑕疵，於客觀上易遭誤認其有主觀上圖利他人之犯行，故其受羈押，核有冤獄賠償法第二條第三款不得請求賠償情形，遂駁回其覆審之聲請。聲請人不服，認冤獄賠償法第二條第三款規定，違反無罪推定及比例原則，有牴觸憲法第七條、第十五條、第二十三條規定之疑義，聲請司法院大法官解釋。

解釋文

　　受無罪判決確定之受害人，因有故意或重大過失行為致依刑事訴訟法第一百零一條第一項或軍事審判法第一百零二條第一項受羈押者，依冤獄賠償法第二條第三款規定，不得請求賠償，並未斟酌受害人致受羈押之行為，係涉嫌實現犯罪構成要件或係妨礙、誤導偵查審判，亦無論受害人致受羈押行為可歸責程度之輕重及因羈押所受損失之大小，皆一律排除全部之補償請求，並非避免補償失當或浮濫等情事所必要，不符冤獄賠償法對個別人民身體之自由，因實現國家刑罰權之公共利益，受有超越一般應容忍程度之特別犧牲時，給予所規範之補償，以符

合憲法保障人民身體自由及平等權之立法意旨，而與憲法第二十三條之比例原則有違，應自本解釋公布之日起至遲於屆滿二年時失其效力。

一解釋理由書－（節）

......

是冤獄賠償法於形式上為國家賠償法之特別法，然本條項所規定之國家賠償，實係國家因實現刑罰權或為實施教化、矯治之公共利益，對特定人民為羈押、收容、留置、刑或保安處分之執行，致其憲法保障之自由權利，受有超越一般應容忍程度之限制，構成其個人之特別犧牲時，依法律之規定，以金錢予以填補之刑事補償……。

人民之自由權利因公共利益受有超越一般應容忍程度之特別犧牲，法律規定給予補償時，為避免補償失當或浮濫等情事，受害人對損失之發生或擴大，如有可歸責之事由，固得審酌不同情狀而排除或減少其補償請求權，惟仍須為達成該目的所必要，始無違憲法第二十三條之比例原則。冤獄賠償法第二條第三款規定，因故意或重大過失行為致受羈押者，不得請求補償部分（以下稱系爭規定），就刑事訴訟法第一百零一條第一項及軍事審判法第一百零二條第一項所規定之羈押而言，並未斟酌受害人致受羈押之行為，係涉嫌實現犯罪構成要件，或係妨礙、誤導偵查審判（例如逃亡、串供、湮滅證據或虛偽自白等），亦無論受害人致受羈押行為可歸責程度之輕重及其因羈押所受損失之大小，皆一律排除全部之補償請求，並非避免補償失當或浮濫等情事所必要，不符冤獄賠償法對特定人民身體之自由，因實現刑罰權之公共利益受有干涉，構成超越一般應容忍程度之特別犧牲時，給予所規範之補償，以實現憲法保障人民身體自由及平等權之立法意旨，而與憲法第二十三條之比例原則有違。系爭規定應由相關機關自本解釋公布之日起二年內，依本解釋之意旨，衡酌受害人致受羈押行為之情狀、可歸責程度及所受損失等事由，就是否限制其補償請求權，予以限制時係全面排除或部分減少等，配合冤獄賠償法相關規定通盤檢討，妥為規範，屆期未完成修法者，系爭規定失其效力。

─協同意見書─（節）　　　大法官　許宗力

　　……本席贊同本件違憲之結論，但傾向認為在我國脈絡下，危險責任較諸特別犧牲更適合作為合法羈押之刑事補償責任的理論基礎。……

一、國家刑事補償責任之理論基礎

　　……制度設計上卻同時包含因合法刑事追訴或執行行為及執行職務公務員有故意過失不法，侵害人民權利損害之補償（冤賠法第一條第一項）及賠償（冤賠法第一條第二項）。釋字第四八七號解釋過於強調冤賠法的「賠償」面向，忽視現有刑事補償之建制，本件解釋則逐步走出其框架與侷限，值得肯定。然而將冤賠法完全視為國家賠償之特別法制時，憲法第二十四條規定為其直接依據，立法機關因此負有遵守憲法委託之義務，其形成自由受到相當的限縮。相較之下，對於合法刑事追訴行為所致之人民權利受損，國家行為既屬合法，則負擔補償責任的理論基礎為何，又立法者是否負擔制定刑事補償制度的憲法義務，其依據何在？

　　就此多數意見參考德國法上的特別犧牲理論，認為國家為達成公益，而對特定人民之憲法上權利，加諸超越社會一般容忍程度的侵害，這些侵害之於所有人均應忍受之義務，係屬特別之犧牲，基於平等原則即應對權利受到特別犧牲者提供補償。換言之，特別犧牲之補償係以憲法上各基本權搭配平等原則作為依據，而具有憲法位階。以本案情形而言，國家為實現刑罰權之公益，而在法院確認國家對特定犯罪嫌疑人之刑罰權存在前，即予以羈押，嗣後經判決無罪，則其因羈押所受人身自由之剝奪，較諸一般性之應訴義務，已屬難以容忍之特別損害，國家須予補償始符合憲法第七條及第八條規定意旨。

　　上述理論之繼受大致方向正確，然而德國特別犧牲概念有其淵遠流長的歷史，其係從一七九四年普魯士一般邦法總則 (Einleitung des Allgemeinen Landerechts für die Preußischen Staaten) 之規定而來，內容簡單而言係指當公益與私益發生衝突，而私益必須讓步時，私益就是特別犧牲，國家應給人民一定之補償，內容概念廣泛而抽象，是以無論涉及人民財產之公用徵收，或其他非財產上權利為公益而退讓的情形，均能無礙地統攝在特別犧牲理論之下。但在我國特別犧牲理論係經由釋字第三三六、四〇〇、四四〇號等解釋

之援引，而成為具有憲法位階的理念，上開解釋均涉土地公用徵收補償之爭議，因此特別犧牲在我國乃是與徵收緊密相連的概念，用以區別國家之管制對人民所有權所造成之侵害，究竟是人民所應忍受之社會義務（釋字第五六四號解釋參照），或已逾越此一社會義務而構成特別犧牲，當視同徵收處理給予相當之補償。

然而公用徵收與行為時合法但事後證實為不正當之羈押在性質上有相當差異：公用徵收是國家基於公益而目的性地侵害人民權利，取得人民財產自始即是徵收的目標，但此種目的性之侵害卻明顯與為保全刑事追訴而對人身自由予以強制處分，但事後人民獲得無罪判決所造成之權利侵害性質不同，因為後者絕非自始有意錯誤地侵害人身自由，毋寧是以嚴謹的事前程序設計，希冀避免錯押無辜的情事發生，倘受羈押者事後受有罪判決，則羈押期間對人身自由之限制即不生結果的違法性，經折抵刑期後亦轉換為國家刑罰權之正當行使，而不再具有侵害的性質，就此而言，行為時合法但事後發展證實為不正當之羈押對人身自由的侵害乃是偶然發生、存否不確定。其次，為公用所需而徵收人民財產時，私益之退讓之於公益之增益是相當直接具體的；羈押固有助於刑事程序之順利進行，但是對於個案刑罰權圓滿行使（刑事程序之最終公益目的），卻未必有直接的助益，特別是當刑事補償責任發生時，從結果而言往往代表國家曾對不盡正確的對象發動追訴，這無異標示正確行使刑罰權的目標正遭到挫折而非有所增益，此時唯有對「公益」採取相對抽象的理解，才能說人民人身自由所受的犧牲係為刑事公益而退讓。鑑於上述差異，在我國逕行將特別犧牲概念從公用徵收擴張至刑事補償，要件及性質似有未洽，恐易滋生誤會。

國家對無罪者所受之羈押負有補償義務的另一可能理論依據是危險責任(Gefährdungshaftung)。所謂危險責任，簡言之，指人民因國家所創之特別、典型危險狀態而受有損失者，不問公務員有無故意過失，國家均應負補償責任。此說用在國家刑事補償責任，至為貼切，蓋為使刑事追訴程序能順利進行，必須容許國家對於未經法院裁判有罪者，採取與徒刑類似之限制人身方式，作為保全手段。在羈押當時雖一切合法，但保全強制處分向須憑藉部分事實線索推測過去與預測未來、在極短時間內作出決定，制度本身即伴隨錯

押無辜的典型危險，除非刑事追訴完全放棄羈押手段，否則對這些危險只能盡量予以控制，無從全然擺脫。

刑事保全制度必然有出錯的危險，固是無可奈何之事，但國家行使權力卻不應享有無限制發生錯誤、導致人民權利受損的特權。隨刑事程序進行，倘受羈押人最後經法院判決無罪確定，從結果來看國家對其即不具有刑罰權，之前剝奪其人身自由的實質正當基礎業已受到動搖，並構成結果的違法。……此時如不由國家擔保負起絕對的補償責任，而要受害人民自行吸收損害，……不僅是對國家權力的過度放任，也是對偶然遭遇刑事程序錯誤的人民極不衡平的權利痛擊，最終這些制度上避無可避的錯誤與侵害，也將無可言喻地毀壞刑事正義體系的實質內涵。

據上開說明，本席認為危險責任理論較諸特別犧牲，更切合說明對行為時合法，事後發展證實為不正當之羈押給予補償的理論依據。固然，憲法對國家所應負的危險責任並無明文規定，然從憲法保障人民生命（第十五條）、身體（第八條）、財產（第十五條）不受侵害，應可推導而出……立法者對國家違法行為之賠償責任負有憲法上之立法義務。此外，關於羈押之典型危險應分派由國家負擔，與特別犧牲下的平等分配負擔的概念亦有共通之處。蓋刑事追訴的發動使社會全體受益，若發生錯誤所致之損害卻偶然地由極少數人承擔，則其所承受之負擔較諸其他人即明顯過度沈重而不符平等，從而認為憲法第七條亦為危險負擔的憲法依據之一。

多數意見對國家的刑事補償責任不採危險責任說，而寧採特別犧牲，恐亦係不脫德國學說影響的緣故。因為德國公法學通說將發展較晚的國家危險責任侷限在國家對所提供或經營的設施（如核能電廠、鐵道）所存在的危險應負無過失擔保的情形，另方面人為風險造成人民權利受損，例如國家強制全面注射疫苗，以現今醫學技術水準不能排除極少數不幸民眾將抽中惡魔之籤，反應不良致健康、生命受損，國家對此所負的無過失擔保責任，即使具典型危險責任色彩則仍援用特別犧牲理論。德國法將特別犧牲涵蓋的範圍放得很寬，相對限縮危險責任適用的對象，自有其法制發展脈絡，但我國情況不同，似無必要全面繼受德國模式。

惟對於國家刑事補償的理論基礎的爭議，真正實益在於採取特別犧牲或

危險負擔理論究竟如何影響補償範圍之大小，但目前討論卻莫衷一是，例如採取特別犧牲理論賠償範圍應當比照徵收；採取危險負擔理論則應比照損害賠償的法理。但進一步細究，就徵收而言理論上應予全額收買，可是實際制度卻仍可能有所不同，如美國憲法增修條文第五條明文規定徵收應予公正地補償 (just compensation)，美國聯邦最高法院將公正補償較嚴格地解為，應以徵收時所有人所受損失之市場價格為標準予以補償。至於德國基本法第十四條則明文規定對公用徵收應就公益與私益為合理之衡量 (gerechte Abwägung)，亦即採合理補償。類似地，就危險責任說而言，如將危險責任視為特別之損害賠償，則依民法損害賠償之法理，賠償範圍理應採取全額賠償，包含所受損害、所失利益。可是實際制度上亦有基於適度平衡無過失責任之負擔與受害人之損害、避免損害範圍難以舉證、不易確定的窘境等考量，而採取定額、限額賠償的立法例。從而對羈押無辜所造成的損失，若採特別犧牲說則應全額或合理補償呢？若採危險負擔說，則賠償範圍可否設定限額呢？似無法單從基礎理論的選擇，而直接獲得必然區別結論，因理論之抽象性，對立法形成空間的限制與指導功能不免受限。至於採取何說賠償範圍較大？其實二者從理論的一貫性言，均應以全額補償原則為理想。總之，倘理論依據的選取不必然影響賠償範圍大小，則對於理論基礎的堅持恐怕僅餘純粹推理的趣味與偏好，不如二者兼容、相互充實，是本席對於多數意見有關特別犧牲之論理，亦勉能接受。

最後，對國家刑事補償責任的理論基礎，尚有主張社會補償 (soziale Entschädigung) 者，即國家本於社會國原則的精神，基於衡平性及合目的性之考量，就若干人民對國家並無請求權之損失，主動給予一定補償，藉以實現社會正義，此類社會補償給予與否，國家有完全的裁量空間，人民並無憲法上之請求權可言，補償額度亦為單純的政策考量，而不以當事人的實際損失為標準，最典型之類型為國家對於犯罪被害人及其家屬所受之損害所給予之救濟。

犧牲補償與危險責任二說均是法治國層次的補償理論，從因果關係、故意過失或違法性的層面論述，課與國家憲法上之補償義務，國家對於補償範圍的裁量權遭大幅限縮。相較之下，社會補償說卻完全撇清國家行為與人民

損害間之因果關係，遑論故意過失。又補償與否純以社會國原則為指導精神，立法者不一定有補償義務，只是對困頓人民伸出援手的仁政或恩惠帶有濃厚的施恩色彩。即使立法者決定要補償，社會國原則充其量只是該補償政策的憲法依據而已。就補償範圍而言，則象徵意義居多，全由國家自行衡量，不可能全賠。綜上，此說不僅對受冤獄之人民極為不利，更模糊了此處國家責任的性質，若採為刑事補償的基礎理論則大謬矣。

……

三、代結語：關於補償範圍之建議

刑事補償之範圍，無論採特別犧牲或危險責任說，理想均是以填補受害人全部損失為範圍。倘若法制囿於現實未能一步到位，立法上至少應從受害時間長短及原因，細膩地區別受害情狀之類型，並對最嚴重的受害類型給予全額補償，以求周妥。例如因公務員之不法行為所致之冤獄、違法羈押，或雖合法但羈押長達數年，均為最嚴重之受害情形，國家之補償即不得定額，而應對受害人非財產上及財產上所受損害與所受利益，全部予以賠償，包括慰撫金、為訴訟防禦所支付之律師費用等應訴支出、受害人因受冤獄或羈押所致失業之損失、重獲自由後一般平均失業日數內本應獲取之所得等。……

一部分協同、部分不同意見書一（節）　　　　大法官　陳新民

……

一、澄清國家賠償、冤獄賠償及刑事補償的「三角糾葛」——冤獄賠償法制的重新定位

……

本號解釋自必須澄清國家賠償、冤獄賠償及刑事補償三種的任務、理念與制度所產生的糾葛，以及籌謀一個全新的司法補償之法制，則有必要澄清下列幾個重要的基本原則：

1.可維持公權力「違法侵權」的賠償責任與「合法侵權」的補償責任之二分法

我國的國家責任一向分成「違法侵權」的賠償責任與「合法侵權」的補償責任的二分法，這個理念上的二分法，在立法實務上已經相當根深蒂固。

就以補償方面的法律而言，至少已有四十個以上的法律有此條文。在前者屬於民法及國家賠償法所規範的範圍。至於後者，則由財產權的保障的理念所衍生，因此在後者可以結合到平等權的問題。在合法侵權的部分，由於此乃國家出於公共利益之需，而對人民造成的損害。國家基於衡平的理念，對於此類出於「非惡意」，且可以光明正大行之的公權力侵害，對受到犧牲的人民，以「公力分擔」(Lastenausgleich) 的方式來填補人民的損失。而其補償額度……立法者有較大的裁量空間。故補償與賠償是分別針對「無惡性」及「有惡性」之公權力侵犯所為的填補措施。而其中最大的差異乃在於填補損失的額度與範圍。……

　　2.冤獄賠償法乃國家賠償法的特別法，但為「競合式」的特別法

　　我國國家賠償的法制，可以由憲法第二十四條所引伸出來。由條文的內容可知，凡公務員行使公權力違法侵害人民權益時，除了公務員本人須擔負起民、刑事及行政責任外，人民得依法律請求國家賠償。此即為國家賠償法實施之目的。……但制定在本法之後的國家賠償法第六條第一項另有規定：「本法及民法以外其他法律有特別規定時，適用其他法律」，即是排除國家賠償法適用的明文規定。可知本法乃是國家賠償法的特別法。此為國家賠償法明確的「立法者之意志」。同時也獲得本院釋字第四八七號解釋所肯認。

　　這種認為本法既然是……特別法，立法者便可有較大的形成自由，冤獄賠償的範圍即可比一般的國家賠償來得嚴苛——所謂的「限縮論」。……國家賠償法第十三條已經明白提到，唯有枉法裁判部分，……方得依國家賠償法請求補償。……為消弭這種「司法不法」與「行政不法」所造成的不公平的差異，本法日後修正時，應當仿效德國、日本及奧地利等國法制，明定本法的實施並不影響國家賠償法的適用。質言之，本法可以作為國家賠償法的特別法，但不是作為目前法制「有條件（枉法裁判除外）排他式」的特別法，而是當作「競合式」的特別法，從而即可刪除國家賠償法第十三條對枉法裁判特別納入國家賠償案件的「厚愛」！

　　3.冤獄賠償的公益犧牲性質

　　本號解釋將冤獄賠償視為人民為國家實施刑罰權的公共利益需求所遭到的特別犧牲，而應予以補償。按本號解釋理由書第一段引用本院大法官過去

所作八個解釋案，特別是在釋字第三三六號解釋開始，所引進「特別犧牲」(Sonderopfer) 的概念，將本法的冤獄賠償，變質為刑事補償的依據。誠然，我國未如德國般的將「特別犧牲」之概念，專門使用在人民為公共利益所作出的「非財產權」上的犧牲，例如生命、身體、自由法益遭到侵害，舉凡財產權上的為公益犧牲，都可以列入在「徵收」(Enteignung) 的概念之內。但德國法概將人民為公共利益而遭到犧牲，自從十八世紀末的普魯士一七九四年一般邦法（第七十五條）開始，都列入到所謂的「公益犧牲」範圍之內。因此，本號解釋多數意見將以往適用於保障財產權的特別犧牲概念，由保障法益較低的財產權，移用到法益價值更高的生命與人身自由權之上，本席不免有「奚我後」之嘆！也認為本號解釋理由書第一段既然提及：「人身自由為重要人權，尤應受到憲法的保障」，為何不能由此法益的重要性，而導出特別犧牲的補償義務性？……

……司法訴追行為多以「法定原則」為主，「權宜原則」極少，一旦公權力違背此法定原則，例如應羈押而不羈押，致使重大嫌疑犯殺害關鍵證人……等，都可能造成國家的賠償責任。……

故國家為使刑事偵查、審判目的及刑事正義之實現，急速保全的制度即不可或缺。司法機關並非未卜先知的神仙，一絲一縷的證據都必須事後努力搜尋而來。故人民可能在公權力機關所掌握的證據尚屬粗略，不如最後終局裁判時為定罪所須之明確性要求前，即遭到保全處分之侵害，此為司法程序所不可避免的「風險」。故遭逢此風險之侵害，且不能擁有所謂的「抵抗權」來抗拒之，只能接受此強制處分，即係為司法正義之公共利益所犧牲，乃保全制度的「必要之惡」也！

4.冤獄賠償的性質：不以違法侵權為必要

本號解釋的多數意見理由書第二段認定本法第一條所規定的冤獄賠償……不以公務員執行職務是否與造成侵害有無「責任」為斷，只要產生「不法侵害」的後果，即可要求國家予以補償。所以這並不論及國家公權力的有責性與否的問題，也是德國學界稱為「與責任無關的國家賠償責任」(verschuldensunabhängige Staatshaftung)。

以本法的規定而論，本法第一條並沒有明白規定公務員無過失的冤獄賠

償責任，而單純採取「結果論」——只要遭到類似無罪，不起訴等的確定裁判與決定，即賦予人民請求賠償之權。……因此，在許可冤獄補償的「結果論」實施下，可以顯現出這種一以「結果論」，便當然肯定造成冤獄的現象。按以「冤獄」的字面解釋，人民沒有因為犯罪而遭到牢獄之災，因此，是以「無罪結果」來予以溯及的推論所有遭到不利的刑事處分，特別是羈押，都是造成冤屈的違法決定，國家應給予一定的補償。

這種「後果推論」的理念，失之於過度簡單，而無法涵蓋到整個刑事訴訟的複雜、密集及司法權力的運作。……司法作出人民無庸負擔刑事責任的決定，即可能有「無罪加無辜」，以及「無罪，非無辜」，在後者情形則是本原因案件所討論的重點，亦即是可否排除補償的界限問題。刑事補償的排除界限，即援引民事責任的「因果論」，作為調和刑事補償所發動的「後果論」，可能產生侵犯實質正義的弊害。

㈢視為立法委託的概念

吾人認為司法補償制度屬於冤獄賠償制度的「新型衍生」制度，仍應源自憲法第二十四條，同時也是國家賠償法的一個特別法，但是在解釋上，當可認定為典型的「憲法委託」(Verfassungauftrag)。……立法者負責履行憲法的規定，……同時也要隨時根據社會需要，修正以往的法律制度，是謂立法者「改正義務」(Nachbesserungspflicht)。

立法者這種義務，固然具有一定自由形成之空間……惟這種形成空間，並不能違反比例原則，或是明顯侵犯其他憲法所定基本權利，例如本號解釋所涉及的人身自由權，否則，即造成違憲的後果。……

因此，如果將司法補償的概念植入憲法第二十四條國家責任的領域之內，已非史無前例的創舉，毋寧是「無獨有偶」，吾人即可無庸拘泥於落伍守舊在憲法第二十四條的「違法侵權之賠償」的窠臼模式！

一協同意見書一（節）　　　大法官　葉百修

……

二、我國現行國家責任概況

……

　　我國現行國家賠償制度，係以國家賠償法為基礎，然於該法施行前後，其他相關法律亦有涉及國家公權力違法侵害人民自由或權利之賠償責任，雖該法第六條規定，國家損害賠償，本法及民法以外其他法律有特別規定者，適用其他法律，而以特別法優先於普通法之原則，……此外，我國對於國家合法行使公權力而造成人民自由或權利受侵害時，除關於人民財產權因公用徵收而受侵害，依據本院釋字第四○○號解釋之意旨，以「特別犧牲」之概念而得請求國家給予合理補償外，……與現行國家賠償制度間之適用關係為何並不明確，仍有必要對於國家公權力之行使究屬合法或違法之認定與區分，於相關立法以明確界定。我國國家責任體系，略以表四示之。

表四：我國國家責任體系一覽表

責任構成要件／權利侵害類型	合法行為		違法行為		侵害行為
	目的性侵害	附隨效果	具故意或過失	不具故意或過失	
財產權	徵收補償（釋字第四○○號解釋）		國家賠償法（第二十四條）	國家賠償法（第二十四條）	國家賠償（二二八事件處理及賠償條例）及國家補償（戒嚴時期不當叛亂暨匪諜審判案件補償條例）
財產權以外之基本權利	公益犧牲補償（漢生病病患人權保障及補償條例）				

三、冤獄賠償制度之特殊性

……

　　多數意見援用人民財產權因公益而受國家合法侵害所生之徵收補償概念，卻未能進一步釐清在此概念下之特別犧牲，如何適用於非財產法益之侵害，僅以國家合法行為「致其憲法保障之自由權利，受有超越一般應容忍程

度之限制，構成其個人之特別犧牲」，仍無法明確判斷所稱犧牲與應予補償之範圍。此外，源自徵收補償之特別犧牲概念，理論上有其以公益需要而侵害人民基本權利之目的性 (gezielter Eingriff)，即便德國實務見解之後放寬，而以「直接侵害性」(unmittelbare Beeinträchtigung) 作為人民基本權利變動之依據，然而，就人民因羈押或刑之執行等而受基本權利之侵害，則難謂係國家公權力行為之目的性侵害或直接侵害之結果。

　　……單純從冤獄賠償法作為刑事補償制度之一環，本即無須規範人民之行為是否具故意或重大過失，而僅須以國家為公益需要之合法行為是否構成特別犧牲為斷；而本件解釋之此種特殊的國家補償類型，則不問是否構成特別犧牲，以國家對人民有羈押或刑之執行之事實，而人民有獲得不起訴處分、不受理或判決無罪確定者，國家即應一律予以補償，……

　　至於人民是否有因自己故意或重大過失行為而造成國家所為羈押或刑之執行之事實，則屬請求國家補償多寡的減免事由，尚不得以之作為人民請求國家補償權利之構成要件，繼而完全剝奪人民受憲法保障之基本權利。故系爭規定以人民有無故意或重大過失致羈押或刑之執行以為差別待遇，進而完全剝奪請求刑事補償之權利，並無正當合理之關聯性，而與憲法第七條保障人民法律上地位實質平等之意旨有違。……

─評析與問題─

◆ 損失補償之理論依據與憲法基礎？

　　本號解釋出現之後，更確立了人民不僅就國家違法行為有損害賠償請求權，針對國家之合法行為，亦享有損失補償請求權，人民之權利更進一步受到保障。人民因國家之合法行為形成基本權利之損害，亦對國家享有憲法保障之損失補償請求權，本號解釋已開世界上國家賠償制度之先河！然而，你認為本號解釋有無交代損失補償之概念係從何種理論導出？又應從何種理論導出較為妥適？是否係國家賠償相同之社會保險理論？還是多數意見所採擇之特別犧牲理論？抑或為許宗力大法官所提出之危險責任理論？這些理論的差異何在？你認為採取不同理論之實益為何？是否將因此影響補償成立之要件或補償範圍？

　　本號解釋並未針對損失補償提出明確之憲法依據，其是否以為損失補償如同國家賠償一樣，亦應從憲法第二十四條推導而來？若為肯定，則應如何解釋該條「違法侵害」之內涵？若為否定，則損失補償之憲法基礎應如何理解？係憲法第七條之平等權？第八條之人身自由？第十五條之生命權與財產權？或者為第二十二條之其他權利？又採取第二十四條以外之基本權作為憲法依據，有可能實質擴張國家賠償之內容，是否將與憲法第二十四條規定之意旨牴觸？

人名索引

名詞索引

憲法條文索引

解釋索引

附錄　中華民國憲法及其增修條文

中華民國憲法

中華民國三十五年十二月二十五日國民大會通過
中華民國三十六年一月一日國民政府公布
中華民國三十六年十二月二十五日施行

中華民國國民大會受全體國民之付託，依據孫中山先生創立中華民國之遺教，為鞏固國權，保障民權，奠定社會安寧，增進人民福利，制定本憲法，頒行全國，永矢咸遵。

第一章　總綱

第一條

　中華民國基於三民主義，為民有、民治、民享之民主共和國。

第二條

　中華民國之主權屬於國民全體。

第三條

　具有中華民國國籍者，為中華民國國民。

第四條

　中華民國領土，依其固有之疆域，非經國民大會之決議，不得變更之。

第五條

　中華民國各民族一律平等。

第六條

　中華民國國旗定為紅地，左上角青天白日。

第二章　人民之權利義務

第七條

　中華民國人民，無分男女、宗教、種族、階級、黨派，在法律上一律平等。

第八條

　人民身體之自由應予保障，除現行犯之逮捕由法律另定外，非經司法或警察機關依法定程序，不得逮捕拘禁。非由法院依法定程序，不得審問處罰。非依法

定程序之逮捕、拘禁、審問、處罰得拒絕之。

人民因犯罪嫌疑被逮捕拘禁時，其逮捕拘禁機關應將逮捕拘禁原因，以書面告知本人及其本人指定之親友，並至遲於二十四小時內移送該管法院審問。本人或他人亦得聲請該管法院，於二十四小時內向逮捕之機關提審。

法院對於前項聲請，不得拒絕，並不得先令逮捕拘禁之機關查覆。逮捕拘禁之機關對於法院之提審，不得拒絕或遲延。

人民遭受任何機關非法逮捕拘禁時，其本人或他人得向法院聲請追究，法院不得拒絕，並應於二十四小時內向逮捕拘禁之機關追究，依法處理。

第九條

人民除現役軍人外，不受軍事審判。

第十條

人民有居住及遷徙之自由。

第十一條

人民有言論、講學、著作及出版之自由。

第十二條

人民有秘密通訊之自由。

第十三條

人民有信仰宗教之自由。

第十四條

人民有集會及結社之自由。

第十五條

人民之生存權、工作權及財產權，應予保障。

第十六條

人民有請願、訴願及訴訟之權。

第十七條

人民有選舉、罷免、創制及複決之權。

第十八條

人民有應考試、服公職之權。

第十九條

人民有依法律納稅之義務。

第二十條

人民有依法律服兵役之義務。

第二十一條

人民有受國民教育之權利與義務。

第二十二條

凡人民之其他自由及權利，不妨害社會秩序、公共利益者，均受憲法之保障。

第二十三條

以上各條列舉之自由權利，除為防止妨礙他人自由、避免緊急危難、維持社會秩序或增進公共利益所必要者外，不得以法律限制之。

第二十四條

凡公務員違法侵害人民之自由或權利者，除依法律受懲戒外，應負刑事及民事責任。被害人民就其所受損害，並得依法律向國家請求賠償。

第三章　國民大會

第二十五條

國民大會依本憲法之規定，代表全國國民行使政權。

第二十六條

國民大會以左列代表組織之：

一、每縣市及其同等區域各選出代表一人，但其人口逾五十萬人者，每增加五十萬人，增選代表一人。縣市同等區域以法律定之。

二、蒙古選出代表，每盟四人，每特別旗一人。

三、西藏選出代表，其名額以法律定之。

四、各民族在邊疆地區選出代表，其名額以法律定之。

五、僑居國外之國民選出代表，其名額以法律定之。

六、職業團體選出代表，其名額以法律定之。

七、婦女團體選出代表，其名額以法律定之。

第二十七條

國民大會之職權如左：

一、選舉總統、副總統。

二、罷免總統、副總統。

三、修改憲法。

四、複決立法院所提之憲法修正案。

關於創制、複決兩權，除前項第三、第四兩款規定外，俟全國有半數之縣、市曾經行使創制、複決兩項政權時，由國民大會制定辦法並行使之。

第二十八條

國民大會代表每六年改選一次。

每屆國民大會代表之任期，至次屆國民大會開會之日為止。

現任官吏不得於其任所所在地之選舉區當選為國民大會代表。

第二十九條

國民大會於每屆總統任滿前九十日集會，由總統召集之。

第三十條

國民大會遇有左列情形之一時，召集臨時會：

一、依本憲法第四十九條之規定，應補選總統、副總統時。

二、依監察院之決議，對於總統、副總統提出彈劾案時。

三、依立法院之決議，提出憲法修正案時。

四、國民大會代表五分之二以上請求召集時。

國民大會臨時會，如依前項第一款或第二款應召集時，由立法院院長通告集會。依第三款或第四款應召集時，由總統召集之。

第三十一條

國民大會之開會地點，在中央政府所在地。

第三十二條

國民大會代表在會議時所為之言論及表決，對會外不負責任。

第三十三條

國民大會代表，除現行犯外，在會期中，非經國民大會許可，不得逮捕或拘禁。

第三十四條

國民大會之組織，國民大會代表之選舉、罷免、及國民大會行使職權之程序，以法律定之。

第四章　總統

第三十五條

總統為國家元首，對外代表中華民國。

第三十六條

總統統率全國陸海空軍。

第三十七條

總統依法公布法律，發布命令，須經行政院院長之副署，或行政院院長及有關部會首長之副署。

第三十八條

總統依本憲法之規定，行使締結條約及宣戰、媾和之權。

第三十九條

總統依法宣布戒嚴，但須經立法院之通過或追認。立法院認為必要時，得決議移請總統解嚴。

第四十條

總統依法行使大赦、特赦、減刑及復權之權。

第四十一條

總統依法任免文武官員。

第四十二條

總統依法授與榮典。

第四十三條

國家遇有天然災害、癘疫或國家財政經濟上有重大變故，須為急速處分時，總統於立法院休會期間，得經行政院會議之決議，依緊急命令法，發布緊急命令，為必要之處置，但須於發布命令後一個月內，提交立法院追認，如立法院不同意時，該緊急命令立即失效。

第四十四條

總統對於院與院間之爭執，除本憲法有規定者外，得召集有關各院院長會商解決之。

第四十五條

中華民國國民年滿四十歲者，得被選為總統、副總統。

第四十六條

總統、副總統之選舉，以法律定之。

第四十七條

總統、副總統之任期為六年，連選得連任一次。

第四十八條

總統應於就職時宣誓，誓詞如左：

「余謹以至誠，向全國人民宣誓，余必遵守憲法，盡忠職務，增進人民福利，保衛國家，無負國民付託。如違誓言，願受國家嚴厲之制裁。謹誓。」

第四十九條

總統缺位時，由副總統繼任，至總統任期屆滿為止。總統、副總統均缺位時，由行政院院長代行其職權，並依本憲法第三十條之規定，召集國民大會臨時會，補選總統、副總，其任期以補足原任總統未滿之任期為止。總統因故不能視事時，由副總統代行其職權。總統、副總統均不能視事時，由行政院院長代行其職權。

第五十條

總統於任滿之日解職，如屆期次任總統尚未選出，或選出後總統、副總統均未就職時，由行政院院長代行總統職權。

第五十一條

行政院院長代行總統職權時，其期限不得逾三個月。

第五十二條

總統除犯內亂或外患罪外，非經罷免或解職，不受刑事上之訴究。

第五章　行政

第五十三條

行政院為國家最高行政機關。

第五十四條

行政院設院長、副院長各一人，各部會首長若干人，及不管部會之政務委員若干人。

第五十五條

行政院院長，由總統提名，經立法院同意任命之。

立法院休會期間，行政院院長辭職或出缺時，由行政院副院長代理其職務，但總統須於四十日內咨請立法院召集會議，提出行政院院長人選，徵求同意，行政院院長職務，在總統所提行政院院長人選未經立法院同意前，由行政院副院長暫行代理。

第五十六條

行政院副院長、各部會首長及不管部會之政務委員，由行政院院長提請總統任命之。

第五十七條

行政院依左列規定，對立法院負責：

一、行政院有向立法院提出施政方針及施政報告之責。立法委員在開會時，有向行政院院長及行政院各部會首長質詢之權。

二、立法院對於行政院之重要政策不贊同時，得以決議移請行政院變更之。行政院對於立法院之決議，得經總統之核可，移請立法院覆議。覆議時，如經出席立法委員三分之二維持原決議，行政院院長應即接受該決議或辭職。

三、行政院對於立法院決議之法律案、預算案、條約案，如認為有窒礙難行時，得經總統之核可，於該決議案送達行政院十日內，移請立法院覆議。覆議時，如經出席立法委員三分之二維持原案，行政院院長應即接受該決議或辭職。

第五十八條

行政院設行政院會議，由行政院院長、副院長、各部會首長及不管部會之政務委員組織之，以院長為主席。行政院院長、各部會首長，須將應行提出於立法

院之法律案、預算案、戒嚴案、大赦案、宣戰案、媾和案、條約案及其他重要事項，或涉及各部會共同關係之事項，提出於行政院會議議決之。

第五十九條

行政院於會計年度開始三個月前，應將下年度預算案提出於立法院。

第六十條

行政院於會計年度結束後四個月內，應提出決算於監察院。

第六十一條

行政院之組織，以法律定之。

第六章　立法

第六十二條

立法院為國家最高立法機關，由人民選舉之立法委員組織之，代表人民行使立法權。

第六十三條

立法院有議決法律案、預算案、戒嚴案、大赦案、宣戰案、媾和案、條約案及國家其他重要事項之權。

第六十四條

立法院立法委員依左列規定選出之：

一、各省、各直轄市選出者，其人口在三百萬以下者五人，其人口超過三百萬者，每滿一百萬人增選一人。

二、蒙古各盟旗選出者。

三、西藏選出者。

四、各民族在邊疆地區選出者。

五、僑居國外之國民選出者。

六、職業團體選出者。

立法委員之選舉及前項第二款至第六款立法委員名額之分配，以法律定之。婦女在第一項各款之名額，以法律定之。

第六十五條

立法委員之任期為三年，連選得連任，其選舉於每屆任滿前三個月內完成之。

第六十六條

立法院設院長、副院長各一人，由立法委員互選之。

第六十七條

立法院得設各種委員會。

各種委員會得邀請政府人員及社會上有關係人員到會備詢。

第六十八條

立法院會期，每年兩次，自行集會，第一次自二月至五月底，第二次自九月至十二月底，必要時得延長之。

第六十九條

立法院遇有左列情事之一時，得開臨時會：

一、總統之咨請。

二、立法委員四分之一以上之請求。

第七十條

立法院對於行政院所提預算案，不得為增加支出之提議。

第七十一條

立法院開會時，關係院院長及各部會首長得列席陳述意見。

第七十二條

立法院法律案通過後，移送總統及行政院，總統應於收到後十日內公布之，但總統得依照本憲法第五十七條之規定辦理。

第七十三條

立法委員在院內所為之言論及表決，對院外不負責任。

第七十四條

立法委員，除現行犯外，非經立法院許可，不得逮捕或拘禁。

第七十五條

立法委員不得兼任官吏。

第七十六條

立法院之組織，以法律定之。

第七章　司法

第七十七條

司法院為國家最高司法機關，掌理民事、刑事、行政訴訟之審判及公務員之懲戒。

第七十八條

司法院解釋憲法，並有統一解釋法律及命令之權。

第七十九條

司法院設院長、副院長各一人，由總統提名，經監察院同意任命之。

司法院設大法官若干人，掌理本憲法第七十八條規定事項，由總統提名，經監察院同意任命之。

第八十條

　　法官須超出黨派以外，依據法律獨立審判，不受任何干涉。

第八十一條

　　法官為終身職。非受刑事或懲戒處分或禁治產之宣告，不得免職，非依法律，不得停職、轉任或減俸。

第八十二條

　　司法院及各級法院之組織，以法律定之。

第八章　考試

第八十三條

　　考試院為國家最高考試機關，掌理考試、任用、銓敘、考績、級俸、陞遷、保障、褒獎、撫卹、退休、養老等事項。

第八十四條

　　考試院設院長、副院長各一人，考試委員若干人，由總統提名，經監察院同意任命之。

第八十五條

　　公務人員之選拔，應實行公開競爭之考試制度，並應按省區分別規定名額，分區舉行考試。非經考試及格者，不得任用。

第八十六條

　　左列資格，應經考試院依法考選銓定之：

　　一、公務人員任用資格。

　　二、專門職業及技術人員執業資格。

第八十七條

　　考試院關於所掌事項，得向立法院提出法律案。

第八十八條

　　考試委員須超出黨派以外，依據法律獨立行使職權。

第八十九條

　　考試院之組織，以法律定之。

第九章　監察

第九十條

　　監察院為國家最高監察機關，行使同意、彈劾、糾舉及審計權。

第九十一條

　　監察院設監察委員，由各省市議會、蒙古西藏地方議會及華僑團體選舉之。其

名額分配，依左列之規定：

一、每省五人。

二、每直轄市二人。

三、蒙古各盟旗共八人。

四、西藏八人。

五、僑居國外之國民八人。

第九十二條

監察院設院長、副院長各一人，由監察委員互選之。

第九十三條

監察委員之任期為六年，連選得連任。

第九十四條

監察院依本憲法行使同意權時，由出席委員過半數之議決行之。

第九十五條

監察院為行使監察權，得向行政院及其各部會調閱其所發布之命令及各種有關文件。

第九十六條

監察院得按行政院及其各部會之工作，分設若干委員會，調查一切設施，注意其是否違法或失職。

第九十七條

監察院經各該委員會之審查及決議，得提出糾正案，移送行政院及其有關部會，促其注意改善。

監察院對於中央及地方公務人員，認為有失職或違法情事，得提出糾舉案或彈劾案，如涉及刑事，應移送法院辦理。

第九十八條

監察院對於中央及地方公務人員之彈劾案，須經監察委員一人以上之提議，九人以上之審查及決定，始得提出。

第九十九條

監察院對於司法院或考試院人員失職或違法之彈劾，適用本憲法第九十五條、第九十七條及第九十八條之規定。

第一百條

監察院對於總統、副總統之彈劾案，須有全體監察委員四分之一以上之提議，全體監察委員過半數之審查及決議，向國民大會提出之。

第一百零一條

監察委員在院內所為之言論及表決，對院外不負責任。

第一百零二條

監察委員，除現行犯外，非經監察院許可，不得逮捕或拘禁。

第一百零三條

監察委員不得兼任其他公職或執行業務。

第一百零四條

監察院設審計長，由總統提名，經立法院同意任命之。

第一百零五條

審計長應於行政院提出決算後三個月內，依法完成其審核，並提出審核報告於立法院。

第一百零六條

監察院之組織，以法律定之。

第十章　中央與地方之權限

第一百零七條

左列事項，由中央立法並執行之：

一、外交。

二、國防與國防軍事。

三、國籍法及刑事、民事、商事之法律。

四、司法制度。

五、航空、國道、國有鐵路、航政、郵政及電政。

六、中央財政與國稅。

七、國稅與省稅、縣稅之劃分。

八、國營經濟事業。

九、幣制及國家銀行

十、度量衡。

十一、國際貿易政策。

十二、涉外之財政經濟事項。

十三、其他依本憲法所定關於中央之事項。

第一百零八條

左列事項，由中央立法並執行，或交由省縣執行之：

一、省縣自治通則。

二、行政區劃。

三、森林、工礦及商業。

四、教育制度。

五、銀行及交易所制度。

六、航業及海洋漁業。

七、公用事業。

八、合作事業。

九、二省以上之水陸交通運輸。

十、二省以上之水利、河道及農牧事業。

十一、中央及地方官吏之銓敘、任用、糾察及保障。

十二、土地法。

十三、勞動法及其他社會立法。

十四、公用徵收。

十五、全國戶口調查及統計。

十六、移民及墾殖。

十七、警察制度。

十八、公共衛生。

十九、振濟、撫卹及失業救濟。

二十、有關文化之古籍、古物及古蹟之保存。

前項各款，省於不牴觸國家法律內，得制定單行法規。

第一百零九條

左列事項，由省立法並執行之，或交由縣執行之

一、省教育、衛生、實業及交通。

二、省財產之經營及處分。

三、省市政。

四、省公營事業。

五、省合作事業。

六、省農林、水利、漁牧及工程。

七、省財政及省稅。

八、省債。

九、省銀行。

十、省警政之實施。

十一、省慈善及公益事項。

十二、其他依國家法律賦予之事項。

前項各款，有涉及二省以上者，除法律別有規定外，得由有關各省共同辦理。

各省辦理第一項各款事務，其經費不足時，經立法院議決，由國庫補助之。

第一百十條

左列事項，由縣立法並執行之：

一、縣教育、衛生、實業及交通。

二、縣財產之經營及處分。

三、縣公營事業。

四、縣合作事業。

五、縣農林、水利、漁牧及工程。

六、縣財政及縣稅。

七、縣債。

八、縣銀行。

九、縣警衛之實施。

十、縣慈善及公益事業。

十一、其他依國家法律及省自治法賦予之事項。

前項各款，有涉及二縣以上者，除法律別有規定外，得由有關各縣共同辦理。

第一百十一條

除第一百零七條、第一百零八條、第一百零九條及第一百十條列舉事項外，如有未列舉事項發生時，其事務有全國一致之性質者屬於中央，有全省一致之性質者屬於省，有一縣之性質者屬於縣，有爭議時，由立法院解決之。

第十一章　地方制度

第一節　省

第一百十二條

省得召集省民代表大會，依據省縣自治通則，制定省自治法，但不得與憲法牴觸。

省民代表大會之組織及選舉，以法律定之。

第一百十三條

省自治法應包含左列各款：

一、省設省議會，省議會議員由省民選舉之。

二、省設省政府，置省長一人，省長由省民選舉之。

三、省與縣之關係。

屬於省之立法權，由省議會行之。

第一百十四條

省自治法制定後，須即送司法院。司法院如認為有違憲之處，應將違憲條文宣

布無效。

第一百十五條

省自治法施行中，如因其中某條發生重大障礙，經司法院召集有關方面陳述意見後，由行政院院長、立法院院長、司法院院長、考試院院長與監察院院長組織委員會，以司法院院長為主席，提出方案解決之。

第一百十六條

省法規與國家法律牴觸者無效。

第一百十七條

省法規與國家法律有無牴觸發生疑義時，由司法院解釋之。

第一百十八條

直轄市之自治，以法律定之。

第一百十九條

蒙古各盟旗地方自治制度，以法律定之。

第一百二十條

西藏自治制度，應予以保障。

第二節　縣

第一百二十一條

縣實行縣自治。

第一百二十二條

縣得召集縣民代表大會，依據省縣自治通則，制定縣自治法，但不得與憲法及省自治法牴觸。

第一百二十三條

縣民關於縣自治事項，依法律行使創制、複決之權，對於縣長及其他縣自治人員，依法律行使選舉、罷免之權。

第一百二十四條

縣設縣議會，縣議會議員由縣民選舉之。

屬於縣之立法權，由縣議會行之。

第一百二十五條

縣單行規章，與國家法律或省法規牴觸者無效。

第一百二十六條

縣設縣政府，置縣長一人。縣長由縣民選舉之。

第一百二十七條

縣長辦理縣自治，並執行中央及省委辦事項。

第一百二十八條

市準用縣之規定。

第十二章　選舉、罷免、創制、複決

第一百二十九條

本憲法所規定之各種選舉，除本憲法別有規定外，以普通、平等、直接及無記名投票之方法行之。

第一百三十條

中華民國國民年滿二十歲者，有依法選舉之權。除本憲法及法律別有規定者外，年滿二十三歲者，有依法被選舉之權。

第一百三十一條

本憲法所規定各種選舉之候選人，一律公開競選。

第一百三十二條

選舉應嚴禁威脅利誘。選舉訴訟，由法院審判之。

第一百三十三條

被選舉人得由原選舉區依法罷免之。

第一百三十四條

各種選舉，應規定婦女當選名額，其辦法以法律定之。

第一百三十五條

內地生活習慣特殊之國民代表名額及選舉，其辦法以法律定之。

第一百三十六條

創制複決兩權之行使，以法律定之。

第十三章　基本國策

第一節　國防

第一百三十七條

中華民國之國防，以保衛國家安全，維護世界和平為目的。

國防之組織，以法律定之。

第一百三十八條

全國陸海空軍，須超出個人、地域及黨派關係以外，效忠國家，愛護人民。

第一百三十九條

任何黨派及個人不得以武裝力量為政爭之工具。

第一百四十條

現役軍人不得兼任文官。

第二節 外交

第一百四十一條

中華民國之外交，應本獨立自主之精神，平等互惠之原則，敦睦邦交，尊重條約及聯合國憲章，以保護僑民權益，促進國際合作，提倡國際正義，確保世界和平。

第三節 國民經濟

第一百四十二條

國民經濟應以民生主義為基本原則，實施平均地權，節制資本，以謀國計民生之均足。

第一百四十三條

中華民國領土內之土地屬於國民全體。人民依法取得之土地所有權，應受法律之保障與限制。私有土地應照價納稅，政府並得照價收買。

附著於土地之礦及經濟上可供公眾利用之天然力，屬於國家所有，不因人民取得土地所有權而受影響。土地價值非因施以勞力資本而增加者，應由國家徵收土地增值稅，歸人民共享之。

國家對於土地之分配與整理，應以扶植自耕農及自行使用土地人為原則，並規定其適當經營之面積。

第一百四十四條

公用事業及其他有獨佔性之企業，以公營為原則。其經法律許可者，得由國民經營之。

第一百四十五條

國家對於私人財富及私營事業，認為有妨害國計民生之平衡發展者，應以法律限制之。

合作事業應受國家之獎勵與扶助。

國民生產事業及對外貿易，應受國家之獎勵、指導及保護。

第一百四十六條

國家應運用科學技術，以興修水利，增進地力，改善農業環境，規劃土地利用，開發農業資源，促成農業之工業化。

第一百四十七條

中央為謀省與省間之經濟平衡發展，對於貧瘠之省，應酌予補助。

省為謀縣與縣間之經濟平衡發展，對於貧瘠之縣，應酌予補助。

第一百四十八條

中華民國領域內，一切貨物應許自由流通。

第一百四十九條

金融機構，應依法受國家之管理。

第一百五十條

國家應普設平民金融機構，以救濟失業。

第一百五十一條

國家對於僑居國外之國民，應扶助並保護其經濟事業之發展。

第四節　社會安全

第一百五十二條

人民具有工作能力者，國家應予以適當之工作機會。

第一百五十三條

國家為改良勞工及農民之生活，增進其生產技能，應制定保護勞工及農民之法律，實施保護勞工及農民之政策。婦女兒童從事勞動者，應按其年齡及身體狀態，予以特別之保護。

第一百五十四條

勞資雙方應本協調合作原則，發展生產事業。勞資糾紛之調解與仲裁，以法律定之。

第一百五十五條

國家為謀社會福利，應實施社會保險制度。人民之老弱殘廢，無力生活，及受非常災害者，國家應予以適當之扶助與救濟。

第一百五十六條

國家為奠定民族生存發展之基礎，應保護母性，並實施婦女、兒童福利政策。

第一百五十七條

國家為增進民族健康，應普遍推行衛生保健事業及公醫制度。

第五節　教育文化

第一百五十八條

教育文化，應發展國民之民族精神，自治精神，國民道德，健全體格與科學及生活智能。

第一百五十九條

國民受教育之機會，一律平等。

第一百六十條

六歲至十二歲之學齡兒童，一律受基本教育，免納學費。其貧苦者，由政府供
給書籍。

已逾學齡未受基本教育之國民，一律受補習教育，免納學費，其書籍亦由政府供
給。

第一百六十一條

各級政府應廣設獎學金名額，以扶助學行俱優無力升學之學生。

第一百六十二條

全國公私立之教育文化機關，依法律受國家之監督。

第一百六十三條

國家應注重各地區教育之均衡發展，並推行社會教育，以提高一般國民之文化
水準，邊遠及貧瘠地區之教育文化經費，由國庫補助之。其重要之教育文化事
業，得由中央辦理或補助之。

第一百六十四條

教育、科學、文化之經費，在中央不得少於其預算總額百分之十五，在省不得
少於其預算總額百分之二十五，在市、縣不得少於其預算總額百分之三十五，
其依法設置之教育文化基金及產業，應予以保障。

第一百六十五條

國家應保障教育、科學、藝術工作者之生活，並依國民經濟之進展，隨時提高
其待遇。

第一百六十六條

國家應獎勵科學之發明與創造，並保護有關歷史、文化、藝術之古蹟、古物。

第一百六十七條

國家對於左列事業或個人，予以獎勵或補助：

一、國內私人經營之教育事業成績優良者。

二、僑居國外國民之教育事業成績優良者。

三、於學術或技術有發明者。

四、從事教育久於其職而成績優良者。

第六節　邊疆民族地位之保障

第一百六十八條

國家對於邊疆地區各民族之土地，應予以合法之保障，並於其地方自治事業，
特別予以扶植。

第一百六十九條

國家對於邊疆地區各民族之教育、文化、交通、水利、衛生及其他經濟、社會事業應積極舉辦，並扶助其發展對於土地使用，應依其氣候、土壤性質，及人民生活習慣之所宜，予以保障及發展。

第十四章　憲法之施行及修改

第一百七十條

本憲法所稱之法律，謂經立法院通過，總統公布之法律。

第一百七十一條

法律與憲法牴觸者無效。

法律與憲法有無牴觸發生疑義時，由司法院解釋之。

第一百七十二條

命令與憲法或法律牴觸者無效。

第一百七十三條

憲法之解釋，由司法院為之。

第一百七十四條

憲法之修改，應依左列程序之一為之：

一、由國民大會代表總額五分之一之提議，三分之二之出席，及出席代表四分之三之決議，得修改之。

二、由立法院立法委員四分之一之提議，四分之三之出席，及出席委員四分之三之決議，擬定憲法修正案，提請國民大會複決。此項憲法修正案，應於國民大會開會前半年公告之。

第一百七十五條

本憲法規定事項，有另定實施程序之必要者，以法律定之。

本憲法施行之準備程序，由制定憲法之國民大會議定之。

中華民國憲法增修條文

中華民國八十年五月一日總統（八〇）華總㈠義字第二一二四號令制定公布全文十條

中華民國八十一年五月二十八日總統（八一）華總㈠義字第二六五六號令修正公布增訂公布第十一至十八條條文

中華民國八十三年八月一日總統（八三）華總㈠義字第四四八八號令修正公布全文十條

中華民國八十六年七月二十一日總統（八六）華總㈠義字第八六〇〇一六七〇二〇號令修正公布全文十一條

中華民國八十八年九月十五日總統（八八）華總㈠義字第八八〇〇二一三三九〇號令修正公布第一、四、九、十條條文（中華民國八十九年三月二十四日大法官解釋字第四九九號解釋該次修正條文因違背修憲正當程序，故應自本解釋公布之日起失其效力，原八十六年七月二十一日之增修條文繼續適用）

中華民國八十九年四月二十五日總統（八九）華總一義字第八九〇〇一〇八三五〇號令修正公布全文十一條

中華民國九十四年六月十日總統華總一義字第〇九四〇〇〇八七五五一號令修正公布第一、二、四、五、八條條文；並增訂第十二條條文

第一條

中華民國自由地區選舉人於立法院提出憲法修正案、領土變更案，經公告半年，應於三個月內投票複決，不適用憲法第四條、第一百七十四條之規定。

憲法第二十五條至第三十四條及第一百三十五條之規定，停止適用。

第二條

總統、副總統由中華民國自由地區全體人民直接選舉之，自中華民國八十五年第九任總統、副總統選舉實施。總統、副總統候選人應聯名登記，在選票上同列一組圈選，以得票最多之一組為當選。在國外之中華民國自由地區人民返國行使選舉權，以法律定之。

總統發布行政院院長與依憲法經立法院同意任命人員之任免命令及解散立法院之命令，無須行政院院長之副署，不適用憲法第三十七條之規定。

總統為避免國家或人民遭遇緊急危難或應付財政經濟上重大變故，得經行政院會議之決議發布緊急命令，為必要之處置，不受憲法第四十三條之限制。但須於發布命令後十日內提交立法院追認，如立法院不同意時，該緊急命令立即失效。

總統為決定國家安全有關大政方針，得設國家安全會議及所屬國家安全局，其組織以法律定之。

總統於立法院通過對行政院院長之不信任案後十日內，經諮詢立法院院長後，得宣告解散立法院。但總統於戒嚴或緊急命令生效期間，不得解散立法院。立法院解散後，應於六十日內舉行立法委員選舉，並於選舉結果確認後十日內自行集會，其任期重新起算。

總統、副總統之任期為四年，連選得連任一次，不適用憲法第四十七條之規定。副總統缺位時，總統應於三個月內提名候選人，由立法院補選，繼任至原任期屆滿為止。

總統、副總統均缺位時，由行政院院長代行其職權，並依本條第一項規定補選總統、副總統，繼任至原任期屆滿為止，不適用憲法第四十九條之有關規定。

總統、副總統之罷免案，須經全體立法委員四分之一之提議，全體立法委員三分之二之同意後提出，並經中華民國自由地區選舉人總額過半數之投票，有效票過半數同意罷免時，即為通過。

立法院提出總統、副總統彈劾案，聲請司法院大法官審理，經憲法法庭判決成立時，被彈劾人應即解職。

第三條

行政院院長由總統任命之。行政院院長辭職或出缺時，在總統未任命行政院院長前，由行政院副院長暫行代理。憲法第五十五條之規定，停止適用。

行政院依左列規定，對立法院負責，憲法第五十七條之規定，停止適用：

一、行政院有向立法院提出施政方針及施政報告之責。立法委員在開會時，有向行政院院長及行政院各部會首長質詢之權。

二、行政院對於立法院決議之法律案、預算案、條約案，如認為有窒礙難行時，得經總統之核可，於該決議案送達行政院十日內，移請立法院覆議。立法院對於行政院移請覆議案，應於送達十五日內作成決議。如為休會期間，立法院應於七日內自行集會，並於開議十五日內作成決議。覆議案逾期未議決者，原決議失效。覆議時，如經全體立法委員二分之一以上決議維持原案，行政院院長應即接受該決議。

三、立法院得經全體立法委員三分之一以上連署，對行政院院長提出不信任案。不信任案提出七十二小時後，應於四十八小時內以記名投票表決之。如經全體立法委員二分之一以上贊成，行政院院長應於十日內提出辭職，並得同時呈請總統解散立法院；不信任案如未獲通過，一年內不得對同一行政院院長再提不信任案。

國家機關之職權、設立程序及總員額，得以法律為準則性之規定。

各機關之組織、編制及員額，應依前項法律，基於政策或業務需要決定之。

第四條

立法院立法委員自第七屆起一百一十三人，任期四年，連選得連任，於每屆任滿前三個月內，依左列規定選出之，不受憲法第六十四條及第六十五條之限制：

一、自由地區直轄市、縣市七十三人。每縣市至少一人。

二、自由地區平地原住民及山地原住民各三人。

三、全國不分區及僑居國外國民共三十四人。

前項第一款依各直轄市、縣市人口比例分配，並按應選名額劃分同額選舉區選出之。第三款依政黨名單投票選舉之，由獲得百分之五以上政黨選舉票之政黨依得票比率選出之，各政黨當選名單中，婦女不得低於二分之一。

立法院於每年集會時，得聽取總統國情報告。

立法院經總統解散後，在新選出之立法委員就職前，視同休會。

中華民國領土，依其固有疆域，非經全體立法委員四分之一之提議，全體立法委員四分之三之出席，及出席委員四分之三之決議，提出領土變更案，並於公告半年後，經中華民國自由地區選舉人投票複決，有效同意票過選舉人總額之半數，不得變更之。

總統於立法院解散後發布緊急命令，立法院應於三日內自行集會，並於開議七日內追認之。但於新任立法委員選舉投票日後發布者，應由新任立法委員於就職後追認之。如立法院不同意時，該緊急命令立即失效。

立法院對於總統、副總統之彈劾案，須經全體立法委員二分之一以上之提議，全體立法委員三分之二以上之決議，聲請司法院大法官審理，不適用憲法第九十條、第一百條及增修條文第七條第一項有關規定。

立法委員除現行犯外，在會期中，非經立法院許可，不得逮捕或拘禁。憲法第七十四條之規定，停止適用。

第五條

司法院設大法官十五人，並以其中一人為院長、一人為副院長，由總統提名，經立法院同意任命之，自中華民國九十二年起實施，不適用憲法第七十九條之規定。司法院大法官除法官轉任者外，不適用憲法第八十一條及有關法官終身職待遇之規定。

司法院大法官任期八年，不分屆次，個別計算，並不得連任。但並為院長、副院長之大法官，不受任期之保障。

中華民國九十二年總統提名之大法官，其中八位大法官，含院長、副院長，任期四年，其餘大法官任期為八年，不適用前項任期之規定。

司法院大法官，除依憲法第七十八條之規定外，並組成憲法法庭審理總統、副總統之彈劾及政黨違憲之解散事項。

政黨之目的或其行為，危害中華民國之存在或自由民主之憲政秩序者為違憲。

司法院所提出之年度司法概算，行政院不得刪減，但得加註意見，編入中央政府總預算案，送立法院審議。

第六條

考試院為國家最高考試機關，掌理左列事項，不適用憲法第八十三條之規定：

一、考試。

二、公務人員之銓敘、保障、撫卹、退休。

三、公務人員任免、考績、級俸、陞遷、褒獎之法制事項。

考試院設院長、副院長各一人，考試委員若干人，由總統提名，經立法院同意任命之，不適用憲法第八十四條之規定。

憲法第八十五條有關按省區分別規定名額，分區舉行考試之規定，停止適用。

第七條

監察院為國家最高監察機關，行使彈劾、糾舉及審計權，不適用憲法第九十條及第九十四條有關同意權之規定。

監察院設監察委員二十九人，並以其中一人為院長、一人為副院長，任期六年，由總統提名，經立法院同意任命之。憲法第九十一條至第九十三條之規定停止適用。

監察院對於中央、地方公務人員及司法院、考試院人員之彈劾案，須經監察委員二人以上之提議，九人以上之審查及決定，始得提出，不受憲法第九十八條之限制。

監察院對於監察院人員失職或違法之彈劾，適用憲法第九十五條、第九十七條第二項及前項之規定。

監察委員須超出黨派以外，依據法律獨立行使職權。

憲法第一百零一條及第一百零二條之規定，停止適用。

第八條

立法委員之報酬或待遇，應以法律定之。除年度通案調整者外，單獨增加報酬或待遇之規定，應自次屆起實施。

第九條

省、縣地方制度，應包括左列各款，以法律定之，不受憲法第一百零八條第一項第一款、第一百零九條、第一百十二條至第一百十五條及第一百二十二條之限制：

一、省設省政府，置委員九人，其中一人為主席，均由行政院院長提請總統任命之。

二、省設省諮議會，置省諮議會議員若干人，由行政院院長提請總統任命之。

三、縣設縣議會，縣議會議員由縣民選舉之。

四、屬於縣之立法權，由縣議會行之。

五、縣設縣政府，置縣長一人，由縣民選舉之。

六、中央與省、縣之關係。

七、省承行政院之命，監督縣自治事項。

臺灣省政府之功能、業務與組織之調整，得以法律為特別之規定。

第十條

國家應獎勵科學技術發展及投資，促進產業升級，推動農漁業現代化，重視水資源之開發利用，加強國際經濟合作。

經濟及科學技術發展，應與環境及生態保護兼籌並顧。

國家對於人民興辦之中小型經濟事業，應扶助並保護其生存與發展。

國家對於公營金融機構之管理，應本企業化經營之原則；其管理、人事、預算、決算及審計，得以法律為特別之規定。

國家應推行全民健康保險，並促進現代和傳統醫藥之研究發展。

國家應維護婦女之人格尊嚴，保障婦女之人身安全，消除性別歧視，促進兩性地位之實質平等。

國家對於身心障礙者之保險與就醫、無障礙環境之建構、教育訓練與就業輔導及生活維護與救助，應予保障，並扶助其自立與發展。

國家應重視社會救助、福利服務、國民就業、社會保險及醫療保健等社會福利工作，對於社會救助和國民就業等救濟性支出應優先編列。

國家應尊重軍人對社會之貢獻，並對其退役後之就學、就業、就醫、就養予以保障。

教育、科學、文化之經費，尤其國民教育之經費應優先編列，不受憲法第一百六十四條規定之限制。

國家肯定多元文化，並積極維護發展原住民族語言及文化。

國家應依民族意願，保障原住民族之地位及政治參與，並對其教育文化、交通水利、衛生醫療、經濟土地及社會福利事業予以保障扶助並促其發展，其辦法另以法律定之。對於澎湖、金門及馬祖地區人民亦同。

國家對於僑居國外國民之政治參與，應予保障。

第十一條

自由地區與大陸地區間人民權利義務關係及其他事務之處理，得以法律為特別之規定。

第十二條

　　憲法之修改，須經立法院立法委員四分之一之提議，四分之三之出席，及出席
委員四分之三之決議，提出憲法修正案，並於公告半年後，經中華民國自由地
區選舉人投票複決，有效同意票過選舉人總額之半數，即通過之，不適用憲法
第一百七十四條之規定。

關於律師文書：
新進律師寫作入門

吳至格／著

為了讓新進律師可儘快掌握律師文書的撰寫要領，本書詳細說明律師文書的特性及基本架構。並由三段論法的架構，分別說明勾勒思考、言必有據、簡要慎重等基本原則。希望藉由本書，新進律師能將寶貴時間致力於法律問題的研析，而非文字或句型的修飾。

工程與法律的對話

李家慶／主編　理律法律事務所律師群／著

本書針對工程法律於程序面及實體面之相關議題，彙整國內外相關之法制、學說與國際常見工程契約範本，並援引國內之調解、仲裁和訴訟實務見解，從工程理論與實務及業主與承商等不同之觀點。並嘗試從工程師與法律人不同之角度與面向，深入探討各議題中之核心問題和爭點，使工程與法律得以相互對話。

訴訟外紛爭解決機制

李念祖 李家慶／主編　理律法律事務所律師群／著

本書就各種訴訟外紛爭解決機制，包括調解、仲裁、工程爭議審議委員會等，均有詳細之介紹及分析，內容亦廣及各種紛爭類型。本書內容深入淺出，兼具實務觀點及學說理論，並就我國現行制度提出建言，故除足以作為法律實務工作者處理案件之參考外，亦得為大專院校教授訴訟外紛爭解決機制之專業教材。

中華民國憲法：
憲政體制的原理與實際

蘇子喬／著

　　本書介紹了民主國家的憲政體制類型，對我國憲政體制的變遷過程與實際運作進行微觀與巨觀分析，並從全球視野與比較觀點探討憲政體制與選舉制度的合宜制度配套。本書一方面兼顧了憲政體制的實證與法理分析，對於憲法學與政治學的科際整合做了重要的示範。

取法哈佛：
美國法學院的思辨札記

李劍非／著

　　本書中多篇札記介紹了作者於哈佛法學院所修習的課程感受，在充足的軟硬體資源下，法學院孕育出濃厚的學術討論氣氛，同時兼顧與實務接軌。這些讓作者重新思考，究竟法律能直接給出正義的答案，還是僅係做為追求正義的手段？透過本書，希望能讓更多的華人法律學子，可以有機會一窺哈佛法學院的殿堂。

國家圖書館出版品預行編目資料

案例憲法I：導論／李念祖,李劍非編著.－－三版一
刷.－－臺北市：三民，2020
面；　公分.－－（理律法律叢書）
含索引
ISBN 978-957-14-6792-4　（平裝）
1. 中華民國憲法 2. 憲法解釋

581.24　　　　　　　　　　　　　　109001988

理律法律叢書

案例憲法I：導論

編 著 者	李念祖　李劍非
發 行 人	劉振強
出 版 者	三民書局股份有限公司
地　　址	臺北市復興北路 386 號 (復北門市) 臺北市重慶南路一段 61 號 (重南門市)
電　　話	(02)25006600
網　　址	三民網路書店 https://www.sanmin.com.tw
出版日期	初版一刷　2002 年 11 月 修訂二版一刷　2007 年 1 月 修訂三版一刷　2020 年 5 月
書籍編號	S585110
I S B N	978-957-14-6792-4